中国历史学40年

（1978—2018）

张海鹏　主编

中国社会科学出版社

近二十年来的唯物史观研究 ………………………… 王也扬 赵庆云（517）
四十年来中国近代史理论问题综述 ……………………… 赵庆云（530）
修一部信史和良史
　　——清史纂修工程简述 …………………………… 马大正（551）

作者简介 …………………………………………………………（564）

后记 ………………………………………………………………（566）

四十年来中国历史学的成就评述

张海鹏

改革开放40年来,中国历史学走出了"文化大革命"带来的"史学危机",呈现一片繁荣景象。

历史学领域是"四人帮"极"左"思潮的重灾区。所谓"儒法斗争"贯穿中国历史,所谓"对资产阶级要立足于批",批判所谓"叛徒哲学"等谬论,肆虐于史学领域,显然是对阶级斗争学说的教条化理解和标签化运用。加上那时提倡的"儒法斗争""评法批儒"实际上是"四人帮"进行政治斗争的工具,不仅引起了人民群众对现实的普遍不满,也引起了知识界、史学界对影射史学的反感。这时候有关真理标准的讨论,党的十一届三中全会后的思想解放运动,推动了史学界对于教条化运用马克思主义阶级斗争理论、唯物史观的反思,对于史学领域一系列错误观点的拨乱反正起到直接的推动作用。

2015年8月,习近平总书记在致第22届国际历史科学大会的贺信中说:"历史研究是一切社会科学的基础。"基于这一认识,总书记在哲学社会科学座谈会上的讲话,谈到哲学社会科学的系统性、专业性时,把历史放在各个学科的第一位;谈到哲学社会科学具有支撑作用的学科,把历史放到第二位,仅次于哲学。习总书记对历史科学这样的评价是符合实际的。

历史学发展的综合评价

40年来,中国历史学各个领域,无论是中国古代史、中国近代史、中国现代史、中共党史还是世界史研究，都呈现繁花似锦的局面。这个时期，各个领域都有代表性著作问世。近些年来，我国历史学的代表性著作，以中国通史而论，有范文澜、蔡美彪等主编的《中国通史》十卷，有郭沫若主编并由编写组完成的《中国史稿》七卷，白寿彝总主编的《中国通史》十二卷，林甘泉等主编的《中国经济通史》九卷，龚书铎总主编的《中国社会通史》八卷，郑师渠总主编的《中国文化通史》十卷等；中国近代史方面，有许涤新、吴承明主编的《中国资本主义发展史》三卷，中国社会科学院近代史研究所编著、刘大年主持的《中国近代史稿》三册，李新、陈铁健总主编的《中国新民主革命通史》十二卷，龚育之、金冲及等主编的《中国二十世纪通鉴（1901—2000）》五卷，李新总主编《中华民国史》十二卷，张海鹏主编的《中国近代通史》十卷；中国现代史有当代中国研究所著《中华人民共和国史稿》五卷；中共党史有中共中央党史研究室主编《中国共产党历史》两卷、《中国共产党的九十年》三卷等；世界史方面，有吴于廑、齐世荣主编的《世界通史》六卷，武寅主持的《世界历史》八卷39册，还有陈之骅等主编的《苏联兴亡史纲》，马克垚主编的《世界文明史》，何芳川等主编的《非洲通史》三卷，彭树智主编的《中东国家通史》十三卷，刘绪贻、杨生茂主编的《美国通史》六卷，等等，都是我国历史学的积极成果。

至于各领域的学术论文和学术专著，不胜枚举。举凡政治、对外关系、法律、军事、经济、思想文化、民族、社会、历史地理、生态环境、灾害与救灾等领域，都有论著发表或者出版。仅以中国近代史研究为例，改革开放以来，每年平均有数千篇论文发表，百种以上专著问世。这些学术专著，都是在近代以来史学研究基础上进行的，深度和广度都大大超过了中华人民共和国成立后的头三十年，更不要说1949年前的史学出版物了。正是这些学术论著，烘托了40年来我国历史学各领域的繁荣。

我国进入大规模的社会主义现代化建设时期，这样一种空前规模的社会改造，也影响着历史学者们的眼界和观察历史的方法。社会历史是十分丰富复杂的，今天的社会现实也是十分丰富复杂的。以往的历史研究，突出了革命史、政治史，是时代的需要。但是，如果写历史只写革命史、政治史，就会蒙蔽人们的眼睛，限制人们认识历史的丰富内容。研究文化史、社会史、经济史、思想史、中外关系史、民族史、边疆史，与研究政治史、革命史，同等重要不可偏废。历史研究以政治外交、经济的历史为主干，可以带动文化史、社会史、思想史、民族史、边疆史的研究。政治史、革命史的研究也要克服简单化的毛病，在全面占有史料的基础上深化认识。40 年来，有关文化史、社会史、经济史、思想史、中外关系史、民族史、边疆历史以及历史地理学的研究等方面，甚至人口史、灾荒史等都有了很大的进展。这对于我们深化对中国历史发展道路的认识，是极其重要的。

随着中国特色社会主义事业迅猛发展，国家的经济实力增强，包括历史学在内的中国哲学社会科学各学科都从中受益。国家开办了社会科学基金，基金总额逐年扩大，历史学各学科每年都有数以百计的项目获得通过。单就历史学来说，国家实施了一系列支持历史学学术发展的重大工程。如夏商周断代工程、中国文明探源工程、国家清史纂修工程、边疆研究工程、抗战研究专项工程，等等。这些支持工程的启动，对于历史学相关领域的学术研究起到重要的推动作用。

中国古代史研究领域的重大进展

中国是世界上四大文明古国之一，又是唯一一个文明发展未曾中断的国家。从《史记》开始，尧舜禹就被作为传闻时代。公元前 841 年以前的历史，文献不足。河南偃师二里头遗址考古发掘成功，史学界确认了夏朝的存在。这是史学界的重要成果。文献记载上的夏朝被考古学研究证实，这是中国古代史研究的重要进展。1985 年夏鼐出版《中国文明的起源》，标志着中国文明起源的研究正式进入了历史学者的视野。

大规模现代化建设带动了大规模的考古工作。都城考古，文化遗址考古，古墓考古，都取得了极其丰硕的成果；甲骨文、金文、简帛资料的大量发现，吐鲁番、敦煌文书以及徽州文书等史料的发现，都在推动着中国历史学研究的深入，不仅大大地改变了我们对《史记》等古代记载提供的中国上古史的知识，也大大丰富了我们对战国直到魏晋乃至宋元明清历史的知识，加深了对近代中国历史的认识。在中国古代史研究领域，学者们对中国几千年的历史做了大量深入的实证研究，通过这些实证研究，在古代中国的历史的认识上有了许多前进。如有关人类起源问题、有关中国农业起源问题、有关中国文明起源和国家起源问题等。

关于人类的起源，自1871年达尔文发表《人类起源和性的选择》以来，关于人类起源和起源地问题各执一词，但大多数学者认为人类起源于非洲特别是中非的肯尼亚。中国考古学的成就证明，现代人单一起源的说法得不到中国考古学的支持。中国考古学家已发掘的几个点：如重庆巫山人距今约200万年，云南元谋人距今约170万年，北京人距今约70万—20万年，至少可以证明，人类起源不一定是单一起源，应该是多源的。

关于中国农业的起源，中国考古学家和历史学家在研究了大量古代遗址中的植物遗迹后，已经得出大体接近的认识：1万年前，中国的栽培稻出现；8000—9000年前稻作农业形成；距今6000—7000年前，稻作开始在以长江流域为中心的地区普及，稻作农业经济的代表遗址在距今6000年左右的河姆渡遗址。距今7500—8000年的遗存中，粟、黍已在华北广泛栽培了，距今6000—7000年前的仰韶文化时期，华北旱作农业建立。考古资料证明，我国极有可能是世界上粟、稻、黍等几种主要农作物的起源地，至少是起源地之一。这一认识也有别于欧洲学者中国农产品西来说的早期认识，也推进中国学者此前的认识。

关于中国文明的起源，20世纪中叶以前，欧美学者坚持中国文明西来说，赞成者众多。在突破了中国文化西来说、夷夏东西说以后，中原中心论曾经是学术界的主流认识。我们先民建立的文明形态到底怎样？随着20世纪下半叶以后中国考古发掘提供的大量实物资料，中国学者开始依据地下发掘的实物资料并结合历史文献，实事求是地研究中国文明的起源。30年来，大量的考古发现，以及据此展开的学术研究，使中国文明起源与早期发展的多元一体进程在国内学术界得到相当程度的共识。黄河流域以外多个地区，包括长江流域、辽河流域、鄱阳湖流域以及珠江流域考古发掘的丰富材料，促使史学界认识到，原来，先民建立的文明形态是多元的，是繁星点点、满天星斗。在文明发展的过程中，多元逐渐走向"一体"。各个地区的文化相互竞争、碰撞、融合，最终形成了中华文明。中原地区成为中国文明起源的中心,二里头二期遗址表明所谓"一体"的形成。夏代晚期城址的发现,是一个重要的标志,说明私有制产生了,阶级出现了,凌驾于社会之上的统治工具——国家出现了。文明已经走到历史的大门口。同时,"一体"与多元也在相互促进,在多元发展中有所发展。"多元起源,中原核心,一体结构",① 这是考古学界和史学界对于中国文明起源早期形态的共识。这个共识很重要,它填补了古文献的缺失和不足,丰富的考古资料和文献的相互参证,今天的中国人对夏商时期的认识较前深刻多了,再不是传说时代,而是切切实实的历史存在。我们对中国悠久的文化传统的自信大大增强了。

在文明起源和国家起源的讨论中,国内学者以往根据恩格斯的理论,认为中国也经历了部落联盟转变为国家的模式。20世纪80年代引进国外有关"酋邦"的理论后,对上述见解产生了质疑。林甘泉研究了中国古文献以后,认为中国前国家时期的政治组织是酋邦而否定有部落联盟,这一观点还缺乏足够的根据。②

如何对几千年的中国历史进行分期,一向是中国历史学者十分关注的问题。以上古、中古、近古的概念来分期,中国古已有之,这种分法失之笼统,难以显示历史发展的实质。许多历史学家都主张运用马克思主义的社会经济形态理论作为中国历史分期的理论根据。关于运用马克思主义的社会经济形态学说考察中国历史问题,近些年来有各种讨论和质疑,聚讼纷纭。林甘泉考察了马克思、恩格斯、列宁和斯大林有关社会经济形态学说的演变,认为斯大林比较完整地提出了五种生产方式的演进这种表达方式。斯大林的表达简明扼要,但容易产生简单化和公式化的毛病,但如果据此认为五种生产方式是斯大林制造出来的公式,并不符合马克思主义学说史的真实。林甘泉认为,社会形态的发展是一种自然历史过程,用社会经济形态来划分历史的不同阶段,能够比较全面而深刻地解释不同时代的本质特征。他指出:"主张用马克思社会经济形态理论作指导来划分历史

---

① 林甘泉:《世纪之交的中国古代史研究的几个热点问题》,《林甘泉文集》,上海辞书出版社2005年版,第409页。

② 同上书,第413—414页。

发展阶段，揭示不同历史阶段的基本特征，并不意味着要把丰富多彩的历史剪裁成社会发展史的公式。"①

中国历史上是否存在过奴隶社会，是一个很大的问题。著名的历史学家郭沫若主张存在奴隶社会，但是近些年来有学者提出质疑和挑战。作为一个学术问题，我们主张在仔细研究历史文献和考古实物资料的基础上，继续展开讨论。我们可以说，中国历史上的奴隶社会，所谓奴隶，主要是家内奴隶，与希腊、罗马那样的生产奴隶还是有区别的。中国存在着长期的封建社会，一向是中国历史学家的基本看法。近年来也有不同的讨论。有的学者认为，中国早期历史文献中有"封邦建国"的记载，那才是中国历史上的"封建"，它与欧洲中世纪的封建制度是不同的，中国历史不要套用封建社会的名称。其实，中国历史上封邦建国的"封建"只是当时一种政治制度，多数学者主张的封建制度或者封建社会，是一种社会经济形态，是指封建的生产方式，是指领主制或地主制那样的生产关系。封建社会是马克思主义的概念，翻译成汉语时借用了中国历史上出现过的"封建"二字。如果只认为封邦建国的"封建"才是"封建"，中国历史就回到陈旧的解释窠臼里了。

为了推动对中国早期历史的研究，"夏商周断代工程"联系了自然科学和社会科学各方面学者攻关，对中国文明史初期的年代学大体已得出共识：夏的年代在公元前2070年至公元前1600年，这是在研究基础上得出的结论。

为了团结全国以及国外的研究力量，深入开展中国古代文明起源的研究，中国社会科学院、北京大学、上海大学、河南省、山西省等地成立了"古代文明研究中心"。2002年春季，中国社会科学院还正式启动了"中华文明探源工程预研究"课题，并且被列入"十五"计划国家重点科技攻关项目。该项目将研究的地域范围放在河南中西部和山西南部，时间范围定在距今4500年至3600年，相当于古史传说的尧舜禹时期到夏代末年。这项研究将为全面开展中华文明探源工程奠定基础，摸索经验，并提

---

① 林甘泉：《世纪之交的中国古代史研究的几个热点问题》，《林甘泉文集》，上海辞书出版社2005年版，第421页。

出一个切实可行的中华文明探源工程实施方案。

在中国古代史领域，国家组织了清史纂修工程，推动中国历史最后一个封建朝代——清朝历史的研究，以著名的清史专家戴逸教授担任总主编，组织一千数百位清史学者，以世界历史的广阔视野，创造性地继承中国修史传统，开展全面的清史研究。不过十余年时间，清史主体工程大约100卷3000万字的文稿撰写已经结束。

中国近代史研究的新认识

中国近代史，与中国古代史学科相比，它是在20世纪初产生、20世纪下半叶发展起来的新兴学科。近代中国的历史，是中国与西方列强猛烈冲撞的历史，也是中国的政治结构、经济结构、社会文化结构发生剧烈变化的历史。换句话说，是中国人反对帝国主义、反对封建主义，探索中国独立、救亡和富强道路的历史。在这一百多年中，中国人在不同时期从欧洲学来了各种社会政治学说，也学来了马克思主义，用这些学说和主义做理论武器，反对帝国主义，反对封建主义，最终赢得了民族的独立，走上了社会主义道路。

改革开放以来，特别是最近20年以来，关于中国近代史、中国现代史的学科概念发生了根本变化。中国历史学界对中国近代史的时间范围做过长时间的学术讨论。40年前，中国学术界大多把1919年发生的五四运动作为中国近代史和中国现代史的分界点。最近20年，许多学者认为这样的分期是不科学的。因为，以社会经济形态作为划分历史时期的标准，1840—1949年都是半殖民地半封建社会，同一个社会形态分成两个不同的历史时期，显然是不妥当的。学术界的基本认识是：应该按照马克思主义关于社会形态的学说，把半殖民地半封建社会时期的中国历史作为中国的近代史，也即是以1840—1949年的中国历史作为中国近代史。1997年，担任中国社会科学院院长的著名中国近代史研究大家胡绳先生明确提出："把1919年以前的八十年和这以后的三十年，视为一个整体，总称之为'中国近代史'，是比较合适的。这样，中国近代史就成为一部完整的半殖民地半封建中国的历史，有头有尾。1949年中华人民共和国成立以后的历史可以称为'中国现代史',不需要在说到1840—1949年的历史时称之为'中国近现代历史'。"① 我本人也多次在报刊发表论文和文章,阐明胡绳先生的建议。② 现在这一认识,已经成为中国近代史学界的共识,几乎无人质疑。

变化来自《中国近现代史纲要》的编撰和出版。这本书作为马克思主义理论研究与建设工程首批重点教材经过中央批准,已经进入全国大学生的政治理论课课堂。本书开篇的第一句话就是:"中国的近现代史,是指1840年以来中国的历史。其中从1840年鸦片战争爆发到1949年中华人民共和国成立前夕的历史,是中国的近代史;1949年中华人民共和国成立以来的历史,是中国的现代史。"③ 这句话极其重要,它定义了中国近代史和中国现代史的学科范围。这说明,中国近现代史学界长期讨论,并已取得基本共识的中国近代史、中国现代史学科对象问题,已经固定下来。

国务院学位委员会第六届学科评议组编的《学位授予和人才培养一级学科简介》(高等教育出版社2013年版),正式公布了根据国务院学位委员会2011年通过的《学位授予和人才培养学科目录》编写的各学科概况、内涵、范围和培养目标。这个一级学科简介里,中国史的学科范围明确规定了7个学科方向:中国古代史、中国近代史、中国现代史、中国专门史、史学理论及中国史学史、中国历史文献学、中国历史地理学。在这里,1840—1949年的中国近代史、1949年起的中国现代史,已经在高校学科方向和人才培养中明确起来。

明确中国近代史的学科概念,是一种学术进步。在这个概念下,中国近代史包括了晚清历史和全部民国历史。学者可以从长达110年的长时段来观察中国近代史,研究中国近代史,更便于考察近代中国的历史轨迹及其变化规律。

近代中国长期处在内外战争环境中,革命势力的成长、革命事业的开展,成为这段历史的基调。学者们以往在处理近代中国的历史时,往往强

---

① 胡绳题词,见《近代史研究》1997年第4期(100期纪念号)。
② 见张海鹏《中国近代史的分期问题》,《光明日报》(史林版)1998年2月3日;又见《关于中国近代史的分期及"沉沦"与"上升"诸问题》,《近代史研究》1998年第2期。
③ 本书编写组:《中国近现代史纲要》,"开篇的话",高等教育出版社2007年版,第1页。

调了革命史，对于历史的丰富内容则照顾不够。最近三十年来，学术界做了许多探讨。有的学者提出了现代化范式的概念，主张在中国近代史研究中，用所谓现代化范式代替所谓革命史范式。在近代中国，革命是那个时候社会的基调，革命的目的是谋求国家的独立和富强。独立就是要反帝反封建，富强就是要现代化。但是近代中国110年历史，现代化未能成为时代的基调。还有一种意见，提出现代化史观和革命史史观的区别。学者认为，对于这种区别，不要简单地采取否定或者肯定的态度，应该依据唯物史观的基本观点，实事求是地看待历史的过程，既要看到革命史在近代中国历史发展中的基本作用，也要看到现代化进程在近代中国也有一定程度的表现。著名历史学家刘大年主张，革命和现代化都是近代中国的历史主题。总之，采用现代化视角观察近代中国历史是可取的，代替说并不合适，研究和叙述历史不能简单化。

在20世纪80年代以后的讨论中，有关近代中国发展演变的规律引起学者的关注。帝国主义列强侵略中国，使中国沦为半殖民地半封建社会，近代中国经历了屈辱的历史。这就是历史的"沉沦"。到1901年签订《辛丑条约》，中国社会"沉沦"到"谷底"。1921年中国共产党成立，中国社会开始走出"谷底"，走出"深渊"，迈出了"上升"的步伐。这时，中国社会的主要标志不是屈辱，而是奋斗，是艰苦卓绝的奋斗。在奋斗中，赢得了新中国的诞生。1949年后，中国迈入了社会主义社会，开始了探索中国特色社会主义道路的历程。今天中国从站起来、富起来到强起来，中国社会的主要标志是光荣。1949年，成为中国近代史和中国现代史的分界线。

2015年是中国人民抗战暨世界反法西斯战争胜利70周年。中央政治局委员集体学习了抗战历史，习近平总书记就学习抗战历史发表了重要讲话。总书记强调研究抗战历史，不仅要研究"七七"事变后全面抗战八年的历史，而且要注重研究"九一八"事变后14年抗战的历史，14年要贯通下来统一研究，把历史结论建立在翔实准确的史料支撑和深入细致的研究分析的基础之上。这个讲话给中国近代史学者极大的鼓舞。为此，国家安排了抗战研究专项工程，支持抗战历史研究。作为成果之一，抗日战争与近代中日关系文献数据平台已经上线，预计到2018年年底，上线文献总量将达到1300万页，引起研究抗战史的国内外学者们普遍关注。

世界史研究的创新思考

40年来，世界史研究成绩显著。总体来讲，我国的世界史学者面对庞大的研究对象，仅有不多的教学和科研人员从事研究，困难是显而易见的。2011年国务院学位委员会通过了学科调整目录，世界史学科从二级学科调整为一级学科，这对于高校世界史教学将带来推动力量。再过10年，我国世界史教学和科研人员数目将会有大幅提升。

中国的世界历史研究，作为一门学科是后起的，1949年以前，中国的历史学界还谈不上世界史的研究。直到20世纪下半叶，世界史研究才逐渐兴盛起来。中国学者对世界历史经历了先介绍外国学者的研究成果，再独立进行研究的过程。中国学者用中国人的眼光观察世界历史的发展进程，对世界历史研究中的"西欧中心论"保持着质疑的态度，并且一直在探讨中国学者主张的世界史理论体系。武汉大学历史系吴于廑教授对世界史学科的对象、范围、主题、途径、主线和研究方法提出一系列看法，他认为：世界历史在前资本主义时代是孤立发展的，只是经历了15、16世纪以来的一系列重大转折之后，才形成整体的世界史。吴于廑先生在他撰写的《中国大百科全书》"世界历史"条目中指出，世界历史的纵向发展"是指人类物质生产史上不同生产方式的演变和由此引起的不同社会形态的更迭"，而横向发展"是指历史由各地区间的相互闭塞到逐步开放，由彼此分散到逐步联系密切，终于发展成为整体的世界历史这一客观过程而言的"，"研究世界历史就必须以世界为全局，考察它怎样由相互闭塞发展为密切联系，由分散演变为整体的全部历程，这个全部历程就是世界历史"。[①] 这个看法的核心是如何从全局上说明历史怎样发展为世界历史，可以把它称为整体世界史观。这种世界史理论体系，希望突破西欧中心论，写出真正意义上的世界史。北京大学历史系教授罗荣渠提出了以现代化的

[①] 吴于廑："世界历史"条目，《中国大百科全书·外国历史卷》，中国大百科全书出版社1990年版，第5、15页。

世界进程作为世界历史理论体系和架构的观点,并且为此做了大量的研究。他主张:"新的现代化理论应该以马克思主义关于生产力与生产关系的理论、基础与上层建筑的理论为纲,从经济史入手,加强对原始积累、商业资本、工业资本一直到垄断资本的更深入的全面研究。"[①] 这一理论模式,对中国世界史学界有相当影响。是否以现代化作为世界近现代史学科新体系的主题,学者间一直存在争论。最新的争论出现在最近出版的《历史研究》杂志上。这期杂志上有学者坚定主张以现代化为主题构建世界近现代史新的学科体系[②],也有学者反对这一主张,认为"不应该抛弃社会形态从低级向高级发展的主线另起炉灶"[③]。还有学者坚持整个社会形态的交替构成了人类历史进程的基本内容和主要的线索,认为"没有一种其他的历史理论和学说比马克思主义的历史理论更加关注人类整体的历史,马克思主义的历史理论对人类社会及其发展变化的阐述所具有的系统性和完备性是任何已知的其他理论无法相比的。从这一意义上说,我们在构建世界历史体系的工作中也应该坚持以唯物史观为指导"[④]。

在世界史研究和撰写体系中,突破西欧中心论,是否意味着世界历史就是各国历史的总和呢?有的世界史学者认为,我国编写的各种世界史教材(包括通史和各种断代史),都是按照社会发展形态进行历史分期,逐一叙述各地区、各国和各民族的历史。这实际上是一种分阶段的各国历史汇编。学者认为,这样一种历史叙述方式不能总揽世界全局,不能从全局考察人类社会的演变过程,不可能成为反映客观历史过程的科学著作。我国学术界应该以一种开放的、包容的、多元的态度,努力构建中国的世界史体系,有鉴别地吸取当代国际史学及社会科学一切新理论和新方法,考察人类文明形成与发展的整体轨迹,考察人类社会历史的整体发展。由此,有的学者提出了"全球史观"这样的概念,认为"全球史观"这样的概念可以避免用国别史范畴的概念去说明世界史的运行特点和规律的弊

[①] 罗荣渠:《有关开创世界史研究新局面的几个问题》,载北京大学历史系世界史专业编《北京大学百年校庆世界史文集》,北京大学出版社1998年版,第217页。
[②] 钱乘旦:《现代化与中国的世界近现代史研究》,《历史研究》2008年第2期。
[③] 李世安:《现代化能否作为世界近现代史学科新体系的主线》,《历史研究》2008年第2期。
[④] 俞金尧:《什么是"世界历史"及如何构建世界史体系》,《历史研究》2008年第2期。

病，更加科学地发现和说明整个世界的发展状况及发展规律。

近年来，我国世界史学者就全球化和全球史，进行了热烈的讨论。有的学者认为，全球史观是一种借用历史哲学和历史学已有成果的新提法，不是解释历史的新方法，更不是一种博大周密的新体系。有的学者认为，全球史观不是不需要历史中心，而是要建构新的中心。也有的学者认为，全球化史观的影响力有限，尽管全球化史观已经问世近半个世纪，但西方人文社会科学的基础基本上还是建立在"欧洲中心论"的历史解读之上。还有的学者认为，全球化史观还存在诸多理论缺陷，最明显的是忽视社会内部的发展。有学者认为，就如同不存在"文化全球化"一样，也不存在"全球化"的全球史。每个国家和民族都有自己心灵中的全球史。[①]

在我看来，在讨论世界史体系、质疑"西欧中心论"的时候，不能犯简单化的毛病。已经有学者指出，"西方中心论"是否成立，并不取决于主张这种理论逻辑的研究者是否站在西方的立场上，而是取决于世界历史的客观进程中是否发生过西方作为支配性的力量崛起于世界的历史事实。客观来看，从曾经影响世界历史进程的角度说，在15世纪以前，世界历史上不止存在过一个中心。资本主义兴起和发展以后，世界历史的中心变成以西欧为主。无论是向世界各地传播资本主义，还是向世界各地同时传播殖民主义，欧洲都曾经严重影响了世界历史的进程。但是世界历史的中心也不止一个。在很长的时期里，东方社会以中国为代表也还是一个中心。当然这个中心在19世纪中叶起，其地位慢慢削弱以至于消灭。世界无产阶级革命兴起，俄国十月革命以后，世界逐渐形成社会主义阵营和资本主义阵营，社会主义阵营就有苏联一个中心，资本主义阵营有美国一个中心。第二次世界大战中，难道不是世界历史上的多中心吗？我们不能否认，在一段时间里，在欧洲发动战争的德国是一个中心，在亚洲发动战争的日本也是一个中心。历史进程还在发展之中，第二次世界大战后，反殖民主义及民族独立运动在世界范围内兴起，世界历史的中心也在发生变化。今天的美国是世界历史上的一个中心，但是不能说今天的世界只有一个中心。世界历史的推进从来都是在不止一个中心存在情况下，两个或者

---

① 参考于沛主编《全球化与全球史》，社会科学文献出版社2007年版。

多个中心进行博弈的结果。因此在处理世界历史进程的中心问题上不可以太过于简单化。质疑"西欧中心论"或者"西方中心论",是质疑西欧或者西方作为观察世界历史发展的中心的观点,不是否定在世界历史发展的某一个时期,西欧或者西方曾经起过历史中心的作用,是质疑在这种观点下,无视世界历史的其他地区如广大的亚洲、非洲、拉丁美洲各国人民推动历史发展、创造历史契机的主动能力和实践。

按照历史唯物主义的原则,按照实事求是的精神,如何准确把握住影响世界历史进程中的重大事件,从这些重大事件与世界的联系中来总体把握世界历史发展的全局,是世界史研究者的责任。中国的和平崛起,中国与世界越来越广泛的多种联系,要求发展中国历史学中的世界历史研究,建立包含面更大的世界史学科。这是时代向中国的世界史研究学者提出的任务。

努力形成我国历史学的理论体系和话语体系

从鸦片战争以来,我国学术受西学影响,是一个不争的事实。历史学也是一样。从总的趋势看,这个方向迄今并未终止。

就历史学而言,先是大量翻译出版苏联的史学著作,包括多卷本的苏联科学院《世界通史》;后来是大量翻译出版欧美国家(包括日本)的历史学著作。剑桥世界史、剑桥中国史等在中国大量出版。剑桥中国史系列包括剑桥晚清史、剑桥民国史、剑桥中华人民共和国史等,其实都是针对西方读者写的,对中国学者固然不无参考作用,但也不是多么了不起的学术著作。中国学者的历史学著作很少被西方国家翻译出版。中国也有外文出版社等,他们翻译了少量中国学者的历史书,但发行量甚少,难以占领国外市场,在国外图书出版界只是点缀,难以在西方话语体系中露出头角。

中国出版界大量翻译出版外国历史学著作,西方出版界很少翻译出版中国史学著作。如,范文澜的《中国通史》,郭沫若主编的《中国史稿》,刘大年主编的《中国近代史稿》,白寿彝主编的《中国通史》,逄先知、金冲及主编的《毛泽东传》以及近些年出版的大部头的中国史学著作，都没有外文译本（包括外国出版的译本和中国出版的译本）。这恐怕是目前的基本态势。这在一个侧面反映了中国历史学的话语体系状况。

在对外开放的大背景下，40 年来，中国历史学家与世界各主要国家和地区的历史学家之间建立了广泛的学术联系。中国学者到各国留学、讲学、出席各种与历史学相关的学术会议，足迹几乎遍及全世界。从国际历史学会在 1980 年召开的第 15 届国际历史科学大会起，中国史学会组织的代表团都积极参加历次讨论会。2015 年 8 月，第 22 届国际历史科学大会在山东济南成功举办，这是国际历史科学大会第一次在亚洲国家举办。各国历史学家有关世界历史、地区史、考古学、中国古代史、中国近代史、史学理论方面的著作，都大量被翻译成中文，在中国广泛流行。各国学者研究中的积极成果，正在被中国学者采用。

历史学领域各学科的建设，除了继续坚持唯物史观的基本理论指导之外，还大量翻译、引进了西方国家历史学领域的理论研究成果，在中国历史学研究中借鉴了国外的史学理论，开展了对西方史学理论的学术研究和评论。所谓新康德主义、新黑格尔主义、西方马克思主义、自由主义、生命派的历史理论、分析的历史哲学等，所谓文化形态史观、现代化史观、全球化史观、环境生态史观，所谓实证主义史学、年鉴学派史学、社会经济学、历史人类学、比较史学、计量史学、心理史学、社会史学，以及以系统论为代表的自然科学研究方法在史学研究上的应用，乃至后现代史学等。这种引进和借鉴，是改革开放方针在历史学领域的体现。这些西方史学流派和研究方法的引进，对于中国史学家开阔眼界，进一步认识历史的复杂性，开展多面向的史学研究是有帮助的。也有学者指出，现在历史学的学位论文、学术论文和专著，动辄引用西方学者（哪怕是二三流的学者）的论点而展开自己的论述，不再引用马克思主义经典著作的论点，是新时期的一个特点，几乎形成了新的教条主义。不管是对马克思主义的教条，还是对西方新史学理论的洋教条，都是教条，都有值得改进的地方。中国历史学家在新的历史时期，应该在马克思主义基本理论的指导下，广泛吸取中国传统史学理论和来自西方的史学理论，在新的时代条件下，有所创新，形成有中国气派的史学理论、史学概念和史学体系。这是我们在回顾历史时，所应期望于未来的历史学家的。

在改革开放 40 年的今天，在中华人民共和国成立即将 70 年的今天，在中国特色社会主义取得世界性影响的今天，中国学术界包括历史学界，有必要回首看看过往，用历史唯物主义理论总结向西方学习的长处和短处，研究如何在吸取西学长处的同时，发扬我国固有学术根基，在习近平新时代中国特色社会主义思想指导下，创造出新时代我国历史学的理论体系和话语体系，概括出体现这一话语体系的科学概念和学科范式。

这就要求我们坚持在中国化马克思主义指导下深入开展史学研究。我们要研究中华文明起源的历史根据，中华文明何以不同于世界其他文明，中华文明在历史上是如何吸收其他文明的精华，中华文明的优点和弱点在哪里；要研究自甲骨文以来中国历史发展的特点，中国封建社会经历漫长历史时期的原因，中国几千年的经济结构、政治结构和社会结构是如何形成的；要研究中国传统社会意识形态体系或者说儒学体系的精华和糟粕是什么，儒学体系在面对西方资本主义思想体系时为什么会打了败仗，今天正在走向复兴的中华民族应该如何看待中华传统文化（包括儒学体系）；要研究中国革命的特点和成功的原因究竟是什么，马克思主义在中国化过程中是如何与中国革命实际相结合、与中华传统文化相结合的，中国特色社会主义在中国发展的历史必然性；要研究五千年不曾中断的中华文明对世界做出了哪些贡献，中华文明的连续性发展对当今世界发展有什么启示意义，如何看待世界历史的发展以及世界历史发展中心的转移，等等。这些课题都是需要历史学者深入研究的，把这些问题研究透了，才能把握历史发展规律。历史学者要有甘坐冷板凳的精神，研究要有十分扎实的史料根据、十分严谨的论证逻辑，要有令人信服的阐释力。只有这样的研究，才能在学术上有说服力，才有助于中国历史学话语体系水平和话语权的提高。当然，中国历史学也要注意扶持某些冷门学科，如古文字研究，甲骨、金石铭文研究，历史地理学研究，音韵与方言研究，等等。这些冷门学科，对于中国历史学的传承、中国历史文脉的传承和累积以及中国历史学话语体系的建设是极有意义的。

建设我国史学话语体系，既需要学者个人开展深入的研究，产生一系列运用史料得当、见解独到的精深专著，又需要运用集体力量组织学者攻关，产出多种体系宏大、结构严密的大部头著作，还需要具有战略思考能力的学者在专门研究的基础上对研究成果进行新的概括，提出具有主体性、原创性的概念和理论，使我们的研究在方法论意义上对国际史学界产生重要影响。

促进唯物史观的正确理解与运用

40年前，《光明日报》发表《实践是检验真理的唯一标准》，它的社会影响，远远超出了哲学、马克思主义哲学，乃至整个学术范围。这篇文章澄清了马克思主义哲学命题中一个被弄混乱了的问题，在"文化大革命"结束不久的中国特殊背景下，引起了思想界、理论界乃至社会各界的强烈震动，破除了"四人帮"在对待马克思主义理论、毛泽东思想上强加的"精神枷锁"，极大地推动了思想解放的步伐。这篇文章的发表及其争论，对于十一届三中全会的召开和国家改革开放方针的确定，形成了重要的思想理论背景。

检验真理的实践标准，对于历史研究来说，就是必须尊重基本的历史事实。通过讨论，史学界认识到：唯物史观有关阶级斗争学说的确是马克思主义理论宝库中的基本理论。运用阶级斗争理论对历史上的阶级社会、阶级斗争做出必要的分析，是正确的、必需的，运用阶级分析的方法，将会使我们更能看出历史发展的本质，认清历史前进的规律。但是，把阶级斗争作为标签到处乱贴，把任何历史现象都与阶级斗争相联系，则犯了教条化、简单化、扩大化、标签化的错误，会对历史上纷繁的社会现象做出非历史主义的结论。这种现象的出现，恰恰违反了历史的真实，违反了阶级斗争与历史主义相统一的认识方法和分析方法，因而也违反了马克思主义的基本原理。违反了基本的历史真实，所得出的认识与结论，就不是科学的认识与结论。

对于唯物史观和人类历史发展基本规律的认识，史学界在解放思想的情况下，也做了大量的探讨和分析。例如，如何认识中国历史发展的规律，如何认识五种生产方式在中国历史上的适用问题，如何认识中国封建社会长期延续的问题，如何认识资本主义萌芽问题，如何认识历史创造者问题，如何认识历史发展的动力问题，讨论都很热烈，很深入，虽然不易得出学界公认的一致意见，但是这种争论是在百家争鸣的氛围下进行的，没有发生打棍子、扣帽子的情形。像这样结合中国历史实际，深入探讨唯物史观的基本理论，探讨中国历史发展的基本规律，在对马克思主义进行教条化理解的氛围下，是难以进行的。当然，像这样复杂的重大历史研究课题，有分歧或者有重大分歧是正常的。讨论还需要长期深入进行下去。重要的是正确掌握和领会马克思主义的基本理论，结合中国历史实际，开展长期的研究和探讨，才能推进若干重大历史和理论问题的认识与进步。可惜的是，近些年来，结合历史唯物主义理论探讨重大历史问题的热情有所降低，重大理论问题的争论不能吸引众多读者的关注。这种现象，应该引起历史学界的重视。

中国历史编纂学在近代输入西方史学方法后，形成近代实证史学的传统。1949年后，中国马克思主义史学逐渐由边缘走向主流，成为影响中国历史学发展和中国历史学家的主要思想倾向。近些年来，随着中国社会经济结构的深刻变化，思想意识形态领域的多元倾向开始形成，对马克思主义史学的挑战随之发生。有学者明确表示了对唯物史观的质疑态度。有人撰文表示不赞成唯物史观作为中国历史学的指导理论。有学者热衷于传播诸如后现代史学那样的来自西方的史学理论，借以解构马克思主义史学的传统。有人一味吹捧所谓蓝色文明，贬低、否定所谓黄色文明，借以否定、贬低中国的传统文化，消解中华民族的爱国主义传统。有人著书立说，贬低、否定中国近代的革命历史和革命精神，美其名曰"告别革命"，对近代中国特别是中国共产党领导下的革命历史采取了虚无主义的态度。在纪念真理标准讨论40周年和改革开放40周年的时候，需要更多关注中国历史学的发展趋势和前景。

迄今为止，所有的历史事实，都未能证明对人类社会历史的唯心主义解释是符合客观历史事实的。所有的历史理论都不能取代历史唯物主义的人类社会历史的认识。我们当然应该注意吸取能够正确解释历史客观事实的历史学理论，但是，在中国历史学界，坚持马克思主义，坚持唯物史观的指导，坚持学术上百家争鸣的方针，中国历史学的发展才能更为平稳、扎实和繁荣。只有这样，中国的历史学研究才能为中国和世界的读者提供更为全面、更为扎实、更为深入、更为准确和真实的中国历史和世界历史的著述,为人类的现在和未来服务。只有这样,中国的历史学研究才能为建设中国特色社会主义服务,才能为丰富中国特色社会主义理论做出自己的贡献。

新中国考古发现及其对认识
中国上古历史的贡献

陈星灿

90多年前,中国的著名学者胡适(1891—1962)在《自述古史观书》中说:"我的古史观是:现在先把古史缩短二三千年,从诗三百篇做起。将来等到金石学、考古学发达上了轨道以后,然后就用地底下掘出的史料,慢慢地拉长东周以前的古史。"[①] 90多年后的今天,不仅东周以前的中国古史渐渐由考古学发现而得以不断重建,就是东周以后的古史,如果脱离考古学的发现,也将失去它应有的光彩。关于考古学对于认识中国历史的重要性,这里只举一个简单的例子。两千年前汉朝伟大的史学家司马迁(约公元前145—前86年)所著《史记》,写中国历史的开端《五帝本纪》,共用了4660字,接下来写《夏本纪》《殷本纪》和《周本纪》,分别用4171字、3661字、10400字[②],可1999年主要由西方学者撰写的《剑桥中国上古史》,就用了1148页,而这还主要是有关商至秦统一中国以前的历史(约公元前1570—前221年)[③]。这样比也许不够恰当,因为古今历史的叙述方法完全不同,但是,说目前的中国上古史(秦汉以前的古史)差不多完全是由考古发现支撑起来的大厦,恐怕并不为过,因为今

---

① 顾颉刚编著:《古史辨》第一册,上海古籍出版社重印本1982年版(1926年初版),第22页。

② 不同版本略有出入,本统计采用了漂泊的树电子书二十四史版本《史记》(2006年),其中包括标点符号。

③ Loewe, Michael and Edward L. Shaughnessy ed., *Bridge History of Ancient China: From the Origins of Civilization to 221 B.C.*. Cambridge University Press, Cambridge, 1999.

天历史学家掌握的传世文献并不比司马迁多，除了考古发现的大量遗迹、遗物外，历史学家赖以研究的甲骨、金文和简帛资料，也多是近百年来考古发掘的产物；后者跟一般考古资料一样，已成为专门的学问，也是历史学家不能忽视的研究对象。

另外，自19世纪末20世纪初甲骨卜辞和敦煌文书的发现开始，中国史学家就开始自觉地把考古发现和古代文献相结合，20世纪中国最伟大的历史学家王国维把这种结合比喻为"二重证据法"①。与20世纪初期以前的历史著作不同，目前任何有关中国古代史的著述，都离不开考古资料的支持。甚至有的历史著作本身就完全是由专业的考古学家完成的②。当然，考古学的专题和综合研究，特别是事关商周及其以后时代的，也多离不开历史文献的帮助；脱离了相关的文献资料，有的考古解释好比郢书燕说，完全误入歧途。难怪有学者这样说，"无视考古发现的史学家会很快发现自己落伍了，而对传统文献不熟悉的考古学家，也将失去很多赋予他或她的发掘品以灵魂的机会"③。但是，值得引起注意的是，目前也存在用文献附会考古发现或者用考古发现附会文献的做法，且有愈演愈烈的趋势。

考古发现对研究中国历史的重要性，是大家公认的。时至今日，中国古代的经济史、文化史、社会生活史、科学技术史，甚至政治史、思想史的研究，都无法脱离考古学而单独存在④。时代越靠前，对考古学的依赖就越大。在这篇短文里，我无法将新中国成立近70年来的重要考古发现及其对于认识中国历史的贡献一一报告给大家，实际上我也没有能力做这

---

① 王国维：《古史新证》，清华大学出版社1994年重印本。
② 比如白寿彝任总主编的《中国通史》第二卷《远古时代》（上海人民出版社1994年版），就是由三位专业考古学家苏秉琦、张忠培、严文明写成的。
③ Loewe, Michael and Edward L. Shaughnessy, Introduction, In Loewe, Michael and Edward L. Shaughnessy ed., *The Cambridge History of Ancient China: From the Origins of Civilization to 221 B. C.* Cambridge University Press, Cambridge, 1999, p. 13.
④ 其中有代表性的著作比如白寿彝主编的《中国通史》（上海人民出版社1989—1999年版）；鲁惟一和夏含夷主编的《剑桥中国上古史》（Loewe, Michael and Edward L. Shaughnessy ed., *The Cambridge History of Ancient China: From the Origins of Civilization to 221 B. C.*），都采用了大量考古材料。更不要说大家熟知的李约瑟（Joseph Needham）编著的《中国科学技术史》了。由宋镇豪主编的《商代史》（中国社会科学出版社2010年版），多达11卷，考古资料在其中扮演了非常重要的角色。

样一个全面的工作；我只能就我熟悉的中国上古史方面的某些重要发现如何改变了我们对中国文化起源、中国文明起源、中华民族形成等方面的传统认识，略加叙述，希望得到大家的批评。

一　中国人和中国文化的起源问题

除了极少数考古学家和历史学家外，尽管在中国发现了数以百计的旧石器时代遗址，出土了众多的远古人类的化石材料，年代可以追溯到200多万年前，但是很少人会把中国人和中国文化的源头推到这个时代。不过新石器时代及其以后的大量材料表明，中国的古代居民从新石器时代、青铜器时代直至近代种族的同质性比较明显。这种特征尤其表现在黄河流域，因此华北地区新石器时代的人类曾被称为"原始中国人"，或"第一批中国人"；而中国南北方人类种族形态的差别，也可以追溯到新石器时代甚至旧石器时代晚期的人类学资料中[①]。如果说中国文化在新石器时代已经初见端倪，那么原始的中国人也就是从这个时代开始，就一直生活在中国这块历史舞台上。

1949年以前，中国新石器时代考古只发现了仰韶文化、龙山文化和北方地区的所谓细石器文化。仰韶文化的发现者、瑞典地质学家、考古学家安特生（J. G. Andersson，1874—1960）提出仰韶文化西来说。中国考古学家在中国东部发现龙山文化以后，提出龙山文化向西、仰韶文化向东发展的"二元对立说"，即古史上的"夷夏东西说"，认为代表中国文化的殷商文化应该到环渤海湾一带来探求，这个地区"或者就是中国文化的摇床"[②]。

20世纪50年代中期，在河南陕县庙底沟发现了仰韶文化经由所谓庙

[①] 韩康信：《中国新石器时代居民种系研究》，见中国社会科学院考古研究所编著《中国考古学·新石器时代卷》，中国社会科学出版社2010年版，第741—779页。

[②] 傅斯年：《夷夏东西说》，《庆祝蔡元培先生六十五岁论文集》（下编），中央研究院历史语言研究所，南京，1935年，第1093—1134页；徐中舒：《再论小屯与仰韶》，《安阳发掘报告》第3册，1931年，第556—557页；陈星灿：《中国史前考古学史研究（1895—1949）》，生活·读书·新知三联书店1997年版，第210—227页。

底沟二期文化发展成为龙山文化的证据，因此，仰韶文化被认为是中国文化的源头，而这个源头就在晋陕豫交界地区，也就是传统上被称为"中原"的地方。中原地区的文化向四方发展，形成所谓"龙山形成期"或者"龙山化时期"，最终奠定了历史时期中国文明的基础。① 这个观点，与史学上的中原中心论密切配合，确信所有高级的文化发明，都是从中原地区传播出去的。这种观点支配着中国的考古和历史学界，直到20世纪70年代末期，新的考古发现和开放的学术环境打破这个一元说，提出"区系类型理论"或"区域文化多元说"的理论模式。②

1981年，著名考古学家苏秉琦（1909—1997）提出"区系类型理论"，把中国史前文化分为六个区，即陕晋豫临境地区、山东及邻省一部分地区、湖北及临近地区、长江下游地区、以鄱阳湖—珠江三角洲为中轴的南方地区和以长城地带为重心的北方地区，对中原中心说提出公开挑战。他说："过去有一种看法，认为黄河流域是中华民族的摇篮，我国的民族文化首先从这里发展起来，然后向四处扩展，其他地区的文化比较落后，只是在它的影响下才得以发展。这种看法是不全面的。在历史上，黄河流域确曾起过重要的作用，特别是在文明时期，它常常居于主导的地位。但是，在同一时期内，其他地区的古代文化也以各自的特点和途径在发展着。各地发现的考古材料越来越多地证明了这一点。同时，影响总是相互的，中原给各地以影响，各地也给中原以影响。"③

以区系类型理论为代表的"多元说"，强调各地区文化都对中国文化的形成做出自己的贡献。但是文化的发展是不平衡的，文化的发展总是有先有后，在强调文化的多样性基础上，越来越多的研究者又注意到中国史

---

① 张光直：《中国新石器时代文化断代》，见氏著《中国考古学论文集》，生活·读书·新知三联书店1999年版，第45—114页。
② 陈星灿：《从一元到多元：中国文明起源研究的心路历程》，《中原文物》2002年第1期，第6—9页；Chang, Kwang-chi, China on the Eve of the Historical Period, In Michael and Edward L. Shaughnessy ed., *The Cambridge History of Ancient China: From the Origins of Civilization to* 221 *B. C.*. Cambridge University Press, Cambridge, 1999, pp. 37 – 73；苏秉琦、殷伟璋：《关于考古学的区系类型问题》，《文物》1981年第5期，第10—17页；Liu, Li and Xingcan Chen, *The Archaeology of China: From late Paleolithic to the early Bronze Age.* Cambridge University Press, Cambridge, 2003；刘莉、陈星灿：《中国考古学：从旧石器时代晚期到早期青铜时代》，生活·读书·新知三联书店2017年版。
③ 苏秉琦、殷伟璋：《关于考古学的区系类型问题》，《文物》1981年第5期。

前文化的统一性和中原文化的核心作用。北京大学的严文明教授，对此做过很好的总结。他也把中国史前文化分成大同小异的六个区域："假如我们把中原地区的各文化类型看成是第一个层次，它周围的五个文化区就是第二个层次，那么最外层还有许多别的文化区，可以算做第三个层次。……好像是第二层的花瓣。而整个中国的新石器时代文化就像一个巨大的重瓣花朵。""中国早期文明不是在一个地区发生，而是在许多地区先后发生的，是这一广大地区中许多文化中心相互作用和激发的结果。早期文明的起源地区应该包括整个华北和长江中下游。而在文明的发生和形成过程中，中原都起着领先和突出的作用。"又说，"由于中国史前文化是一个分层次的向心结构，而文明首先发生在中原地区，其次是它周围的各文化区，第三层即最外层各文化区进入文明的时间甚晚。因此，在中国早期文明的发生和形成过程中，外界文化不可能发挥重要的作用。中国文化与外国文化的大规模的交流，是在古代文明已经完全形成以后的汉代才开始的。因此这种交流的规模无论有多大，也只能在有限的范围内影响中国文化的发展，而不能从根本上改变中国文化的民族特性"。[①]

总之，过去近70年的考古发现，证明中国史前文化既不是外来的，也不是从国内某一个中心向外传播的，各地史前文化是在适应当地自然环境的基础上发展起来的，它们通过直接或间接的关系相互促进，相互影响，或多或少都对中国古代文明的形成和发展做出了自己的贡献。这个差不多完全是由考古学得到的、现在看来非常普通的概念，却是对延续两千多年的中国传统历史观的重大挑战，对我们重新审视中国历史的早期发展，具有重要的贡献和参考价值。

二 中国古代文明的形成问题

夏朝是中国历史上的第一个王朝。考古学也证明以河南偃师二里头为

[①] 严文明：《中国史前文化的统一性和多样性》，见氏著《史前文化论集》，科学出版社1998年版，第1—17页。

代表的二里头文化是中国第一个国家形态的复杂社会①。但是，中国古代文明的形成却不是一蹴而就的。复杂社会的形成是一个缓慢而曲折的过程。以中原地区为例，复杂社会的开始，早在第四千纪的中晚期，也就是以庙底沟类型为代表的仰韶文化中晚期。先是庙底沟文化对周边地区的强力辐射，接下来则是公元前三千纪前半黄河上游、下游、长江中下游、以长城为重心的北方地带等周边地区对中原地区的扩张和影响。在这种同周边文化的不断交流和互动中，也可以说是在周边文化的压力下，中原龙山文化的实力不断加强，渐得优势，最终脱颖而出，形成灿烂的二里头文化②。

不仅如此，历史上的夏商周三代文明，都有深厚的新石器时代文化基础。从公元前三千纪的龙山时代开始，中国的许多区域都发展出大大小小、相互竞争、彼此交流的王国来。夏商周只是在黄河流域众多史前文化基础上发展起来的三个相对立的政治集团。按照张光直（1931—2001）的说法，夏商周三代的关系，不仅是前仆后继的朝代继承关系，而且一直是同时的列国之间的关系。从全华北的形势看，后者是三国之间的主要关系，而朝代的更替只代表三国之间势力强弱的浮沉而已③。尽管如此，目前考古学上所认定的与二里头文化大致同时的先商文化和先周文化，还没有发展出与二里头遗址同等发展水平的大型聚落，二里头遗址被多数中国考古学家认为是夏王朝的晚期都城④。二里头文化主要分布在郑州以西的河南中西部地区和晋南地区，范围有限。以河南郑州二里岗和河南安阳殷墟为代表的商文明，政治疆域空前扩大，商文化影响区北及辽河，南达两广，西南到甘青地区和成都平原，东则包括胶东半岛。周代由于分封制的推行，政治疆域进一步向四方扩大，最终奠定了秦汉统一的物质基础⑤。

---

① Liu, Li and Xingcan Chen, *State Formation in Early China*. Duckworth, London, 2003. 夏鼐：《中国文明的起源》，文物出版社1985年版；张光直：《中国青铜时代》，生活·读书·新知三联书店1983年版；许宏：《最早的中国》，科学出版社2009年版。
② 赵辉：《以中原为中心的历史趋势的形成》，《文物》2000年第1期。
③ 张光直：《中国青铜时代》，生活·读书·新知三联书店1983年版，第31页。
④ 孙庆伟：《鼏宅禹迹：夏代信史的考古学重建》，生活·读书·新知三联书店2018年版。
⑤ 宋新潮：《殷商文化区域研究》，陕西人民出版社1991年版。

历史上被长期忽视的长江流域，也有众多实力强大的方国存在。比如20世纪80年代中期以来在四川广汉发现的三星堆文明、江西新淦发现的大洋洲文明，都应该是当地土著文明的突出代表，且同中原夏商周文明存在千丝万缕的联系①。这些大大小小的方国，经过两千多年的激烈竞争，到公元前一千纪末期最终汇入秦汉帝国的历史洪流之中。

如果说中国史前六大文化区的区域文化构成了日后中国文明的主要部分，如果说经过新石器时代早中晚期的发展，中国各区系史前文化的面貌日渐显露出同一趋势，形成有别于任何其他地区的文化共同体，那么，就各区系文化的主体看，异仍大于同。这是考古学家能够从物质文化中看出各区域文化交流或冲突的根本原因。这种情况，直到夏商周为主体的中国古代文明兴起之后，才逐渐改变，三代文明像一个滚动的雪球，越聚越大，文化的同一性也空前加强，最终为秦汉统一多民族国家的形成奠定了坚实的基础②。

考古所见夏商周时代的历史图景，进一步突破了中国历史千古一系的传统观念；新中国丰富多彩的考古发现，不仅使我们对于中国古代文明形成和早期发展时期的历史有了新的认识，也在很大程度上改变着我们的历史观③。

三　中国古代文明形成的环境和机制问题

中国古代文化的特点也许可以用土著性、统一性和多样性加以描述。

---

① 中国社会科学院考古研究所：《中国考古学·夏商卷》，中国社会科学出版社2003年版；Liu, Li and Xingcan Chen, *The Archaeology of China: From Late Paleolithic to the Early Bronze Age.* Cambridge University Press, Cambridge, 2012；刘莉、陈星灿：《中国考古学：从旧石器时代晚期到早期青铜时代》，生活·读书·新知三联书店2017年版。

② 陈星灿：《中国远古文化研究的几个关键问题的评述》，《史前研究》，三秦出版社2000年版，第278—279页。

③ Loewe, Michael and Edward L. Shaughnessy ed., *The Cambridge History of Ancient China: From the Origins of Civilization to 221 B.C.* Cambridge University Press, Cambridge, 1999. Keightley, David N., Early Civilization in China: Reflections on How it Became Chinese. In Paul S. Ropp, ed., *Heritage of China: Contemporary Perspectives on Chinese Civilization*, University of California Press, 1990, pp. 15–54. 费孝通：《中华民族多元一体格局》，中央民族大学出版社1999年版；赵汀阳：《惠此中国》，中信出版集团2016年版。

这些特点，跟它所处的地理环境密不可分。中国特殊的地理位置，形成了相对独立的地理单元，决定了这里的古代文化，从旧石器时代开始，就处于同外界相对隔离的状态。虽然旧石器时代的文化还不能称为中国文化，但是在漫长的旧石器时代，中国境内的原始文化，似乎走着与旧大陆西侧完全不同的道路。旧石器时代晚期以来，与外界的接触逐渐增多，但整个新石器时代乃至青铜器时代，中国文化仍旧走着独立发展的道路。这是因为作为腹心的黄河、长江中下游及其临近地区，通向旧大陆西侧的道路，被青藏高原和众多的高山大漠所阻隔；向南的道路，又有一系列的高山大川和热带雨林为屏障；东部在史前的大部分时期都是茫茫大海；而北方不仅有一望无际的高寒和沙漠地带，还有一系列东西向的大河通向大海。与此同时，中国作为一个巨大的地理单元，又是由一系列高原、平原、盆地、山脉、丘陵、河流、沙漠、沼泽、湖泊等构成的数量众多的次一级的小地理单元组成的。地形上的东西三级阶梯和纬度上南北相差30多度的空间距离，构成了从热带到亚热带、暖温带、寒温带以及青藏高寒带的差别明显的气候带，在新石器时代早中期就形成特色显著的北方旱作农业、南方稻作农业和西北猎牧业三大经济区，又以各地独特的地理环境为依托，形成各具特色的区域文化①。

但这并不意味着中国古代文化是一个封闭自足的文化体系。实际上，即使有高山大漠和茫茫大海的阻隔，中国同外部世界的文化交流也从来没有停止过。目前的考古发现还无法回答所有的问题，但是有一些现象是值得注意的。比如，马和马车都是在商代晚期才突然出现的；小麦在公元前2500年前后的龙山时代突然出现，到二里岗早商文化（约公元前1600—前1415年）时期，差不多已成为华北地区的寻常作物；红铜和青铜器差不多同时出现在公元前第三千纪的甘青、中原地区和北方地区，中国没有经过旧大陆西部漫长的红铜时代；中原地区的山羊和绵羊也是从龙山时代（公元前第三千纪）开始出现，在二里头（约公元前1800—前1500年）

---

① 严文明：《中国史前文化的统一性和多样性》，见氏著《史前文化论集》，科学出版社1998年版，第1—17页；张光直：《中国考古学论文集》，生活·读书·新知三联书店1999年版；陈星灿：《中国远古文化研究的几个关键问题的评述》，《史前研究》，三秦出版社2000年版，第258—287页。

和二里岗时代流行起来，成为常见的家养动物；殷商晚期都城安阳所见的玉器和龟甲，则被认为和目前中国疆域的西部和南部边疆——新疆和南海有关，而四川广汉三星堆遗址发现的海贝，则可以追溯到印度洋中。最近的研究显示，家养水牛也可能是公元前第一千纪从印度次大陆引进而来的①。

至于秦汉及其以后时代中国同外部世界的关系，考古上的发现更多，但是无论就其规模和影响来说，直到18—19世纪中国被迫开放门户之前，都远远比不上这个巨大地理单元内部各文化区之间的互动、交流和冲突。比如，长江中下游地区是栽培水稻的起源地，早在仰韶文化时期（约公元前5000—前3000年）甚至更早，栽培水稻已经进入黄河流域；中原地区以粟、小麦和豆类等旱地作物为主辅以少数水稻栽培的华北农业传统，至少可以上溯到公元前1600—前1300年前的商代②；以二里头青铜器为代表的体现祖先祭祀的礼器文化，在公元前第二千纪中期的商代，迅速扩张至

---

① Lee, Gyoung-Ah, Gary W. Crawford, Li Liu, and Xingcan Chen, "Plants and people from Early Neolithic to Shang Periods in North China", *Proceedings of the National Academy of Sciences of the United States of America*, 2007, pp. 104, 1087 – 1092. 陈星灿：《作为食物的小麦——近年来中国早期小麦的考古发现及其重要意义》，《中国饮食文化》2008年第2期；赵志军：《小麦东传与欧亚草原通道》，见中国社会科学院考古研究所夏商周考古研究室编《三代考古》（三），科学出版社2009年版，第456—459页；陈星灿：《公元前三千纪至两千纪的东西方文化交流——中国考古学的证据》，《文物》（韩国）（2018），第231—252页；李水城：《西北与中原早期冶铜业的区域特征及交互作用》，《考古学报》2005年第3期；梅建军：《中国早期冶金术研究的新进展》，见中国社会科学院考古研究所科技考古中心编《科技考古》（三），科学出版社2011年版，第135—154页；Crawford, G. W., East Asian Plant Domestication. In *Archaeology of Asia*, edited by M. T. Stark. Blackwell Publishing House, Malden, 2006, pp. 77 - 95. Yuan, Jing, The Origins of Animal Domestication in China, Paper for International Conference on Zooarchaeology, Zhengzhou, July 13 - 15, 2007. 袁靖、罗运兵：《中华文明形成时期的动物考古学研究》，见中国社会科学院考古研究所科技考古中心编《科技考古》（三），科学出版社2011年版，第80—99页；[美]大卫·安东尼：《马、车轮与语言：欧亚草原青铜时代的骑马者如何塑造了现代世界》，张礼艳、胡保华、洪猛、艾露露译，中国社会科学出版社2016年版；《张光直：《中国青铜时代》，生活·读书·新知三联书店1983年版；中国社会科学院考古研究所：《殷墟的发现与研究》，中国社会科学出版社1994年版；四川省文物考古研究所：《三星堆祭祀坑发掘报告》，文物出版社1997年版；刘莉、杨东亚、陈星灿：《中国家养水牛的起源》，《考古学报》2006年第2期。

② Lee, Gyoung-Ah, Gary W. Crawford, Li Liu, and Xingcan Chen, Plants and people from Early Neolithic to Shang periods in North China. *Proceedings of the National Academy of Sciences of the United States of America* 2007, pp. 104, 1087 - 1092.

广大的长江流域和北方地区，超越各地方土著文化，构成一个范围广大的"同质文化"，形成界说中国文明的上层文化基础①。

总之，中国文化的基础形成于万年以来的新石器时代，它的土著性、多元性和一体性跟它所处的地理环境是分不开的；与此同时，这个巨大地理单元本身跟外部世界的联系也从来没有停止过，中国从来也不是一个完全自足的文化单元，尽管整个古代它与外部世界的联系几乎没有扮演过举足轻重的角色。

最后，让我们回到本文开头所提及的问题。新中国近70年来的众多考古发现，成就巨大，有目共睹。如果说安阳殷墟的发掘，证实了古代文献（特别是《史记·殷本纪》）的可靠性，那么此后的一系列重要考古发现，则使不少学者减少了对古代文献应该抱持的审慎、批判态度；20世纪初叶的疑古思潮，差不多完全被乐观的信古所取代，最极端者，就是把某些考古遗址和古代文献记载的某些传说人物对号入座。考古当然可以证明古代文献的真伪，但这只是考古学能被利用的一小部分价值，它更应该是用它自己的方法和证据，重建中国古代的历史。我也举一个例子来说明这个问题。在过去的差不多60年里，中国的众多考古学家和历史学家花费了很大气力去证明二里头遗址是夏的都城，二里头文化是夏文化，但时至今日，这一目标并未完全达到，因为没有任何出土文字资料可以确认这种说法。但是，从考古学上看，二里头遗址和二里头文化的发现，丝毫也没有影响我们了解黄河中游地区公元前第二千纪前半期的历史进程；无论这个文化是否代表夏，无论这个遗址是否代表夏的某一个都城，我们都可以肯定在这个时代，有一个面积超过300万平方米，拥有众多夯土台基和围墙，出土高等级的墓葬和青铜器、玉器的国家社会，出现在了伊洛平原的沃土上；考古学的发现还证明，这个文化主要分布在豫西和晋南地区，但触角已经伸向长江流域，它的目的可能是控制铜和绿松石这样重要的自然

---

① Allan, Sarah, "Erlitou and the Formation of Chinese Civilization: Toward a New Paradigm", *The Journal of Asian Studies*, Vol. 66, No. 2 (May), 2007, pp. 461–496.

资源①。而这些，是考古学出现之前的古史研究无论如何都不可能知晓的。

我想说的是，考古学有它自己的方法和目标，它完全可以用自己的方式和语言，对中国历史的重建做出它的贡献。

---

① Liu, Li and Xingcan Chen, *State Formation in Early China*. Duckworth, London, 2003. 中国社会科学院考古研究所：《偃师二里头》，中国社会科学出版社1999年版；中国社会科学院考古研究所：《二里头（1999—2006）》，文物出版社2014年版；Liu, Li and Xingcan Chen, *The Archaeology of China: From late Paleolithic to the early Bronze Age*. Cambridge University Press, Cambridge, 2012；刘莉、陈星灿：《中国考古学：从旧石器时代晚期到早期青铜时代》，生活·读书·新知三联书店2017年版。

改革开放四十年的中国古代史研究

符 奎 卜宪群

1949年中华人民共和国成立之后，中国史学进入马克思主义史学全面发展阶段，到1966年的17年间，在马克思主义唯物史观的指导下，以阶级关系为分析工具，对五朵金花等问题展开了深入探讨，在社会形态演变研究方面取得重大成果。"文化大革命"开始后，科学的史学研究处于停滞状态，直到1978年中国共产党第十一届三中全会的召开，中国迈入改革开放的新时期，包括中国古代史在内的科学研究才步入正常轨道。40年来，在改革开放的伟大进程中，中国的经济、政治、文化和社会建设都取得举世瞩目的成就。历史学是一门与现实有着密切联系的学问。伴随着改革开放，中国的人文哲学社会科学步入繁荣昌盛的新阶段，作为历史学分支学科的中国古代史也同样经历着深刻的变化。下面我们从四个方面就改革开放40年来的中国古代史研究谈一点粗浅的看法。[①]

一 研究环境的变迁与人才队伍的培养

史学研究从来都与其所处时代的环境不可分离，中国古代史也不例

---

① 改革开放以来的中国古代史研究，我们先后撰写有：《三十年来的中国古代史研究》（《光明日报》2008年11月16日第007版），《改革开放30年的中国古代史研究》（《社会科学管理与评论》2008年第4期），《新出材料与改革开放三十年来的中国古代史研究》（《河北学刊》2008年第6期），《用马克思主义唯物史观指导中国古代史研究——写给〈中国史研究动态〉纪念改革开放40年中国古代史研究专刊》（《中国史研究动态》2018年第1期）等论文。40年来的中国古代史研究取得了非凡的成就，虽然不同时段的任务、论题与研究方法等具有一定的差别，具有阶段性特征，但基本格局没有变化。我们对40年来中国古代史研究的认识与定位也是一贯的和一致的。因此，本文在上述文章原有框架结构的基础上，对相关内容进行了补充，以反映改革开放以来中国古代史研究的整体状况。

外。所谓时代环境主要有两个方面：一是该时代的社会变化；二是该时代的学术环境。二者对史学均产生深刻的影响，前者反映的是学术与社会的关系，后者反映的是学术自身的内在发展逻辑。

众所周知，粉碎"四人帮"以后的中国古代史学界面临着非常艰难的境地。"文化大革命"的导火索是从中国古代史领域中点燃的，"文化大革命"中的批林批孔和评法批儒等问题也和中国古代史研究相关。在这场空前浩劫中，许多著名史学家受到迫害和残酷斗争，中国古代史研究的内容和方法受到严重歪曲，学科建设在这十年中陷于停顿。因此，批判"四人帮"给史学研究造成的破坏是当时中国古代史学界的当务之急。史学是"文化大革命"的重灾区，虽然绝大多数史学家并不认同"四人帮"的错误观点并与之进行斗争，但他们在这十年里被迫"荒废"了许多宝贵的时间，研究工作不能正常进行。迅速肃清"四人帮"的余毒，把失去的损失夺回来，是压抑在当时史学工作者心中的迫切愿望。

但客观地看，当时的中国古代史学界还面临着更深层次的问题。首先，人才培养的断层和学科建设的停顿，导致研究力量严重不足，后继乏人；其次，对理论的简单化、教条化、公式化的理解以及对史学功能的片面性认识，使中国古代史研究自中华人民共和国成立以来就存在着研究领域狭窄，研究方法单调，缺乏对中国历史自身特点和规律的把握以及对海外研究状况信息闭塞等诸多问题；最后，由于社会转型和史学自身发展过程中存在的问题，使包括中国古代史在内的整个历史学受到了所谓"危机"论的冲击。这些依然是改革开放之初中国古代史研究不可回避的问题，也使改革开放之初的中国古代史研究步履维艰。新时期的中国古代史研究从时间上来说是从"文化大革命"之后开始的，但积累的问题却由来已久。

随着社会转型和解放思想、实事求是精神的深入人心，中国古代史研究的学术环境发生了急剧的变化。回顾40年来的历程，大体有这样几个方面的特点。

(一) 学术研究的政治与社会环境大为改善

新时期,将史学简单地视为政治工具的做法被纠正①,极"左"思潮受到批判。马克思主义不再作为标签被随意张贴。史学从"庙堂之学"的神坛上跌落的过程也带来了阵痛,短暂的迷茫中人们发出了"史学危机"的论调。学者们开始积极探索在史学研究中运用新理论与新方法,摒弃了对马克思主义简单化、教条化、公式化的理解,中国古代史的研究回归到正常的学术发展道路上。在排除了政治干扰之后,中国古代史的研究走上了"求真"的学术轨道,学风转向务实,为史学的稳定发展奠定了良好的政治与社会环境。

科学对待中国传统历史文化,取其精华,去其糟粕,使之与当代社会相适应、与现代文明相协调,保持民族性,体现时代性,发挥其在建设具有中国特色社会主义伟大进程中的应有作用,是中央对包括中国古代史研究在内的历史学的期望。② 中国古代的历史文化从来没有像今天这样受到

---

① 胡乔木1980年4月8日在中国史学会第二次全国代表大会上的讲话中说道:"马克思主义认为,从长远的历史来看,政治不是目的,政治主要是实现各个历史时期经济目的的手段,同时也是实现各个历史时期其他社会目的的手段。社会主义的政治,是实现劳动人民经济文化目的的手段。因此,毛泽东同志一向教育我们为人民服务,我们从来不说也不可能说'人民为政治服务'。那样说就颠倒了主从关系,就违反了马克思主义历史唯物主义的基本原理……我们这样说,并不意味着政治是不重要的,科学可以脱离政治。在我们的时代科学是不能同政治脱离的。政治是实现人民经济文化需要的最重要、最强有力的手段……历史科学满足政治需要的正确理解应当是,历史向社会也向政治提供新的科学研究的成果,而社会和政治则利用这种成果作为自己活动的向导。"(参见《胡乔木文集》第三卷,人民出版社1994年版,第118—119页)

② 我们党的领导核心经常强调全党干部尤其是领导干部要重视学习历史,特别是中国历史,从中汲取宝贵的经验教训,毛泽东同志、邓小平同志、江泽民同志与胡锦涛同志多次对此发表重要的意见。党的十八大以来,习近平总书记本着对传统文化和人类文明尊重与思考的态度,多次提出挖掘与借鉴历史经验,为推进国家治理体系和治理能力现代化而服务,形成了新时代治国理政的历史借鉴观。2014年10月13日,习近平总书记在中国共产党第十八届中央政治局第十八次集体学习时强调牢记历史经验历史教训历史警示为国家治理能力现代化提供有益借鉴,并指出:"怎样对待本国历史?怎样对待本国传统文化?这是任何国家在实现现代化过程中都必须解决好的问题。我们党在领导革命、建设、改革的进程中,一贯重视学习和总结历史,一贯重视借鉴和运用历史经验。历史虽然是过去发生的事情,但总会以这样那样的方式出现在当今人们的生活之中。"2016年5月17日,习近平总书记在哲学社会科学工作座谈会上的讲话指出:"中国古代大量鸿篇巨制中包含着丰富的哲学社会科学内容、治国理政智慧,为古人认识世界、改造世界提供了重要依据,也为中华文明提供了重要内容,为人类文明作出了重大贡献。"

全社会的广泛重视。在马克思主义唯物史观的指导下，中国古代史的研究在各个方面都取得了杰出的成就。

（二）人才培养有了制度化的保障

1977年恢复的高等学校招生考试到十一届三中全会之前已经录取了两届学生，研究生招生也在1978年恢复，其中就有不少中国古代史专业的学生入学接受专业训练。五四运动以来的一批史学大家在新时期之初还硕果仅存，中华人民共和国成立前后崛起于史学界的一批学者尽管经历了"文化大革命"的磨难，但由于他们在学术成长的过程中大多接受了20世纪前半期许多前辈的亲炙，又努力学习马克思主义理论，很多人学贯中西，文史兼长，学术生命仍然风华正茂。中华人民共和国成立后培养起来的一批学者尽管受到很多干扰，但由于受过严格的专业训练，对唯物史观有着科学、真诚的信仰，时值中年，学术创造力方兴未艾。恢复高考以后的学子们正是在这种学术传承环境与氛围中受到教育和培养，他们中的许多人成为今天中国古代史研究的中坚力量。

进入21世纪，随着国家经济实力的提升，对教育的投入加大，在高考扩招政策的影响下，学士与硕士的培养规模大幅度增加，拥有博士学位的高层次人才也日渐增多。近年来，这批学者加入史学研究队伍之后，给中国古代史研究带来的影响是深刻的。迅速增加的高学历、高层次人才填充到各研究所、高校等科研机构的工作岗位上，促使研究格局发生变化，形成了以原各史学研究中心为核心，各地新兴研究单位为连接点的网点式分布状态，不仅推动了史学研究的发展，而且客观上将史学"求真"的精神普及开来，提升了公众的历史文化知识水平。

（三）学科建设和学术研究有了长远的发展规划

1979年初在成都召开了由中国社会科学院主持的中国历史学规划会议，会集了来自全国科研机构、高等院校和出版部门的280多位代表，是改革开放以后史学界的一次盛会。这次会议回顾历史，总结经验教训，展望未来，对历史学科建设与发展中的许多重大问题进行了充分研究，讨论、修正并落实了八年规划（1978—1985）。① 此后中国古代史各专业研究会的成立，历史大辞典、大百科全书历史部分的编撰，历史资料的整理出版，各断代史、专题史的重点研究方向，都与这次规划会议有关。特别是各断代和专门史研究会的成立，至今仍对中国古代史的研究有着重要推动作用。

在中央新成立的全国哲学社会科学规划领导小组领导下，1983年在长沙召开的全国历史科学规划会议，首次将规划项目纳入国民经济和社会发展第六个五年计划，被列入规划的中国古代史的一些项目，如白寿彝主编的多卷本《中国通史》，戴逸、王戎生主编的《清代通史》和《清代人物传》，侯外庐、邱汉生、张岂之主编的《宋明理学史》，张政烺、周绍良负责的《敦煌文书整理研究》（汉文部分），唐长孺负责的《吐鲁番文书整理研究》和《1972—1974年出土居延汉简整理研究》，林甘泉主编的《中国封建土地制度史》等，具有重要价值。《中国古代经济史断代研究》（后改为《中国经济通史》）也由古代史规划小组在"六五"期间启动。这两次规划会议及其成果从指导思想、学科建设、人才培养以及重点项目研究导向上，对开创新时期的中国古代史研究都产生了重大影响。②

1991年，中央决定在全国哲学社会科学规划领导小组下设全国哲学社会科学规划办公室，负责制订全国哲学社会科学发展规划和年度计划，这一举措意义重大而深远，多年来该机构设置课题指南并进行相关课题资助，对包括中国古代史在内的学科建设和学术研究有着重要推动作用，国家社科基金项目至今为学术界所推崇，在一定程度上引领着中国古代史研究的方向。

1980年恢复活动的中国史学会和各省、自治区的史学会长期以来也为中国古代史研究的推进做出了贡献。国家重点投入开展的夏商周断代工程、清史编纂工程和中华文明探源工程等都属于中国古代史研究领域中的课题。以中国社会科学院历史研究所为代表的科研机构和各大学的历史学

---

① 参见周自强《我国历史学界的一次盛会——记中国历史学规划会议》，《中国史研究动态》1979年第6期。

② 关于长沙史学规划会议情况参考了周年昌《对两次史学规划会议的回忆》，载中国社会科学院老专家协会编《我在现场——亲历改革开放30年》，社会科学文献出版社2009年版，第56—65页。

院（系），是推动中国古代史学科体系完善和学术研究前进的核心力量，其中一些有特色的中国古代史研究基地、中心在各地逐步形成。

2011年，国务院学位委员会和教育部联合印发《学位授予和人才培养学科目录（2011年）》，对学科设置进行了调整，改变了历史学门类原来只有一个一级学科的情况，设立了考古学、中国史和世界史三个一级学科。就历史学的学术发展与高等教育现状来说，这一划分推动了历史学包括中国古代史研究的发展。

（四）开放的信息交流渠道已经形成

新时期的中国古代史研究无论在方法、手段和研究领域上都不再是封闭式的了。改革开放之初，中国古代史研究的对外交流已经开始。港澳台及海外的中国古代史研究信息通过翻译、介绍等各种渠道被大陆学者所认识和了解。1979年创刊的《中国史研究动态》从第1期开始，几乎每一期都有国外及港澳台地区的中国古代史研究情况，成为当时直至现在大多数学者了解大陆之外中国史研究的主要渠道。

随着经济实力的增强和交流渠道的畅通，越来越多的学者走出了国门，越来越多的海外及港澳台地区学者进入内地。各类国际学术会议的举行，网络信息化的发达，使中国古代史研究的资源共享成为可能。2015年，国际历史学会主办，中国史学会和山东大学承办的第22届国际历史科学大会的胜利召开，是中国史学界与世界史学界对话交流的一个里程碑，也是中国古代史研究走向世界的一个标志。随着开放的深入，港澳台及海外的中国古代史研究不再是简单的信息介绍，一些重要的史学名著也被系统地翻译介绍过来，如《剑桥中国史》以及众多的各种专门性的中国古代史著作。一些具有影响力的中国学者的中国古代史研究著作也被翻译成外文文献，不仅强化了与世界其他国家、地区间的学术交流，也深化了世界史学界对中国古代史学界的认知。国家社会科学基金还专门设立了中华学术外译项目，以推动包括中国古代史研究在内的中外学术交流的发展。现在，在很多具体问题上，中外及港澳台学者的研究可以说是站在了同一起点上，学术研究的地域性差别已经大大缩小。

1978年中国共产党十一届三中全会的召开，开启了改革开放的新时期，中国古代史研究排除了极"左"思潮的干扰，走上了正常的学术发展道路，为学术研究营造了良好的政治与社会环境。在此基础上，通过学科建设与人才培养机制的完善，为中国古代史研究的发展提供制度保证。40年来，中国古代史研究的进步获得了世界的广泛认可，与世界史学界的对话与交流逐渐频繁化与日常化，共同促进了中国古代史研究的发展。同时，由于综合国力的增强，国家对人文学科的投入不断增加，各类中国古代史的研究机构得以建立，课题研究经费得到更充分的保障，研究者的经济待遇也明显提高，这是新时期中国古代史研究得以繁荣的重要保障之一。

二 研究领域的拓宽与学科体系的完善

由于环境的变迁，改革开放40年来的中国古代史研究呈现出繁荣昌盛、生机勃勃的局面。无论是断代史还是通史、专门史，其突出特点是研究领域的深化和拓宽，学科体系构建逐步完善，研究成果丰硕。

21世纪初已经有很多文章从断代或学科的角度对20世纪中国古代史研究成果做了总结，《中国史研究动态》编辑部也以改革开放40年来先秦史研究、秦汉魏晋南北朝史研究、隋唐五代史研究、辽宋夏金史研究、元史研究、明清史研究为专题，策划推出了"改革开放40年中国古代史研究专刊"[①] 以及其他相关学科研究的总结，限于篇幅，这里不再重复，仅从学科发展的宏观角度做一点简单的归纳。

（一）政治史研究

政治史研究在各断代史领域向纵深方向发展。考古新发现和研究理论、方法的更新使中华文明起源和国家形成的道路问题受到关注，并取得一定的成就。各时期政治制度史的各个层面，如皇权、机构、职官、仕进、考课与监察、法制、文书、军事、行政管理、礼仪、外交、阶级与阶层、国体与政体、政治人物评价等问题都有了新的推进，大多有一部或数

---

① 参见《中国史研究动态》2018年第1期。

部专著出版。政治文化和政治文明也进入研究视野。政治制度史的研究不再是静态的描述而是力图从动态的角度把握整体的演变过程,并将制度史与政治史结合起来考查。这一研究范式的转化,表明研究的重点从制度本身过渡到实际政治过程中的运转机制与效力问题,开始注意到制度背后活生生的人及其构成的动态社会,从而使制度史的研究得到深化。

多卷本中国政治制度通史和各类断代政治史、制度史也相继出版。历代中原王朝的政治史是研究重点,但周边少数民族政权的政治史也受到关注。中外政治制度比较研究被学者们重视,从而开阔了政治史研究的视野。军制史不再简单地被作为政治史的一个部分而是有了更深入的发展。相关断代的军事史和军事通史也不断问世。随着改革开放的深化,其他专门史研究取得了快速的发展,中国古代史研究在专业方向上呈现多元化的局面,为了寻找政治史研究的新可能,以形成新的起点与蓄势,有学者发出了政治史"再出发"的呼吁[①]。政治史研究是传统史学、近现代史学的重点,形成了深厚的学术积累,新时期的中国古代政治史研究不仅继承了其中的许多优秀传统,还在理论方法、研究视角上有了更多的突破,是中国古代史各专门史研究中发展最快、优秀成果最多,也是最成熟的领域之一。

(二) 经济史研究

1949年到"文化大革命"前,经济史的研究相对比较繁荣,所谓"五朵金花"大多和中国古代经济史研究有关。[②] 改革开放以后,经济史研究进入了一个快速发展时期。一些重要的经济史研究机构和刊物创立,大批研究资料整理出版。经济史的研究对象、方法、理论都有新的变化,传统经济史研究中的若干问题继续得到关注,但研究重心的转移也十分明显。

中国封建经济结构的特点,中国封建社会为什么长期延续,商品经济与自然经济的关系,传统经济与现代化,生产力的发展水平,土地制度与

[①] 邓小南:《宋代政治史研究的"再出发"》,《历史研究》2009年第6期。
[②] 参见吴承明《谈百家争鸣——纪念〈中国经济史研究〉创刊20周年笔谈(下)》,《中国经济史研究》2006年第2期;李伯重《中国经济史应当怎么研究——纪念〈中国经济史研究〉创刊20周年笔谈(下)》,《中国经济史研究》2006年第2期。

阶级关系，社会经济形态，城镇与市场经济，前近代中国的经济结构和发展水平，"三农"等都是新时期受到广泛关注的问题，增强了中国古代经济的整体性认识。经济史中各专门史的研究，区域经济史的研究，少数民族经济史研究，与经济史相关的城市史等都有了开创性的研究。①

新时期以经济关系为主的社会形态演变研究逐渐趋冷，恢复高考以后，尤其是高考扩招之后培养的学者，很少再专注于这些经典理论问题。议题的重心从传统的国家政治与阶级结构转向社会史与思想文化史。②

（三）社会史研究

开始于20世纪初的社会史研究在新时期获得广泛关注，成为一个热门研究领域。其内容部分可以与过去的社会史研究接轨，但在理论方法、研究视角上都有了新的变化。社会史的学科定位还有不同看法，但40年来取得的成就应当是公认的。社会组织与结构、宗族、家庭与人口、婚姻形态、社会生活、社会问题、社会势力、风俗信仰、秘密结社、社会文化等各方面都有代表性的论著问世。专门性的社会史、社会通史、区域社会史都取得一定的成就。疾疫史、灾荒史、性别史、乡村史以及底层社会群体的研究被重视。田野调查与口述史取得了一定的进展。③ 以"国家与社会"为理论分析框架的研究模式近年来广泛渗透于中国古代社会史研究，影响有逐渐扩大的趋势。这一模式打破了传统的国家立场，由基层社会入手，通过对普通民众社会生活状况的分析，探讨国家与社会的关系。其所预设的理论前提、核心内容、逻辑话语，在建构新的历史解释模式和研究范式，进而突破原有的思维定式与历史视野以及形成新的问题意识上，都

---

① 参见李根蟠《二十世纪的中国古代经济史研究》，《历史研究》1999年第3期；林甘泉《20世纪的中国历史学》，《历史研究》1996年第2期，收入《林甘泉文集》，上海辞书出版社2005年版，第346—384页；林甘泉《世纪之交中国古代史研究的几个热点问题》，载中国史学会、云南大学编《21世纪中国历史学展望》，中国社会科学出版社2003年版，第96—110页，收入《林甘泉文集》，第405—428页。

② 包伟民：《改革开放40年来的辽宋夏金史研究》，《中国史研究动态》2018年第1期。

③ 参见郭松义《中国社会史研究五十年》，《中国史研究》1999年第4期；赵世瑜、邓庆平《二十世纪中国社会史研究的回顾与思考》，《历史研究》2001年第6期；常建华《改革开放40年以来的中国社会史研究》，《中国史研究动态》2018年第2期。

令人瞩目。它直接推动了中国古代史中的长时段历史、基层社会组织、社会结构变迁等具体研究与宏观研究的展开，其含义已经不是狭义的社会史所能够涵盖。唐宋变革论的再次被关注与此不无关系。社会史研究的相关机构和刊物也都是在新时期创建的。

（四）思想文化史研究

思想史在新时期所取得的成绩令人瞩目。简帛资料的发现极大地推进了先秦思想史的研究，特别是儒家、道家思想早期形态的研究。儒家思想的历史地位有了新的认识，当然它对中国历史发展的影响如何评价还不一致。思想史的研究领域明显拓宽，关注的热点增多，研究方法和研究视角呈现出多元化趋势，有相当一批高水平的论著问世。[①] 当然新时期的思想史还存在研究发展方向的问题，就思想史谈思想史还是将思想史与政治史、社会史等学科相结合来研究，仍然有分歧，但这种分歧有利于思想史研究的进一步深化而不是阻碍。传统的思想史研究侧重精英与经典思想的阐释，且多以哲学史命名，如冯友兰的《中国哲学史》等。侯外庐《中国思想通史》堪称运用马克思主义唯物史观研究中国思想史的代表作。但是，20世纪末对"一般知识、思想与信仰的世界"的关注兴起，[②] 一定程度上突破了原有的研究范式，将大众纳入思想史研究的范畴，极大地拓展了研究空间。

文化史的研究开始于20世纪之初，是在传统史学向新史学转变过程中产生的，取得了诸多成就。新时期的文化史热潮是从对传统文化的反思开始的，显然也带有时代的特色。从1978年开始，相关研究机构和刊物先后创办，目前已经形成规模。新时期的文化史研究尽管经历了泛文化的浪潮，有"文化"的虚热成分夹杂其中，文化史研究的对象还言人人殊，但无论是以实证为基础的文化史研究，还是以援引新理论、新方法开拓文化史新领域及获得文化史研究新认识的研究，都获得全面丰收。40年来，出版了多部文化通史，展示了中华文化演变的整体面貌；各断代文化史的

[①] 参见张海燕《二十世纪的中国思想史研究》，《中国史研究动态》2002年第1期。
[②] 葛兆光：《中国思想史》，复旦大学出版社1998年版。

出版，极大地丰富和深化了对各时期历史的认识。地域文化史和少数民族文化史的整理与研究，是新时期文化史研究新的走向。[①] 改革开放使中华传统文化经历着深刻的转型，人们更多地注意到文化与历史、文化与现实的关系，文化的"软实力"越来越被重视。2017年中共中央办公厅、国务院办公厅印发了《关于实施中华优秀传统文化传承发展工程的意见》，指出："在5000多年文明发展中孕育的中华优秀传统文化，积淀着中华民族最深沉的精神追求，代表着中华民族独特的精神标识，是中华民族生生不息、发展壮大的丰厚滋养，是中国特色社会主义植根的文化沃土，是当代中国发展的突出优势，对延续和发展中华文明、促进人类文明进步，发挥着重要作用。"可以说，文化史的研究正方兴未艾。

（五）其他诸学科

除了上述四大领域之外，中国古代史的其他分支学科也都取得了可喜的进展。

在民族史研究领域，不仅各断代民族史中关于民族起源、民族融合、民族政权、民族人物、民族矛盾、民族关系、民族社会性质、民族文化与思想等问题得到深入探讨，民族通史研究也成果丰硕。中华民族多元一体的观点得到广泛认同。民族史籍的整理和民族考古发现是新时期民族史研究的亮点。

中外关系史研究在新时期有了显著增强。新文献的发现和考古资料的出土促进了该学科基础研究的发展。中国古代与域外的陆路、海路交通，与中亚、西亚、东南亚、东北亚、南亚的经济文化交流等相关方面的研究十分活跃。中外关系史研究的内涵在不断扩展。

史学史研究继续向纵深发展，学科建设在机构设置、人才培养、刊物创办等"硬件"上大为改善，对史学史学科的研究对象、范围、功能的认识有了新的深化，史学史在文本研究、断代研究、人物研究、史学思想史研究、史学批评研究、史学与社会关系研究、少数民族史学研究、中外史

---

① 参见周积明《二十世纪的中国文化史研究》，《历史研究》1997年第6期。

学比较研究等多领域取得丰硕成果。①

历史地理研究在新时期有了长足进步。在传统沿革地理研究领域重要成果众多，中国社会科学院主持、谭其骧主编的《中国历史地图集》公开出版，一些重要的历史地理辞书问世。历史人文地理、历史城市地理、历史人口地理、历史自然地理、历史军事与交通地理、历史医学地理、历史科技地理等分支学科的发展，为历史地理开辟了广阔的新天地。② 近年来，以中国社会科学院中国边疆研究所为主体的研究队伍，综合全国力量，在边疆史研究上做出了重要贡献。

环境史研究的兴起。20世纪中叶以来，工业化造成的环境破坏及社会问题日益严重，在环境保护思潮影响下，环境史逐渐兴起。环境史在中国有着很深的学术渊源，考古学、历史地理学、农业历史研究等均在不同程度不同侧面关注人地关系，为20世纪90年代以来中国环境史理论、方法与实践的研究奠定了基础。在"人类回归自然，自然进入历史"③呼吁下，关于环境史的论文、著作大量出现，并迅速凝聚了一批专业的学人，成立了专门的研究机构。环境史究竟是历史学下面的一门学科，还是一种研究方法，抑或是一种研究视角，目前仍然存在一定的争议，但是关于环境史理论的探讨及相关研究实践，为中国古代史研究注入了新的活力。

新时期历史文献学的学科体系逐步形成，在历史文献学理论、目录学、版本学、校勘学、辨伪学、辑佚学、藏书学等领域都取得丰厚的成果。④

历史人物研究虽然不构成一门独立学科，但却是新时期古代史研究中成绩突出的一个领域，仍然值得一书。无论是历史人物评价的理论和方法，还是历史人物研究的深度和广度，都较之前有了长足进步，而有些则发生了根本性的变化。处理历史人物概念化、简单化的方法遭到摒弃。

最后，断代史各学科的建设与发展拥有了雄厚的基础。新时期中国古

---

① 参见瞿林东《中国史学史研究八十年（下）》，《淮阴师范学院学报》2007年第3期。
② 参见葛剑雄、华林甫《二十世纪的中国历史地理研究》，《历史研究》2002年第3期。
③ 李根蟠：《环境史视野与经济史研究——以农史为中心的思考》，《南开学报》2006年第2期。
④ 参见蒋宗福《新时期中国文献学研究综述（1978—2005）》，《绵阳师范学院学报》2006年第4期。

代史研究的总体成就以断代史研究的深入为代表。从先秦至明清，综合性的断代史编撰和各断代政治、经济、社会、思想文化的专题史研究成绩巨大，不仅填补了许多过去的研究空白，也显示出研究者独特的视野和学术个性。各时代的文献整理对推进断代史研究有着重要意义。以断代史为依托的甲骨学、简帛学、敦煌吐鲁番文书学、徽学在新时期成为国际性的显学。敦煌在中国，敦煌学在国外的状况得以改变。

三　理论视角的转换与研究方法的更新

1949年以后的中国古代史研究从方法论的角度来说是在马克思主义唯物史观的指导下开展的，传统史学方法虽有遗存，但主流是从唯物史观中抽象出若干基本原则并运用于古代史研究，如生产力与生产关系、经济基础与上层建筑、阶级观点和历史主义、历史人物评价的方法等。史学自身的理论与方法被忽视。"文化大革命"十年，阶级斗争理论演变成唯一的研究方法，甚至"影射史学"也粉饰登场。改革开放以后，史学界对唯物史观的正本清源，对中国传统史学研究方法和近代史学研究方法的重新认识（梁启超的新史学，王国维的二重证据法，胡适的进化论，傅斯年的史料即史学论，顾颉刚的历史层累的构造，以及实证方法等），对外来史学理论与研究方法的引入，等等，使中国古代史研究的基本手段与研究范围有了诸多更新，呈现出如下特点。

（一）基本理论问题的研究得到深化和加强

社会形态及其发展规律问题，历史发展动力问题，历史的统一性和多样性问题，历史创造者问题，历史人物评价问题，历史遗产的批判与继承问题，文明起源与国家形成的道路问题，中西历史比较问题，"封建"名实问题，中国封建社会长期延续问题，传统文化的现代化问题，前近代中国经济结构及其发展水平问题，自然经济与商品经济问题，"三农"问题，国家与社会关系问题，等等，认识都得到进一步的深化。这些问题的提出一方面是新时期理论视角的转换和学术内在规律发展的必然性决定的，另一方面也是社会现实的需要。当然上述有些问题不限于中国古代史，但大多与中国古代史研究不可分离。

（二）研究方法的多样化

由于中国古代史的独特地位和史料优势，往往使其首先成为各种各样新史学方法的试验田。例如，早在20世纪80年代初，原本属于自然科学方法论的系统论、控制论等就被用来分析中国封建社会的停滞性和周期性问题。同样属于自然科学的数学方法也被用来分析中国古代历史，形成计量史学，运用于对一些重大问题的量化处理。自然科学与社会科学相结合的一些方法，如心态史学方法也被用来分析中国古代历史人物的心理，并进而对该时期的历史发展做出新的解释。人文社会科学其他领域，如文化人类学、社会学、政治学、经济学、法学等学科中的研究方法，也被借鉴或援用到中国古代史研究中来。日新月异的遗址发掘和出土文字材料，使考古学与历史学的结合空前紧密。历史研究中的一般方法论受到更多的关注，如比较史学方法在中国古代史研究领域得到广泛的运用，在比较的内容、比较的手段与方法上都比之前更为科学。实证与考据方法在新时期再次受到广泛重视，一大批运用实证和考据方法取得的成果是新时期史学的重要成就之一。"回到乾嘉"口号的提出和"国学热"的兴起，实证和考据方法都是其重要的理论基础。[①] 破除了教条化的唯物史观仍然是新时期中国古代史研究的指导性理论和方法。随着马克思主义中国化的深入，唯物史观和具体的史学研究方法之间的区别日益明显，古代史的研究视野和研究方法也更加突出中国历史的自身特点。

（三）外来史学理论和方法的运用

自20世纪初开始，中国古代史研究无论是学科分类还是理论方法，都深受外来史学思想的影响。新时期中国古代史研究的发展也与外来史学的影响密切相关。具体地说，一是外来史学研究的新视角开拓了中国古代史研究的新领域，如环境史、医疗史等。而在中国古代史的政治史、经济史、社会史等领域，外来史学的影响都十分普遍。二是外来史学研究方法

[①] 参见侯云灏《20世纪中国的四次实证史学思潮》，《史学月刊》2004年第7期。

为中国古代史研究者所借鉴。如法国年鉴学派、英国马克思主义学派、比较史学、心理史学等成为最受中国学者关注的几个西方史学流派。① 三是共同研究、交流和对话的平台初步形成。无论是在基础史料考证上,还是在中观、宏观问题上,中外中国古代史学家都有了共同话语。当然,外来史学研究方法鱼龙混杂、泥沙俱下,需要我们冷静分析和接受。

四 唯物史观的指导地位与中国古代史研究的未来

史学研究的阶段性决定于史学自身发展的内在规律性,但史学发展也与该时期社会的发展密不可分。社会发展不仅为史学研究提供了必要的外部环境,而且为历史认识提供了新的视角。一个时代有一个时代的学术。无论是史学发展的内在规律,还是史学发展的社会环境,改革开放40年来的中国古代史研究都是一个值得认真总结和回顾的时期。如何评价40年来的中国古代史研究,意见恐怕还不能一致,其中所存在的问题也日益引起学者们的关注,但她以深厚的学术底蕴、广阔的学术视野和丰硕的研究成果,必将会在中国学术发展史上占有重要的地位。未来中国古代史研究的发展,我们认为首先要坚持马克思主义唯物史观的指导这一根本原则,其次是面临挑战采取相应的措施。

(一) 坚持唯物史观指导地位的必要性

习近平总书记指出:"历史研究是一切社会科学的基础,承担着'究天人之际,通古今之变'的使命。""究天人之际"是探究事物的本质,"通古今之变"是探讨事物的规律。历史研究对事物本质与规律探究的这种根本属性,决定了它在一切社会科学中的基础性作用,也决定了史学与所有学问一样,是作为一门对人类社会有用的学问而存在,只不过在不同历史阶段其所服务的主体内涵有所不同而已。

从一般意义上来说,史学研究由事实判断和价值判断构成,但这两者

---

① 邹兆辰:《新时期以来对中国史学影响较大的几个西方史学流派》,《江西社会科学》2004年第1期。

并不是截然分开的。通常认为,事实判断是寻找个别事物的真实历史状态及其内在联系,具有纯粹的客观性,实际上,我们在承认事实判断具有客观性特点的同时,也应注意到不同历史时期史家对历史事实研究的选择性。史家选择什么样的历史事实作为其关注、研究、分析的对象,是与其历史观、价值观,与其所处的时代相联系的。因此,价值判断与事实判断实际上也很难绝对分离。所以我们说,无论是探讨本质、规律,还是事实判断、价值判断,历史研究本质上离不开理论的指导。

古往今来有很多阐释人类社会历史发展一般规律的历史理论,也有很多阐释史学自身理论与方法的史学理论。就阐释人类社会历史发展一般规律的理论来说,马克思主义唯物史观是最为科学的理论,主要表现在三个方面:首先,唯物史观把历史的内容还给了历史;其次,唯物史观揭示了人类历史的客观性;最后,唯物史观指明了历史发展变化的内在动力。唯物史观的科学性决定了其对史学研究的指导地位。唯物史观的运用使历史学成为一门真正的科学,不仅有利于解释历史发展的内在规律与动力,而且拓展了史学研究的领域。

纵观近代中国历史学的发展,唯物史观的传入并被中国史学家所接受,是20世纪中国史学最伟大的进步,而与中国具体历史问题研究相结合的马克思主义史学学派的产生与发展,则是20世纪中国史学最重要的成就。20世纪的中国史学研究就其影响的深度和广度,没有其他学派可以与马克思主义史学相比拟。在中国马克思主义史学发展史上,每一项重要成就的取得,都与人们在唯物史观认识上的进步有关,众多的史学大师,包括郭沫若、范文澜、吕振羽、翦伯赞、侯外庐、胡绳等,正是在唯物史观的指导下,不断丰富对中国历史的认识,开拓历史研究的新领域、新境界。

(二) 新时期唯物史观面临的挑战

改革开放40年来,中国历史学界对唯物史观的理解与运用大致经历了三个阶段。

第一个阶段是1978—1989年,是在反思与争鸣中对唯物史观探索的时期。在排除了极"左"思潮的干扰之后,史学界返本清源,对将马克思主义和唯物史观教条化、公式化、片面化与绝对化的错误进行了反思，由此引发了对唯物史观的一些基本理论问题的热烈讨论，丰富和发展了唯物史观，有力推动了中国史研究的整体进步。

第二个阶段为20世纪90年代至20世纪末，是在史学研究多元格局中的唯物史观探索时期。受苏东剧变、西方史学理论思潮和方法的输入等诸多原因的影响，史学研究出现了多元化。一方面，包括唯物史观在内的理论研究"冷场"，史学界出现了一股"回到乾嘉去"的潜流，史学研究也表现出"碎片化"倾向，马克思主义史学及其理论体系受到考验；另一方面，对于唯物史观自身理论内涵的研究也逐步展开，形成世纪末的史学反思与对新世纪史学的展望。

第三个阶段为21世纪以来，是在构建中国史学话语体系下的唯物史观探索时期。这一时期，构建史学研究的"中国话语"越来越受到史学界的重视。在唯物史观基本原理的指导下，发掘、梳理中国史学的理论遗产，取其精华、去其糟粕，赋予新的内涵和现代表述，使其获得新的生命力，成为构建当今中国历史学学科体系的重要内容。[①]

40年来，随着人文哲学社会科学特别是历史学科的调整和学科建设的发展，中国古代史研究呈现出前所未有的广度和深度，取得了辉煌的成就。但是，唯物史观仍然面临着十分严峻的挑战。

首先，某些人对中华人民共和国成立后17年史学全盘否定。17年史学发展中客观存在的问题，导致改革开放以来中国古代史研究领域中对马克思主义唯物史观运用的淡漠。将17年史学归纳为农民战争史，称为"完全政治化"的时代等说法尽管不符合历史事实，在中国古代史学界也受到质疑，但是这种说法的影响依然存在。无论是某些学者对马克思主义基本理论的"反思""超越""淡化""回归文本"的种种说法，还是对马克思主义"僵化""教条""政治化"等指责，都削弱了中国古代史学界对马克思主义唯物史观的运用。然而事实是，17年史学奠定了改革开放后史学研究的基础，40年来中国古代史研究的一些重大问题仍然是17年史学的延续。如改革开放后的明清经济史，尤其是明代中叶以后的商品经济

[①] 瞿林东：《理论研究与学科体系》，《史学理论研究》2017年第2期。

的研究，接续了"资本主义萌芽"这一问题的探讨；唐宋变革论、明清变革论，以及土地制度等问题，与历史分期问题直接相关。17年史学时期关于社会形态问题探讨的功绩不容抹杀。

其次，缺乏对中国古代史宏观问题、结构性问题的探讨与把握，明显呈现出理论基础薄弱的状况。中国古代史研究无论是各断代史还是通史，都积累了大量需要研究和关注的宏观性、结构性问题，只有对这些问题进行深入探讨，才能够对整个中国古代史及各断代史有相应的把握，从而推动中国古代史研究取得重大突破。但目前相关领域中的一些学者不仅对牵涉整个中国古代史的宏观问题不再关注，即便对其所研究的某个断代史的总体性把握也非常不够。近年来，随着考古学的发展，出土文献大量涌现，而之前流散于民间的档案文书等资料，经过一些研究机构的搜集与整理，也开始大量出版，这都丰富了史料、拓展了研究范围，促进了史学研究的进步。但也应该看到，不少研究仅涉及新见文献本身的问题，很少进行宏观性与结构性探讨。大量新史料的出现，一定程度上促进了"碎片化"史学的快速发展。我们认为应当对史学"碎片化"的趋势保持高度警惕，当然在宏观问题观照下，对一些关键性细节问题进行详尽的"碎片化"式研究，彻底搞清历史关键点，为重大历史问题提供依据的研究，是值得肯定的。质言之，"碎片化"的历史研究，不能脱离历史理论的指导与宏观问题的观照。

最后，中国古代史研究中也出现了历史虚无主义，研究脱离、远离现实的状况。历史虚无主义的一个重要方法论特征，就是通过历史个别现象而否认历史活动的本质，孤立地分析历史的阶段现象而否定历史运动的整体过程。在中国古代史研究中，历史虚无主义的一个重要表现是不顾历史真实，否认中国文明的本土起源说，试图证明"中国文明西来说"。[①] 另一个重要表现是对中华民族优秀民族精神的全盘否定。归根结底，如有的学者所说的那样，历史虚无主义并不是完全虚无，他们本质上虚的是唯物史观，而不是其他。历史虚无主义对研究古代史的学者来说影响虽然并不普遍，但如果我们不加注意，放弃马克思主义理论及其研究方法，这股思

[①] 田居俭：《历史岂容虚无——评史学研究中的若干历史虚无主义言论》，《高校理论战线》2005年第6期。

潮在中国古代史研究中的传播还会扩大。①

(三) 唯物史观指导下中国古代史研究的未来

中国古代史是一门积累深厚的学科，改革开放以来中国古代史成就的取得与中国史学的优秀传统有着密不可分的联系。在对外开放、实事求是、解放思想的大环境下，当代中国史学家既秉承了中华民族优秀的史学传统，又充分吸收和借鉴外来史学理论与方法，在学术的原创性追求上，在理论与史实相结合的关系上，在弘扬中华优秀传统文化和建设中华民族共有精神家园、满足社会对历史文化需求上都做出了重大贡献，前景广阔。改革开放还在深化，中国古代史研究也将会迎来一个百花盛开的春天。

首先，摆在史学家面前的迫切任务是要在马克思主义唯物史观与马克思主义中国化理论的指导下，解放思想，破除教条，不仅要从中国历史实际出发提出研究课题，探索中国历史发展的自身特点，而且要在研究方法上体现出中国特色。老一代的史学家在将马克思主义普遍原理与中国历史相结合上做出了杰出贡献，新时期历史学的理论发展方向则是如何推进马克思主义中国化，如何实现在唯物史观基础上建设具有中国特色的中国古代史学科体系的问题，新时期的史学家任重而道远。但是，我们也要看到，在很多具体问题研究上，理论与方法的多元化状况将长期共存。历史虚无主义，否定马克思主义社会形态学说，否定历史发展规律等淡化马克思主义、背离马克思主义，乃至否定马克思主义的倾向仍然会在一定范围内存在。

其次，对若干重大问题的关注还将持续。突破原有单一理论模式深化中华文明起源与国家形成问题的研究取得了积极成果，学者们既立足于新的考古发现总结，又借助于新的理论概括，提出了很多新观点，对解释中华文明与国家起源的普遍性与特殊性是有益的。这些问题显然还没有统一的认识，研究还将深化。但有关概念内涵的辨析以及在这个问题上如何突出中国历史自身的特点，应是未来的发展方向。唐宋变革问题也是如此。学者们既从更广阔的角度探讨了唐宋变革的具体内涵，也对唐宋变革的性

---

① 参见卜宪群《历史唯物主义与历史虚无主义琐谈》，《历史研究》2015年第3期。

质提出了质疑，这样的思考是富有建设性的。在这一范式的启发下，学者们以大的视野将汉至唐、宋至明之间的历史联系起来进行综合性的考察，或者对相邻朝代之间的历史进行贯穿性思考，为揭示长时段的社会变迁提供了新视角。前近代中国的经济结构与发展水平，土地所有制形式等经济史上的重大问题在既往研究的基础上也都将会有更多的进展。社会形态的演进方式以及"封建"名称概念的争论实际上并不是一个新问题，也不仅仅是学术概念规范的问题，而是与历史理论问题的探讨相关联的。这个问题的再次提出与争论，既说明学者立足于中国本土文化探讨中国古代社会形态的精神，也反映了某些新的理论动向。相关问题的争论肯定还将持续。

再次，受外来史学方法与中国当代社会发展变化等现实背景的影响，中国古代史的研究视野与领域还将拓宽。如婚姻家庭、宗族史、性别史，灾害史、疾疫史，基层政权组织、社会组织的构建与职能等问题的研究还将深入。人口史、环境史、"三农"问题的重视与关注，不仅形成了经济史、社会史乃至文化史新的学科生长点，也反映了学者们力图从历史的角度总结经验，为现实社会提供借鉴的问题意识。这种状况仍将持续发展。

又次，以新材料带动新问题的研究将是未来相当长时期内中国古代史研究中各断代史、专门史学科的一个重要学术生长点。甲骨文、金文还时有发现，数量巨大的简帛还有相当一部分尚未整理或出版并且新发现方兴未艾，敦煌吐鲁番文书、西夏文书、徽州文书、墓志碑刻以及各种民间文书、域外汉籍珍本的新发现、新整理都为中国古代史研究提供了丰富的基础性资料。建立在这些资料基础上的研究，是新时期中国古代史很多领域中最为突出的成就之一，也将会吸引更多学者的关注。

最后，新技术的运用将促进中国古代史研究的进一步发展。21世纪以来，随着大量史学数据库的建设以及信息技术的普及，史学工作者对如何利用计算机进行检索与研究已经十分娴熟，大有将史料一网打尽的趋势，这将大大提高实证性史学研究的速度，从而推动中国古代史研究的发展。但需要指出的是，历史学属于基础性人文科学，对史料的解读需要建立在对历史全面理解的基础上，在未来的研究中如何避免这种"快餐式"的片面性史学解读，是摆在史学工作者面前的一个亟待解决的问题。

新世纪以来的民国史研究概况

汪朝光

中华民国史研究可以理解为是中国传统断代史研究的组成部分，也是近代以来新史学兴起后，以研究时段和主题划分的"中国近代史"的组成部分。民国史研究在中国内地大体开始于1978年实行改革开放政策以后，历经40年的发展，现已成为中国历史学界研究成果最多且最为活跃的学科之一。本文简要介绍新世纪以来民国史学科在中国内地发展的基本概况，[①] 以政治史研究为中心，不涉及中国香港、澳门、台湾地区学者的研究，也不涉及外国学者的研究。[②]

一 民国史综合研究

1978年，中国社会科学院近代史研究所民国史研究室编写的《民国人物传》第1卷出版，一般被认为是民国史学科起步的开端。1981年，民国史研究室主持编写的《中华民国史》第1编第1卷出版，成为民国史学科建立的奠基之作。从此以后，有关民国史研究的著作和史料开始大量出版，学术研究队伍迅速扩大，学术交流活动日渐频繁。

在民国史研究的宏观层面，通论性综合研究的主要代表作，是由中国社会科学院近代史研究所民国史研究室主持编写的《中华民国史》系

[①] 本文承中国社会科学院近代史研究所罗敏、贺渊、李在全、赵利栋、赵妍杰、刘文楠等提供资料，谨致衷心谢意。

[②] 有关民国史研究在中国内地自起步到繁荣的历程，请参阅汪朝光《50年来的中华民国史研究》，《近代史研究》1999年第5期。

列论著，其中的《中华民国史》全12卷16册，以民国时期的政治史为论述中心，兼及外交、军事、经济等方面的内容；《中华民国史人物传》全8卷，收录了民国时期有影响的政治、军事、外交、经济、文化、教育、科技、社会等各界人物千余人的简明传记；《中华民国史大事记》全12卷，逐日记述了民国时期政治、军事、外交、经济、文化、教育、科技、社会等方面的大事、要事。这三部著作的撰写和出版时间很长，最早的出版在1978年，经过新写、补充和修订，最终由中华书局在2011年一次出齐，从而构成了民国史学科较为完整的研究体系，体现了几代学人锲而不舍、精益求精的学术追求，代表了目前民国史研究的高水准。这部系列论著，以其资料丰富，叙事翔实，分析得当，评论中肯，文字精练，真实可信，得到海内外学术界以及文史研究者、爱好者的广泛关注、重视与好评。

近些年来出版的民国史综合研究著作还有若干种，其中北京师范大学朱汉国等主编的10卷本《中华民国史》（四川人民出版社2006年版），以论、传、志、表的形式概述民国史，更接近于中国传统史学形式。2006年，江苏人民出版社出版了由中国社会科学院近代史研究所张海鹏主编的10卷本《中国近代通史》，其中有5卷研究的也是民国时期的历史。上述这些著作，虽然都是通论性论著，但基本上仍以政治史为论述的中心，有关经济、文化、社会等方面的内容仍待加强。

在民国史综合研究方面，还应该注意到学术讨论会的意义。近些年来，每年都有若干次研究民国史的国际学术讨论会召开，如由中国社会科学院近代史研究所主办、2002年召开的中华民国史国际学术讨论会，由中国社会科学院近代史研究所民国史研究室和四川师范大学历史系主办、2004年至2007年召开的1910—1940年代的中国国际学术讨论会，由南京大学历史系主办、2000年和2006年召开的中华民国史国际学术讨论会，由民国史研究室自2012年开始连续举办的民国史高峰论坛，等等。这些会议的参加者来自海内外各研究单位，研究领域较为宽泛，研究成果具有前沿性，可以从中观察目前海内外民国史研究的最新进展与研究动向及发展趋势，充分反映了民国史研究已经成为一门国际性学科的特色。

二 民国史专题研究

就研究时段而言，民国史研究一般被划分为北京政府时期和南京国民政府时期，近些年的研究重点更多在南京国民政府时期。就研究领域而言，政治、经济、军事、外交史为传统研究领域，研究成果仍然较多。同时，许多新的研究领域，如社会、文化、地域、城市史等，正在不断吸引研究者的关注。就研究倾向而言，学者们本着自由讨论的精神，对民国史上的诸多问题，或提出新的观点，或修正原有看法，大大推进了对民国史全方位的新认识，而在方法论方面，亦呈多元发展的态势，其中基于实证的个案研究，仍为民国史研究的主体。就发表成果的形式而言，除了每年出版的诸多专门著作之外，研究论文的大量发表，亦为展示民国史专题研究成果的重要方面。有关民国史专题研究的论文发表数量甚多，论述主题包括了民国史的方方面面，散见于各学术期刊，其中以发表在《历史研究》《近代史研究》《抗日战争研究》等刊物的论文较有影响。以下就近些年来在民国政治史研究方面的若干成果略予介绍，至于经济、外交、文化、社会等方面的研究成果，限于篇幅，在此不多介绍。

对民国北京政府时期的研究相对较为薄弱。近些年来，杨天宏对北京政府时期的政治作了系列研究。针对有些学者认为是《清帝退位诏书》赋予政权转让合法性的看法，杨天宏认为，民国是革命建国而非前朝皇帝授权变政；君主专制与民主共和分属两种不同的政治体制，各有"法统"和"政统"，法理上不存在权力授受关系；而且民国成立在前，清帝颁诏退位在后，逻辑上前者也不可能由后者授权创建。他还尝试回答国会制度在中国失败的几个因素，其一为"中国代议制国会的创建与构成其否定因素的'直接民主'为国人所认知"的问题，其二为"《临时约法》赋予国会单方面制衡行政的诸多特权是否合宜"的问题，其三为民初缺乏支持国会及责任内阁正常运行的政党制的问题。他认为，民初国会政治走向消亡的原因，除了国会议员的腐败、国民政治训练不够、军阀的蹂躏破坏外，尚与曹锟贿选后国会党派构成的变化、政治家对当下利益关怀的转移以及当时国人政治思想日趋激进等政治语境有密切关系。①

民国初年发生的宋教仁遇刺案，真凶是谁？近年来有人提出是出自革命党人的指使，尚小明通过重审史料，明确批驳了这样的说法，体现了历史研究者以事实为依据的学术功力。②邓野研究了巴黎和会前后的中国政治纷争，认为巴黎和会就其本身而论只是纯粹外交意义上的国际会议，但外交是内政的继续，在中国南北分裂、派系林立的特定条件下，外交不可避免地卷入政争，职业政客尤其是失意政客，纷纷加入和会前后学潮与政争的行列，从中谋取自身利益的最大化。③

国民党统治在民国时期的兴衰起落向为学界所关注。王奇生对国民党组织制度史的系列研究，着重从国民党治党史的角度，以历史学研究为本，结合社会学和政治学的研究取向，深入考察国民党的组织结构、党员构成、录用体制、党政关系、派系之争等问题，条分缕析，创见迭出，引起学界的关注。他认为，国民党在20世纪20年代中期改组后，其组织实际形态和制度形态之间存有较大差异，组织形态散漫如故；国民党在中央实行以党统政，在地方实行党政分开，党权在地方政治运作中日趋弱化，在很大程度上削弱了国民党的统治权威和基础，最终只能建立起弱势独裁的统治秩序，并深刻影响到民国历史的发展轨迹。④南开大学的江沛等运用政治学理论研究国民党"党国"体制的源流、理念、实践、变异及其影响，认为在南京国民政府成立后，国民党实施"党国"体制，以党的意识形态作为治国的基本原则，以"党政双轨制"的权力管理体系作为自上而下的行政运作模式，这既是西方政党政治理念特别是苏俄政党体制进入中国政坛的结果，也是传统中国政治文化与西方现代政党体制及理念相互作用的产物，但是，由于国民党统治体系内党、政、军利益的纷争以及党、政管理系统并存且关系滞碍而导致行政成本倍增，进而演变为国民党政治

---

① 杨天宏：《革故鼎新：民国前期的法律与政治》，生活·读书·新知三联书店2018年版。
② 尚小明：《宋案重审》，社会科学文献出版社2018年版。
③ 邓野：《巴黎和会与北京政府的内外博弈：1919年中国的外交争执与政派利益》，社会科学文献出版社2014年版。
④ 王奇生：《党员、党权与党争：1924—1949年中国国民党的组织形态》，上海书店出版社2003年版；王奇生：《革命与反革命：社会文化视野下的民国政治》，社会科学文献出版社2010年版。

制度的顽症。①

对于 20 世纪 20 年代中期国民革命的研究，以往中国学界比较多从中共党史研究的视角出发，关注国共关系的演变以及南方革命政府方面的政治状况。近年的研究从当时的历史实际出发，注意到影响国民革命发生、发展过程的诸多因素，尤其是北方的政治状况。罗志田认为，当时中国政治的主要矛盾关系是"南北之争"而非国共之争，以此出发，他对影响国民革命的诸因素，如地缘文化、新陈代谢、社会认同等问题进行了再检讨，认为南北之分的地缘文化观念、南北军事将领的新陈代谢、南新北旧的社会认同等，对北伐军的胜利和国民党统一全国颇有帮助，但亦因其分裂性因素而影响到国民党其后对全国的统治，造成形式统一而人心不统一的局面。他还认为，国民党及其主义对北伐胜利有决定性的影响，而政治工作、苏俄援助和黄埔军校等因素所起的作用则是有限的。② 对于 1924 年的广州商团事件，以往研究多从孙中山和革命政府的角度观察历史，邱捷通过对清末民初广州商人团体产生和发展历史的研究，认为此次事件是由英国和南北军阀阴谋策动的传统说法迄今缺乏有力证据，其发生与清末民初广东特殊的政治、社会背景以及商团发展的历史特点有直接关系，也许是商人团体同政府冲突的特殊事例。③ 敖光旭亦通过对广东商团产生与发展历史的研究，认为在愈演愈烈的官商摩擦、军团冲突、罢市风潮及全省联团活动中，逐渐形成了以商团为驱动中心，以民团为外围组织，以士绅和商人为主要社会基础，以民治或自治为核心理念的一体化社会网络，以社会主体自居的大商团主义也随之形成，进而以实力与广东政府分庭抗礼，出现类似西方早期现代化时期的市民社会及其发生模式。④ 张洪武通过对广东商团与广东革命政府关系嬗变的研究，认为二者关系恶化的原

---

① 江沛：《中国国民党"党国"体制述评》，《安徽史学》2006 年第 1 期。
② 罗志田：《南北新旧与北伐成功的再诠释》，《开放时代》2000 年第 9 期；《北伐前夕北方军政格局之演变，1924—1926》，《史林》2003 年第 1 期；《"有道伐无道"的形成：北伐前夕南方的军事整合及南北攻守势易》，《中国社会科学》2003 年第 5 期；《国际竞争与地方意识：中山舰事件前后广东政局的新陈代谢》，《历史研究》2004 年第 2 期。
③ 邱捷：《广州商团与商团事变——从商人团体的角度的再探讨》，《历史研究》2002 年第 2 期。
④ 敖光旭：《商人政府之梦——广东商团及大商团主义的历史考察》，《近代史研究》2003 年第 4 期。

因，主要来自广东社会内部，即广东革命政府加重税收，而商团拒绝纳入革命政府体系，由此导致双方最后的武力冲突。① 刘敬忠等则通过对冯玉祥及其国民军活动的研究，认为冯玉祥成立国民军并接受苏联的援助主要是基于军事上的实际需要，而国民军最终与北洋军阀的决裂，除了国共两党长期所做的工作之外，被直奉军阀逼迫的成分仍占很大比重，因此其转变的政治思想基础并不牢固。②

对于国民革命时期的群众运动，过往研究多从革命史的角度出发，冯筱才对1925年五卅运动的研究，认为此次运动的扩大与北京政府的政治、外交策略相关，因此，近代中国的群众运动从来不是单纯的民意表达，忽略群众运动背后的力量，就无法理解近代中国群众运动的复杂内涵。③ 对于国民革命时期的农民运动，以往研究较多的是中共领导或影响下的两湖农民运动，梁尚贤则研究了国民党与广东农民运动的关系，认为国民党曾经扶持广东农运，但又与地主士绅保持着密切关系，从而埋下了日后国民党失败的种因。④

有关国共关系的研究，一直是学界关注的中心问题之一，杨奎松系统考察了孙中山与共产党关系发展变化的经过，认为孙中山接纳中共的初衷，一方面是基于联俄的现实需要，另一方面也试图利用共产党在宣传和组织方面的才能改造国民党，但这并未改变其基本政治目标和理念；孙中山在世时，以其个人权威约束着国共矛盾冲突的发展，及其去世后，国共关系即不可避免地走向破裂乃至全面对抗。杨奎松还通过对"清党"运动的研究，认为蒋介石为确立自身合法地位而发动"清党"，并借助于军队和地方旧势力，造成新旧杂处、互相攻讦的内讧局面以及党政之间的矛盾冲突，实际上还导致国民党"党格"的分裂，这既包括组织上党的系统相对激进和权势部门的相对保守与腐化，也包括某些思想理念与实际政策之

---

① 张洪武：《1924年广东商团与广东革命政府关系之嬗变》，《四川师范大学学报》2002年第1期。
② 刘敬忠：《试论冯玉祥及国民军在1925—1927年的政治态度》，《历史研究》2000年第5期。
③ 冯筱才：《沪案交涉、五卅运动与一九二五年的执政府》，《历史研究》2004年第1期。
④ 梁尚贤：《国民党镇压农民运动及其影响》，《国民党与广东民团》，《近代史研究》2002年第2期、2003年第6期。

间的严重脱节。① 王奇生通过对1924—1927年国共关系演变复杂过程的研究，认为无论是"容共"还是"联共"，都难以单独完整表述该时期国共关系的动态变化；这一时期的国共关系，由初始中共党员加入国民党的单向流动，发展为两党党员的双向互动，及至后期中共党员加入国民党者渐少，而国民党员转入中共者日多，并且随着中共意识形态的强势宣导，中共对国民党地方组织和民众运动的日趋"包办"，以及中共组织严密与国民党组织散漫的强烈反差，使不少国民党人担心，国民党的"容共"将转化为共产党的"容国"，此等危机意识加速了第一次国共合作的破裂。② 卢毅批评所谓蒋介石"放水"长征的说法"纯属臆测"，认为尽管蒋介石后来借追剿之机统一了西南，但我们却不能倒果为因反推他当初便纵共"西窜"。他提出，蒋介石虽然处心积虑想要消灭红军，但是却以失败告终，除了红军的指挥正确和英勇善战外，其原因在于三方面：各地军阀貌合神离，钩心斗角，各求自保；围追堵截的战术因循呆板；国民党部队士气低落，缺乏战斗力。③ 金冲及着重研究了1947年国共关系强弱对比历史性转折的进程及其意义。④ 邓野、汪朝光对抗战胜利前后国共关系的研究，诸如联合政府、国共谈判、政协会议、东北交涉等，揭示出国共两党关系的复杂性、多样性及其受制于国内外形势发展的诸般面相，以及影响两党关系发展演变的各种因素，进而深化了人们对相关历史问题的认识。⑤

有关蒋介石的研究，向为学者所关注。杨奎松考察了蒋介石从容共、分共到反共的历程，认为蒋介石最终走向反共，经历了相当复杂并且是充满矛盾心理的转变过程，深入考察蒋介石在这一过程中心态与环境矛盾冲

---

① 杨奎松：《孙中山与共产党——基于俄国因素的历史考察》、《"容共"，还是"分共"？——1925年国民党因"容共"而分裂之缘起与经过》，《近代史研究》2001年第3期、2002年第4期；《1927年南京国民党"清党"再研究》，《历史研究》2005年第6期。

② 王奇生：《从"容共"到"容国"——1924—1927年国共党际关系再考察》，《近代史研究》2001年第4期。

③ 卢毅：《蒋介石"放水"长征说辨析》，《历史研究》2016年第4期。

④ 金冲及：《转折年代——中国的1947年》，生活·读书·新知三联书店2003年版。

⑤ 邓野：《联合政府与一党训政：1944—1946年间国共政争》与《民国的政治逻辑》，分别由社会科学文献出版社2003、2010年出版；汪朝光：《1945—1949：国共政争与中国命运》，社会科学文献出版社2010年版，汪朝光：《和与战的抉择：战后国民党的东北决策》，中国人民大学出版社2016年版。

突的复杂情况,对全面了解国共两党历史恩怨的形成或能有所帮助。他还通过对太平洋战争爆发前中日之间秘密交涉的探讨,分析了蒋介石的抗日态度,认为就恢复卢沟桥事变前的状态这一抗日目标而言,蒋的态度从未动摇,但他在抗战前期实际上缺乏持久战的观点,较多寄希望于外力的帮助与干预,因此太过迁就于恢复卢沟桥事变前的状态,而没有及早明确提出收复东北的抗战目标。① 他还指出陶涵出版的《蒋介石与现代中国的奋斗》存在的多处错误,批评该书作者"对中国历史,对蒋介石国民党在大陆革命、夺权和统治时期,包括对其对手的复杂情况,不仅缺少研究,而且知识不足,因而书中叙述上、判断上错误甚多"。② 杨天石研究了蒋介石在抗战前的对日谋略和抗战时期中日秘密谈判的情况及蒋介石对这些谈判的态度,细加辨析,深入分析,揭示了蒋介石以往不为人所知的若干侧面。③ 黄道炫深入研究了蒋介石提出"攘外必先安内"政策的前后因果,从不同角度分阶段揭示了这一政策的复杂演变和丰富内涵,认为在"九一八"事变前,"攘外必先安内"并不具有强烈的针对性,其实际意义和影响均较有限,"攘外"基本限于口号宣传,"安内"则首先是针对反蒋的地方实力派;"九一八"事变后的"攘外必先安内","安内"是中心,妥协是"攘外"的主基调,但妥协又有限度,反映出蒋介石欲在妥协与抵抗、战与和之间保持艰难的平衡;1934年,"攘外必先安内"政策的倾向发生重大变化,重心明显向"攘外"准备方向转移。④ 同时,蒋介石研究也在走向多元化,他在政治、党派、军事、亲缘、地缘等方面的人际关系网络,也得到学界的注意。⑤

---

① 杨奎松:《走向三二〇之路》,《历史研究》2002年第6期;《蒋介石从"三二〇"到"四一二"的心路历程》,《史学月刊》2002年第6、7期;《蒋介石抗日态度之研究》,《抗日战争研究》2000年第4期。

② 杨奎松:《关于民国人物研究的几个问题——以蒋介石生平思想研究状况为例》,《南京大学学报》2016年第3期。

③ 杨天石:《卢沟桥事变前蒋介石的对日谋略——以蒋氏日记为中心所做的考察》,《近代史研究》2001年第2期;《"桐工作"辨析》,《历史研究》2005年第2期;《蒋介石对孔祥熙谋和活动的阻遏》,《历史研究》2006年第5期;《蒋介石亲自掌控对日秘密谈判》,《中国社会科学院学术咨询委员会集刊》第2辑,社会科学文献出版社2006年版。

④ 黄道炫:《蒋介石"攘外必先安内"方针研究》,《抗日战争研究》2000年第2期。

⑤ 汪朝光主编:《蒋介石的人际网络》,社会科学文献出版社2011年版。

抗日战争研究是目前民国史研究的热门领域。以抗战胜利周年纪念为标志，每年都有大量论文发表，其中不少学者尤其强调抗战对中国的积极意义。金冲及认为，抗日战争对中华民族的积极影响主要表现在三个方面：其一是"中华民族的民族自觉达到前所未有的高度"，其二是"民主观念日益深入人心"，其三是"中国共产党抵抗外来侵略的高度民族自信和提出的正确主张，被越来越多的中国人所了解和接受"。① 马勇指出，经过抗日战争，"中华民族不仅没有被日本打败反而经此一战形成全新的现代民族国家"。② 陈廷湘从世界反法西斯战争的角度解读中国抗日战争的意义，指出抗日战争捍卫了国际社会的文明，反抗日本的侵略行为，并为重建国际社会秩序做出了贡献。③ 黄道炫、吴敏超等从地域角度出发对抗战时期中共在地方的发展和战时地方社情的研究，反映出抗战的多样性面向。④ 在对过去较少研究的人物中，李志毓考察了从"革命者"的汪精卫到"通敌者"的汪精卫的复杂思想与行动历程，指出汪精卫在其"主和"的政治考虑中，包含着对中共的恐惧，对社会革命的恐惧，以及对蕴藏在整个中国底层社会中排山倒海的磅礴力量的恐惧，作为一位政治家，他与此庞大的历史力量背道而驰，奔走一生，最终只能以悲剧收场。⑤

三　影响民国史研究的若干因素

（一）研究资料的开放

历史资料是史学研究的基础，近年来民国史研究的进展，首先得益于历史资料的大规模开放及获取之相对便利，如中国内地各档案馆藏民国档案尤其是民国地方档案史料，中国台湾藏蒋介石档案和国民党档案，美国斯坦福大学、哥伦比亚大学、哈佛大学等藏蒋介石、宋子文、孔祥熙等民

---

① 金冲及：《抗日战争与中华民族的新觉醒》，《历史研究》2015年第4期。
② 马勇：《抗战与民族国家重构》，《社会科学战线》2015年第7期。
③ 陈廷湘：《全球史视野下的中国反法西斯战争》，《历史研究》2015年第4期。
④ 黄道炫：《密县故事：民国时代的地方、人情与政治》，《近代史研究》2017年第4期；吴敏超：《绍兴沦陷：战时的前线与日常》，《近代史研究》2017年第5期。
⑤ 李志毓：《惊弦——汪精卫的政治生涯》，牛津大学出版社（香港）2014年版。

国重要人物档案,俄罗斯藏共产国际档案等,都在最近若干年中逐步对研究者开放。① 上述之学界对国民革命、国共关系、蒋介石研究的进展,都受益于这些档案资料的开放。再如,中国社会科学院近代史研究所的金以林、罗敏对蒋介石和国民党派系、地域之争的研究,主要依据的是台湾藏档案史料;② 浙江大学的陈红民对国民党领导人胡汉民的研究,主要依据的是美国哈佛燕京图书馆藏胡汉民档案;③ 上海复旦大学的吴景平对民国财政金融史的研究,主要依据的是上海市档案馆藏民国时期财政金融档案。④ 还应该注意的是,被大规模影印出版的民国报刊史料(如以《申报》和《东方杂志》为代表的民国时期的若干主要报刊均已影印出版)及中国各地方编辑出版的大量有关民国时期地方情况的档案文献史料(这些史料涉及民国时期各地方、各时期、各行业、各人物方方面面的情况),对于研究者也是非常有用的史料。目前,对于治民国史的学者而言,根本的问题已不在于史料不足,而在于如何利用众多的史料从事研究,以及如何从浩如烟海般的史料中发现并解决问题。

(二)研究领域的拓展

过往的民国史研究,主要是政治、经济、军事、外交史等传统领域,目前,在对传统研究领域的研究继续之同时,新的研究领域被大大扩张,诸如社会史、文化史、地区史、城市史、制度史研究等明显增多,其原因有研究理念的变化(如由研究的"外向化"而"内向化",由研究的"向上看"转为"向下看"),研究资料的拓展(如地方史料、口述史料、图

---

① 这些档案史料有的已刊布出版,如中国内地翻译出版的《联共(布)、共产国际与中国国民革命运动(1920—1925)》《联共(布)、共产国际与中国国民革命运动(1926—1927)》《共产国际、联共(布)与中国革命文献资料选辑(1926—1927)》(均为中共中央党史研究室第一研究部译编),北京图书馆出版社1997、1998年版;中国台湾编辑出版的《蒋中正总统档案事略稿本》,《阎锡山档案要电录存》,台北"国史馆"2003—2012年版。
② 金以林:《国民党高层的派系政治》,社会科学文献出版社2009年版;罗敏:《走向统一:西南与中央关系研究》,社会科学文献出版社2014年版。
③ 陈红民:《函电里的人际关系与政治:读哈佛—燕京图书馆民所藏"胡汉民往来函电稿"》,生活·读书·新知三联书店2003年版。
④ 吴景平:《江苏兼上海财政委员会述论》,《"九一八"事变至"一二八"事变期间的上海银行公会》,《近代史研究》2000年第1期、2002年第3期。

片史料、影像史料),大量新进研究人员和博硕士研究生对于论文的选题考虑,等等。如以往并不为学者重视的商民运动,朱英等有了较多研究;① 再如,魏光奇对清末至北洋时期行政制度的研究,② 关晓红对清末民初省制的研究,③ 温锐对 20 世纪上半叶地方基层政府社会管理职能的研究,④ 祝小楠对民国初期地方制度在北洋"新制"与清末"旧章"之间处境的研究,⑤ 有助于我们对近代中国地方制度现代化转型的认识;渠桂萍对阎锡山在山西推行县政改革的研究,⑥ 王兆刚对 20 世纪 30 年代县自治的研究,⑦ 曹成建对 20 世纪 40 年代地方自治的研究,引发人们从社会基层控制的角度思考国民政府统治在地方的成败;⑧ 王先明等对 20 世纪 30 年代县政建设运动与乡村社会变迁关系的研究,⑨ 李巨澜对民国时期县以下乡村基层政权的研究,⑩ 张伟对广西乡村基层政权建设的研究,⑪ 汪汉忠对民国时期苏北地区催征吏的研究,⑫ 刘振华对豫西南地方豪族势力的研究,⑬

---

① 朱英:《商民运动与中国近代史研究》,《天津社会科学》2005 年第 4 期;霍新宾:《国共党争与阶级分野——广州国民政府时期工商关系的实证考察》,《安徽史学》2005 年第 5 期;乔兆红:《大革命初期的商民协会与商民运动》,《文史哲》2005 年第 6 期;李柏槐:《商民的利益集团:商民协会——成都与上海等地商民协会差异之比较》,《社会科学战线》2005 年第 1 期。
② 魏光奇:《官治与自治——20 世纪上半期的中国县治》,商务印书馆 2004 年版。
③ 关晓红:《辛亥革命时期的省制纠结》,《近代史研究》2012 年第 1 期。
④ 温锐:《20 世纪上半叶地方基层政府社会管理职能的初步转型——以赣闽粤三边地区为例》,《文史哲》2004 年第 1 期。
⑤ 祝小楠:《民国初期县市乡制论争:以江苏"新制"与"旧章"为例》,《江西社会科学》2017 年第 9 期。
⑥ 渠桂萍:《"一人政府"的终结及其困顿——以 20 世纪 20 年代阎锡山的县政革新为例》,《史林》2017 年第 4 期。
⑦ 王兆刚:《论南京国民政府的县自治》,《安徽史学》2001 年第 2 期。
⑧ 曹成建:《20 世纪 40 年代新县制下重庆地方自治的推行及其成效》,《四川师范大学学报》2000 年第 6 期;《20 世纪 20 年代末至 30 年代前期南京国民政府的地方自治政策及其实施成果》,《四川师范大学学报》2003 年第 1 期;《20 世纪 30 年代前期南京国民政府对地方自治政策的调整》,《四川师范大学学报》2003 年第 5 期。
⑨ 王先明:《20 世纪 30 年代的县政建设运动与乡村社会变迁——以五个县政建设实验县为基本分析样本》,《史学月刊》2003 年第 4 期。
⑩ 李巨澜:《略论民国时期的区级政权建设》,《史林》2005 年第 1 期。
⑪ 张伟:《民团、学校与公所——1930 年代广西乡村基层政权之建构》,《中国农史》2005 年第 3 期;《官意与民意之间:1930 年代广西的村街民大会》,《史学月刊》2006 年第 8 期。
⑫ 汪汉忠:《试论民国时期的催征吏——苏北个案研究》,《民国档案》2001 年第 3 期。
⑬ 刘振华:《20 世纪二三十年代豫西豪绅政治的特点及其实质》,《安徽史学》2017 年第 2 期。

为我们认识近代乡村社会的演进与转型，以及国家权力与乡村的关系提供了新的思考；李里峰对民国时期文官考试制度的研究，使我们认识到当时政府组织体制构成的特定方面；① 阎天灵对战前国民政府内蒙古政策的研究，② 反映出民国时期民族问题和民族政策复杂与特殊的方面。一些以往历史研究者很少介入的领域，也被纳入研究视野，如对民国时期的纪念活动及建筑与政治关系的研究，③ 对民国电影检查制度的研究，④ 等等。研究领域的拓展有助于使后人对民国历史的认识更趋全面而深入，也有助于后人对民国历史多重而复杂面相的了解。

（三）研究趋向的转换

历史研究的基本方法，当然是基于史料的实证研究，而近年来的民国史研究，尤其是一些新进学者的研究，也较多运用社会科学的研究方法，注重问题的提出、框架的构建与理论的分析。如杨念群关于中国近代医疗卫生制度的研究，引入社会学研究的方法，关注现代医疗制度的建立与中国传统文化与伦理以及其他现代体制如警察系统、新型自治组织的关系，现代医疗制度对社会组织控制及市民日常生活的影响，国家权力经由医疗程序和身体控制的途径在其中所起的作用。⑤ 即便是对蒋介石这样的政治人物，也有学者从其休闲生活、游憩、读书生活、时空观、医疗等方面，挖掘出蒋介石在政治人物之外的面相，有助于读者对蒋介石有更全面的认识和了解。⑥ 民国史研究趋向的转换目前仍在持续发展之中，未来可能有

---

① 李里峰：《民国文官考试制度的运作成效》，《历史档案》2004年第1期；《南京国民政府公务员考试制度的几个问题》，《史学月刊》2004年第1期；《现代性及其限度：民国文官考试制度平议》，《安徽史学》2004年第4期。

② 阎天灵：《试论抗战前十年国民政府对内蒙古的政策定位》，《中国边疆史地研究》2001年第1期。

③ 陈蕴茜：《崇拜与记忆：孙中山符号的建构与传播》，南京大学出版社2009年版；李恭忠：《中山陵：一个现代政治符号的诞生》，社会科学文献出版社2009年版；郭辉：《北伐前后国民党对国庆纪念日的整合与运用》，《史学月刊》2013年第7期。

④ 汪朝光：《影艺的政治：民国电影检查制度研究》，中国人民大学出版社2013年版。

⑤ 杨念群：《再造病人——中西医冲突下的空间政治（1832—1985）》，中国人民大学出版社2006年版。

⑥ 罗敏主编：《蒋介石的日常生活》，社会科学文献出版社2015年版。

更多新的成果出现，尤其是不少新进研究人员与研究生更注重于此。

四 民国史研究的未来展望

尽管近些年来的民国史研究成果与创见迭出，但其毕竟开展时间还不长，研究成熟度还不够，研究中还存在一些有待解决的问题。

第一，目前的民国史研究以个案研究为主，研究者多选择前人较少触及的论题，使用过去未见运用的史料，其优处在于拓展研究领域，填补研究空白，而其不足在于缺乏研究的交集与讨论，故近年来鲜见对于民国史全局问题的讨论与争鸣。

第二，民国史研究领域虽已较前大大拓宽，但目前仍有不少空白点，有些重要时段和问题，仍缺乏深入的研究。如关于北京政府时期的专题研究相对较少，对北京政府时期的诸多问题，如军阀当道与文官体系的关系等，也还缺乏合理的解读。再如，关于抗日战争时期沦陷区的研究，近年来虽有一些研究成果，但仍远远不够。

第三，民国史研究在中国学界一般被理解为对于民国时期统治阶级历史的研究，也即主要是对北京政府和南京国民政府相关问题的研究，一定程度上是专史研究，而非通常意义的通史研究。由此带来的问题是，民国时期的一些历史事件和人物，未必都能纳入这样的研究框架之中。由于民国史研究的特殊性及其研究深度的不足，目前将民国史研究完全纳入通史体系的框架，或许条件还不够成熟，未来一段时间内，民国史作为专史和通史研究将会并存。

不少学者也都对民国史研究的未来发展有认真的思考并提出中肯的建议。桑兵认为，民国史研究仍有很多问题有重新研究的必要，许多问题不仅可以重新研究，而且不少已有研究与历史真实相去甚远。在此基础上，他提出民国史研究应走向深耕细作，需要注意横向发展及上下勾连。他还认为，随着海内外相关史料的大量涌现以及科技手段的突飞猛进，治学应当超越发现而进入发明阶段，重心由看得到转向读得懂，做什么变成怎样做，从而进一步提升民国史研究的学术水准。杨天宏认为，新史学拓展了历史研究领域，但也带来了政治史的边缘化和"碎片化"等问题，应该在多学科交叉的基础上翻"新",并对政治史的本色保持必要的学科认同,由此形成的"新政治史"取径,或许预示了民国政治史研究的希望。杨念群认为,以往的民国史研究突出了民国与清朝的断裂,而没有注意到在民国肇建过程中,并非只是从西方引进的知识和制度发挥着作用,清朝遗留下来的一些因素同样具有一定的建设性。罗志田认为,民国的建立,是从帝制到共和的"五千年之大变",需要从更长的时段观察思考民国究竟在哪些基本的面相上带来了变化,这些变化又怎样影响了中国的政治、社会、经济和文化,真正认识近代中国由传统常态而出现的新的变态,以更开放的心态看待发展中的共和制"国体"。孙江认为,历史研究切入视角不同,所见面相自异,概念史方法和社会史方法两面观民国史,当更接近真史。①

总体而言,可以预期民国史研究未来的主要发展趋向如下。(1)民国史研究的传统领域——政治、经济、外交史等仍将得到众多研究者的关注,其中的研究薄弱环节将被不断弥补;社会、文化、制度、区域史等新的研究领域,正在日渐成为研究者的关注重点,并将在未来得到更进一步的发展。(2)由于民国史研究起步较晚,空白甚多,加之研究风气的转变,个案研究在民国史研究中仍将占据重要地位,而个案研究的进展,对于民国史研究未来之宏观定位与把握有着重要意义。(3)在注重个案研究的同时,也将注重对问题的讨论,注重以小见大,使个案研究兼有订正史实与探究问题之意义,并进一步推动对民国史的宏观思考。(4)海内外民国史档案资料的不断开放,海内外学术交流的日渐频繁,无论对民国史宏观研究还是微观研究都将是较大的推动因素,并有助于研究者对民国历史的深入探讨。(5)随着高等教育事业的发展,每年都有大量博硕士研究生选择民国史作为毕业论文的选题,这将持续推动民国史研究的发展尤其是研究选题的拓展。(6)当下社会对历史研究的需求与认知的变化,将在一定程度上推动民国史研究选题与取向的变化,而各种传媒包括近些年来日渐发展的新媒体将在其中起到相当重要的作用。

---

① 桑兵:《超越发现时代的民国史研究》,杨天宏:《政治史在民国史研究中的位置》,杨念群:《"断裂"还是"延续"?——关于中华民国史研究如何汲取传统资源的思考》,罗志田:《知常以观变:从基本处反思民国史研究》,孙江:《切入民国史的两个视角:概念史与社会史》,分别见《南京大学学报》2013年第1期。

中华人民共和国史研究四十年

张星星

中华人民共和国史研究（以下简称"国史研究"）是伴随着解放思想的惊雷、沐浴着改革开放的春雨而逐步兴起，与改革开放不断深化、经济社会全面进步同步发展起来的一门新兴历史学科。改革开放40年来，广大国史工作者和相关学者坚持以马克思主义唯物史观为指导，以中共中央关于重大历史问题的科学总结为依据，弘扬中华民族治史修史的优良传统，借鉴国内外相关学科的有益经验，筚路蓝缕，开拓创新，取得了引人瞩目的学术成果，奠定了较为扎实的学科基础，形成了系统完整的学科体系，使国史研究成为中国历史学中最年轻的学科领域。

一 中华人民共和国史研究的发展概况

1949年10月中华人民共和国的建立，开启了中华民族历史的新纪元。20世纪50年代，中华人民共和国史研究曾经做过初步尝试。新中国成立10周年前后，河北北京师范学院历史系三年级师生编写出版了《中华人民共和国史稿》，南开大学历史系编写出版了《中华人民共和国大事记》，中国科学院河北省分院历史研究所与天津部分高等院校教师发表了《中华人民共和国史讲授提纲（初稿）》等[①]。但是，由于受到当时历史条件的

[①] 河北北京师范学院历史系三年级集体编写：《中华人民共和国史稿》，人民出版社1958年版；南开大学历史系编：《中华人民共和国大事记》（1949—1959年，共4册），河北人民出版社1958—1960年版；《中华人民共和国史讲授提纲（初稿）》，《历史教学》1959年第1、2、3期。

影响,这些著述明显带有"大跃进"的痕迹,被当作"历史创作的卫星",有的在当时即被批评"存在着一些严重的缺陷"①。此后,由于"左"倾错误的发展,特别是到"文化大革命"时期,新中国成立以来党和国家许多正确的方针政策被当作"修正主义"或"资本主义"而受到批判,严重混淆了历史是非。因此,真正学术意义上的中华人民共和国史研究是在"文化大革命"结束后伴随着党和国家指导思想拨乱反正而兴起的。

(一)《关于建国以来党的若干历史问题的决议》为国史研究奠定了政治和思想基础

"文化大革命"结束后,特别是经过1978年真理标准问题讨论和同年12月中共十一届三中全会,冲破了"两个凡是"错误方针的思想禁锢,重新确立了解放思想、实事求是的思想路线,作出了把党和国家工作重心转移到经济建设上来和实行改革开放的战略决策,实现了新中国成立以来具有深远意义的伟大历史转折。中共十一届三中全会初步回顾和总结了新中国成立以来的经验教训,审查和解决了一批重大的冤假错案和一些重要领导人的功过是非问题,妥善处理了大量党内和人民内部的矛盾,开始全面纠正"文化大革命"及其以前的"左"倾错误,把人们的思想从个人崇拜和教条主义的精神枷锁中解脱出来,出现了努力研究新情况、解决新问题的生动局面。伟大历史转折的实现和大规模拨乱反正的展开,迫切需要有步骤地解决新中国成立以来的历史遗留问题;马克思主义思想路线、政治路线、组织路线的重新确立,为认真研究、科学总结和正确评价新中国成立以来的历史创造了有利条件。

1979年9月,中共十一届四中全会讨论通过了叶剑英代表中共中央、全国人大常委会和国务院在庆祝中华人民共和国成立30周年大会上的讲话。这个讲话稿在全会讨论前曾在党内广泛征求意见,并在各民主党派部分负责人和一些无党派人士中征求了意见。这一讲话全面回顾了新中国成立后30年的历史,充分肯定了30年来取得的伟大成就,初步总结了社会

---

① 里凡:《评"中华人民共和国史稿"》,《人民日报》1959年2月28日。

主义革命和社会主义建设的基本经验，对新中国成立以来的一系列重大问题和重大事件作出了初步的基本评价。讲话中还特别指出："中共中央认为，对过去三十年特别是文化大革命十年的历史，应当在适当的时候，经过专门的会议，作出正式的总结。"①

同年11月，中共中央为深刻总结新中国成立以来的历史经验，分清历史是非，统一全党思想，开始着手《关于建国以来党的若干历史问题的决议》的起草工作。这一工作是在中共中央政治局、中央书记处领导下，由邓小平、胡耀邦主持进行的。在起草过程中，邓小平多次对起草决议的指导原则、历史的基本评价和文件的具体写法等问题提出重要意见。决议稿在各种不同范围多次征求意见，反复讨论修改。1981年6月，中共十一届六中全会认真审议并一致通过了《关于建国以来党的若干历史问题的决议》（以下简称《决议》）。《决议》对新中国成立以来党的重大历史问题作了正确分析，充分肯定了社会主义革命和建设取得的巨大成就，实事求是评价了毛泽东和毛泽东思想的历史地位，严肃指出了探索中国社会主义建设道路过程中的失误，特别是"文化大革命"的"左"倾严重错误，深刻分析了产生这些错误的主观原因和社会历史原因，对新中国成立以来的正反两方面历史经验作出了科学总结。《决议》的正式通过，标志着中国共产党指导思想上拨乱反正的历史任务胜利完成，成为党和国家总结过去、开辟未来的重要里程碑，同时也为开展中华人民共和国史研究奠定了政治和思想基础。

（二）《当代中国》丛书编纂为国史研究奠定了史料和研究基础

从1983年开始，有组织地启动了全面反映新中国历史的大型系列丛书《当代中国》的编纂工作。1982年5月，胡乔木在青年社会科学工作者座谈会上提议，要组织力量编写若干专著，对1949年以来各条战线的历史经验做出有科学价值的总结。他指出，这不仅是为中国现代史的研究积累资料，而且可以从中找出规律性的东西，用以指导我们的工作。为落实这一倡议，中国社会科学院制定了编写出版《当代中国》大型丛书的具

---

① 《三中全会以来重要文献选编》上，人民出版社1982年版，第214页。

体方案，并由中共中央宣传部报经中央书记处批准，决定组织力量落实《当代中国》丛书的编纂工作。丛书选题大致分为五类：一是综合性的，如当代中国的经济、当代中国的政治制度等；二是部门、行业性的，如当代中国的钢铁工业、当代中国的农业等；三是专题性的，如当代中国的人口问题、中国的土地改革等；四是地区性的，如当代中国的北京、当代中国的西藏等；五是重要人物传记。这套丛书的编纂出版工作历时15年，至1998年基本完成，全国先后有10万人投入这套丛书的编写出版工作，先后出版150余卷，200多册，约1亿字，3万余幅图片，包容了大量确凿可靠的历史资料，并做了实事求是的分析，成为一部全面记录新中国历史的大型丛书，为深入研究中华人民共和国史奠定了坚实的史料和研究基础。

（三）新中国成立40周年前后国史研究初步形成比较完整的学科框架

在上述工作的基础上，1989年新中国成立40周年前后，中华人民共和国史研究形成了一个高潮，取得了丰硕的学术成果，使中华人民共和国史这一新兴研究领域初步形成了比较完整的学科框架。一是涌现出一批由学者编著的全面反映新中国发展历程的中华人民共和国史著作，如朱宗玉等主编的《中华人民共和国史纲》、靳德行主编的《中华人民共和国史》、何理主编的《中华人民共和国史》、陈明显主编的《新中国四十年研究》[1]等。二是出版了一批有一定研究深度的专题史著作，如河南人民出版社的"1949—1989年的中国"和"40年国史反思丛书"，特别是中华人民共和国经济史的著作尤其丰厚，如柳随年等主编的《中华人民共和国经济史简明教程》、赵德馨主编的《中华人民共和国经济史纲要》和《中华人民共和国经济史》（四卷本）等[2]。三是出版了一批专业工具书，如廖盖隆主

---

[1] 朱宗玉等主编：《中华人民共和国史纲》，福建人民出版社1988年版；靳德行主编：《中华人民共和国史》，河南大学出版社1989年版；何理主编：《中华人民共和国史》，中国档案出版社1989年版；陈明显主编：《新中国四十年研究》，北京理工大学出版社1989年版。

[2] 柳随年、吴群敢主编：《中华人民共和国经济史简明教程》，高等教育出版社1988年版；赵德馨主编：《中华人民共和国经济史纲要》，湖北人民出版社1988年版；赵德馨主编：《中华人民共和国经济史》（四卷本），河南人民出版社1989年版。

编的《新中国编年史（1949—1989）》，刘鲁风主编的《中华人民共和国要事录（1949—1989）》，黄道霞主编的《中华人民共和国40年大事记》，黄文安、李宇铭分别主编的《中华人民共和国史词典》[①] 等。四是发表了大量专题学术论文，其中既有对国史领域中重大历史问题的研究，又有对国史的学科属性、研究范围、框架体系、历史分期等学科建设问题的探讨。

（四）当代中国研究所的成立推动了国史研究的发展和繁荣

中华人民共和国史研究的蓬勃兴起，引起了党和国家的进一步重视。1990年，由中央党史领导小组报经中共中央批准，正式成立了专事研究、编纂和出版中华人民共和国史的当代中国研究所，标志着中华人民共和国史编纂工作正式提上党和国家的工作日程。当代中国研究所成立后，一方面承担起继续完成《当代中国》丛书的编辑出版任务，另一方面开始着手中华人民共和国史的系统研究和编纂工作。1990年12月，当代中国研究所在陕西西安召开"中华人民共和国史编纂工作研讨会"，有关领导和专家学者200多人出席了会议。翌年3月，中共中央办公厅、国务院办公厅发出通知，正式转发了《中华人民共和国史编纂工作研讨会纪要》（以下简称《纪要》）。《纪要》指出，当前进行中华人民共和国史的研究和编纂工作的条件已臻成熟。在认真严肃的科学研究基础上编纂一部中华人民共和国史，是一项重要而庞大的系统工程。要在尽可能快的时间内高质量地完成这项任务，则必须依靠全国各地区和各有关部门通力协作。《纪要》明确，全国各地区、各部门所进行的中华人民共和国史研究工作，由当代中国研究所负责联系和协调。中办、国办的通知还要求全国各地区、各部门，对中华人民共和国史的编纂工作"给予积极支持"。自此，中华人民共和国史的研究和编纂工作开始步入有组织、有计划、有领导的新的发展阶段。

---

① 廖盖隆主编：《新中国编年史（1949—1989）》，人民出版社1989年版；黄道霞主编：《中华人民共和国40年大事记》，光明日报出版社1989年版；刘鲁风主编：《中华人民共和国要事录（1949—1989）》，山东人民出版社1989年版；黄文安主编：《中华人民共和国史词典》，中国档案出版社1989年版；李宇铭主编：《中华人民共和国史词典》，中国国际广播出版社1989年版。

当代中国研究所的成立，有力地推动了中华人民共和国史研究的发展和繁荣。1991年，成立了由当代中国研究所主管和主办，以出版当代中国丛书和政治、经济、科技、文化、教育等方面国史研究成果为主要任务的当代中国出版社。1992年，创办了团结海内外一切从事国史研究的专家、学者和热心国史工作的人士，共同推进中华人民共和国史研究、宣传和教育事业的学术团体——中华人民共和国国史学会。1994年，主要刊载中华人民共和国史研究成果的专业学术期刊《当代中国史研究》（双月刊）创刊。国史学科的体制化建设与学术研究的繁荣，在相互促进和良性互动中取得了新的发展，研究成果的数量稳步上升，新的研究领域不断拓展，研究方法和视角愈益多样化，学术成果的质量明显提高。特别是在1999年新中国成立40周年前后，中华人民共和国史研究形成了一个新的高潮。全面记述中华人民共和国史的单卷本专著有十余种，还出现了数卷以至十数卷的中华人民共和国历史长编、中华人民共和国史记、中华人民共和国国史通鉴、中华人民共和国国史全鉴等大型丛书，各领域、各时期的专门史或专题史如中华人民共和国政治制度史、中华人民共和国宪法史、中华人民共和国法制史、中华人民共和国经济史、中华人民共和国教育史、中华人民共和国思想史、中华人民共和国外交史等，覆盖的领域更加广泛，研究深度和学术质量也有一定提高。1999年6月，《当代中国》丛书在上年基本完成之后出版了该书的电子版，并在人民大会堂举行了《当代中国》丛书暨电子版完成总结大会。江泽民、朱镕基、李岚清等会见了出席大会的代表，极大地鼓舞了国史研究和编纂工作者。

（五）新世纪新阶段国史研究的发展和成熟

进入21世纪后，中华人民共和国史研究和学科建设得到进一步加强。2001年12月10日，胡锦涛主持中共中央书记处办公会议，讨论并原则同意《当代中国研究所2001—2004年科研规划》，对加强和搞好国史研究作了重要指示，推动中华人民共和国史的编纂和研究工作发展到一个新的阶段。主要的新进展表现在四个方面。一是学科建设取得显著进展。2001年，当代中国研究所在中国社会科学院研究生院设立中华人民共和国国史系，陆续开始招收硕士、博士研究生；中国人民大学、北京大学、复旦大学等高校也先后开始招收以中华人民共和国史或中国当代史为研究方向的硕士、博士研究生。研究生的教学和培养工作推动了中华人民共和国史的学科建设日趋完善。二是学术研究更加深入。根据中共中央书记处原则同意的科研规划，当代中国研究所组织编写出版了《中华人民共和国国史编年》（按年设卷，每年一卷），为加强国史研究奠定了更加坚实的基础。各种题材和形式的学术著作、学术论文，数量稳步发展，质量显著提高。三是学术交流更加活跃。当代中国研究所根据中共中央书记处原则同意的科研规划，自2001年起建立了中华人民共和国国史学术年会制度，每年9月国庆节前夕举办，有力地促进了国史研究的学术交流，使学术空气更加活跃，学术争鸣和学术批评得到健康发展。四是学术影响愈益扩大。2005年2月，经中共中央政治局常委审定，中央宣传部、教育部发出《关于进一步加强和改进高等学校思想政治理论课的意见》，要求在全国高等院校思想政治理论课程体系中增设包括中华人民共和国史内容的"中国近现代史纲要"课程。这一重要举措使中华人民共和国史的地位更加突出，影响日益扩大，推动了《中国近现代史纲要》《中华人民共和国史》等马克思主义理论研究和建设工程重点教材的编写出版。

2009年新中国成立60周年前后，一批新版或再版的单卷本国史研究著作相继问世。主要有何沁主编的《中华人民共和国史》、陈明显主编的《中华人民共和国史教程》、齐鹏飞主编的《中华人民共和国史》、陈述的《中华人民共和国史》等。① 多卷本国史著作主要有张静如总主编的《中华人民共和国发展史》（共6卷）、郑谦主编的《中华人民共和国史》（共6册）等。② 2012年9月，由当代中国研究所历时20年编写而成，经中央审定批准的《中华人民共和国史稿》（含序卷和1—4卷），由人民出版社和当代中国出版社联合出版。该书不仅建立在长期的独立研究基础上，而且经过中央国家机关各主要部委三轮审读，在重大问题的把握、历史线索

---

① 何沁主编：《中华人民共和国史》，高等教育出版社2009年增订第三版；陈明显主编：《中华人民共和国史教程》，中国人民大学出版社2009年版；齐鹏飞主编：《中华人民共和国史》，中国人民大学出版社2009年版；陈述：《中华人民共和国史》，人民出版社2009年版。

② 张静如总主编：《中华人民共和国发展史》（共6卷），青岛出版社2009年版；郑谦主编：《中华人民共和国史》（共6册），人民出版社2010年版。

的勾勒、重要事件的记述、经验教训的总结、主要观点的准确性、历史资料的可靠性等方面，具有权威性。

（六）中国特色社会主义新时代国史研究地位和影响的提升

中共十八大后，中国特色社会主义进入新时代，以习近平为核心的党中央多次强调要认真学习国史。2013年3月1日，习近平在中央党校建校80周年庆祝大会暨2013年春季学期开学典礼上的讲话中指出："各级领导干部还要认真学习党史、国史，知史爱党，知史爱国。要了解我们党和国家事业的来龙去脉，汲取我们党和国家的历史经验，正确了解党和国家历史上的重大事件和重要人物。这对正确认识党情、国情十分必要，对开创未来也十分必要，因为历史是最好的教科书。"[①] 6月25日，习近平在主持第十八届中央政治局第七次集体学习时又强调："历史是最好的教科书。学习党史、国史，是坚持和发展中国特色社会主义、把党和国家各项事业继续推向前进的必修课。这门功课不仅必修，而且必须修好。要继续加强对党史、国史的学习，在对历史的深入思考中做好现实工作、更好走向未来，不断交出坚持和发展中国特色社会主义的合格答卷。"[②]

为加强国史学习、教育和宣传，国史研究进一步向广度和深度拓展。2013年，马克思主义理论研究和建设工程组织编写的《中华人民共和国史》，由高等教育出版社和人民出版社出版。2015年，当代中国研究所编写、更适合于普通干部群众阅读的《中华人民共和国史稿简明读本》作为马克思主义理论研究和建设工程重点成果，由学习出版社出版。翌年，该书由外文出版社出版英文版，推向海外市场。2016年，当代中国研究所组织编写的"中华人民共和国史研究丛书"（包括《中华人民共和国政治史》《中华人民共和国经济史》《中华人民共和国文化史》《中华人民共和国社会史》《中华人民共和国外交史》《中华人民共和国史研究的理论与方法》6种），由当代中国出版社出版。

[①] 《人民日报》2013年3月3日。
[②] 《人民日报》2013年6月27日。

二　中华人民共和国史研究的主要成就

40 年来，中华人民共和国史研究的主要成就集中体现在以下几个方面。

(一) 系统编辑出版档案文献，为开展国史研究创造了有利条件

改革开放新时期以来，党和国家有关部门加强了档案文献和历史资料的编辑出版工作，为开展中华人民共和国史研究提供了较为丰富的基本史料。一是由中共中央文献研究室系统编辑出版了党和国家的重要文献选编，如《建国以来重要文献选编》（20 册）[1]、《三中全会以来重要文献选编》（2 册）、《十二大以来重要文献选编》（3 册）、《十三大以来重要文献选编》（3 册）、《十四大以来重要文献选编》（3 册）、《十五大以来重要文献选编》（3 册）、《十六大以来重要文献选编》（3 册）、《十七大以来重要文献选编》（3 册）、《十八大以来重要文献选编》（3 册）[2]等文件选编，比较系统地反映了新中国成立以来特别是改革开放新时期以来党和国家的重大决策。二是由中共中央文献研究室等部门编辑出版的党和国家主要领导人的选集、文集、文选、文稿，主要有：《毛泽东文集》（第 6—8 卷）、《建国以来毛泽东文稿》（第 1—13 册）、《毛泽东外交文选》、《毛泽东军事文集》（第 6 卷）、《建国以来毛泽东军事文稿》[3]等，《周恩来选集》（下卷）、《建国以来周恩来文稿》、《周恩来经

---

[1] 《建国以来重要文献选编》（1949—1965 年，共 20 册），中央文献出版社 1992—1998 年版。
[2] 《三中全会以来重要文献选编》至《十五大以来重要文献选编》（共 14 册），人民出版社 1982—2003 年版；《十六大以来重要文献选编》（3 册），中央文献出版社 2005—2008 年版；《十七大以来重要文献选编》（3 册），中央文献出版社 2009—2013 年版；《十八大以来重要文献选编》（3 册），中央文献出版社 2014—2018 年版。
[3] 《毛泽东文集》第 6—8 卷，人民出版社 1999 年版；《建国以来毛泽东文稿》第 1—13 册，中央文献出版社 1987—1998 年版；《毛泽东外交文选》，中央文献出版社、世界知识出版社 1994 年版；《毛泽东军事文集》第 6 卷，军事科学出版社、中央文献出版社 1993 年版；《建国以来毛泽东军事文稿》，军事科学出版社 2010 年版。

济文选》、《周恩来外交文选》①等，《刘少奇选集》（下卷）、《建国以来刘少奇文稿》、《刘少奇论新中国经济建设》②等，《邓小平文选》《邓小平军事文集》③等，《陈云文选》《陈云文集》④等。三是由党和国家领导机构、政府机关编辑出版的部门或领域的文献汇编、选编，如全国人大常委会办公厅研究室编辑的《人民代表大会文献选编》、财政部办公厅编辑的《中华人民共和国财政史料》、教育部原部长何东昌主编的《中华人民共和国重要教育文献（1949—1975）》、司法部编辑的《中华人民共和国司法行政历史文件汇编（1950—1985）》、国家民族事务委员会与中央文献研究室合编的《民族工作文献选编》、中共中央组织部与中共中央文献研究室编辑的《知识分子问题文献选编》，以及中国社会科学院和中央档案馆合编的《1958—1965中华人民共和国经济档案资料选编》⑤，收录了相当丰富的档案史料。四是由中共中央文献研究室等权威部门编写的党和国家领导人的传记、年谱，以及重要亲历者的回忆录等口述史料，如《毛泽东传（1949—1976）》、《周恩来传（1949—1976）》、《刘少奇传》（下）、《邓小平年谱（1975—1997）》、《陈云传》⑥等，其他如《杨尚昆日记》、薄一波的《若干重大决策与事件的回顾》、吴冷西的《十年论战》、汪东兴的《毛泽东与林彪反革命集团的斗争》、吴德口述《十年风雨纪事——

---

① 《周恩来选集》下卷，人民出版社1984年版；《建国以来周恩来文稿》第1—3册，中央文献出版社2008年版；《周恩来经济文选》，中央文献出版社1984年版；《周恩来外交文选》，中央文献出版社1990年版。
② 《刘少奇选集》下卷，人民出版社1981年版；《建国以来刘少奇文稿》第1—4册，中央文献出版社2005年版；《刘少奇论新中国经济建设》，中央文献出版社1993年版。
③ 《邓小平文选》第2、3卷，人民出版社1994、1993年版；《邓小平军事文集》，军事科学出版社、中央文献出版社2004年版。
④ 《陈云文选》第2、3卷，人民出版社1995年版；《陈云文集》第2、3卷，中央文献出版社2005年版。
⑤ 《人民代表大会文献选编》，中国民主法制出版社1992年版；《中华人民共和国财政史料》，财政经济出版社1982—1983年版；《中华人民共和国重要教育文献（1949—1975）》，海南出版社1998年版；《中华人民共和国司法行政历史文件汇编（1950—1985）》，法律出版社1987年版；《民族工作文献选编》，中央文献出版社2003年版；《知识分子问题文献选编》，人民出版社1983年版；《1958—1965中华人民共和国经济档案资料选编》，中国财政经济出版社2011年版。
⑥ 《毛泽东传（1949—1976）》，中央文献出版社2003年版；《周恩来传（1949—1976）》，中央文献出版社1998年版；《刘少奇传》（下），中央文献出版社1998年版；《邓小平年谱（1975—1997）》，中央文献出版社2004年版；《陈云传》，中央文献出版社2005年版。

我在北京工作的一些经历》①等，都提供了十分丰富和重要的历史资料。

除公开出版的档案文献外，政府和档案管理部门也在档案开放与利用方面做出了积极努力。1987年9月，第六届全国人大常委会第二十二次会议通过《中华人民共和国档案法》，1996年7月第八届全国人大常委会第二十次会议和2016年11月第十二届全国人大常委会第二十四次会议又对档案法两次做了修正。1990年12月，国务院批准发布《中华人民共和国档案法实施办法》，1999年6月和2017年3月经国务院批准又对该实施办法两次做了修订。这些重要法规都对档案的利用和公布作出了具体规定。2004年12月，中共中央办公厅、国务院办公厅发布《关于加强信息资源开发利用工作的若干意见》，要求把档案馆作为公众获取政府公开信息的场所，并对档案信息化建设提出了具体要求。近年来，国家档案信息化建设逐渐加快步伐，国家档案局以及41个省部级档案部门开通了档案信息网站，对外公布开放档案目录超过3000万条。2007年4月，国务院发布《中华人民共和国政府信息公开条例》，规定了包括国家档案馆在内的政府信息公开的范围、方式和程序，档案公开逐步走上规范化、制度化的轨道。

（二）不断加强学术研究和创新，发表或出版了大量的研究成果

历时15年、动员全国各条战线的力量共同完成的《当代中国》丛书，是全面反映新中国发展历程、规模最大的一套丛书。这套丛书按部门、行业、省市、专题设卷，全面、系统地记述了新中国成立以来各条战线、各个地区的发展进程、辉煌成就和历史经验，是一套中华人民共和国专史和地方史的丛书，为深入研究中华人民共和国史提供了大量确凿可靠的历史资料。在此前后，以丛书形式出版的多卷本中华人民共和国史著作主要还有，有林等主编的4卷本《中华人民共和国国史通鉴》，徐达深主编的5卷10册《中华人民共和国实录》，刘国新等主编的4卷本《中华人民共和

---

① 《杨尚昆日记》，中央文献出版社2001年版；《若干重大决策与事件的回顾》（上、下卷），中共中央党校出版社1991、1993年版；《十年论战》，中央文献出版社1999年版；《毛泽东与林彪反革命集团的斗争》，《十年风雨纪事——我在北京工作的一些经历》，当代中国出版社2004年版。

国历史长编》，徐达深总主编的 5 卷 10 册《共和国史记》，刘海藩主编的 15 卷本《中华人民共和国国史全鉴》等①，以各自的努力和不同的风格特点拓展并丰富了中华人民共和国史研究。特别是当代中国研究所的五卷本《中华人民共和国史稿》，研究编写工作历时 20 年，经过中央国家机关主要部委三轮审读，新华社曾发布通稿称："该书编写历时 20 年，凝聚了几代国史工作者的心血和智慧，是研究新中国历史的重要成果。该书的出版发行，对于发挥国史研究以史鉴今、资政育人作用，对于帮助人们系统学习新中国的历史、了解新中国的发展历程，深刻认识党领导人民进行社会主义革命、建设、改革的辉煌成就和历史经验，坚定中国特色社会主义理想信念，具有重要意义。"②

1989 年新中国成立 40 周年前后，出版了第一批由学者编著的单卷本中华人民共和国史，迄今已出版近百种，产生较大学术影响的主要有：靳德行主编的《中华人民共和国史》，何理主编的《中华人民共和国史》，陈明显主编的《中华人民共和国史》，张启华等著的《中华人民共和国史简编》，金春明著的《中华人民共和国简史》，庞松主编的《简明中华人民共和国史》，陈述著的《中华人民共和国历史简编》，当代中国研究所著《中华人民共和国史稿简明读本》③，等等。按照领域或门类研究的专门史著作主要有：《中华人民共和国政治制度史》《中华人民共和国法制史》《中华人民共和国经济史》《中华人民共和国文化史》《中华人民共和国教育史》《中华人民共和国外交史》《中华人民共和国军事

---

① 《中华人民共和国国史通鉴》，红旗出版社 1993 年版，当代中国出版社 1996 年再版；《中华人民共和国实录》，吉林人民出版社 1994 年版；《中华人民共和国历史长编》，广西人民出版社 1994 年版；《共和国史记》，吉林人民出版社 1999 年版；《中华人民共和国国史全鉴》，中央文献出版社 2005 年版。
② 人民网，2012 年 9 月 23 日，http：//politics.people.com.cn/n/2012/0923/c1026-19083590.html。
③ 靳德行主编：《中华人民共和国史》，河南大学出版社 1989 年版，2005 年修订再版；何理主编：《中华人民共和国史》，中国档案出版社 1989 年版，1995 年增订再版；陈明显主编：《中华人民共和国史》，北京理工大学出版社 1993 年版；张启华等：《中华人民共和国史简编》，当代中国出版社 1997 年版；金春明：《中华人民共和国简史》，中共党史出版社 2001 年版、2004 年修订再版；庞松主编：《简明中华人民共和国史》，广东教育出版社 2001 年版；陈述：《中华人民共和国历史简编》，中共中央党校出版社 2004 年版。

史要》①等，还有河南大学出版社1999年出版的由11部专著组成的"中华人民共和国思想史"丛书（包括翁有为等著《当代中国政治思想史》，谢益显著《当代中国外交思想史》，陈景良主编《当代中国法律思想史》，程凯等著《当代中国教育思想史》，李占才著《当代中国经济思想史》，秦英君等著《当代中国哲学思想史》，蒋建农等著《当代中国统战思想史》，李明山等著《当代中国学术思想史》，于化民、胡哲峰著《当代中国军事思想史》，杨慧清著《当代中国文化思想史》和李慈建著《当代中国文艺思想史》）。特别是当代中国研究所编写《中华人民共和国政治史》《中华人民共和国经济史》《中华人民共和国文化史》《中华人民共和国社会史》《中华人民共和国外交史》《中华人民共和国史研究的理论与方法》，构建了比较完整的学科体系和学科覆盖。按照历史阶段研究的专题史著作主要有：《凯歌行进的时期》《曲折发展的岁月》《大动乱的年代》《改革开放的历程》《求索中国——文革前十年史》《"文化大革命"史稿》《1976—1981年的中国》《中国改革开放史》②等。集中研究重大历史事件的专题研究著作主要有：《抗美援朝战争史》《土地改革运动史》《农业合作化运动始末》《农村人民公社史》《三线建设：备战时期的西部开发》《中国改革开放的酝酿与起步》③等，特别值得一提的是由郭德宏等主编

---

① 陈明显主编：《中华人民共和国政治制度史》，南开大学出版社1998年版；杨一凡等主编：《中华人民共和国法制史》，黑龙江人民出版社1997年版；赵德馨主编：《中华人民共和国经济史》，河南人民出版社1989年版；董辅礽主编：《中华人民共和国经济史》，经济科学出版社1999年版；武力主编：《中华人民共和国经济史》，中国经济出版社1999年版，等等；张顺清等主编：《中华人民共和国文化史》，黑龙江教育出版社1992年版；何东昌主编：《中华人民共和国教育史》，海南出版社2007年版；外交部外交史研究室编：《中华人民共和国外交史》[裴坚章主编第一卷（1949—1956）、王泰平主编第二卷（1957—1969）、第三卷（1970—1978）]，世界知识出版社1994—1999年版；军事科学院军事历史研究所编：《中华人民共和国军事史要》，军事科学出版社2005年版。

② 林蕴晖等：《凯歌行进的时期》，丛进：《曲折发展的岁月》，王年一：《大动乱的年代》，王洪模等：《改革开放的历程》，河南人民出版社1989年版；肖冬连等：《求索中国——文革前十年史》，红旗出版社1999年版；金春明：《"文化大革命"史稿》，四川人民出版社1995年版；程中原等：《1976—1981年的中国》，中央文献出版社1998年版；中共中央党史研究室第三研究部：《中国改革开放史》，辽宁人民出版社2002年版。

③ 军事科学院：《抗美援朝战争史》，解放军出版社2001年版；罗平汉：《土地改革运动史》，福建人民出版社2005年版；高化民：《农业合作化运动始末》，中国青年出版社1999年版；陈东林：《三线建设：备战时期的西部开发》，中共中央党校出版社2003年版；李正华：《中国改革开放的酝酿与起步》，当代中国出版社2002年版、方志出版社2007年版。

的 5 卷本《中华人民共和国专题史稿》①，该书由中共中央党校、中共中央党史研究室、中共中央文献研究室、中国社会科学院、当代中国研究所、军事科学院、国防大学、北京大学、中国人民大学等单位的 70 多位党史、国史知名专家撰稿，书列 130 多个研究专题，270 余万字，各专题各自独立又相互关联，通过不同侧面揭示历史全貌，可谓新世纪国史专题研究的一部鸿篇巨制。各种类型的中华人民共和国史工具书主要有：《中华人民共和国大事记》《中华人民共和国大事纪事本末》《中华人民共和国史词典》《中华人民共和国史百科全书》《中华人民共和国国史编年》② 等。

比较集中刊载国史研究论文的学术期刊主要有《当代中国史研究》《中共党史研究》《党的文献》，以及《中国经济史研究》《军事历史》《史学月刊》《安徽史学》《党史研究与教学》《北京党史》《党史文汇》《党史博览》等，其他史学期刊、社科期刊和高等院校文科学报也少量刊载国史研究论文。《百年潮》《炎黄春秋》《纵横》等期刊刊载的回忆录和通俗性历史纪实，对国史研究也有一定的参考价值。每年在学术刊物上发表的国史研究论文有 300 多篇。

（三）建立正式的研究机构和学术团体，形成了具有一定规模的学科队伍

研究机构、学科体制、学术体系和学科队伍等要件的完善，是学科建设与发展的重要基础。1990 年，经中共中央批准，成立了专事编纂、研究和出版中华人民共和国史的当代中国研究所，由中国社会科学院代管。目前，该所设有政治史、经济史、文化史与社会史、外交史与港澳台史四个研究室，科学划分了各研究室的研究方向和主要任务，形成了一支体系完整、结构合理、层次较高的专业国史研究队伍。当代中国出版社和《当代中国史研

---

① 郭德宏等主编：《中华人民共和国专题史稿》，四川人民出版社 2004 年版。
② 戴舟主编：《中华人民共和国大事记》，光明日报出版社 2000 年版；张小平主编：《中华人民共和国大事记》，人民出版社 2004 年版；朱建华等主编：《中华人民共和国大事纪事本末》，吉林教育出版社 1992 年版；黄文安主编：《中华人民共和国史词典》，中国档案出版社 1989 年版、1994 年增订版；邓力群主编：《中华人民共和国史百科全书》，中国大百科全书出版社 1999 年版；当代中国研究所编：《中华人民共和国国史编年》（1949、1950、1951 年卷），当代中国出版社 2004、2006、2007 年版。

究》的相继创办，使中华人民共和国史研究有了专业的学术成果展示窗口。中华人民共和国国史学会的成立，为加强国史研究学者的联系与交流，推进国史研究、宣传和教育事业的发展，提供了一个全国性的学术团体。自2001年，当代中国研究所与中华人民共和国国史学会建立了每年召开一届的国史学术年会，并在2004年举办了首届"当代中国史国际高级论坛"，为海内外国史学者提供了制度性的学术交流平台。2001年，当代中国研究所与中国人民大学联合成立了当代中国研究中心，以加强中国人民大学的中国当代史学科建设，建设一个当代中国重大理论与实际问题的研究基地和国史研究宣传教育基地。北京大学、清华大学、复旦大学、南开大学、华东师范大学、上海师范大学、深圳大学等高校也先后设立了冠以"当代中国"之名的研究机构或研究中心，各高等院校中历史、政治等课程的教师有许多重点从事中华人民共和国史研究，成为国史研究队伍的中坚力量。据《当代中国史研究》创刊14年（1994—2007年）的统计，在该刊发表国史学术论文的作者中，来自高等院校的作者占到40%。在各地区、各部门组织编写《当代中国》丛书的基础上，部分省、自治区、直辖市建立了从事当代史研究的学术机构，在当代史和地方史研究方面发挥着重要作用。

（四）纳入国民教育体系，推动学科建设和人才培养共同发展

中华人民共和国史研究的重要目的，在于"资政育人"。新时期以来，各高等院校的历史、思想政治教育等专业陆续开设了中华人民共和国史课程，高等教育出版社出版了何沁主编的《中华人民共和国史》、吴本祥主编的《中华人民共和国史》和杨先材主编的《中国历史·中华人民共和国卷》[①] 等一系列通用教材。2006年，高等院校的思想政治理论课中普遍设立了包括中华人民共和国历史内容在内的"中国近现代史纲要"课程，推动了国史内容进入高校的公共课教学，有力地促进了国史学科建设和学科队伍的扩大。中华人民共和国史或中国当代史的研究生培养工作也得到很快发展，中国

---

① 何沁主编：《中华人民共和国史》，高等教育出版社1997年版；吴本祥主编：《中华人民共和国史》，高等教育出版社1999年版；杨先材主编：《中国历史·中华人民共和国卷》，高等教育出版社2001年版。

社会科学院研究生院于2001年依托当代中国研究所设立了中华人民共和国国史系，先后以中国近现代史、中共党史、中国当代史等专业招收硕士、博士研究生，并面向海外招收留学生。中国人民大学于2004年在历史学科之下自主设立了当代中国史专业，其他许多高校也在中国近现代史或中共党史学科之下设立了中华人民共和国史研究方向，招收硕士、博士研究生，有的也面向海外招收留学生。硕士、博士研究生教育的发展，为中华人民共和国史研究培养了大批新生力量，推动了国史研究队伍的扩大。

三 中华人民共和国史研究的热点问题

40年来，经过国史研究工作者的共同努力，中华人民共和国史研究取得了显著成绩，在许多重大的学科建设问题上基本形成了共识。但是，由于中华人民共和国史毕竟是一门年轻的学科，各方面学者出于不同的学术视角，因而在一些问题上仍然存在认识上的差异。主要表现在以下几个方面。

第一，关于中华人民共和国史的学科定位。有的学者认为，中华人民共和国史属于中国历史学的一门分支学科，是中国古代史、近代史的延续和发展，是中国通史的现代或当代部分。这一认识在多数学者当中基本上是一致的。但是，由于在国家颁布的学科目录中并没有独立设置中华人民共和国史的学科名称，中华人民共和国史最初是从中共党史的1949年后部分中分离出来的，各个高等院校或科研机构根据不同情况把它放在了中国近现代史、中共党史或马克思主义学科专业中，由于历史学、政治学、马克思主义等学科门类的不同特点，因而造成了认识上的一些差异和分歧。有的学者从把中华人民共和国史纳入中国历史学学科领域的考虑出发，比较多地强调它与中国通史的延续性和一致性。有的学者虽基本承认上述观点，但比较多地强调中华人民共和国史作为工人阶级领导的人民民主专政的社会主义国家的历史，与中国古代史、近代史的差异性和特殊性。也有学者认为，中华人民共和国史与中国当代史有"明显的区别"："'国史'以政治为主线，在研究对象方面，侧重于上层政治和政策的演变;'当代中国史'的研究范围较为宽广,对社会的主导方面和被主导方面都持一视同仁的态度。"①后一观点离开中华人民共和国这一具体的国家形态和社会形态来谈论"当代中国史",显然是不正确的。中华人民共和国史不仅应当研究作为政治上层建筑的国家历史,同时也必须研究中华人民共和国成立以来各个领域、各个方面发生的历史变化。有学者指出:"中华人民共和国史和中国当代史同样都应该以1949年以来中国社会的演变过程、社会面貌的全面变化、社会成员全面参与的生活进步为完整的认知对象,在这一点上两者不应该有任何区别。"②朱佳木在《共和国史、当代史与现代史三者关系的思考》一文中,深刻分析了对中华人民共和国史、中国当代史和中国现代史三个概念,学术界存在的不同认识及其历史原因,主张将1949年中华人民共和国成立后的中国历史称为中国现代史或中国当代史,正式列入国家学科名录③。这一观点得到广大国史工作者的赞同和支持。

第二,关于中华人民共和国史的研究主线。所谓"主线",就是贯穿中华人民共和国历史始终,影响中华人民共和国发展走向的主要历史脉络。关于这个问题有不少文章予以讨论,主要有三种观点:第一种观点认为,国史研究的主线应当侧重于《中华人民共和国宪法》第一条对我们国家性质的科学论断,着重研究中华人民共和国作为"工人阶级领导的,以工农联盟为基础的人民民主专政的社会主义国家"建立、巩固和发展的历史及其规律,"要研究人民民主政权在不同的历史阶段中,如何根据条件的不同制定自己的主要任务,以实现这一目的"④;第二种观点认为,应当以建立、巩固和发展人民民主专政的社会主义国家,探索和形成建设中国特色社会主义道路,建设社会主义现代化强国为主线,"一种更简明的表述是:中国特色社会主义的奠基、开创和发展就是中华人民共和国历史的

---

① 高华:《叙事视角的多样性与当代史研究——以50年代历史研究为例》,《南京大学学报》2003年第3期。
② 李良玉:《中国当代史研究的几个问题》,《江苏大学学报》(社会科学版)2007年第2期。
③ 朱佳木:《共和国史、当代史与现代史三者关系的思考》,《光明日报》2007年3月30日。
④ 参见杜蒲《中华人民共和国史研究与编纂工作的新开端》,《中共党史研究》1991年第1期。

主线"①；第三种观点认为，国史研究的主线不是也不应当是由单一要素构成，而应当包括中国特色社会主义、社会主义现代化和维护国家利益等多种要素，国史研究的主线应当是探索中国特色社会主义道路，实现社会主义现代化，维护国家主权、国家利益和领土完整②。关于对国史研究主线问题的不同认识，实际上涉及对国史研究对象和范围问题理解上的差异。从狭义上说，中华人民共和国史主要是研究中华人民共和国国家政权的建立和发展的历史；从广义来看，中华人民共和国史研究应该包括国家成立以来各个领域、各个方面的变迁，如政治制度史、政权建设史、法制史、经济史、科技史、文化史、教育史、社会史、民族史、国防史、外交史等，还要包括疆域、人口、婚姻、民俗的变迁和气候、生态、资源、灾害等自然因素对历史发展的影响③。只有从广义上来认识，才能正确地把握中华人民共和国史的研究范围和研究主线。

第三，关于中华人民共和国史的历史分期。随着中华人民共和国历史的发展和演进，关于国史的分期问题引起了热烈的讨论，存在着许多不同的认识。如果把20世纪50年代尚不成熟的历史分期排除在外，新时期以来主要有以下不同的分期方法。一是"七阶段分期法"，第一阶段是1949—1956年，新民主主义向社会主义过渡时期；第二阶段是1956—1966年，探索中国社会主义建设道路时期；第三阶段是1966—1976年，"文化大革命"时期；第四阶段是1976—1992年，历史转折和开创中国特色社会主义道路时期；第五阶段是1992—2002年，确立社会主义市场经济体制时期；第六阶段是2002—2012年，全面建设小康社会时期；第七阶段是2012年以来，中国特色社会主义进入新时代。二是"五阶段分期法"，第一阶段是1949—1956年，中心内容是完成了由新民主主义向社会主义的过渡；第二阶段是1956—1966年，中心内容是探索中国自己的社会主义建设道路，但发生了严重的失误；第三阶段是1966—1976年，中心内容是"文化大革命"这一全局性的、长时间"左"倾严重错误；第

---

① 程中原：《中华人民共和国史研究的回顾和前瞻》，《当代中国史研究》2004年第5期。
② 朱佳木：《在第五届国史学术年会上的开幕词》，《当代中国史研究》2005年第6期。
③ 朱佳木：《关于中国当代史学科建设中的几个问题》，《当代中国史研究》2003年第11期。

四阶段是1976—1989年,中心内容是完成了拨乱反正,制定了"一个中心、两个基本点"的基本路线,开创了中国特色社会主义道路;第五阶段是1989—2001年,中心内容是确立了建立社会主义市场经济的改革目标,全面开创中国特色社会主义事业的新局面①。三是"四阶段分期法",主要依照中共十一届六中全会《关于建国以来党的若干历史问题的决议》,分为基本完成社会主义改造时期(1949—1956年)、开始全面建设社会主义时期(1956—1966年)、"文化大革命"时期(1966—1976年)和历史的伟大转折时期(1976年以后)四个历史时期。20世纪80—90年代的中华人民共和国史著作主要采取了这种分期方法。四是"三阶段分期法",主要分为从新民主主义向社会主义的过渡时期(1949—1956年)、社会主义建设道路的探索与曲折时期(1956—1978年)和社会主义现代化建设事业的振兴时期(1978年以来)②。2007年作为"马克思主义理论研究和建设工程重点教材"出版的《中国近现代史纲要》,也将新中国成立后的历史划分为"社会主义基本制度在中国的确立""社会主义建设在探索中曲折发展""改革开放与现代化建设新时期"三个阶段,与上述"三阶段分期"所不同的是没有把1976—1978年"在徘徊中前进"的两年放在第二阶段,而是放在了新时期③。五是"二阶段分期法",主要是以1978年中共十一届三中全会为界,分为社会主义制度的建立及对社会主义建设道路的探索和建设中国特色社会主义的新时期。但这种分期只是一种宏观的分析和认识,尚没有以这种方法编写中华人民共和国史著作的实例。历史分期是中华人民共和国史研究中的重要课题,而中华人民共和国史又是一个没有时间下限、仍在不断发展的过程,国史分期问题只能继续做动态性的研究,各种不同的分期方法可以在平等的学术讨论中共同促进认识的深化。

第四,关于中华人民共和国史的历史主流。说到中华人民共和国史的发展主流,当然是相对于历史发展中的支流甚至逆流而言的。毋庸讳言,在新中国的成立后探索社会主义革命、建设和改革道路的过程中,曾经出

---

① 李良玉:《中国当代史研究的几个问题》,《江苏大学学报》(社会科学版)2007年第2期。
② 葛仁钧:《论新中国的历史分期》,《当代中国史研究》1996年第4期。
③ 本书编写组:《中国近现代史纲要》,高等教育出版社2007年版。

现过失误甚至严重失误,遭受过挫折甚至严重灾难。对于历史上的失误、挫折和灾难,当然不应该回避,应当实事求是地加以研究和总结,但是确实有一个如何从整体上、宏观上正确把握对中华人民共和国历史的总体评价问题。新中国成立后,中国人民在中国共产党和人民政府的领导下,迅速地恢复了饱受战争创伤的国民经济,开辟了适合中国特点的社会主义改造道路,确立了社会主义基本制度,顺利地完成了由新民主主义向社会主义的过渡,实现了中国历史上最广泛最深刻的社会变革,为当代中国一切发展进步奠定了根本政治前提和制度基础;社会主义改造基本完成以后,提出了建设现代化社会主义强国的目标和探索中国自己的社会主义建设道路的任务,积累了领导社会主义建设的重要经验,初步建立起了独立的比较完整的工业体系和国民经济体系,科学技术特别是国防尖端技术取得突破性成就,维护了国家的独立和主权,外交工作打开了新的局面;特别是在改革开放的历史新时期,展开了历史上从未有过的大改革大开放,探索和开创了中国特色社会主义道路,使我国成功实现了从高度集中的计划经济体制到充满活力的社会主义市场经济体制、从封闭半封闭到全方位开放的伟大历史转折,推动我国以世界上少有的速度持续快速发展起来,经济总量跃至世界第四、进出口总额位居世界第三,人民生活发展到总体小康,一个面向现代化、面向世界、面向未来的社会主义中国巍然屹立在世界东方,取得了举世瞩目的辉煌成就。毫无疑问,这是中华人民共和国历史的发展主流。肯定中华人民共和国史的主流,就应当把国史的研究重点放在肯定成绩、总结经验上,通过对成就和经验的科学总结,深刻阐明只有社会主义才能救中国,只有改革开放才能发展中国;社会主义和改革开放是决定当代中国命运的关键抉择,是发展中国特色社会主义、实现中华民族伟大复兴的必由之路,增强坚持中国特色社会主义的信念和信心。有学者指出:"应该肯定,中华人民共和国……的历史是成功的历史,辉煌的历史。历史的主流是胜利、成绩、经验,这就决定了其主旋律是肯定成绩,是歌颂,而不是否定,不是揭露,要充分叙述党领导人民进行的奋斗和创造,取得的胜利、成就和经验。"[①] 坚持历史唯物主义的立场观点方

---

① 程中原:《中华人民共和国史研究的回顾和前瞻》,《当代中国史研究》2004 年第 5 期。

法，科学地认识中华人民共和国史的历史主流，对于正确把握中华人民共和国史研究的政治方向和学术方向具有极为重要的意义。

第五，关于中华人民共和国史中的失误和曲折。任何历史都不是也不可能是直线前进的，都会发生失误和曲折。中共十一届六中全会通过的《关于建国以来党的若干历史问题的决议》（以下简称《历史决议》）在肯定1949年以来取得伟大成就的同时，也严肃地指出："由于我们党领导社会主义事业的经验不多，党的领导对形势的分析和对国情的认识有主观主义的偏差，'文化大革命'前就有过把阶级斗争扩大化和在经济建设上急躁冒进的错误。后来，又发生了'文化大革命'这样全局性的、长时间的严重错误。这就使得我们没有取得本来应该取得的更大成就。忽视错误、掩盖错误是不允许的，这本身就是错误，而且将招致更多更大的错误。"[①]《历史决议》所指出的主要失误有：1955年夏季以后的社会主义改造中存在着要求过急，工作过粗，改变过快，形式过于简单划一等偏差；1957年的反右派斗争被严重地扩大化，一批知识分子、爱国人士和党内干部被错划为"右派分子"；1958年轻率地发动"大跃进"运动和农村人民公社化运动，使得以高指标、瞎指挥、浮夸风和"共产风"为主要标志的"左"倾错误严重地泛滥开来；1959年庐山会议后期和八届八中全会错误地发动对彭德怀等人的批判，进而错误地开展了"反右倾"斗争；1962年的八届十中全会上把社会主义社会中一定范围内存在的阶级斗争扩大化和绝对化，发展了1957年反右派斗争以后提出的无产阶级同资产阶级的矛盾仍然是我国社会的主要矛盾的观点；1963—1965年在部分农村和少数城市基层开展的社会主义教育运动，一度使不少基层干部受到不应有的打击；在意识形态领域，对一些文艺作品、学术观点和文艺界学术界的一些代表人物进行了错误的、过火的政治批判，在对待知识分子问题、教育科学文化问题上发生了越来越严重的"左"的偏差；1965年初又错误地提出了运动的重点是整所谓"党内走资本主义道路的当权派"；1966年5月至1976年10月的"文化大革命"是一次全局性的、长时间的"左"倾严重错误，使党、国家和人民遭到1949年

[①] 《三中全会以来重要文献选编》上，人民出版社1982年版，第797页。

以来最严重的挫折和损失。新时期以来，中共历次全国代表大会的报告和历次全国人民代表大会的政府工作报告，都曾实事求是地指出和分析了前进中面临的困难和问题。在国史研究当中，如何正确地研究和认识历史上的失误和曲折，既是一个无法回避的难点，又是一个难以把握的关键。首先，应当站在维护国家的利益和荣誉的立场上，而不应以错误的立场和态度抹黑或丑化国家的历史；其次，应当把失误放在当时的历史条件下，科学地分析导致失误的主观和客观原因；再次，应当着重于总结失误的教训，为今天的实践提供有益的鉴戒；最后，应当全面地分析历史上的成就和失误，正确认识主流和支流、全局和局部、全部过程和个别现象的关系。只有把握好这些重大问题，才能对新中国成立以来的成就和失误、发展和曲折、经验和教训，作出全面、客观、公正的分析和评价，使历史上成功的经验、错误的经验和失败的经验，都成为推动当代中国继续发展的宝贵财富。

第六，关于加强和深化改革开放史研究。中国改革开放史从其时间来看，已经超过中国共产党领导新民主主义革命28年的历史（如果从1919年"五四"运动算起是30年），超过了中国社会主义革命和探索社会主义建设道路29年的历史。在中华人民共和国近70年的发展历程中，改革开放史的重要地位日益凸显。从改革开放史所占的历史分量来看，中国改革开放史已经成为国史、党史、马克思主义中国化史中最主要的部分，是国史、党史、马克思主义中国化史等学科发展和创新的最重要内容；从全面深化改革面临的形势和任务来看，迫切需要认真总结历史经验，把握历史规律，增强改革开放的系统性、整体性、协同性；从坚持和发展中国特色社会主义来看，需要进一步增强道路自信、理论自信、制度自信、文化自信，坚持发展完善中国特色社会主义道路、理论体系、制度、文化；从增进和凝聚全面深化改革的共识来看，迫切需要加强和深化改革开放史的研究和总结，切实增强广大干部群众对改革开放伟大事业的历史认同。习近平总书记在党的十八届三中全会上指出："改革开放是党在新的时代条件下带领人民进行的新的伟大革命。党的十一届三中全会召开35年来的实践证明，改革开放是党和人民事业大踏步赶上时代的重要法宝，是党和国家保持生机活力的关键，是当代中国最鲜明的特色，也是当代中国共产党人最鲜明的品格。"①

一是努力拓宽中国改革开放史的研究视野。历史是普遍联系和接续演进的，中国改革开放史也不是孤立存在和发展的。2013年1月，习近平在新进中央委员会委员、候补委员学习贯彻党的十八大精神研讨班开班式上发表重要讲话，从历史和现实结合的角度，分六个时间段回顾分析了社会主义思想从提出到现在的历史过程，内容包括空想社会主义产生和发展，马克思、恩格斯创立科学社会主义理论体系，列宁领导十月革命胜利并实践社会主义，苏联模式逐步形成，新中国成立后我们党对社会主义的探索和实践，新时期作出进行改革开放的历史性决策、开创和发展中国特色社会主义。这一宽广的历史视野和深邃的历史思维，为我们正确认识中国改革开放事业的历史定位提供了科学指南。要从世界文明发展史的宽广视野，从马克思科学社会主义发展史的宽广视野，从中华民族5000年特别是近代以来170多年发展历史，从中国共产党成立90多年为实现国家独立、人民解放和国家富强、人民幸福的奋斗历程，从新中国成立60多年对中国社会主义建设道路一脉相承的接续探索，来研究和认识中国改革开放史。

习近平指出，我们党领导人民进行社会主义建设，有改革开放前和改革开放后两个历史时期，这是两个既相互联系又有重大区别的时期，但本质上都是我们党领导人民进行社会主义建设的实践探索。中国特色社会主义是在改革开放历史新时期开创的，但也是在新中国已经建立起社会主义基本制度并进行了20多年建设的基础上开创的。虽然这两个历史时期在进行社会主义建设的思想指导、方针政策、实际工作上有很大差别，但两者决不是彼此割裂的，更不是根本对立的。不能用改革开放后的历史时期否定改革开放前的历史时期，也不能用改革开放前的历史时期否定改革开放后的历史时期。要坚持实事求是的思想路线，分清主流和支流，坚持真理，修正错误，发扬经验，吸取教训，在这个基础上把党和人民事业继续推向前进。

---

① 中共中央文献研究室编：《习近平关于全面深化改革论述摘编》，中央文献出版社2014年版，第9页。

从这样广阔的历史背景和研究视野,可以更清楚地看到:中国人民在中国共产党领导下开创的中国特色社会主义,第一次比较系统地初步回答了在中国这样经济文化比较落后的国家如何建设社会主义、如何巩固和发展社会主义的一系列基本问题,用新的思想观点,继承和发展了马克思主义,开拓了马克思主义新境界,把对社会主义的认识提高到新的科学水平,为实现中国的社会主义现代化和中华民族伟大复兴指明前进的方向。中国改革开放创造的发展奇迹,不仅使世界上最大的发展中国家跨入世界前列,使亿万中国人民走上了富裕安康的广阔道路,而且为世界经济发展和人类文明进步做出了重大贡献。

二是紧紧围绕中国特色社会主义的时代主题。中共中央多次指出,改革开放以来我们取得一切成绩和进步的根本原因,归结起来就是:开辟了中国特色社会主义道路,形成了中国特色社会主义理论体系,确立了中国特色社会主义制度。中国特色社会主义是在改革开放历史新时期开创的,但也是在新中国已经建立起社会主义基本制度并进行了 20 多年建设的基础上开创的。改革开放前和改革开放后两个历史时期,在本质上都是我们党领导人民进行社会主义建设的实践探索。要正确把握新中国成立以来对社会主义建设一以贯之的实践探索这一历史本质,集中围绕中国特色社会主义的探索、开创、发展这一时代主题,深入总结和阐释改革开放以来的宝贵经验。

习近平指出:"改革开放最主要的成果是开创和发展了中国特色社会主义,为社会主义现代化建设提供了强大动力和有力保障。"[①] 党的十九大报告再次强调:"中国特色社会主义是改革开放以来党的全部理论和实践的主题,是党和人民历尽千辛万苦、付出巨大代价取得的根本成就。"改革开放的成功实践和辉煌成就充分证明:中国特色社会主义道路,是实现社会主义现代化、创造人民美好生活的必由之路,中国特色社会主义理论体系,是指导党和人民实现中华民族伟大复兴的正确理论,中国特色社会主义制度,是当代中国发展进步的根本制度保障,中国特色社会主义文化

[①] 中共中央文献研究室编:《习近平关于全面深化改革论述摘编》,中央文献出版社 2014 年版,第 10 页。

是激励全党全国各族人民奋勇前进的强大精神力量。要紧紧围绕中国特色社会主义的探索、开创和发展这一主题，加强和深化中国改革开放史研究，为总结和阐释、坚持和发展中国特色社会主义提供更为深厚的历史支撑。

三是准确把握中国改革开放史的历史主流。改革开放40年来，中国共产党团结和带领中国人民，坚持以经济建设为中心、以改革开放为动力，以一往无前的进取精神和波澜壮阔的创新实践，推动社会生产力和综合国力持续快速发展，使国内生产总值跃居世界第二，货物进出口贸易总额达到世界第一，人民生活达到总体小康并向全面小康迈进，政治建设、文化建设、社会建设稳步前进，取得了举世瞩目的发展成就。一切亲身经历了这40年伟大变革并贡献了自己力量的中华儿女，都有理由为我国改革开放的历史性成就感到自豪。习近平指出："改革开放是党在新的历史条件下领导人民进行的新的伟大革命，是决定当代中国命运的关键抉择。中国特色社会主义之所以具有蓬勃生命力，就在于是实行改革开放的社会主义。我国过去三十多年的快速发展靠的是改革开放，我国未来发展也必须坚定不移依靠改革开放。只有改革开放才能发展中国、发展社会主义、发展马克思主义。中国特色社会主义在改革开放中产生，也必将在改革开放中发展壮大。"[1] 特别是党的十八大以来，党中央科学把握当今世界和当代中国的发展大势，顺应实践要求和人民愿望，推出一系列重大战略举措，出台一系列重大方针政策，推进一系列重大工作，解决了许多长期想解决而没有解决的难题，办成了许多过去想办而没有办成的大事，推动党和国家各项事业发生历史性变革，取得了不平凡的历史性成就。当然，由于城乡差距、区域发展差距、收入分配差距等方面的原因，人们对改革开放发展成就的实际感受和主观认知会有一定差别，甚至不排除部分社会群体在一段时间内、在某些方面因具体利益受损而产生认识上的疑惑。这就需要国史工作者深入研究和大力宣传改革开放取得伟大成就的历史主流，客观分析改革开放政策设计和经济社会发展过程中遇到的问题，从而深刻

---

[1] 中共中央文献研究室编：《习近平关于全面深化改革论述摘编》，中央文献出版社2014年版，第1页。

揭示:"改革开放符合党心民心、顺应时代潮流,方向和道路是完全正确的,成效和功绩不容否定。"① 这对增强中国特色社会主义道路自信、理论自信、制度自信、文化自信具有重要意义。

　　四是深入总结中国改革开放的宝贵经验。改革开放以来,中国共产党坚持把马克思主义基本原理与中国具体实践和时代特征相结合,不断探索和回答什么是社会主义、怎样建设社会主义,建设什么样的党、怎样建设党,实现什么样的发展、怎样发展,实现什么样的中华民族伟大复兴、怎样实现中华民族伟大复兴等重大理论和实际问题,使马克思主义和社会主义在中国大地上焕发出蓬勃生机,使中国特色社会主义道路、理论、制度得到不断发展和完善,创造了极为丰富的宝贵经验。中共中央曾多次对改革开放的伟大历程和成功经验做出总结和概括。党的十八大后不久,习近平即强调:"必须认真总结和运用改革开放的成功经验",并着重阐述了五个方面的成功经验。第一,改革开放是一场深刻革命,必须坚持正确方向,沿着正确道路推进。第二,改革开放是前无古人的崭新事业,必须坚持正确的方法论,在不断实践探索中推进。第三,改革开放是一个系统工程,必须坚持全面改革,在各项改革协同配合中推进。第四,稳定是改革发展的前提,必须坚持改革发展稳定的统一。第五,改革开放是亿万人民自己的事业,必须坚持尊重人民首创精神,坚持在党的领导下推进。②

　　2013年,中共十八届三中全会通过的《关于全面深化改革若干重大问题的决定》,着重强调了四条"必须长期坚持"的重要经验,即坚持党的领导,贯彻党的基本路线,不走封闭僵化的老路,不走改旗易帜的邪路,坚定走中国特色社会主义道路,始终确保改革正确方向;坚持解放思想、实事求是、与时俱进、求真务实,一切从实际出发,总结国内成功做法,借鉴国外有益经验,勇于推进理论和实践创新;坚持以人为本,尊重人民主体地位,发挥群众首创精神,紧紧依靠人民推动改革,促进人的全面发展;坚持正确处理改革发展稳定关系,胆子要大、步子要稳,加强顶

---

① 中共中央文献研究室编:《十七大以来重要文献选编》(上),中央文献出版社2009年版,第8页。

② 《人民日报》2013年1月1日。

层设计和摸着石头过河相结合,整体推进和重点突破相促进,提高改革决策科学性,广泛凝聚共识,形成改革合力。① 不断深化改革开放史研究,深入总结改革开放的成功经验,正确把握改革开放的客观规律,才能为推进全面深化改革、丰富和发展中国特色社会主义提供宝贵的历史借鉴。

五是科学分析改革开放进程中遇到的新问题。深化改革开放史研究,应当把主要着力点放在宣传伟大成就、总结成功经验上,这是正确反映改革开放这一伟大时代主流的客观要求。同时也应当看到,改革开放作为一场新的伟大革命,不可能一帆风顺,也不可能一蹴而就。中国的改革开放之路,正是在不断解决矛盾、克服障碍、化解风险、战胜困难的艰辛探索和创新实践中闯出来的。从当前面临的形势看,改革开放虽然取得了伟大成就,但同人民群众对美好生活的期待相比仍有明显差距,推进经济社会发展的体制机制还有许多弊端,党和国家工作中还有不少人民群众不满意的地方。习近平指出:"'明镜所以照形,古事所以知今。'今天,我们回顾历史,不是为了从成功中寻求慰藉,更不是为了躺在功劳簿上、为回避今天面临的困难和问题寻找借口,而是为了总结历史经验、把握历史规律,增强开拓前进的勇气和力量。"② 要清楚地看到,经过 30 多年的改革发展,既为我们开辟了道路、奠定了基础、提供了经验,也使我们不能不面对许多发展中和发展后的新情况、新问题、新挑战。面对这些缺点和不足、矛盾和问题,绝不应当动摇我们对改革开放的信心和勇气。正确认识、勇敢面对和积极解决实践中遇到的新问题,正是新时期以来改革开放得以不断推进和深化的实践前提,使改革开放成为推动中国特色社会主义事业发展的强大动力。新形势下的新问题既充满挑战又蕴含机遇,迎难而上,攻坚克难,才能更好地推进中国特色社会主义的自我完善和发展。深化改革开放史研究,必须以巨大的学术勇气和智慧,认真回顾和反思改革开放进程中遇到的矛盾和问题,科学认识改革开放的内在规律,正确把握改革开放中的利益关系,努力提高预见问题、化解矛盾的能力和水平。

---

① 中共中央文献研究室编:《十八大以来重要文献选编》(上),中央文献出版社 2014 年版,第 514 页。

② 习近平:《在庆祝中国共产党成立 95 周年大会上的讲话》,《人民日报》2016 年 7 月 2 日。

六是不断拓展中国改革开放史的研究领域。从目前国史研究和改革开放史研究的状况来看,不少学者的研究内容和研究精力比较多地集中于政治思想、政治理论、经济建设、经济发展等宏观问题上,许多中观或微观领域的经济、社会、科技、文化、资源、环境等问题,研究还比较薄弱。改革开放以来,党和国家的工作重心转移到经济建设上来,不断创新科学发展理念,逐步建立和完善社会主义市场经济体制,加快建设中国特色社会主义法治体系和社会主义法治国家,社会生活和社会关系发生深刻变化,中国与世界的联系愈益紧密,许多与此相关的新情况、新问题、新挑战逐渐凸显出来。

特别是党的十八大以来,以习近平同志为核心的党中央坚持稳中求进工作总基调,统筹国内国际两个大局,统筹推进"五位一体"总体布局,协调推进"四个全面"战略布局,坚定不移贯彻落实新发展理念,坚定不移推进改革攻坚,以前所未有的决心和力度推进全面深化改革,对全面深化改革作出一系列重大战略部署,创造和积累了全面深化改革的新鲜经验,极大拓展了国家建设、发展和治理的总体思路。其中有许多领域是国史研究工作者过去不太熟悉的,或是研究十分薄弱的,我们的理论储备、知识储备、资料储备都很不足。要适应党和国家工作大局的要求,跟上经济社会发展的步伐,就要努力提高我们的理论和学术素养,夯实学科发展的全面基础,不断拓展国史和改革开放史的研究领域。

习近平指出:"历史、现实、未来是相通的。历史是过去的现实,现实是未来的历史。要把党的十八大确立的改革开放重大部署落实好,就要认真回顾和深入总结改革开放的历程,更加深刻地认识改革开放的历史必然性,更加自觉地把握改革开放的规律性,更加坚定地肩负起深化改革开放的重大责任。"[①] 2017 年 8 月,他在主持中央全面深化改革领导小组第三十八次会议时再次强调,要总结运用好党的十八大以来形成的改革新经验,深化对改革规律的认识和运用,站在更高起点谋划和推进改革,坚定改革定力,增强改革勇气,坚定不移将改革进行到底。40 年前,中华人民共和国史研究是伴随着解放思想、实事求是思想路线重新确立和改革开放

[①] 《人民日报》2013 年 1 月 1 日。

伟大事业而成长和发展起来的。40年后，中国改革开放事业的成功开拓和辉煌成就，又对国史研究提出了许多新的时代课题。国史工作者有责任也有义务，以历史唯物主义的科学态度，以习近平新时代中国特色社会主义思想为指导，以改革创新的时代精神，推进和深化中国改革开放史研究，为坚持、完善和发展中国特色社会主义做出更加积极的贡献。

四　中华人民共和国史研究的思考和展望

在新的历史条件下，中华人民共和国史研究面临着良好的发展机遇。随着中国综合国力的快速提高，中华人民共和国成功发展的历史经验越来越引起人们的广泛关注；全国高等院校"中国近现代史纲要"课程的普遍设立，对中华人民共和国史研究提出了更高的要求；在2007年3月的全国人大和全国政协会议上，有代表正式提交了"建议成立国史馆、履行国家修史职责"的提案①。面对中国特色社会主义新时代的新要求，必须进一步加强和深化中华人民共和国史研究。

（一）以马克思主义理论为指导，解放思想，与时俱进

中华人民共和国是在中国共产党领导下，以马克思主义为指导建立和发展起来的新型人民共和国，是马克思主义的科学社会主义理论在中国的实践、运用和发展。毛泽东在1954年第一届全国人民代表大会开幕词中即指出："领导我们事业的核心力量是中国共产党。指导我们思想的理论基础是马克思列宁主义。"② 中华人民共和国史研究要认识和把握新中国的奋斗历程、成功经验和发展规律，必须坚持以马克思主义理论特别是中国化的马克思主义为科学指南。

中国共产党作为中华人民共和国的执政党，是一个富于理论创新精神的工人阶级政党。在领导中华人民共和国建设和发展过程中，中国共产党

---

① 《中国文化报》2007年2月28日；《人大代表两会建言：建立国史馆续修国史鉴往知来》，中新社北京2007年3月14日电。
② 《毛泽东文集》第6卷，人民出版社1999年版，第350页。

坚持把马克思主义的基本原理同中国的具体实际相结合,坚持解放思想、实事求是、与时俱进,在坚持和发展毛泽东思想的基础上,开创适合中国国情的社会主义改造道路,探索中国自己的社会主义建设道路,开辟中国特色社会主义道路,创立了邓小平理论、"三个代表"重要思想、科学发展观和习近平新时代中国特色社会主义思想,并把这些理论成果写入国家宪法,使之成为中华人民共和国建设和发展的理论指南。这些马克思主义中国化的理论创新成果既为中华人民共和国的建设和发展指明了前进方向,也为我们深入研究和总结国家发展的历史经验,提出了新的时代课题。要站在马克思主义基本原理与中国实际和时代特征相结合的高度,研究和总结中华人民共和国历史,就要有更加坚定的马克思主义理论信仰,有更高的马克思主义理论水平,更加自觉地坚持和运用马克思主义的立场观点方法。

一切科学的理论创新,都是理论逻辑与历史逻辑的统一,既包含着系统的理论思考,也凝聚着深厚的历史规律和历史经验的积淀。要正确阐明马克思主义中国化的最新理论成果,必须通过广泛而深入的历史研究,深刻揭示蕴含在科学的理论逻辑之中的历史逻辑,为党的理论创新成果的宣传和贯彻提供深厚的历史支撑。江泽民在中共十五大报告中总结邓小平理论创立的经验时,明确地把"用马克思主义的宽广眼界观察世界"作为理论创新的一个重要方法和重要原则。他在纪念建党 80 周年大会的讲话中再次强调:"在新的历史时期,坚持马克思列宁主义、毛泽东思想,关键要坚持用邓小平理论去观察当今世界、观察当代中国,不断总结实践经验,不断作出新的理论概括,不断开拓前进。"[①] 树立马克思主义的宽广眼界,一是要有深远的历史眼光,二是要有宽广的世界眼光。只有树立和坚持这样的宽广眼界,才能做到以党的理论创新成果为指导,不断推进国史研究的理论和学术创新。要深入研究新中国的历史发展,总结新中国的历史经验,必须进一步解放思想、开阔视野,把当代中国的发展放在中华民族漫长而悠久的历史长河中、放在当代世界风云变幻的时代进程中来考察和研究,这样才能使国史研究适应时代、国家、社会和党的理论创新的发

[①] 《江泽民文选》第 3 卷,人民出版社 2006 年版,第 271 页。

展要求。

（二）以中华民族伟大复兴为目标，总结经验，探索规律

中华人民共和国的创立，人民民主专政的国家政治制度和社会主义基本经济制度的建立，是中华民族历史翻天覆地的巨大飞跃，同时也是中国五千年文明史的继承和新的延续。1938年，毛泽东就曾指出："今天的中国是历史的中国的一个发展；我们是马克思主义的历史主义者，我们不应当割断历史。从孔夫子到孙中山，我们应当给以总结，承继这一份珍贵的遗产。这对于指导当前的伟大的运动，是有重要的帮助的。"[①] 1944年7月，赴延安访问的英国记者斯坦因向毛泽东提出了这样的问题：共产党是"中国至上"还是"共产党至上"？意思是说共产党是把党的利益、阶级利益放在第一位，还是把民族利益、国家利益放在第一位。毛泽东回答说："没有中华民族，就没有中国共产党。你还不如这样提问题，是先有孩子还是先有父母？这不是一个理论问题而是一个实际问题。"[②] 毛泽东形象地把中华民族和中国共产党的关系比喻为"父母"和"孩子"的关系，用毛泽东的这个比喻来说明中华人民共和国同中华民族的历史联系，也是十分恰当的。中华人民共和国和社会主义制度的建立，使古老的中国焕发了新的生机，使近代以来饱受欺辱和蹂躏的旧中国以崭新的姿态站立在世界舞台上，推进中国政治、经济、文化、社会、生态、外交、国防等全面发展，实现中华民族的伟大复兴是中华人民共和国的崇高历史责任。

如何学习、继承和弘扬中华民族的历史遗产？如何实现中华民族的伟大复兴？毛泽东指出："学习我们的历史遗产，用马克思主义的方法给以批判的总结，是我们学习的另一任务。我们这个民族有数千年的历史，有它的特点，有它的许多珍贵品。对于这些，我们还是小学生。"[③] 江泽民也曾指出："我们要正确认识自己的历史文化，区分精华和糟粕，使中华民族几千年来创造的文明成果，在社会主义现代化建设中获得新的生命，放

[①] 《毛泽东选集》第2卷，人民出版社1991年版，第534页。
[②] 《毛泽东文集》第3卷，人民出版社1993年版，第191页。
[③] 《毛泽东选集》第2卷，人民出版社1991年版，第533页。

出新的光彩。"①他在给历史学家白寿彝的信中又指出："几千年来，中华文明得以不断传承和光大，一个重要原因就是我们的先人懂得从总结历史中不断开拓前进。我国的历史，浩瀚博大，蕴含着丰富的治国安邦的历史经验，也记载了先人们在追求社会进步中遭遇的种种曲折和苦痛。对这个历史宝库，我们应该运用历史唯物主义的观点不断加以发掘，在前人研究的基础上不断作出新的总结。这对我们推进今天祖国的建设事业，更好地迈向未来，具有重要的意义。"中华人民共和国的建立和发展，离不开马克思主义科学理论和马克思主义中国化创新成果的科学指导，同时也离不开中华民族经济、政治、文化、国土、资源等历史的基础和积淀。只有把中华人民共和国的发展放在中国历史、中国社会和中国文化的基础上，放在中华民族解放和复兴的伟大进程中来研究和考察，才能更深刻地把握共和国的发展规律，才能从更加深厚的文化底蕴上唤起人民群众对社会主义的人民共和国发展历史的爱国主义认同。

中华人民共和国历史作为中国历史的继承和发展，作为中华民族历史的继承和发展，在如何弘扬中华民族优秀传统文化方面，仍有许多问题需要做进一步的研究。我们要以马克思主义为指导，以中国特色社会主义为核心，认真学习和继承中华民族优秀的文化传统，同时也要扬弃其封建性糟粕，在实现中华民族伟大复兴的同时，实现中华文化在新世纪的历史性飞跃。

（三）以世界历史大势变迁为坐标，审时度势，把握机遇

马克思和恩格斯在《共产党宣言》中指出："资产阶级，由于开拓了世界市场，使一切国家的生产和消费都成为世界性的了。……过去那种地方的和民族的自给自足和闭关自守状态，被各民族的各方面的互相往来和各方面的互相依赖所代替了。物质的生产是如此，精神的生产也是如此。"②近代中国是在世界先进国家率先建立起机器大工业、社会化大生产和资产阶级民族国家的情况下，被动地卷入世界历史潮流的，其结果就是

---

① 《江泽民文选》第1卷，人民出版社2006年版，第123页。
② 《马克思恩格斯选集》第1卷，人民出版社1995年版，第276页。

近代以来遭受到几乎所有世界列强的侵略、掠夺和蹂躏，而沦为半殖民地半封建国家，走过了痛苦和曲折的道路。中国革命发生和发展，是在第一次世界大战后兴起，在第二次世界大战后新的世界格局下走向胜利的。在殖民地半殖民地国家的民族解放运动中，较早地成功推翻了帝国主义的压迫，建立了独立自主的中华人民共和国，改变了世界历史进程，改变了世界政治格局。从世界历史进程这一个大坐标系中来考察和认识中华人民共和国的历史，就可以更清楚地看到新中国的辉煌成就和伟大创造。

中国共产党是善于从世界历史发展潮流中把握中国革命和中华民族发展方向的执政党。新中国成立后，在如何认识和处理中国与世界的关系上，我们曾经走过曲折的道路，成为我国在一段时间里发展迟缓的重要原因之一。但是，这样一条曲折的道路并不是或者主要不是由于新中国自身的原因，而是由于当时两个阵营对立和"冷战"的世界格局，是由于西方国家及其追随者对新中国的敌视、封锁、禁运乃至军事包围和战争威胁所造成的。在新时期，中国以开放的胸怀逐步走向世界，世界也逐步走进中国，中国与世界更加紧密地联系在一起。

中华人民共和国作为当今世界的重要一员，我们在意识形态、社会制度、文化传统、民族特性等方面，与很多国家有所不同，但是在基本的国家性质上，我们仍然是当今世界一个独立的民族国家。在国际交流日益频繁、国际竞争日趋激烈的情况下，坚定地维护和发展中国的民族利益、国家利益，是中华人民共和国的重要责任。因此，面对磅礴的世界大势和复杂的国际形势，如何审时度势，趋利避害，抓住机遇，迎接挑战，是研究中华人民共和国历史必须关注的重大问题。江泽民曾指出："全党同志特别是中青年领导干部务必加强学习和实践，使自己具有开阔的视野，学会敏锐地观察世界政治、经济、科技、文化等各种变化，始终走在时代发展、改革开放和现代化建设的前列。历史上，不看世界发展的大势，固步自封，作茧自缚，导致国家和民族衰亡的例子比比皆是。"[①] 在经济全球化、信息化和科学技术迅猛发展的情况下，综合国力的竞争日趋激烈。面对纷繁复杂的世界潮动，我们必须提高用马克思主义的宽广眼界观察世界

[①] 《江泽民文选》第3卷，人民出版社2006年版，第47—48页。

的能力，在深入研究和总结历史经验的基础上，不断了解新情况，研究新问题，总结新经验。只有在复杂的国际交往中始终保持清醒的头脑，才能真正趋利避害、处变不惊，掌握驾驭复杂局势的本领，卓有成效地维护国家主权和经济、政治、文化安全，最大限度地实现我们的国家利益。

（四）以大国兴衰经验教训为鉴戒，鉴往知来，防微杜渐

虽然"共和"的概念在中国已经出现两千多年，但是，现代意义的"共和国"作为一种民族民主国家形态，是在近代资产阶级革命基础上建立和发展起来的。到20世纪，诞生了苏联的社会主义联邦共和国，创造了以马克思主义为指导、工人阶级政党领导的社会主义共和国。中华人民共和国是在借鉴近现代国家形态的经验教训基础上，以苏联的社会主义共和国为榜样，根据中国国情和中国革命发展的特殊规律，创造和建立起来的一种新型的国家形态。

自从共和国这种国家形态诞生以来，经历了曲折的发展过程。一些国家兴起了，另一些国家衰落了，研究和借鉴世界各国兴衰成败的经验教训，探寻现代国家的发展规律，对于我们加强共和国建设，增强抵御各种风险的能力，具有非常重要的意义。胡锦涛在2004年6月第十六届中央政治局第14次集体学习时指出："我国的历史文化、社会制度、发展水平与其他国家不同，对世界上其他政党执政的一些做法和措施，我们不能照抄照搬。但对它们在治国理政方面的有益做法，我们要研究和借鉴，以开阔眼界，打开思路，更好地从世界政治经济发展的大格局中把握加强党的执政能力建设的规律。"[①] 特别是20世纪90年代以来，苏联解体，东欧剧变，一批执政多年的老党大党纷纷丧失政权，一些发展中国家在西方的鼓噪或压力下，搞起多党制、民主化，结果造成社会动荡、民族冲突甚至造成国家分裂；美国采取直接军事行动颠覆了阿富汗、伊拉克等主权国家。党的执政能力建设问题的提出，在很大程度上也涉及国家政权建设问题，为我们从现代政治的一般规律来观察和研究国家政权问题，提供了一个新的视角。

[①] 《人民日报》2004年7月1日。

我们既要清醒地看到西方国家假借民主之名推行"西化""分化"的图谋，绝不能照搬西方政治制度的模式，同时又要积极解放思想、更新观念，主动吸纳权力制衡、民主监督等政党治国理政的共性原则，不断深化对共产党执政规律的认识，积极探索和完善具有中国特色的共产党的执政机制与执政方略，切实提高党的执政能力，不断巩固党的执政地位。

（五）以完善国史学科体系建设为基础，拓宽视野，固强补弱

中华人民共和国史尚是一个年轻的历史学科，同传统历史学科的优势相比，在学科基础理论、应用理论和学科史等基础建设方面还有许多不足之处。在学科基础理论方面，虽已有数十篇论文研究和探讨中华人民共和国史的学科内涵与外延、研究理论与方法，但还缺乏系统的科学阐释和一致的学术认知，至今尚没有一部国史学理论的论著问世，严重影响了学科定位的清晰化和学科体系的完备。中华人民共和国史或中国当代史著作虽已出版数十部之多，其中确有建立在长期、深入学术研究基础上的精品力作，但不少著作在体例框架设计、主要观点提炼、基本史料运用和关键语言表述等方面，普遍存在着公式化、概念化、雷同严重、低水平重复、政治史线索与其他历史线索畸重畸轻等现象，严重影响人们对国史研究科学性的认同。我们要认真学习中国的历史学遗产，学习传统历史学科的学科建设经验，在继承中创新，在创新中发展。历史学是一门综合性很强的科学，涉及的内容极其广泛，应当借鉴政治学、经济学、社会学、人类学、心理学、公共行政管理学等学科的研究方法，借鉴各学科的有益经验，建立健全严格的学术规范，进一步加强中华人民共和国史的学科建设，为中华人民共和国史研究的发展奠定更加坚实的学科基础。

由于历史的原因，中华人民共和国史研究中仍然存在着过多地集中于政治史研究、偏重于国家与政府重大决策等倾向，法制史、科技史、教育史、社会史、外交史等中观领域的研究比较薄弱，各领域中大量个案的微观研究许多还是空白，影响了中华人民共和国史研究的全面发展，也影响了对中华人民共和国史发展轮廓的整体描述。中华人民共和国的历程蕴藏着极为丰富的历史资源，有着极为广阔的研究领域和发展空间。要将丰富多彩的历史片断整合成全面系统的历史记述，必须努力拓宽中华人民共和国史的研究视野,既要研究高层的核心政治,也要研究基层的社会个案;既要研究文本的政府决策,也要研究实践的曲折发展;既要研究全局的重大问题,也要研究局部的个别事件;既要研究宏观的经济运行,也要研究微观的经营管理;既要研究理性的社会意识,也要研究感性的公众心理;既要研究人文社会,也要研究自然变迁。中华人民共和国史的许多研究领域还是没有被开发的处女地,需要研究的课题很多,有必要学习和借鉴国外史学特别是西方新史学中一些有价值的研究观念和研究方法。通过进一步拓宽研究视野,加强对比较薄弱的社会生活领域的研究,加快中华人民共和国史向"通史"方向转化,更加全面、更加生动、更加丰富多彩地展现中华人民共和国的历史图景。

(六)以适应时代的政治文化需求为着眼点,更新观念,勇于创新

中华人民共和国史既是一门历史科学,又承担着为党和国家重大决策提供历史依据,对广大群众特别是青少年进行爱国主义、社会主义教育的重要任务,同时也承载着宣传新中国发展历程、建设成就和成功经验等对外宣传和交流的任务。随着改革的不断深化、对外开放的日益扩大和社会主义市场经济的发展,我国社会的经济成分、组织形式、就业方式、分配方式和利益关系日益多样化,人们的思想和文化需求也呈现出多样化、多层次的自主选择。国史的研究和宣传在坚持马克思主义指导地位,坚持其鲜明的政治性的基础上,也应当积极适应这种变化,努力探索新中国成功经验和优良传统的新发展,努力探索国史研究成果走出象牙塔、深入社会大众的各种有效形式和途径,充分利用网络、微博、微信等新的大众传媒手段,充分发挥国史的爱国主义和社会主义教育功能。

新世纪以来中国的世界史研究的进展

陈启能

一

首先需要说明，在中国，所谓的"世界史"是不包括中国史在内的，实际上指的是外国的历史。

下面，我们要着重说说进入新世纪以后我国的世界史研究。进入新世纪以后，随着我国经济建设的蓬勃发展和国际局势的急剧变化，我国的世界史研究也有了较大的发展。这表现为研究成果的增多，新的研究领域的开辟，人才培养的加快和对外学术交流的发展，等等。据不完全统计，2001年至2005年，在我国发表的各类世界史著作有500多部，平均每年约100部，发表的论文共计3500多篇，平均每年约700篇。这个数字是相当可观的。自然，学术成果是不能只从数量上衡量的，然而，如果从质量上看，应该说，这些著作和论文的质量也有了明显的提高。这主要表现在引用国外的第一手资料，包括考古资料、档案资料和其他文献资料的论著增多了。在新领域的开拓方面也有了进展，如研究人与自然环境关系的生态环境史、全球史的发展就是显例。一些过去研究较少的领域，如冷战史、古代东方史等有了新的发展。人才培养方面得到重视，许多大学扩大了世界史学科的大学生和研究生的招生规模。在学术交流方面，这些年中，世界史学科的各类机构和大专院校举办了50多次学术研讨会，其中包括不少国际学术研讨会。如2001年5月16日至19日由中国社会科学院世界历史研究所在南京主办的"二十世纪的历史学国际学术研讨会"就是其中较有影响的一次。

进入21世纪以来，世界通史性的著作多了起来。20世纪60年代初，主要是应国内大专学校教授世界通史的需要，曾组织编写了多卷本的《世界通史》教材，即一般所谓的"周吴本"，指由周一良、吴于廑两位教授主编的本子。这个本子在高校中的应用率很高，也用了很长的时间。但是，这毕竟是20世纪60年代撰写的，又只是高校教材。在五六十年代时，已开始陆续翻译出版苏联科学院主编的13卷本《世界通史》。改革开放以后，又陆续翻译出版了剑桥版的多卷本"世界史"。然而，我国学者撰写的、反映历史学最新发展成果的有分量的世界通史性著作还少有问世[1]。一些高校虽多有世界通史性的著作问世，如潘润涵、林承节著的《世界近代史》[2]，但这些还只是断代的世界通史。此外，也出版了不少国别通史，如阎照祥的《英国史》[3]等。

在21世纪，全面的世界通史性著作的撰写和出版有了进展。已出版的有关著作有：齐世荣主编《人类文明的演进》[4]，李世安、孟广林等编《世界文明史》[5]，刘明翰、郑一奇主编《人类精神文明发展史》[6]，马克垚主编《世界文明史》[7]等。马克垚主编的《世界文明史》分为上、中、下三卷，分别论述了农业文明时代、工业文明的兴起和工业文明在全球的扩展。

---

[1] 曾出版过一些作为某些高校教材使用的通史著作，如齐涛主编《世界通史教程》，山东大学出版社2001年版。

[2] 潘润涵、林承节：《世界近代史》，北京大学出版社2000年版。

[3] 阎照祥：《英国史》，人民出版社2002年版。

[4] 齐世荣主编：《人类文明的演进》（上下卷），中国青年出版社2001年版。

[5] 李世安、孟广林等编：《世界文明史》，中国人民大学出版社2002年版。

[6] 刘明翰、郑一奇主编：《人类精神文明发展史》（4卷本），中国青年出版社2003年版。

[7] 马克垚主编：《世界文明史》（3卷本），北京大学出版社2004年版。

二

世界史研究的发展还有一个显著的特点，即几乎所有的领域有了不同程度的进展。值得特别指出的是，进入21世纪以来，世界古代史的研究有了显著的进展。由于语言、资料等原因，世界古代史一直是一门比较难的学科，发展也是比较慢的。然而，现在的情况有了改变。据不完全统计，自2001年至2005年的5年间，我国在这一领域出版的各类图书有100多部，发表的论文有近400篇。这个数字超过了我国改革开放之后任何一个5年的成果，在当今的非西方国家中，恐怕只有日本有这么多的研究成果。更重要的是，我国从事世界古代史研究的专业队伍并不大，专业人员不到200人。在这种情况下能取得这样的成果的确不是容易的事。

如果从内容上来分析，可以看出，我国的世界古代史研究在较快发展的同时，也还是存在着不足，原有的缺陷并未得到根本的改进。这主要是对古代西方的研究依旧大大地超过对古代东方的研究，特别是古希腊罗马史的研究依旧是独占鳌头。在这5年中，有关古希腊的研究论文发表的有150多篇，约占全部世界古代史论文的一半；古罗马史的论文有60余篇。两者相加，就超过了全部有关论文的三分之二。有关古希腊史的各种专著、编著、译著约50部，占所有相关书籍的一半；古罗马史的有关著作出版的约40部。可见，在全部世界古代史的著作中绝大部分都是有关古希腊罗马史的内容。

在世界古代史领域，对西方古典时代的研究历来是强项，研究人数较多，因而成果最多也是可以理解的。自2001年以来，对古希腊罗马史的研究有了较大的进展，从已出版的著作来看，题材和研究问题的广度和深度都有进步。如有总论性质的[1]，有研究古代国家等级制度的[2]，有研究古

---

[1] 刘家和、廖学盛主编：《世界古典文明史研究导论》，高等教育出版社2001年版。
[2] 施治生等主编：《古代国家的等级制度》，中国社会科学出版社2003年版。

希腊哲学和历史的①，有研究古希腊仪式文化的②，有研究古希腊妇女的③，有研究荷马史诗所反映的时代和社会的④，有研究希腊化时期的⑤，有研究古罗马早期平民问题的⑥，有研究古罗马共和、帝制问题的⑦，有研究古罗马文化⑧、建筑⑨、女性⑩、军团⑪、文学史的⑫，等等。自然，在这些著作中，有的是专著，有的是编著，类型和质量是不一样的，然而它们的题材和所涉及的方面之广泛却是显而易见的，这正可以说明西方古典时代的研究在21世纪确已有了很大的发展。此外，还有不少译著出版，如晏绍祥等译的《罗马的遗产》⑬、张强等译的《希腊的遗产》⑭。

古代东方史的研究，虽然比不上西方古典时期研究，但是在新世纪还是取得很大的进展。这种进展的取得不是一件容易的事。因为古代东方史研究，在语言、资料、人才等方面都有很大的局限，目前能取得这样的成绩正说明这一领域的研究已经有了较大的突破。

据统计，在古代东方史的研究方面，2001年至2005年，出版的专著、编著和译著有20余部，如刘文鹏的《古代埃及史》⑮、瞿连仲的《释迦牟尼生平与思想》⑯、巫白慧的《印度哲学：吠陀经探义和奥义书新解》⑰、

---

① 宋继杰主编：《BEING与西方哲学传统》，河北大学出版社2002年版；晏绍祥：《古代希腊历史与学术史初学集》，湖北人民出版社2003年版。
② 吴晓群：《古希腊仪式文化研究》，上海社会科学院出版社2000年版。
③ 裔昭印：《古希腊的妇女：文化视域中的研究》，商务印书馆2001年版。
④ 晏绍祥：《荷马社会研究》，上海三联书店2006年版。
⑤ 陈恒：《希腊化研究》，商务印书馆2006年版。
⑥ 胡玉娟：《古罗马早期平民问题研究》，北京师范大学出版社2002年版。
⑦ 宫秀华：《罗马：从共和走向帝制》，东北师范大学出版社2002年版；叶民：《最后的古典：阿米安和他笔下的晚期罗马帝国》，天津人民出版社2004年版。
⑧ 朱龙华：《罗马文化》，上海社会科学院出版社2003年版。
⑨ 张晓校：《罗马建筑》，福建人民出版社2001年版。
⑩ 刘文明：《文化变迁中的罗马女性》，湖南人民出版社2001年版。
⑪ 金海：《罗马军团》，辽宁人民出版社2002年版。
⑫ 刘文孝主编：《罗马文学史》，云南人民出版社2003年版。
⑬ [英] 理查德·詹金斯：《罗马的遗产》，晏绍祥、吴舒屐译，上海人民出版社2002年版。
⑭ [英] M. L. 芬利：《希腊的遗产》，张强等译，上海人民出版社2004年版。
⑮ 刘文鹏：《古代埃及史》，商务印书馆2000年版。关于古埃及的研究，还应提到郭丹彤的《古代埃及的对外关系研究》，黑龙江人民出版社2005年版。
⑯ 瞿连仲：《释迦牟尼生平与思想》，商务印书馆2001年版。
⑰ 巫白慧：《印度哲学：吠陀经探义和奥义书新解》，东方出版社2000年版。

李铁匠的《古代伊朗文化史》①、田明等译的《埃及的遗产》②、姚为群选译的《古印度流派哲学经典》③、张志华译的拉尔修的《名哲言行录》④等等。

2006年，拱玉书出版了专著《升起来吧！像太阳一样——解析苏美尔史诗〈恩美卡与阿拉塔之王〉》⑤，徐建新出版了《好太王碑拓本の研究》⑥。

除了著作以外，在古代东方史方面，发表的论文有70余篇，其中有关古埃及史的约30篇，古代两河流域史的约20篇，古代印度史的也有约20篇。特别需要指出的是，一些学习、掌握古代东方语言文字的学者经过培养逐渐成熟起来，已开始发表论文和著作。如令狐若明、王海利等已能初步运用古埃及的象形文字从事研究工作。如令狐若明分析了古埃及文字的结构、演变和传播；王海利则认为，我国学术界习用的"象形文字"一词不适合古埃及文字的特点⑦。此外，我国学者对楔形文字和亚述学的研究也有了进展，在国外发表了一些有价值的论文⑧。有关犹太的《死海古卷》、赫梯、古代民族问题、古代以色列等方面也都有不少成果问世⑨。

---

① 李铁匠：《古代伊朗文化史》，苏州大学出版社2003年版。
② [英] J. R. 哈里斯编：《埃及的遗产》，田明等译，上海人民出版社2006年版。
③ 姚为群选译：《古印度流派哲学经典》，商务印书馆2003年版。
④ [古希腊] 狄奥修斯·拉尔修：《名哲言行录》，张志华等译，吉林人民出版社2003年版；[法] 让-皮埃尔·韦尔南：《古希腊的神话与宗教》，杜小真译，生活·读书·新知三联书店2001年版；《柏拉图全集》，王晓朝译，人民出版社2003年版；[古希腊] 柏拉图：《法律篇》，张智仁、何勤华译，上海人民出版社2001年版；[古希腊] 修昔底德：《伯罗奔尼撒战争史》，徐松岩译，广西师范大学出版社2004年版；[法] 戈岱司编：《希腊拉丁作家远东古文献辑录》，耿升译，中华书局2001年版，等等。
⑤ 拱玉书：《升起来吧！像太阳一样——解析苏美尔史诗〈恩美卡与阿拉塔之王〉》，昆仑出版社2006年版。
⑥ 徐建新：《好太王碑拓本の研究》，东京堂2006年版。
⑦ 参见王海利《古埃及象形文字的译名》，《世界历史》2003年第5期。
⑧ 吴宇虹：《苏美尔和阿卡德语文献中的狂犬病和狂犬》，《美国东方社会学杂志》2001年第6期；拱玉书：《楔形文字字名研究》(*Die Namen der Keilschrifzeichen*)，Munster, Ugaric Verlag, 2000。
⑨ 参见王新生《〈死海古卷〉中的〈圣经〉古卷对于〈旧约〉文本研究的意义述评》，《复旦学报》(社会科学版) 2003年第6期；曾琼《试论古希伯来〈旧约〉文学中神人关系的悖反》，《西南师范大学学报》(哲学社会版) 2003年第6期；李政《论赫梯国王的封侯政治》，《北大史学》第10期，北京大学出版社2004年版；沈坚《古色雷斯人透视》，《历史研究》2002年第2期；叶民、王敦书《伊达拉利亚人起源考》，《世界历史》2001年第5期；徐晓旭《古希腊人的"民族"概念》，《世界民族》2004年第2期；王立新《古代以色列历史文献、历史框架、历史概念研究》，北京大学出版社2004年版，等等。

比起世界古代史，世界中世纪史的研究在进入21世纪之后，虽然也取得了明显的进展，但可能在成果和人才的培养上要略显逊色。此外，与世界古代史一样，这方面的研究也同样较多地局限在西欧。这是由过去的基础决定的。可喜的是，这些年来，已经出现了不少新的特点：研究的领域和课题比过去有了扩大，西方新史学的方法更多地被采用，中世纪史的研究和教学人才在全国的分布更为合理，等等。这些都是应该肯定的。

从研究成果上看，出版的著作题材更为广泛，涉及教会法[①]、社会转型[②]、商人阶层[③]、普通法[④]、封建王权[⑤]、流民问题[⑥]、骑士生活[⑦]、近代国家的形成[⑧]，等等。有关的论文集中在西欧政治史、经济史和社会史。其中有些论文研究的题目在国内是比较新颖的，如关于欧洲的寡妇问题[⑨]、贵族妇女修道问题[⑩]，对有关宗教的各类问题[⑪]，等等。

除西欧以外，拜占庭、东欧和亚洲中世纪史也有进展。在拜占庭史的研究方面，除了发表不少论文外，应该特别指出陈志强的专史著作[⑫]；在

---

① 彭小瑜：《教会法研究》，商务印书馆2003年版。
② 侯建新：《社会转型时期的西欧与中国》，济南出版社2001年版；龙秀清：《西欧社会转型中的教廷财政》，济南出版社2001年版。
③ 赵立行：《商人阶层的形成与西欧社会的转型》，中国社会科学出版社2004年版；张卫良：《英国社会的商业化历史进程，1500—1750》，人民出版社2004年版；赵秀荣：《1500—1700英国商业与商人研究》，社会科学文献出版社2004年版。
④ 李红梅：《普通法的历史解读——从梅特兰开始》，清华大学出版社2003年版。
⑤ 孟广林：《英国封建王权论稿——从诺曼征服到大宪章》，人民出版社2002年版。
⑥ 尹虹：《16、17世纪前期英国流民问题研究》，中国社会科学出版社2003年版。
⑦ 倪世光：《西欧中世纪骑士的生活》，河北大学出版社2004年版。
⑧ 郭方：《英国近代国家的形成》，商务印书馆2006年版。
⑨ 参见俞金尧《中世纪晚期和近代早期欧洲的寡妇改嫁》，《历史研究》2000年第5期；俞金尧《中世纪欧洲寡妇的起源与演变》，《世界历史》2001年第5期。
⑩ 参见李建军《西欧中世纪贵族妇女修道原因试析》，《首都师范大学学报》2003年第5期。
⑪ 参见刘明翰《早期基督教禁欲主义的兴起及对女性的影响》，《历史教学》2000年第5期；陈文海：《中世纪教廷"封圣"问题研究——对"封圣"过程的非宗教层面考察》，《中国社会科学》2002年第4期；刘城《中世纪天主教信仰的仪式化》，《首都师范大学学报》2002年第4期；林中泽《圣经中的魔鬼及其社会伦理意义》，《世界历史》2004年第4期；张学明《论中古基督教之异端》，《世界历史》2003年第5期。
⑫ 陈志强：《拜占庭史》，商务印书馆2003年版。

东欧和斯拉夫研究方面，也有一些著作问世①，这些著作虽然带有通史性质，但都包含中世纪的部分；在亚洲史方面也出版了一些专著②。这些成绩都是可喜的。

三

世界近现代史研究历来在我国是一个重点，一则因为与现实的关系更为密切；二则因为从图书资料和语言等方面来说，比起世界古代史和中世纪史要相对容易解决。据不完全统计，2001—2005 年，在这个领域已出版的各类著作有 50 余部，发表的论文有 600 多篇。

在著作方面，通史性的世界近现代史著作出版了不少，除了前面已提到的潘润涵、林承节著的《世界近代史》外，世界现当代史的著作也有问世的③。有些通史性的著作，因全书强调的重点或采取的视角不同，书名就各有特色。有的着重探讨资本主义的发展④，有的强调历史的发展变化⑤，有的用文明交往的视角来分析历史⑥，有的强调历史的启示⑦，等等。

在地区史和国别史方面，西欧北美史依然是重点，这是由过去的基础

---

① 于沛等：《斯拉夫文明》，中国社会科学出版社 2001 年版；姚海：《俄罗斯文化》，上海社会科学院出版社 2005 年版。

② 哈全安：《阿拉伯封建经济形态研究》，天津人民出版社 2000 年版；许序雅：《中亚萨曼王朝史研究》，贵州教育出版社 2000 年版；张文德：《中亚苏非主义史》，中国社会科学出版社 2002 年版；刘卫萍：《西域经济思想史——喀喇汗王朝经济思想研究》，上海财经大学出版社 2003 年版。

③ 如李世安：《世界现代史》，高等教育出版社 2000 年版；孙颖、黄光耀主编：《世界当代史》，中国时代经济出版社 2003 年版；金重远等：《世界当代史》，复旦大学出版社 2004 年版，等等。也有集中列述两三年的历史大事的著作，如时殷弘、蔡佳禾主编《战后世界历史长编，1956—1958》，上海人民出版社 2000 年版。这是这套系列丛书《战后世界历史长编》的第 11 册。

④ 李世安：《欧美资本主义发展史》，中国人民大学出版社 2004 年版。

⑤ 齐世荣、廖学盛主编：《20 世纪的历史巨变》，学习出版社 2005 年版；中国社会科学院研究室主编：《世界沧桑 150 年——〈共产党宣言〉发表以来世界发生的主要变化》，社会科学文献出版社 2002 年版。

⑥ 彭树智：《文明交往史》，陕西人民出版社 2002 年版。

⑦ 资中筠主编：《冷眼向洋：百年风云启示录》上、下卷，社会科学文献出版社 2002 年版。

造成的。有关英国①、德国②、法国③、欧洲一体化④、美国⑤、加拿大⑥等的著作发表较多。在这些研究中，我们可以看到一些特点：新的研究领域和课题的开拓，新的方法、新的资料的运用，新观点、新视角的增多，青年学者崭露头角，等等。

譬如，城市史、人口史、民族史、文化史、纳粹问题、社区发展等，都是近年来发展起来，而过去较少注意的题目，又如生态环境史，也是一

---

① 如阎照祥的《英国史》，他还出版了《英国近代贵族制度研究》，人民出版社2006年版。其他英国史著作还有：钱乘旦、许洁明：《英国通史》，上海社会科学院出版社2002年版；程汉大主编：《英国法制史》，齐鲁书社2001年版；刘波：《当代英国社会保障制度的系统分析与理论思考》，学林出版社2006年版；高德步：《英国的工业革命与工业化：制度变迁与劳动力转移》，中国人民大学出版社2006年版；聂露：《论英国选举制度》，中国政法大学出版社2006年版；陈启能主编：《大英帝国从殖民地撤退前后》，方志出版社2007年版，等等。

② 吴友法、黄正柏主编：《德国资本主义发展史》，武汉大学出版社2000年版；冯存诚等：《正义之剑——全球之追捕审判纳粹战犯史鉴》，中国海关出版社2002年版；彭玉龙：《谢罪与翻案——德国和日本对第二次世界大战侵略罪行反省的差异及其根源》，解放军出版社2001年版。

③ 陈晓红：《戴高乐与非洲的非殖民地化研究》，中国社会科学出版社2003年版；张士昌：《拿破仑帝国与欧洲一体化进程》，安徽人民出版社2006年版；贾文华：《法国与英国欧洲一体化政策比较研究》，中国政法大学出版社2006年版。

④ 张海冰：《欧洲一体化制度研究》，上海社会科学院出版社2005年版；李世安、刘丽云等：《欧洲一体化史》，河北人民出版社2003年版。

⑤ 刘绪贻、杨生茂总主编：《美国通史》（6卷本），人民出版社2002年版；孙群郎：《美国城市郊区化研究》，商务印书馆2005年版；王旭：《美国城市发展模式：从城市化到大都市区化》，清华大学出版社2006年版；周钢：《牧畜王国的兴衰：美国西部开放牧区发展研究》，人民出版社2006年版；李世安：《美国人权政策的历史考察》，河北人民出版社2001年版；王晓德：《美国文化与外交》，世界知识出版社2003年版；梁茂信：《都市化时代——20世纪美国人口流动与城市社会问题》，东北师范大学出版社2002年版；陈奕平：《人口变迁与当代美国社会》，世界知识出版社2006年版；王金虎：《南部奴隶主与美国内战》，人民出版社2006年版；王恩铭：《美国黑人领袖及其政治思想研究》，上海外语教育出版社2006年版，等等。

⑥ 姜芃主编：《加拿大文明》，中国社会科学出版社2001年版；王昺主编：《文化马赛克：加拿大移民史》，民族出版社2003年版；杨令侠：《战后加拿大与美国关系研究》，世界知识出版社2001年版；宋家珩、李巍、徐乃力主编：《加拿大与亚太地区关系》，济南出版社2000年版；韩经纶主编：《枫叶国度的强国之路——加拿大的对外贸易与投资战略》，贵州人民出版社2000年版；阮西湖：《加拿大民族志》，民族出版社2004年版；蔡帼芬主编：《加拿大媒介与文化》，中国传媒大学出版社2004年版；陈启能、姜芃主编：《中国和加拿大的文化：全球化的挑战》，山东大学出版社2006年版；陈启能、姜芃主编：《中国·特鲁多·加拿大》，民族出版社2004年版；陈启能、姜芃主编：《加拿大的人文社会科学》，民族出版社2003年版；陈启能、姜芃主编：《中国与加拿大的社区发展》，民族出版社2002年版；傅成双：《加拿大西部地方主义研究》，民族出版社2001年版，等等。

个很新的课题，这方面也有不少成果问世①。

2005年正值第二次世界大战胜利60周年，这一重大的历史事件在世界史研究中必然会有反映。在2005年前后，出版或重版了不少有关第二次世界大战史的著作，其中既有全面论述这次大战的著作②，也有专论第二次世界大战中某个国家或某条战线的③，更有论述我国的抗日战争的④。

俄国和东欧史也是21世纪以降我国世界史研究的一个重点。这与20世纪八九十年代以来的东欧剧变和苏联解体以及随之而来的国际格局的深刻变化有关。因而围绕着这些问题，中国的学者进行了许多研究。除了发表许多论文外，也有不少著作问世，如仅有关苏联兴亡的历史就有多部专著出版⑤，另有不少探讨苏联时期各种历史问题的研究成果问世⑥，涉及的

---

① 如梅雪芹《环境史学与环境问题》，人民出版社2004年版；梅雪芹：《论环境史对人的存在的认识及其意义》，《世界历史》2006年第6期；高国荣：《20世纪90年代以前美国环境史研究的特点》，《史学月刊》2006年第2期；高国荣：《年鉴学派与环境史学》，《史学理论研究》2005年第3期；金海：《20世纪70年代尼克松政府的环保政策》，《世界历史》2006年第3期；邢来顺：《生态主义与德国"绿色政治"》，《浙江学刊》2006年第1期。

② 朱贵生、王振德、张椿年等：《第二次世界大战史》（第3版），人民出版社2005年版；沈永兴等主编：《二战全景纪实》，中国华侨出版社2005年版；王振德：《新编第二次世界大战史》，社会科学文献出版社2006年版；胡德坤、罗志刚主编：《第二次世界大战史纲》，武汉大学出版社2005年版。

③ 如徐康明等：《飞越"驼峰"——第二次世界大战中最著名的战略空运》，解放军出版社2005年版；刘邦义等：《二战中的波兰》，江西人民出版社2005年版；陈祥超：《墨索里尼与意大利法西斯》，中国华侨出版社2004年版。

④ 如军事科学院外国军事研究部编著：《日本侵略军在中国的暴行》，解放军出版社2005年版；《中国抗日战争纪实丛书》22种，解放军文艺出版社2005年版；李蓉：《中华民族抗日战争史》，中央文献出版社2005年版；军事科学院军事历史研究部：《中国抗日战争史》，解放军出版社2005年版。

⑤ 周尚文、叶书宗、王斯德：《苏联兴亡史》，上海人民出版社2002年版；陆南泉等主编：《苏联兴亡史论》，人民出版社2002年版；陈之骅、吴恩远、马龙闪主编：《苏联兴亡史纲》，中国社会科学出版社2004年版。

⑥ 如沈志华：《战后中苏若干问题研究》，人民出版社2006年版；沈志华主编：《冷战时期苏联与东欧的关系》，北京大学出版社2006年版；沈志华主编：《中苏关系史纲（1917—1991）》，新华出版社2007年版；沈志华：《斯大林与铁托》，广西师范大学出版社2002年版；沈志华：《苏联专家在中国（1948—1960）》，中国国际广播出版社2003年版；沈志华：《毛泽东、斯大林与朝鲜战争》，广东人民出版社2003年版；张盛发：《斯大林与冷战》，中国社会科学出版社2000年版；薛衔天：《中苏关系史（1945—1949）》，四川人民出版社2003年版；黄立茀：《苏联社会阶层与苏联剧变研究》，社会科学文献出版社2006年版；侯艾君：《车臣始末》，世界知识出版社2005年版；卢之超、王正泉主编：《斯大林与社会主义——世界第一个社会主义模式剖析》，社会科学文献出版社2002年版，等等。

面和数量都相当可观。其中有些问题还引起了针锋相对的争论，如关于20世纪30年代苏联"大清洗"时期遇害的人数问题。苏联史的研究中，还应特别指出一点，即中国学者花了很大的精力，收集、翻译、编辑、出版了许多历史档案，其中沈志华的贡献最大。他主编了多达34卷的《苏联历史档案选编》等档案资料[1]。除了苏联时期以外，俄国史的研究成果也很多[2]。东欧史的研究也没有停止不前[3]。

国际关系史在这些年成果丰硕，出版了不少著作[4]。

进入21世纪以后，我国史学界在亚非拉美史的研究方面，同样取得了很大的进展。据不完全统计，2001—2005年，在亚洲史研究方面，出版的学术著作有160余部，发表学术论文近400篇。从传统上说，东北亚、东南亚和南亚史是亚洲史研究的重点。进入21世纪以后，这种状况基本上还是如此。我国第一部东亚通史在2006年出版[5]。上述这些地区的历史，尤其是日本、印度等大国的研究获得较多的关注，除了有大量的论文发表外，也有一些著作问世[6]。

值得注意的是，在21世纪我国学者加强了对西亚，尤其是中亚地区

---

[1] 沈志华执行总主编：《苏联历史档案选编》（34卷），社会科学文献出版社2002年版；沈志华、李丹慧收集、整理：《中苏关系：俄国档案原文复印件汇编》（19卷），华东师范大学冷战史研究中心，2004年，等等。

[2] 如刘祖熙《改革与革命——俄国现代化研究（1861—1917）》，北京大学出版社2001年版；曹维安《俄国史新论——影响俄国发展的基本问题》，中国社会科学出版社2002年版；白晓红《俄国斯拉夫主义》，商务印书馆2006年版；张广翔《18—19世纪俄国城市化研究》，吉林人民出版社2006年版；赵士国、杨可《俄国沙皇传略》，湖南师范大学出版社2000年版，等等。

[3] 如于沛、戴桂菊、李锐《斯拉夫文明》，中国社会科学出版社2001年版；王正泉主编《剧变后的原苏联东欧国家，1989—1999》，东方出版社2001年版；刘祖熙《波兰通史》，商务印书馆2006年版。

[4] 如张宏毅《现代国际关系发展史（1917年至2000年）》，北京师范大学出版社2002年版；刘德斌主编《国际关系史》，高等教育出版社2003年版；时殷弘《新趋势、新格局、新规范》，法制出版社2000年版；叶江《大变局——全球化、冷战与当代国际政治经济关系》，上海三联书店2004年版；俞正梁等《全球化时代的国际关系》，社会科学文献出版社2001年版。

[5] 杨军等主编：《东亚史（从史前至20世纪末）》，长春出版社2006年版。

[6] 王勇：《日本文化——模仿与创新的轨迹》，高等教育出版社2002年版；张忠祥：《尼赫鲁外交研究》，中国社会科学出版社2002年版；郭振铎、张笑梅主编：《越南通史》，中国人民大学出版社2001年版；盛邦和：《新亚洲文明与现代化》，学林出版社2003年版；张立文：《东亚文化研究》，东方出版社2001年版；石训：《宋代文明与东北亚格局》，河南人民出版社2003年版；梁英明、梁志明：《东南亚近现代史》，昆仑出版社2005年版，等等。

近现代史的研究。一些较大部头的著作陆续出版①,而王治来、丁笃本编撰的 3 卷本的《中亚通史》也已由新疆人民出版社出齐。

非洲史研究一直是我国世界史领域较弱的方面。可喜的是,进入 21 世纪以来,在这方面也有一定的进展,但是重点还是在非洲的两端,即南非和埃及。看来,这种状况的改变还需要有一定的时间,不过目前已有一定的进步。我们可以看到,在非洲史的研究方面,近年还是有不少著作出版,其中较多的是南非史②。在埃及的研究方面,重点是在古代,这方面的研究成果前面已有论述,不再赘言。北京大学的非洲研究中心计划定期出版有关非洲研究的论文集③。此外,近年也出版了一些有关非洲的通俗著作④。

拉丁美洲史研究近年来也有一批新成果问世,既有综合性的著作⑤,也有专门性的著作⑥,成绩相当可观。

四

最后,要谈一谈外国史学理论研究方面的成果。这里的"史学理论"

---

① 马大正、冯锡时:《中亚五国史纲》,新疆人民出版社 2002 年版;彭树智主编:《中东国家通史》,共 14 卷,已陆续由商务印书馆分卷出版;李春放:《伊朗危机与冷战的起源》,社会科学文献出版社 2001 年版。

② 李安山:《非洲殖民主义研究》,中国国际广播出版社 2004 年版;郑家馨主编:《殖民主义史(非洲卷)》,北京大学出版社 2000 年版;舒运国:《失败的改革——20 世纪末撒哈拉以南非洲国家结构调整评述》,吉林人民出版社 2004 年版;李安山:《非洲华侨华人史》,中国华侨出版社 2000 年版;彭坤元:《列国志——尼日尔》,社会科学文献出版社 2006 年版;沐涛:《南非对外关系研究》,华东师范大学出版社 2003 年版;舒运国:《南非现代化研究》,华东师范大学出版社 2000 年版,等等。

③ 北京大学非洲研究中心编的论文集有:《中国与非洲》,北京大学出版社 2000 年版;《非洲变革与发展》,世界知识出版社 2002 年版。

④ 如李广一等《非洲:走出干涸》,长春摄影出版社 2000 年版;艾周昌、沐涛《走进黑非洲》,上海文艺出版社 2001 年版;张有京、王阳《南非史话》,云南美术出版社 2000 年版,等等。

⑤ 如郝名玮、徐世澄《拉丁美洲文明》,中国社会科学出版社 1999 年版;苏振兴主编《拉丁美洲的经济发展》,经济管理出版社 2000 年版;索萨《拉丁美洲思想史述略》,云南人民出版社 2003 年版;袁东振、徐世澄《拉丁美洲国家政治制度研究》,世界知识出版社 2004 年版;冯秀文等《拉丁美洲农业的发展》,社会科学文献出版社 2002 年版;祝文驰、毛相麟等《拉丁美洲的共产主义运动》,世界知识出版社 2002 年版;江时学《拉美发展模式研究》,社会科学文献出版社 2000 年版;曾昭耀主编《现代化战略选择与国际关系》,社会科学文献出版社 2000 年版,等等。

⑥ 冯秀文:《中墨关系:历史与现实》,社会科学文献出版社 2007 年版;祝文驰、毛相麟等:《劳尔普雷维什经济思想研究》,南开大学出版社 2004 年版。

是广义的，实际上包括史学史在内，总之是有关外国史学研究的各个方面。这个领域自我国改革开放以来进展很快，在20世纪90年代发展速度略有放慢，进入21世纪以来又有较快的发展。史学理论复苏的一个表现是学术交流和学术活动的明显增加。在国内，停顿了相当时间的全国性史学理论研讨会已恢复。2000年8月10—13日第11届研讨会在哈尔滨举行以后，停顿了5年，直至2005年8月22—26日才在昆明举行第12届研讨会，第13届则于2006年11月4—8日在杭州举行，第14届于2007年10月29日—11月1日在厦门举行。

在国际学术交流方面，除了前述于2001年5月在南京举行的"20世纪的历史学"的国际学术研讨会外，2002年8月10—12日，南开大学等单位在天津举行了"中国家庭史国际学术讨论会"；2002年8月16—18日，上海师范大学等单位在上海举行了"国家、地方、民众的互动与社会变迁"国际学术研讨会；2003年9月17—18日，吉林大学当代国际关系研究中心和历史系在长春举办了"历史学与国际关系学：方法论探索与学科构建"国际学术研讨会；2004年4月7—9日，国际历史科学委员会、中国史学会和中国社会科学院世界历史研究所在北京共同举办了"东亚国家和地区的现代化进程"国际学术研讨会；等等。此外，中国社会科学院世界文明比较研究中心在近年组织了多次国际学术研讨会，计有：2002年11月2—5日，在南京举行的"不同文明之间的对话"国际学术研讨会；2005年9月20—22日在深圳举行的"世界文明与公民社会理论"国际学术研讨会和接着在中山举行的"亚洲与世界文明"国际学术研讨会（2005年9月22—25日）以及在澳门举行的"当代世界与世界文明研究的新趋向"国际学术研讨会（2005年9月25—28日）。该中心还于2006年11月15—17日在北京举行了"亚洲与世界文明：理论层面的探讨"国际学术研讨会。上述种种研讨会无疑增进了中外学者之间的有益交流。

虽然"外国史学理论研究"主要是在20世纪80年代我国改革开放以后才发展起来的，而且它只是世界史研究中的一个新领域，然而，进入21世纪以后，这一领域的研究却有了很大的进展，出版了许多这方面的著作，虽然相对来说，有关西方史学的著作比较多些，而其他方面，如俄国史学则要少得多。①

外国史学理论研究的兴起，尤其是在20世纪八九十年代时，特别表现在对国外新史学，特别西方新史学的引进和介绍上。由于在"文化大革命"及之前与国际史学界的长期隔阂，我国史学界在国门打开后都十分渴望了解国际史学的发展。因而，国外史学著作被大量译介进来。② 进入21世纪以后，翻译引入了更多的著作。③

---

① 庞卓恒：《史学概论》，高等教育出版社2006年版；陈启能主编：《二战后欧美史学的新发展》，山东大学出版社2005年版，何兆武、陈启能主编：《当代西方史学理论》，上海社会科学院出版社2003年版；陈启能、王学典、姜芃主编：《消解历史的秩序》，山东大学出版社2006年版；陈启能、倪为国主编，陈恒执行主编：《书写历史》，上海三联书店2003年版；陈启能、倪为国主编，陈恒执行主编：《历史与当下》，上海三联书店2005年版；陈启能主编：《西方历史学名著提要》，江西人民出版社2001年版；蒋大椿、陈启能主编：《史学理论大辞典》，安徽教育出版社2000年版；张广智等：《西方史学史》，复旦大学出版社2000年版；周春生：《直觉与东西方文化》，上海人民出版社2001年版；侯建新主编：《经济—社会史——历史研究的新方向》，商务印书馆2002年版；侯建新：《社会转型时期的西欧和中国》，济南出版社2001年版；侯建新、徐浩：《当代西方史学流派》，中国人民大学出版社2001年版；章士嵘：《西方历史理论的进化》，山西教育出版社2004年版；杨念群、黄兴涛、毛丹主编：《新史学——多学科对话的图景》（上、下卷），中国人民大学出版社2003年版；林芊：《历史理性与理性历史——伏尔泰史学思想研究》，贵州人民出版社2005年版，等等。

② [美]鲁滨孙：《新史学》，商务印书馆1989年版；[德]康德：《历史理性批判文集》，商务印书馆1991年版；维柯：《新科学》，商务印书馆1986年版；[英]卡尔：《历史是什么？》，商务印书馆1981年版；[法]帕斯卡尔：《思想录》，商务印书馆1985年版；[英]巴勒克拉夫：《当代史学主要趋势》，上海译文出版社1987年版；[美]伊格尔斯：《欧洲史学新方向》，华夏出版社1989年版；[美]伊格尔斯等：《历史研究国际手册》，华夏出版社1989年版；[英]哈多克：《历史思想导论》，华夏出版社1989年版；[英]波普尔：《历史主义的贫困》，社会科学文献出版社1987年版；[苏联]茹科夫：《历史方法论大纲》，上海译文出版社1988年版；[英]沃尔什：《历史哲学——引论》，社会科学文献出版社1991年版；[英]柯林德：《历史的观念》，中国社会科学出版社1986年版；[法]勒高夫、诺拉主编：《史学研究的新问题、新方法、新对象》，社会科学文献出版社1988年版；田汝康、金重远：《现代西方史学流派文选》，上海人民出版社1982年版；张文杰等编：《现代西方历史哲学译文集》，上海译文出版社1984年版；[英]罗素：《论历史》，生活·读书·新知三联书店1991年版；[英]约翰·托什：《史学导论——现代历史学的目标、方法和新方向》，北京大学出版社2007年版，等等。

③ 仅从有关的译丛中即可看出译书之众多，如收入陈启能主编的"人文前沿丛书"的有：[美]伊格尔斯：《二十世纪的历史学——从科学的客观性到后现代的挑战》，山东大学出版社2006年版；[俄]米罗诺夫：《俄国社会史——个性、民主家庭、公民社会及法制国家的形成》（上、下卷），山东大学出版社2006年版；[美]沃勒斯坦：《知识的不确定性》，山东大学出版社2006年版。收入陈启能、郭少棠主编的"新史学译丛"的有：[法]吕西安·费弗尔：《莱茵河——历史、神话和现实》，辽宁教育出版社2003年版。收入吕森、张文杰主编的"历史的观念译丛"并由北京大学出版社出版的有：[英]布莱德雷：《批判历史学的前提假设》，[德]德罗伊森：《历史知识理论》，[德]李凯尔特：《李凯尔特的历史哲学》，[德]哈拉尔德·韦尔策：《社会记忆：历史、回忆、传承》，[转下页]

在外国史学理论的研究方面，比较集中在一些宏观的、综合的、较大的题目上，如关于世界历史体系和欧洲中心论的讨论①，有关人类历史进程中重大问题，如工业化问题②、全球史研究③、历史哲学与历史认识问题④等。

特别要提的是关于后现代主义的研究。早在20世纪90年代初，后现代主义思潮的介绍已见于中国学界，那时主要还是零星的译文⑤。直到90年代末，后现代主义思潮才在史学界引起了普遍的关注和重视，有关的研究成果不断出现。有学者强调指出，后现代主义思潮的涌入是打破史学理

［瑞士］布克哈特：《世界历史沉思录》等。收入刘北成等编的"社会与历史译丛"，并由上海人民出版社出版的有：［法］伊曼纽埃尔·勒鲁瓦拉迪里：《历史学家的思想和方法》，［英］佩里·安德森：《从古代到封建主义的过渡》，［英］佩里·安德森：《绝对主义国家的系谱》，［英］彼得·伯克：《历史学与社会理论》，［英］丹尼斯·史密斯：《历史社会学的兴起》，［英］爱德华·汤普森：《共有的习惯》，［英］迈克尔·曼：《社会权力的来源》（上、下卷）等。此外，未收入译丛的译著也很多，如［德］于尔根·科卡：《社会史：理论与实践》，上海人民出版社2005年版；［德］约恩·吕森：《历史思考的新途径》，上海人民出版社2005年版，等等。

① 参见马克垚《困境与反思："欧洲中心论"的破除与世界史的创立》，《历史研究》2006年第3期；彭小瑜《西方历史误读的东方背景：法律革命、宗教改革与修道生活》，《历史研究》2006年第1期；郭方《沃勒斯坦的"现代世界体系"》，《中国社会科学院世界历史研究所学术文集》（第4辑），江西人民出版社2006年版；刘健《"世界体系理论"与古代两河流域早期文明研究》，《史学理论研究》2006年第2期；俞金尧《"资本主义"与16世纪以来的世界历史》，《光明日报》2006年11月27日，等等。

② 参见如舒小昀《工业革命定义之争》，《史学理论研究》2006年第3期；王立新《工业化问题研究范式的反思和重构——从工业主义到重商主义》，《史学月刊》2006年第1期；吴英《新中间阶级兴起的社会政治影响》，《史学理论研究》2006年第4期，等等。

③ 参见如于沛主编《全球化与全球史》，社会科学文献出版社2007年版；刘新成《全球史观与近代早期世界史编纂》，《世界历史》2006年第1期；何平《全球史对世界历史编纂理论和方法的发展》，《世界历史》2006年第4期；于沛《全球史：民族历史记忆中的全球史》，《史学理论研究》2006年第1期；《光明日报》于2006年3月18日以"全球史：世界通史研究与教学的新启示"为题发表了8篇文章，等等。

④ 参见如何平《20世纪下半叶西方历史认识论的发展》，《史学理论研究》2001年第1期；庄国雄《历史哲学的学科性质和定位》，《吉林大学学报》2003年第10期；陈新《论历史经验与历史思维》，《文史哲》2002年第1期；陈新《我们为什么要叙述历史？》，《史学理论研究》2002年第3期，等等。

⑤ 安克斯密特：《历史编纂学与后现代主义》，《国外社会科学》1990年第6期；安克斯密特：《当代盎格鲁—撒克逊历史哲学的二难抉择》，载陈启能主编《当代西方史学思潮的困惑》，中国社会科学出版社1991年版；海登·怀特：《作为文学虚构的历史文本》，载张京媛主编《新历史主义与文学批评》，北京大学出版社1993年版，等等。

论比较沉寂的局面，使之再度受人关注的契机①。有关后现代主义与历史学的关系，以及前者对后者的影响的论文已发表了不少②。第一部系统介绍评述这个问题的中文著作，即王晴佳、古伟瀛合写的《后现代与历史学：中西比较》一书已经印刷出版了两次③。

至此，我们已经分别从各个领域介绍了近年来我国世界史研究的进展。综上所述，可以看得很清楚，自进入21世纪以来，我国的世界史研究在过去已经取得的成就的基础上有了较快的发展，这与我国近年来整个国家所取得的进展，特别是与经济的快速起飞相一致的，也是世界史学科以及整个历史学科多年来稳步发展的继续。毫无疑问，在取得成绩的同时，我们也要清醒地看到，我国的世界史研究还存在着种种的不足，尤其是在后继人才的培养方面和有关图书资料，特别是档案资料的收集方面，与世界上许多发达国家比较，我们也还存在着明显的差距。因而，今后我们需要加倍努力，全面地把我国的世界史研究推向前进，并不断加强与国际学术界的交流。

---

① 参见王学典、陈峰《一个从无到有的独立学门——近三十年中国大陆史学理论研究》，载陈启能、王学典、姜芃主编《消解历史的秩序》，第116页。

② 郑群：《后现代主义与当代西方史学》，《世界史研究年刊》1996年；邓元忠：《后现代西洋史学发展的反省》，《史学理论研究》1996年第2、3期；李幼蒸：《对后现代主义历史哲学的分析批评》，《哲学研究》1999年第11期；罗志田：《后现代主义与中国研究：〈怀柔远人〉的史学启示》，《历史研究》1999年第1期；杨念群：《"常识性批判"与中国学术的困境》，《读书》1999年第2期；吴莉苇：《史学研究中的后现代取向——从几部论著看后现代理论在史学研究中的利弊》，《史学理论研究》2000年第2期；王晴佳：《后现代主义与历史研究》，《史学理论研究》2000年第1期；王学典：《历史是怎样被叙述的》，《我的人文观》，江苏人民出版社2001年版；姜芃：《霍布斯鲍姆笔下的后现代思潮——读〈极端的年代〉》，《学术研究》2001年第8期；何平：《后现代主义历史观及其方法论》，《社会科学研究》2002年第2期；杨共乐：《后现代主义积后现代史学》，《史学史研究》2003年第3期；陈启能：《"后现代状态"与历史学》，《东岳论丛》2004年第2期，等等。需要补充的是，陈启能的这篇论文是《东岳论丛》自2004年第1期至2005年第2期特设的"后现代主义与历史研究"专栏发表的16篇论文中的一篇。

③ 王晴佳、古伟瀛：《后现代与历史学：中西比较》，山东大学出版社2003、2006年版。

中国第二次世界大战史研究[*]

徐 蓝

第二次世界大战是人类历史上最大规模的正义战争，中国不仅是主要参战国之一，而且是亚洲战场上抗击日本的主力。第二次世界大战以及作为这场战争重要组成部分的中国抗日战争，对中国有着历史转折意义。二战结束70多年来，中国对这场战争的研究取得了大量成果。在此世界沟通交流日益密切的今天，向同行报告中国的学术成果和研究动态有着非常重要的意义。

二战史研究的总体回顾

中国的第二次世界大战史研究大体上经历了起步、沉寂、复苏和发展四个阶段。

一 起步阶段：20世纪30年代至1949年

20世纪30年代，随着法西斯主义在德国、日本和意大利等国的泛滥，中国学术界就开始关注这一国际政治热点问题，翻译并撰写了数百部/篇相关著作和文章，对法西斯主义的起源、特征、理论以及重要人物进行了介绍和探讨。

---

[*] 本文的论述仅限于中国大陆学者的研究成果。本文在2005年提交给第二次世界大战史国际委员会悉尼年会的《中国第二次世界大战史研究状况（国家报告）》的基础上进行了修改，并部分参考了赵文亮编著的《二战研究在中国》（武汉大学出版社2006年版）一书，在此深表感谢。本文第八部分是收入本书前新撰写的。

第二次世界大战全面爆发后，中国的学者和战地记者萧乾、乔冠华、刘思慕等撰写了大量评论、报道和文章，对二战的若干重大问题进行评述；关于二战的起源及其进程的通史性著作（包括译著）以及对各大战场的论述也陆续出版。

随着第二次世界大战和中国抗日战争的胜利结束，中国学者加大了对二战研究的力度，特别是在资料的整理和反映二战全貌的著作出版方面一度非常活跃。可以看出，中国学者对第二次世界大战的研究起步较早，但大部分属于普及性质，而且涉及的领域也不广泛，缺乏对重大问题的深入探讨。

二 沉寂阶段：1949—1978 年

新中国成立后，由于海峡两岸的分裂与对峙，"冷战"和国内"文化大革命"等方面因素的影响，二战史研究进入近三十年的沉寂期。这期间几乎没有任何有关二战的学术巨著和文章问世。新中国成立初期，一些军队和地方院校曾开设了二战史的课程。但 20 世纪 60 年代后，随着"文化大革命"开始，二战史课程纷纷被取消。50 年代中后期围绕着第二次世界大战的起点、性质、阶段划分等问题，中国学术界曾掀起了一次二战史研究的热潮，但只是昙花一现。"文化大革命"期间中国大陆的学术活动基本处于停滞状态。

三 复苏阶段：1978—1985 年

1978—1985 年是中国大陆的二战史研究开始复苏并逐渐步入正轨的阶段。1978 年中国共产党十一届三中全会后，随着中国全方位的改革开放，学术界的思想解放，中国的抗战史和二战史研究逐渐恢复了生机。1980 年中国第二次世界大战史研究会成立，[1] 标志着中国的二战史研究进入一个规范化、系统化的阶段。在此期间，陆续成立了一些专门研究二

---

[1] 1979 年，全国首届第二次世界大战史学术讨论会上，决定成立中国第二次世界大战史研究会，简称"中国二战史研究会"，英文名称为 Chinese Association for the History of the World War II，缩写为 CAHWW II。

战史的机构。如1979年和1980年武汉大学历史系和华东师范大学历史系分别成立二战史研究室；80年代初，首都师范大学历史系成立国际关系研究室，研究的重点之一就是两次世界大战之间的国际关系及二战起源问题；中国社会科学院世界历史研究所和军事科学院军事历史研究部（现为世界军事研究部）也分别设立课题组，对二战史的若干重大问题进行集体攻关。这期间有关抗日战争的研究成为中国二战史研究的最大热点，学术专著和论文开始增多。以1985年召开的"纪念中国抗日战争和世界反法西斯战争胜利40周年"为标志，形成了二战史研究的一个高潮。

四 大发展阶段：1985年以来

1985年以后，是中国抗战史和二战史研究大发展并取得丰硕成果的阶段，其发展势头至今不衰。主要表现在以下几个方面。

第一，发表和出版了大量论著。

据不完全统计，1985—2005年，中国大陆学者出版有关第二次世界大战史的图书1778部（公开出版1415部，内部发行363部），其中中国学者的著作1054部（公开出版823部，内部发行231部），外文译著724部（公开出版592部，内部发行132部）；撰写和翻译有关第二次世界大战史的文章8629篇，其中中国学者撰写的文章7995篇，译文634篇。这些文章或资料，有7770篇刊登在期刊上，295篇刊登在报纸上，564篇收在论文集中。这些成果的大部分是1985年以后出版的，涉及第二次世界大战史的方方面面。

第二，建立了完整的人才培养机制，形成了一支相对稳定的教研队伍。

20世纪70年代末80年代初，武汉大学、华东师范大学和首都师范大学开始招收二战史和现代国际关系史的硕士研究生，80年代中期开始招收博士研究生，使国内高校的国际关系史和二战史课程涵盖了本科生和硕士、博士研究生，这些研究生的研究课题涉及二战起源以及二战本身的各种重大问题，为二战史研究的人才培养奠定了坚实的基础。目前，已经形成了一支老中青相结合的实力比较强大的、相对稳定的教学与科研队伍，保证了中国的二战史研究健康发展。

第三，开展了相当活跃的国内外学术交流。

随着中国改革开放的深入，中国学者与国外研究二战史同行的交流和沟通日益增多，多次召开和参加有关第二次世界大战的学术会议和形式多样的学术交流。

20世纪80年代中期以来，大陆学者举办了60多次学术研讨会，其中国际学术会议有十多次。同时开展了各种形式的交流和进修。特别值得一提的是2001年12月，当时的国际历史科学大会主席、德国柏林自由大学教授于尔根·科卡（Jürgen Kocka）来北京访问期间，在首都师范大学与中国二战史研究会副会长徐蓝教授和张海麟教授以及部分在京理事进行了交流，为中国二战史学会加入国际第二次世界大战史委员会（International Committee for the History of the Second World War, IGHSWW）牵线搭桥。这些国际学术往来极大地推动了中国二战史的研究。2005年，中国二战史学会正式成为二战史国际委员会的成员。中国二战史学会还建立了自己的网站[1]，进一步便利了国内外的学术交流。

总体上讲，这一时期，虽然有关抗日战争史的研究仍然是中国学者关注的重要领域，但是中国学者的研究视野已经扩展到其他战场、国家和地区。在研究成果方面，无论是资料的编辑、学术专著的出版和专题论文的发表都呈现迅速增长的状态。在学术研究机构和人员等方面也已经有了十几个相对稳定的中心和一支逐渐扩大的专业研究队伍。

主要研究领域和整体性研究成果

总体而言，中国大陆学者对第二次世界大战史的研究分为两大类：一类是以中国战场为主，即专门考察中国抗日战争的历史；另一类则不局限于中国战场，而是从世界大战的角度关注这场战争的各个方面的情况。两相比较，总体上说，限于语言和材料等条件，中国学者关注抗日战争的人数较多，研究成果也相对突出。

---

[1] http://www.cihww2.org.

一 中国抗日战争/中国战场整体研究

有关抗日战争的研究一直是中国学者关注的重点。近七十年来，在资料的收集、整理和历史专题的研究方面都取得了丰硕的成果。

（一）资料汇编

在资料汇编方面，有一系列大部头的权威史料结集出版。

中央档案馆、中国第二历史档案馆、吉林省社会科学院合编的《日本帝国主义侵华档案资料选编》（中华书局1988年版），按专题分为18卷，1000万字，包括"九一八"事变、华北事变、伪满傀儡政权、东北"大讨伐"、细菌战与毒气战等，迄今各卷已经陆续出版。

章伯锋、庄建平主编的《抗日战争》（四川大学出版社1997年版）是一部大型综合性资料汇编，按专题分为7卷11册，近1000万字，该书列为中国社会科学院八五重点项目，是中国史学会主编的"中国近代史资料丛刊"之第13种，所收资料包括美、英、日、苏、德、法等国的文献档案、政府公报、有关专著、回忆录、各地文史刊物中的史料，涉及抗日战争时期政治、军事、经济、对外关系、日伪政权与沦陷区等诸多方面，被认为是迄今为止国内外第一部全面展现中国人民抗日战争的综合性、权威性史料集。

有关日军的侵华暴行，有《近代史资料》编辑部、中国人民抗日战争纪念馆编的《日军侵华暴行实录》（4册，北京出版社1995年版），辽宁省档案馆编的《日本侵华罪行档案新辑》（15册，广西师范大学出版社1999年版）等。

有关国民政府的抗战，有中国第二历史档案馆编《抗日战争正面战场》（上、下册，江苏古籍出版社1987年版），收集了有关正面战场的许多原始资料；中国人民政治协商会议全国委员会文史资料委员会编的《原国民党将领抗日战争亲历记》丛书（12册，中国文史出版社1985—1995年版），收录了许多国民党重要将领的抗战回忆。

有关中国共产党领导的抗战史料，主要是中国人民解放军资料丛书和抗日根据地战史和经济史资料，例如，由军队系统编纂的《八路军》《新四军》资料丛书。地方中共党史研究机构与档案馆、科研院所也合作编辑出版了大量各个抗日根据地的资料选编,如《东北抗日联军史料》丛书(黑龙江出版社1986年版)、《北京地区抗战史料》(紫禁城出版社1986/2005年版)、《琼崖抗日斗争史料选编》(中共广东省委党史资料征集委员会1986年版)、《广东华侨港澳同胞回乡服务团史料》(中共广东省委党史资料征集委员会1985年版)、何理领衔编纂的《百团大战史料》(人民出版社1984年版)等,均具有较高的史料价值。

有关抗日民族统一战线的资料,主要是中共中央统战部、中央档案馆编《中共中央抗日民族统一战线文件》,重庆市政协文史资料研究委员会编《抗战时期国共合作纪实》,以及西安事变、皖南事变等多种专题史料。

另外,还翻译了一些非常重要的史料和著作。如《拉贝日记》(江苏人民出版社1999年版)、《东史郎日记》(江苏教育出版社1998年版)、《中国事变陆军作战史》(中华书局1981年版)、《日本军国主义侵华资料长编·大本营陆军部》摘译(上、中、下,四川人民出版社1987年版)等。这些资料和著作的出版,对抗日战争的研究起到很大的推动作用。

(二)抗战的整体研究成果

中国学者关于抗日战争的专题研究主要从以下两个方面入手,即日本侵华策略与罪行研究和中国人民抗日斗争的各方面研究。关于日本侵华研究主要包括日本侵华暴行研究、日本侵华战略研究、伪满洲国史研究、汪伪政权研究等几个方面。中国社会科学院近代史研究所编《日本侵华七十年史》(中国社会科学出版社1992年版)是代表性的通史性著作。

有关中国抗日斗争情况的研究则主要涉及中国抗日民族统一战线、中国共产党与敌后战场、中国国民党与正面战场、抗日战争的起点、抗日战争的领导权、抗日战争在历史上的地位和作用、抗日时期的中外关系、抗战时期的社会、经济和文化等几个方面。军事科学院编纂的3卷本《中国抗日战争史》(解放军出版社1994年版),是中国大陆方面迄今篇幅最大的学术著作;中国抗日战争史学会和中国抗日战争纪念馆主编的《中国抗日战争史丛书》(北京出版社2001年版)已出版20多本,是目前规模最大的一套抗战史丛书。其中,刘大年、白介夫主编的《中国复兴枢纽——抗日战争的八年》,从全民族抗战的角度重新审视抗日战争,是论述八年抗战最为深刻的著作。该书已经翻译成日文在日本发行。

二 对第二次世界大战的整体研究

有关第二次世界大战的整体研究在中国同样取得了比较显著的成绩。中国学者不仅翻译出版了大量国外有关二战的史学著作,而且通过自己的视角诠释二战的重大问题。

（一）翻译出版国外著作

近六十年来,中国史学界非常重视翻译外国有关二战的史学著作。世界主要国家有关二战历史的经典著作和主要当事人的回忆录基本上都被译成中文。

如英国利德尔·哈特的《第二次世界大战》,法国亨利·米歇尔的《第二次世界大战》,苏联的《第二次世界大战史》,德国蒂佩尔斯基的《第二次世界大战史》,丘吉尔的《第二次世界大战回忆录》,戴高乐的《战争回忆录》,以及二战著名将领朱可夫、艾森豪威尔、巴顿、蒙哥马利、隆美尔、古德里安、曼施坦因等人的回忆录；英国学者约翰·惠勒－贝内特的《慕尼黑：悲剧的序幕》,A.J.P.泰勒的《第二次世界大战的起源》,等等。据统计,截止到2004年底,中国翻译有关二战的外文著作724部,其中公开出版592部,内部印刷132部。这些译著的出版帮助中国的学者了解了国外二战史研究的材料和成果,极大地推进了中国二战史的研究。

（二）对二战的整体研究

在第二次世界大战的通史研究方面,罗荣渠出版了改革开放以来第一本二战史著作《第二次世界大战：伟大的反法西斯战争》（商务印书馆1980年版）,朱贵生、张椿年等编写了不断再版的《第二次世界大战史》（人民出版社1982/1985/1995/2005年版）,而中国军事科学院编写的5卷本《第二次世界大战史》（军事科学出版社1995—1999年版）是中国学者第一部有关二战的多卷本代表作,比较全面地反映了20世纪中国学者关于二战的基本看法。据不完全统计,2005年以前,出版各种二战通史、论文集、工具书、资料等著作120余种；在2005年纪念抗日战争暨世界反法西斯战争胜利60周年前夕,解放军出版社等11家军队出版社与全国70个城市的100余家书店联手,共同推出了260种纪念抗战的书籍,620种纪念二战的图书。

除了编写大部头的通史类著作之外,中国学者对二战的研究更集中于一些重大的问题，并撰写了大量专著和论文。其中包括：二战起源研究，二战本身的若干问题研究，战时国际关系研究，中国抗日战争和第二次世界大战的历史意义研究，同盟国对战后世界和平安排研究，联合国与战后国际和平组织研究，战争遗留问题研究，等等。我们将在本文的第四部分加以介绍。

若干重大问题的个案研究

一 二战起源研究

在第二次世界大战的起源方面，中国大陆学者主要集中于法西斯与法西斯主义问题、西方民主国家的绥靖政策、苏联战前外交政策等问题，近年来，则注重探讨第一次世界大战后的和平安排与二战起源的问题。

中国史学界从20世纪80年代开始把法西斯主义作为一个重要的研究课题。以朱庭光为首的一批专家学者一直致力于这一课题的研究，逐步填补了我国史学的这一空白领域，出版了《法西斯新论》（重庆出版社1991年版）、《法西斯体制研究》（上海人民出版社1995年版）、《法西斯与法西斯运动》（中国青年出版社1999年版）、《墨索里尼与意大利法西斯》（中国华侨出版社2004年版）等专著，从不同角度论述了法西斯主义的兴起以及法西斯政权在德、意、日三国的确立，揭示了德、意、日法西斯实行极权主义国家体制的特点以及与第二次世界大战起源的内在关系，代表了我国史学工作者关于法西斯主义研究的水平。

中国学者在研究法西斯主义的同时，也开展了对20世纪30年代英、法对法西斯国家采取的绥靖政策和美国中立法的研究，并成为80年代以来我国学者研究的热点问题之一。在此基础上，90年代出现了具有某种总结性和较深入探讨的论著。齐世荣主编的论文集《绥靖政策研究》（首都师范大学出版社1998年版）选取9位学者从1978年到1989年的19篇论文，不仅论述了英国和法国的绥靖政策的形成和发展，而且揭示了德国、意大利和日本对绥靖政策的利用，代表着20世纪80年代末中国学者关于英、法绥靖政策的研究水平。90年代以来，学者们开展了更为深入的研究，徐蓝在其专著《英国与中日战争1931—1941》（首都师范大学出版社1991年版）中，通过解读原始档案资料，对一系列个案进行研究，论证了30年代英国在远东对日本实行的绥靖政策,分析其成因并指出英国在东西方实行这一政策的异同。武寅在其专著《从协调外交到自主外交》(中国社会科学出版社1995年版)中则从日本如何利用绥靖政策步步扩大侵略战争的角度进行研究,而这正是西方学者较少触及的一个方面。在英国对意大利的绥靖之方面,梁占军《公众舆论与政府决策:1934—1935年英国"和平投票"的政治影响》(《史学月刊》1999年第2期)通过对英国1934—1935年的公民投票进行研究,指出其结果并未根本改变英国政府纵容意大利侵略埃塞俄比亚的政策;程文进《慕尼黑危机与美国对纳粹德国的绥靖》(《首都师范大学学报》2003年第5期)认为30年代美国的孤立主义和"中立法"是一种美国式的绥靖政策。

对苏联参战前的外交政策的探讨集中于《苏德互不侵犯条约》、苏联建立"东方战线"、《苏日中立条约》的签订和评价。主要看法是:尽管这些行动是苏联出于自身安全的考虑而不得已采取的措施,但对大战的提前爆发产生了不可否认的影响。[1]

值得注意的是,近年来中国学者对第一次世界大战后的和平安排与二战起源的关系的研究逐步深化,即认为两次世界大战是有其内在的联系的。不仅开始深入探讨凡尔赛体系所带来的负面影响与二战爆发的关系,而且开始关注东欧各国战前的外交以及其在二战起源问题上的作用。[2]

二 二战本身的若干问题研究

(一) 二战起点研究

中国学术界对第二次世界大战的起点的争论由来已久,至今并没有一致的看法,其原因主要在于确定起点的标准和依据不同。目前比较有代表性的是1937年7月7日/1939年9月1日/"从1931年到1939年的逐渐发展"三种看法。但是对于1931年"九一八"事变揭开了第二次世界大

---

[1] 李巨廉、潘人杰:《关于第二次世界大战前史的几个问题》,《世界历史》1979年第5期;齐世荣主编:《世界史·现代史编》(上册),高等教育出版社1994年版,第339—340页;李嘉谷:《中苏关系史研究二题》,《抗日战争研究》1995年第1期。

[2] 张继平、胡德坤:《第二次世界大战史》,甘肃人民出版社1984年;陈谦:《走向全球战争之路》,学林出版社1989年版;徐蓝:《凡尔赛—华盛顿体系与两次世界大战之间的国际关系》,《历史教学问题》2000年第3期;时殷弘:《新趋势、新格局、新规范》,法律出版社2000年版,第112页。

战的序幕这一观点，中国学界基本没有异议。①

（二）二战性质研究

对二战性质的看法也是中国学术界争论的老问题，但近些年来这种争论已不多见。绝大多数学者认为二战自始至终是一场反法西斯的战争。

（三）法国迅速败降原因探讨

这一课题曾是中国学者探讨较多的问题之一，大多数学者认为，法国迅速败降是由于政局动荡、政治分裂、扶植法西斯势力、推行绥靖政策、经济落后、和平主义盛行、民族精神萎靡、军备不足、战略思想陈旧、军事指挥不利等多种因素综合作用的结果。②

（四）苏德战争初期苏军失利原因探讨

大多数学者认为，苏军在苏德战争初期的失利是由军事、政治、经济、外交等多种因素造成的，包括实力对比上的德军强于苏军，苏军在军事上的一系列失误，战争准备不充分，军事工业发展缓慢，军队建设存在严重缺陷，外交上的短视和东方战线在军事上的严重后果，以及苏联国内政治生活的不正常和斯大林个人的责任，等等。③

（五）围绕珍珠港事件发生原因的探讨

学界主要争论的问题是珍珠港事件是否是美国总统罗斯福的一个"阴谋"和"苦肉计"，目的是迫使日本对美国先动手，从而克服国内的孤立主义情绪，使美国进入战争。但主流看法认为"阴谋"或"苦肉计"的证据不足。许多学者认为珍珠港事件的发生有其复杂的背景，包括美国

---

① 徐天新等主编：《世界通史·现代卷》，人民出版社1997年版，第546页；方连庆等主编：《国际关系史·现代卷》，北京大学出版社2001年版，第351页；齐世荣主编：《世界史·现代卷》，高等教育出版社2005年版，第296页；军事科学院军事历史研究部编：《第二次世界大战史》（5卷本），军事科学出版社1994年版，第1卷，第17—19页。

② 于群：《论法国败降的政治、经济和社会思想原因》，《东北师大学报》1984年第1期；李道豫：《1940年法国败降原因分析》，《唐都学刊》1997年第1期；夏正伟：《浅析1940年法国战败的原因》，《军事历史研究》1995年第1期。

③ 沈志恩：《苏联军内"肃反"与卫国战争初期失利》，《苏联历史问题》1991年第2期；彭训厚：《对苏德战争初期苏军失利主要原因的再思考》，《军事历史研究》1994年第4期；张广翔：《苏德战争初期苏军受挫原因新探》，《长白学刊》1997年第1期。

长期实行变相绥靖政策的中立主义、战略准备严重不足、战略判断失误等。①

(六) 美国对日本投掷原子弹原因考

对这个问题,中国学术界已经从相对简单的看法——美国为抢夺反法西斯战争的胜利果实和进行原子讹诈——发展为比较深入的探讨,并认为加速日本投降,减少美军伤亡,就曼哈顿工程对国会有个交代,以及实现其战后战略设想是其主要原因。②

(七) 日本的投降是否是有条件投降

一些学者认为日本并不是无条件投降,而是在保留天皇制的前提下的有条件投降,并认为这种有条件投降是战后半个多世纪以来日本未能正确认识和深刻反省军国主义侵略战争罪行的历史根源。③

三 战时国际关系研究

(一) 抗战时期的中外关系研究

1. 中国对外关系研究

陶文钊、杨奎松、王建朗的《抗日战争时期的中国对外关系》(中共党史出版社1995年版)重点讨论抗战期间国民党政府的对外关系,涉及美、英、苏、德等多国,认为国民政府制定并贯彻了力求多寻友国,减少敌国,搁置分歧,求同存异,使国际环境有利于中国的务实外交政策,体现了弱国外交的特点。王真《没有硝烟的战线——抗战时期的中共外交》(广西师范大学出版社1995年版)着重探讨中国共产党的抗日外交战略以及对抗战做出的重要贡献,章百家《抗日战争结束前后中国共产党对美国政策的演变》(《中共党史研究》1990年第1期)对抗战结束前后中国共产党对美国的政策进行了考察。杨天石《孔祥熙与抗战时期的中日秘密交

---

① 李安华:《珍珠港事件是绥靖政策的必然结果——驳所谓"苦肉计"说》,《世界史研究动态》1981年第11期;张继平:《珍珠港事件为何发生》,《世界历史》1981年第6期;孟庆龙:《华盛顿难辞其责——珍珠港事件再揭秘》,《世界历史》1995年第4期。

② 戴超武:《美国结束太平洋战争的战略与原子弹的使用》,《世界历史》1995年第4期;刘庭华:《评美国向日本投掷原子弹》,《军事历史》1995年第4期。

③ 徐康明:《日本的"有条件投降"及其消极影响——日德两国投降情况比较》,《日本学刊》2000年第2期。

涉》(《近代史研究》1995年第5期)对中日关系进行探讨,陈仁霞《陶德曼调停新论》(《历史研究》2003年第6期)对"陶德曼调停"进行研究,房建昌《纳粹德国与伪满洲国的交往》(《德国研究》2000年第2期)对1931—1945年德国与伪满洲国的交往史给以勾勒。

2. 抗战中的大国对华关系研究

齐世荣《中国抗日战争与国际关系(1937—1945)》(刘大年主编:《中日学者对谈录——卢沟桥事件五十周年中日学术讨论会文集》,北京出版社1990年版)着重从国际关系的角度,阐明中国抗日战争的重大意义。任东来《争吵不休的伙伴——美援与中美抗日同盟》(广西师范大学出版社1995年版)和吴景平《抗战时期中美租借关系述评》(《历史研究》1995年第4期)分别透过美国对华援助来观察这一时期的美中关系,指出了双方互惠的性质。徐蓝《英国与中日战争1931—1941》对1931—1941年的英国对中日战争的政策进行了深入研究。李世安《太平洋战争时期的中英关系》(中国社会科学出版社1994年版)专门研究太平洋战争时期的中英关系。李嘉谷《合作与冲突:1931—1945年的中苏关系》(广西师范大学出版社1996年版)对抗战时期的中苏关系给以系统勾勒。

(二)战时同盟国的战略关系研究

随着对档案文献研究的深入,从战略方面研究第二次世界大战时期的国际关系,是20世纪90年代以来中国史学界研究的较新领域,并取得了阶段性成果。例如,吴春秋整体论述了二战中的大战略思想。徐蓝、熊伟民、韩永利等发表了一系列论文,对英美之间的全球战略协调、美国的欧洲战略和亚洲战略与其盟国的分歧和协调进行了深入探讨。[①]

(三)战时苏联外交研究

由于东欧剧变后大量档案的解密,对苏联战时外交特别是对东欧的外交研究也有了新的进展。李兴、吴伟对围绕整个东欧问题特别是波兰问题进行探讨,说明控制东欧是苏联外交从不忽视、从不忘记的基本国策;耿

[①] 吴春秋:《大战略论》,军事科学出版社1998年版;徐蓝:《评1941年英美参谋会谈》,《历史研究》1992年第6期等系列论文;熊伟民:《战时美国的欧洲战略》,湖南教育出版社1997年版;韩永利:《战时美国大战略与中国抗日战场1941—1945》,武汉大学出版社2003年版。

志对 1941—1942 年波兰军队在苏联的组建与撤离进行探讨，折射出苏德战争开始前后，苏英波三国既协作又斗争的关系。①

四　中国抗日战争和第二次世界大战的历史意义

（一）抗日战争对中国历史发展的意义

中国学者认为抗日战争对中国历史发展的意义巨大。张海鹏、胡德坤等认为抗日战争的胜利完成了近代中国从"沉沦"到"上升"的转变，抗战胜利是中华民族复兴的重要标志。张振鹍认为抗日战争的胜利不但是8年抗战的胜利，也是70多年抗击日本侵略的总胜利。荣维木则从现代化的视角审视了中国的抗日战争。②

（二）中国抗日战争在世界反法西斯战争中的地位和作用

20世纪80年代以来这方面的著述颇多。中国学者一般公认中国战场是亚太地区反对日本法西斯侵略的主战场，中国人是打败日本法西斯的决定性力量。中国坚持长久抗战从战略上有力地支援了苏联、美国、英国等盟国的反法西斯战争，对世界反法西斯战争做出了巨大的、不可磨灭的历史性贡献。与此同时，中国在抗战中废除了不平等条约并赢得大国地位，从而使中国成为保障战后世界和平的重要力量。③

（三）第二次世界大战的历史意义

众多论著分别从结束"欧洲中心"的旧格局、推动国际关系的民主化，社会主义阵营的形成，推动民族解放运动的发展，推动以联合国为代表的国际组织的发展，推动世界科技、经济和社会生产力发展等角度，分析了战争与和平问题，论证了二战对国际政治、世界经济和人类文化的巨

---

①　李兴：《1939—1945年苏联的东欧政策剖析》，《世界历史》2001年第6期；吴伟：《苏联与"波兰问题"》，世界知识出版社2002年版；耿志：《1941至1942年波兰军队在苏联的组建与撤离》，《世界历史》2006年第2期。

②　张海鹏：《走向民族复兴的重要标志——论抗日战争胜利的历史意义》，张振鹍：《抗日战争的胜利与日本侵华70年历史的终结》，荣维木：《抗日战争与中国现代化的历程》，均为提交中国社会科学院主办的"纪念中国人民抗日战争暨世界反法西斯战争胜利60周年学术研讨会"论文。

③　齐世荣：《中国抗日战争在第二次世界大战中的地位和作用》，载中国史学会编《第十六届国际历史科学大会中国学者论文集》，中华书局1985年版；胡德坤、韩永利：《中国抗战与世界反法西斯战争》，社会科学文献出版社2005年版；徐蓝：《世界历史视野下的中国抗日战争》，《光明日报》2005年5月10日。

大影响。①

五　同盟国对战后世界和平安排研究

冷战结束之前，中国学者对"雅尔塔协定"已有不少探讨。冷战结束后，对这个问题的研究主要集中在对雅尔塔体制（亦称体系）的评价方面，这也是20世纪90年代以来中国学者研究的新领域。最初的成果体现在1990年11月22—23日在天津召开的关于"雅尔塔体制与战后世界格局"的圆桌讨论会中。大部分与会学者认为，雅尔塔体制是指在二战中后期以雅尔塔会议为主的一系列大国首脑会议所通过的决议和协定为载体的各大国对战后世界的安排和设想，是第二次世界大战期间和结束时大国之间实力对比和妥协的产物。虽然大国强权政治和秘密外交依然存在其中，并与冷战的爆发密切相关，但是它对维护战后长期和平起到了积极作用。近年来的研究进一步表明，雅尔塔体系与第一次世界大战后的凡尔赛—华盛顿体系相比，有着明显的历史进步性，对于战后世界的总体和平状态和战后历史的发展有着深远的影响。从一定意义上说，它决定了战后世界和平与发展的主题，联合国是雅尔塔体系留给当今世界的宝贵遗产。②

随着档案资料的解密，研究继续深入。张盛发论述苏联势力范围的建立与雅尔塔体制的形成之间的关系，对雅尔塔体制范围内的苏联势力范围问题和冷战的起源问题提供了新的认识。③

六　联合国与战后国际和平组织研究

这是20世纪90年代以来中国学术界研究的新领域。主要分为两个方面。

---

① 彭树智：《第二次世界大战与第三次科技革命》，《西北大学学报》1995年第3期；李巨廉：《战争历史运动坐标上的第二次世界大战》，《世界历史》1995年第4期；徐蓝：《从两次世界大战看20世纪的战争与和平》，《光明日报》2001年5月8日，《试论第二次世界大战后国际秩序的建立与发展》，《世界历史》2003年第6期。

② 关于这次会议的详细内容，参见《世界历史》1991年第1期对这次会议的综合报道，参见《世界史研究动态》1991年第1期；徐蓝《试论雅尔塔体系对战后国际关系的影响》，《历史教学》2002年第5期。

③ 张盛发：《雅尔塔体制的形成与苏联势力范围的确立》，《历史研究》2000年第1期。

（一）对联合国的研究

随着联合国在国际事务中作用的增强，中国学者对联合国的研究逐渐成为一个热点。20 世纪 80 年代，李铁城便发表了论述联合国的论文，1992 年北京语言大学在国内率先成立了以李铁城为首的联合国研究中心，2007 年上海复旦大学也成立了联合国与国际组织研究中心。目前中国学者的研究包括联合国的建立以及发展历程、联合国的历史作用和局限、联合国的机制与改革、联合国在建立战后国际政治经济秩序方面的作用、中国与联合国的关系等。[①]

（二）对其他国际组织的研究

随着中国越来越多地参与各种国际组织的活动，中国学者对第二次世界大战后期建立的其他国际组织的研究也不断重视。韩长青的《试论罗斯福政府与 1943 年联合国家粮农会议的缘起》（《首都师范大学学报》2004 年第 3 期）对美国与 1943 年举行的"联合国家粮食与农业会议"的关系进行考察，并在《试析 1943 年美国国会与政府在 UNRRA 协定上的冲突与妥协》（《首都师范大学学报》2007 年第 2 期）中对 1943 年美国国会与政府之间就"联合国善后救济总署"拨款的联合决议案的争论进行了探讨，认为这场争论比较集中地反映了战时国会两院特别是参议院的主要观点，对战后美国国际组织政策的制定和执行发挥了重要影响。王德春的《联合国善后救济总署与中国（1945—1947）》（人民出版社 2004 年版）系统考察了联合国善后救济总署与中国的关系，认为"联总"把大量生活必需品和善后物资及时运到中国无偿赠予中国人民，是暗淡的近代中外关系史上闪光的一页；但从某种意义上说，联总不过是美国外交政策的道德工具，是美国理想主义的试验园地。目前已有博士研究生深入探讨美国与战后国际和平组织的关系问题。

[①] 陈鲁直、李铁城等编写了一套有关联合国的丛书，包括《联合国与世界秩序》《联合国的历程》《联合国机制与改革》等，北京语言学院出版社 1993—1996 年版；李铁城：《联合国五十年》，中国书籍出版社 1995/1996 年版；许光建主编：《联合国宪章诠释》，山西教育出版社 1999 年版；谢启美等主编：《中国与联合国》，世界知识出版社 1995 年版；金光耀：《国民政府与联合国的创建》，《中国社会科学》2003 年第 6 期。还有一些论著主要涉及冷战期间和冷战后联合国面临的问题，这里不再列举。

七 战争遗留问题

所谓战争遗留问题主要是与现实有关的历史问题，中国学者的研究主要集中在日本侵华战争遗留问题上，并以实证研究为主。《抗日战争研究》杂志从1997年第3期开辟"战争遗留问题研究"专栏，使这一问题的研究不断深入。主要包括：日本的战争责任、教科书修改、领土争议（钓鱼列岛主权归属）、南京大屠杀史实考证、战争赔偿、慰安妇、强制劳工、化学战和遗留化学武器、战争期间中国财物损失统计、日本战时公债遗留及其他问题。①

（一）日本的战争责任问题

王希亮、高凡夫、步平、忻平等学者从不同角度，通过对历史事实的考察和对现实中日本右翼否定其战争责任的言论与活动分析，认为日本在其战争责任问题上的认识与其政治右翼化、国内和平反战运动和东南亚国际关系的变化密切相关，并认定裕仁天皇对战争负有责任。②

（二）教科书修改问题

针对日本一些教科书内容中回避许多重要的侵略事实，张海鹏、步平、王智新、苏智良、李秀石等学者对日本修改教科书问题进行全面研究，论证了近年来新编历史教科书出笼的历史和社会背景，而且特别指出了新编历史教科书中歪曲篡改历史事实之处，从多方面探讨了教科书问题形成的原因。③

---

① 国内一些学者已经对这些遗留问题及其研究情况进行了总体评述，主要有何天义：《日本侵华战争遗留问题概述》，《抗日战争研究》1997年第4期；荣维木：《中日战争遗留问题研究述评》，《江海学刊》2001年第2期；梁占军：《近年中国史学界关于二战时期日本侵华遗留问题的研究成果述评》，《世界历史》2005年第4期。本文参考了这些研究成果，一并致谢。

② 王希亮：《试析日本战争责任问题尖锐化的趋势》，《日本学刊》2004年第4期；高凡夫：《日本天皇裕仁与南京大屠杀》，《南京社会科学》2005年第8期；步平：《慰安妇问题与日本的战争责任认识》，《抗日战争研究》2000年第2期；忻平：《日本佛教的战争责任研究》，《华东师范大学学报》2001年第5期，等等。

③ 张海鹏、步平主编：《对历史岂容说"不"——日本历史教科书剖析》，社会科学文献出版社2002年版；王智新、刘琪编：《揭开日本教科书问题的黑幕》，世界知识出版社2001年版；苏智良：《日本历史教科书风波的真相》，人民出版社2001年版；李秀石：《日本历史教科书问题剖析》，《历史研究》2002年第5期，等等。

(三) 关于钓鱼列岛的领土争议问题

中国学者对这一问题一直比较关注，并出版了高水平的学术论著。吴天颖、鞠德源等学者从大历史观研究钓鱼岛问题，相继对中国拥有钓鱼岛的主权进行历史、地理的考证，并对日本窃取钓鱼岛的历史过程进行系统考察和论证。李国强对近10年来国内学者有关钓鱼岛问题的研究做了较细致的梳理，为进一步研究该问题起到了承上启下的作用。[①]

(四) 南京大屠杀史实考证问题

针对日本右翼否认南京大屠杀，中国学者在有关资料的收集、整理方面下了很大功夫，除了翻译出版有关南京大屠杀的第一手资料《魏特琳日记》(江苏人民出版社2006年版) 和《东史郎战地日记》(世界知识出版社2000年版) 等史料之外，朱成山等人还收集了中日双方当事人的证言。与此同时，中国学者撰写了大量论著揭示南京大屠杀的真相。[②] 张宪文主编《南京大屠杀史料集》，共55卷，江苏人民出版社在2005—2007年出版，是首次全面、系统地汇集了中方、日方、西方各类人物、不同派别和各界人士的相关史料与证言的大型史料丛书。

(五) 战争赔偿问题

这一问题的研究主要有三个方面。其一是论证日本的赔偿政策，指出日本至今认罪态度暧昧的原因之一就是没有偿付足够的战争赔偿；其二是研究美国的政策对战后日本赔偿问题的影响，崔丕在国内较早地研究了美国对日本赔偿政策的演变；其三是关于民间索赔，步平对截至2003年的23起中日跨国诉讼情况进行了初步统计和介绍。姜维久对亚洲平民在二战和中国抗日战争中的23项受害索赔诉讼案进行分析，并将其与德国对

[①] 吴天颖:《甲午战前钓鱼列岛归属考》，中国社会科学出版社1994年版；鞠德源:《日本国窃土源流　钓鱼列岛主权辩》，首都师范大学出版社2001年版；李国强:《近10年来钓鱼岛问题研究之状况》，《中国边疆史地研究》2001年第1期。

[②] 《魏特琳日记》，江苏人民出版社2000年版；《东史郎战地日记》，世界知识出版社2000年版；朱成山主编:《侵华日军南京大屠杀幸存者证言集》，南京大学出版社1994/2000年版；章开沅:《从耶鲁到东京：为南京大屠杀取证》，广东人民出版社2003年版；孙宅巍:《论南京大屠杀遇难人数认定的历史演变》，《江海学刊》2001年第6期；程兆奇:《南京大屠杀中的日军屠杀令研究》，《历史研究》2002年第6期；张连红:《南京大屠杀之前南京市民的社会心理》，《抗日战争研究》2002年第4期。

受纳粹迫害的犹太人的个人赔偿等进行比较,认为重新提出解决日本侵华战争遗留的民间个人受害索赔问题,对抑制日本现实中的军国主义的膨胀,意义重大。①

(六) 慰安妇问题

中国学者从20世纪80年代开始对这一问题进行调查和研究,1999年上海师范大学成立了慰安妇问题研究中心,推进了这一问题的研究工作。苏智良利用中日两国文献并在广泛调查的基础上出版了国内有关这个问题的第一部专著,揭示了慰安妇问题的争相,同时中国学者还在制度上对其进行了考察。②

(七) 强制劳工问题

有关这个问题的史料和论著都有发展。何天义、傅波、居之芬、庄建平等收集了大量档案资料,对日本在中国东北、华北及其他地区的强制劳工进行揭露;在强制劳工人数等过去研究薄弱的问题上有所进展,初步认定1935—1945年大约有1500万劳工被日军奴役。③

(八) 化学战和遗留化学武器问题

20世纪80年代以来中国学者对这个问题的研究有新的进展。除了编辑相关的资料之外,有关的研究论著也相继出版。韩晓、辛培林对日军371部队的历史进行了个案探讨,郭成周、廖应昌对日军细菌战进行了集中研究;步平、高晓燕等对日本在二战期间在华进行化学战进行了迄今有

---

① 李运祥、孟国祥:《日本逃避对华战争赔偿责任的历史与现实》,《武汉大学学报》2003年第4期;袁成毅:《日本对亚洲国家战争赔偿立场之比较——以国家间的赔偿为中心》,《抗日战争研究》2002年第3期;崔丕:《美国关于日本战争赔偿政策的演变》,《历史研究》1995年第4期;步平:《关于"跨国诉讼"——中日民间战争赔偿诉讼评述》,《抗日战争研究》2003年第4期;姜维久:《日本与德国战后国家赔偿及个人受害者赔偿比较研究》,《抗日战争研究》1995年第3期。

② 苏智良:《慰安妇研究》,上海书店出版社1999/2000年版;苏智良、荣维木等:《滔天罪孽——二战时期日军"慰安妇"制度》,学林出版社2002年版。

③ 何天义主编:《日军枪刺下的中国劳工》(4卷本),新华出版社1995年版;傅波主编:《罪行、罪证、罪责》,辽宁民族出版社1995年版;居之芬、庄建平主编:《日本掠夺华北强制劳工档案史料集》,社会科学文献出版社2003年版;陈景彦:《二战期间在日中国劳工问题研究》,吉林人民出版社1999/2005年版;居之芬:《二次大战期间日本使用中国强制劳工人数初考》,《抗日战争研究》2001年第1期。

关这个问题的最新、最全面的论述。①

（九）战争期间中国财物损失统计

这个问题是近年国内学术界研究的新问题。目前尚无系统研究的学术专著问世，戴雄对中国抗战期间古建筑、文物和图书的损失进行研究，指出战时遭日军毁坏的中国古建筑应在10000处以上，中国文物损失在1000万件以上，中国各级各类图书馆及私人藏书损失在5000万册以上，其中珍贵藏书1000万册以上，普通百姓家庭图书损失尚未包括，其价值无法估算。②

（十）日本战时公债及其他遗留问题

这也是国内近年来涉及的新问题。据不完全统计，战后遗留在中国的公债总值471亿日元。戴建兵、曹大臣、林晓光等对日本侵华期间在中国发行的公债、军票等经济侵略事实给予揭露。③

应当指出的是，有关日本侵华战争遗留问题的研究越来越呈现国际化研究的趋势。中国不仅介绍和翻译国外学者特别是日本学者的著述，而且不断出现合作性的研究成果。如在钓鱼岛问题上中日学者共同编辑了资料集《钓鱼台群岛（尖阁诸岛）问题研究资料汇编》（香港励志出版社2001年版）；在强制劳工问题上，解学诗与日本学者松村高夫共同主编的《满铁与中国劳工》（社会科学文献出版社2003年版），是11位中日学者合作的产物。特别要提及的是中、日、韩三国学者经历了3年11次会议的讨论，他们共同编写的《东亚历史共同读本》终于在2005年在三国同时出版。

---

① 中央档案馆：《细菌战与毒气战》，中华书局1989年版；韩晓、辛培林：《日军371部队罪恶史》，黑龙江人民出版社1991年版；郭成周、廖应昌编：《侵华日军细菌战纪实》，北京燕山出版社1997年版；步平等：《日本侵华战争时期的化学战》，社会科学文献出版社2004年版。

② 戴雄：《侵华日军对中国古建筑的毁损》，《民国档案》2000年第3期；《抗战时期中国文物损失概况》，《民国档案》2003年第2期；《抗战时期中国图书损失概况》，《民国档案》2004年第3期。

③ 戴建兵：《抗日战争时期日本在台湾的公债政策研究》，《史学月刊》2000年第3期；曹大臣：《论日本侵华时期的军票政策》，《江海学刊》2001年第6期；林晓光：《日本军票史小考》，均为提交给2005年中国社科社科院主办的"纪念中国人民抗日战争暨世界反法西斯战争胜利60周年学术研讨会"论文。

八 近10年（2008—2017）中国二战史研究的新进展

近10年来，我国学术界关于第二次世界大战史包括抗日战争史的研究，又有了很大进展。中国学者继续编辑了大量资料集，翻译、撰写出版了大量相关的学术专著、通俗读物、图册等，对以往的研究问题都有新的成果问世。据不完全统计，仅涉及第二次世界大战的论文包括研究生的学位论文就有500余篇，各种相关书籍400余部。以下仅就一些比较有代表性的新成果予以简介。

（一）在资料编选方面取得重大进展

其代表是徐勇、臧运祜为总主编的《日本侵华决策史料丛编（全46册）》[①]。该丛编由中日两国共37位学者参与编选并解说评论，是中日学者历时8年、共同协作、系统整理的日本方面关于侵华决策各个方面的资料。其史料来源包括：日本国会图书馆、防卫省战史部资料中心、外务省外交资料馆、东洋文库、亚洲历史资料中心电子数据库、中国台湾"国史馆"、中研院，美国国会图书馆等。所收史料以未公开和新发掘资料为重心，共分四大编：政治外交编（共8册）、军事战略编（共27册）、殖民经济编（共7册）和社会文化编（共4册），共包括17个专题。专题的内容结构为：专题解说、资料影印件、资料点评。该丛编为迄今国内篇幅最大、相关史料收录最完整的日本侵华决策类专题史料汇集。

（二）在二战的起始问题上，中国学者再次提出自己的看法

张海鹏在《第二次世界大战历史的宏观反思》[②]一文中，总结了中外学者对二战起点的不同观点。到目前为止，已经有1931年九一八事变说，1937年七七事变说，1939年德国入侵波兰说，1940年德国进攻西欧说，1941年苏德战争爆发说，1941年太平洋战争爆发说等。

关于这个问题，目前中国学者比较认同的看法是：1931年的九一八事变是二战爆发的序幕，1937年七七事变是二战在亚洲爆发的标志，中国是

---

① 徐勇、臧运祜总主编：《日本侵华决策史料丛编（全46册）》，社会科学文献出版社2017年版。

② 张海鹏：《第二次世界大战历史的宏观反思》，《中共党史研究》2015年第4期。

二战的东方主战场。特别是一些学者认为，第二次世界大战的爆发是一个渐进的过程，1931年的九一八事变，是二战的序幕，1937年的七七事变，是二战在亚洲的爆发，1939年9月德国入侵波兰，是二战在欧洲的爆发，1941年6月德国入侵苏联，是二战在欧洲的扩大，1941年12月日本进攻美国海军基地珍珠港，二战发展到全球规模。

（三）有关抗日战争的整体研究的较重要的研究成果

其代表是胡德坤主编的《反法西斯战争时期的中国与世界研究》（9卷本）。[①] 该书由国内多位专家和学者撰写，通过探讨反法西斯战争时期的中国与世界的关系，系统论证了中国抗日战争在世界反法西斯战争中的地位与作用，再现了战时中国以巨大的民族牺牲对世界历史发展所做出的杰出贡献。贯穿于全书的主题是探讨中国抗日战争在世界反法西斯战争中的历史地位，各卷从各个不同的角度对这一主题进行了全面论证：第一、第二、第三卷主要从中国抗日战争与日本世界战略、中国抗日战争与美英东亚战略、中国抗日战争与世界反法西斯联盟等角度，探讨中国抗日战争的历史地位；第四、第五卷主要探讨战时中国外交战略与对外政策；第六、第七、第八、第九卷主要探讨战时美、英、苏、德大国的对华政策。该书的九卷从不同角度探讨反法西斯战争时期的中国与世界的关系，中国与世界是紧密联系、不可分割的一个整体。

（四）二战与国际秩序研究的比较突出的成果

牛军主编的《历史的回声：二战遗产与现代东亚秩序》具有代表性。[②] 该书由章百家、牛军、沈志华、时殷弘、徐蓝、戴超武合著，以二战时期的国际关系为主题，从世界政治与中国和世界的关系的视角，阐述这场战争对世界格局、中国的世界地位以及中国对外关系的长远影响。全书包括战争与和平问题、反法西斯斗争及其影响、中国与世界三个层次的内容，系统反思二战中的一些重大国际事件、大国外交和中国对外关系等。

崔修竹、崔丕详细考察了作为二战后国际秩序的一部分的东亚领土问

[①] 胡德坤主编：《反法西斯战争时期的中国与世界研究》（9卷本），武汉大学出版社2010年版。
[②] 牛军主编：《历史的回声：二战遗产与现代东亚秩序》，人民出版社2015年版。

题的安排，特别是钓鱼岛问题并没有得到实施。相反，该问题在美国的直接介入下，将本应归还中国的钓鱼岛纳入美国托管的琉球的施政范围，并在美日返还冲绳（即琉球）协定中以经纬坐标点和经纬线标示返还区域，将钓鱼岛施政权纳入返还区域之中，形成了此后日本政府实际控制钓鱼岛的局面。这种明显否定二战胜利成果和战后领土秩序的做法，成为中、日对钓鱼岛争端的重要起因。美国和日本的上述做法，是中国政府和中国人民坚决反对的，中国捍卫自己领土主权的决心是决不会动摇的。[①]

（五）定期举行会议，推动二战史研究

中国第二次世界大战史研究会，作为中国研究二战史学者的学术交流平台，每年都召开学术年会，每次都对几十篇论文进行讨论，一些比较优秀的论文已经收录在首都师范大学国际关系研究中心出版的学术辑刊《近现代国际关系史研究》第10、第13辑里（世界知识出版社2016、2017年版）。

结束语

总之，中国的第二次世界大战史研究在经历了风风雨雨的七十年后，逐步走上了一条健康、正规的发展道路，随着中国改革开放的进一步深化，中国学者与国外同行交流的机会日益增多，中国的二战史研究必将获得更大的发展。

[①] 崔修竹、崔丕：《美日返还琉球群岛和大东群岛施政权谈判中的钓鱼岛问题》，《世界历史》2014年第5期。

中国地方史、区域史、民族史研究

郝时远

中国地域辽阔、民族众多，在漫长的历史发展进程中，中国传统的史学研究始终关注着这一国情特点。因此，地方史、区域史和民族史研究可谓源远流长。当代中国地方史、区域史、民族史的兴起和发展，一方面继承了中国数千年的史学传统，另一方面则经历了近代中国史学革命产生的承上启下、继往开来的转折。因此，严格意义上的地方史、区域史和民族史研究是在近代"西学东渐"影响下发祥，在现代繁荣发展，成为中国史学研究中重要的专门分科。

20世纪80年代以来，随着中国改革开放事业的发展，史学研究在"百花齐放、百家争鸣"的学术氛围中展现了开放发展的新格局。地方史、区域史、民族史等学科，进一步吸收国际史学发展的经验和相关学科的理论与方法，在学术取向方面与中国经济社会发展、中华民族伟大复兴的实践日益紧密地联系在一起，凸显了地方性、区域性和民族性等特点。[1]

一 地方史、区域史研究的兴起与发展

地方史，通常也称区域史，是现代历史学科的重要分支之一，属专门史范畴。其要在于将历史学的视野和方法集中于一定地域空间（行政区

---

[1] 本文所述及改革开放四十年来中国地方史、区域史和民族史研究，以晚清民国和1949年后为背景，以改革开放后学界推出的一些学术专著为实例，以示相关研究的知识系统性。但就此一项，已是挂一漏万在所难免，遑论涉足数量巨大的学术论文等其他成果，而观点交流、资料发现、论理辨析、引领研究深入者，多为学术论文等载体以及学术会议等活动。篇幅所限、功力不逮，实感汗颜。

划、地理区域），或以通史体例编撰，或以门类事项——如自然地理、山川河流、政治、经济、文化、社会生活等——进行地方性特征的专题考究。就一般意义而言，地方史、区域史都是相对于全国性通史而言，它突出了地方或区域的独特性历史脉络，探索一定地理空间的社会历史发展过程及其影响。目前，虽然学术界对地方史、区域史范畴的界定尚未达成共识，但基本区分大多为地方史立意于行政区划范畴，区域史则突出地理方位、山川地貌、流域走廊、经济社会、历史文化的特殊性、同质性及其与中国民族过程和国家进程的相互关系等特征。

1949年中华人民共和国成立以后，中国的地方史、区域史研究进入一个新的发展阶段，以中华民族反帝、反封建和进行民主革命为主题的历史研究，推动了包括地方史、区域史在内的专门史资料整理，如有关鸦片战争、太平天国、义和团、辛亥革命、四川保路运动、北伐战争、五四运动等重大事件的历史档案资料相继出版，关涉地方的经济、社会的历史资料也不断得到整理刊布。其中以工商、金融、财政、人物、事件等为主题的地方性史料的编辑整理，为地方史、区域史的专业化提供了资料支持。同时，从20世纪50年代开始，地方志的编修也开始启动，1960年全国已有20多个省、市、自治区和530多个县建立了修志机构。全国各地具有地方特色的文史资料采集、编辑和出版，进一步丰富了近现代史料的内涵，即包括了对人物、事件等事项的口传、回忆等个人经历的细节资料。因此，虽然五六十年代的地方史、区域史研究在主题方面有所局限，即突出了反帝斗争和新民主主义革命的主题，但是历史资料的整理、方志编修的起步和地方文史资料的出版，则为改革开放以来地方史、区域史研究的兴起和发展创造了条件。

1978年以来，随着中国改革开放和人文社会科学事业的发展，地方史、区域史研究在历史研究领域展现了异军突起的发展势头。首先，地方志的编修工作全面恢复。1983年1月，中国社会科学院《关于恢复地方志小组工作的请示报告》得到国家的批准，该年4月成立了中国地方志领导小组，随后通过了《新编地方志工作暂行规定》，为地方志的编修确立了工作规范，截至1990年全国各省、市、自治区（除西藏自治区）全部建立了地方志编修机构。其次，中华书局等出版社联合印行了《中国地方志集成》，再版了大批清代和民国的各类方志。同时，一些地方的重要报刊，如上海的《申报》、天津的《大公报》、长沙的《湘报》、北京的《晨报》、沈阳的《盛京时报》等先后影印出版。20世纪90年代初，全国32家省级文化研究机构开始汇编出版《新编文史笔记丛书》。这些直接关系到地方史、区域史研究发展的基础性工作，为地方史、区域史研究的兴盛创造了更加便利的条件。

在这一发展进程中，中国的地方史、区域史研究推出了大量著述，其中以省区为特点的通史、断代史（特别是近现代史）研究尤为显著。如徐和雍的《浙江近代史》（浙江人民出版社1982年版），陈碧笙的《台湾地方史》（中国社会科学出版社1982年版），隗瀛涛等的《四川近代史》（四川社会科学院出版社1985年版），常城的《现代东北史》（黑龙江教育出版社1986年版），常城主编的《东北近现代史纲》（东北师范大学出版社1987年版），周春元等主编的《贵州近代史》（贵州人民出版社1987年版），王斌的《四川现代史》（西南师范大学出版社1988年版），恰白·次旦平措等的《西藏通史——松石宝串》（西藏古籍出版社1989、1996年版），林增平、范忠程主编的《湖南近现代史》（湖南师范大学出版社1991年版），吴万善等的《西北近代史》（甘肃人民出版社1991年版），郝维民的《内蒙古自治区史》（内蒙古大学出版社1991年版），陈传海的《河南现代史》（河南大学出版社1992年版），孙志亮等主编的《陕西近代史稿》（西北大学出版社1992年版），白振声的《新疆现代政治社会史略》（中国社会科学出版社1992年版），钟文典主编的《二十世纪三十年代的广西》（广西师范大学出版社1993年版），吴燕绍的《西藏史大纲》（全国图书馆文献缩微复制中心1993年版），谢本书主编的《云南近代史》（云南人民出版社1993年版），刘泱泱等主编的《湖南通史》（湖南出版社1994年版），潘喜迁的《东北近代史研究》（中州古籍出版社1994年版），吕伟俊主编的《民国山东史》（山东人民出版社1995年版），安作璋主编的《山东通史》（山东人民出版社1995年版），安徽省社科院历史所编的《安徽现代史》（安徽人民出版社1997年版），陈慧生的《民国新疆史》（新疆人民出版社1999年版），陈庆英、高淑芬主编的《西藏通史》（中州古籍出版社2003年版），林正秋主编的《浙江地方史》

(浙江人民出版社 2004 年版)，曹永年主编的《内蒙古通史》(内蒙古大学出版社 2007 年版)，等等。

进入 21 世纪以来，以地方通史为标志的地方史成果，在以行政区划为单元的贯通古今的研究取得长足发展，全国各省市自治区大多启动了列入科学研究规划以及在国家哲学社会科学基金等多层级资金支持的通史研究项目，形成上溯远古、析述历朝、下及当代的贯通性特点，如何耀华总主编的《云南通史》(中国社会科学出版社 2011 年版)，这类集成式研究项目中不乏规模宏大的地方通史成果。诸如列入《国家哲学社会科学成果文库》，由郝维民、齐木德道尔吉总主编的《内蒙古通史》(人民出版社 2011 年版)，图文并茂、规模达 8 卷 22 册 1060 万字。又如，由中国藏学研究中心承担的国家重点项目"西藏通史"(中国藏学出版社 2016 年版)，以 8 卷 13 册 850 万字的规模面世，等等。这类规模宏大的地方通史，以多学科的视野展开了中国当代—省—市—自治区"自古以来"的历史脉络，在彰显地方特点的同时凝练了"中国特色"，展现了中国统一的多民族国家形成和发展的历史与现实，揭示了"历史是现实的根源"这一历史唯物主义的思想方法，体现了中华民族伟大复兴进程中地方史及其所蕴含的地方历史与中国历史、地方文化与中华文化、各民族与中华民族多元一体、守望相助、休戚与共的关系。

与此同时，地方史、区域史中的专题性研究也日益受到学界的重视，其中区域经济研究是重要的取向之一。如叶显恩主编的《清代区域社会经济研究》(中华书局 1988 年版)，洪焕春等编的《长江三角洲地区社会经济史研究》(南京大学出版社 1989 年版)，王鹤鸣等的《安徽近代经济轨迹》(安徽人民出版社 1991 年版)，范金民等的《苏州地区社会经济史(明清卷)》(南京大学出版社 1993 年版)，陈桦的《清代区域社会经济研究》(中国人民大学出版社 1996 年版)，段本洛主编的《苏南近代社会经济史》(中国商业出版社 1997 年版)，南京市人民政府编的《南京经济史》(中国农业科技出版社 1998 年版)，唐力行的《明清以来徽州区域社会经济研究》(安徽大学出版社 1999 年版)，田培栋的《明清时代陕西社会经济史》(首都师范大学出版社 2000 年版)，陈宗凯的《西藏地方经济史》(甘肃人民出版社 2008 年版)，乃至刘云波、李斌主编的三卷本（古代、近代和现代)《湖南经济通史》(湖南人民出版社2013年版),等等。对地区性经济发展史研究的普遍重视,与中国以经济建设为中心的改革开放事业直接相关,地方经济史的研究不仅深化了对地方经济传统和优势的认知,而且在丰富中国经济史内涵多样性的基础上为现代国民经济整合提供了历史背景。学术界的研究触角也因此不断深入经济行业和类型的范畴,诸如工商业、金融业、农业等专题性研究。

在工业史研究方面,学界对地方性工业基础发展史颇为重视。如林兴黔的《贵州工业发展史略》(四川社会科学院出版社1988年版),张学君等的《四川近代工业史》(四川人民出版社1990年版),李伯重的《江南的早期工业化》(社会科学文献出版社2000年版),陈征平的《云南工业史》(云南大学出版社2007年版),等等。行业性的研究则如徐新吾主编的《近代江南丝织工业史》(上海人民出版社1991年版),范金民等的《江南丝绸史研究》(中国农业出版社1993年版)等。涉及商业、金融等经济领域的研究,则注重中国传统的金融和商会等方面的内容。如史若民的《票商兴衰史》(中国经济出版社1992年版),黄鉴晖的《山西票号史》(山西经济出版社1992年版),张海鹏主编的《中国十大商帮》(黄山书社1993年版),马敏、朱英的《传统与近代的二重变奏——晚清苏州商会个案研究》(巴蜀书社1993年版),王振忠的《明清徽商与淮扬社会变迁》(生活·读书·新知三联书店1996年版),单强的《工业化与社会变迁——近代南通与无锡发展的比较》(中国商业出版社1997年版),范金民的《明清江南商业的发展》(南京大学出版社1998年版),许檀的《明清时期山东商品经济的发展》(中国社会科学出版社1998年版),陶水木的《浙江商帮与上海经济近代化研究》(上海三联书店2000年版),等等。商业史大多依托于城镇化的发展历史,相关的研究也为学界所不断推进,如阎志主编的《汉口商业简史》(湖北人民出版社2017年版)即是这方面的新成果。

在地方性的农业社会研究中,土地关系、农业开发和农村社会变迁等内容比较突出。诸如叶显恩的《明清徽州农村与佃仆制》(安徽人民出版社1983年版),章有义的《明清徽州土地关系研究》(中国社会科学出版社1984年版)、《近代徽州租佃关系案例研究》(中国社会科学出版社

1988年版)、贾大泉的《四川茶业史》(巴蜀书社1989年版)、司徒尚纪的《海南岛历史上土地开发研究》(海南出版社1992年版)、谭棣华的《清代珠江三角洲的沙田》(广东人民出版社1993年版)、段本洛等的《近代江南农村》(江苏人民出版社1994年版)、丛翰香主编的《近代冀鲁豫乡村》(中国社会科学出版社1995年版)、刘淼的《明清沿海荡地开发研究》(汕头大学出版社1996年版)、曹幸穗的《旧中国苏南农家经济研究》(中央编译出版社1996年版)、秦晖等的《田园诗与交响曲——关中模式与前近代社会的再认识》(中央文献出版社1996年版)、杨新才的《宁夏农业史》(中国农业出版社1998年版)、周晓虹的《传统与变迁——江浙农民的社会心理及其近代以来的嬗变》(生活·读书·新知三联书店1998年版)等。中国是一个农业大国,在广义的农业生态中传统畜牧业也占有一定的比重,因此农牧业发展史也颇受学界的重视,特别是关注到边疆民族地区的研究也推出了一些代表性的成果。如张波的《西北农牧史》(陕西科学技术出版社1989年版)等。2000年国家实施西部大开发以来,相关的研究显著增多,例如内蒙古自治区畜牧业厅编的《内蒙古畜牧业发展史》(内蒙古人民出版社2001年版)、包玉山的《内蒙古草原畜牧业的历史与未来》(内蒙古农业出版社2003年版)、王小平的《新疆屯垦发展史》(中国广播电视大学出版社2012年版)、王健林、陈崇凯的《西藏农牧史》(社会科学文献出版社2014年版)、陈跃的《新疆农牧业历史研究》(人民出版社2017年版),等等。

在地方性或区域性的经济社会史研究中,城市作为一个研究单元也受到相当的重视。其中,以近代城市发展和经济社会相对发达的城市为中心的取向也十分显著。如隗瀛涛、周勇的《重庆开埠史》(重庆出版社1983年版)、陈高华的《元大都》(北京出版社1984年版)、皮明庥的《武汉近百年史》(华中工学院出版社1985年版)、北京大学历史系编的《北京史》(北京出版社1985年版)、傅春兰的《中国运河城市发展史》(四川人民出版社1985年版)、刘惠吾等的《上海近代史》(华东师范大学出版社1985、1987年版)、来新夏主编的《天津近代史》(南开大学出版社1987年版)、刘石吉的《明清时期江南市镇研究》(中国社会科学出版社1987年版)、陈高华、史卫民的《元上都》(吉林教育出版社1988年版)、张仲礼主编的《近代上海城市研究》（上海人民出版社1990年版），樊树志的《明清江南市镇研究》（复旦大学出版社1990年版），韩大成的《明代城市研究》（中国人民大学出版社1991年版），隗瀛涛主编的《近代重庆城市史》（四川大学出版社1991年版），于醒民的《上海，1862年》（上海人民出版社1991年版），周宝珠的《宋代东京研究》（河南大学出版社1992年版），姚克宏的《近代天津对外贸易与天津城市近代化》（天津教育出版社1993年版），茅家琦主编的《横看成岭侧成峰——长江下游城市近代化的轨迹》（江苏人民出版社1993年版），皮明庥主编的《近代武汉城市史》（中国社会科学出版社1993年版），罗澍伟主编的《近代天津城市史》（中国社会科学出版社1993年版），陈学文的《明清时期杭嘉湖市镇史研究》（群众出版社1993年版），罗一星的《明清佛山经济与社会变迁》（广东人民出版社1994年版），傅崇兰主撰的《拉萨史》（中国社会科学出版社1994年版），李淑兰的《北京史稿》（学苑出版社1994年版），曹子西主编的《北京通史》（中国书店1994—1997年版），邢凤麟的《深圳城市史》（团结出版社1996年版），张仲礼主编的《东南沿海城市与中国近代化》（上海人民出版社1996年版），吴建雍等的《北京城市生活史》（开明出版社1997年版），史明正的《走进近代的北京城》（北京大学出版社1997年版），隗瀛涛的《重庆开埠史》（重庆出版社1997年版），周峰主编的《民国时期杭州》（浙江人民出版社1997年版），谢本书等主编的《近代昆明城市史》（云南大学出版社1997年版），常宗虎的《南通现代化：1895—1938》（中国社会科学出版社1998年版），隗瀛涛主编的《中国近代不同类型城市综合研究》（四川大学出版社1998年版），戴鞍钢的《港口？城市？腹地——上海与长江流域经济关系的历史考察（1843—1913）》（复旦大学出版社1998年版），王守中等的《近代山东城市变迁史》（山东教育出版社1999年版），张海林的《苏州早期城市现代化研究》（南京大学出版社1999年版），熊月之主编的《上海通史》（上海人民出版社1999年版），王卫平的《明清时期江南城市史研究：以苏州为中心》（人民出版社1999年版），李玉的《长沙的近代化启动》（湖南教育出版社2000年版），王守中、郭大松的《近代山东城市变迁史》（山东教育出版社2001年版）等。在城市历史研究中，有关上海史的研究在通史、专题史方面最为突出，尤其是专题史研究方面涉及经济、金融、商业、工业、贸易、法制、报刊、宗教、人口、黑社会、社会生活等诸多方面。20世纪90年代中期以来，以"老城市"为主题的丛书、图集、老照片等各类著述大量推出，内容关系到城市社会生活的方方面面，为城市史的研究展开了更加广泛的领域，提供了更加丰富的资料。进入21世纪以来，城市史的研究伴随着中国城镇化的推进而发展，并以城市为依托形成了地方与区域相结合的地方学研究，如以内蒙古的鄂尔多斯学为代表的地方学研究，以地名、历史、人文、自然地理、经济社会发展等综合性内容形成地方史、区域史的新支点。相应地，这类地方性学问或以地名冠之，如北京学、上海学、南京学、青岛学等；或以地方传统特色命名，如徽学、晋学、闽南学等，可谓名目繁多且呈方兴未艾之势。

此外，改革开放四十年来，中国地方史、区域史研究的兴盛与发展的重要标志之一是研究方向的专题化。因此，除了关系到经济社会发展方面的内容外，专题性研究呈现的多元化视角。例如，以近代帝国主义侵华为背景的研究，有王守中的《德国侵占山东史》（人民出版社1988年版），苏崇民的《满铁史》（中华书局1991年版），徐希凯、田锡富的《外国列强与近代湖北社会》（湖北人民出版社1996年版），居之芬等主编的《日本在华北经济统制掠夺史》（天津古籍出版社1997年版），等等。在地方政治史研究方面，则如陈景琪的《义和团在山东》（齐鲁书社1980年版），隗瀛涛的《四川保路运动史》（四川人民出版社1981年版），尤中的《云南地方沿革史》（云南人民出版社1990年版），匡珊吉等的《四川军阀史》（四川人民出版社1991年版），顾大全等的《西南军阀史》（贵州人民出版社1991年版），隗瀛涛主编的《辛亥革命与四川社会》（成都出版社1992年版），云南省历史学会等的《云南辛亥革命史》（云南大学出版社1991年版），冯茂的《宁夏现代政区沿革》（宁夏人民出版社1998年版），安作璋主编的《中共山东地方史》（山东人民出版社1998年版），等等。在地方性、区域性的思想文化研究方面，如徐嘉瑞的《大理古代文化史稿》（中华书局1978年版），钱基博的《近百年湖南学风》（岳麓书社1985年版），滕复的《浙江文化史》（浙江人民出版社1992年版），石琪的《吴文化与苏州》（同济大学出版社1992年版），罗福惠的《湖北近三百年学术文化》（武汉出版社1994年版），杨念群的《儒学近代化的地域形态——三大知识群体互动的比较研究》（生活·读书·新知三联书店1997年版），丁平一的《湖湘文化与湖南维新运动》（湖南出版社1998年版），尹飞舟的《湖南维新运动研究》（湖南教育出版社1999年版），孟祥才的《齐鲁思想文化史：从地域文化到主流文化》（山东大学出版社2002年版），刘圣宜的《岭南近代对外文化交流史》（广东人民出版社2005年版）等。在社会问题和社会变迁研究方面，钟文典的《近代广西社会研究》（广西人民出版社1990年版），王笛的《跨出封闭的世界——长江上游区域社会研究（1644—1911）》（中华书局1993年版），杨国桢等编的《明清中国沿海社会及海外移民》（高等教育出版社1997年版），乔志强主编的《近代华北农村社会变迁》（人民出版社1998年版），秦和平的《云南鸦片问题与禁烟运动》（四川民族出版社1998年版），行龙的《近代山西社会研究：走向田野与社会》（中国社会科学出版社2002年版），曹正汉的《伶仃洋畔的村庄公社：崖口村的公社制度及其变迁》（中国经济出版社2004年版），石方的《黑龙江区域社会史研究（1644—1911）》（黑龙江人民出版社2004年版），江沛、王先明的《近代华北区域社会史研究》（天津古籍出版社2005年版），阎光亮的《清代内蒙古东三盟史》（中国社会科学出版社2006年版），等等。值得关注的是作为中国革命的地方革命史研究，这些依托于革命圣地、根据地、重大历史事件、革命志士等要素展开的地方革命史研究，覆盖相当广泛和深入，诸如宋柏的《北京现代革命史》（中国人民大学出版社1988年版），许广智的《西藏地方革命史稿》（中国藏学出版社2008年版），郝维民的《内蒙古革命史》（人民出版社2009年版），李金陵主编的《山东革命老区口述史》（济南出版社2014年版），等等，不胜枚举。这类地方性主题的研究与中共地方党史和新民主主义革命时期的不同历史阶段紧密结合在一起，如大革命、长征、抗日战争、解放战争、剿匪斗争等，同时也形成了规模庞大的历史文献资料成果和当事人的回忆录等著述，极大地丰富了地方革命史和红色文化传统。

在地方史、区域史研究中，有两个显著的特点，一是超越地方性的行政区划局限，从自然地理和人文特征展开的区域性江河流域、走廊、古道研究，如依托不同地区江河水系形成的流域历史文化研究，以河西走廊、藏彝走廊等命名的地域历史文化研究，以内地与边疆关系展开茶马古道、茶叶之路研究等；二是对乡镇、村社、山寨的个案关注，反映了更加微观的研究取向，而社会学、人类学、民族学等学科和社会史研究在这方面的介入，已经对地方史研究产生着显著的影响。田野调查、民族志书写、口述史访谈等个案研究成果层出不穷。这些研究展开的历史人类学视野，为地方、区域、民族史的发展注入了更加鲜活的社会生活内容和地方性知识。

在地方史、区域史研究中不可忽视的一个方面是台湾学界的学术成就以及在香港、澳门回归背景下展开的港、澳地方史研究。自20世纪20年代连横推出《台湾通史》以后，有关台湾的地方性研究还推出了诸如汉人编的《台湾革命史》（上海泰东图书局1926年版）等专题史，但是处于日本帝国主义殖民占领下的台湾，有关台湾地方史的研究完全为日本学者所垄断且主要服务于殖民统治，而大陆学界对台湾的研究也基本上处于缺失状态。抗日战争胜利之后，台湾回归祖国，有关台湾的历史研究也随之展开，两岸学者的台湾史研究开始有所进展。汤子炳《台湾史纲》（刘涛发行，1946年）、李震明《台湾史》（中华书局1948年版）、郭廷以《台湾史事概说》（正中书局1954年版）、刘大年等编著的《台湾历史概述》（生活·读书·新知三联书店1956年版）、黄大受《台湾史纲》（三民书局股份有限公司1982年版）、戚嘉林《台湾史》（自立晚报社1985年版）等陆续出版。

20世纪70年代，台湾学界展开了"中国现代化区域研究（1860—1916）"的计划，将全国划分为17个区域进行研究，并以丛书的形式于1980年开始陆续出版。在此期间，台湾史的研究也开始加强，如薛光前编的《近代的台湾》（正中书局1977年版），盛清沂等的《台湾史》（众文出版社1977年版），周宪文的《台湾经济史》（开明出版社1980年版），叶荣钟等的《台湾民族运动史》（自立晚报1982年版），杨碧川的《日据时代台湾人反抗史》（稻香出版社1988年版），连温卿的《台湾政治运动史》（稻香出版社1988年版），林再复的《台湾开发史》（著者印行，1991年），陈孔立编的《台湾史纲要》（九州出版社1996年版），宋光宇的《台湾史》（人民出版社2007年版），等等。以台湾为主题的历史研究涉及很多方面，如台湾与大陆历史渊源的综合性研究，荷兰殖民占领时期、明郑时期、清代、日据和国民党执政时期以及当代的断代性研究，不同历史时期的各类专题研究，均不同程度地展开。比较而言，台湾学者的台湾史研究较之大陆的台湾史研究，更具有著述丰富和关注点广泛的特点。但是，自1990年以后，由于台湾政治生态的变化，台湾学界的台湾史研究也出现了违背科学历史观、宣扬悲情、张扬台湾历史独立性和"去中国化"的倾向。这方面的许多著述已经偏离了学术研究的轨道，其学术价值也因此大打折扣。

20世纪90年代中后期，随着香港、澳门回归祖国的进程，香港、澳门的历史研究也形成高潮。在90年代后期，随着香港、澳门回归祖国的临近，关于这两个城市的著作大量出版，其中有不少史学论著，如余绳武等主编的《十九世纪的香港》（中华书局1994年版），刘蜀永的《香港的历史》（新华出版社1996年版），邓开颂的《粤港澳近代关系史》（广东人民出版社1996年版），王赓武主编的《香港史新编》（香港三联书店有限公司1997年版），高添强等的《香港日占时期》（香港三联书店有限公司1995年版），高马可的《香港简史——从殖民地至行政特区》（中华书局·香港2013年版），等等；黄鸿钊的《澳门史》（福建人民出版社1999年版），黄启臣的《澳门通史》（广东教育出版社1999年版），邓开颂等的《澳门历史与社会发展》（珠海出版社1999年版），梁渭雄的《粤澳关系与澳门发展研究》（广东教育出版社1999年版），汤开建的《澳门开埠初期史研究》（中华书局1999年版），吴志良的《澳门政治发展史》（上海社会科学院出版社1999年版），黄启臣的《澳门通史》（广东教育出版社1999年版），邓开颂、谢后和的《澳门历史与社会发展》（珠海出版社1999年版），万明的《中葡早期关系史》（社会科学文献出版社2001年），费成康的《澳门——葡萄牙人逐步占领的历史回顾》（上海社会科学院出版社2004年版）等。内地学界在澳门史研究方面取得了显著的成绩。[①]1999年12月澳门回归时，张海鹏主编的《中葡关系史资料集》出版。

---

① 张丽：《60年来大陆地区澳门史研究回顾》，《兰州学刊》2015年第1期。

2017年，在香港回归祖国20周年之际，香港、澳门和内地学界就香港研究，特别是香港历史研究进行了探讨，在坚持"一国两制"基本国策基础上，秉持学术立场，从香港与祖国紧密结合的历史关系视角，展开历史文化认同和现实文化共识的研究。[①]

总之，在地方史、区域史研究方面，中国史学界的关注程度日益广泛，专业取向的多元性日益显著，研究成果及其相关主题的档案整理和资料建设也相当丰富。而且，地方史、区域史研究的发展呈现了方兴未艾的态势。

二 民族史研究的发展与繁荣

1949年中华人民共和国成立以后，中国以现代民族国家的面貌步入世界民族之林。中国作为历史悠久的统一的多民族国家，如何在现代世界中构建社会主义统一的多民族国家，这无论对中国还是世界都是一个具有挑战性的课题。在抗日战争时期，中国共产党人以马克思主义的历史唯物主义为指导，从中国多民族的历史国情出发，克服了历史上"内华夏""外四夷"，辛亥革命时期国家有"中国本部"和"蒙、藏、回疆"之分，民族有"中华民族"与"少数民族"之别的民族观和"中国"与"外藩"的国家观，提出并确立了"中国是一个多民族的国家，中华民族是代表中国境内各民族之总称，四万万五千万人民是共同祖国的同胞，是生死存亡利害一致的"民族一体思想。[②] 同时确立了在国家统一领导下，少数民族聚居地区实行民族区域自治的基本政治制度。这一观念的变革和制度安排，给中国各民族的历史与现状的研究提出了新的任务。从20世纪50年代展开的全国性的少数民族社会历史和语言文字的大调查，即是服务于实践各民族一律平等的理念，保障各民族共同繁荣发展，使中华民族自立于世界民族之林的重大科学活动。这是一次规模浩大、史无前例的学术调查工作。

---

① 吴楠：《把香港史研究与中国史研究紧密结合》，中国社会科学网，2017年12月17日。
② 《抗日战士政治课本》，《民族问题文献汇编》，中共中央党校出版社1991年版，第808页。

中国在开展全国范围的少数民族社会历史和语言文字调查的进程中，数以千计的专家学者和学生以及少数民族翻译、向导参加了实地调查。同时，调查工作一直伴随着民族识别的学术研究任务，即通过历史、语言、经济社会生活、风俗习惯和心理认同等因素的调查研究确定族别身份。在此基础上，为每一个少数民族编修一部历史也成为学术界长期的任务。中国民族识别工作的开展经历了一个漫长的过程，通过对400多个族称及其群体的调查研究，在学术界的论证下政府陆续确认了各个少数民族的族别身份，确定了中国是由56个民族组成的统一国家，即除人口众多的汉族外，有55个少数民族，其人口或逾千万或仅有几千，但都是中华民族的平等成员。从1978年《回族简史》出版，到1991年《维吾尔族简史》面世，中国55个少数民族的历史以《中国少数民族简史丛书》的形式为各民族的族别史奠定了基础。这套丛书的内容包括了各民族的族源、族称、历史进程、社会经济形态、文化艺术、语言文字、宗教信仰、风俗习惯、重要历史人物与事件、历史上与其他民族的关系、在反抗帝国主义和为缔造统一的多民族国家做出的贡献等，具有各民族通史的性质。这套丛书在依据历史文献记载的同时，突出了学者在实地调查中收集的各种资料，这些社会历史调查资料也以丛书的形式相继出版。当然，在当时的历史条件和科学水平下，这些具有通史性质的族别简史，由于内容简要、资料缺失和方法单一等问题，还存在许多不足。因此，2003年以来进行的《中国少数民族简史丛书》的全面修订，即成为吸收20世纪80年代以来民族史研究发展繁荣的新观点、新资料和新方法而展开的一项重要学术工作。

1978年以来，随着中国改革开放事业的发展，民族史学界解放思想、推陈出新，展开了新的研究视野。中国历史上的民族关系成为民族史研究的重要研究方向之一。在这一主题下，民族史学界对历史上的中国、各民族的互动关系、民族同化与融合、各民族共同建立统一的多民族国家等重要的基本理论和史实展开了讨论，撰写了大量的论文，推出了翁独健主编的《中国民族关系史纲要》（中国社会科学出版社1990、2001年版），奠定了中国民族关系史研究的基础。正是在此基础上，学术界完成了从先秦到清代的八卷本《中国断代民族史丛书》（四川民族出版社1996年版）等系列性的著作，中国的民族史研究进入一个繁荣发展的新阶段。其中，以中国民族史、中华民族史为主题的贯通性研究成为民族史学界关注的一个重点,相继推出了一批重要著作,如江应梁主编的《中国民族史》(民族出版社1990年版),王钟翰主编的《中国民族史》(中国社会科学出版社1994年版),陈连开的《中国民族史纲要》(中国财政经济出版社1999年版),韦东超、王瑞莲的《中国民族流变史》(湖北人民出版社2000年版),萧君和的《中华民族史》(黑龙江教育出版社2001年版),王文光的《中国民族发展史》(民族出版社2004年版),等等。这些研究在费孝通先生关于中华民族"多元一体"理论的影响下,突出了中华民族凝聚力的主题,也相应地推出了陈育宁主编的《中华民族凝聚力的历史探索》(云南人民出版社1994年版),木芹的《中华民族历史发展整体论》(民族出版社1995年版),费孝通主编的《中华民族多元一体格局》(中央民族学院出版社1999年版),卢勋主编的《中华民族凝聚力的形成与发展》(民族出版社2000年版)等,都在民族史学理论的探索和阐释方面产生了重要影响,尤其是中华民族"多元一体"的理论,开启了中国民族史学研究的新境界,陈育宁主编的《中国民族史学理论新探索》(中国社会科学出版社2016年版),即是围绕这一主题对中国民族史学理论进行系统探索的成果。

改革开放40年来,中国民族史研究的重要特点是研究视野的全方位拓展。在对中国民族史进行贯通、综合性研究的基础上,族别史研究受到广泛重视,其中对中国历史上各民族的研究是重点之一。这方面的研究从20世纪50年代开始就受到学界的重视并在80年代以后得到显著的发展。其中代表性的著作如马长寿的《突厥人和突厥汗国》(上海人民出版社1957年版),蒙文通的《周秦少数民族研究》(龙门联合书局1958年版),马长寿的《北狄与匈奴》(生活·读书·新知三联书店1962年版)和重新整理出版的《乌桓与鲜卑》《氐与羌》(广西师范大学出版社2006年版),林幹的《匈奴史》(内蒙古人民出版社1977年版),陈述的《契丹社会经济史稿》(生活·读书·新知三联书店1978年版),张正明的《契丹史略》(中华书局1979年版),蒙文通的《越史丛考》(人民出版社1983年版),周伟洲的《敕勒与柔然》(上海人民出版社1983年版),傅乐焕的《辽史丛考》(中华书局1984年版),林幹的《匈奴通史》(人民出版社1986年版),魏良弢的

《喀喇汗王朝史稿》（新疆人民出版社 1986 年版），孙进己等的《女真史》（吉林文史出版社 1987 年版），陶克涛的《毡乡春秋·匈奴篇》（人民出版社 1987 年版），段连勤的《丁零、高车与铁勒》（上海人民出版社 1988 年版），陈国强、蒋炳钊的《百越民族史》（中国社会科学出版社 1988 年版），杨保隆的《肃慎挹娄合考》（中国社会科学出版社 1989 年版），白滨的《党项史研究》（吉林教育出版社 1989 年版），周伟洲的《唐代党项》（三秦出版社 1988 年版），王慎荣、赵鸣岐的《东夏史》（天津古籍出版社 1990 年版），祁庆富的《西南夷》（吉林教育出版社 1990 年版），宋蜀华的《百越》（吉林教育出版社 1991 年版），杨铭的《氐族史》（吉林教育出版社 1991 年版），杨圣敏的《回纥史》（吉林教育出版社 1991 年版），白翠琴的《瓦剌史》（吉林教育出版社 1991 年版），刘迎胜的《西北民族史与察合台汗国史研究》（南京大学出版社 1994 年版），张荣芳、黄淼章的《南越国史》（广东人民出版社 1995 年版），陶克涛的《毡乡春秋·拓跋篇》和《毡乡春秋·柔然篇》（内蒙古人民出版社 1997 年版），余太山的《古族新考》（中华书局 2000 年版），张云的《唐代吐蕃史与西北民族史研究》（中国藏学出版社 2004 年版），周伟洲的《吐谷浑史》（广西师范大学出版社 2006 年版），林幹的《东胡史》《突厥与回纥史》（内蒙古人民出版社 2007 年版），孙进己的《女真民族史》（广西师范大学出版社 2010 年版），等等。以古代民族为对象的族别史研究，展现了系统性、通史性、断代性等新的特点，在这些研究中民族源流、融合流变、族际关系等问题备受学者的重视，在古代民族源流史研究中利用考古人类学、考古学和现代分子生物学等学科的知识，进行族别研究，显示了民族史研究发展的新趋向。其中，对汉民族的研究也引起了学界的关注，[1] 如徐杰舜的《汉民族发展史》（四川民族出版社

---

[1] 关于汉民族的研究在近代有关中华民族的解读中多有涉及，其中主要是关于汉族的来源问题。1949 年以后，有关汉民族的研究则主要从民族形成理论切入和展开。1954 年，《民族问题译丛》第 2 辑刊载了苏联学者格·叶菲莫夫的《论中国民族的形成》一文。该文以斯大林提出的民族形成于资本主义上升时期的论点为依据，提出汉族至 19 世纪才成为民族，而此前中国只有"部族"而没有民族。同年，范文澜先生发表了《试论中国自秦汉时成为统一国家的原因》一文，范文澜根据斯大林所指出的民族定义基本特征，认为汉民族在秦汉时期已经初步具备了这些特征。这一观点引起了历史学界对汉民族形成问题的讨论，这些讨论基本上都是围绕斯大林民族定义展开的。对此，附和论证、反对驳议之论不一而足，其中既包括引经据典的论证，也包括对中国历史独特性的梳理，同时也包含了对民族形成于资本主义上升时期、资产阶级民族形成等问题分析。因此，有关汉民族的族别历史研究可追溯于此。

1992年版)，徐杰舜主编的《雪球——汉民族的人类学分析》（上海人民出版社1999年版），邵靖宇的《汉族祖源试说》（浙江大学出版社2001年版），李龙海的《汉民族形成之研究》（科学出版社2010年版），等等。汉民族研究的专题化发展已经被海峡两岸民族史、民族学和人类学界所重视。①

在《中国少数民族简史丛书》基础上展开的当代中国各民族的族别史研究中，以资料翔实和知识系统为特征的通史性研究，是当代族别史研究的另一个重要特点。以中国55个少数民族为研究对象的通史性著作相继面世，如黄现璠主编的《壮族通史》（广西民族出版社1988年版），张声震主编的《壮族通史》（民族出版社1997年版），伍新福的《中国苗族通史》（贵州民族出版社1999年版），留金锁主编的《蒙古族通史》（民族出版社2001年版），得荣·泽仁邓珠的《藏族通史》（西藏人民出版社2001年版），义都和希格主编的《蒙古民族通史》（内蒙古大学出版社2002年版），白寿彝主编的《中国回回民族史》（中华书局2003年版），李燕光、关捷主编的《满族通史》（辽宁人民出版社2003年版），奉恒高主编的《瑶族通史》（民族出版社2007年版），吴荣臻、吴曙光主编的《苗族通史》（民族出版社2007年版），潘琦主编的《仫佬族通史》（民族出版社2011年版），王天玺、张鑫昌主编的《中国彝族通史》（云南人民出版社2012年版），金春善主编的《中国朝鲜族通史》（延边人民出版社2012年版），等等。这些族别性通史大多是多卷本，而编著族别性通史的工作可谓方兴未艾。

在族别性通史研究迅速发展的同时，地方性、区域性的族别史研究也相继展开。其中包括一些区域性的民族通史如杨建新主编的《中国西北民族通史》（民族出版社2009年版），以断代和族别相结合的形式对西北地区历史古族展开研究。又如林幹的《中国北方民族通史》（鹭江出版社2013年版），王文光等的《中国西南民族通史》（云南民族大学出版社2015年版），等等。回族是中国大散居、小聚居最突出的少数民族，故回族史研究中的地域性特点也颇为显著。如杨兆钧主编的《云南回族史》

---

① 参见曾少聪《民族学视野中的汉民族研究》，《云南民族大学学报》2014年第3期。

(云南民族出版社1989年版），马通的《甘肃回族史》（甘肃民族出版社1994年版），本书编委会编的《呼和浩特回族史》（内蒙古人民出版社1994年版），答振益的《中南地区回族史》（新疆人民出版社1995年版），冯富宽的《陕西回族史》（陕西人民出版社1997年版）等。这一具有普遍性的研究取向，表明了民族史研究与地方史、区域史的相互渗透和融通。因此，民族史研究的地方性、区域化业已形成新的特点。在地方性、区域性的民族史研究方面，势必突出当地的族际关系主题和内容。所以，民族关系研究的地方化、区域性也受到学界的普遍关注。如侯绍庄、史继忠、翁家烈的《贵州古代民族关系史》（民族出版社1991年版），吴永章主编的《中南民族关系史》（民族出版社1992年版），蒋秀松、朱在宪的《东北民族史纲》（辽宁教育出版社1993年版），方衍主编的《黑龙江古代民族关系史》（黑龙江人民出版社1999年版），黄成授等的《广西民族关系的历史与现状》（民族出版社2002年版），杨建新的《西北少数民族史》（民族出版社2003年版），任一飞、周竞红的《中华人民共和国民族关系史研究》（辽宁民族出版社2003年版），胡绍华的《中国南方民族史研究》（民族出版社2004年版），练铭志、马建钊、朱洪的《广东民族关系史》（广东人民出版社2004年版），谢佐的《青海民族关系史》（青海人民出版社2005年版），秦永章的《甘宁青地区多民族格局形成史研究》（民族出版社2005年版），尤中的《中国西南民族地区沿革史（先秦至汉晋时期）》（民族出版社2005年版），王文光、龙晓燕的《中国西南民族关系史》（中国社会科学出版社2005年版），伍新福、李昌俊、彭继宽的《湖南民族关系史》（民族出版社2006年版），蒋炳钊主编的《中国东南民族关系史》（厦门大学出版社2007年版），汤开建的《宋金时期安多吐蕃部落史研究》（上海古籍出版社2007年版），李长森的《明清时期澳门土生族群的形成发展与变迁》（中华书局2007年版）等。民族史研究与地方史、区域史研究的结合，也突出地反映在边疆史地研究方面，以边疆地区为对象的通史、专史研究无不包含民族的因素，甚至大多依托于某个或某些民族展开。上述有关区域史研究中的走廊研究，其指向主要是古代民族迁徙离散、交往互动、融合变异的社会生活通道。这方面虽然历史文献缺失显著，但语言、文化、风俗习惯、宗教信仰、经济生活等现实因素的实地调查，却能够展现鲜活且有说服力的民族历史，如台湾学者王明珂的《羌在藏汉之间》（中华书局2008年版）即是一部别开生面的羌族史，在中国民族族别史的历史人类学研究方面颇具经典意义。

民族史研究是中国历史研究的重要组成部分，在其当代发展中同样也体现了在政治、法律、经济、社会、文化、习俗、宗教信仰等诸方面的专门史取向。如对少数民族历史上的政治制度的研究，高文德的《蒙古奴隶制度研究》（内蒙古人民出版社1980年版），祝启源的《唃厮啰——宋代藏族政权》（青海人民出版社1988年版），赵云田的《清代蒙古政教制度》（中华书局1989年版），达林太等的《蒙古民族军事思想史》（军事科学出版社1996年版），高士荣的《西北土司制度研究》（民族出版社1999年版），刘小萌的《满族从部落到国家的发展》（辽宁民族出版社2001年版），陈庆英的《藏族部落制度研究》（中国藏学出版社2002年版），柏喜贵的《四—六世纪内迁胡人家族制度研究》（民族出版社2003年版），杨强的《清代蒙古盟旗制度》（民族出版社2004年版），黄家信的《壮族地区土司制度与改土归流研究》（合肥工业大学出版社2007年版）等。以近现代为背景的少数民族革命史，如李资源的《中国近现代少数民族革命史要》（中央民族大学出版社1995年版），方素梅等主持编写的《中国少数民族革命史（1840—1949）》（广西民族出版社2000年版），罗开云等的《中国少数民族革命史》（中国社会科学出版社2003年版）。在少数民族传统法等研究方面则如徐晓光等的《苗族习惯法研究》（华夏文化艺术出版社2001年版），胡兴东的《生存范式：理性与传统——元明清时期南方民族法律变迁研究》（中国社会科学出版社2005年版），唐仁郭等的《中国少数民族宗法制度研究》（江西高校出版社2006年版）等。最新推出的成果应属张晋藩总主编、以族别成卷的大型法制史研究成果，如《中国少数民族法制通史》（中央民族大学出版社2007年版）。在思想史研究方面，涉及少数民族宗教信仰、伦理道德、价值观的研究，其中哲学思想研究也受到关注并取得相关的研究成果，如伍雄武的《中国少数民族哲学史》（安徽人民出版社1992年版）涉及24个少数民族的哲学思想，其后族别性的哲学史也相继出版，如萧洪恩的《土家族哲学通史》（人民出版社2009年版）。2010年，《中国少数民族哲学史》列为国家哲学社会科学基金重大规划项目，展开了55个少数民族的哲学思想研究。① 在关系到少数民族社会的政治史研究方面，民族史学界的重要研究方向是对历朝各代中央王朝的民族政策研究，这方面的成果十分丰厚，且突出地反映在民族关系史、边疆史地研究之中。

在经济社会研究方面，如赖存理的《回族商业史》（中国商业出版社1988年版），李侠、晓峰的《中国北方民族货币史》（黑龙江人民出版社1989年版），杨毓才的《云南各民族经济发展史》（云南民族出版社1989年版），林永匡、王熹的《清代西北民族贸易史》（中央民族学院出版社1991年版），况浩林的《中国近代少数民族经济史稿》（民族出版社1992年版），卢明辉主编的《清代北部边疆民族经济发展史》（黑龙江教育出版社1994年版），漆侠、乔幼梅的《辽夏金经济史》（河北大学出版社1994年版），杨业兴、黄雄鹰主编的《右江流域壮族经济史稿》（广西人民出版社1995年版），李经纬的《回鹘文社会经济文书研究》（新疆大学出版社1996年版），色音的《蒙古游牧社会的变迁》（内蒙古人民出版社1998年版），杜建录的《西夏经济史研究》（甘肃文化出版社1998年版），方素梅的《近代壮族社会研究》（广西民族出版社2002年版），林蔚文的《中国百越民族经济史》（厦门大学出版社2003年版），管彦波的《中国西南民族社会生活史》（黑龙江人民出版社2005年版），刘晓春的《中国少数民族经济史概论》（知识产权出版社2012年版），黄健英的《当代中国少数民族地区经济史》（中央民族大学出版社2016年版），杨思远的《中国少数民族经济史论》（中国经济出版社2017年版），等等。

在语言文化、风俗习惯和宗教信仰等研究方面，尤为学界所重视并与民族学、文化人类学等学科相交融，推出一系列具有专题通史性质的著作，如王远新的《中国民族语言学史》（中央民族学院出版社1993年版），白润生的《中国少数民族文字报刊史纲》（中央民族大学出版社1994年版），王伯敏主编的《中国少数民族美术史》（福建美术出版社1995年版），袁炳昌、冯光钰的《中国少数民族音乐史》（中央民族大学出版社1998年版），张公瑾主编的《语言与民族物质文化史》（民族出版

---

① 张春海、曾江：《写成55个少数民族的哲学史》，中国社会科学网，2016年8月21日。

社 2002 年版），梁庭望、马学良、张公瑾编的《中国少数民族文学史》（中央民族大学出版社 2005 年版）等。关系到地域、文明和文化主题的族别性研究，如耿世民的《维吾尔族古代文化和文献概论》（新疆人民出版社 1983 年版），王森的《西藏佛教发展史略》（中国社会科学出版社 1987 年版），吴永章的《中国南方民族文化源流史》（广西教育出版社 1991 年版），石硕的《西藏文明东向发展史》（四川人民出版社 1994 年版），张碧波、董国尧的《中国古代北方民族文化史》（黑龙江人民出版社 1995 年版），陈慧生主编的《中国新疆地区伊斯兰教史》（新疆人民出版社 2000 年版），蒲文成的《青海佛教史》（青海人民出版社 2001 年版），丹珠昂奔的《藏族文化发展史》（甘肃教育出版社 2001 年版），奇文瑛的《满—通古斯语族民族宗教研究：宗教与历史》（中央民族大学出版社 2005 年版），马廷中的《民国时期云南民族教育史研究》（民族出版社 2007 年版），佟德富的《蒙古语族诸民族宗教史》（中央民族大学出版社 2007 年版）等。族别性的文化史、族际文化交流史、社会习俗史、人口与迁徙史、原始宗教史、人物传记等方面的研究也在广泛地展开，成果十分丰富。其中，台湾学界对原住民的社会组织、文化传统、迁徙流变乃至各个族群的历史研究，也在 20 世纪七八十年代以来形成高潮，推出了大量的学术成果，除了各族别的通史性著述外，专题史的研究与社会学、民族学、人类学等学科相结合的著述不胜枚举。大陆学界对台湾少数民族的历史研究具有源自 20 世纪 30 年代的学术传统。改革开放以来，特别是随着两岸关系的改善，大陆学界也推出了具有知识系统性的历史学、民族学著述。如施联朱、许良国主编的《台湾民族的历史与文化》（中央民族学院出版社 1987 年版），陈国强的《台湾高山族研究》（上海三联书店 1988 年版），张崇根的《台湾世居少数民族研究》（民族出版社 2002 年版），等等。随着两岸学术交流的扩大和发展，台湾少数民族的研究在大陆史学界、民族学界持续展开，其中台湾少数民族与大陆百越族系的渊源关系，元明以降特别是清代台湾的族际关系、"理番"政策以及少数民族社会历史变迁，日本殖民占领台湾时期的少数民族抗日斗争，以及当代台湾的"原住民运动"和"族群问题"及其所关涉的两岸关系、统"独"议题等，都为大陆学界所关注，这方面代表性的著作如陈建樾的《台湾"原住民"历史与政策研究》（社会科学文献出版社 2009 年版），以及郝时远、陈建樾主编的《台湾民族问题：从"番"到"原住民"》（社会科学文献出版社 2012 年版）。

需要指出的是，在中国民族史研究的发展繁荣进程中，相关主题的研究始终具有国际性学术背景，即一直在西方学界的东方学、汉学中占有重要的地位，并发展为国际性的蒙古学、藏学、西夏学、敦煌学等相对独立和综合的学问。在当代发展进程中也出现了满学、壮学、突厥学、苗学等族别性的学问建构。这些专门学问所具有的综合性，不仅包含了历史学，而且包括了语言学、古文字学、文献学、考古学等诸多学科。其中如古文字的研究，有文献史料可循的即包括佉卢文、焉耆—龟兹文、于阗文、突厥文、回鹘文、西夏文、契丹文、女真文、古蒙文、八思巴文、古藏文、老傣文、老彝文、东巴文、察合台文和满文等，对这些古文字及其文献的解读直接关系民族史研究，是突厥史、回鹘史、西夏史、契丹史、女真史、蒙古史、藏族史、满族史等族别性的历史研究不可或缺的一部分，而其在语言、文字、音韵学和文献资料研究方面的成就，则从更大范围的历史场域展现了中国"五方之民"互动、交流、融合、发展的历史脉络。这方面的研究成果相当丰厚，特别是蒙古史、藏族史的研究尤为突出，而近年来西夏史研究也取得显著发展，在吴天墀的《西夏史稿》等前人著述的基础上，如李范文主编的《西夏通史》（宁夏人民出版社 2005 年版），史金波的《西夏社会》（上海人民出版社 2007 年版），等等，都是西夏学研究方面的重要研究成果。

总之，民族史研究作为中国历史学的重要分支学科之一，在百年来的发展中取得了学科建设方面的显著成绩，在资料建设方面也由早期的二十四史、明清实录等古籍中族别性相关内容的摘编向更加广泛的领域扩展，如包括少数民族文字在内的古籍文献的校注、笺证、翻译（如《元朝秘史》等），流失海外的民族古文献的收集、整理和刊布（如俄藏黑水城文献），宫中档案的整理和电子化（如台湾原住民宫中档），专题性史料的汇编（如台湾文献丛刊和台湾文献汇刊），以族别为主题的历史资料汇编、历史图录的考订和整理等。同时，还推出了一些大型的工具书，如高文德主编的《中国民族史人物辞典》（中国社会科学出版社 1990 年版）和

《中国少数民族史大辞典》（吉林教育出版社 1995 年版），以及中国历史地图集中的少数民族迁徙图等。总之，对民族史学研究的发展，学界亦有较系统的梳理和总结。①

三 地方史、区域史、民族史研究发展述评

中国的地方史、区域史、民族史研究已经成为当代史学研究中日益引人注目的学术领域。且不论数量巨大的学术论文，仅从上文所列举的部分学术著作可以看出，这些专门史的研究成果堪称丰厚，发展势头强劲。特别是地方史、区域史的研究大有后来居上的发展势头，而民族史与地方史、区域史的交融趋势也十分显著。这一发展趋势突出地反映了中国幅员辽阔、区域差异显著、民族众多的国情特点，这是中国历史学发展前景十分广阔的学术领域。

就当代中国的地方史、区域史、民族史研究的发展现状而言，体现了以下几个特点：一是地方性、区域性、族别性通史的编修方兴未艾，特别是依托于行政区划基础上的地方性通史、以族别为对象的通史不断推出并成为地方史、民族史研究中备受重视的选题，同时也扩展到区域性的通史研究；二是地方性、族别性的专题史也在政治、经济、文化、社会等诸多方面展开，某些专题也反映了区域性的特点；三是地方性、族别性的研究视点更加微观，开始深入都市、乡村、社区等基层社会单元；四是多学科理论与方法的借鉴和专业知识的互渗交融日益显著。这些特点的彰显，一方面与中国改革开放进程中地方经济社会发展的大背景直接相关，突出地反映了在经济社会发展进程中对地方文化、民族文化资源的重视、利用与开发需求；另一方面则体现了中国史学转型发展的现状。在这种背景下，地方史、区域史和民族史研究表明的上述特点，就其学术成就和发展方向来说虽然不尽平衡，但一些新的学术视野和研究取向则值得重视。

第一，在地方史、区域史和民族史的研究中，相对独立的行政区划、

---

① 参见达力扎布主编《中国民族史研究 60 年》，中央民族大学出版社 2010 年版。

地域空间或各族别无疑是基本研究对象，其中以地方志、民族志为基础的地方史、民族史研究因此而体现为通史性的宏观视野在所难免。但是，由于这些局限于一隅或一族的研究缺乏更加微观和多样性的视角及其研究基础，大而全的地方通史、族别通史也往往成为地方史、民族史研究的重要取向。作为贯通古今、面面俱到的通史性著述，地方性通史、族别性通史一般会遵循王朝断代基本框架的历史脉络，在内容上涵盖了地方或民族的方方面面，知识体系力求全面，所以也常常表现为当代中国通史框架的缩小或地方性版本。虽有某些著述表现出力求摆脱王朝史框架进行另辟蹊径的探索，如改变因时叙事编年传统和社会进化分期模式的思路，也往往由于缺乏理论阐释和实证支持而难以取得学界共识，进而出现不同规模（通常是更大规模）的重修通史。同时，很多地方性通史的编修大多是地方志基础的叙史，不仅方志痕迹较重，而且也难以体现相关地方、族别内部的差异和多样性特点。相应地，区域性通史，特别是以某些地理方位——如东北、西北之类——为主题的区域性通史，则令人有若干地方、若干族别历史拼合一处的感觉，而区域性所着眼的某些共性特征则提炼不足。这种通史性的研究虽然展现了方兴未艾的态势，但就目前的地方性、区域性、族别性通史而言，总体上属于通论有余而个性不足，在理论和方法方面尚未形成鲜明的特点，而强化地方意识、突出族别认同的取向则往往影响了对国家—地方、中心—边缘、汉族—少数民族等范畴之间交互影响、互动关系的历时性规律探索。

第二，作为地方史、区域史研究的本意，事实上是为了揭示一定地理空间的共性因素和相对于更大范围的特殊个性，进而阐释其形成、发展与更大范围的政治、经济、文化和社会结构之间的相互关系与交互影响。因此，在地方性、区域性研究中别开生面的著述，往往不是通史性的著作，而是通过一系列专题依托于地方、区域的研究。当然，就专题而言，虽然有地方性的政治、经济、文化等专题性的历史研究，但这些研究仍然表现了地方性通史的专题化，而缺乏植根于地方土壤的特色。近些年来，法国年鉴学派的理论范式和美国近三十年来对中国地方史的研究成果，以及社会文化人类学对地方性知识的人文关怀，对中国地方史、区域史和民族史研究已经产生了一定影响，学者的视角和选题也在突破通史性的结构而趋于多样化和微观化，诸如对徽州、晋商等地方性、群体性及其影响的研究，诸如以丝绸之路、茶马古道、藏彝走廊、江河流域等区域性多民族互动关系的综合性研究，都在为地方史、区域史和民族史提供新的视野。因此，在地方性、区域性和民族性的史学研究中，专题史研究已经成为主流取向，而专题的取向在以往政治、经济、军事、文化（主流或精英）、人物等分类外，更广泛地深入到了社会生活领域，社会史与地方史、区域史和民族史的融通展现了十分广阔的发展前景。

第三，从近代史学革命开始，对中国社会史的研究即受到学界的重视。在这方面，以社会性质、社会形态为主的社会发展史研究对民族史研究的影响很深，但是相对于20世纪上半叶史学界对中国社会共相和民间生活的研究，社会生活史在民族史学界则长期未能专题化。20世纪80年代以来，随着社会史研究的复兴和发展，在地方史、区域史和民族史研究中，具有社会史特点的专题性研究日益受到重视，并开始深入乡村社会和村落社区这些更加微观的层面。这些具有"草根社会"、乡土历史特点的研究，反映了历史学与社会学、人类学、民族学、民俗学、地理学等诸多学科在理论与方法方面的吸收和借鉴。在研究资料方面更加重视对民间文献、口述历史的收集和利用，在方法上也开始重视田野观察和访谈。虽然目前这类研究尚属起步阶段，但是代表了地方史、区域史、民族史研究未来发展的一个重要方向。在这方面，值得重视的是，20世纪70年代以来美国的中国史研究传统转型，即中国史研究的"地方史化"及其学术成果，对中国的地方史、区域史研究及其范式和方法论影响显著。[①] 这些研究确有"见微知著"的特点，但是如何防止亦步亦趋的模仿，形成中国特色或中国本色的研究范式和理论提炼尚需努力。

第四，中国历史学的当代发展，特别是在专门史繁盛发展的进程中，多学科交互影响已经成为必然趋势。在这方面，历史人类学在社会史、地方史、区域史和民族史研究中的影响颇为引人注目。同时，学术界也开始意识到，多学科理论和研究方法的交汇，不是简单的范式模仿和结论套

---

① 参见陈君静《近三十年来美国的中国地方史研究》，《史学史研究》2002年第1期。

话，而是需要对相关理论和方法的深刻理解，并从中国的历史国情出发去吸收和借鉴。因此，在中国史学开放发展的进程中，立足于本土进行吸收借鉴，是推进包括地方史、区域史和民族史等专门史发展尤其是在历史哲学思辨和史学理论阐释方面取得创新性进展的努力方向。

中国是世界上少有的古老文明传承不懈的国度，特别是秦汉以降的王朝嬗替形成的以中原文化为核心的大一统格局，加之前赴后继的王朝修史活动为此奠定了历史研究的基本框架和主体影响。因此，在当代中国历史研究的实践中，这一基本框架是治史者不能忽视、不可回避的基本范式。所以，在中国历史研究中，宏大叙事式的历史叙述不仅是题中之意，而且不可或缺。对此，无论是开展地方史、区域史研究，还是民族史等其他专题性的历史研究，都不可能摆脱这一基本历史国情的深厚背景及其影响，这是研究中国历史必须面对和充分尊重的客观事实。但是，中国统一的多民族国家形成与发展也绝非帝王将相的政治、军事等统治史所能涵盖，中心与边缘的关系、地方与中央的依存、"五方之民"的互动、经济文化多样性的交流、社会生活的相互渗透都在发挥着古代史家未能充分关注或有意回避的历史，而这正是需要学界从历史唯物主义的立场、观点和方法揭示的史实。这一点也是包括地方史、区域史、民族史等分支学科需要着力的地方。

在地方史、区域史和民族史研究中，有关地方性、民族性话语的历史阐释及其与所谓王朝史结构的"国家话语"的关系，也是学界关注的重要问题。事实上，地方性、民族性的历史研究并不是为了揭示或建构一种国家—地方、中心—边缘、汉族—少数民族的二元对立结构，而是为了对统一的多民族国家历史因素的复杂性、多样性提供新的话语资源。从这个意义上说，地方性、区域性、民族性的历史研究并非居于从属地位，也并非对"大一统"观念的解构，而是对宏大历史叙事内涵的丰富，即由传统的政治史、制度史等主要体现上层建筑的内容，转向对经济史、社会史、文化史、生活史等直接关系到民众生活和民间知识的揭示。在这一研究取向中，地方知识的多样性、民族文化的差异性发现和解释，不是为了构建或强化某种独立存在的系统，更不是对既有的具有整体性、宏大性历史的疏离甚至排拒，而是通过包括地方史、区域史和民族史等在内的专门性研究去构建和阐释中国历史的多样性、特殊性、复杂性及其内在的相互联系，从而对统一的多民族国家这一历史格局形成更加全面和深刻的理解。目前，近代社会已经成为学界普遍关注的研究时段，其中包括对近代中国史研究成就的重新认识和继承。地方性、族别性历史所体现的多样性、差异性虽然具有久远的历史线索可循，但是多元一体的古代历史造就的是现代民族国家的中国和现代意义上民族（nation）——中华民族，这一概念体系下的历史正是近代中国社会的产物。因此，对中国这样幅员辽阔、民族众多、地区差异显著的国度而言，地方史、族别史研究的基本指向是为了揭示多样性的统一。因为统一性并不意味着同一化，而是多样性共生关系的整合。在这方面，区域性研究所揭示的共性和交互影响无疑具有重要意义，而历史学与人类学、民族学、地理学、考古学等相关学科的对话和互渗代表了中国地方史、区域史和民族史研究的必然发展方向。

值得重视的是，近些年来中国史学界立足于中华民族多元一体的基本立场，展开了承前启后、继往开来的研究实践。"承前"和"继往"，尤其重视中国近代以来步入现代民族—国家建构的历史过程，对晚清到民国的社会变革和国家建构中涉及的"民族"认知，从历史文献、思潮（如民族主义）、政治表述、精英阶层和民间社会的认同等诸多方面进行了回溯性梳理和研究，特别是对民国年间的民族史研究成果、思想和概念的争论、国家—民族的建构主张与措施等展开讨论，有效地弥补和接续了以往的思想理论研究。其中中国近代的民族主义思潮研究，取得了前所未有的进展，代表性著作如罗志田的《乱世潜流：民族主义与民国政治》（上海古籍出版社2001年版），郑大华、邹小站主编的《中国近代史上的民族主义》（社会科学文献出版社2007年版）等，都从中国近代民族主义思潮所关涉的中华民族、多民族国家形成和发展的视角展开了探讨。葛兆光的《宅兹中国——重建有关"中国"的历史论述》（中华书局2011年版），则从国外学者有关"从民族—国家拯救历史"的论述中阐释了"在历史中理解民族—国家"的中国历史，聚焦于如何理解中国的历史，以更大的区域史视野论述了中国多民族历史的国家观和民族观。聚焦于民国建立初期的政治转型的著述，如章永乐的《旧邦新造：1911—1917》（北京大学出版社 2011 年版）则探讨了多民族王朝的瓦解及其政治转型的曲折过程，其中关涉国家领土完整与多民族共和的思想内容。而黄兴涛的《重塑中华——近代中国"中华民族"观念研究》（北京师范大学出版社 2018 年版），则详述了清末民国时期现代中华民族观念及其符号认同，在中国与西方、历史与现实的复杂互动关系中产生的国家民族观。这些关涉历史学、政治学、人类学、民族学等学科知识介入的"民族史"研究，都具有超越民族史传统中的区域性、族别性的特点，聚焦于近代以来中国步入现代国家进程中的中华民族观念的形成和发展，对中国的民族史、民族理论具有"启后"和"开来"的学术意义。

在中国改革开放四十年的进程中，作为社会问题组成部分的民族问题也呈现了一些复杂的因素，其中包括 20 世纪 90 年代以苏联解体、东欧剧变形成的冷战后民族主义浪潮冲击，以及一些西方势力利用民族、宗教、人权等问题干预中国的渗透影响，使"藏独""疆独""台独"等分裂中国、分裂中华民族的政治势力形成气候，出现了民族分裂、宗教极端和暴力恐怖的"三股势力"，以及周边国家中的一些极端民族主义思潮。这些问题的出现，对中国民族史、地方史、边疆史等诸多研究领域提出了挑战，如何从历史的脉络中阐释统一的多民族国家形成和发展，怎样论述历史上"五方之民"的互动交融，以及对历史"中国"的疆域和民族及其与现代中国的关系，都涉及中华文化集各民族文化之大成的传承和发展、中华民族多元一体的包容和凝聚等重大问题。因此，民族史研究与边疆史研究兼容并蓄，民族史研究与民族学、人类学、政治学甚至国际政治研究的交织互渗，已经形成了历史与现实紧密结合的学术发展趋势。

中共十八大以来，中国的改革开放事业步入新时代。以中国特色、中国概念、中国话语讲好"中国故事"的时代要求，包括了统一的多民族国家如何形成与发展的一系列重要内容。因此，从中国历史资源中提炼中国概念，成为构建中国学术话语的重要任务，因为"概念是理论的支点"，没有本土概念、范畴体系的支撑，就不可能形成中国特色的学术理论。从中国民族史及其关联的民族学、民族理论研究而言，有关中国的"民族"概念与西方的"族群"概念争论，即以西方的"族群"概念取代中国的

"民族"概念，不仅关涉如何解读统一的多民族国家的历史，而且关系到如何坚持中国特色解决民族问题正确道路的现实。[①] 同时，也必须注意到，近年来在美国所谓"新清史"的研究，日本等国蒙古、元朝史研究中，传统的"满蒙非中国"之论，以及中国台湾出现的"去中国化"的历史观，在西藏历史、新疆历史的境外研究中涉及的主权归属、民族认同等方面的谬误曲史和极端性，都对中国历史及其涵盖的中国民族史、中华民族史提出严肃而紧迫的任务。立足统一的多民族国家这一基本国情，以史为据、以史为鉴、贯通古今地开创中国民族史、中华民族史研究的新时代，已经成为中国史学界的共同任务。

在2014年召开的中央民族工作会议上，习近平总书记对统一的多民族国家形成和发展、对中华民族多元一体格局的基本国情，从历史纵深的视野做出了具有学理性的深刻阐释，论述了中国历史上"五方之民共天下"的多民族历史国情，强调了"修其教不易其俗、齐其政不易其宜"的政治智慧和"因俗而治"的方略，阐释了中国历史上既重视差别又维护一统的治世之道及其对中华民族形成和发展的极其重要性。指出了历史上无论哪一个民族入主中原、定鼎称雄，建立的都是统一的多民族国家，都是中国"大一统"王朝。因此，多民族是历史赋予我们国家发展的有利条件，在维护国家统一的前提下在少数民族聚居地区实行民族因素与地区因素相结合的自治，这是中国共产党创造性的制度设计，民族区域自治制度是中国特色解决民族问题正确道路的重要内容和制度保障。中国多民族的国家优势，在"一带一路"建设的愿景与行动中，彰显了西部地区特别是陆路边疆地区开放发展的前沿优势，习近平以司马迁"夫做事者必于东南、收功实者常于西北"的寓意，强调了边疆民族地区承担着拓展未来国家发展新空间的历史责任。[②] 这些论述，对中国民族史、地方史、区域史和边疆史研究具有新时代的重要意义。从这个意义上说，中国的地方史、区域史、民族史研究，在聚焦一省（含台湾）一市一自治区（含特别行

[①] 参加拙著《类族辨物——"民族"与"族群"概念的中西对话》，中国社会科学出版社2013年版。

[②] 参见拙著《中国特色解决民族问题之路》，中国社会科学出版社2016年版。

政区），或江河流域、文化走廊、高原草地，或族别乃至更加微观的村村寨寨，都必须以"铸牢中华民族共同体意识"为宗旨，这是中国历史学研究面向中华民族伟大复兴的新时代责任。

（本文撰写和修订过程中得到方素梅、陈建樾、贾益同志提供的民族史、地方史、区域史著录等资料的帮助，特此感谢。）

四十年来中国边疆史地研究的繁荣与发展

厉 声　冯建勇

引　言

改革开放四十年来，以马克思主义为指导，中国边疆史地研究领域涌现了一批较有影响力的研究成果，这既是对一些新的研究领域的深化及再开拓，也是对一些新的研究方法及范式加以利用的必然结果，同时还是对中国边疆现实情势的因应。历史唯物主义认为，一种理论的全部观点和结论应当基于对历史事实的观察和研讨；要想完全理解现在，唯有从历史出发才有可能。同样，要理解一门学科的形成，也只有详细梳理它的学术发展史，才会变得可能。正是就此意义而言，在迈入新时代之际，梳理中国边疆史地研究四十年来的发展脉络，呈现中国边疆研究的学术前沿，实有必要。

以下，笔者拟就目前所掌握的难称全面的资料，对四十年来中国边疆史地研究领域的学科构筑情形、重大理论问题、最新研究范式及学术前沿等问题作专题式的梳理与评述。

一　中国边疆学的构筑历程

在梳理中国边疆学发展历程之前，一个问题不得不予以提出：多数学者将"边疆学"当作一个不言自明的学术概念来使用，但是，"边疆学"

如何作为一个学术概念被提出与传播等基本史实,仍然需要进行认真的考察。根据娄贵品的研究,就目前所见,作为学术意义上的"边疆学"一词最早见于《殖边月刊》1933年6月号,该期杂志编辑罗列了一批与边疆有关的书籍,称之为"边疆学图书一览"。1936年1月,顾颉刚先生据冯家昇先生旧作修订的《〈禹贡〉学会研究边疆计划书》中所用之"边疆学",是该词作为学术概念在论著中出现的最早记录。因顾先生的关系,这一概念还在燕京大学边疆问题研究会《成立宣言》《我国边疆学之内外研究略史》《中国边疆学会丛书总序》中多次出现。1939年,杨成志先生在《国立中山大学文学院边疆学系组织计划纲要》中首次提出要设置边疆学系,希冀将"边疆学"建设成一门学科,然则未获批准。不过,总体来看,缘于改造边疆政治的现实需求,时人倾向于考察"边政",遂有"边政学"之说,至于"边疆学"一词则淡出了国人的视野。[①]

20世纪90年代以降,源自推动边疆研究的迫切需要,边疆研究者热衷于将他们从事的研究对象放在学术界乃至学科分类中更加尊崇的地位,于是"中国边疆学"学科构建问题开始被提出。1992年,邢玉林首次较为完整地探讨了中国边疆学学科构建问题,除阐述建立中国边疆学的必要性外,还探讨了中国边疆学的名称定义、研究对象、学科体系框架及其功能。[②] 1997年,马大正、刘逖亦呼吁创立一门以探求中国边疆历史和现实发展规律为目标的新兴边缘学科——中国边疆学,认为这是肩负继承和开拓重任的中国边疆研究工作者的历史使命,并且考察了中国边疆学学科特点。[③] 稍后,马大正在一篇梳理中国边疆研究学术史的文章中再次提出,21世纪的中国边疆学应将中国边疆作为一个完整的研究客体,进行历史和现状的综合研究,"一是中国边疆研究应以中国边疆学来命名;二是中国边疆学是一门综合性学科,属于社会科学的一个分支,但也包括自然科学的部分内容;三是中国边疆学要通过研究中国边疆的历史和现状,进而全面揭示中国统一多民族国家形成、发展的规律和探求维护国家统一、边疆

[①] 娄贵品:《近代中国"边疆学"概念提出与传播的历史考察》,《学术探索》2012年第8期。
[②] 邢玉林:《中国边疆学及其研究的若干问题》,《中国边疆史地研究》1992年第1期。
[③] 马大正、刘逖:《二十世纪的中国边疆研究:一门发展中的边缘学科的演进历程》,黑龙江教育出版社1997年版,第278—279页。

稳定、民族团结的治国安邦之策"①。步入 21 世纪，随着中国边疆研究领域的不断拓展和研究主题的愈加深入，中国边疆学学科构建问题日益凸显。马大正《关于构筑中国边疆学的断想》②《深化边疆理论研究与推动中国边疆学的构筑》③，方铁《论中国边疆学学科建设的若干问题》④《试论中国边疆学的研究方法》⑤，李国强《中国边疆学学科构筑的透视》⑥，邢广程《关于中国边疆学研究的几个问题》⑦，周伟洲的《关于构建中国边疆学的几点思考》⑧等文章，都在呼吁构筑中国边疆学，强调中国边疆学作为一门学科的有机整体地位，认为该学科内涵十分丰富，亟应将之作为一个独立的客体进行全方位、跨学科的研究。

探讨中国边疆学学科构建的历程，不能不提及中国边疆研究的引领者——中国社会科学院中国边疆史地研究中心（2013 年更名为中国边疆研究所）的学术规划和学术贡献。自 1983 年成立以来，中国边疆研究所的学科发展规划一直强调两个领域的研究：基础研究和应用研究。其中，基础研究领域主要致力于从历史学的研究学科属性出发，着力于历代中国边疆治理、疆域构造、近代中国边界变迁、疆域理论等诸问题；应用研究则着重从维护当下中国边疆稳定与发展的目标出发，使用政治学、法学、经济学、历史学、社会学、语言学、民族学、地理学等诸方法，开展对边疆地区经济社会发展、民族关系与区域稳定状况的调研。从中国边疆研究所三十余年学科发展和学术研究演进的轨迹来看，中国边疆学学科构建一直被置于优先地位。1994 年，中国边疆史地研究中心曾有将"中国边疆史地研究中心"更名为"中国边疆研究中心"的动

---

① 马大正：《中国边疆研究：回顾与前瞻》，《人民日报》1999 年 10 月 23 日第 6 版。
② 马大正：《关于构筑中国边疆学的断想》，《中国边疆史地研究》2003 年第 3 期。
③ 马大正：《深化边疆理论研究与推动中国边疆学的构筑》，《中国边疆史地研究》2007 年第 1 期。
④ 方铁：《论中国边疆学学科建设的若干问题》，《中国边疆史地研究》2007 年第 2 期。
⑤ 方铁：《试论中国边疆学的研究方法》，《云南师范大学学报》（哲学社会科学版）2008 年第 5 期。
⑥ 李国强：《中国边疆学学科构筑的透视》，《云南师范大学学报》（哲学社会科学版）2008 年第 5 期。
⑦ 邢广程：《关于中国边疆学研究的几个问题》，《中国边疆史地研究》2013 年第 4 期。
⑧ 周伟洲：《关于构建中国边疆学的几点思考》，《中国边疆史地研究》2014 年第 1 期。

议，希冀以更名为起点，进一步推动单位的学术工作和学科发展。[①] 1999年《中国边疆史地研究中心十年事业发展规划》中明确提出，中国边疆史地研究中心未来十年事业发展的指导思想可归结为："一个出发点，二个服务，三个坚持。"这其中，"一个出发点"即是"为下个世纪完成中国边疆学的构筑总目标努力"。《中国边疆史地研究中心"十一五"事业发展规划》（2005年9月）提出："十一五"期间，边疆中心将围绕学科建设和发展来开展工作，以完善中国边疆史地学科体系为核心，努力构筑中国边疆学学科的理论框架。具体来说，有关边疆学学科的构筑工作，包括边疆学学科建设的学术价值与现实意义、边疆学研究的对象及其方法、边疆学的框架结构、边疆学的学科特点及与其他学科的关系等。同一时期编制的《中国边疆史地研究中心"十一五"事业发展规划论证报告》（2005年9月）"学科建设"条目指出，"十一五"期间，学术界对中国边疆学学科构建的研究持续开展，从广度和深度上都有了一定拓展。这具体体现在两个方面：（1）对中国边疆学学科定位的讨论日益深化，并更加清晰；（2）对中国边疆学学科框架的讨论已不再停留在历史学或其他学科单一的层面，而呈现出跨学科领域的思考上。2013年，中国边疆研究所提出了"123战略"。这其中，"1"即以构建"中国边疆学"为中心，从边疆形势和边疆研究的实际出发，通过实施哲学社会科学创新工程和推进有中国特色的新型"智库"建设，进一步夯实构筑"中国边疆学"之基础。[②]

21世纪以来，中国边疆研究进入厚积薄发的阶段，日渐成为显学，国内数所大学先后以"中国边疆学"或"中国边疆史地学"的学科定位建

[①] 《关于更改"中国边疆史地研究中心"为"中国边疆研究中心"的建议》，中国社会科学院中国边疆研究所档案室馆藏资料。这份文件从"适应边疆新情势，推动边疆现代化建设""与国际研究接轨，扭转我国边疆研究相对落后的局面""拓宽研究覆盖面，促进'中国边疆学'的兴旺""扩大边疆研究专业队伍""为中国边疆学权威性研究机构的建立创造条件"五个方面论述了更名的必要性和紧迫性。

[②] 本处所引中国边疆研究所推动中国边疆学学科构建的相关文献资料，均出自中国社会科学院中国边疆研究所档案室。

立了相关的学科专业①；一些期刊以推进中国边疆学学科建设为使命，开设"中国边疆学"学术专栏，吸引诸多学者投入该领域的研究当中②；"边疆智库"建设亦如雨后春笋般破土而出③。此诸种种，实际上构成了边疆研究工作者们作为一个学术共同体呼吁摆脱单一的"中国边疆史地学"的束缚、倡导构筑"中国边疆学"的重要基石。这一时期，一些从事中国边疆研究的学者从自身研究领域出发，分别提出了"边政学""边安学""边防学""边疆经济学"等不同概念，并试图构建相应的研究体系。需要指出的是，无论是中国边疆史地研究，抑或边政学研究、边安学研究、边疆经济学研究，都有其自身的局限性，即研究的覆盖面过窄，难以体现其作为一门独立学科的系统性和完整性。在我们看来，它们均应归属于"中国边疆学"的一个有机组成部分。如果把"中国边疆学"比喻成一棵大树，那么，在它成长的早期，应该是只有一株笔直的树干，这就是中国边疆史地研究；然后，随着年轮的增长，它逐渐分成两个大树枝，即基础研究和应用研究；接着，伴随更多营养的摄入和滋润，两大树枝又分别生成许多丫枝，即"中国边疆史地学""边政学""边防学""边安学""边疆经济学"等诸学科分支。

尽管中国边疆研究已经取得长足进步，但对于一门从无到有的新兴学科而言，中国边疆学学科的构建之路仍然很长：（1）中国边疆学学科体系构建目前基本停留在学术讨论层面，尽管已有学者尝试建立一个多层次、复合性的学科框架，但就目前呈现出来的既有成果来看，大多局限于自身的学术背景，难以创出一门具有开放性、多学科视野的中国边疆学学科框架；（2）每一门成熟的学科都应当有自己的范式，包括学科的代表人物、

---

① 为了推进中国边疆学学科的建设，2007年云南大学通过整合边疆问题研究、中外关系史和经济史研究的力量，在历史学一级学科博士学位授权下自主增设了"中国边疆学"二级学科博士学位授权。四川大学、南京大学亦设立"边疆学"二级学科，招收硕士、博士研究生，为中国边疆学的发展培养了后备力量。

② 这其中，较有代表性的当数中国边疆研究所主办的专业性期刊《中国边疆史地研究》及《中国边疆学》集刊；《云南师范大学学报》（哲学社会科学版）自2008年第5期创出"中国边疆学"学术专栏以来，迄今已绵延十载，影响颇著。

③ 这其中声名颇著的主要有中国社会科学院"新疆智库""西藏智库"，中国藏学研究中心的"西藏智库"，武汉大学"海洋与边界协同创新中心"，南京大学"中国海洋协同创新中心"等。此外，各边疆省区地方社科院亦成立相关"边疆智库"，服务于边疆地方政府的经济社会发展。

经典性著作、普遍性理念等,以此标准来审视当下的中国边疆学研究领域,中国边疆学学科构建的目标任重而道远;(3)对照相关成熟学科的发展历程可知,一门学科的形成,从来都不是也不应该是建立在本研究领域学者自说自话的基础之上,基于此种认知,中国边疆学的研究者应加强与其他学科研究者的交流,获得他者的认同,同时还应积极面向社会大众,普及中国边疆学的既有研究成果、介绍中国边疆学的学科功能。

总体而言,中国边疆学学科的构建实际上是理论发展对于现实需要的一种回应。在我们的理解中,中国边疆学学科构建主要应完成三个方面的工作:为什么、是什么、做什么。为什么要构建中国边疆学?构建什么样的中国边疆学?这些问题已经有诸多先行研究做了很多、很好的研究,阐述了中国边疆学构建的必要性和迫切性,讨论了中国边疆学的学科内涵、研究范围、研究方法;但接下来的一个重要问题则是如何构建中国边疆学。对此问题,学术界的认识仍然非常模糊。可预期的未来一段时期内,我们应深入思考"做什么",依据构筑好的学术体系理论框架,指导中国边疆研究实践。正是就此意义而言,目前中国边疆学学科构建,依然处于一个方兴未艾的发展期,或者说是一个边疆"study"的阶段,还没有将其上升为一个"knowledge"的阶段。对此,有学者做了颇为形象的描述:"边疆研究是一片来自不同学科的学术移民涌入的边疆地带,每个研究者携带着不同的知识行李,在这片疆土上利用形形色色的工具进行开发事业,但并未形成共同的认同意识和研究范式、操作工具,仍可以分裂还原为参与人员和跨界结构的学科本体。从学科互涉研究到学科化之间,还有很长的一段路程要走。"[1] 这种描述大致符合当下中国边疆学学科构建的一般情形。

二 马克思主义与国家边疆理论研究的初步开展

马克思主义经典作家在各个时期的著作中都有不少内容涉及领土、主

---

[1] 张世明等编:《空间、法律与学术话语:西方边疆理论经典文献》,黑龙江教育出版社2014年版,第18页。

权、边疆、边界和边疆民族等问题的精辟论述,这是中国边疆史地研究最为重要的理论源泉之一。比如马克思、恩格斯在多种论著中不少内容论及国家领土、边界等问题,反映了马克思主义的经典作家在19世纪的一些重要观点、理论,这些观点、理论博大精深,又在列宁的著作中得到继承、发扬。但是,这些论述分散于马克思、恩格斯的大量著作中,大多数文章从篇名又看不出同领土、边界有什么关系,有的文章洋洋数万言,其中与此问题有关的只有一两段,阅读非常不便。对此,中国边疆史地研究者给予高度重视,并努力从中探寻理论的"宝藏",为边疆史地学科建设提供重要的理论指导。目前,这一工作已经取得阶段性的成果,吕一燃编《马克思恩格斯论国家领土与边界》(黑龙江教育出版社1992年版)、于逢春等编《马恩列斯论国家统一与领土主权》(中国社会科学出版社2015年版)就是其中的代表。

《马克思恩格斯论国家领土与边界》一书从马克思、恩格斯的著作中选出了论及国家领土、边界的论著36篇,有的全文著录,有的摘其有关部分,按写作时间顺序排列,还附录了《马克思恩格斯全集》中文版的有关注释,以便读者阅读集中。这些论著的编选、出版适应了我国学术界学习和研究马克思主义关于国家领土与边界的理论的需要,为中国边疆研究提供了重要的理论指导,这一工作的完成对于中国边疆史地研究的发展和学科建设无疑具有重要意义。这正如吕先生在《编者说明》中所指出的:"在马克思、恩格斯的著作中,有不少关于国家领土和边界的精辟论述,其中有研究国家领土的形成和边界的产生的,有批判地主资产阶级形形色色疆界理论的,有抨击西方资本主义国家兼并和侵占别国领土的,有评论当时或历史上发生的边界事件的,还有阐述应该如何正确地对待国家领土和边界问题的。马克思、恩格斯的这些论述,是马克思主义思想宝库中的重要组成部分,对我们研究国家领土、边界问题不仅有其借鉴意义,还有重要的指导意义。"《马恩列斯论国家统一与领土主权》一书从国家统一、领土主权、边疆理论、边疆经济、边界划分、边疆民族、边疆语言、地缘政治等30个类别着眼,系统辑录了马克思主义经典作家有关边疆问题的论述,约110万字,希冀"将这些熠熠发光的思想精华贡献给读者"。

不过需要指出的是，无论是《马克思恩格斯论国家领土与边界》，还是《马恩列斯论国家统一与领土主权》，两者仅仅是对马克思主义经典著作的摘编，显然，为了进一步推动马克思主义对中国边疆学及相关边疆研究的理论指导作用，对其作进一步的解读和诠释是非常有必要的。近些年来，为贯彻落实党中央关于把中国社会科学院努力建设成为马克思主义坚强阵地、党和国家的思想库智囊团、哲学社会科学的最高殿堂的要求，中国社会科学院决定把加强马克思理论学科建设与理论研究作为一项重要工作来抓，并成立中国社会科学院马克思主义理论学科建设与理论研究工作领导小组。受此激励，自2015年起，《中国边疆史地研究》杂志开辟了专题栏目，邀请相关学者就马克思主义国家与边疆理论问题进行了有益探讨。①

习近平总书记曾提出，党的各级领导干部特别是高级干部，要原原本本学习和研读经典著作，努力把马克思主义哲学作为自己的看家本领。仅从改革开放四十年来研究者对马克思主义边疆理论的研究现状来看，高质量的成果并不多见。马克思主义经典作家关于边疆、领土、主权、民族等问题的阐述，对于构建具有中国特色的边疆研究理论体系具有重要的启发和指导意义，为了进一步推动马克思主义对中国边疆学及相关边疆研究的理论指导作用，对其作深入的解读和诠释仍然非常必要。面向未来的马克思主义国家与边疆研究，应该在以下几个研究领域展开深入研究。(1) 以马克思主义为指导，将历史学、民族学、社会学、国际法、政治学、国际关系学、地缘政治学等理论与方法纳入边疆研究视野，打造跨学科的学术研究平台，超越已有研究成果的单一学科的局限性，通过对中国边疆学基本原理的探索，构筑一个具有开放性、多学科视野的中国边疆学学科框

---

① 2015年第4期刊发"唯物史观与马克思主义史学理论论坛专稿"，分别有李国强《中国海疆史话语体系构建的思考》、孙宏年《历史与现实：关于当前西藏研究的几点思考》、冯建勇《列宁对边疆经济问题的剖解》；2016年第3期开辟了"马克思唯物主义与中国边疆研究"笔谈栏目，发表了许建英《以马克思主义为指导深化新疆意识形态治理与建设》、孙宏年《"治国必治边、治边先稳藏"重要战略思想的理论内涵与时代意义》、吕文利《构建中国边疆学需要理论与实践的结合》、罗静《马克思自然哲学视阈下边疆地区的可持续发展》等论文；2017年辟出"马克思主义与中国边疆研究"专栏，发表了冯建勇《中国边疆文化的发展路径与时代意义》、宋培军《马克思的游牧民族思想及其对中国边疆学建构的意义》、徐百永《中国共产党有关西藏政教制度的认知与政策研究》等文章。

架。(2) 基于中国自身的经验与探索，发挥自我的创造性，厘清中国边疆学学科边界，推进中国边疆学学科体系、学术体系、话语体系建设，提高中国边疆研究学术界的国际话语权。(3) 破解"中原中心主义""西方殖民主义"史观提倡的"中国乃汉族国家""长城以北非中国"等错误思潮，用以破解西方学者的话语权，梳理自古至今中国边疆形态与疆域范围，充分展现中国自古以来就是统一多民族国家的事实。(4) 在探讨21世纪以来中国边疆与周边态势的基础上，构筑新时期中国边疆战略框架。(5) 探索历代边疆治理思想与实践的经验与局限性，希冀服务于政府当前各种边疆政策与作为的进一步完善，以期臻于更好的未来。(6) 在"一带一路"建设背景下，及时把握国外相关先行研究前沿动态，正确认识、理解边疆与中国乃至世界的联系，探讨以边疆为重要载体，构建人类命运共同体、睦邻友好与互信合作的可行性。

三 "从边疆观中国"研究范式的勃兴

长久以来，中国边疆史地研究深受两种历史观的影响：一方面，在中国学术界，中原中心史观大行其道，并构筑起"中心—边缘"的讨论范式，边疆被看作中原的附庸，处于可有可无的"边缘"地位[1]；另一方面，受西学东渐之影响，发端于西方历史学界的西方中心史观强势植入，中国边疆的历史多被解读为"殖民的历史"[2]。

然而，随着新的研讨范式的加入，越来越多的研究者开始认识到，边疆作为处于地理上"一个国家中央地带的边界地区"和处于"政治权力

---

[1] 直至近现代，在相当长的一段时期内，古代中国多元文化互动的历史进程，常被简单地描述为"中国"（中原）对"四方"（所谓"非我族类"之地）的同化、统一过程，以及华夏、汉民人文的扩张过程，这就是苏秉琦先生所说的"历史教育的怪圈"之一——"中华大一统观"。何谓"中华大一统观"？就是习惯于把汉族史看成正史，其他的则列于正史之外。于是，本来不同文化之间的关系，如夏、商、秦、汉等便被串在一起，成为一脉相承的改朝换代，边缘族群及境外接壤的周边地区的历史被几笔带过。参见苏秉琦《中华文明起源新探》，生活·读书·新知三联书店1999年版，第33—100页。

[2] 见 R. Z., "The French In Africa and The Chinese In Tibet", *Bulletin de Sinologie*, *Nouvelle Série*, No. 29 (Mars 1987); S. Frederick Starr, eds., *Xinjiang: China's Muslim Borderland*, M. E. Sharpe Inc, 2004。

中心边缘的区域",它与中心地区有着不尽相同的物质与精神形态,具有自身的独特性和自主性。为此,作为对前述中原中心与西方中心史观的一种批判性反思,一些研究者逐渐认识到,从古至今,中国多元文化存在着一种互动的过程,原有的"中国"对"四方"的同化、统一过程及"华夏、汉民族人文的扩张过程"的描述,并不能反映历史的原貌。受此理论观点与方法之影响,越来越多的学者主张边疆研究的范式应渐有更张,逐步冲破传统夷夏史观和殖民史观的束缚,从边缘学科走向独立学科,呈现出以边疆为本位或中心来考察问题的思维模式。于是,他们开始尝试以从四方看中国、从边缘观中心的研究视角,考察中国边疆的历史地位与未来发展。需要特别指出的是,在此过程当中,《学术月刊》杂志自2012年以来连续组织了五届"边疆中国论坛",倡议构筑"新边疆学",为推动"从边疆观中国"的研究起到重要作用。

梳理学术史可知,以边疆本位的视角来解释中国,颠覆中原中心论、重建边疆观念的尝试,最初来自内亚历史研究领域,拉铁摩尔即为其执牛耳者。他在《中国的亚洲内陆边疆》一书中首先提出了所谓边疆风格及其如何生产与再生产,何为边疆的空间特质,以及边疆如何参与并对民族国家的构建产生作用的问题。近些年来,一些中国学者开始尝试从边疆的视角切入,探讨边疆在中国历史和现实中的地位。其中的佼佼者有杨国桢从海洋文明的视角探讨中国海洋文明的一支对传统中国的深刻影响[1];于逢春提出了"五大文明板块"理论,试图发掘中国统一多民族历史疆域形成的内在动力与机制[2];施展等则以"东北观天下"[3]"西北望长安"[4]为着眼点,从对历史中国东西横轴的历史疆域之拓展的考察中,雄心勃勃地声称要"重建中国历史哲学"。

关于以边疆为本位的研究成果,王铭铭提出的"三圈说"理论值得关注。在王铭铭看来,"三圈说"既是批判性的概念,又是建设性的概念。

---

[1] 杨国桢:《关于中国海洋史研究的理论思考》,《海洋文化学刊》2009年第7期。
[2] 于逢春:《时空坐标、形成路径与奠定:构筑中国疆域的文明板块研究》,黑龙江教育出版社2012年版。
[3] 施展、王利:《东北观天下——重塑中国历史哲学》,《领导者》2013年第4期。
[4] 施展、尚观:《西北望长安——重塑中国历史哲学(二)》,《领导者》2015年第2、3期。

以言批判，乃是因为"三圈说"直面社会科学的西方中心论；以言建设，一个方面，这指以一个"其他文明"为中心的学术史架构，另一方面，"三圈说"是对文明差异之事实的表述。"三圈说"这一理论蕴含着这样一种思想：中心与边缘之关系是辩证的，即谓"无处非中"，各自有自己的中心、边缘与半边缘之分，各自有自己的"世界体系"；我者与他者的区分是相对的，两者经中间媒介，成为对方的一部分。换言之，三圈之分是相对的，三圈之中的任何一圈之任一地点，都有其核心、中间、外围之分，也都有自己的世界体系。以三圈说理论观照中国历史，王铭铭将"五服制度"视为"三圈说"的一种文明史的表达。如果说，五服制度被视为一种"三圈说"的话，那也只能被视为"三圈说"的诸多体系与视野之中的一种。具体来说，五服制度所体现的"三圈说"只能是华夏中心主义观念中所要表达的一种"世界体系"；而在华夏中心主义看来，这种中心—边缘的关系是被想象为一种预设的恒定表达，如此，显然不合乎"三圈说"的真谛，亦即中心与边缘之关系是辩证的，即谓"无处非中"，各自有自己的中心、边缘与半边缘之分，各自有自己的"世界体系"①。借鉴"三圈说"的世界体系理论，或可这样认为，"边疆"与"中心"的定义因此而变得模糊，亦即"边疆"可以成为"中心"，"中心"亦可以成为"边疆"，关键在于参照物的选择。

与上述"三圈说"相呼应，纳日碧力戈从"地天通"式的"生存交互性"定义"边疆"，认为"处处是边疆，人人互为边疆，物物互为边疆"；从现代性的国家主权和文明中心定义"边疆"，则"化外"是边疆，"他者"是边疆。② 正如有学者指出的那样，"边疆"并非纯客观的存在，它是在国家疆域的边缘性部分与核心区存在客观差异的基础上，国家从统治或治理的角度而界定的，因而渗透着相当多的主观因素。从这个意义上说，边疆的形成和发展都具有突出的构建性，是客观基础上主观构建的产物。在国家疆域的范围内，如果边缘性部分与核心区之间存在着显著的区

---

① 相关研究可参见王铭铭《三圈说：另一种世界观，另一种社会科学》，《西北民族研究》2013年第1期；《谈"作为世界体系的闽南"》，《西北民族研究》2014年第2期。
② 纳日碧力戈：《生存交互性：边疆中国的另一种解释》，《学术月刊》2014年第8期。

别，并且在国家发展或整体利益格局中的地位与核心区明显不同，国家需要采取专门的政策或措施加以统治或治理，这个边缘性的区域就往往被界定为"边疆"①。

有别于"国家中心"主义叙事的历史传统，在人类近现代历史发展过程中，特别是民族学、人类学学科兴起之后，人们开始关注边缘、偏远、无国家历史的人类社会，显然这些空间区位和"非国家中心"的定位，是相对于"国家中心"而言的。鉴于此，周建新提出了"边疆中心"的理论方法。在周氏看来，"边疆中心"的视角，是相对于"国家中心"视角提出的一种理论方法。"边疆中心"视角是一种宏观的物理空间俯瞰的角度，更是一种宏观的社会空间的观察角度。它的特点，就是把一国的边疆看作"中心"，或者把两国或多国的边缘整体性看作"中心"，把边缘人群作为叙事的主体，并且经常以边缘人群的叙事展开对国家中心的认识。这种理论方法对于跨国民族研究和边疆学研究，有着重要的价值和意义。在"边疆中心"研究范式的指导下，人们可以对跨国移民问题、跨国民族问题以及跨国经济区或边境经济合作区的建设等诸问题展开一种有别于传统的理论和实践探索。②

与前述从边疆看中国的研究范式相对应，一些致力于海疆与海洋文化研究的学者亦提出了"从海上看中国"的理论方法。传统观念认为，中国是个大陆文明国家，历史上的中国先民大部分活动集中在陆地上，故而对于海洋缺少应有的认知与了解。历史的面貌果真是如此吗？进入 21 世纪后，杨国桢开始对"大陆思维体系"指引下的涉海研究给予批判，认为"海洋活动有它自己的起源和发展的历程，自成一个世界，与农业世界、游牧世界是并存互动的，也是人类历史存在的一种实现方式，所以海洋不仅仅是一条路，也是一个生存发展的空间、一个文明的历程"③。于逢春专文论述了"海上文明板块"的形成、特质，以及该板块对中国疆域底定的重要影响。（1）因由"海上板块"及海上中国社会力量大量吸纳白银，

---

① 周平：《全球化时代的疆域与边疆》，《中国边疆史地研究》2014 年第 3 期。
② 周建新：《边疆中心视角下的理论与实践探索》，《广西民族研究》2015 年第 6 期。
③ 杨国桢：《关于中国海洋史研究的理论思考》，《海洋文化学刊》2009 年第 7 期。

明清两朝最终实现了银本位货币体制。该体制促进了明清两朝商品经济的快速发展，对于全国统一市场的形成居功至伟；(2) 通过海上板块，美洲农作物从海上传来与普及，造成了晚明，特别是清初人口的大爆炸，伴随着这些移民向四周扩散，以往主权管辖模糊的地域逐渐被明确地统合到中国疆域管辖体制之中；(3) 经由海上板块的通道，从澳门引进的西洋火器传入中国内地，它不但造成了明清易代，而且对于对外抵抗沙俄侵略，对内改土归流、平准等有着不可替代的作用；(4) 郑成功凭借海上中国的海商力量收复了台湾，并长期主导着数百万平方公里的海上贸易权，为后来中国海疆的奠定打下了坚实的基础。[1] 据此可见，于逢春构筑的"海上文明板块"，不仅仅是从海上的视角看世界，另一个较具启示意义的一点，乃是从宏观的历史构架的视角探讨了该板块在中国疆域形成路径中的地位，这也是认识和发掘海洋文明对于中国社会各个层面之影响的一个重要探索。冯建勇通过梳理中国海洋文化的历史发展脉络，还原了海洋文化在历史中的面貌：原来，环中国海一带历史上就是中华文明起源的重要一支，早在史前时期它已经充分表现出其外向性的特点，并成为亚洲东南文化、技术输出地，16世纪至18世纪，环中国海一带更是进入一个"大航海时代"；至于在传统中国的内缘，因海洋文化而形成的"海上板块"，对于中国历史疆域之构筑亦具有不可磨灭的意义。[2]

追溯历史，我们会发现，在民族国家出现之前，那些现在属于边疆的地区是无所谓处于边缘还是中心的，对于生活在那一地区的人来说，他们就是世界的中心。1378年，受《声教广被图》影响创作出来的明朝《大明混一图》之中，即按照传统的方法将中华帝国描绘得异常庞大，还作为对比，则将印度半岛、印度洋、阿拉伯半岛、波斯湾及舌状的非洲大陆描绘得比实际更小。这个将传统的中国地图与伊斯兰的地理知识机械性地结合在一起的新类型的"世界地图"，就是那个时代的中国人对世界的崭新认识。与《大明混一图》相类似，京都龙谷大学收藏的1402年朝鲜王朝

---

[1] 于逢春：《论"海上文明"板块在中国疆域底定过程中的地位》，《社会科学辑刊》2012年第5期。
[2] 冯建勇：《近现代以来中国海洋文化的重构历程》，《浙江学刊》2013年第6期。

制作的《混一疆理历代国都之图》，则以朝鲜王朝为中心，将朝鲜半岛几乎描绘成和中国一样大，以此展现朝鲜王朝的正统性。① 同样，古代波斯帝国的阿契美尼德王朝将其统辖的"文明区域"称为"伊朗"，而将阿姆河对岸的"蛮族之地"称为"图兰"。正如有学者评述的那样，这是以"文明观"为标准来区分己者与他者，其中内涵了某种价值观，与中国自古存在的"华夷思想"颇有相似性。②

事实上，基于历史主义的研究视野观察，"边疆"的范围并非一成不变。有研究者通过梳理历史文献发现，自汉代开始在西域设立属国和都护，以迄清代的西北治理，西北边疆地区经历了一个由被内地政权羁縻、争取的外围地域即"西域"，逐渐演变、被整合为中国国土即"西北"的过程。在这一历史进程中，即由"西域"到"西北"的变化，不仅意味着指称上的改变，其实质性的内容是"西北"边地内化为"中国"国土不可分割的一部分。换言之，"边疆"是一个历史性、流动性的概念，它随着历史上的中国国势的消长、疆域的膨胀或紧缩而有所伸缩，并且与文明的传播有莫大关联。③

对于上述"从边疆观中国"的研究范式，只有将其置于具体的社会、政治、学术背景下，才能给予同情之理解。窃以为，此乃边疆研究者努力推动中国边疆研究主体性的一种因应，更是21世纪以来中国边疆研究蓬勃发展突进的一种必然。这种研究取向之初衷无疑是美好的，它旨在重建中国边疆的本体地位，发现边疆之于中国的重要性。但有一点不得不提出，目前的这样一种学术研究趋向存有一种"只见树木，不见森林"的倾向，一言以蔽之，即在对"中原中心主义"的应激反应过后，过于强调边疆的历史主体地位，从而走向另一个极端。

回到前述施展"重建中国历史哲学"的雄心上来，其要义即在于从中国历史疆域东西横轴拓展的边疆动力源泉着手，阐述中国边疆的历史地位，构建一种有别于"中原中心主义"的历史哲学。面对这样一种研究方

---

① ［日］宫琦正胜：《航海图的世界史》，中信出版社2014年版，第51页。
② ［日］杉山正明：《游牧民的世界史》，中华工商联合出版社2014年版，第40页。
③ 杨斯童：《从"西域"到"西北"——西北边疆拓殖与开发的历史启示》，《东北师大学报》（哲学社会科学版）2014年第6期。

法，我们会觉得似曾相识。事实上，"新清史"的研究者们恰恰是循此路径展开研究的，由此以期重建东西横轴的历史观来取代或否认被视为传统经典的南北纵轴史观，其结果，正如杨念群指出的那样，边疆属性被置于一种无上的高度，以至于取消了传统中原社会的重要性。这样一种"历史哲学"在拉铁摩尔的研究中亦有所反映，他将中国历史约化为长城内外游牧力量与农耕力量的互动，认为两者互为边疆，以此推动中国历史社会的发展，并将中国贴上了"内亚边疆中国"的标签。有学者对此研究理路给予了批评："西方学者则有将边疆地区尤其是草原地区游牧行国和游牧族群凝聚的历史独立于农耕族群之外进行阐述的倾向"，"根源在于学者受到了单一民族国家理论的严重影响，从不同的视角将东亚众多政权的构建看成了单一民族国家的形成，而实际上这些族群凝聚形成的政权和我们现在所认为的民族国家并不是一回事，多数情况下是以某一族群为核心将其他更多族群凝聚在一起的政治体，而这些族群是否会被整合为一个我们现在所认为的民族，要取决于这个政治体存在的时间长短"。[①] 此外，有研究者在将中国和西方学者关于中国边疆研究的理论或范式之异同作了比较之后，认为西方学者针对中国边疆游牧社会的研究而提出的"二元边疆论"，与西方后现代史学、"新清史"学派等研究取向相同，其目的在于"消解""解构"所谓的"中国中心论"或质疑"中国同一性"[②]。

前近代中国时期，正统的叙事体系往往以政权的核心地带由近及远设定中心与边缘的角色，那么，在研究中国历史疆域的形成这一问题之际，该如何正确认知中心与边缘的地位及意义？如果说，传统的以中原为中心的大一统叙事方式，被认为是"只见森林，不见树木"，以至于将中央与内地的地位无限拔高，而将边疆视为受惠者的话；那么，过于夸张中国边疆在中国整体历史进程中的主导地位，则直可被视为"只见树木，不见森林"，是对前一种偏见的矫枉过正。石硕先生曾指出，当前中国学术界对于中国民族史的研究，由于片面强调单个民族或区域民族的研究，使得人

[①] 李大龙：《东亚"天下"传统政治格局的形成及演变趋势：以政权建构与族群凝聚为中心》，《中国边疆史地研究》2015 年第 2 期。

[②] 周伟洲：《论中国与西方之中国边疆研究》，《民族研究》2015 年第 1 期。

们对于民族与国家关系的认识碎片化，以至于只有民族，没有国家。① 鉴于此，我们需要反躬自省的是，当前中国边疆研究是否亦存在类似的危险性？应当认识到，从边疆看中国，重建中国边疆的本体地位，不应视作一种"历史哲学"，更应被视为一种"方法论"：以言"历史哲学"，似乎过于夸大中国边疆在中国整体历史进程中的主导地位；以言"方法论"，乃可从边疆的视角着手，重新发现一些被遮蔽了的边疆与中国互动的历史，思考中国属性的多源构造。总体而言，我们提出从边疆看中国、从边疆理解中国，在边缘发现历史这样一种基于边疆本身的"在地化"视角，绝非要否定历史时期中原地区之于中国的重要意义；与之相反，我们尤应关注另一种不良倾向，即过于强调中国的"边疆国家"属性，从而忽视了中国历史疆域形成的整体性。

四　在历史与现实之间追寻"中国历史疆域"的生成

今日中国之疆域，历经数千年的发展、演进而形成。探讨中国历史疆域的发展及最终奠定的过程，科学地阐释中国疆域形成的历史规律，对于揭示中国统一多民族国家形成、发展的历史脉络具有重要的理论意义和现实意义。1949年中华人民共和国成立以降，迄至20世纪70年代末期，学术界围绕中国历史疆域的形成、厘定及其规律等诸问题进行了深入研究与探讨，出版或发表了一批高质量的论著。改革开放以来，迄至当下，关于历史上的"中国"的讨论依然是一个学术热点，不过，这一时期学者们开始更为具体地研究历史上中国疆域形成路径及规律等诸领域的问题，进而检讨"中国何以成为一个问题"。

梳理1949年以来学术界就中国历史疆域范围问题展开讨论的学术史，我们大概可知，对此问题有过专门研究的几代学者习惯以"历史上的中国"来称呼讨论的主题。那么，何为"历史上的中国"？历史上谁可代表"中国"？这涉及确定中国历史疆域范围的一个重要问题，当前研究者们在

---

① 石硕：《"藏彝走廊"：一个独具价值的民族区域》，《藏彝走廊：历史与文化》，四川民族出版社2005年版，第13—31页。

这一问题上没有形成共识，这正是他们对中国历史疆域问题存在学术分歧的症结所在。鉴于此，赵永春在考察中国历史疆域问题时，提出了古代中国是一个"复数国家"的概念，意在表明，古代中国实际上是一个多样性民族的复合性国家，应该以华夏（汉族）和各个少数民族及其政权共同代表中国。[①] 葛兆光则创造了一个"移动的国家"概念，认为历史上的"中国"不仅各个王朝分分合合是常有的事情，历代王朝中央政府所控制的空间边界，更是常常变化，为此有必要超越"汉族中国"这个中心，采集更丰富的、来自不同立场、不同语言、不同叙述的文献资料，论述更广大的地域空间、更多的民族和更复杂的国际关系[②]。与前述两种观点类似，许倬云亦不赞同以单线历史叙述"中国"，乃因经过夏、商、周三代的融合，中原文化已将四周的族群和文化吸纳进来；到了春秋战国，更将这一文化拓展到黄淮江汉，形成了一个共同体坚实的核心；至秦汉时代，则以"天下"格局不断吸收和消化外来文化，终于奠定"中国共同体"。虽然数百年中古时期，中国共同体经历变乱，南北分裂，外族进入，但包括匈奴、鲜卑、氐、羌、羯等各个族群，仍在中古时代的中国共同体中实现了"人种大融合"[③]。毋庸置疑，上述讨论对于我们进一步认识和理解中国历史疆域问题是非常有益的。经过多年的探索与讨论，尽管学术界对中国历史疆域的确定原则依然认识不一，但越来越多的研究者逐渐认识到，关于中国历史疆域范围的确定原则，至少应注意两个问题：一是要避免狭隘的汉族中心主义；二是要摆脱传统的王朝史观。具体而言，如果说，三代以前"中国"一词尚存在多种解释，那么，自秦汉以降，它的内涵则大致固定了下来，经历了一个从地域、方位概念到国家政权含义的演变，即从"居中之国"到"中华帝国"的进程；同时，从政治、文化层次上来看，基于儒家传统文化的底蕴，历史上任何一个有作为的统治者乐意将自身领属之疆域自称为"中国"，并且周边政权亦从"他者"的视角多将中原政权称为"中国"，即历史上的中国经历了一个从"小中国"到"大中华"的具

---

① 赵永春：《从复数"中国"到单数"中国"——试论统一多民族中国及其疆域的形成》，《中国边疆史地研究》2011年第3期。
② 葛兆光：《宅兹中国：重建有关"中国"的历史论述》，中华书局2011年版。
③ 许倬云：《说中国：一个不断变化的复杂共同体》，广西师范大学出版社2015年版。

有深远意义的华丽转身。

中国的历史疆域的形成、变化及其规律问题长期以来就是国内学术界研究的难点和重点，学者们或结合政治学中的国家学说，或运用"长时段"的理论、方法，提出了自成一说的新观点、新认识。既有学者对某一时期的疆域结构、形成及其特点进行论述，如厉声的《先秦国家形态与疆域、四土刍见——以殷商国家叙述为主》（《中国边疆史地研究》2006年第3期）；又有许多学者对中国历代的疆域形成、演变及其规律进行宏观探讨，如毕奥南的《历史语境中的王朝中国疆域概念辨析——以天下、四海、中国、疆域、版图为例》、杨建新的《"中国"一词和中国疆域形成再探讨》（均载《中国边疆史地研究》2006年第2期）等。

关于中国疆域形成的路径与模式问题，20世纪80年代以前鲜有学者撰文进行论述。为此，于逢春将"文明板块"概念引入中国疆域研究领域，论证了中国疆域是由"大漠游牧""泛中原农耕""辽东渔猎耕牧""雪域牧耕"和"海上"五大文明板块及其在此诸板块上兴起的各种政权在长时段历史过程中不断碰撞、彼此攻防与吸纳，渐次融为一体，并最终由清朝于嘉庆二十五年（1820）底定了中国版图。[①] 于逢春的另一篇文章进而探讨了中国历史疆域得以底定的内在机理，即"五大文明板块"得以统合是因为古代中国有"大一统"思想、"天下观""华夷同源"谱系理论等黏合剂。虽然在1820年以前，"中国"一直处于非统合状态，但各"文明板块"统治者的指导思想却是一种将国家统合作为终极追求的"大一统"疆域观。在漫漫的历史长河中，每个文明板块的领袖心中的国家疆域模式始终是统一的帝国，尽管在绝大多数时间里，这个"统一的帝国"是想象的或理念之物，但"随着'大一统'思想渐次成为'五大文明板块'上各种政权的共通意识形态，各个板块上的人们也随之逐步累积了实践'大一统'思想的物质基础"。如果说，"大一统"思想及其"天下观"为中国疆域统合提供了丰富的哲学依据，那么，司马迁的《史记》则从血缘、谱系入手，构建了"华夷同源"的族群认同，并且，随着时间的推

---

① 于逢春：《时空坐标、形成路径与奠定：构筑中国疆域的文明板块研究》，黑龙江教育出版社2012年版。

移,司马迁构筑的华夷共祖认同体系,不但为华夏族群所认同,而且为夷狄族群所认同,进而成为夷狄族群逐鹿中原、华夷界限移动的理论根据。于逢春认为,虽然古代中国帝国建立者出身的民族(族群)各不相同,但维系帝国链条运作的"大一统"思想、"天下观"理论、"华夷共祖"谱系等古代中国文化却从来没有中断过,从而使得古代中国的各个世界级帝国之间具有内在的文化承继性与疆域连续性。[①]

中国古代疆域沿革史与中国近代边界变迁研究一直是边疆史地研究的基础内容。近年出版的由林荣贵主编的《中国古代疆域史》(黑龙江教育出版社 2007 年版),正是该研究领域的标志性阶段成果。该成果史料翔实,内容宏赡,是一部全面、系统、准确反映古代中国统一多民族国家疆域形成和发展历史的学术著作。该书还提出了一系列具有创新意义的观点,对有关概念的准确运用提出新的认识,认为古代中国疆域整个历史进程的实质主要在于"发展"而不是"扩展";古代中国疆域从结构格局上看,是由多层次(即统一王朝或一般王朝的直接辖区和特别辖区)、多类型(即统一王朝辖区、民族政权辖区和民族地区,分立时期为各朝邦辖区、民族政权辖区和民族地区)向大一统辖区一体化发展;从时间上看,统一是历史发展的导向和主流,分立意味着统一局面的瓦解,但又从另一个方面酝酿着新的统一,复后归于大一统;从空间上看,统一的范围越来越扩大;从程度上看,统一的力度越来越强化。

综上所述,改革开放四十年来关于历史上的"中国"和中国历史疆域的讨论,一方面继承了此前的传统,着重探讨历史上"以谁代表中国"和中国历史疆域确定原则等理论性问题;另一方面则逐渐摆脱"如何看待"一类理论、思想性的纠缠,开始更具体地研究历史上的中国疆域范围及其形成规律之类的问题的探索与讨论。需要指出的是,新形势下有关"中国"与"中国历史疆域"研究热潮的兴起,是与以下两个方面的背景极为相关的:(1)在学术界,国际上,美国"新清史"与中国学者围绕清朝"汉化"的交锋,引出"如何认识中国"的问题;在国内,学术界基于对"中国"问题的焦虑感,分别从"内与外""周边与中国""内亚中

[①] 于逢春:《论中国疆域最终形成的路径与模式》,《长春师范学院学报》2012 年第 11 期。

国"等不同视角对历史上的"中国"加以解读或检讨。(2) 在社会层面,当前中国社会普通民众对于同一个"中国"和中国历史疆域依然有多元的理解,尤其在互联网时代,人人皆可设定议题,不用阶层、不同民族围绕历史上的辽、元、清等非汉民族王朝的性质存在严重分歧。

在我们看来,造成认知"中国"和"中国历史疆域"认知困境的根源在于,当前一些国内外学者习惯于在西方所拥有的思想资源与历史传统的语境中探讨中国历史疆域的形态及其范围。从纵的时间轴来说(古与今),自世界迈入民族国家时代以来,我们使用民族国家体系的标准去检验传统王朝国家与边疆地区的关系,将会面临一个问题,即我们今天所处的语境,在很大程度上无法与当时的历史语境进行对接。因此,探讨传统王朝国家历史疆域与民族国家领土主权的问题,需要从根本上认识到,民族国家与王朝国家是两个截然不同的政治体系。我们在使用这些传统思想资源的时候,应该思考一个问题:对于今天的学者来说,怎样谈论中国历史疆域问题才是贴切的?从横的空间轴来观察(东与西),一些西方学者乃至中国本土学者试图用殖民主义的概念来解释清王朝对新疆、西藏、蒙古地区的治理——他们将前近代中国的许多统一王朝认作旧式的殖民帝国,亦包括被视为"早期现代帝国"的明清王朝在内。不言而喻,他们所使用的"殖民主义"概念,乃是基于西方传统的思想资源与现实政治实践而发。在此,我们需要提出一个疑问:这样一种基于"西方中心论"的话语体系能否有效地与中国历史时期"天下主义"思想资源、现实政治进行对接,用以解释前近代时期中央王朝与边疆地区的关系?

一个可以达成共识的观点是,西方的历史任何时候绝不等于中国的历史。历史时期,中国的疆域观显然拥有自己的规制与尺度。基于此,我们有必要汲取自身所拥有的历史传统文化,追溯中国古代国家观念形成与发展的历史,理解前近代中国的疆域观,体现继承性、民族性,用作审视中国历史疆域之基础。恩格斯在批评法国社会主义者加·德维尔时指出,"他把马克思认为只在一定条件下起作用的一些原理解释成绝对的原理"[1]。借用这句

---

[1] [德]恩格斯:《致卡尔·考茨基》(1884年2月4日),《马克思恩格斯全集》第36卷,人民出版社1974年版,第98页。

话来检讨处于两个时代（王朝国家时代、殖民主义时代）和两种国际体系（天下主义、民族国家）夹缝中的"中国"认知，以及与之关联的中国历史疆域界说，或可这样认为，殖民主义和民族国家的历史疆域理论以及由此形成的线性历史观是在西方民族国家时代的背景下形成的，它可以用来解释西方民族国家时代的历史疆域形态，但绝不应被视作一个绝对的、普遍性的原理，不能无条件地挪用过来解释中国历史疆域发展的一般进程。毫无疑问，民族国家体系、殖民主义理论并不具有一种先验性的普遍意义，而是在特定环境、经验条件下催生的规范性体系。我们承认民族国家体系、殖民主义理论对于塑造欧美国家历史疆域和当代世界国家边界的维系作用，但亦应观察到，民族国家体系、殖民主义理论并不具有历史应然的超越性，对于中国而言，王朝国家"大一统"的疆域观维系中国历史疆域形态的解释尊重了中国的历史、传统和文化，无疑更具历史合理性。基于上述理由，探讨中国历史疆域与近现代中国民族国家构建时代边疆治理等诸问题，切不可简单地移植西方理论或概念。不言而喻，我们必须立足于本土的传统历史资源与当下政治实践，努力构建符合中国实际的历史疆域理论。

五 在历史与现实之间的朝贡、藩属体系研究

过去数十年间，对于如何认识古代中国与近代中国对外关系的本质这一问题，中外学者做过无数次的探讨与辩论。若论对此理论问题研究最为系统、影响最大者，则非费正清（John K. Fairbank）"中国的世界秩序"（Chinese world order）理论莫属。[1] 该理论认为，朝贡制度（the tributary system）曾是古代中国与周边国家传统关系的主要形态，进而成为近代以前以中国为中心的整个东亚地区的一种基本国际关系形态。此理论甫经提出，学术同行随即称引不辍。欧美研究中国历史的学者，特别是研究中国对外关系的学者，大多接受了此理论。仅就亚洲而言，中、日、韩学者也

---

[1] John King Fairbank, ed., *The Chinese World Order: Traditional China's Foreign Relations*, Cambridge: Harvard University Press, 1968.

深受其影响。① 以中国为例，"朝贡制度""朝贡贸易"等词几乎成为近些年中国学者进行相关研究的常用术语。② 费正清理论所带来的影响可谓无远弗届，以至于柯娇燕（Pamela Crossley）在评论此现象时宣称：纵使不少历史学者对于该理论存在着诸多争议，然而其架构与论点，在国际学界似乎已然成为"不朽之势"③。这一评价大致能反映出真实情况。

以下仅就改革开放以来中国学术界对朝贡体系问题的研究情形略作梳理。

（一）历史时期的朝贡、藩属体制研究

中国古代王朝的朝贡制度建立在传统的"天下观""大一统"理念和"华夏中心论"的基础上，由边疆地区推广到邻国，甚至遥远的国家。关于朝贡、宗藩与藩属问题，学术界的主流观点认为，通过朝贡、宗藩或藩属问题的研究，能够将其作为确定历史疆域与国家领土主权归属的理论指导原则，并最终用以阐明中国疆域形成史。改革开放以来，有许多论著围绕"朝贡制度"与"朝贡关系"问题展开了有益的讨论。

一般认为，中国古代王朝的朝贡体系分为"内圈"边疆民族的朝贡制度与"外圈"周边朝贡国的朝贡制度，二者具有两种不同的政治属性。程妮娜从东北亚地区朝贡制度的角度出发，对两种朝贡体系作了历时性和全景式的考察，提出将"是否被纳入地方行政管理体系""是羁縻建置的君臣身份还是具有独立性的藩属国身份"，"是否存在政治隶属关系"以及"是发展为民族地区建置还是被条约体系所取代"四个方面作为区别中国

---

① 日本学者一般多用"册封体制"（见王贞平《汉唐中日关系论》，文津出版社1997年版"序言"部分）、"华夷秩序"（信夫清三郎主编：《日本外交史》，商务印书馆1980年中译本）等概念归纳中国古代外交的特征；韩国学者则沿用"朝贡制度"一词，其中的佼佼者有全海宗等。全海宗对中韩朝贡关系有深入的研究，主要有《汉代朝贡制度考》《韩中朝贡关系概观》《清代韩中朝贡关系考》等文（后均收入氏著《中韩关系史论集》，中国社会科学出版社1997年中译本之中）。

② 详细评述可参酌许建英《中国世界秩序观之影响及其与中国古代边疆》，《中国边疆史地研究》2006年第1期。

③ Pamela Crossley, "Review of Cherishing Men from Afar: Qing Guest Ritual and the Macartney Embassy of 1793", Harvard Journal of Asiatic Studies, 57：2（December 1997）, pp. 597 – 611.

古代王朝朝贡制度"内圈"与"外圈"的核心标准。①

周书灿《从外服制看商代四土的藩属体制与主权形态》指出："商代外服制是一种藩属体制，类似汉唐时期以原始性和松散性为特征的间接管理和统治的羁縻制。在外服制的藩属体制下，商朝四土的政治疆域极其模糊。伴随着商朝国力的盛衰和对四土政治、军事经营的推进与收缩，商朝疆域经常处于变动之中。在殷商相当漫长的历史时期里，商王朝在四土之境能够直接或间接行使的主权颇为有限。直至晚商时期，商朝对四土诸侯的控制方逐渐加强，商朝方逐步成为真正意义上拥有一定领土主权的早期国家。"②需要指出的是，作者在此用主权概念用以表示商代的疆域所指的明确性，似乎不妥。应该看到，主权是近代国家才有的概念，在前近代国家，尤其是早期的国家形态里只可称有疆域概念，而不可滥用相关现代性的词汇，随意比附。就这一主题，厉声的《先秦国家形态与疆域、四土刍见——以殷商国家叙述为主》一文亦有研究。他指出，关于先秦时期疆域的形成，国家是以地域关系为纽带形成的社会组织，国家疆界是这种关系的体现，夏、商、周三代的国家组织以"邑"为基础建立起来，到春秋战国之际，直接统治逐渐成为主要统治方式，地缘关系逐渐成为主体的社会关系。③

王日根考察了有明一代朝贡体制与海权力量的关系，认为在朝贡体制重建过程中，明初的海上力量起到决定性作用，其海军的远洋投送与作战能力，使政府在不自觉的状态下控制了朝贡贸易的核心——货币发行权和贸易定价权，从而确保明政府在官方主导的朝贡贸易中大获其利。④逯杏花《明朝对李氏朝鲜的冠服给赐》一文以明王朝与李氏朝鲜的冠服给赐为个案研究，考察了明朝与朝鲜之间的朝贡藩属关系。⑤王来特则考察了

---

① 程妮娜：《羁縻与外交：中国古代王朝内外两种朝贡体系——以古代东北亚地区为中心》，《史学集刊》2014年第4期。
② 周书灿：《从外服制看商代四土的藩属体制与主权形态》，《中国边疆史地研究》2010年第3期。
③ 厉声：《先秦国家形态与疆域、四土刍见——以殷商国家叙述为主》，《中国边疆史地研究》2006年第3期。
④ 王日根：《明初海权扩张与朝贡体制重建》，《人民论坛·学术前沿》2012年第6期。
⑤ 逯杏花：《明朝对李氏朝鲜的冠服给赐》，《辽东学院学报》（社会科学版）2010年第5期。

日本自17世纪初至18世纪初以降逐步脱离中国所主导的朝贡贸易体系的过程，认为东亚海域贸易结构的变化，以及日本国内生产技术能力的提升，对中日之间贸易主动权的消长产生了一定的影响。[①] 何新华在《最后的天朝：清代朝贡制度研究》一书中通过对清代朝贡制度的思想基础、华夷观、朝贡管理机构、属国来华朝贡及册封礼仪、朝贡文书及伴送制度、贡使馆舍及属国王印制度、属国御匾及属国乐舞制度、广州体制与恰克图体制等问题的探讨，就有清一代朝贡制度进行了系统的研究。[②] 针对学术界有人认为清朝的"朝贡制度"具有虚幻性的观点，陈尚胜撰文考察了清朝在与外国开展政治关系时建立朝贡制度的最初目的。作者通过研究指出，清朝所构建的朝贡制度具有谋求自身安全和边疆稳定的显著用意。与明朝相比较，清朝在处理涉外事务时在实际上已经摒弃了明朝二祖在海外世界扮演"天下共主"的理想，而专注于自身的边疆稳定和安全，使它的封贡体系具有周邻性和边疆防御体系的突出特征；而清朝将周邻诸国的朝贡事务分别安排于礼部和理藩院两个不同机构进行管理，则反映了清朝统治者对朝贡事务所做的制度安排，一定程度上结合了相关国家和部落的民族特质，体现了清人处理涉外事务的针对性和灵活性。[③]

如果说，在前近代的中国，朝贡、藩属与宗藩等观念被用于规范所谓的"中华的世界秩序"殆无疑议，那么，当历史演进至近代，面对西方列强咄咄逼人的"条约体系"所构筑的国际秩序，"宗藩体系"又该何去何从呢？有学者从国际法、国际政治与历史学的跨学科视角，考察了1840年以来传统中国的"宗藩体系"面对西方的"殖民体系"所产生的碰撞及其结果。张启雄认为近代以前规范"中华世界帝国"国际体系的国际秩序原理乃"中华世界秩序原理"，相对地，规范西方国际体系的国际秩序原理则是"国际法"。西力东渐后，"中华世界秩序原理"与"国际法"开始接触，并发生国际秩序原理的冲突。其中，中国对属藩的领土主权归属之所以发生纷争，即因"实效管辖领有论"与"以不治治之论"的原

---

① 王来特：《朝贡贸易体系的脱出与日本型区域秩序的构建——江户前期日本的对外交涉政策与贸易调控》，《日本学刊》2012年第6期。
② 何新华：《最后的天朝：清代朝贡制度研究》，人民出版社2013年版。
③ 陈尚胜：《试论清朝前期封贡体系的基本特征》，《清史研究》2010年第2期。

理爆发根本冲突所致,这就是宗藩体系与殖民体系在统治原理上的冲突。清季列强企图夺取台湾、琉球、朝鲜、越南等属藩,以及西藏等属土时,提出以"国际法"的"实效管辖领有论"为利器,先在法理上进行"领其地,理其政,征其税"的"实效管辖"调查,然后在外交实务上展开国际秩序原理的交涉。中国因施行"以不治治之论"的民族自治政策,提出"属藩政教禁令自主"的主张,从而在外交上爆发激烈的中西国际秩序原理之法理论述的争辩。① 张氏的另一篇文章以1882年的朝鲜"壬午兵变"为案例,详尽考察了当时中日韩三方围绕朝鲜王国之"宗藩"与"独立"地位所进行的"国际秩序原理"之论述与论辩。根据张氏的研究,彼时的中国以"中华世界秩序原理"的"封贡体制论"坚持出兵援护朝鲜,持续中韩宗藩关系;而日本则依"国际法",主张日韩对等关系。朝鲜国内的开化派稳健系也主张在宗藩关系下朝鲜走向改革自强,急进系则主张依赖日本摆脱宗藩关系。②

伴随着西方列强之冲击,清王朝统治渐趋衰微,曾为帝国"屏藩"的周边朝贡诸国纷纷弃其而去,以至于有学者认为,维系数世纪之久的朝贡体系业已宣告终结。③ 检视民国以来的政治实践,所谓的"朝贡体系",是否真如大多数学者所宣称的那样,随着清帝国的灭亡而消失在历史与政治的舞台呢?冯建勇以1946—1948年国民政府对于坎巨提"内附"问题之应对为研究对象,考察了这一时期国民政府(包括新疆省政府)对于坎巨提地位的主观认识及外交实践,认为就其过程而言,尽管传统帝国的身影已渐行渐远,但帝国时期的"朝贡体系"仍然微妙地影响着国民政府的政治与外交实践。在朝贡历史想象和现实主权诉求的纠结中,国民政府采用"达则兼济天下"策略,将"改藩设治"、确立对坎巨提直接管辖作为

---

① 张启雄:《东西国际秩序原理的差异:"宗藩体系"对"殖民体系"》,《近代史研究所集刊》2013年第3期。

② 张启雄:《"宗藩"对"独立":朝鲜壬午兵变的国际秩序原理论述》,《"国立"政治大学历史学报》总第40期,2013年11月。

③ Suisheng Zhao, *Power Competition in East Asia: From the Old Chinese World Order to Post-Cold War Regional Multipolarity* (New York: Palgrave Macmillan, 1997); Key-Hiuk Kim, *The Last Phase of the East Asian World Order* (Berkeley: University of California Press, 1980), pp. 328 – 351;李云泉:《朝贡制度史论:中国古代对外关系体制研究》,新华出版社2004年版,第312—313页。

中心任务予以运作，以追求民族国家的至高无上的主权地位。在此策略无法实施后，则采取"穷则独善其身"方略，借由朝贡意识维护双方既有的宗藩关系。①

（二）朝贡体系研究的现实观照

如果说，在历史学研究领域，学者们对朝贡体系的研究限于对不同历史时期中原王朝对周边国家和地区关系的讨论，那么，在国际政治学、国际关系研究领域，研究者们关注朝贡体系的缘由则出于现实政治的考量。

因由近年来中国国力的逐渐增强、国际地位的渐次提升，国际学术界开始热衷讨论一个议题：崛起的中国将往何处去？未来中国所在的东亚地区的区域国际体系将会以一个怎样的方式运行？正是在这种问题意识下，目下的国际政治学、国际关系领域，一些学者开始投身于历史中国的"朝贡体系"问题研究。他们声称，从事此问题的研究，其目的乃是从中寻找灵感，以化解当下中国与周边国家政治关系紧张的现实；从更广阔的视野来观察，或是为当今乃至未来紧张的国际关系寻找一种具有较强亲和力的国际关系理论模型。如果说，在历史学研究领域，学者们对朝贡体系的研究限于对不同历史时期中国中央王朝与周边国家和地区关系的讨论，那么，在国际政治学、国际关系研究领域，研究者们关注朝贡体系的缘由则大多出于现实国际政治因素的考量，他们试图借鉴曾经作为世界大国的中国的历史经验，从"朝贡体系"所构成的前近代世界秩序中获得灵感，以期构筑面向未来的世界秩序的国际政治学理论。

历史时期基于朝贡体系而构建的"中华世界秩序"，并非依赖于中国一方简单地运用道义与实力而维持，还应认识到，处于弱势的小国的认同感亦非常重要。有研究者通过对明清时期中朝关系的考察，认为朝鲜对于明朝的正统地位给予高度认可，而对于清朝的正统地位，朝鲜有一个从"强烈抵制"到"被动接受"再到"较为主动但依然有所保留的接受"的

---

① 冯建勇：《想象的朝贡记忆与现实的主权诉求：1946—1948 年坎巨提内附问题研究》，《东吴历史学报》（台北）总第 30 期，2013 年 12 月。

十分缓慢的变化过程。事实上,在处理与朝鲜的关系过程中,清朝比明朝从总体上更为照顾朝鲜的利益,但朝鲜从观念上却更接受明朝的正统性。可见,仅仅由于实力上的优势和物质利益上的照顾,对于更高程度的合法性观念的形成,其作用具有明显的局限性。这表明,在一国国际地位上升的过程中,他国对其正统地位认可的不易,特别是对一个原先被视为异类的大国所具有的正统地位在接受上的不易;另外,一国的正统地位一旦从文化上被接受,这样的观念可以较容易地在长时期内得到维持,并表现出颇为强大的内在生命力。此外,从朝鲜心甘情愿地纳入清朝的朝贡体系的这一过程中,可以观察到,并不是清朝塑造和改变了朝鲜的正统观,而是清朝的做法在很大程度上顺应了朝鲜的正统观,如清朝把自身解释为明朝的继承者,提高自身儒化的程度,等等。基于前述考察,该论者认为,"这对于当前亚太地区的国际关系,包括中国如何更好地在这一地区实现和平的和被普遍接受的崛起,也具有一定的启发意义"[①]。

一般而言,当代中国学者研究朝贡体系,乃是因为他们坚信现代中国与中华帝国具有历史上的连续性,而且这一连续性会以帝国的形式在21世纪的世界秩序中发挥积极作用。在此需特别指出的是,尽管中国历史具有延续性,但这并不代表由"朝贡体系"构筑的"中华世界秩序"能够与近现代世界秩序做到无缝对接。关于这一点,张启雄撰文指出,前近代时期,规范"中华世界帝国"国际体系的国际秩序原理乃"中华世界秩序原理",相对地,规范西方国际体系的国际秩序原理则是"国际法"。西力东渐以后,"中华世界秩序原理"与"国际法"开始接触,并发生国际秩序原理的冲突。1840年以降,伴随着"朝贡体系"的解体,中国不再是国际秩序的构建者,开始成为西方主导的国际秩序的被动参与者。基于历史文化价值的差异,强将西方的国际秩序原理片面加诸东方国家,必造成东方国际体系的文化价值错乱,导致其国际秩序原理无所适从,造成其国际秩序的紊乱,最后演变成为东西国际体系的长期对抗。中华人民共和国成立以来,在逐步走向对外开放、实现国家现代化的道路上,中国对

[①] 周方银、李源晋:《实力、观念与不对称关系的稳定性:以明清时期的中朝关系为例》,《当代亚太》2014年第4期。

国际秩序的态度更为积极和主动,并努力成为国际新秩序的共同建构者之一。直至目前,中国已处于高速发展的现代化进程中,正由地区性大国向世界性大国过渡。在此背景下,建构以中国为中心的"中华世界秩序"正当其时。[1]

另据观察,当下的研究者不仅关注朝贡体系的"历史性"内涵,还特别重视它在"现代性"背景下的转换。亦正基于后者,有论者通过对明清王朝与东亚邻国缔结朝贡关系的考察指出,要确保中国所在东亚区域安全和国际秩序稳定,不仅要有怀远以德、仁和邻邦、共享太平的良好理念和操守,也要有反应及时的双边以及多边关系事务处理机制,还应有厚实的军事力量以应对敌对力量的挑战与扩张。[2] 张勇进等从英国学派和建构主义理论中得到启发,认为朝贡体系不仅仅是中华帝国与周边邻国之间策略互动的产物,而更应将其视为一种国际社会形态。东亚朝贡体系下的中华帝国与其他参与者之间的关系始终是双边的,而不是多边的。朝贡体系对于任何愿意根据中华帝国所立条款参与的国家都是开放的,故朝贡体系具有加入的开放性和弹性,它构成了中华帝国和其他组成国家之间交往的深层游戏规则。[3]

随着中国的崛起,中国如何看待现存的国际秩序,如何参与建构未来的国际秩序已经成为世界瞩目的重要问题,同时也成为世界各国看待中国崛起的一个标尺。针对此问题,有学者撰文指出,"天下和合""王道"作为中国传统国际秩序观的核心理念,为当代中国思考国际秩序问题提供了历史积淀、世界维度及理论基石;中国应以现代视角汲取传统观念的精髓,将之运用于当代国际秩序观的构建与完善。[4] 另有学者从东亚国际体系转型的视角,撰文考察了朝贡体系在东亚现代民族国家构建进程中面临的命运。文章指出,朝贡体系从汉代确立,直至两千年后的19世纪末期

---

[1] 张启雄:《超越朝贡体制:回归中华世界秩序原理》,《文明的和谐与共同繁荣——传统与现代、变革与转型》,北京大学出版社2013年版。
[2] 陈尚胜:《朝贡制度与东亚地区传统国际秩序:以16—19世纪的明清王朝为中心》,《中国边疆史地研究》2015年第2期。
[3] 张勇进等:《作为国际社会的朝贡体系》,《国际政治科学》2012年第3期。
[4] 肖晞、董贺:《中国传统国际秩序观及其当代启示》,《复旦国际关系评论》2014年第1期。

才迎来了第一次转型。此次转型主要起因既有来自西方势力的冲击,也有来自长期游离在朝贡体系之外的日本的影响。是故,随着中国的衰落,东亚体系内秩序的主导权也由中国转移至日本。与此相伴,朝贡体系也开始了解构的过程,越、泰、琉、朝等朝贡国与宗主国——中国之间的原有制度安排纷纷解体。① 邝云峰、刘若楠则将朝贡体系理论用于解读美国与世界其他部分之间的关系,认为美国创立了世界上有史以来最为成功的朝贡体系。作为有史以来所建立的最广泛的正式和非正式联盟网络的轮轴或中心,美国向其盟友和伙伴——或朝贡国——提供军事保护及经济上的市场准入。作为这些努力的回报,美国直接寻求的贡品一方面是它被承认是唯一的强权或霸主,另一方面则是其他国家效仿其政治形态和理念。② 当"朝贡体系"的研究在国际政治研究领域如火如荼地次第展开之际,有学者撰文质疑了"朝贡体系"说,认为传统东亚秩序是一个共生体系或秩序,地区内各国无论大小、强弱,均能在这一体系中找到自己的适当位置。这一体系又是多中心的,并非单一中心的等级秩序。构成东亚内生体系的框架以及这种内生秩序运作方式的要素主要包括多种互动方式、朝贡贸易、自愿交往、和平共生以及共同合法性,其中每一方面都具有丰富的内容,它们是构成和维系这一共生体系的原理,也是东亚内生秩序不同于世界其他地区秩序的特征。③

总体而言,从近些年来学者们对于朝贡体系、藩属体制等问题的关注程度来看,该研究领域大有成为一个前沿学术热点的发展趋势。当前学术界对此问题的关注,很大程度上乃是对现实政治的一种反应。不言而喻,这一现实大致包括因中国的强势崛起而引发的世界秩序重构、东亚区域社会秩序安排等问题。研究者尝试通过对历史上中国世界秩序、朝贡体系、天朝礼治体系等问题的梳理和思考,获得阐释、解决现实政治问题的源泉,这样一种研究趋向在国际政治学领域表现得更为明晰与迫切。

---

① 韩献栋:《东亚国际体系转型:历史演化与结构变迁》,《当代亚太》2012 年第 4 期。
② 邝云峰、刘若楠:《美国的朝贡体系》,《国际政治科学》2013 年第 4 期。
③ 任晓:《论东亚"共生体系"原理——对外关系思想和制度研究之一》,《世界经济与政治》2013 年第 7 期。

显然，无论是历史学界宏观的纵向考察、微观的个案分析，抑或国际关系与国际政治学界的理论构想，皆表明朝贡话语和朝贡体系具有多样性的特征。至于理念与现实如何对接，能否重叠，因时而异，因势而异。关于这一点，美国学者马克·曼考尔早就指出："不能根据西方的习俗和实践解释朝贡制度。如果想在传统中国的制度或观念中发现与现代西方相同的东西，就会造成误解：它们也许在结构或功用方面比较相似，但是，如果放在传统的儒家社会和现代西方社会的语境中加以考察，就会看到它们可能有着迥然不同的意义。朝贡制度更适合从传统中国的语汇和制度出发从整体上加以理解。"① 不言而喻，对朝贡制度的认知，亟应注意这一名词产生的时间和空间，如果不加区别地使用，则可能陷入"误用""滥用"的境地。历史时期，"朝贡体系"引领下的东亚地区秩序确实具有一定的可参照性，然而，亦应指出的是，就"朝贡体系"本身来说，它的建立本身应具备以下几个基本要素：（1）主导者具有超乎周边国家的绝对力量；（2）主导者本身的制度、文化对于周边国家及可能的追随者具有强大的吸引力；（3）追随者自身具有主观上的需求性。基于此诸要素的分析，当下国际政治环境下的"朝贡体系"是否可行不无疑问，正如有学者指出的那样，不管中国是否曾为东亚中心的命题在多大程度上成立，但若一味使用"功利化的西方现代政治话语"解读朝贡体制，并一切以实力和政治为指归，则极易掩盖不同时空下朝贡关系的多样性、差异性，从而导致这一业已消失的东亚国际关系体制的失真。②

需要强调的一点是，不管朝贡体系是一个想象之物，还是一个实在之物，从国际关系学的视角考察朝贡体系，将会进一步深化该领域的研究，并能够提出一些新的观点和新的问题。然而，一个需要注意的问题是，如果在脱离了历史学的范畴，肆意地以跨学科的名义，将朝贡体系予以解构，则可能会背离了研究者的初衷。很明显，无论是作为"中华的世界秩

---

① ［美］马克·曼考尔：《清代朝贡制度新解》，载［美］费正清主编《中国的世界秩序：传统中国的对外关系》，杜继东译，中国社会科学出版社2010年版，第58页。
② 李云泉：《话语、视角与方法：近年来明清朝贡体制研究的几个问题》，《中国边疆史地研究》2014年第2期。

序",抑或是作为"东亚的国际体系",朝贡体系所承担的亚洲的历史模式似乎在时间上和空间上都难以在当前的东亚地区回光返照。

结　语

综上所述,改革开放四十年来,中国边疆史地研究得到了长足发展,大量优秀论著的涌现及其表现出来的研究纵深之拓广,不仅推动了中国边疆学学科构建的进程,也促进了一些重大历史疆域理论问题的研究,还形成了最新的中国边疆史地研究理论和方法。具体来说,相关研究成果呈现出以下几个特色:(1)得益于多年来中国边疆研究的持续繁荣,跨学科的中国边疆学学科构建研究方兴未艾;(2)为应对现实与历史争议,积极开展历史疆域理论研究;(3)作为对既有的中原中心主义研究范式的回应,"从边疆观中国"的研究成果层出不穷;(4)因由中国的崛起,在藩属体系研究领域,一些研究者利用国际政治学理论对朝贡制度进行研究,试图通过关注古代东亚以中国为中心的朝贡体系之历史,进而期待着能够对当代国际秩序的构建提供某种启示;(5)突破本土性边疆研究知识构架的局限,以一种全球性的多元化视角汲取国外边疆理论的营养,加强对国外边疆理论源流考镜和前沿成果的追踪,开拓中国边疆研究学者的边疆理论视野。

当然,亦应认识到,尽管四十年来中国边疆史地研究工作者为推动边疆研究做了很多的工作,但这种尝试目前仍然处于一种初始阶段,中国边疆史地研究目前仍存在着诸多值得关注的问题:(1)一些领域的研究仍然十分薄弱,档案文献的整理和数据库的建设仍然相对滞后;(2)边疆史地学科建设仍待完善,边疆理论研究尚未形成完整的体系;(3)国内主要学术力量围绕重大项目合力攻关的同时,仍缺乏长期有效的合作、交流机制;(4)学术研究中存在选题重复、信息交流不畅、资料数据难以共享、学术资源利用率低等突出问题;(5)一些理论问题的研究亟待拓展与深入,例如,统一多民族国家理论、多元一体中华民族理论、疆域体制理论、边疆羁縻治理理论等。未来很长一段时期内,构建中国边疆学仍应成为我们努力的目标,这需要我们一方面要细致梳理中国边疆研究学术思想史，从历史当中获得有益的经验；另一方面还要从动态的视角认知新时期乃至未来边疆省区面临的新形势、新问题，着重展望中国边疆学研究如何回应"变化中的边疆"，深入阐释重塑边疆的重要变量，回答"变化中的边疆"所面临的重要理论问题。

四十年来的中国历史地理研究

华林甫　孙景超　赵逸才

历史地理学是历史学的一个分支学科，也是地理学的组成部分，近四十年来学术领域持续扩展，教学与研究单位数量一直保持增长势头，形成了一支稳定的学术队伍，取得了可观的学术成就。

一　学科体系

（一）学科理论探索

对历史地理学科性质的讨论，20世纪80年代有关学科性质、任务和属性等基本理论问题已经取得基本共识。学者们从不同角度提出了层出不穷的新说，既发生过地理学与历史学之争，也有人认为它是边缘学科，或者它是社会学科，甚至它是独立学科；分支学科，延展到历史地貌学、历史政治地理、历史城市地理、历史农业地理、历史文化地理、历史民族地理、历史医学地理、历史社会地理、历史科技地理、历史区域地理、历史文学地理、历史地图研制编绘理论等十余个分支领域的探索。大致说来，改革开放之初主要着重于对该学科的整体性讨论，1990年以来则侧重于各个分支学科的探索，呈现出异彩纷呈的场景。其中，侯仁之、黄盛璋、朱士光、侯甬坚等讨论活跃，其观点已成为经典。

改革开放使人文地理学的地位得到应有的确认，历史人文地理的研究也因此而得到新的动力。1990年，谭其骧先生因势利导，指出："历史人文地理将是历史地理研究中最有希望、最为繁荣的分支之一，在中国实现现代化进程中，历史人文地理研究必将做出自己的贡献，这是其他学科所无法替代的。"① 四十年来，历史人文地理得到蓬勃发展，开辟了一个个新的分支领域，不断有新的论著问世，加强了定量分析，运用了新的方法。所以，历史地理学被认为是"一门具有高度应用价值与现实意义的学科"。② 从研究成果来衡量，历史人文地理已成为历史地理学的主体。

这方面集大成的著作有两部，均由邹逸麟先生主编，即《中国历史人文地理》和《中国历史自然地理》两部巨著，由科学出版社分别于2001年、2013年出版。

（二）奠基之作

中国社会科学院主办、谭其骧先生主编的《中国历史地图集》（八册），无疑是历史地图编绘史上的里程碑，也是历史地理学科的奠基之作。这部上起原始社会、下迄清末光绪年间，包括18个图组、305幅地图、共549页的《中国历史地图集》，收录了清代及其以前全部可考的县级和县级以上的行政单位、主要居民点、部族名以及河流、湖泊、山峰、山脉、关隘、海岸、岛屿、长城、运河等约7万个地名，具有准确、精细、严谨、科学等一系列的创新。《中国历史地图集》1987年出版齐全后，受到各方面的重视和高度评价，学术界一致认为《中国历史地图集》集中反映了我国历史地理学和相关学科已取得的成就，是最权威的中国历史地图集。侯仁之院士评价道："这是我国历史地理发展史上的一项重大成就，是对于历史悠久的传统特色的一个巨大发展。应该指出，这在同类地图的制作中，也是举世无双的。"③ 蔡美彪不但回顾其编撰史、介绍其内容，而且认为："其规模之宏大，体例之周备，内容之详赡，都是前所未有的。它有如一个里程碑，标志着我国历史地理学迈入了一个新阶段。"④。因此，这部地图集的出版还大大推动了我国历史地理学的发展，是我国历史地理学全面发展的一个预兆。

---

① 谭其骧：《积极开展历史人文地理研究》，《中国历史地理论丛》1991年第1辑。
② 李学勤为陈可畏主编《长江三峡地区历史地理之研究》一书写的"序"，北京大学出版社2002年版。
③ 《近年来我国历史地理学发展的主要趋势》，《地理学报》1983年第2期。
④ 《历史地理学的巨大发展——〈中国历史地图集〉评介》，《历史研究》1983年第6期。

因《中国历史地图集》内容仅限于疆域、政区，从1982年起，在中国社会科学院主持下，由谭其骧先生主编，学者们开始编绘包括二十个图组、一千多幅地图的三巨册《中华人民共和国国家历史地图集》，时间下限也延伸至1949年。第一册已于2012年出版，第二、第三两册不久也将面世。

历史地理学开山鼻祖顾颉刚和历史地理学三大家谭其骧、侯仁之、史念海以及陈桥驿、石泉等诸先生构成了第一代学人，邹逸麟、张修桂、钮仲勋、朱士光、周振鹤等则是第二代学人的代表，他们培养的学生则为第三代学人。第一代学人的学术专著和个人论文集如《顾颉刚全集》《长水集》①《历史地理学的理论与实践》②《河山集》③《〈水经注〉研究》④等，都已成为经典著作，也为学科奠基起到至关重要的作用。

（三）学科体系建立

改革开放以来，历史地理学在理论探讨、学科基本建设、学术流派发展、各个具体分支领域均取得前所未有的成绩，作为一门学科已经初具规模。侯仁之先生认为："《历史地理》的编辑和出版，标志着我国历史地理学的发展又进入了一个新阶段"⑤；另有学者认为：20世纪80年代初《中国历史地理论丛》和《历史地理》的创办，才使历史地理学最后摆脱了附庸的地位，其学科的独立性始为学术界所承认。⑥因此，谭其骧先生1989年认为：经过四十年的努力，中国历史地理学这门学科已经基本形成。⑦作为本专业学术园地的两大刊物，《中国历史地理论丛》季刊至今

---

① 谭其骧：《长水集》，人民出版社1987年初版，2009年重印。所有论著已汇集为《谭其骧全集》两卷，人民出版社2015年版。
② 侯仁之：《历史地理学的理论与实践》，上海人民出版社1979年版。侯仁之先生论著，已汇集为《侯仁之文集》三卷，生活·读书·新知三联书店2009年版。
③ 史念海《河山集》共有九集，最早的出版于"文化大革命"前、最晚的出版于作者逝世之后，出版社经常变换。所有论著已汇集为《史念海全集》七卷，人民出版社2013年版。
④ 陈桥驿先生研究《水经注》，论文集有三部，其他论著十分丰富。所有论著已汇集为《陈桥驿全集》十四卷，人民出版社2018年版。
⑤ 侯仁之撰：《历史地理》发刊词。
⑥ 友之、阎玉启：《读〈中国历史地理论丛〉》，《中国历史地理论丛》1995年第2辑。
⑦ 肖黎主编《中国历史学四十年》，书目文献出版社1989年版，第552—571页。

已出版了128辑，《历史地理》集刊也出版了37辑。

经过三代学人的努力，以最近四十年来发表的成果而言，形成一个自己的学科体系，可分为五大块。（1）学科理论与方法，包括学科属性之讨论、研究对象之确定、地理学方法、历史学方法等。学术界多数意见认同侯仁之院士关于历史地理学科属性为地理学的观点，也公认谭其骧院士等学者强调运用历史学方法的重要性。（2）历史人文地理研究，包括历史政区地理、历代疆域盈缩、历史经济地理、历史城市地理、历史人口地理、历史交通地理、历史军事地理、历史社会地理、历史文化地理等分支。（3）历史自然地理研究，包括地貌、水文、气候、自然灾害、海陆变迁、植被变迁、动物分布与变迁等；但随着人类改造自然的作用越来越大，已无纯粹的自然界。（4）历史地理文献研究，包括传世文献，如十六部正史地理志、历代地理总志及《华夷图》《广舆图》《皇舆全览图》等舆地图；佚失和出土文献，前者如汉唐时期大量的地理类佚书，后者如1986年天水发现的放马滩秦图、1973年长沙出土的马王堆地图等。（5）历史地图学，其中编绘历史地图是历史地理学取得最为主要成果的领域。

在学科体系形成的过程中，杜瑜、朱玲玲编的工具书《中国历史地理学论著索引（1900—1980）》（书目文献出版社1986年版）起了重要作用。

（四）学术组织、学术单位与学术活动

历史地理学科的学术组织，是隶属于中国地理学会的历史地理专业委员会。历任主任委员有侯仁之、陈桥驿、邹逸麟、葛剑雄，现任主任为吴松弟。历任专业委员会委员，覆盖了绝大多数学术单位，委员会的规模从最初的十余人扩展到现任委员有50人整。

学术单位，成立较早的有五家，新增的有十余家。较早的五家单位分别是：复旦大学、北京大学、陕西师范大学、中国社会科学院历史所、中国科学院地理所。目前，复旦大学仍然是人数最多、学术力量最强、成果最丰富的历史地理学专业单位，而中国科学院地理所的历史地理研究机构业已撤销。新增的十多家机构，分布在武汉大学、暨南大学、西南大学、中国人民大学、北京联合大学、太原师范学院、四川大学、中山大学、广西师范大学、首都师范大学、上海师范大学、河南大学、云南大学等。

在历史地理专业委员会的协调下，至今已在全国各地召开了十八次国际性或全国性的学术年会（详见下图①），还有一些小型的专题研讨会，对促进学界交流、丰富学术成果、提升学科影响发挥了重要作用。

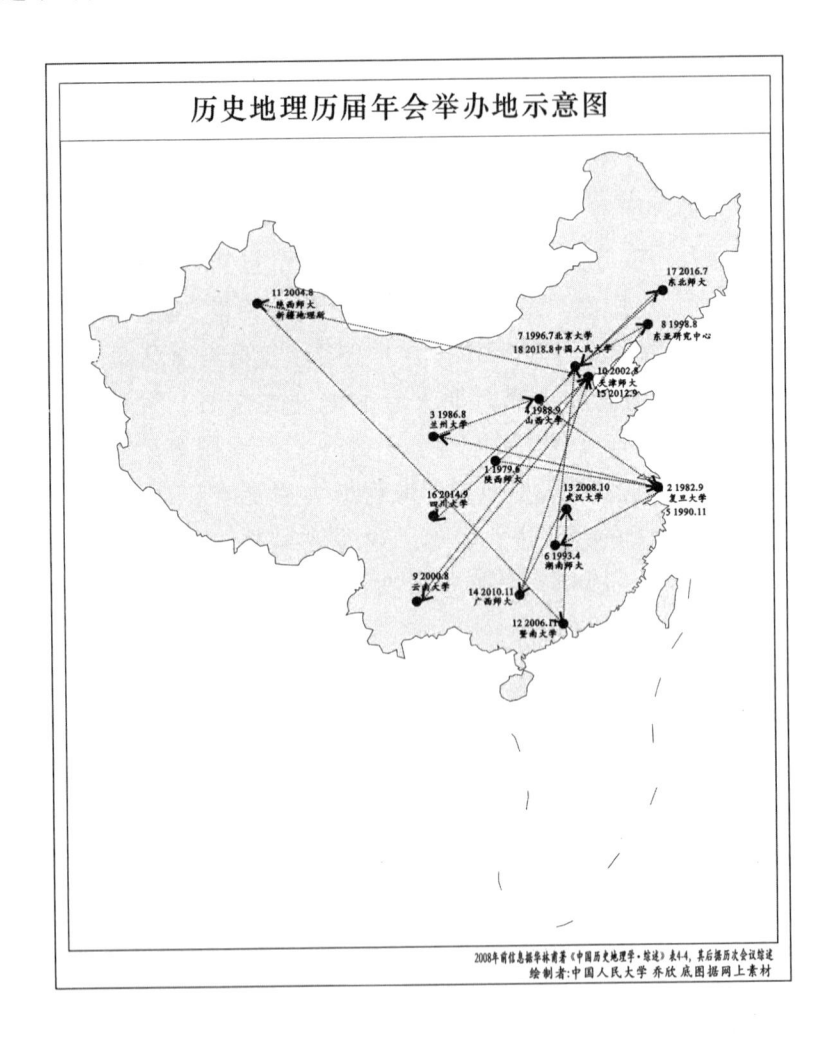

历史地理历届年会举办地示意图

---

① 由中国人民大学历史地理学专业博士生乔欣绘制，本文采用之前已征得其本人同意。

二　传统学术领域发扬光大

（一）历史人文地理

1. 历史疆域研究

对中国疆域变迁的历史研究，具有悠久传统。谭其骧先生主编《中国历史地图集》，是以地图形式表现中国历史疆域政区的权威成果。谭其骧提出了"以18世纪50年代到19世纪40年代鸦片战争以前这个时期的中国版图作为我们历史时期的中国的范围"① 这一著名论断，即著名的"历史中国"学说，逐步成为学界的共识。中国社会科学院边疆史地研究中心（中国边疆研究所）是这一领域的学术重镇。其成果主要有：马大正总主编《中国边疆通史》丛书（含《中国边疆经略史》《东北通史》《中国海疆通史》《西藏通史》《西南通史》《西域通史》《北疆通史》7部著作），是关于边疆研究的基础性总论；吕一燃主编《中国近代边界史》（四川人民出版社2007年版，人民出版社2013年版），是我国第一部全面系统详尽的中国近代边界史专著，也是迄今为止研究中国近代边界变迁的集大成之作。

具体研究方面：对于中朝边界的研究，主要有杨昭全、陈慧、李花子等人的成果②；对于西南边界的研究，主要有方国瑜著《中国西南历史地理考释》（中华书局1987年版），尤中著《中国西南边疆变迁史》（云南教育出版社1987年版）等；中俄边界方面，主要有刘远图、刘家磊等的研究③，一度成为学界热点的"常凯申"事件也产生于这一领域④。同时，

---

① 谭其骧：《历史上的中国和中国历代疆域》，《中国边疆史地研究》1991年第3期。
② 杨昭全、孙玉梅：《中朝边界史》，吉林文史出版社1993年版；陈慧：《穆克登碑问题研究：清代中朝图们江界务考证》，中央编译出版社2011年版；李花子：《明清时期中朝边界史研究》，知识产权出版社2011年版。
③ 刘远图：《早期中俄东段边界研究》，中国社会科学出版社1993年版；刘家磊：《东北地区东段中俄边界沿革及其界牌研究》，黑龙江教育出版社2014年版。
④ 王奇：《中俄国界东段学术史研究：中国、俄国、西方学者视野中的中俄国界东段问题》，中央编译出版社2008年版，第82页。

樊明方对唐努乌梁海、朱昭华等对中缅边界等问题均有研究①，杨公素、吕昭义、房建昌等对中印边界和李国强、孙宏年等对中越边界的研究，也颇值得称道。陈维新利用庋藏于台北故宫的晚清边界条约与地图发表了一系列成果，亦具参考价值。

传统陆地边界研究外，海疆问题的研究也日益深入。总体性成果主要有安京、张耀光、张炜和方堃等人的著作。南海诸岛问题，主要有韩振华编《南海诸岛史地考证论集》（中华书局1981年版）、韩振华著《南海诸岛史地研究》（社会科学文献出版社1996年版）、刘南威著《中国南海诸岛地名论稿》（科学出版社1996年版）等，还有李金明、李国强的重要成果，近年来对于民间文献《更路簿》的研究也逐步展开。对于钓鱼岛研究，功力最深者当推郑海麟著《钓鱼台列屿——历史与法理研究》（增订本，香港明报出版社有限公司2011年版），吴天颖、鞠德源、谢必震、张海鹏等也有重要成果②；日本学者井上清所著《钓鱼岛：历史与主权》一书被翻译引入（贾俊琪等译，中国社会科学出版社1997年版），影响较大。

边疆研究一直较为兴盛，但不可避免地受到一些现实问题的制约，其研究仍有继续深化、扩展的必要与可能。

2. 历史政区与地名研究

历史政区研究渊源于传统的沿革地理，基础深厚，成果丰硕。《中国历史地图集》的主要内容，即是表现历代疆域之内的政区。周振鹤著《西汉政区地理》（人民出版社1987年版）是第一部断代政区地理研究成果。此后，靳润成对明朝总督巡抚辖区、李晓杰对东汉政区、胡阿祥对六朝疆域与政区、后晓荣对秦代政区、马孟龙对西汉侯国、胡恒对清朝县以下区划等问题研究较深。周振鹤主编《中国行政区划通史》（复旦大学出版社

---

① 樊明方：《唐努乌梁海历史研究》，中国社会科学出版社2004年版；朱昭华：《中缅边界问题研究》，黑龙江教育出版社2013年版。

② 吴天颖：《甲午战前钓鱼列屿归属考》，社会科学文献出版社1994年出版，增订本于2013年由中国民主法制出版社出版；鞠德源：《日本国窃土源流/钓鱼列屿主权辨》，首都师范大学出版社2001年版；谢必震：《从中琉历史文献看钓鱼岛的主权归属》，《太平洋学报》2013年第7期；张海鹏、李国强：《论〈马关条约〉与钓鱼岛问题》，《人民日报》2013年5月8日。

2005—2016年出版，2017年修订版），共计13卷18册，是第一部大型的行政区划通史，也是继《中国历史地图集》后历史政区地理研究最重要的成果。若以地域为单元，石泉开创了古代荆楚地理研究，考辨精深而自成体系（氏著《古代荆楚地理新探》及其《续集》，武汉大学出版社1988年版和2004年版），徐少华、陈伟、鲁西奇、晏昌贵等在继承中发扬光大。与此同时，史念海对黄土高原、邹逸麟对黄淮海平原、孙进己与冯季昌对东北地区、李并成对河西走廊、张步天对洞庭湖平原、蓝勇对长江三峡等地均有较深入研究，其中都包含了对相关地域政区沿革的考证复原。

对于历代政区变化规律的探讨中，周振鹤《行政区划史研究的基本概念与学术用语刍议》（《复旦学报》2001年第3期）与《范式的转换：沿革地理—政区地理—政治地理的进程》（《华东师范大学学报》2013年第1期）二文，提出了研究范式转化的问题，对行政区划史的概念、术语予以了界定。周振鹤提出了历代政区边界划分中"犬牙相入和山川形便"两大原则，郭声波《中国历史政区的圈层结构问题》（《江汉论坛》2014年第1期）对历史政区中横向的圈层结构问题展开了有益的探索。对于行政区划层级的变化，周振鹤、华林甫先后提出"两千年三循环说"[①]和"两千五百年两大循环说"[②]，具有理论总结的重要意义。

政区地理的研究与现实关系密切，张文范主编《中国省制》（中国大百科全书出版社1995年版）汇集了改革开放初期学界对省制问题的讨论；综论性著作有刘君德等编著《中国政区地理》（科学出版社1999年版）等，华林甫等著《中国省制演进与未来》（东南大学出版社2016年版）则是讨论古今行省制度的专题性著作。

历史政区地理的研究，与历史地名研究密不可分。相关研究主要有徐兆奎著《历史地理与地名研究》（海洋出版社1993年版）、孙冬虎等编著《中国地名学史》（中国环境科学出版社1996年版）、华林甫著《中国地名学源流》（湖南人民出版社1999年版）和《中国地名学史考论》（社会

[①] 此说出自周振鹤论著，如《体国经野之道》（中华书局香港有限公司1990年版）、《中国历代行政区划的变迁》（商务印书馆1998年版）、《中华文化通志·地方行政制度志》（上海人民出版社1998年版）等。

[②] 华林甫：《中国政区层级演变之两大循环说》，《江汉论坛》2014年第1期。

科学文献出版社2002年版）等。史为乐主编《中国历史地名大辞典》（中国社会科学出版社2007年初版，2017年增订本）是迄今收录历史地名最全面的历史地名工具书，其他还有戴均良主编《中国古今地名大词典》（上海辞书出版社2005年版），等等。

同时，有一批政区地理资料整理成果问世，如谭其骧主编的"历代正史地理志汇释"丛书目前已经出版的有《辽史地理志汇释》《两唐书地理志汇释》《宋史地理志汇释》《汉书地理志汇释》《宋书州郡志汇释》《续汉书郡国志汇释》等。另有牛平汉主编《清代政区沿革综表》（中国地图出版社1990年版）与《明代政区沿革综表》（中国地图出版社1997年版）等。王仲荦著《北周地理志》（中华书局1980年版）、施和金撰《北齐地理志》（中华书局2008年版）两书出版，标志着清代乾嘉以来补撰正史地理志的工作已填满了所有朝代。

历史政区地理的研究成果丰硕，但多为断代研究，通论性的著作较少，尤其是对于行政区划制度的通代研究（如郡、县、州、府、路、军、监、厅等），以及政区要素中的边界、幅员、等第、治所等问题研究，尚有待加强。

3. 历史城市地理

改革开放后中国城市化进展迅速，历史城市地理研究得到巨大发展。侯仁之先生的博士学位论文[①]（已由邓辉等翻译成中文《北平历史地理》出版，外语教学与研究出版社2014年版），是历史城市地理的开创性成果。通论性著作有马正林编著《中国城市历史地理》（山东教育出版社1998年版）和李孝聪著《历史城市地理》（山东教育出版社2007年版）等。断代和地域性研究成果中，褚绍唐对上海、侯仁之与尹钧科等对北京、韩光辉对宋辽金元建制城市、吴宏岐对西安、孙靖国对桑干河流域城市的研究成果较为突出。

历史城市地理研究的重点集中于古都与市镇研究。对于古都学研究及古都的认定标准，改革开放以来经历了从"六大古都"到"七大古都"

---

① Jen-chih Hou, *An Historical Geography of Peiping*, 英国利物浦大学，1949年，编号为THESIS 1249B，收藏于该校Sydney Jones Library。

的演变，但社会上曾流传有八大、九大乃至十大古都等说法在学界尚未取得共识。主要成果有谭其骧《中国历史上的七大首都》（上、中）（《历史教学问题》1982年第1、3期）、史念海《中国古都学刍议》（《中国古都研究》第3辑，1985年）和史念海著《中国古都和文化》（中华书局1998年版）等。叶骁军和杨宽着重于历代的都城制度研究，朱士光、叶骁军与丁海斌等人关注了古代的陪都城市，丁超着重研究元代京畿（上都与大都）。作为大众普及读物，陈桥驿主编《中国六大古都》（中国青年出版社1983年版）与《中国七大古都》（中国青年出版社1991年初版、2005年重印）、朱士光主编《中国八大古都》（人民出版社2007年版）、赵永复编著《十大古都》（上海古籍出版社1992年版）亦有相当影响。周振鹤《东西徘徊与南北往复——中国历史上五大都城定位的政治地理因素》一文（《华东师范大学学报》2009年第1期），从政治地理的角度探讨了五大古都的定位问题，具有较强的理论总结意义。另有学者提出"后都城时代"的概念并做了相关研究，值得借鉴。

市镇是中国传统社会城市发展的特殊形态，尤以江南地区为著。较早的成果有刘石吉著《明清时代江南市镇研究》（中国社会科学出版社1987年版），后来樊树志、包伟民、范毅军等均有重要成果[1]。傅宗文研究宋代草市镇，任放等人关注了长江中游地区的市镇，王庆成、许檀、熊亚平、刘景纯等对历史时期北方地区的城镇进行了研究[2]。市镇研究是由资本主义萌芽宏大命题引申出来的实证研究典范，发展成为具有中国特色的历史

---

[1] 如樊树志《明清江南市镇探微》（复旦大学出版社1990年版）与《江南市镇：传统的变革》（复旦大学出版社2005年版），包伟民主编《江南市镇及其近代命运：1840—1949》（知识出版社1998年版），范毅军《传统市镇与区域发展：明清太湖以东地区为例，1551—1861》（联经出版有限公司2005年版）。

[2] 王庆成：《晚清华北的集市和集市圈》，《近代史研究》2004年第4期；王庆成：《晚清华北定期集市数的增长及对其意义之一解》，《近代史研究》2005年第6期；王庆成：《晚清华北乡村：历史与规模》，《历史研究》2007年第2期；许檀：《明清时期农村集市的发展》，《中国经济史研究》1997年第2期；许檀：《明清时期山东集市的发展——兼论农村集市的功能和作用》，《清史论丛》1995年号；许檀：《明清时期城乡市场网络体系的形成及意义》，《中国社会科学》2000年第3期；熊亚平：《铁路与华北内陆工商业市镇空间形态的演变1905—1937》，《中国历史地理论丛》2007年第1期；熊亚平：《华北铁路沿线市镇商会初探（1904—1937）》，《社会科学战线》2009年第4期。刘景纯著《清代黄土高原地区城镇地理研究》，中华书局2004年版。

城市地理研究方向。

总体来看，历史城市地理研究既有传统基础，又有现实关怀，成果丰硕，但多以实证研究为主，理论探讨仍较为缺乏。美国学者施坚雅（G. William Skinner）主编《中华帝国晚期的城市》（叶光庭等译，中华书局2000年版），创立了中国古代城市研究的"施坚雅模式"，在学界产生过重大影响。国内研究中，成一农著《古代城市形态研究方法新探》（社会科学文献出版社2009年版）、任放著《中国市镇的历史研究与方法》（商务印书馆2010年版）等对此有所讨论。

4. 历史经济地理

经济为国计民生之本，历来是历史地理研究的重点。史念海先生著《河山集（一）》（生活·读书·新知三联书店1963年版）开创了中国历史农业地理研究的传统，自20世纪80年代以来，其创立的历史农业地理研究团队成果丰富。1993年至2002年，共计出版历史农业地理研究成果15种（断代3部，区域12部）。韩茂莉著《宋代农业地理》（山西古籍出版社1993年版）是第一部断代农业地理专著，郭声波著《四川历史农业地理》（四川人民出版社1993年版）是第一部区域历史农业地理专著，萧正洪著《环境与技术选择：清代中国西部农业技术地理研究》（中国社会科学出版社1998年版）总结了历史农业地理研究中环境与技术的关系，王社教《历史农业地理学研究刍议》（《陕西师范大学学报》1994年第3期）对该领域进行了初步的理论总结。对于农业地理的其他部门研究中，邹逸麟对蚕桑业、华林甫对唐代的粟麦稻、韩茂莉对宋代的麦桑麻、曹树基对清代的玉米番薯等作物均有研究，王建革等人则关注了清代以来内蒙古与华北地区的农业生产与生态环境。

20世纪90年代以来，吴松弟、戴鞍钢等从探讨港口—腹地关系入手，研究中国近代经济地理的变迁。这一研究始于戴鞍钢著《港口·城市·腹地——上海与长江流域经济关系的历史考察（1843—1913）》（复旦大学出版社1998年版），以吴松弟主编的九卷本《中国近代经济地理》丛书（华东师范大学出版社2016年版）为总结，展示了中国近代经济地理"自东向西，由边向内"的空间演变过程。

理论探讨方面，邹逸麟《我国古代经济区的划分原则及其意义》

（《中国史研究》2001 年第 4 期），提出了划分古代经济区的区域性、综合性、专业化、中心城市四个标准；王尚义、张萍等人对历史商业地理学的相关问题进行了讨论。①

历史经济地理的成果丰富，但其各个分支的发展仍不平衡，即使最为成熟的历史农业地理研究，内容也未能涵盖大农业（农林牧副渔）的范围，其他分支的发展也有待成熟。

人口是重要的经济要素，近四十年来出现了较多的成果。葛剑雄著《西汉人口地理》（人民出版社 1986 年版）是国内第一部断代历史人口地理著作。何炳棣所著《1368—1953 年中国人口研究》翻译引入后②，产生了较大影响。断代人口地理研究中以唐代人口研究最盛，先后有翁俊雄、冻国栋、费省等人的多部专著问世③。地域性研究中，韩光辉对北京、薛平拴对陕西、路伟东对清代陕甘的人口地理等问题均有深入探讨。

移民是人口地理的重要内容。谭其骧、周振鹤等人论证了中国历史上三次大规模移民事件（晋永嘉丧乱、唐安史之乱、宋靖康之变）。总论性研究以葛剑雄主编六卷本《中国移民史》（福建人民出版社 1997 年版）影响最大；区域性与断代性研究，主要有张国雄对两湖地区、陆韧对云南、安介生对山西、牛建强对明代、蓝勇与黄权生对"湖广填四川"等研究成果。

按朝代、地域、要素汇编历史人口数据资料方面，梁方仲编著《中国历代户口田地田赋统计》（上海人民出版社 1980 年版）一书颇获好评（曾多次重印），但杨子慧主编《中国历代人口统计资料研究》（改革出版

---

① 王尚义：《晋商商贸活动的历史地理研究》，科学出版社 2004 年版；张萍：《地域环境与市场空间——明清陕西区域市场的历史地理学研究》，商务印书馆 2006 年版；张萍：《区域历史商业地理学的理论与实践：明清陕西的个案考察》，三秦出版社 2014 年版。

② 葛剑雄译，上海古籍出版社 1989 年版，2000 年生活·读书·新知三联书店再版时更名为《明初以降人口及其相关问题：1368—1953》。

③ 翁俊雄：《唐初政区与人口》，北京师范学院出版社 1990 年版；翁俊雄：《唐朝鼎盛时期政区与人口》，首都师范大学出版社 1995 年版；翁俊雄：《唐后期政区与人口》，首都师范大学出版社 1999 年版；冻国栋：《唐代人口问题研究》，武汉大学出版社 1993 年版；费省：《唐代人口地理》，西北工业大学出版社 1996 年版。

社 1996 年版）则受訾议。①

进入 21 世纪以来，与人口和移民相关的政治史、经济史、环境史、社会文化史等研究依然兴盛，研究空间依然广阔。

5. 历史军事与交通地理

军事地理具有重要的历史与现实价值，其研究也相当可观。史念海著《河山集（四）》（陕西师范大学出版社 1991 年版）主要收录了历史军事地理研究的论文。施和金《中国古代战争的地理分布》（《历史地理》第 12 辑，1995 年）与金麟《中国近现代战争的地理分布》（《历史地理》第 15 辑，1998 年），分别统计了中国古代和近代战争的时空分布与变化过程。施和金点校了中国古代最重要的军事地理著作《读史方舆纪要》（中华书局 2005 年版），中国人民革命军事博物馆编著《中国战争史地图集》（星球地图出版社 2007 年版）是第一部系统完整反映中国战争发展的大型历史地图集。宋杰、饶胜文、胡阿祥、程龙等对地理环境与军事战争战略关系做了有益探讨②。其他研究以考证战争地点为主，如邹逸麟对垓下之战，辛德勇对巨鹿之战与垓下之战，张修桂对赤壁之战，靳生禾对山西古战场等均有深入研究。

长城是中国历史上最重要的军事防御工程，主要研究成果有张维华著《中国长城建置考》（中华书局 1979 年版）、景爱著《中国长城史》（上海人民出版社 2006 年版）以及凤凰出版社与中国长城学会合作推出的 10 卷本《中国长城志》（凤凰科技出版社 2017 年版）等。

交通与军事关系密切，相关研究成果亦很丰富，主要有章巽《古航海图考释》（海洋出版社 1980 年版）、严耕望撰《唐代交通图考》（中研院史语所专刊之八十三，1985—1986 年，上海古籍出版社 2007 年简体字版）、杨正泰著《明代驿站考》（上海古籍出版社 1994 年版，2006 年增订

---

① 葛剑雄、曹树基：《是学术创新，还是低水平的资料编纂？——评杨子慧主编〈中国历代人口统计资料研究〉》，《历史研究》1998 年第 1 期。

② 宋杰：《先秦战略地理研究》，首都师范大学出版社 1999 年版；宋杰：《中国古代战争的地理枢纽》，中国社会科学出版社 2009 年版；饶胜文：《布局天下——中国古代军事地理大势》，解放军出版社 2001 年版；胡阿祥主编：《兵家必争之地：中国历史军事地理要览》，海南出版社 2007 年版；程龙：《北宋西北战区粮食补给地理》，社会科学文献出版社 2006 年版。

本)、辛德勇著《古代交通与地理文献研究》(中华书局 1996 年版)、王文楚著《古代交通地理丛考》(中华书局 1997 年版)、曹家齐著《唐宋时期南方地区交通研究》(华夏文化艺术出版社 2005 年版)等。

运河和丝绸之路是历史上重要的交通通道,并由此延伸出水利、漕运、驿路、航海等研究。相关研究中,史念海、黄盛璋、姚汉源、陈桥驿、蓝勇等均有重要成果。随着大运河申报世界遗产成功及国家"一带一路"倡议的提出与实施,这一研究将有更加广阔的前景。

6. 历史文化地理

历史文化地理研究,伴随着改革开放后的文化研究热潮而兴起。其包含的领域众多,内容广泛。周振鹤、游汝杰合著《方言与中国文化》(上海人民出版社 1986 年版)是该领域的拓荒之作,卢云著《汉晋文化地理》(陕西人民教育出版社 1991 年版)是第一部历史文化地理研究专著。综论性的研究以陈正祥著《中国文化地理》(生活·读书·新知三联书店 1983 年版)、周振鹤主著《中国历史文化区域研究》(复旦大学出版社 1997 年版)为代表,其他还有唐晓峰、赵世瑜、王会昌、王恩涌等人的著作。[①]王振忠策划过《区域人群文化》丛书。区域性研究成果,主要有司徒尚纪对广东、蓝勇对西南地区、王振忠对徽州、张伟然对湖南湖北、张晓虹对陕西、林拓对福建、李智君对河陇、朱海滨对浙江等地的研究。[②]

宗教地理是历史文化地理研究的重要内容,佛教地理研究的成果尤为突出,主要有严耕望、辛德勇、李映辉、介永强、王开队、杨发鹏等,其成果或分以时段,或定以地域。文学地理的研究成果亦有涌现,主要有曾大兴对历代文学家的地理分布、胡阿祥对魏晋本土文学地理、张伟然对中

[①] 唐晓峰:《从混沌到秩序:中国上古地理思想史述论》,中华书局 2010 年版;赵世瑜、周尚意:《中国文化地理概说》,山西教育出版社 1991 年版;王会昌:《中国文化地理》,华东师范大学出版社 1992 年版;王恩涌:《文化地理学》,江苏教育出版社 1995 年版。

[②] 司徒尚纪:《广东文化地理》,广东人民出版社 2001 年版;蓝勇:《西南历史文化地理》,西南师范大学出版社 1997 年版;张伟然:《湖南历史文化地理研究》,复旦大学出版社 1995 年版;张伟然:《湖北历史文化地理研究》,湖北教育出版社 2000 年版;张晓虹:《文化区域的分异与整合:陕西历史文化地理研究》,复旦大学出版社 2004 年版;林拓:《文化的地理过程分析:福建文化的地域性考察》,上海书店出版社 2004 年版;李智君:《关山迢递:河陇历史文化地理研究》,上海人民出版社 2011 年版;朱海滨:《近世浙江文化地理研究》,复旦大学出版社 2011 年版。

古文学地理意象的研究等。

总的来看，历史文化地理的内容极为丰富，但在研究方法上尤其是研究指标的选取、文化区域的划分原则等仍有待于完善，研究内容上各分支的发展欠平衡，有待于进一步拓展。

（二）历史自然地理

历史自然地理研究主要包括历史气候变化、历史地貌与水文演变以及历史植物与动物演变研究，是历史地理学中与现代学科结合得最为紧密的分支。这一研究奠基于竺可桢先生的《中国近五千年来气候变迁的初步研究》一文（《考古学报》1972年第1期），并涌现出《中国自然地理·历史自然地理》（科学出版社1982年版）和《中国历史自然地理》（邹逸麟等主编，科学出版社2013年版）等综合性研究。前者是我国第一部综合性历史自然地理研究专著，反映了改革开放之初历史自然地理研究的主要成果；后者为前者的增订版，对原书各部分的内容均有较大增补，反映了1982年以后三十多年的研究发展状况。

历史气候变化的研究中，龚高法、张丕远、葛全胜、方修琦、满志敏、杨煜达等对历史气候变化的资料、方法等做了新的探索，并对竺可桢的研究成果进行了新的修订与扩展，使这一研究分支日益成熟。[1]

历史地貌学研究的综合性成果有曾昭璇、曾宪珊合著《历史地貌学浅论》（科学出版社1985年版）、张修桂著《中国历史地貌与古地图研究》（社会科学文献出版社2006年版）等。其他如侯仁之、王北辰、李并成、景爱等对沙漠的研究，谭其骧、史念海、邹逸麟、钮仲勋等对黄河与运河的研究，曾昭璇等对珠江的研究，张修桂对洞庭湖、荆江、崇明岛的研究，韩昭庆对黄淮关系的研究等等，均已经非常深入。

---

[1] 龚高法等编：《历史时期气候变化研究方法》，科学出版社1983年版；张丕远主编：《中国历史气候变化》，山东科学技术出版社1996年版；张德二主编：《中国近三千年气象记录总集》，凤凰出版社2004年版；满志敏：《中国历史时期气候变化》，山东教育出版社2009年版；葛全胜等：《中国历朝气候变化》，科学出版社2011年版；杨煜达：《清代云南1711—1911的季风气候与天气灾害》，复旦大学出版社2006年版；方修琦：《18—19世纪之交华北平原气候转冷的社会影响及其发生机制》，《中国科学·地球科学》2013年第5期；方修琦：《历史气候变化影响研究中的社会经济等级序列重建方法探讨》，《第四纪研究》2014年第6期。

动植物变迁方面的研究，以文焕然、何业恒为代表。文焕然的研究成果集中于《中国历史时期植物与动物变迁研究》（重庆出版社1995年版），何业恒的研究主要涉及珍稀兽类、鸟类、爬行类、两栖类、鱼类以及中国虎、中国熊等。随着现实环境恶化问题的显现，作为环境变化重要指标的动植物变迁研究日益受到重视，如曹志红研究了历史时期中国虎的地理分布、变迁与人类活动的关系，曹树基、李玉尚等人则从传染病与人口史的角度，探讨了微生物引发的烈性传染病对明清以来人口及社会的影响。

对传世自然地理文献的研究，以陈桥驿对《水经注》的研究最为突出，并初步开创了"郦学"。随着GIS、遥感等现代技术的运用，相关研究的精确度日益提高，如李晓杰主编《水经注校笺图释·渭水流域诸篇》（复旦大学出版社2017年版）在重写《水经注疏》与重绘《水经注图》方面已取得重要成果。

（三）古地图与历史地图

地图是历史地理信息的综合反映，对地图的研究主要包含古地图收集整理与历史地图编绘两个学术领域。古地图研究属于古籍整理研究的范畴，历史地图则是今人依照历史资料而编绘的现代地图。

在古地图收集与整理方面，曹婉如等编三卷本《中国古代地图集》（文物出版社1990—1997年版）是学术精品，汪前进等编《清廷三大实测全图集》（外文出版社2007年版）、钟翀主编《上海城市地图集成》（上海书画出版社2017年版）等成就卓著。王自强主编、影印的古地图，有两个系列，一是《中国古地图辑录》[①]，二是《清代地图集汇编》[②]，内容

[①] 《中国古地图辑录》，由星球地图出版社出版，自2002年以来已影印《康雍乾盛世图》和湖北、浙江、河南、山东、福建、台湾、广东七省约七千幅舆图。这个系列，广义上也包括《宋元古地图集成》（上、下卷）、《明代舆图综录》（六册），分别于2008年5月、2007年10月由星球地图出版社出版。

[②] 《清代地图集汇编》，选择清代编印上百种地图集中的三十余种区域性省级地图集影印，拟分五编，出版社不固定，2005年以来已出三编，收录江苏、奉天、浙江、广东、湖南、江西、湖北、山东、安徽、广西、台湾、福建、山西、陕西、黑龙江、新疆、畿辅十七省十八种，均为清末刊本。四编、五编待出版。

最为丰富。由于收藏单位开放受限，一些学者将视野扩大至国外，李孝聪、林天人、华林甫等将庋藏在欧美等地的中国古地图向国内译介、整理、出版，为国内学界提供了便利。①

地图学史研究方面，综合性的成果主要有陈正祥著《中国地图学史》（商务印书馆1979年版），卢良志著《中国地图学史》（测绘出版社1984年版），喻沧、廖克编著《中国地图学史》（测绘出版社2010年版）等，美国学者余定国所著《中国地图学史》被翻译引入后（姜道章译，北京大学出版社2006年版），对传统科技史导向的中国地图学史研究产生了冲击，引发国内学者的热烈讨论，主要成果有成一农著《"非科学"的中国传统舆图——中国传统舆图绘制研究》（中国社会科学出版社2016年版）等。具体研究方面，主要有汪前进对古代地图的投影方式，韩昭庆、丁超等对"制图六体"等问题的探讨。

历史地图的编绘，以《中国历史地图集》最为突出。在这一经典著作的带动下，陆续涌现的成果有侯仁之主编《北京历史地图集》（北京出版社1988年初集，1997年第二册，2008年第三册，2013年文津出版社全三册）、史念海主编《西安历史地图集》（西安地图出版社1996年版）等，其他如四川、广东、上海、山西、福建、天津、山东、长江三峡、重庆、陕西等地的历史地图集业已出版，广西、西藏、安徽等省的历史地图集亦有学者从事研制。地域性成果之外，第一部断代历史地图集《清史地图集》已在中国人民大学清史研究所合作完工。以上历史地图集，皆以人文地理内容为主。历史自然地理方面的地图集，主要有中央气象局气象科学研究院主编《中国近五百年旱涝分布图集》（中国地图出版社1981年版）、国家地震局与复旦大学历史地理研究所主编《中国历史地震图集》（中国地图出版社1986—1991年版）等。

---

① 李孝聪：《欧洲收藏部分中文古地图叙录》，国际文化出版公司1996年版；李孝聪编：《美国国会图书馆藏中文古地图叙录》，文物出版社2004年版；林天人编：《皇舆搜览：美国国会图书馆所藏明清舆图》，"中研院"数位文化中心，2013年11月；林天人编：《方舆搜览：大英图书馆所藏中文历史地图》，"中研院"台史所，2015年12月；华林甫：《英国国家档案馆庋藏近代中文舆图》，上海社会科学院出版社2009年版；华林甫、李诚、周磊：《德国普鲁士文化遗产图书馆藏晚清直隶山东县级舆图整理与研究》，齐鲁书社2015年版。

历史地图编绘与研究是近年来历史地理学研究中的新兴分支，学术活动日益频繁、研究成果层出不穷，未来将有较大发展。

三 新手段、新方法、新领域

历史地理学能够保持生命力的一个重要原因是它具有强大的更新能力，善于从相关学科中汲取新鲜养分，采纳新的研究方法和技术。近四十年，以世纪之交作为分水岭，前后两段时期都体现出学科发展之"新"：从改革开放到20世纪末的20余年，历史地理学在中国现代学科体系中站稳了脚跟，历史人文地理空前发展，研究门类大大丰富，开始了对新手段、新方法、新技术的实践与探索；新世纪以来的十多年时间，新技术（GIS、RS、GPS）在历史地理学中的运用更加广泛，一些新的学科理念使历史地理学的研究领域进一步深化拓展，历史地理学焕发出新的活力。

20世纪80年代以来，历史自然地理方面最先开始了对新手段、新方法的实践，现代地理学重视田野调查、自然证据和建模分析的方法迅速拓展到历史地理学领域，孢粉、树木年轮、湖泊沉积物、冰芯等自然证据的采集与分析，越发引起相关领域学者的重视。在历史气候研究中，施雅风等对中国全新世大温暖期的探讨（《中国全新世大暖期气候与环境》，海洋出版社1992年版）、满志敏对唐代气候冷暖问题的讨论（《历史地理》第8辑）、张德二关于中世纪暖期的研究（《第四纪研究》1993年第1期）、郑景云等对历史时期旱涝指数序列的试验（《地理研究》1993年第3期）等，均在研究手段、结论上取得了突破性进展；龚高法、张丕远等还对历史气候变化的研究进行了方法论的归纳（《历史时期气候变化研究方法》，科学出版社1983年版）。进入21世纪，历史气候研究开拓了更新的思路，更注重多学科方法的运用，例如，葛全胜等利用孢粉、石笋、湖泊沉积物，结合历史文献资料，通过一系列研究重建了中国历史气温变化的序列，并对其变化规律进行了集成分析；张德二等采用多因子回归方法，利用故宫晴雨录资料重建了清代北京、南京、苏州、杭州等地的高分辨率的降水序列；杨煜达从亚洲的整体环境研究清代云南的季风气候与大气灾害等。

在历史地貌与水文研究中，谭其骧、侯仁之、史念海、邹逸麟等前辈学者几乎将历史文献资料的利用发挥到极致，为历史黄河、沙漠、黄土高原、海岸线的复原奠定了基石。这方面的研究在20世纪80年代一度放缓，随着GIS、RS技术的引入，历史地貌研究又取得了一系列新突破。如满志敏《北宋京东故道流路问题的研究》（《历史地理》第21辑）利用古地图、文献等传统史料，加之遥感数据、GIS手段，重建了新的北宋时期的黄河京东故道，大大提高了历史河流地貌研究的精度；潘威、满志敏在GIS方法的支持下，重建了长江口南支冲淤状况（1861—1953年）和青浦区河网密度变化（1915—1978年），展现了空间模型在构建区域变化过程中的作用。

可见，近四十年来，历史学、地理学、统计学、信息科学等多学科方法已逐渐融汇于历史地理学的研究中，有关重大气候事件、自然灾害的社会响应、人地关系问题的探讨还可能涉及社会学、人类学的视角。新手段、新方法的引入，使历史地理学的研究成果呈现出三个新特点：（1）研究结论所呈现的精度、分辨率越来越高，可视化越来越强；（2）研究的时间断限越来越细化，空间指向越来越明确，地域性明显加强；（3）历史地理学的科学度显著提升，与人文性并重，充分体现了历史地理学作为交叉学科的特质。

21世纪以来计算机的普及，数据库、GIS等新技术的普遍推广，使历史地理信息系统的建设方兴未艾。一些高校相继成立了相关实验室以响应历史地理学对新技术的需求，如复旦大学历史空间综合分析实验室、陕西师大西北研究院GIS实验室、暨南大学历史地理信息实验室、中国人民大学"数字清史"实验室等。2000年，复旦大学与哈佛大学等机构合作研制的"中国历史地理信息系统"（CHGIS）启动，为我国历史地理信息平台的建立奠定了基础。台湾学界对历史地理信息化的探索也卓有成效，中研院开发的"中华文明时空基础架构"平台（CCTS）始于1996年，包含基本空间数据、WebGIS整合应用环境以及主题化的属性数据三大部分，整合了大量历史文献、古地图、遥感影像和田野考察数据等，为地理信息技术与历史研究搭建了桥梁。另外，还有王均提出建设陕西省资源环境本底数据库、张萍牵头建设的丝绸之路历史地理信息系统等。

近年来,"数字人文"的兴起为历史资料的整理与保存提供了新途径,也为历史学研究提供了更多便利。历史地理学领域新技术的发展,为"数字人文"注入巨大活力。陈刚指出,历史地理信息化已经成为数字人文研究的主力军(《"数字人文"与历史地理信息化研究》,《南京社会科学》2014年第3期)。历史地理信息化在十余年的发展中可谓进步迅速、成绩斐然,然而,我们也应该看到,当前历史地理学领域对GIS的运用大部分仍停留在数据生成和定性描述阶段,与地理学其他分支学科相比还有差距。如何充分凸显和发挥GIS空间分析的功能,实现与相邻学科的交叉与衔接,发挥历史地理学的应用价值,应该是历史地理信息化前进的方向。

历史地理学向来注重应用价值,谭其骧等老一辈学人的一系列文章与言论对当时的国家疆域、民族关系、行政区划、河道治理等重大现实问题都有指导性意义。21世纪以来,诸多学者进一步拓展了历史地理学的研究领域和视角,例如,邹逸麟对我国历史时期灾害时空变化及其与政治、经济、文化等关系的揭示(《"灾害与社会"研究刍议》,《复旦学报》2000年第6期);龚胜生对历史疫灾地理的系统分析(《中国疫灾的时空分布变迁规律》,《地理学报》2003年第6期);华林甫提倡政区研究要为现实服务,实现古今无缝对接(《政区研究应该打破古今界限》,《江汉论坛》2005年第1期);蓝勇对长江三峡历史地理与环境的研究(《近两千年长江上游森林分布与水土流失研究》,重庆大学出版社2013年版);吴松弟提出的"港口—腹地"模式及其对近代经济地理的探索等,都具有一定的应用价值和现实关怀。随着新方法、新技术的应用和新领域的拓展,新时代环境治理、灾害防范、政区改革等现实领域,历史地理学界将完全有能力贡献更多智慧。

四 结语

尽管目前历史地理学的发展方兴未艾,蒸蒸日上,但同时也应该处理好与地方史、与环境史等学术领域的关系,政治史、经济史、军事史、文化史研究当中也会涉及地理要素或者地域内容。严格意义上来说,地方史、环境史等领域都是专门史,不是历史地理学,但与历史地理研究具有千丝万缕的联系，一味排斥诚不可取，但画上等号也欠科学。

传统文史研究获取史料的手段，在21世纪受到前所未有的挑战，但学术的核心仍是发现问题、解决问题。虽然传统史料在"数字人文"时代已大多可通过检索手段获取，历史地理信息化也为学术研究可视化、多元化提供路径，但任何先进的技术都应基于翔实的资料和客观的分析，传统考据、实证研究的方法仍不可弱化，以避免历史地理研究误入空心化的歧途。

历史地理学是一门有用于世的学科（史念海：《发挥中国历史地理学有用于世的作用》，《中国历史地理论丛》1992年第3期），中国历史地理研究为国家建设已经并将继续做出重大贡献。所以，出于学科本身发展的需要和社会企盼，历史地理学在新时代一定会得到更加充分、完善、健康的发展，历史地理工作者也必将大有可为！

中国社会经济史研究的回顾与展望

李伯重

在过去的一个世纪中，中国的经济史学走过了坎坷的发展历程。这个历程包括五个主要阶段：萌芽阶段（1904—1931年）、形成阶段（1932—1949年）、转型阶段（1950—1978年）、繁荣阶段（1979—2007年）和反思阶段（2008—2018年）。之所以这样划分，主要是依据经济史学自身发展变化的主要特点，同时，除了萌芽阶段外，其他三个阶段都由一个兴盛时期和一个萧条时期构成，从而具有明显的周期性。[①] 在本文中，着重论述1978年以来的中国经济史研究的状况与进展，并展望中国经济史学的未来。

在进行论述之前，我要对"经济史学"这一名词作一简要说明。本文所说的经济史，不仅包括经济史，而且也包括社会经济史乃至社会史。本文之所以使用"经济史学"这个名称，乃是因为在20世纪大部分时间中，大多数中国学者将社会经济史和社会史也称为经济史。从严格意义上来说，经济史、社会史和社会经济史三个概念是有差别的。经济史，依照吴承明的解释，是"过去的、我们还不认识或认识不清楚的经济实践（如果已经认识清楚就不要去研究了）"[②]。社会史，近一二十年来比较多的学者

[①] 形成阶段（1932—1949年）包括1932—1937年的繁荣时期和1938—1949年的萧条时期，转型阶段（1950—1978年）包括1950—1965年的繁荣时期和1966—1978年的萧条时期，发展阶段（1979—2007年）包括1979—1999年的繁荣时期和以后的萧条时期。当然，各个繁荣时期和萧条时期是相对而言的，它们在性质和程度上都有很大差异。例如，在1966—1978年的萧条时期，经济史研究几乎扫地以尽，而在1999年以后的相对萧条时期，经济史研究仍然有很大进展。

[②] 吴承明：《经济学理论与经济史研究》，《经济研究》1995年第4期。

倾向于认为是社会生活史、生活方式史、社会行为史。① 而社会经济史，依照马克思主义的解释，就是历史上的社会经济形态的历史。② 这里，我从吴承明的解释出发，把经济史界定为"过去的、我们还不认识或认识不清楚的社会经济状况"，理由是经济实践是由社会组织进行的集体行动，社会本身的变化和经济实践的变化二者密不可分。由此出发，经济史学就是研究过去的社会经济状况及其变化的学科。

那么，为什么社会经济史又往往被称为经济史呢？如后文所言，中国的经济史学是从西方引进的，而在西方学界，对于经济史、社会史和社会经济史，至今还没有一个大家都接受的定义。③ 这种情况也影响到了我国学者对这些概念上的理解。由于没有确切的界定，因此在我国学界，"经济史"一词不仅包括严格意义上的经济史，而且也包括社会史④，因此常

---

① 赵世瑜：《社会史：历史学与社会科学的对话》，《社会学研究》1998 年第 5 期；常建华：《社会史研究的立场与特征》，《天津社会科学》2001 年第 1 期。

② 中国社会科学院"马克思主义研究网·社会主义百科要览"发布的《经济社会形态和技术社会形态》（http://myy.cass.cn/file/200512082653.html）对社会形态作的解释是："经济社会形态、社会形态、社会经济形态基本上是同一含义。都是指经济发展所采取的社会形式和表现形态；都是强调经济基础对整个社会形态的决定作用。经济社会形态可定义为：同生产力发展的一定阶段相适应的经济基础和上层建筑的统一体。马克思以经济基础和与之相适应的上层建筑的统一，作为划分标准，把社会发展分为五大阶段：原始社会、奴隶社会、封建社会、资本主义社会和共产主义社会，即五大经济社会形态。"不过这里要指出的是，我国许多学者所作的社会经济史研究，不都是讨论历史上的社会经济形态，而是讨论历史上具体的社会与经济问题，颇类似于西方近数十年兴起的经济—社会史。

③ 在西方学界，相应的学科也没有准确的界定，因此对于什么是经济社会史？它与相关学科如社会史、经济史和社会经济史关系如何？等等问题，目前尚不很清楚，甚至在为纪念英国经济史学会（Economic History Society）成立七十五周年而出版的由百余位学者专家撰写的笔谈文集《充满活力的经济社会史》中，也很少有人从学理角度探讨这些问题。参见徐浩《英国经济—社会史研究：理论与实际》，载侯建新主编《经济—社会史：历史研究的新方向》，商务印书馆 2002 年版，第 65—85 页。

④ 在 20 世纪 80 年代以前，社会史实际上尚未在我国成为一个学科。大多数人心目中的社会史，实际上是社会经济史。何兹全对此做了明确的表述："社会史的内容是比较广泛的。人类衣食住行、风俗习惯、宗教信仰，社会生活的各个方面，都是社会史研究的内容。但我总认为社会经济——生产方式、社会结构、社会形态，才是社会史研究的中心内容，核心内容。这是研究人类社会总体的发展和人类社会向何处走，这是社会史研究的主导面。"见何兹全《何兹全文集》第 1 卷，中华书局 2006 年版，第 555 页。

常被通称为社会经济史。① 直至20世纪90年代，才出现了更为专门的经济史和社会史，但是它们与主流的社会经济史的关系非常密切。因此大体而言，经济史学常常被用作社会经济史学的简称。

一 繁荣（1979—2007年）

1978年12月，中国共产党召开了具有伟大历史意义的十一届三中全会，提出改革开放的方针。由此开始，中国经济史学进入史无前例的繁荣时期。

"文化大革命"中遭到破坏的中国经济史研究机构和队伍在此时期迅速恢复和发展。20世纪三四十年代和五六十年代即从事研究工作的学者焕发了学术青春，取得了前所未有的研究成果；恢复研究生培养制度以后培养出来经济史学者，迅速成长为研究骨干。厦门大学主办的《中国社会经济史研究》和中国社会科学院经济研究所主办的《中国经济史研究》分别于1982年和1986年创刊。这两份杂志在某种程度上起到了当年《中国社会经济史研究集刊》和《食货》所取到的作用。2000年又建立了《中国经济史论坛》网站，成为中国经济史学的重要学术阵地。在各地纷纷成立经济史研究的学术团体的基础上，全国性的中国经济史学会于1986年正式成立。2002年，中国经济史学会加入了国际经济史学会；2006年，笔者当选为国际经济史学会执行委员会委员；这些标志着中国经济史学与国际学坛的关系变得更为密切。

此时期研究成果十分丰硕。1988年齐鲁书社出版中国社会科学院历史研究所经济史组编的《中国社会经济史论著目录》，收录了1900—1984年上半年中国（包括港台地区）出版的中国经济史论著近两万种，其中中国大陆在"文化大革命"后出版者居多数。《中国经济史研究》编辑部编的

---

① 李根蟠指出："现代中国经济史学一开始就与社会史相结合，是社会史的核心部分，也就是说，它是以'社会经济史'的面貌出现的"，"在当时人们的心目中，'社会史'是以经济为主体的，'经济史'是与社会有机体的发展联系在一起的。两者是一致或相通的"，因此"在中国经济史形成的时期（20世纪二三十年代），'经济社会史''社会经济史''社会史''经济史'这几个名词的含义是相同的或相近的，以至可以相互替换使用"。参见李根蟠《中国经济史学形成和发展三题》（载侯建新主编《经济—社会史：历史研究的新方向》，商务印书馆2002年版，第86—106页）、《唯物史观与中国经济史学的形成》（《河北学刊》2002年第3期）。

1986—1995年中国经济史专著和论文索引①，仅大陆的论著亦近两万种。这表明1986年以来发表的中国经济史论著，其数量约略相当甚者超过1985年之前发表的论著的总和。

在"实事求是、解放思想"思想路线的指引下，中国经济史学者在很大程度上摆脱了以前教条主义的束缚，国际学术交往日益频繁，新理论、新方法得以不断引进，使得中国经济史学界思想空前活跃，新思路、新见解层出不穷，在理论方法方面突破了单一的模式，进行广泛的探索，呈现了多元化发展的趋向。

中国经济史的研究领域大大扩大了，破除了过去只着重研究生产关系和经济制度的老套，生产力的研究受到空前的重视；同时流通也渐成热门，生产力决定论受到质疑，一些学者认为流通或市场需求也是经济的发展动力之一。因此经济史研究范围逐渐扩大到生产、流通、分配、消费诸领域。部门经济史和区域经济史的勃兴引人注目。专题经济史、民族经济史的研究也展开。在这里需要特别提出的是中华人民共和国经济史研究，它起步较晚，但系统的研究始于20世纪80年代中期后，很快就成为新的研究热点，并出版了大量的著作。②

收集、发掘和整理史料的工作在此时期也取得重大进展，大批经济史的文献档案资料得以整理刊布。③ 其中由中国社会科学院经济研究所与中

---

① 刊于《中国经济史研究》1996—1997年联合增刊。

② 如赵德馨主编的《中华人民共和国经济史（1949—1984）》，孙健的《中华人民共和国经济史》，汪海波的《新中国工业经济史》，商业经济研究所的《新中国商业史稿》，左春台等的《中国社会主义财政简史》，赵梦涵的《中华人民共和国财政税收史论纲（1949—1991）》，曹尔玠等的《新中国投资史纲》，夏泰生、李震的《中国投资简史》，庄启东等的《新中国工资史稿》，叶善蓬的《新中国价格简史》，李子超的《当代中国价格简史》，董志凯的《跻身国际市场的艰辛起步》，袁伦渠的《新中国劳动经济史》，路建祥的《新中国信用合作发展简史》，迟孝的《中国供销合作社史》，中国物资经济学会编的《中国社会主义物资管理体制史略》，财政部编的《中国农民负担史》，以及宫成喜的《中国财政支援农业简史》，等等。

③ 例如，航运、盐务、商务等部门和行业史资料书，英美烟草公司、满铁、鞍钢、伪满中央银行、金城银行、上海商业储蓄银行、中国银行、聚兴诚银行、汉冶萍、裕大华、大生、刘鸿生企业、吴蕴初企业等大型企业史料书，关于旧中国海关、海关税收和分配统计、清代外债、民国外债、华侨投资国内企业、江苏省工业调查统计、天津商会、苏州商会、南开经济指数资料、自贡盐业契约、张謇档案、盛宣怀档案、自然灾害档案资料等专题资料书，抗战时期主要革命根据地等根据地财经史料书相继出版；不少地方政府及业务部门也组织力量，编纂本地方本部门史志，所出版的地方工商史、农林史、金融史、财政史、港史、公路史、邮政史等资料书更是不胜枚举。

央档案馆合编的《中华人民共和国经济档案资料选编》和中国第二历史档案馆《中华民国档案资料汇编》都规模巨大。① 中国社会科学院经济研究所与台湾"中央研究院"经济研究所等单位合作，将清朝大内档案中的粮价资料录入电脑，建成有关资料的数据库；中国社会科学院经济研究所等单位开展了中华人民共和国经济档案的大规模整理出版工程。满铁资料的整理和出版也已开始。气象、水文、地理变迁等资料以及各种考古材料、民间资料不断出版公布。② 各地政府、各经济部门也广泛开展方志和专业史志的编纂和出版。这些都为经济史研究提供了丰富的资料。

在此时期，我国的经济史学对以往研究中的欧洲中心主义进行了深刻的反思。近代西方和苏联的经济史学都以 19 世纪的西方学术为基础。而 19 世纪西方社会理论的主要特点之一，是以西方为中心，把西方的经验视为人类社会变化的共同的和必然的规律。这种西方中心论的历史观，也成为中国经济史学的基本观点之一。尽管我国的历史学家在政治上和感情上都强烈反对那种把西方视为至高无上的观点，但是依然相信西方社会经济变化的道路是人类社会历史经验演变的唯一道路，中国社会经济的演变也一定沿着这条道路。因此，许多中国经济史学者们耗费了巨大精力所进行的研究，实际上是一种预先设定了结论的研究。这种做法实际上是力图把中国历史的真实，硬塞进西方的社会经济发展模式。这种从西方经验中获得的发展模式近来正在受到越来越多的质疑和批评。③ 由于对现在使用的理论和方法感到惶惑，中国经济史学界出现了一股怀疑主义的思潮。一些学者甚至主张中国经济史研究应当回到以考证为主的旧日汉学去。但是，一些学者也提出新的理论和模式，用以说明中国社会经济变化的特征。④

---

① 前者共 12 部，后者更数十卷，其中经济史资料非常丰富。
② 考古材料包括出土实物和文字材料，如农作物、工具、城址、甲骨文、金文、秦汉简牍、敦煌吐鲁番文书等。民间资料包括各种民间文书、族谱、碑刻等。其中敦煌吐鲁番文书、徽州文书以及上海、苏州、佛山、北京等地有关经济史的碑刻资料都已整理出版。
③ 这些模式包括"中国资本主义萌芽"和"中国封建社会"理论。这两个理论的主要建构者吴承明、傅衣凌在 20 世纪 80 年代后期和 90 年代中期，都先后放弃了自己原来的观点。吴承明认为不应当再提资本主义萌芽的问题，而应把注意力转到对市场的研究上。傅衣凌则否认明清中国社会是封建社会。
④ 例如，吴承明的市场史理论、方行的"中农化"理论、李伯重的"江南发展模式"等。

这些尝试，标志着中国的经济史学正在摆脱欧洲中心主义的束缚，开始更高水平的理论创新。

此时期我国的经济史学出现意义重大的分化。因理论与方法不同，中国经济史学逐渐形成三个主要的学派，即原先的社会经济史学派、新兴的社会史学派和经济史学派。①

原先在中国史学中居于主流地位的社会经济史学派，在"文化大革命"中遭受严重打击，在此时期不仅得到恢复，而且达到黄金时代。早在"文化大革命"以前即组织众多专家着手编撰的《中国资本主义发展史》（许涤新、吴承明主编）和《中国近代经济史（1840—1894）》（严中平主编）在20世纪80年代完成并出版，成为中国经济史研究中里程碑式的成果。80年代中期组织诸多学者合作撰写的《中国经济通史》《中国经济发展史》，亦先后分卷出版。各种专史研究更是硕果累累。② 特别要指出的是，到了20世纪80年代，随着社会经济史研究日益深入，演化出偏重于社会史层面和经济史层面的两个新学派，这里姑且称为新社会史学派和新经济史学派。

新社会史学派的奠基人是傅衣凌。傅氏早年在日本受过社会学的训练，在研究中特别注重从社会史的角度研究经济史，在复杂的历史网络中研究二者的互动关系；注重地域性的细部研究、特定农村经济社区的研究；把个案追索与对宏观社会结构和历史变迁大势的把握有机地结合起来；强调注意发掘传统史学所轻视民间文献（契约文书、谱牒、志书、文集、账籍、碑刻等）等史料，倡导田野调查，以今证古，等等。③ 在他的影响下，社会人类学的民间取向逐渐得到历史学家的认同，并开始以"从下往上看"的视角和价值立场重新审视历史。在此时期，社会史研究有了

---

① 这里对三个学派的区分参考了刘兰兮执笔的《中国经济史研究前沿扫描》（《中国社会科学院院报》2007年5月8日），但所用的表述与刘文颇有不同。

② 例如，林甘泉主编的《中国封建土地制度史》，赵俪生的《中国土地制度史》，朱绍侯的《秦汉土地制度与阶级关系》《魏晋南北朝土地制度与阶级关系》，张泽咸的《唐代阶级结构研究》，王曾瑜的《宋代阶级结构》，傅衣凌的《明清封建土地所有制论纲》，李文治的《明清封建土地关系的松解》，章有义的《明清徽州土地关系研究》，杨国桢的《明清土地契约文书研究》，胡如雷的《中国封建社会形态研究》，郭正忠主编的《中国盐业史：古代篇》，等等。

③ 杨国桢：《序言》，《傅衣凌治史五十年文编》，厦门大学出版社1989年版。

长足的发展，成果丰硕。① 厦门大学中国社会经济史研究中心、中山大学历史人类学中心、华中师范大学近代史研究中心和南开大学社会史研究中心，成为社会史研究的重镇。

新经济史学派的代表人物是吴承明。吴氏早年在美国攻读经济学，具有深厚的经济学素养。他本是资本主义萌芽理论研究中最有建树者，但是他的眼光却远远超越该理论。早在20世纪80年代初，当我国经济史学界还在生产关系的圈子里打转的时候，他已经着手研究市场以及其他与经济近代化有关的问题了。② 他认为中国传统社会自身蕴藏着众多向近代化转型的能动的积极的因素，而其市场史研究则是对这一预设的实证考察。同时，他对经济史方法论展开了积极的探索，构建起一个经济史研究的方法系统。在他的影响下，中国社会科学院经济研究所经济史研究室、清华大学中国经济史研究中心、南开大学经济学研究所都发展了更为专业化的经济史研究，并出版了大量重要的研究成果。

这两大新学术流派的形成，表现出中国经济史学真正出现百花齐放的局面。但是这里也要强调：(1) 尽管中国经济史学出现分化，但是总的来说，其社会经济史学的性质并未改变③；(2) 上述分化，与国际潮流不谋而合。在西方，在20世纪60年代，经济社会史的分化日益扩大，其主要标志有二：一是"新经济史"（或"计量经济史"）的出现，二是表现为将严肃的经济学转向人类活动的更广阔和更复杂领域的趋势。具体而言，

---

① 如冯尔康、常建华等对宗族社会、清代社会生活的研究，刘泽华对传统社会"士"的研究，彭卫、宋德金等对婚姻史的研究，朱凤瀚、谢维扬对商周家族形态的研究，马新、齐涛对汉唐乡村社会的研究，唐力行等对徽商的研究，马敏等对晚清"绅商"和"商会"的研究，陈支平、郑振满等对福建家族的研究，陈春声、刘志伟等对华南民间信仰的研究，赵世瑜对北方民间社会的研究，蔡少卿等对近代帮会和秘密社会的研究，乔志强等对近代华北乡村社会的研究，定宜庄、高世瑜对古代妇女的研究等，都是其中引人注目的成果。见王学典《近五十年的中国历史学》，《当代中国史研究》2004年第3期。

② 参见叶坦《吴承明教授的经济史研究》，（台北）《近代中国史研究通讯》1998年第26期。

③ 傅衣凌是社会史学的主要代表人物，但他提倡的是把对地区社会细部的研究和社会经济的总体研究结合起来。吴承明是采用经济学的方法研究经济史的主要倡导者，但他也明确提出经济史研究不能只讲"纯经济的"现象，应该有整体视野，经济史学家应有历史学修养，应能从自然条件、政治制度、社会结构诸方面，包括思想文化方面研究经济发展与演变。

后一趋势体现为社会史在20世纪五六十年代的快速发展。[①] 但是在学科分化的同时，经济史学的社会经济史性质也在加强。[②] 我国的经济史学在此时期的变化，也与这个国际大趋势相一致。

此外，与历史上的经济活动有关领域的研究，在此时期也取得重大成就。其中以复旦大学历史地理研究所为中心的中国人口史研究、以南京农业大学中国农业遗产研究室和浙江农业大学中国农史研究室等为中心的中国农业史研究，都取得重大成就。环境史、地理史、灾害史、技术史、水利史、交通史等的研究也有重大进展。这些成就和进展，都为经济史学的发展提供重要帮助。

除此之外，还有一个情况值得重视。在以往各阶段上都存在着的中国经济史学发展对"问题"的路径依赖[③]，在此时期逐渐弱化。20世纪80年代的中国经济史研究仍然强烈地体现出对"问题"的路径依赖，只不过是把研究的重点从社会经济形态、生产关系和经济制度转移到与现代化有关的问题上来，从而展开了对中国封建社会长期延续、中国封建社会经济结构、小农经济、商品经济和传统市场等问题的讨论。然而在进入20世纪90年代后，已不再有这类全国性大讨论，取而代之的是各种更加专业化的小型讨论会。[④] 摆脱学科的发展对现实政治"问题"的路径依赖，表现出中国经济史学正在走向依照学科发展自身规律而发展的道路。

[①] Donald C. Coleman, "What has happened to Economic History? An Inaugural Lecture", Delivered in the University of Cambridge on 19 October 1972. Eric J. Hobsbawm, "From Social History to the History of Society", in M. W. Flinn & T. C. Smout, eds., *Essays in Social History* (Oxford), 1974.

[②] 作为标志，"经济—社会史"一词在20世纪60年代晚期开始流行起来，到了70年代经济社会史逐渐成为主流。就英国而言，20世纪70年代，英国经济史学会在"经济史丛书"和"社会史丛书"的基础上出版"经济社会史丛书"，在70年代和80年代，英国诸多大学都建立了经济社会史系。见徐浩《英国经济社会史研究：理论与实际》，商务印书馆2002年版。

[③] 1949—1978年，经济史学发展对"问题"的路径依赖变得比以前更明显。在20世纪50年代，经济史学界过多的努力集中于"五朵金花"问题的讨论，致使经济史的其他方面受到忽视和轻视。

[④] 如对"传统农业与小农经济研究""传统市场与市场经济研究""中国少数民族经济史""中国经济史学理论与方法""中国经济史上的'天人关系'""中国历史上的商品经济""中国传统经济再评价"等问题的小型专门讨论会。

二 反思（2008—2018年）①

在20世纪80年代，历史学界对前三十年的中国史学状况进行了深刻的反思。这个反思对于之后三十年的中国史学发展起了关键的作用。到了今天，中国史学又回到另一个反思的时代。王学典说："'文革'结束已经快40年了。30年河东，30年河西。历史几乎每隔30年都要出现一次轮回：从1919到1949，从1949到1979，从1979到2009，几乎都是如此。从进入新世纪的第二个10年开始，像中国的整个人文社会科学各个门类一样，中国史学事实上又面临一次再定向，或者说，已经进入又一次再出发的前夜。"如果说，20世纪80年代是一个对中国史学的"前三十年"（1950—1980年）进行反思的时代，那么今天则是一个对"后三十年"（1980—2010）的史学进行反思的时代。②

上一次反思使中国历史学家从"前三十年"中盛行的许多框框套套中解放出来，并且破除了中国史学界这三十年的封闭状况，使中国历史学家得以"开眼看世界"，形成了"西学"引进的热潮。陈春声指出："三十年前，在刚刚改革开放的社会背景之下，有点生吞活剥地介绍和学习欧美的人文社会科学理论，以几乎没有与日常生活相联系的功利色彩的理论热情，甘愿冒着各种风险，反思当时我们认为关系到整个历史学发展路向和学术基础的一系列'重大理论问题'，与之同时，中国史学研究的问题意识、书写或表达形式、研究规范与学术价值观也就随着改变了。"③"后三十年"中国史学的发展很大程度上是中国史学在上一次反思的基础上进行

---

① 本节写作主要参考李伯重《反思"新经济史"：回顾、分析与展望》，（澳门）《澳门理工学报》2017年第1期；《中国经济史学的话语体系》，《南京大学学报》（哲学·人文科学·社会科学版）2011年第2期；《史料与量化：量化方法在史学研究中的运用讨论之一》，《清华大学学报》（人文社会科学版）2015年第4期；《量化史学中的比较研究》，《量化历史研究》2015年第1期；《科学看待量化方法在史学研究中的作用》，《当代中国史研究》2015年第5期；《大数据与中国历史研究》，《大数据与中国历史研究》，社会科学文献出版社2017年版，等等。

② 王学典：《从反思文革史学走向反思改革史学——对若干史学关系再平衡的思考》，《中华读书报》2015年3月18日。

③ 陈春声：《新一代史学家应更关注"出思想"》（新时期史学理论研究的回顾与展望笔谈二），《史学月刊》2016年第6期。

"改革开放"的结果,因此到了今天,"新的学术时代正在数据可视化、数字仓储、文本发掘、多媒体出版、虚拟现实等所谓'数字人文'的背景下成长起来。在我们的学生中,懂得'叛师'的最优秀者,其问题意识、书写或表达形式、研究规范与学术价值观,已经呈现出与我们这一代人迥然不同的样貌"①。

这次反思的内容颇为广泛,从史学研究中的理论、方法、范式、话语体系,乃至"宏大叙事""碎片化"诸多方面,都在反思之列。就经济史研究而言,主要是对于20世纪末引入的"新经济史"研究范式和方法的反思。这种"新经济史",依照福格尔(Robert W. Fogel)的诠释,乃是"重新建立起过去曾经存在,但却没有发扬的计量方法,强调重新组合原始资料,使之能以前所未有的方式得到计量处理,强调去发现那些无法直接计量的经济现象"②。简言之,就是运用计量方法进行经济史研究。因此,新经济史也被称为计量经济史或经济计量史(Econometric History)、数量史学或量化史学(Quantitative History)以及历史计量学(Cliometrics)等。③ 虽然这些名称的含义不尽相同,不同的学者在对某个名称的选择上也有各自的偏好,但是它们谈的实际上仍然是同一门学科。计量经济史的各种流派具有共同的基本特征,即强调在经济史研究中运用定量分析方法。因此可以说计量是计量经济史的基本特征,因此我国学界也更多地称之为计量经济史。而依照安德森(Margo Anderson)的说法,量化历史是一系列利用数据分析的方法来研究历史的技艺的总称。④

在中国经济史研究中使用计量方法始于20世纪30年代。真正意义上的计量经济史的出现是晚近的事,其主要原因是计量经济学很晚才引入中国。1980年夏,当年的诺贝尔经济学奖得主克莱因(Lawrence R. Klein)

---

① 陈春生:《新一代史学家应更关注"出思想"》。
② Robert W. Fogel, "The Reunification of Economic History with Economic Theory", In *American Economic Review*, Vol. 55, No. 1/2 (Mar., 1965). 参见隋福民《创新与融合——美国新经济史革命及对中国的影响(1957—2004)》,天津古籍出版社2009年版,第70页。
③ 孙圣民:《经济学和史学范式的冲突、融合与发展:历史计量学五十年》,《中国社会科学》2009年第4期。
④ Margo Anderson, "Quantitative History", In William Outhwaite and Stephen Turner, eds: *The Sage Handbook of Social Science Methodology*. New York: Sage Publications, 2007, pp. 246 – 263.

受时任中国社会科学院副院长的许涤新之邀,率领 7 位美国知名经济学家来中国,举办经济计量学习班,地点在北京颐和园,故称"颐和园经济计量学讲习班"。100 多位中国学者接受了此次培训,这标志着计量经济学引入中国。① 自从之后,计量经济学在我国发展迅猛,成为经济学的主流。②

随着计量经济学的引进和走红,经济史学家也开始关注在研究中使用计量方法。1990 年,张仲礼发出呼吁:"经济史作为一门学科,在计量方面应比一般的史学有更高的要求,能用数量统计的应尽量用数量统计,以显示事物量的变化过程,能定量的尽可能作定量分析,以确定事物变化发展的程度。只有建立在大量扎实的资料工作基础上的研究工作才是真正扎实的、经得住考验的研究工作,其成果也必定是坚实可靠的。"③ 一些经济史学家开始尝试在研究中使用计量方法,并得出一些以往使用定性方法无法得到的结论。④ 不过,在 20 世纪最后二十年的中国经济史研究中,计量方法的使用还很局限,一方面是使用的人不多,另一方面则是所使用的大多还只是简单的统计方法。

20 世纪末 21 世纪初,中国的计量经济史研究开始进入一个新阶段。彭凯翔对此作了一个综述,总结近年来中国经济史的计量研究的四大重点:第一,历史时期中国经济发展水平(尤其是 GDP)的估计;第二,对发展模式的争论和相关检验;第三,关于市场制度及其效率的讨论与量化研究;第四,对国家能力、社会控制与外生冲击等问题的反思及其因果性检验。这些研究深化了对"马尔萨斯陷阱""斯密增长"等经典命题的

---

① 柳红:《颐和园讲习班》,《经济学家茶座》2009 年第 3 期。
② 到了 2006 年,高等学校财经类专业开设《计量经济学》课程的比例达到 98%,而在《经济研究》这一中国经济学最高刊物上发表的论文中,以计量经济学模型方法作为主要分析方法的论文占到 53%。在其他经济类刊物如《金融研究》《世界经济》等,也无不如此。因此计量经济学模型已经成为经济理论研究和实际经济分析的一种主流的实证研究方法。见李子奈《我国计量经济学发展的三个阶段与现阶段的三项任务》,《经济学动态》2008 年第 11 期。
③ 张仲礼:《理论研究资料开拓和选题调整》,《中国经济史研究》1990 年第 1 期。
④ 例如,章有义对苏州府长洲县三册鱼鳞簿进行计量研究后得出如下结论:"由康熙初年至 1949 年的二百七八十年间,地主(包括富农)同农民占地的比率几乎稳定在 65∶35。看来,人们设想的地主所有制支配下地权不断集中的必然性,在这里没有得到证实。"见章有义《康熙初年江苏长洲三册鱼鳞簿所见》,《中国经济史研究》1988 年第 4 期。

认识，也有助于进一步探索国家、市场、家族、文化等因素之间的复杂关系。① 此外，仲伟民、邱永志也对中国计量经济史研究的最新热点——中国历史上的 GDP 的估算的研究状况，进行了综述和分析。②

为了推进计量经济史的发展，陈志武与清华大学、北京大学和河南大学合作，于 2013 年开始，到 2018 年共举办了六届"量化历史讲习班"，参加讲习班接受培训的学者来自国内高校和研究机构，人数总计六百余人。尽管培训的实际效果还需要时间检验，但是如此众多的中青年学者踊跃报名参加培训这件事本身，就已表明中国经济史学界对计量经济史的期盼。因此，在今天的中国经济史坛中，虽然计量经济史还只是一个较小的分支，但是其影响正在迅速增长，成为中国的经济史学未来发展的一个亮点。

计量方法在经济史研究中的重要性是无人能够回避的。在今天这个"史料爆炸"的时代，面对排山倒海般出现的新史料，不使用数据处理，是无法使用的，许多研究也难以进行。而数据的处理就是建立在计量方法基础之上的。计量方法在史料辨伪方面也可以发挥重要的作用。在一些情况下，对于即使是那些通常被视为"原始资料"的史料来说，计量方法在其辨伪方面是很有用的，有时甚至是无可替代的。③

然而，计量方法也有其局限性。计量研究的基础是数学。经济学之所以成为科学，一个原因是它与数学有密切关系。马克思认为一种科学只有成功地运用数学时，才算达到真正完善的地步。④ 萨缪尔逊（Paul Samuelson）也指出："如果不是用严格的数学方法，牛顿、麦克斯韦、爱因斯坦、玻尔就不可能完成那些科学革命。仅仅阅读 19 世纪的经济学著作或者由教书匠和空谈家炮制的现代改写本，是不能使人超越经济科学的幼儿园的，这就是严

---

① 彭凯翔：《历史视野下中国经济的长期变迁——近年中国经济史之计量研究综述》，《经济研究》2015 年第 5 期。

② 仲伟民、邱永志：《数据估算与历史真实——中国史中 GDP 估算研究评述》，《史学月刊》2014 年第 2 期。

③ 参阅李伯重《史料与量化：量化方法在史学研究中的运用讨论之一》，《清华大学学报》（哲学社会科学版）2015 年第 4 期。

④ 这句话是马克思的女婿拉法格说的（见保尔·拉法格《摩尔和将军——回忆马克思和恩格斯》，人民出版社 1982 年版，第 95 页），国内不少出版物都误作马克思自己的话。有关辨析见胡世华《质与量的对立统一与数学》（《哲学研究》1979 年第 1 期）。

酷的现实。"① 温特劳布（E. Roy Weintraub）具体说明了数学与经济学的关系："数学简化了经济学原理。在数学中，一些变量与另一些变量之间关系的函数表达，可用来描述经济现象之间的关系。对有关经济变量的命题描述越丰富，解释也就越有力量。"② 由于经济学是社会科学各学科中最早也最成功运用数学的学科，因此也成为最早也最成功科学化了的社会科学学科。数学在经济分析中的使用越来越多，越来越深，一方面促进了经济学的精确化、形式化和科学化，另一方面也出现了过度数学化的一些弊端。王国斌（R. Bin Wong）指出："自 19 世纪后期起，经济学的主题变得越来越狭隘；而到最近三十年中，更是日益变成一些用正规数学语言表述的专题。对于一些经济学家来说，经济学近来已达到了危机点。"③ 特纳（Adair Turner）更指出："传统经济学为了数学上的优美和得出确定的结论，忽视现实，把现实中重要的问题假设其不存在。"④ 由于今天的经济学在数学化的方面走得太远，许多学者惊呼经济学已经面临危机。事实上，这个危机在计量经济学的鼎盛时期就已出现，不过当时未受到重视。⑤ 随着时间的推移，到了 1987 年，费尔德（Alexander J. Field）在他主编的《经济史的未来》一书的第一页中断言："计量经济学革命已经死去。"⑥

由于经济史学与经济学之间的特殊关系，经济学所遇到的问题自然也严重地影响到经济史学。在经济史学中，"新经济史革命"后，上述倾向也变得越来越严重。1985 年，索洛（Robert Solow）直率地批评"当代经济学脱离历史和实际，埋头制造模型"⑦。他批评一些经济史学者过分尾随

---

① 萨缪尔逊为其《经济分析基础》中文版（北京经济学院出版社 1990 年版）写的前言。
② E. 温特劳布:《经济数学》（中文版），经济科学出版社 1999 年版，第 1 页。
③ 参见 Daniel Fusfeld, *The Age of the Economist*, p. 4；王国斌《转变的中国：历史变迁与欧洲经验的局限》，中译本，江苏人民出版社 1998 年版，上编小序。
④ 特纳:《债务和魔鬼：货币、信贷和全球金融体系重建》，转引自张维迎《人类史上的大危机都是由通货膨胀造成的》，发布于凤凰财经网站（http://finance.ifeng.com/a/20160511/14376475_0.shtml）。
⑤ W. Coats, "The Current 'Crisis' in Economics in Historical Perspective", In *Nebraska Journal of Economics and Business*, published by University of Nebraska at Lincoln, Vol. 16, No. 3 (1977).
⑥ Alexander J. Field, *The Future of Economic History*, Boston: Kluwer-Nijhoff Publishing, 1987.
⑦ Robert Solow, "Economic History and Economics", In *The American Economic Review*, Pittsburgh, Vol. 75, No. 2 (1985).

经济学,说:当代的经济史也像经济学那样,"同样讲整合,同样讲回归,同样用时间变量代替思考",而不是从社会制度、文化习俗和心态上给经济学提供更广阔的视野。因此"经济学没有从经济史那里学到什么,经济史从经济学那里得到的和被经济学损害的一样多"。他呼吁经济史学家可以利用经济学家提供的工具,但不要回敬经济学家"同样的一碗粥"①。德赛(Meghnad Desai)对新经济史研究的方法论进行了概说:新经济史的特点在于用数学公式把使用经济学理论得出的分析变成可以验证的形式,并通过统计方法加以检验。因此新经济史研究方法的目标是建立一种明确的模式,并试图从统计学的角度来计算该模式中的各种关系。判断某一经济模式是否有效的基本标准,就是该模式中的方程能否被清晰地识别,而识别问题对于历史研究来说很难。② 鉴于这种情况,罗林斯(Neil Rollings)的一篇文章,干脆就取名为"经济史与当今的经济学危机"③。

在此情况下,经济史如果依然过分尾随计量经济学,当然问题也就不可避免了。

经济学内部包含许多不同的方法,经济史研究可以从经济学中获得的方法也绝非仅计量方法一种。吴承明指出:"按照诺斯的说法,目前用于研究经济史的经济理论不外古典经济学、新古典经济学、马克思主义经济学,等等。"他进一步指出:"具体而言,在中国经济史研究中可以利用的经济学方法,特别值得重视的有经济计量学方法、发展经济学方法、制度经济学方法(也可称社会学方法)、区域经济史方法,等等。"④

事实上,正如弗拉德在《计量史学方法导论》中指出的那样,计量历史学只是"存放着各式各样方法的'军火仓库'中的一种武器",只能在

---

① Robert Solow, "Economic History and Economics".
② Meghnad Desai, "Some Issues in Econometric History", in *the Economic History Review*, Malden MA, New Series, Vol. 21, No. 1 (Apr., 1968). 参见隋福民《创新与融合——美国新经济史革命及对中国的影响(1957—2004)》,第162页。
③ Neil Rollings, "Economic History and The Current Crisis in Economics", In *Journal of Scottish Historical Studies*, Edinburgh, 1994.
④ 吴承明:《经济学理论与经济史研究》,《中国经济史研究》1995年第1期;吴承明:《中国经济史研究方法杂谈》(1986年12月在中国经济史学会成立大会上的讲话),《中国近代经济史资料》1987年第6辑。

"相当有限的条件下"起作用,"从定量问题补充定性问题,定量证据补充定性证据;两者无法互相取代,两者各自也不能以了解整个历史学的研究而自命。……计量证据几乎肯定不会提供一个全面的答案,但是他很可以提供一个部分的答案,而把这部分的答案视若无睹地丢掉,既是浪费也是不负责任"。因此,过分强调计量方法是无益于经济史研究的。

虽然越来越多的经济史学者(特别是中青年学者)对量化方法的兴趣日增,也开始了这方面的工作,但至今为止,能够站得住脚的成果仍然不多。一个主要原因是在经济史研究中使用量化方法,必须建立在充分和可靠的史料基础上。唐传泗强调做计量研究应先要打好数据资料基础工作,并就近代经济史数据资料的搜集、考察、审定和加工整理等问题指出:数据错误比文字错误"往往更不易为人们所察觉",因而必须精细小心。[①]章有义也指出:"计量材料的缺乏给我们带来了难以克服的困难,但绝不能采取'饥不择食'的态度,而必须付出艰苦的劳动,对已有的不准确的材料,逐一进行细致的审订和校正,变无用为有用。计量分析对于历史尤其经济史的研究,固然重要,但必须有比较切实的数量可据。"[②]

把今天出现了巨量的经济史料变为可以信赖和便于使用的数据,是需要付出极大的工作。在这方面,我国经济史学界取得了踏踏实实的进展。许多经济史学者都认识到全面整理和利用已有中国经济史研究成果,建立经济史数据库群,是完善学科基础建设、为 E-SCIENCE 的实现做准备的急切任务。因此,一些单位开始进行经济史数据库的建设。其中,中国经济史研究重镇——中国社会科学院经济研究所,起了带头作用。他们选择"中国经济史学数据库"和"当代中国经济发展和制度变迁资料数据库"作为入手点,进行数据库的建设。"中国经济史学数据库"将收录中国经济史研究的资料、动态、索引、研究成果以及学会、学科研究机构、专家等情况。"当代中国经济发展和制度变迁资料数据库"分为两个板块,26个子库,含有综合、工商体制、农村经济体制、农业、工业、商业、外

[①] 唐传泗:《关于中国近代经济史研究的计量问题》,《中国近代经济史研究资料》,上海社会科学院出版社1985年版。

[②] 章有义:《关于近代农业生产计量研究的几则根据》,《中国社会经济史研究》1990年第2期。

贸、财政、金融、交通运输邮电、基本建设和建筑业、劳动工资和就业等多方面内容，收录1949年以后中国大陆的经济发展和经济制度变迁的资料。在这两个数据库的建设中，该所人员对书目型、资料型、数值型、专题型、事实型等各种类型的数据库的结构、功能、需求、效率等特点进行了探索，而这些经济史学研究领域还是个空白。在现有工作完成后，该所下一步开展"清代粮价数据库"（数值型）和"徽州文契数据库"（专题型）的建设，以获得更全面的实践经验和规划依据。通过开发实验，该所总结出适合于经济史数据库群的规划、开发经验，为整个中国经济史及其研究活动的数据库群建设提供参考依据。[1]

2015年12月4—7日，由《中国史研究》杂志社和上海大学历史系联合主办的"传承与开启：大数据时代下的历史研究"国际学术研讨会在上海召开。海内外110余位专家学者齐聚一堂，围绕"数据库的建设与使用""大数据与史学研究""大数据在历史研究中的技术问题""大数据时代下的人文关怀"等议题展开深入的研讨。这个研讨会对于经济史数据库的建设也起到推动作用。

在利用"大数据"进行社会经济史的量化研究方面，学界也开始取得一些扎实的研究成果。其中梁晨、张浩、李兰、阮丹青、康文林、李中清等人进行的中国高等教育社会史的研究，利用1952年以来半个世纪的北京大学和苏州大学学生学籍卡的翔实材料，建立了专用数据库。在此基础上，使用量化方法，完成《无声的革命——北京大学与苏州大学学生社会来源研究（1952—2002）》一文和《无声的革命》一书。[2] 该书根据长时段的定量分析，深刻解释了高考在20世纪中国社会流动中所发挥的作用，指出自1949年以来，中国高等教育领域出现了一场革命。新中国高等教育生源开始多样化，以往为社会上层子女所垄断的状况被打破，工农等阶层的子女逐渐占据相当大的比重。基础教育的推广、统一高考招生制度的建立以及重点中学等制度安排共同推动了这一变革的出现。这场革命虽然

---

[1] 吴裕宪、王雅玲：《建设中国经济史数据库群的探索》，《中国经济史研究》2008年第3期。
[2] 该文刊于《中国社会科学》2012年第1期，该书由生活·读书·新知三联书店于2013年出版。

不及社会政治革命那样引人瞩目，却同样意义深远。受教育者本人在实现命运转变的同时，也改变了国家和地方精英的身份构成，传统社会中封闭的阶层关系和结构被彻底改变了。该书力图将这一革命及其成就呈现出来，为中国高等教育改革与发展提供借鉴。虽然其结论受到一些学者的质疑，但这种研究方法无疑对于社会经济史研究来说是一个创新之举。

梁晨、李中清等人通过这项研究还指出：不同于传统计量史学和以经济学为代表的社会科学学科所注重的"解释型学术"，量化数据库推动的是"求是型学术"，即通过统计分析从大规模系统数据中挖掘新事实、产生新认识。中国历史中长期存在规模宏大的户籍登记、土地分配和科考记录等系统材料以及海量文字记录，很多已得到收集和整理，有利于构建大规模数据库并开展定量研究。面对"大数据"时代历史研究的大趋势，历史学者并非只能消极被动接受转变，而是有其独到的比较优势。历史学者掌握的众多史料、丰富的历史知识以及考据等研究方法等对量化研究历史资料来说都是必需的。[1]

三 危机与机遇：21世纪的中国经济史学

中国经济史学的重要性，随着最近四十年中国经济的起飞而得到加强。正如柏金斯（Dwight Perkins）所言，中国今日的经济奇迹是20世纪世界上所发生的最重大的事件之一，而只有从历史的长期发展的角度出发，才能真正了解这个奇迹。[2] 因此中国经济史研究在国际学坛受到前所未有的重视。[3]

然而进入20世纪90年代以后，我国的中国经济史研究却开始出现衰落的迹象。[4] 经济史论著数量减少，经济史学者纷纷转向其他领域。更重

---

[1] 梁晨、董浩、李中清：《量化数据库与历史研究》，《历史研究》2015年第2期。
[2] Dwight Perkins, *China: Asia's Next Economic Giant*? University of Washington Press, 1986.
[3] 例如，安古斯·麦迪森（Angus Madison）、贡德·弗兰克（Andre Gunder Frank）等一些原来并不研究中国经济史的西方著名经济学家、政治学家，近来也开始加入中国经济史研究的队伍。
[4] 李根蟠指出：经济史研究的黄金时代是20世纪70年代末至80年代末，但90年代初以来，情况发生了变化。见李根蟠《中国经济史学百年历程与走向》，《经济学动态》2001年第5期。

要的是，构成以往中国经济史学基础的许多主要理论与方法，近年来也受到越来越多的质疑与挑战。中国经济史学感到日益严重的危机。

这个危机是近几十年来全球性史学危机在中国经济史学中的表现。这个危机开始于20世纪60年代，到20世纪末达到高潮。而这个时期是一个社会科学发生巨大变化的时代，以往史学赖以建立的若干理论基石（例如单元论、目的论、直线进化论、决定论等）都受到强烈冲击，因此用于构建历史的主要依据也发生动摇。在此背景之下，经济史学在西方也出现了危机。① 经过二十多年来的改革开放，中国经济史学已成为国际学术的一个组成部分，因此全球性的史学危机中，中国经济史学受到冲击并不奇怪。不仅如此，中国经济史学作为现代中国史学的一部分，在1949—1989年这四十年间，一直都在马克思主义的历史话语系统内思考问题。但是到了90年代，情况发生深刻变动。② 这是中国马克思主义史学的主流地位遇到严峻挑战的一个结果。③ 因此中国经济史学出现衰落，"尤其与马克思主

---

① 例如有学者指出：经济史或经济社会史在20世纪七八十年代的英国出现停滞或下降势头。经济社会史系在英国大学收缩了规模，经济史的教授职位得不到补充，经济史系缩减编制或者并入经济系或历史系。参见徐浩《英国经济社会史研究：理论与实际》，商务印书馆2002年版。

② 王学典指出：在1949年以后居于主流的史观派，其发展一直是在"社会史论战"以来，特别是1949年以来所形成的历史话语系统内进行。这一话语系统有以下几个特点：首先，这一系统基本上是从西方引进的，是西方（主要是西欧）用来描述、反映自身历史特点的概念和术语。更重要的是，这是一套"充斥着二十世纪政治与文化诉求"的话语，为学术共同体与政治社会所共用。像"封建""封建社会""阶级""阶级社会""剥削""剥削阶级""地主""地主阶级"等，以及与这些术语相关联的许多社会历史理念、若干带有全局性的重大假设，都只有放在特定的意识形态语境中才好把握。严格地讲，这套话语是史学界从政治社会照搬过来的，而政治社会主要用这套话语来从事社会动员。值得特别注意的是，史学界在这套话语系统内所提出的许多命题大多是意识形态命题，或半是学术半是意识形态的命题。见王学典《近五十年的中国历史学》。

③ 张剑平认为中国马克思主义史学的主流地位遇到严峻挑战的主要原因，一是在很长时期受"左"倾错误指导思想的干扰所造成的消极后果，过分强调阶级斗争，忽视了历史发展的多样性和复杂性，使一些中青年史学家误认马克思主义史学就是"阶级斗争史学""农民战争史"或"民族解放运动史"，从而产生一种厌倦心理；二是随着苏联东欧社会主义的解体，马克思主义在全球范围内受到挑战；三是20世纪以来，特别是第二次世界大战以后，西方历史学的新进展，西方非马克思主义的史学理论的发展和影响的日益扩大；四是20世纪80年代有的史学理论者的研究缺乏实证的基础，出现了空谈理论的偏向，这使一些学者对唯物史观指导下的理论探讨也产生厌倦的情绪；五是20世纪90年代实证主义史学的重新崛起，也使一部分史学工作者对马克思主义及其史学产生偏见。在上述情况下，未来的中国马克思主义史学的命运，实际上也成为受到人们关注的重大问题。见张剑平《新中国史学五十年·绪论》。

义基础理论在当代受到挑战有关"①。

如何应对这个危机,对于中国经济史学来说是生死存亡的大事。我们必须充分动员我们所拥有的一切资源,与全球同行一起努力,才能成功地战胜危机,并使中国经济史学得到更大的发展。而要做到这一点,关键是正确对待我国的经济史学的学术传统以及我们面对的学术国际化的趋势。

如前所述,我国的经济史学在其一个世纪的发展演变过程中,已形成自己的学术传统。这个传统包括三个部分,即(1)1949年以前居于主流地位的实证史学传统;(2)1949年以后确立的马克思主义史学传统;(3)1978年以后形成的多元化史学传统。上述三个传统都是我国的中国经济史学的宝贵财富。②轻率地否定它们中的任何一个,都是浅薄的行为。这里要强调的是,虽然它们研究的对象各有侧重,研究的方法也各有不同,但是它们也有明显的共同点,例如重视唯物史观③,强调社会经济史的整体性质,都是在国际学术潮流的影响下形成的④,等等。因此不能把

---

① 李根蟠:《中国经济史学百年历程与走向》。

② 关于历史主义方法(即实证史学方法)的重要性,我们可以从熊彼特(Joseph Shumpeter)下面的话见之,他说:"经济学的内容,实质上是历史长河中的一个独特的过程。由于理论的不可靠性,我个人认为历史的研究在经济分析史方面不仅是最好的,也是唯一的方法。"(熊彼特:《经济分析史》第1卷,朱泱译,商务印书馆1991年版,第29页及注3)关于马克思主义的重要性,则年鉴学派奠基人之一的费弗尔已说得很明确:"任何一个历史学家,即使从来没有读过一句马克思著作……也要用马克思主义的方法来思考和理解事实与例证。马克思表述得那么完美的许多思想早已成为我们第一代精神宝库的共同储藏的一部分。"(张广智:《克丽奥之路》,复旦大学1989年版,第264页)该学派第二代领导人布罗代尔认为他著名的"长时段"理论与马克思主义是相一致的:"马克思的天才、马克思的影响经久不衰的秘密,正是他首先从历史长时段出发,制造了真正的社会模式。"([法]布罗代尔:《历史和社会科学:长时段》,载蔡少卿编《再现过去:社会史的理论视野》,浙江人民出版社1988年版,第76页)该学派第三代领导人勒高夫指出:"在许多方面,如带着研究历史、跨学科研究、长时段和整体观察等,马克思是新史学的大师之一。"([法]维克·勒高夫:《新史学》,载蔡少卿编《再现过去:社会史的理论视野》,第118页。按:"带着研究历史"一句似不通,但所引译文如此)至于第三个传统所体现的多元化和专业化的优点,更自不待言。

③ 在1949年以前,虽然史料考据是中国史学的主流,但是唯物史观也受到中国主流史学中一些人物的重视。例如胡适说:"唯物的历史观,指出物质文明与经济组织在人类进化社会史上的重要,在史学上开一个新纪元,替社会学开无数门径,替政治学开许多出路。"见胡适《四论问题与主义——论输入学理的方法》,《每周评论》第37号(1919年)。

④ 1932—1949年占主流的考据学派深受西方实证学派的影响,而1949年以后占统治地位的马克思主义学派则更是以马克思主义作为指导。1978年以后兴起的社会史、经济史学派,也与西方学术具有密切的关系。

它们视为三种相互对立的学统。相反，在主要方面，它们是可以互补的。①三者结合，形成今天我国经济史学的传统。真正具有"中国特色"的经济史学，就只能以此为基础。

与此同时，我们也要正确对待学术国际化的问题。如前所述，中国经济史学从萌芽到今天，一直受到国际学术潮流变化的重大影响，因此不论我们主观愿望如何，我们都无法拒绝我国的经济史学正在国际化这一现实。事实上，只有主动地投入国际化，才能进入国际主流学术，从中汲取我们所需要的学术资源。这里我们应当强调：国际经济史学的主流学术本身并非一成不变。一方面，它具有西方渊源与西方背景；另一方面，它在长期的发展中也在不断地"科学化"，而真正的科学化意味着要超越西方的局限。由于国际主流学术具有这种两重性，因此正确的态度应当是充分运用其合理部分，同时对其不合理部分加以改进。同时，如余英时所指出的那样，在西方的多元史学传统中，任何新奇的观点都可以觅得容身之地。近年来西方学界涌现各种新理论方法，其中包括许多有悖于主流的"异义怪论"，不过这些"异义怪论"是否都具有普遍的有效性，尚有待于事实的证明。②因此，我们在大力引进新理论方法的同时，也要对这些理论方法进行深入的分析，取其长而避其短，这样才能既不"趋时"而又不落后于时代。③

---

① 上面谈到的实证史学传统强调史料考据，马克思主义史学传统强调理论指导，强调人类历史发展的共同规律；二者可以互补。1978年以后形成的多元化史学传统既保存了前两个传统中的许多重要内容，同时又吸收了20世纪后半期国际学术的许多新成就，是以前两个传统为基础的改进和发展，因此更与前两个传统互补。

② 参见余英时《关于韦伯、马克思与中国史研究的几点反省》及《中国文化的海外媒介》，均收入《文化评论与中国情怀》，（台北）允晨文化实业股份有限公司1988年版。他指出："最近海内外中国人文学界似乎有一种过于趋新的风气。有些研究中国文史，尤其是所谓思想史的人，由于受到西方少数'非常异义可怪之论'的激动，大有走向清儒所谓'空腹高心之学'的趋势。"特别是"在古典文字的训练日趋松懈的今天，这一新流派为中文程度不足的人开了一个方便法门。因此有些人可以在他们不甚了解的中国文献上玩弄种种抽象的西方名词，这是中国史研究的一个潜在危机"。虽然"到现在，这一流派在美国绝大多数史学家眼中尚不过是一种'野狐禅'"，但是对青年学生却有严重的消极影响，"有志于史学的青年朋友们在接触了一些似通非通的观念之后，会更加强他们重视西方理论而轻视中国史料的原有倾向。其结合则将引出一种可怕的看法，以为治史只需有论证而不必有证据"。

③ 李伯重：《"融入世界"：新世纪我国的中国经济史学的发展趋势》，载吴焯主编《清华人文社会科学专家谈21世纪的中国与世界》，人民出版社2001年版。

我国经济史学的传统与国际经济史学主流学术的发展，二者之间并无根本冲突。相反，二者在发展的大方向上是颇为一致的。特别要指出的是，我国经济史学的社会经济史传统，与20世纪晚期西方经济史学的最新发展趋势更为相符。在西方，自20世纪60年代起，经济史学的分化（即计量史学的兴起与社会史的独立），导致了经济史学的衰落。鲁宾斯坦（William D. Rubinstein）指出：经济史常常围绕两种方法打转，即以美国为主导的计量经济史和以英国为中心的强调历史学与社会学方法的经济史。但问题是，强调社会学方法的经济史家不能使用计量经济学的公式与参数系统，而社会史也不断分化出许多小分支（如城市史、劳工史、女性史等），变得支离破碎。[1] 它们在脱离社会经济史的方向上走得太远，受到许多学者的抨击。[2] 他们呼吁打破学科藩篱，使得经济史重新成为全方位的"整体史"的一部分。[3] 在此背景下，一种回归社会经济史（或者经济社会史）的倾向出现了。克里吉（Eric Kerridge）总结说：经济史是从通史或总体史中抽取出来的，而农业史、工业史、商业史等又是从经济史中抽取出来的。这种专门化的目标只有一个，那就是集中思考总体史的某一具体方面，以揭示整体的发展。其他诸如政治史、宪政史、宗教史、法律史、药物史、海洋史、军事史、教育史等，其目标都是这样。但现在各门

---

[1] 参见前引龙秀清编译《西方学者眼中的经济—社会史》，载侯建新《经济—社会史：历史研究的新方向》，商务印书馆2002年版。

[2] 索洛（Robert Solow）批评某些西方经济史学者过分尾随经济学说：当代经济学脱离历史和实际，埋头制造模型；而当代经济史也像经济学那样，"同样讲整合，同样讲回归，同样用时间变量代替思考"，而不是从社会制度、文化习俗和心态上给经济学提供更广阔的视野。因此"经济学没有从经济史那里学到什么，经济史从经济学那里得到的和被经济学损害的一样多"。他呼吁经济史学家可以利用经济学家提供的工具，但不要回敬经济学家"同样的一碗粥"。Robert Solow, "Economic History and Economics", in *Economic History*, Vol. 75, No. 2.

[3] 熊彼特说：经济史"只是通史的一部分，只是为了说明而把它从其余的部分分离出来"（熊彼特：《经济发展理论》，商务印书馆1991年版，第65页）。奇波拉（Carlo Cipolla）指出："经济史本身就是一种划分，而且是最为任意的划分。其所以这样划分是为了分析和教学上的方便。但生活中并没有这种界限，有的只是历史。"（卡洛·波拉：《欧洲经济史》第1卷，商务印书馆1988年版，"导言"第3页）庞兹（N. J. G. Pounds）更指出：社会科学的各个学科不是彼此孤立的六角形，而是在内容和方法上有着一定联系和渗透的，作为研究人类社会过去的历史学尤其如此。因此，以历史学家的眼光看待经济史，许多社会和文化因素都应该进入经济史的研究领域，因为在社会生活中，没有纯粹的经济活动，人类行为的因果联系无限延伸，没有尽头（N. J. G. Pounds, "What Economic History Means to Me", in P. Hudson, ed., *Living Economic and Social History*, Economic History Society, Glasgow, 2001）。

专业壁垒高筑，互不理会，经济史也沾染上了这种毛病。首先，经济学家渗入经济史学带来了一种非历史的观念（unhistorical cast of mind）。其次，统计学家的"侵入"也使经济史变得"面目可憎"。最后，经济史也受到"历史假设"的困扰，"历史假设"不仅违背事实，也违反最基本的常识。要摆脱这些困扰，经济史家与社会史家应该联合起来，开始新的综合。只有整合的历史才能使我们穿越现实，看到那已逝去的我们不熟悉的世界，更重要的是运用这种对那个已逝世界的知识，与当今世界做出对比，从而加深我们对现实的认识，这才是历史学家最伟大、最崇高的目标。[①] 为了克服以上弊端，英国在20世纪60年代新建立的社会科学研究协会（Social Science Research Council）在1966—1967年就经济史发展方向进行了讨论，决定拓宽经济史的研究领域，将其调整为"经济—社会史"学科，并予以资助。这个学科成立自己的学会，有自己的研究经费。英国经济史学会创办于1927年的《经济史评论》是西方经济史研究的权威杂志，自1991年起，该杂志增添了副标题"经济社会史杂志"，标志着它自20世纪70年代以来从单一经济史杂志向经济社会史杂志转变过程的完成。[②] 到了今天，国际经济史学越来越采取"经济—社会史"的研究取向，这与我国经济史学的社会经济史传统正好相符，因此二者有机地结合是具有深厚的基础的。

那么，中国经济史学未来的发展将会朝着什么样的方向发展呢？

早在1935年4月，在近代中国史学发展方面起过重要作用的《益世报》"史学"双周刊创办时，在发刊词就已明确指出："我们既不轻视过去旧史家的努力，假如不经过他们的一番披沙拣金的工作，我们的研究便无所凭借"，同时"我们也尊重现代一般新史家的理论和方法，他们的著作，在我们看，同样有参考价值"；"我们不愿依恋过去枯朽的骸骨，也不肯盲目地穿上流行的各种争奇夸异的新装。我们的目标只是求真"。此言道出了中国经济史学形成时期有眼光的学者对未来的展望。同样地，在今

[①] 参见龙秀清编译《西方学者眼中的经济—社会史》，载侯建新主编《经济—社会史：历史研究的新方向》，商务印书馆2002年版。

[②] 参见徐浩《英国经济—社会史研究：理论与实际》，载侯建新主编《经济—社会史：历史研究的新方向》，商务印书馆2002年版。

天，我们应当做的是，既珍视我国已经形成了的经济史学传统，又积极进入国际化的进程，在此基础上，建立一种既有中国特色又融入国际学术主流的经济史学。当然，这样做是很难的，因为二者之间虽无根本冲突，但也有明显差异。要化解其中紧张，还需多方努力。不过，我认为这是21世纪的中国经济史学的发展方向；中国经济史学向这个方向发展，既是我们的期望，也是历史的必然。

四十年来中国史学史学科的发展

赵梅春

1978年召开的党的十一届三中全会，确定了解放思想、实事求是的思想路线和改革开放、以经济建设为中心的基本国策，开启了一个新时代，史学研究也迎来了学术的春天。作为历史学分支学科的中国史学史，在新的历史条件下，积极开拓，沉寂十年之后，迎来了发展的新阶段。如果说20世纪三四十年代是中国史学史学科发展的一个高潮，那么改革开放四十年来则是其发展的又一高潮，并且在深度和广度方面远远地超过了前者。这不仅表现在研究成果的丰富方面，更体现在新的研究模式的建立与新研究领域的开辟、有关学科建设文献资料的研究与整理、对近现代中国史学和少数民族史学的重视，以及史学发展中新问题的关注和探讨等方面。瞿林东曾用"新发展、新成就、新境界"概括改革开放三十年中国史学史研究[①]，这一评价同样适合于改革开放40年来中国史学史学科的发展。

一 新学科体系的建立与研究领域的拓展

（一）新学科体系的建立

新的中国史学史学科体系的建立始于20世纪80年代。白寿彝在80年代初曾指出："近两年，国内的形势很好，在某些战线上，大有突飞猛进之势。在这样的新形势下，我们的史学史工作也应该甩掉旧的躯壳，大

[①] 瞿林东：《新发展　新成就　新境界——近三十年来中国史学史与史学理论研究》，载张海鹏主编《中国历史学30年（1978—2008）》，中国社会科学出版社2008年版，第285页。

踏步前进，把新的史学史学科早日建立起来。"他认为有两个问题要予以特别的关注，"第一，是对于历史本身的认识的发展过程；第二，是史学的社会作用的发展过程"。"这两个问题如果解决得好，史学史这门学科就可能面目一新。"① 这里所说的"旧的躯壳"，是指20世纪前期受梁启超"史学史的做法"影响所形成的中国史学史研究与撰述模式。这种模式以"史官""史家""史学的成立及发展""最近史学发展趋势"为基本内容，金毓黻的《中国史学史》是其代表作。在白寿彝看来，"金毓黻就是在梁启超的蓝图上填写了史书的目录，有时对这些书做了简单介绍和评论"。《中国史学史》"带有浓厚的史部目录学的气味"②，必须突破这一模式，中国史学史学科才能进入新阶段。

早在20世纪60年代初，史学研究者就有建立新的史学史学科体系的意向。当时因编写高校文科"中国史学史"教材的需要，学者就史学史学科性质、任务、基本内容、中国史学史的分期以及编写体例等进行了热烈的讨论，强调中国史学史要揭示中国史学发展规律，注意史学发展与整个社会发展的关系，重视史学著作的思想内容，试图超越梁启超模式。"文化大革命"期间，这种讨论被迫中断。③ 在改革开放新形势下，白寿彝提出"把新的史学史学科早日建立起来"，既是对被迫中断的学术研究的延续，更是新时期史学研究者对中国史学史研究与学科建设期待的反映。④

---

① 白寿彝：《中国史学史上的两个重大问题》，《白寿彝史学论集》（下），北京师范大学出版社1994年版，第603页。

② 白寿彝：《中国史学史》（第一册），上海人民出版社1986年版，第166页。

③ 这次讨论成果在成书于20世纪六七十年代、出版于80年代初的中国史学史著作如朱杰勤的《中国古代史学史》（河南人民出版社1980年版）、刘节的《中国史学史稿》（中州书画社1982年版）、张孟伦的《中国史学史》（甘肃人民出版社1986年版）等著作中有所反映。

④ 郭圣铭的《应当重视史学史的研究》（《上海师范大学学报》1978年第1期）、吴怀祺的《史学史要有"史"的特点》（《光明日报》1982年10月27日）、赵俊的《对编纂史学史著作的几点建议》（《江汉论坛》1984年第9期）、王天顺的《史学史研究需要开拓新局面》（《华中师院学报》1985年第1期）、桂遵义的《史学史研究的对象和任务略论》（《历史教学问题》1985年第6期）、杨翼骧的《中国史学史绪论》（《南开大学历史系七十五周年纪念文集》，南开大学出版社1998年版）、瞿林东的《中国史学史纲·导论》（北京出版社1999年版）、乔治忠的《论中国史学史的学术体系》（瞿林东主编《史学理论与史学史学刊》2002年卷，社会科学文献出版社2003年版）、周文玖的《关于中国史学史学科基本理论》（《齐鲁学刊》2002年第1期）等论著，也对中国史学史学科的基本理论问题进行了探讨。

尽管在有关中国史学史学科性质、研究任务、基本内容、分期等具体问题上，学者的认识不尽相同，但基本上都赞成"作为一种学术门类，史学史是研究历史学发生、发展和各个时期史学活动状况及其与各种社会因素相互关系的学科，它有着清理史学遗产、阐明史学演进过程、揭示史学发展规律的任务"①。这种理念反映在研究实践中，表现为力图走出史官、史家、史著的窠臼，从史学与社会的互动角度展示中国史学发展的历程、阶段性特点与规律。如果说20世纪80年代初出版的中国史学史著作还受书目解题式撰述模式的影响②，那么90年代以来的中国史学史论著已彻底"甩掉旧的躯壳，大踏步前进"。如瞿林东的《中国史学史纲》（北京出版社1999年版）"实践了白寿彝的史学史编纂思想，为史学史研究昭示了一条新的道路"。③ 白寿彝主编六卷本《中国史学史》（上海人民出版社2006年版）"对于中国古代史学发展的分期以及对每一时期史学发展的总体把握，重视阐发历代史学与政治的密切关系、重视对古代史学多方面思想成就的总结，重点研究了历代史学批评及理论"。"具体展示了白先生努力探索的史学史研究的新局面、新境界。"④ 这表明新的史学史学科已经建立起来了。有论者将这种新体系中国史学史概括为"历史、时代视野下的中国史学史研究"⑤，以别于史部目录解题式研究模式。

（二）研究领域的拓展

白寿彝所谓"史学史工作也应该甩掉旧的躯壳"，是要求史学史研究走出以史家、史官、史著为主要研究对象的藩篱，开辟新的研究领域。在他看来，这是建设新的史学史科学的关键。在《〈谈史学遗产〉答客问》

---

① 乔治忠：《中国史学史》，中国人民大学出版社2011年版，第4页。
② 葛兆光在《谈史学史的编纂——兼评朱杰勤〈中国古代史学史〉》（《史学史研究》1983年第4期）中批评20世纪80年代初出版的中国史学史著作未能摆脱书目答问、要籍解题模式。白寿彝的《中国史学史·叙篇》（第一册）总结80年代初中国史学史发展时也指出："近年来出版的中国史学史，保留了要籍解题式的影响还相当严重，这也许可以说，是史学史研究工作中难免的过程。"
③ 牛润珍：《中国史学史的新探索——读瞿林东先生〈中国史学史纲〉》，《安徽史学》2003年第3期。
④ 江湄：《史学·思想与时代——试论白寿彝主编六卷本〈中国史学史〉的研究视角》，载瞿林东主编《史学理论与史学史学刊》2008年卷，社会科学文献出版社2008年版，第216页。
⑤ 张越：《中国史学史学科的发展路径与研究趋向》，《学术研究》2007年第11期。

系列文章中，他将中国史学史研究对象概括为历史观点、历史文献学、历史编纂学、历史文学。这意味着中国史学史必须超越有关史官、史家、史著的研究走向更广阔的领域。改革开放以来，学者对中国史学的理论遗产、传统史学向近代史学的转型、20世纪中国史学以及少数民族史学等进行了深入的探索和发掘，同时也关注中外史学的交流与互动，有关中国史学史研究领域不断拓展。这里仅就中国史学的理论遗产、少数民族史学这两个新领域略作论述。

1. 有关中国史学的理论遗产的清理与发掘

20世纪80年代，在广泛引进西方史学理论与方法的背景下，中国史学是否只长于记述，缺乏理论，甚至没有理论，这个问题困惑着史学研究者尤其是青年学者。为此，学者对中国古代史学的理论遗产进行深入的清理和发掘。郑敬高通过对古代史学理论的内容及其特点的考察，指出中国古代的史学认识达到较高的水平，形成了史学理论体系，并带有鲜明的民族文化特色。[①] 杨翼骧、乔治忠认为，中国古代史学理论形成了一套完整的思想体系，这种史学理论"主要不是以长篇巨制的专著表现出来，而是由千百个学者共同创树，互补互益形成的。丰富的思想内容往往浓缩在简要的概念、范畴或类若格言的语句之中……这是中国古代史学理论的重要特点"[②]。

在发掘中国史学的理论遗产方面，瞿林东、吴怀祺做出杰出贡献，他们以丰富的研究成果澄清了人们在中国史学是否存在理论这个问题上的模糊认识。瞿林东在《中国古代历史理论发展大势》《中国古代历史理论的特点》[③] 等文中，高屋建瓴地阐述了中国古代历史理论发展脉络及其特点，指出中国历史理论具有多种存在形式、探索的连续性、未尝离事而言理三个方面的特点。所主编《中国古代历史理论》（安徽人民出版社2012年版）系统地叙述了中国古代历史理论的产生、发展及其阶段性特点，填补了有关古代历史理论研究的空白。所著《中国古代史学批评纵横》（中华

---

① 郑敬高：《中国古代史学理论初探》，《华中师范大学学报》1988年第1期。
② 杨翼骧、乔治忠：《论中国古代史学理论的思想体系》，《南开学报》1995年第5期。
③ 见《瞿林东文集》第2卷，北京师范大学出版社2007年版。

书局1994年版)一书从丰富的中国史学遗产中提炼出一系列史学批评范畴,并通过对这些范畴的梳理、分析,建立起中国古代史学批评的理论体系。

吴怀祺所著《宋代史学思想史》一书(黄山书社1992年版)以宋代重要的史学家、思想家的史学思想为核心,从宋代社会历史和社会矛盾出发探索宋代史学思想发展历程和特点。所著《中国史学思想史》(安徽人民出版社1996年版)对中国史学思想史进行贯通性考察,从原始历史意识的萌芽一直论述到近代各种新史学思潮。一方面将史学和经学、玄学、理学等思潮联系起来;另一方面以史学的"二重性"为主线贯穿中国史学思想发展的历程,以此把握中国史学思想的特质,从而体现出一种纵览全局的通识。其所主编的十卷本《中国史学通史》(黄山书社2002年版),对中国史学的理论遗产做了更深入细致的发掘,向世界展示中国史学丰富的理论成就。

应该指出的是,瞿林东、吴怀祺有关中国史学的理论遗产的发掘,不仅取得了丰富的成果,而且为中国史学史研究开辟了新的路径和领域,即从史学批评和史学思想的角度考察中国史学发展的历程和特点。此外,赵俊《〈史通〉理论体系研究》(辽宁大学出版社1990年版)、罗炳良《十八世纪史学的理论成就》(北京师范大学出版社2000年版)、《清代乾嘉史学的理论与方法论》(兰州大学出版社2004年版)、白云《中国古代史学批评史论纲》(人民出版社2010年版)、刘开军《晚清史学批评研究》(上海古籍出版社2017年版)等论著,也对中国史学的理论遗产进行了发掘。

2. 有关少数民族史学的研究

将少数民族史学纳入中国史学史研究之中并作为重要内容之一,这是20世纪80年代发展起来的一种自觉的史学意识。此前学者虽然也对少数民族政权的修史活动和个别少数民族史家、史著进行过研究,却很少意识到其民族史学的特征。白寿彝指出:"我们史学史将来要发展成全民族的史学史,应该把进行少数民族史学史的研究工作作为一项重要科目加以提倡。"[1] "不

---

[1] 白寿彝:《在第一次全国史学史座谈会上的讲话》,载白寿彝《中国史学史论集》,中华书局1999年版,第414页。

写兄弟民族的史学史，中国史学史就不算完整。"[1] 这种观点产生了很大的影响，少数民族史学是中国史学的重要组成部分，已经成为学界共识。应该指出的是，瞿林东为推动少数民族史学的研究做出了艰辛努力。2005年在其主持的教育部人文社科基地设置了"中国少数民族史学研究"重大课题，2007年组织举办了全国性的少数民族史学研究学术研讨会，还主编了《中国少数民族史学研究》论文集、多卷本《历史文化认同与统一的多民族国家》等，其任首席专家的"马工程"教材《中国史学史》力图写成一部全民族的史学史。

改革开放以来有关少数民族史学的研究主要体现在两个方面，一是理论方面的探讨，二是少数民族史学成就的梳理和发掘。在理论上，学者就中国少数民族史学研究的对象、范围和史料进行了讨论。一种观点认为，凡是记述各少数民族或少数民族地区的历史、少数民族统治者建立政权及其统治范围内有关少数民族的历史、少数民族地区及其同中原地区交往的历史的史籍，包括其作者的思想和撰述活动等，都可视为少数民族史学范围。少数民族有关汉文史籍的翻译，也应视为少数民族史学活动。这种观点以瞿林东为代表，汪受宽、罗炳良等学者对此作了进一步阐述和补充。[2] 周文玖不同意这种观点，他认为中国少数民族史学史研究的内容只能是有关少数民族史学家、以少数民族语言写成的史学著作、少数民族所建割据政权的修史机制和修史活动。[3] 在有关少数民族史学研究史料问题上，也存在着不同认识。瞿林东要求将汉文文献中有关少数民族历史记述的资料也作为少数民族史学研究的史料[4]，东人达则将少数民族史学史料限定在少数民族文字史籍和口传史料内，并认为应以口传史料为主[5]。这些不同

---

[1] 白寿彝：《中国史学史·叙篇》，上海人民出版社1986年版，第178页。
[2] 瞿林东的《中国少数民族史学发展的几个阶段》（瞿林东主编《中国少数民族史学研究》，北京图书馆出版社2008年版）、罗炳良的《略谈中国少数民族史学史的定义、研究对象及史料范围》（《郑州大学学报》2009年第1期）、汪受宽的《中国少数民族史学的特点与定位》（《河南师范大学学报》2018年第1期）。
[3] 周文玖：《关于中国少数民族史学史研究内容的思考》，《民族研究》2009年第1期。
[4] 瞿林东：《断代史学与民族史学研究的新成果——〈辽金元史学研究〉序》，《廊坊师范学院学报》2009年第5期。
[5] 东人达：《试论中国少数民族史学》，《史学理论研究》2009年第1期。

的认识，一是强调历代有关少数民族历史的记述和认识，以及中国史学史上多民族史学的撰述传统；二是关注少数民族在史学上的成就。这表明学者对"少数民族史学"的理解存在分歧。

有关少数民族史学成就的发掘，可分为关于少数民族政权史学研究与各少数民族史学研究两部分。北朝、辽、金、元、清等少数民族政权的史学，仍然是改革开放以来研究的重点，同时对以前较少被关注的十六国时期、西夏等少数民族政权史学也进行了梳理，显示出研究的深度和广度。如谢继忠《五凉史学述略》（《兰州学刊》1987年第2期），赵荧《五凉史学述论》（《西北师大学报》1992年第2期）、《五凉史学家考》（《西北师大学报》1993年第4期）概述了五凉史官设置、修史情况、史家史书，以及对北魏史学的影响等，考证了刘昞等11位史家的生平事迹、史学成就，具有填补空白的意义。王志刚《家国、夷夏与天人：十六国北朝史学探研》（北京师范大学出版社2013年版）对十六国北朝时期的史官制度、史学成就，以及史家对家国、夷夏与天人的认识进行了研探。乔治忠、王秀丽《十六国、北朝政权的史学及其历史意义》（《齐鲁学刊》2004年第4期）详细考察了十六国、北朝时期少数民族政权的史学建设，以及史学在民族融合中的作用。任菲菲《西夏史学述论》（瞿林东主编《史学理论与史学史学刊》2010年卷，社会科学文献出版社2011年版）概述了西夏史学发展过程、史家和主要成就，是第一篇有关西夏史学研究的论文。中国藏西夏文献编辑委员会编《中国藏西夏文献》（甘肃人民出版社、敦煌文艺出版社2005—2007年版），李伟、郭恩主编《法藏敦煌西夏文文献》（上海古籍出版社2007年版），梁继红、史金波《武威出土西夏文献研究》（社会科学文献出版社2015年版），杜建录编著《中国藏西夏文献研究》（上海古籍出版社2012年版），胡玉冰《传统典籍中汉文西夏文献研究》（中国社会科学出版社2007年版）等对西夏文献进行整理研究。这些为西夏史学的研究奠定了文献基础。

注重史官与史官制度，以及史学在社会中作用的研究，是改革开放以来有关少数民族政权史学研究的重要特点。朱子方《辽朝史官考》（《史学史研究》1990年第4期）、何天明《辽代翰林院探讨》（《内蒙古大学学报》1991年第2期）、吴凤霞《契丹史官与金代史学的发展》（《河北学刊》2007年第6期)、何宛英《金代修史制度与史官特点》(《史学史研究》1996年第3期)等,对各少数民族政权史官制度的设置和特点进行探析。牛润珍《汉至唐初史官制度的演变》(河北教育出版社1999年版)一书也对十六国北朝时期的少数民族政权的史官制度进行了研究。许殿才《魏晋南北朝隋唐正史民族史撰述与统一多民族国家的整合》(《求是学刊》2012年第2期)、王志刚《民族文化认同与北朝史官制度的发展》(《史学集刊》2009年第2期)、向燕南《10—19世纪历史文化认同意识的发展》(《河北学刊》2005年第3期)、吴怀祺《辽代史学与辽代社会》(《史学史研究》1995年第4期)、吴凤霞《辽金元的经史翻译与历史文化认同》(《河北学刊》2007年第6期)、何宛英《金代史学与金代政治》(《北京师范大学学报》1998年第3期)、王记录《清代史馆与清代政治》(人民出版社2009年版)等论著对少数民族史学与其社会发展、在历史文化认同中的作用等,进行了探讨。

周少川《元代史学思想研究》(社会科学文献出版社2001年版)、吴凤霞《辽金元史学研究》(中国社会科学出版社2009年版)这两部有关少数民族政权史学专著的出版,标志着有关少数民族政权史学的研究已经从零星走向系统。《元代史学思想研究》就元代史学思想的丰富内容和特点进行探讨,指出元代史学思想具有鲜明的时代性,形成了世界性意识以及强烈的历史借鉴和经世思想。《辽金元史学研究》展示了辽金元时期多民族史学发展的面貌。此外,张莉《〈魏书〉研究》(华文出版社2009年版)对中国第一部以记述少数民族政权历史为主的正史进行系统研究,揭示其民族史特点。

对各少数民族史学作专门研究,这是改革开放以来中国史学史研究的新气象。其中有关彝族、维吾尔族、藏族、蒙古族、回族等民族史学研究成就较为突出,其他民族的史学也有所涉及。关于彝族史学,向中银《试论彝族的重史传统》(《贵州文史丛刊》1997年第4期)、《中国彝族古代史官制度初探》(《中国史研究》1998年第2期)对彝族史学传统、史官制度做了初步探索。东人达《中国彝族古代史学概述》(《史学理论研究》1995第1期)、《彝文古籍与彝族史学理论评述》(《史学史研究》2005年第1期)指出,西南彝族古代史学理论的萌生和形成早于汉族史学并具有自己鲜明的个性,曾经产生过以举奢哲为代表的若干优秀史学家,拥有延续几千年的独特的史官制度。采用诗的形式是彝族史学的一大特色。他的另一篇文章《南北朝彝族女学者阿买妮评述》(《贵州社会科学》2005年第1期)分析了南北朝时期彝族女学者阿买妮在历史记叙与史学理论方面的建树。

有关维吾尔族史学的研究,成果也较丰富。一是从事维吾尔族史和西域史研究的学者对有关维吾尔族史籍的介绍和研究。耿世民、魏良弢、王治来、田卫疆、杨富学、牛汝极、张铁山等都对维吾尔族史籍进行过研究和评介。如魏良弢在《喀喇汗王朝史稿》(新疆人民出版社1986年版)中对《喀什噶尔史》《福乐智慧》《突厥语大词典》等维吾尔族史籍进行评介。在《叶尔羌汗国史纲》(黑龙江教育出版社1994年版)中,对属于叶尔羌汗国时期的史料进行了介绍。其《沙·马合木·楚剌思〈编年史〉》(《民族研究》1987年第1期)一文详细介绍了这部维吾尔族史书的版本、作者、书名、史料价值。二是从史学史的角度发掘维吾尔族史学成就。阿地力硕士学位论文《维吾尔族史学发展研究(八世纪—十七世纪)》(新疆大学,2006年)、吾斯曼江·亚库甫博士学位论文《16至19世纪维吾尔族史学史研究》(陕西师范大学,2011年)以维吾尔族史籍代表作为核心,分别对早期、中期、繁荣时期的维吾尔族史学进行梳理分析。这两篇论文合在一起,就是一部维吾尔族古代史学史。吾斯曼江·亚库甫还撰写了《维吾尔族历史记述的体裁与风格》(《史学史研究》2008年第3期)、《〈伊米德史〉及史料来源》(《新疆师范大学学报》2008年第3期)、《察合台文史学名著〈伊米德史〉〈安宁史〉及其史料来源》(《兰州学刊》2009年第6期)、《回鹘碑文的史学价值》(《史学史研究》2009年第4期)、《察合台文历史著作〈幸福天堂〉》(《中国边疆史地研究》2011年第2期)、《关于维吾尔族史学史的几个问题》(《青海民族大学学报》2013年第4期)等论文,对深化维吾尔族史学的研究有着重要意义。此外,安尼瓦·巴依图尔的《毛拉穆沙·莎依然米和〈伊米德史〉》(《民族研究》1984年第3期)、阿布都鲁甫·甫拉提《毛拉穆萨·莎依然米及维吾尔史学》(《新疆社会科学》2007年第1期)、艾力·吾甫尔《关于佚名作者〈喀什噶尔史〉的几个问题》(《西域研究》2009年第

2期）等文分别对维吾尔族史家、史著进行研究。

关于藏族史学研究。王尧、沈卫荣《试论藏族的史学与藏文史籍》（《史学史研究》1988年第2期、第3期）是研究藏族史学的经典之作，其有关藏族史学发展脉络的梳理与发展阶段的划分对藏族史学史的研究影响深远。王尧还对藏文古代历史文献进行概述[1]，沈卫荣对藏文史籍《汉藏史集》《奈巴教法史》[2]等进行研究。孙林在系列个案研究[3]基础上撰写的《藏族史学发展史纲要》（中国藏学出版社2006年版）较系统地梳理了藏族史学从起源到20世纪的发展历程及其阶段性特点，是第一部藏族史学史。王璞《藏族史学思想论纲》（中国社会科学出版社2008年版）以藏文史籍代表作为中心，分析其版本、作者、成书年代、体例、内容、史观、史料价值等，以此展示藏族史学思想发展和特点。王璞认为历史编纂学、历史文学、历史观都属于史学思想的范围，因此将其书名定为"藏族史学思想论纲"，实际上是一部藏族史学史。刘凤强《清代藏学历史文献研究》（人民出版社2015年版）将清代藏学历史文献区分为藏文文献和汉文文献，分别予以评介。

关于蒙古族史学。蒙古族史籍如《蒙古秘史》《黄金史纲》《黄金史》《蒙古源流》《阿勒坦汗传》等，历来受到重视。改革开放以来有关蒙古族史学的研究得到进一步发展。留金锁以蒙文撰写了《十三世纪—十七世纪蒙古历史编纂学》（内蒙古出版社1979年版）一书，其《蒙古历史文献及其国外研究概况》（《蒙古学资料与情报》1985年第2期）一文扼要介绍了蒙古历史文献的编纂历史及国外有关蒙古历史文献情况。乔吉于20世纪80年代在《内蒙古社会科学》上连载《蒙文历史文献要览》，介绍重要的蒙文历史文献。希都日古《17世纪蒙古编年史与蒙古档案研究》

---

[1] 王尧：《藏文古代历史文献述略》，《西藏民族学院学报》1980年第2期。

[2] 沈卫荣：《一部珍贵的藏文史籍——〈汉藏史集〉》（《西藏研究》1987年第2期）、《奈巴教法史》（《文献》1992年第3期）。

[3] 孙林、张月芬的《藏族传统史学的体系及其史学观念的总体特征》《藏族史学的起源与早期特色》，孙林的《分裂时期藏族史学的总体风格和特征》《盟誓文诰：吐蕃时期一种特殊的历史文书》《元明时期西藏的综合体史书的所反映的历史观念和笔法》《伏藏著作在藏族史学发展上的史学价值与地位》《文本话语与行为规范：西藏宗教人物传记的史学史意义》《从我国现当代藏族史学研究看少数民族史学史研究》等。

（辽宁民族出版社2006年版）对17世纪的蒙古族史学和文献进行研究。乌兰《卫拉特蒙古文献及史学——以托忒文历史文献研究为中心》（中国社会科学出版社2012年版），对卫拉特蒙古史学和文献进行研究。他还出版了《〈蒙古源流〉研究》（辽宁民族出版社2000年版）一书，对《蒙古源流》进行考证研究。李德锋发表多篇论文如《14—17世纪蒙古族史学史述略》（《内蒙古大学学报》2013年第6期）、《论〈蒙古秘史〉在中国古代多民族史学交流中的意义》（《史学史研究》2013年第4期）、《古代蒙古史学史论纲》（《史学史研究》2015年第4期）、《总结与嬗变：清代蒙古族史学史论纲》（《内蒙古大学学报》2015年第4期）、《史论清代蒙古族史学的建立、困境及其应对》（《人文杂志》2014年第5期）等，对蒙古族史学发展、蒙古族史学与其他民族史学之间的相互影响进行分析研究。

关于回族史学研究。从事回族、伊斯兰教研究的学者多受白寿彝的影响，因此对回族史学史的撰述具有自觉意识。李松茂曾倡议编写回族史学史，并对回族史学史的编纂提出纲领性意见。[①] 白寿彝主编的《中国回回民族史》（中华书局2003年版）一书中的学术史回顾部分，可以说是一部简要的回族史学史。李松茂《回族史研究的四十年（1940—1980）》（《史学史研究》1981年第4期）、杨力民《解放以来的回族史研究》（《中南民族学院学报》1982年第3期）、马劲《回族史研究的十年（1980—1989）》（《史学史研究》1991年第1期）分别对20世纪40年代以来的回族史研究进行概述。学者还对回族历史上的史家、史书如赵灿及其《经学系传谱》、马以愚及其《中国回教史鉴》、金吉堂及其《中国回教史研究》、傅统先及其《中国回教史》，以及马寿千、白寿彝、杨志玖等当代史家的史学成就进行研究。

通过以上的简单梳理，可以发现改革开放以来有关少数民族史学的研究具有这样的特点：一是研究人员广泛，既有从事中国史学史研究的学者，也有从事民族史研究的学者；二是各民族学者都参与研究，既有汉族学者，也有少数民族的学者。从事民族史研究的学者和少数民族学者加入

[①] 李松茂：《编写回族史学史的构想》，《史学史研究》1997年第4期。

少数民族史学研究，在很大程度上解决了少数民族史学研究所存在的民族语言问题，这是少数民族史学研究进展迅速的一个重要原因。

二 研究的进一步深入

改革开放以来，中国史学史学科在开拓新领域的同时向纵深发展，提升了中国史学史研究的整体水平，这主要表现在中国史学通史的撰述、断代史学的研究、史学专题的研究，以及史家、史著的研究等，每个方面都取得丰硕的成果，反映了40年来史学史研究者的艰辛努力。这里只能择要予以概述。

（一）有关中国史学通史的撰述

改革开以来以中国史学史命名的通史性质著作有三十余部[1]，这些著作反映了40年来中国史学史学科的发展变化。20世纪80年代出版的中国史学史著作有十余部，这些著作一方面保留梁启超"史学史做法"的色彩，另一方面开始关注历史思想、史学与社会的关系，反映出中国史学史研究从史部目录解题模式向新的研究模式过渡的特征。张孟伦《中国史学史》（甘肃人民出版社1983、1986年版），仓修良、魏得良主编《中国古代史学史简编》（黑龙江人民出版社1983年版），尹达主编《中国史学发展史》（中州古籍出版社1985年版），白寿彝《中国史学史》第一册（上海人民出版社1986年版）颇具代表性。白寿彝《中国史学史》（第一册）在叙篇中系统地阐述了中国史学史学科的基本理论问题，如史学史研究的任务和范围、中国史学史的分期等，这既是对60年代有关史学史基本理论讨论的总结和完善，也为中国史学史学科建设指明了方向。

20世纪90年代的中国史学史著作也有十多部，基本上摆脱了"旧窠

---

[1] 据乔治忠统计，至2008年以中国史学史命名的著作有27部。此后又出版了多部中国史学史著作，如乔治忠《中国史学史》（中国人民大学出版社2011年版），瞿林东《中国史学史教程》（高等教育出版社2011年版），谢贵安《中国史学史》（武汉大学出版社2012年版），以及朱维铮著、廖梅、姜鹏整理《中国史学史讲义稿》（复旦大学出版社2015年版），谢保成《增订中国史学史》（商务印书馆2016年版），等等。

白",以"对于历史本身的认识的发展过程""史学的社会作用的发展过程"为主线综合阐述中国史学发展历程,并展示出各个历史时期中国史学发展的清晰面貌。瞿林东《中国史学史纲》代表了这一时期中国史学史撰述的特点和水平。该书纵向阐述史学自身的萌芽、发展过程,显示史学在各个阶段的主要特点或发展趋势,横向揭示社会变动对史学发展的影响,力图历史地和逻辑地展示中国史学的面貌。

进入21世纪以来的近二十年,出版了十余部中国史学史著作,出版的速度略为放慢。这主要是因为撰写高水平的通史著作需要多年的积累,厚积才能薄发,新一代史学史研究者大多处于积累阶段。从质量方面看,经过改革开放三十多年专题和个案研究成果的积累,这一阶段的中国史学史著作学术水平普遍较高,白寿彝主编的多卷本《中国史学史》、谢保成《中国史学史》(商务印书馆2006年版)、乔治忠《中国史学史》(中国人民大学出版社2011年版)、谢贵安《中国史学史》(武汉大学出版社2012年版)等将中国史学史研究和撰述推向一个新高峰。如乔治忠《中国史学史》从官方史学、私家史学之互动探讨中国传统史学发展历程与规律,从中外史学比较中探讨史学发展机制,关注传统史学对民族融合的作用、中国史学在东亚的影响等,显示出开阔的学术视野和研究的深入。

(二)有关断代史学的研究与撰述

改革开放以来,在中国断代史学史的研究与撰述方面也取得不少成就。彭忠德《秦前史学史研究》(武汉人民出版社2004年版)、邱敏《六朝史学》(南京出版社2003年版)、李小树主编《秦汉魏晋南北朝史学史稿》(中国人民大学出版社2007年版)、胡宝国《汉唐间史学的发展》(商务印书馆2003年版)、谢保成《隋唐五代史学》(厦门大学出版社1995年版)、瞿林东《唐代史学论稿》(北京出版社1989年版)、燕永成《南宋史学研究》(北京出版社1989年版)、罗炳良《南宋史学史》(人民出版社2008年版)、施建雄《10—13世纪中国史学发展史》(人民出版社2010年版)、钱茂伟《明代史学的历程》(社会科学文献出版社2003年版)、杨艳秋《明代史学研探》(人民出版社2005年版),以及傅玉璋、傅正《明清史学史》（安徽大学出版社2003年版）等，以一个或几个朝代的史学为断限进行研究。其中瞿林东的《唐代史学论稿》从史学与社会互动的角度，以宏观把握与微观剖析相结合，第一次较为全面地揭示了唐代史学发展的脉络、成就和特点，被誉为"是一部开拓性的断代史学研究论著"[①]。

有关中国近现代史学的研究，是改革开放以来断代史学研究中成果最为丰富的领域。吴泽主编《中国近代史学史》（江苏古籍出版社1989年版），陈其泰《中国近代史学的历程》（河南人民出版社1994年版），高国抗、杨燕起主编《中国近代史学史概要》（广东高等教育出版社1994年版），蒋俊《中国史学近代化进程》（齐鲁书社1995年版），胡逢祥、张文建《中国近代的史学思潮和流派》（华东师范大学出版社1991年版），马金科、洪京陵编著《中国近代史学发展叙论》（中国人民大学出版社1994年版），李红岩《中国近代史学史论》（中国社会科学出版社2011年版），以及罗志田《近代中国史学十论》（复旦大学出版社2003年版）等著作，从不同的角度对近代中国史学进行研究，反映了改革开放以来有关中国近代史学史的不断发展和深入。吴泽主编《中国近代史学史》详细论述了鸦片战争至五四运动时期中国史学的演变，初步构建了中国近代史学史体系。陈其泰《中国近代史学的历程》将有关近代史学发展趋势的概述与个案研究相结合，展示中国近代史学的历程。蒋俊《中国史学近代化进程》以史学革命为近代史学发展的基本线索，依次叙述了"新史学"的形成及发展、实验主义史学的兴起、"古史辨"学说及其影响、史料建设派的思想与方法、历史研究法派的史学思想、三四十年代史学的发展动向。胡逢祥、张文建《中国近代的史学思潮和流派》以史学思想与流派为主脉，结合时代变迁及其政治、经济、社会思潮等，阐述近代史学的演变与发展趋势。书中叙述了鸦片战争时期的经世致用史学思潮、20世纪初的新史学思潮、辛亥革命时期的国粹主义史学思潮，以及洋务运动影响下的史学流派、五四时期的史学流派、马克思主义史学等。

---

① 陈方：《一部开拓性的断代史学研究论著——评〈唐代史学论稿〉》，《安徽史学》1990年第3期。

20世纪90年代时值世纪之交，总结20世纪中国史学遗产成为史学史研究的热点，这种热情延续至今。林甘泉《二十世纪的中国历史学》（《历史研究》1996年第2期），戴逸《世纪之交的中国历史学》（《历史研究》1998年第6期），瞿林东《中国史学：20世纪的遗产与21世纪的前景》（《北京师范大学学报》1996年第5期）、《20世纪的中国史学》（《世纪评论》1998年第1期）、主编《20世纪中国史学发展分析》（北京师范大学出版社2009年版），刘新成主编《历史学百年》（北京出版社1999年版），王学典、陈峰《二十世纪中国历史学》（北京大学出版社2009年版），以及罗志田主编《20世纪的中国学术与社会·历史卷》（山东人民出版社2001年版）等对20世纪史学进行宏观概括和分析。戴逸认为20世纪中国史学有三个特点，一是进化史观的引进，二是唯物史观的学习与运用，三是理性精神的张扬或曰理性的发醒。瞿林东认为20世纪中国史学最显著的进步是历史观的进步，最突出的成就是关于中国通史的研究、认识与撰述，最大的经验是肯定实事求是为史学的最高品格。王学典等以史观派与史料派的沉浮为主线梳理20世纪中国史学发展脉络，认为百年中国史学可以说是史观派和史料派的对抗史。这是从不同的角度对20世纪中国史学进行整体估价。

还有学者从史学思潮方面对20世纪史学进行总结，如王学典《二十世纪后半期中国史学主潮》（山东大学出版社1996年版）、张书学《中国现代史学思潮研究》（湖南教育出版社1998年版）、侯云灏《20世纪史学思潮与变革》（北京师范大学出版社2007年版）等。有对20世纪某一阶段的史学进行研究的，如肖黎主编《中国历史学四十年》（书目文献出版社1989年版），周朝民、庄辉民、李向平编著《中国史学四十年》（广西人民出版社1989年版），张剑平《中国史学五十年》（学苑出版社2003年版），以及周一平主编《20世纪后半期中国史学史》（上海书店出版社2017年版）等分别叙述中华人民共和国成立后中国史学的发展。张越《中西新旧之间——五四时期的中国史学》（北京图书馆出版社2007年版）对1915年至1927年新旧史学的冲突与承继、中西史学之间的碰撞与交融这一转型期的中国史学进行探讨。田亮《抗战时期史学研究》（人民出版社2005年版）对抗战时期的爱国主义史学进行研究。

（三）专题研究和个案研究

这主要是指对史家、史著和史学现象所进行的研究，其中贯通性的专题研究是中国史学史研究深化的一个重要表现。汪高鑫《中国经史关系史》（黄山书社2017年版）、《二十四史的民族史撰述研究》（黄山书社2016年版），牛润珍《汉至唐初史官制度的演变》，蔡崇榜《宋代修史制度研究》（文津出版社1991年版），谢贵安《中国实录体史学研究》（武汉大学出版社2007年版），王嘉川《清前〈史通学〉研究》（社会科学文献出版社2013年版），姜胜利《清明史学探研》（南开大学出版社1997年版），乔治忠《清代官方史学研究》（文津出版社1994年版），桂遵义《马克思主义史学在中国》（山东人民出版社1992年版），路新生《中国近三百年疑古思潮研究》（上海人民出版社2001年版），刘俐娜《由传统走向现代——论中国史学的转型》（社会科学文献出版社2006年版），陈其泰主编《中国马克思主义史学的理论成就》（北京图书馆出版社2008年版），《20世纪历史考证学研究》（北京师范大学出版社2005年版），张广智主编、李勇副主编《20世纪中外史学交流》（北京师范大学出版社2007年版），赵梅春《二十世纪中国通史编纂研究》（中国社会科学出版社2007年版），张剑平《中国马克思主义史学研究》（人民出版社2009年版），李孝迁《西方史学在中国的传播》（华东师范大学出版社2007年版）、《域外汉学与中国近代史学》（上海古籍出版社2014年版），朱发建《中国近代史学"科学化"进程研究》（湖南师范大学出版社2005年版），尤学工《20世纪中国历史教育研究》（中国社会科学出版社2014年版），朱慈恩《二十世纪中国通俗史学研究》（兰州大学出版社2016年版），于沛主编、彭卫和杨艳秋著《马克思主义史学思想史（第3卷）》（中国社会科学出版社2015年版），以及于沛主编、李红岩著《马克思主义史学思想史（第4卷）》（中国社会科学出版社2015年版），等等，就中国史学发展的某一方面做了较为系统的考察，多为创新之作。

有关史家、史著的研究，是史学史研究中的基础性工作，史学名家名著则是历久弥新的研究课题。施丁《司马迁行年新考》（陕西教育出版社1995年版），许凌云《刘知几评传》（南京大学出版社1994年版），瞿林东《杜佑评传》（广西教育出版社1996年版），吴怀祺《郑樵评传》（广西教育出版社1997年版），仓修良、叶建华《章学诚评传》（南京大学出版社1996年版），陈其泰《再建丰碑——班固和〈汉书〉》（生活·读书·新知三联书店1994年版），陈光崇《通鉴新论》（辽宁教育出版1999年版），等等，都是学者多年研究之作，具有较高的价值学术。名家之外的史家也受到学者的重视，如汤勤福《朱熹的史学思想》（齐鲁书社2000年版）、孙卫国《王世贞史学研究》（人民文学出版社2006年版），以及钱茂伟、柴伟梁《遗民史家：谈迁传》（浙江人民出版社2006年版）等，对朱熹、王世贞、谈迁的史学进行研究，这反映出研究视野的扩展。有关近现代史家的研究，是改革开放以来的新课题。近现代史家徐继畬、黄遵宪、王国维、罗振玉、刘师培、柳诒徵、梁启超、何炳松、傅斯年、陈垣、顾颉刚、吕思勉、钱穆、雷海宗、吕振羽、范文澜、翦伯赞、侯外庐、黎澍、白寿彝、郑天挺等，学者对其生平和史学成就，进行了探讨。如盛邦和对黄遵宪史学的研究，陈其泰对魏源、梁启超的研究，王学典对翦伯赞、黎澍的研究，朱政惠有关吕振羽的研究、张耕华对吕思勉的研究，陈勇、徐国利有关钱穆的研究等。由戴逸主编、北京图书馆出版社出版的《二十世纪中国著名学者传记丛书》中包含了梁启超、陈垣、钱穆、顾颉刚、翦伯赞、范文澜等诸多20世纪史学名家的学术思想评传。

改革开放以来，学者对一些曾经讨论过的问题进行重新研究，加深了已有的认识或提出新的看法，促进了中国史学史研究向纵深方向发展。如班固和《汉书》很长时间被视为儒家正宗史学的代表而遭到贬低。陈其泰先生通过对《汉书》的重新研究，指出过秦、宣汉是《汉书》的撰述宗旨，而这一主旨是时代的要求，"时代召唤《汉书》出世"，东汉强盛的国力则为《汉书》的创造提供了源泉。《汉书》与《史记》一样，都是中国史学上的丰碑。这种研究颠覆了以往有关班固与《汉书》正宗史学的刻板认识，有助于恰当评价《汉书》的史学地位。梁启超"新史学"的思想来源，是研究20世纪中国史学所关注的问题。邬国义通过对有关文本的具体对勘比照，指出梁启超新史学思想主要来源于浮田河民《史学原论》《西洋上古史·绪论》和高山林次郎《世界文明史》，还有坪内雄藏《西洋上古史》、桑原骘藏《中等东洋史》、坪井九马三《史学研究法》、田口卯吉《支那开化小史》等,不是学者所认为的仅受浮田河民《史学原论》等一两本书的影响。他认为,梁启超的"新史学思想主要就是通过日本的平台接受西方的史学资源实现的,并迅速地把一些新的认识、新的概念纳入自己思想的框架之中",多元采撷是其新史学思想来源的特征。①此文通过细致的文献爬梳,将有关梁启超新史学思想来源的研究推进到一个新高度。像陈其泰、邬国义这样深化已有认识的研究,不胜枚举。

三 有关文献资料的建设

20 世纪 60 年代编写中国史学史教材之时,学者已经认识到中国史学史学科基础建设的重要。师宁将"加强开展中国史学史资料的编辑出版工作"作为中国史学史研究的一个基本问题提出来②,白寿彝则创立《中国史学史参考资料》③为中国史学教学和教材编纂提供参考资料。

1980 年出版的吴泽主编、袁英光选编《中国史学史论集》(上海人民出版社 1980 年版)揭开了新时期中国史学史资料建设的序幕,杨翼骧编《中国史学史资料编年》(南开大学出版社出版,第一册 1987 年,第二册 1994 年,第三册 1999 年)、王学典主编《20 世纪中国史学史编年》(商务印书馆 2014 年版),以及龚书铎、瞿林东主编《中华大典·史学理论与史学史分典》(上海古籍出版社 2007 年版)等,则是改革开放以来中国史学史文献资料建设方面的代表性成果。

《中国史学史资料编年》按年代顺序汇集从先秦到明代与中国史学有关的重要资料,举凡史家的史学活动、史著成书过程与内容、史学思想、历史观念、官府修史和史馆设置等都囊括其中,尤其注意与官修史书、史官制度有关的史料,也重视少数民族政权的史学活动,并以"按"的形式对有关史实进行论辩、考证,所引史料皆标示出处。杨翼骧"以著作家的

---

① 邬国义:《梁启超新史学思想探源》,《社会科学》2006 年第 6 期。
② 师宁:《有关中国史学史研究的一些简题》,《文史哲》1963 年第 6 期。
③ 出版四期后刊名改为"中国史学史资料",1979 年复刊,更名"史学史资料",1981 年改为《史学史研究》。

史识和总揽史学发展全局的眼光而致力于资料纂辑"①，梳理出中国史学发展的大致脉络，以史料的形式呈现中国史学发展史。案语中有关史料年代的推断、史家生卒年代的考定，史实的辨析与考证，体现出其深厚的史学素养。学者认为，《中国史学史资料编年》兼有很高的学术性和实用性，是一部嘉惠后学的佳作。

《中国史学史资料编年》原计划编到清代，因杨翼骧身体状况未能如愿，由乔治忠、朱洪斌续成，并对已出版的三卷进行增补，以"增订中国史学史资料编年"之名出版（商务印书馆2013年版）。增订本，一是对原书进行了修订，如校改原书的错讹文字，增补一些必要的史料，调整或修改一些史料的系年，所增按语则题为"今案"；二是续成清代部分。此卷上起清顺治元年（1644），下讫清宣统三年（1911），义例仍依前三卷，但在史料的采择方面做了一些调整，如采录日本藏中国史籍资料、清代档案资料，收录一些不属于史学范围却对史学发展影响很大的书籍、事项。案语增加了一些学术信息和编者的判断。博采善择，考证精审，尤重官方修史活动，是这一卷的特点。由三代学者接力完成的这部中国史学史资料编年，在中国史学史学科的基础建设方面具有里程碑意义。

《20世纪中国史学史编年》按年系事，再由事系人，由人及学，力图全面、详细地反映20世纪中国史学发展的历程和整体面貌。该书吸收了纪传、纪事本末、学案、专题研究之长，以弥补编年体的不足，便于容纳更多的资料。与《增订中国史学史资料编年》相比较，其内容更为丰富。凡是与史学有关的国内政治、思想、文化大事，重要史学主张和史学思想的提出、重要史学论争与事件、史学理论的建构、历史文献的发现与整理、重要考古活动、史学社群的活动、中外史学交流、历史教育等，史家生平经历、学术交游及行止，刊行的主要著作、文集及报告，有较高学术价值或社会影响的论文，波及全局的学术思想事件等，都予以辑录，而以20世纪中国史学史事和重要论著为主。在资料的辑录方面，也不像《增订中国史学史资料编年》那样照录原文，主要是对原始资料进行概括，更

---

① 蓝天海：《评〈中国史学资料编年〉第一册》，《史学史研究》1987年第4期。

多地反映编纂者对有关史学事迹的认识、评价。这些反映出编纂者具有较强的学术史意识。《20世纪中国史学史编年》是20世纪中国史学研究的基础之作,也是学者了解20世纪中国史学的发展的入门之书。

《中华大典·历史典·史学理论及史学史分典》是一部大型类书,上起先秦,下迄清末,所录资料为1911年以前撰成的关于中国史学的专书、专文,以及有关中国史学的其他论著,以史部为主,兼及经、子、集部。设有历史理论总部、史学理论总部、史学史总部,三个总部下设52部,部下视需要设纬目。历史理论总部、史学理论总部以理论问题为经,以时代为纬,辑录历史上史学家、思想家、政治家等有关历史进程中的重大社会历史问题的认识和论述,以及历史上人们对于史学发展中产生和提出的一些基本理论问题的认识和论述方面的史料。史学史总部年经事纬,辑录有关中国史学发展的路径、趋势、史学成果、史家生平和著述等方面的史料。该书有关文献资料的分类,反映了中国史学史研究的最新成果与编纂者对中国史学史的认识。如以历史理论、史学理论区分理论遗产,反映了20世纪80年代以来有关历史的理论问题研究的新成果。将历史理论分为论天人、论古今、论地理、论时势、论华夷、论国家、论正统、论分封、论兴亡、论鉴戒、论风俗、论人物十二部类,则反映了编者对历史理论丰富内涵的认识。该书旨在汇编先秦至清末关于中国史学的文献,以供学者参考和检索,所录资料都有明确标目,包括书名、卷次、篇名等,以便查核。

《增订中国史学史资料编年》《20世纪中国史学史编年》是从纵的方面为中国史学史研究提供了研究资料和进一步探索的线索,《史学理论及史学史分典》则从横的方面为中国史学史研究提供丰富的文献。这三部著作共同构筑了有关中国史学史研究的基石。此外,杨翼骧审订,乔治忠、姜胜利编著《中国史学史研究述要》(天津教育出版社1996年版),刘杰华主编,叶振华、乔治忠、姜胜利等人撰《近九十年史学理论要籍提要》(书目文献出版社1991年版),蒋大椿主编《史学探渊》(吉林教育出版社1991年版),林平《宋代史学编年》(四川大学出版社1994年版),钱茂伟《明代史学编年考》(中国文联出版社2000年版),王学典编《二十世纪中国史学史论》(北京大学出版社2010年版),瞿林东主编《20世二十四史研究丛书》（中国大百科全书出版社2009年版），乔治忠编《中国史学史经典精读》（高等教育出版社2014年版），李孝迁编校《中国现代史学评论》（上海古籍出版社2016年版）、《近代中国域外汉学评论萃编》（上海古籍出版社2016年版），邬国义校《史学通论四种合刊》（华东师范大学出版社2007年版），张越《史学史读本》（北京大学出版社2006年版），杨共乐总主编《〈史学史研究〉文选》（北京师范大学出版社2017年版）等有关中国史学史文献资料搜集整理之作，也对促进中国史学史学科的发展具有积极的推动作用。如《中国史学史研究述要》概述了有关中国史学史的研究状况，介绍了研究中国史学史的基本史料、参考书、工具书及重要论著索引，"力图向学术界集中地提供中国史学史研究已达到的水平，但愿可为海内同人提供一些信息、线索"[1]，为学者进一步的探索提供了便利。

四　有关数字史学的探讨

随着计算机网络信息技术的发展，人类社会已由工业化时代进入信息化时代，如今又开始步入大数据时代。历史学也深受其影响，有关研究资料的搜集、研究手段与人员的构成、研究形态、成果的发表，以及对历史及历史学的认识等方面，都发生了变化。这变化引起史学研究者的深思。人们将网络时代的历史学称为网络史学、数字史学、量化史学或互联网时代的历史学、信息化的历史学、大数据时代的历史学。2015年山东济南举办的第22届世界历史科学大会第四场会议的主题为"历史学的数字化转向"，就"数字化历史：挑战和可能性""新工具、新叙事与新历史"这两个议题进行研讨。所谓"数字史学"是指运用数字媒体和工具开展的历史学实践、演示、分析和研究[2]，这反映了计算机信息时代史学的特点，可以用其来指称网络时代的历史学。

---

[1] 杨翼骧先生审订，乔治忠、姜胜利编著：《中国史学史研究述要·后记》，天津古籍出版社1996年版。

[2] 周兵：《历史学和新媒体：数字史学刍议》，《甘肃社会科学》2013年第5期。

史学界有关数字史学的探讨主要表现在三个方面，一是数字网络技术对历史研究的影响，二是数字化时代史学研究所面临的问题，三是历史研究者如何应对大数据时代，旨在探讨历史学如何利用计算机网络信息技术推动自身发展，以及迎接大数据时代的挑战。

（一）关于数字网络信息技术对历史研究的影响

学者普遍认为数字网络信息技术对历史研究产生了深刻的影响，这主要表现在以下几个方面。

第一，数字网络信息技术改变了史料的存在形态与史料检索、阅读方式，在某种程度上提高了史学研究的效率。首先，改变了史料存在形式，即在纸质载体史料之外，产生了主要以电子文本方式存在的新样态史料。这种史料以网络为储存空间，既有传统典籍经过数字化技术处理所生成的数字化史料，也包括在数字化时代产生的并以数字化方式存在的史料。其次，引起史料检索方式的变革。学者指出："数字化检索已经成为史学研究必不可少的辅助手段，史家对于史料的获取方式经历了亘古未有的革命。"[1] 数字化检索一方面节省了查找史料的时间，另一方面实现了资源共享，史学研究的效率因此迅速提高，也使以往学者难以涉足的问题变得容易。"传统条件下一位学者需要花费数月、数年光阴，甚至要花费毕生精力进行对比、校勘、辑佚、考订才得以解决的问题，现在可能在计算机网络上花费数秒钟、数分钟就可以有相当确切的结果；而原来因为缺乏史料，许多传统历史学家认为不能研究的重要问题，在'数字人文'的背景下，变得有点'唾手可得'。"[2] 最后，阅读因史料获取方式的改变而改变。数字化时代主要依赖互联网、数据库检索研究成果和所需资料，很少有人系统读书。

第二，改变了历史知识传播的方式。数字化时代，互联网代替纸质媒介成为历史知识传播的主要平台，史学成果传播的速度加快。在互联网上发布历史知识不像纸质媒体那样需要经过身份验证、资格审查和学术评议

---

[1] 刘爽：《回归传统：浅谈数字化时代的史料处理与运用》，《史学月刊》2015年第1期。
[2] 陈春生：《新一代史学家应更关注"出思想"》，《史学月刊》2016年第6期。

等程序,其更加灵活随意。学者认为,这种发表的自由和简便,为一些难以在纸质上发表的题材提供了空间,也为大众参与历史研究提供了舞台。

第三,历史研究成员结构发生变化。获取史料的便捷与发表成果的自由,降低了从事历史研究的门槛,历史研究向大众敞开了大门。学者指出:"互联网的普及和利用,特别是网络论坛和微博这种'自媒体'的出现,人人成为历史的创造者并没有能实现,但人人成为历史的记录者、研究者却有了现实可能性。"[①] 网络时代,历史学家已不可能垄断历史知识的话语权了,非历史专业者大量涌入历史研究领域,其在社会上的影响甚至超过专业历史研究者。

第四,历史学形态发生了变化。发表的自由和历史研究成员结构的改变,引起了史学形态的变革,一是从庙堂之学走向公众之学,二是从事实性史学向思想性史学转变,从知识性史学向问题史学转变。姜义华指出,信息时代人们可以自由在网络上书写自己的历史,参与书写地方的、国家的及其他各种专门的历史,发表对历史问题和研究成果的评论,并借助于网络迅速扩散、传播,对专业历史学产生了巨大冲击。"大数据时代推动历史学从庙堂之学走向公众之学。"[②] 李剑鸣将这种状况称为历史学的"民主化":"这在一定意义上也可以说是史学的'民主化'。同政治民主中的商议和决策辩论一样,史学中的'民主'一方面表现为参与者的增多,另一方面则是学术声音的多样化。"[③] 李振宏认为,互联网时代人们可以通过网络获取所需历史知识,历史学家能够向社会提供的不再是历史知识,而是他的思想个性、学识和判断力,因而历史学也从传统的事实性史学转变为思想性史学。历史学家的思维,具有观察问题的整体性眼光,重视原因的探讨、重视历史性的分析的特点,能够形成不同于他人的问题意识,发现别人发现不了的问题,以此影响社会,启迪他人。这样历史学也就从知识性史学发展成问题性史学。

第五,贯通性的研究成为可能。追求通识,重视贯通性考察,是中国

[①] 马强:《"自媒体时代"的历史研究和史学表达》,《团结报》2016年3月17日。
[②] 姜义华:《大数据催生史学大变革》,《中国社会科学报》2015年4月29日。
[③] 李剑鸣:《"网络史学"的神话与实际》,《史学理论研究》2011年第4期。

史学的传统，但在以往并不容易。进行贯通性研究，不仅需要学识和眼光，而且需要有丰富的历史资料予以支撑。互联网时代，因史料搜集、存贮的便捷，以及数据库方法的使用，为贯通性研究提供了资料和方法支撑。李振宏以自己的研究为例说明数据库为贯通性研究提供了便利。如利用数据库检索撰写了《"不患寡而患不均"》《中国古代"平均赋役"的文化考察》《汉代社会观念研究》等贯通性研究文章。而在以前，这样的研究是无法进行的。①

尽管数字信息技术引起了历史学的巨大变化，但在史学研究者看来，这些变化大多发生在方法论层面，并没有引起历史观的变革②，也没有改变历史研究的理论框架、基本研究模式和历史学的学术性质③。李剑鸣指出："从目前的情况看，网络主要是改变了历史研究的方式，却没有在历史观方面造成实质性变化。""在网络时代，能与历史学者竞争并分享话语权的人会大为增加。但是，考虑到历史知识的性质和生产方式的特殊性，专业史家的地位似乎不会轻易受到撼动。如果说现在已经出现了'网络史学'的话，那也只是专业史家从印刷发表空间转入网络发表空间的结果，而不是新业余史家时代到来的标志。"④ 这种观点代表了大多数学者对数字化时代史学的基本认识。

（二）关于数字化时代史学研究面临的问题

数字信息技术在促进史学研究繁荣的同时，也带来了一些问题，引起学者的深思。所面临的问题主要有：（1）如何处理史料检索与读书的关系；（2）如何高效率处理和运用史料；（3）如何保障历史研究的学术

---

① 李振宏：《论互联网时代的史学》，《史学月刊》2016 年第 11 期。
② 王晴佳认为互联网的普及将带来历史观的变化，史家将突破民族国家视野，从全球的角度看待历史（《互联网的普及与历史观念的变化》，《史学理论研究》2011 年第 4 期）。但李振宏认为他没能将互联网如何引起历史观念的变化进行明晰而集中的论证（《论互联网时代的历史学》，《史学月刊》2016 年第 11 期）。
③ 有学者指出，对历史学具有学术范式转换意义的影响，是基于数字人文理念所建立的数据库，如哈佛大学、北京大学、台湾"中研院"合作的中国历代人物传记资料库（CBDB）。这类数据库不再是单纯的史实检索工具，而是可以对知识进行重新组织的分析工具。
④ 李剑鸣：《"网络史学"的神话与实际》，《史学理论研究》2011 年第 4 期。

水平。

关于如何处理史料检索与读书的关系。数字化时代,通过互联网、数据库检索资料就能满足研究的需要,于是以史料检索代替读书成了史学研究的捷径。对此,学者普遍持反对态度。刘爽指出:"通过搜索获得的信息是支离破碎的。数字检索不能替代读书,是学界的共识。"[①] 因为,电脑网络检索往往会将那些深藏于史籍字里行间的"隐性史料"遗漏,也会造成对反证材料的忽视。何况,还有不少的史料尚未数字化。基于这种认识,学者强调在电子信息时代治史仍然需要善读书。当然,读书的方式可以多样化。电脑浏览、手机阅读都是有效的阅读手段,听书,亦不失为一种引人入胜的阅读方式。

关于高效率处理和运用史料。传统时代史学研究面临的是如何爬梳所需史料的问题,数字化时代获取资料变得容易,却面临着如何高效地处理海量史料问题。刘爽指出:"数字化时代史学研究所面临的主要困惑之一,是史料的处理和运用。借助先进的电脑网络手段,我们可以快速、便捷地检索到大量史料,而受到知识结构、学术积累和理论修为的局限,我们却无法确保自己能够准确分析鉴别和合理地运用史料。"[②] 王文涛也意识到这个问题,指出:"数字资料搜集方便快捷,衍生出新的问题:如何高效处理检索到的数字资料?"[③]

关于学术质量。学者指出,数字化时代出现以检索代替读书,以粘贴伪装学问现象,快餐式成果大量积累,历史学出现了虚假繁荣。"现在有些人以检索代替读书,用关键词检索,不认真读书也能查到资料,拼凑出文章。但是,这样的文章即使资料丰富,有考证分析,得出了结论,也很难说这个结论准确无误。"[④] 有人通过对近三十年宋史专业博士学位论文的分析,认为依赖电子资源检索,缺乏对基本史料的阅读理解所写就的论文

---

① 刘爽:《回归传统:浅谈数字化时代的史料处理与运用》,《史学月刊》2015年第1期。
② 同上。
③ 王文涛:《信息时代的文献阅读和史料检索》,《史学月刊》2015年第1期。
④ 同上。

难以保证高质量。① 互联网在加速历史知识传播的同时，也为那些粗制滥造的所谓历史新诠释、历史新故事争夺史学话语权提供了平台。② 因此，在数字化时代如何保证学术质量成了史学研究者关心的问题。此外，学者还认为应当警惕技术对研究者的异化。因为，儒雅与书卷气，沉静与深刻，是通过持续不断的阅读获得的，也许会在数字化时代消磨殆尽。

（三）关于数字化时代史学对研究者的基本要求

数字化信息技术对史学研究已经产生了深刻的影响，如何应对变化了的史学，这是史学研究者不得不面对的问题。学者认为，在大数据时代，史学研究者在熟练地掌握计算机操作技术之后，一是应加强史学基本功的修养，二是应有人文情怀，三是谨慎设置关键词。

1. 关于史学基本功的修养

数字信息技术为史学研究提供了丰富的资源，但要"准确分析鉴别和合理地运用史料"，关键还是史家的才识和学养③，因此在数字化时代，史学基本功的修养比以往更为重要。李振宏指出，利用互联网检索资料从事史学研究，省略了十分重要的阅读文献过程，因此研究者对文献的理解、历史背景的把握、材料的分析全靠已有的史学专业基础。所以，在数字化时代应更加重视史学研究者的专业基础训练。④ 陈春生指出，数字化时代"占有所谓冷僻资料或发现新资料这类具有'学术积累'意义的工作，已经越来越成为普通史学工作者日常研究过程的一部分，毫无惊喜可言"。⑤ 对历史学家的要求从博闻强记转到见识方面。"历史学者的功力，可能更多地表现在眼界和通识方面。新一代历史学者的工作，若要引起国内外同行的重视，更重要的是要有深厚学术史背景的思想建构，也就是说，'出思想与否'，可能会成为新的学术世代衡量史学研究成果优劣高低的更重

---

① 李华瑞：《近三十年来国内宋史研究方向博士学位论文选题取向分析与思考》，《历史教学》2009 年第 12 期。
② 马强：《"自媒体时代"的历史研究和史学表达》，《团结报》2016 年 3 月 17 日。
③ 刘爽：《回归传统：浅谈数字化时代的史料处理与运用》，《史学月刊》2015 年第 1 期。
④ 李振宏：《论互联网时代的史学》，《史学月刊》2016 年第 11 期。
⑤ 陈春生：《新一代史学家应更关注"出思想"》，《史学月刊》2016 年第 6 期。

要的尺度。"① 因此，理论思维能力的训练和史识的培养十分重要。读书被认为是培养史学基本功的主要途径。乔治忠指出："在网络信息时代，认为有了学术资料数据库就可以轻松治史了，显然是不正确的。缺乏基本的学术素养，直接取用具体的史料，出错的概率颇高。为提高史学研究水平，读书治史的理路不可抛废，但信息检索技术的重要作用对读书提出了更高要求。"②

2. 关于人文情怀

数字化时代，因史料的异常丰富，微观史学研究将更趋广泛和深入，历史研究的碎片化问题也将更趋严重。学者认为，史家一旦陷入史料的无限之境而不能自拔，就极有可能失去从整体上描述历史的能力。缺乏这种能力，沉溺于细节，史学的社会价值便无从体现，因此在大数据时代史家需要有大情怀。"大数据时代，凡一切能够量化的学术技能，都有可能由信息技术全部或部分代劳，唯有人文情怀是人类主体性的最后营垒，技术无法染指。作为一门思考人类自身的人文学科，史学必须警惕信息技术的广泛运用所导致的工具性话语霸权。如果不想失去在本学科领域的话语权，史学家就必须借助大叙事高扬人文情怀。唯大情怀者才能驾驭好大数据、利用好大数据，书写出真正关注人类过去、现在与未来的伟大叙事。"③

3. 关于关键词的设置

数字化文献的检索主要是通过关键词，关键词若设置不当或不周全，就会遗漏重要资料，所以学者认为关键词的设置对研究的成败具有基础性意义。恰当设置关键词，必须了解历史背景，熟读相关时期的历史文献，熟悉该时代人们的语言习惯，这就需要有深厚的专业基础。

20 世纪 90 年代以来尤其是进入 21 世纪以后，互联网、数据库对史学发展的影响日益明显，正在改变历史研究的方式、形态。有关数字化史学的探讨，从史学史研究的角度来看，就是对史学发展最新趋势的关注。这

---

① 陈春生：《新一代史学家应更关注"出思想"》，《史学月刊》2016 年第 6 期。
② 乔治忠：《治史仍需以读书为根基》，《人民日报》2018 年 4 月 23 日。
③ 许兆昌：《大数据时代史学更应有大情怀》，《人民日报》2018 年 1 月 29 日。

种探讨，旨在通过对数字信息技术对史学所产生影响、史家在数字时代面临的问题以及如何迎接大数据时代挑战的分析，促进中国史学的健康发展。

五　有关中国史学史发展前景的思考

改革开放以来中国史学史新学科体系的建立，研究领域的不断拓展和研究的深入，以及文献基础的建设等，标志着中国史学史的研究与撰述取得了丰硕的成果。这种情况下，如何超越已有成就，推动中国史学史学科进一步发展，则成为学者所面临的新问题，正如瞿林东所指出的"'历史科学的生长点的问题'是一个永恒的问题"①。近年来，不少学者在思考这个问题。综其所论，以下几个方面是开拓中国史学史研究新局面值得考虑的。

第一，加强理论研究，尤其是重大理论问题的探讨。瞿林东指出，中国史学有丰富的理论遗产，为了展现中国史学的理论成就，推动中国史学史进一步走向世界，使外国学者更全面地认识中国史学的历史和现状，应当把理论问题提到中国史学史研究的重要位置上来。② 李振宏认为："任何一个学科的发展，都必须在学科领域中的重大理论研究方面取得进展，用深度理论思考提升学科的科学化水平。"③ 在中国史学史研究领域，还存在不少重大的理论问题，诸如史学发展与社会发展的关系问题，史学观念及其与历史观念的关系问题，史学观念与史学思想的关系问题，史学观念与一代史学发展状况的关系问题，等等，都是需要深入研究的。这些理论问题的研究，将会从整体上提升中国史学史学科的科学水平和学术品位，改善学科的基本状况。

第二，开拓史学史研究的新领域。李振宏指出："每一个新的重大研究领域的开辟，都带来史学史研究的一个新发展，新阶段。瞿林东先生、

---

① 瞿林东：《"历史科学的生长点的问题"是一个永恒的问题》，《北京日报》2017年6月26日。
② 瞿林东：《试论中国史学史研究的新路向》，《天津社会科学》2012年第1期。
③ 李振宏：《开辟中国史学史研究的新局面的思考》，《史学月刊》2012年第8期。

吴怀祺先生的史学史研究道路充分证明，新研究领域的开辟对于拓展史学史研究具有重大意义。"① 这说明，开辟新领域是推动中国史学发展的重要途径。

第三，加强中外史学比较研究。瞿林东将中外史学的比较研究视为中国史学史发展新路向之一，认为在不久的将来一定会成为史学史研究的一个重点领域。乔治忠指出，中外史学比较研究，既要进行中西史学的比较研究，也要进行中日、中朝（韩）、中越史学比较研究。这种比较研究，可以看到史学在不同社会背景下的发展，于是史学发展的社会运行机制问题就浮现出来，成为中国史学史所需研讨的重要内容。探索这个问题，需要更强的理论思维能力和更深广的社会历史知识，固然不太容易，但其前景甚为壮阔，会带来史学史认识体系的重大更新，促进研究水平的全面提升。

第四，拓展研究视野。一是将中国史学史的研究放到国际中国史学史、东西方史学研究和交流的大环境中考察。有关中国史学在国际上的传播、交流及其影响，可以成为一个新的研究领域。② 二是在东亚视野下开展中国史学史研究。东亚视野下的中国史学史研究，将关注中国史籍的流播、演变，周边各国对中国史学的学习与改进，并系统考察周边各国修史制度对中国的模仿和变异，从而为中国史学史研究开拓新的领域和方向。③ "在东亚视域下研究中国传统史学史，具有十分重要的学术意义，这主要在于：其一，能够将史学史的研究，提升到理论性的层次；其二，显著加深对于中国史学发展之性质、地位和作用的认识。二者是联结一起，互为促进的。"④

第五，加强专题研究。瞿林东提出应进行贯通性专题研究，即以通识的眼光对某一专题作贯通性的考察和论述，他认为这方面可供研究的重要问题还很多，待开拓的领域是极其广阔的。罗炳良认为史学思潮、史学批评范畴是可供开拓的两个重要领域。探讨各种史学思潮的内涵及其发展变化的轨迹，将会有助于揭示各个时期史学的利弊得失，从更深层次认识中国史学发展演变的规律。加强史学批评范畴研究，不仅对于史学史学科具

---

① 李振宏：《开辟中国史学史研究的新局面的思考》，《史学月刊》2012年第8期。
② 朱政惠：《中国史学史研究的国际视野》，《学术月刊》2012年第1期。
③ 孙卫国：《东亚视野下的中国史学史研究》，《史学月刊》2013年第11期。
④ 乔治忠：《论中国史学史研究的东亚视域》，《史学理论研究》2016年第2期。

有自身建设意义,而且对于整个历史学的发展具有学术价值。①

第六,改进研究范式。胡逢祥认为中国史学史研究范式需要改进、完善。在内容方面,应将史学运行的制度层面要素、史学与社会公众的互动纳入研究范围。在研究方式上,应采用多学科方法,尤其要吸收社会学、文化人类学、教育学、中外文化交流史及各类学术专史的研究方法和成果。在研究视角、书写模式方面,一是对各种史学思想和理论的研究,应结合与之相应的史学实践展开考察;二是当注重"动态"史实的挖掘,即把史学思想或理论的研究与史家、学派交往等活动结合起来,更好地从动态中去把握史学的发展;三是史学史研究须加强学术史的内涵。

以上这些有关中国史学史今后发展路向的思考,旨在对现有的中国史学史研究体系进行完善,以开创中国史学史研究新局面。还有学者认为已有的中国史学史谱系是层累地造成的,需要去掉"涂饰"和"偏见","应该在'回归'自身的基础上行结构性'变革'"。所谓"回归","一是回到中国史学史研究的本身,二是回到中国史学史学科理论建设的本身"②。中国史学谱系的层累建构产生的弊端,就是不断掩蔽史学的真实面貌。"时至今日,有必要弄清中国史学谱系的层累过程,对依据这种谱系建构起来的史学史体系进行解构和复原,厘清客观史实和主观努力之间的界限,用'后现代'史学理论(如福柯的'知识考古学')进行剖析和解构,层层剥离后世叠加上去的文化积层,将前人对史学史的'圣化'加以'去圣'和'脱圣'处理,认清史学史的原生状态,以加深对中国史学及史学史的了解和认识。"③ 这样看来,有关中国史学史学科发展问题又回到"什么是史学史"这个根本问题上来了。

以上的探讨,对开拓中国史学史研究的新局面皆有裨益。应该补充的是,在数字化时代开拓中国史学研究新局面,应充分利用互联网、数据库所提供的便利,探索那些以前因史料的限制难以研究或还未解决的问题。在这方面历史研究已经取得了很多成就,史学史研究还处于起步阶段。互

---

① 罗炳良:《深化中国史学史研究的构想》,《学术月刊》2012 年第 1 期。
② 王记录:《回归与变革:中国史学史研究及学科发展趋向》,《史学月刊》2012 年第 8 期。
③ 谢贵安:《论中国史学谱系的层累和延展——兼论中国史学史体系的发展模式》,《人文杂志》2014 年第 8 期。

联网、数据库也为从事贯通性史学史专题研究提供了可能。如关于史学批评范畴，学者已经进行了梳理、论述和提炼，但囿于资料，有些范畴的演变历程尚未清晰地揭示出来。在数字化时代揭示这些范畴的演变较为容易。这些都能为史学史研究提供生长点。

回顾是为了发展，总结是为了开拓。通过对改革开放40年来中国史学史研究的回顾，不难发现，解放思想，转换思维，开阔研究视野，拓展研究领域，关注中国历史学的最新发展，是中国史学史学科发展的活水源泉。有此活水源泉，学者期待的"中国史学史研究的再出发"必将再创辉煌。

中国城市史研究综述（1986—2018）

熊月之　张　生

在世界范围内，城市史作为历史学分支学科出现，是很晚近的事。学术界一般认为，城市史学是自20世纪60年代首先在西方发展起来的一个历史学分支学科。[1] 在中国，城市史开始受到重视是在20世纪80年代，基本上与改革开放以后中国城市化提速同步。

一　研究概况

改革开放以后，随着城市化的迅速推进，中国城市史研究蓬勃开展，成就斐然。主要表现在如下四个方面。

其一，城市史论著量多面广。

据笔者统计，自1979年至2018年，国内出版的关于近代中国城市史的专著、资料集、论文集等共计2500余种。[2] 以城市史、城市文化研究为主要内容的期刊逐渐增多，天津的《城市史研究》（已刊38辑）、《上海研究论丛》（已刊22辑）、《都市文化研究》、《上海档案史料研究》（已刊23辑）等。设在陕西师范大学的中国古都学会聚焦于古代都市的研究，已出版《中国古都研究》辑刊33辑。《中国名城》是由国家名城委创办，国家住房和城乡建设部、国家文物局和中国城市科学研究会支持的专业性、前沿性学术期刊，也是国内唯一专门研究和宣传历史文化名城的刊

---

[1] 毛曦：《城市史学与中国古代城市研究》，《史学理论研究》2006年第2期。
[2] 本数据以国家图书馆藏系统为基础检索统计而得。

物，已有22年历史，刊载大量中国名城历史研究论文。近些年，更有新型研究辑刊不断问世，如复旦大学上海史国际研究中心的《上海史国际论丛》、上海博物馆的《都会遗踪》、广州人民出版社出版的《近代广州研究》《广州湾史料汇编》辑刊等。一些综合类历史研究的期刊上，与城市史研究相关的论文日渐增多。据笔者统计，自1986年至2017年，《历史研究》《中国史研究》《近代史研究》《史林》等八家主要综合历史类专业期刊中，共刊发城市史及相关研究文章713篇，约占总数的2.8%。其中《史林》专门开辟有"城市史研究"专栏，刊发的城市史相关论文最多，占总篇目6.9%，《中国社会经济史研究》《史学月刊》也有2.7%和2.8%的城市史论文。此外，《中国历史地理论丛》《中国边疆史地研究》等期刊也有大量与城市历史、地理研究相关的论文。

其二，城市史研究基地逐渐形成。

国内各个城市的城市史研究多以本市的研究机构为依托。上海社会科学院历史研究所、四川大学城市研究所、天津社会科学院历史研究所等单位，均从20世纪80年代就从事城市史研究，承接多项国家哲学社会科学规划的城市史课题，会聚了一批从事城市史研究的学者，已成为国内研究城市史的重要基地。陕西师范大学发挥地缘优势，成为古都研究的基地。

2010年，上海社会科学院历史研究所成立中国城市史研究中心。配合上海世博会的召开，推出一系列学术专著与知识性读物。① 2012年，复旦大学成立上海史国际研究中心。华东师范大学设立上海史研究中心，上海师范大学设立都市文化E-研究院，上海众多高校注意拓展以上海为主要研究对象的城市史研究。湖北江汉大学设立城市研究所，其主要课题亦以城市史研究为主。

与此同步，以城市史研究为主题的学术讨论会此伏彼起，蔚然成风。从1988年到2018年，上海、北京、广州、重庆、成都、杭州、金华、武汉、天津、青岛等地，均举行过多次比较大型的关于城市史的学术讨

---

① 熊月之主编：《上海的外国文化地图》（共8册），上海文艺出版社2009—2011年版；《西风东渐：城市文化读本》，外语教学与研究出版社2010年版。

论会。

此外，中国社会科学院历史研究所主办的"比较城市史研究网"，四川大学城市研究所主办的"城市中国网"，上海社会科学院历史研究所网站、华东师范大学现代城市社会研究中心主办的"都市研究网"等城市研究相关网站，在交流研究信息、共享学术资源方面起到了很好的作用，成为城市史研究兴盛的标志之一。

其三，城市志编撰蔚为壮观。

城市志是地方志的一部分。中国地方志以起源早、持续久、类型全、数量多而享誉世界，据《中国地方志联合目录》统计，保存至今的宋代至民国时期的方志就有8264种，11万余卷，占中国古籍的1/10左右。1979年，改革开放伊始，中共中央、国务院就指示各地"编史修志，为历史研究服务"。胡乔木代表中央书记处在中国史学会成立大会上提出，要继承修志传统，要大声疾呼，予以提倡。1980年，修志工作开始在全国各地蓬勃开展。1985年，国务院发出关于加强地方志工作的文件。1986年，国务院召开第一次全国地方志工作会议。按照中央的要求，各省市自治区、各个城市都成立地方志办公室。这是政府规定的文化项目，有经费，有人员，有资料，这极大地推动了地方史研究。截至2005年11月，全国31个省、自治区、直辖市（香港、澳门、台湾未统计），首轮省、市、县三级志书规划编纂6000余部，已出版5000余部。其中，省级志书规划2615部，已出2176部，完成83.2%；市级志书规划288部，已出261部，完成90.6%；县级志书规划2506部，已出2371部，完成94.6%。全国省、市、县三级志书总共完成了规划任务的88.8%。同时，编辑出版4万多种部门志、行业志、乡镇志。

城市志不等于城市史。城市志以行政市为范围，城市史以城市实体的历史为研究对象，但毋庸置疑，城市志的主要部分，可以归入广义的城市史范畴。经过二十多年的修志努力，可以说全国各大中小城市基本都已修志。即使是一些以县命名的地方志，其主体部分也是城市志内容。城市志一般来说，具备地方性、资料性、连续性、百科性特点。相当一些参加者熟谙地方典籍，了解风俗民情，更增强了这些志书的史料价值。这些城市、地方资料的搜集、整理和出版，为当代城市史研究提供了大量而丰富的研究线索与文献资料，是当今城市史研究取之不尽的富矿。① 这是中国文化传统的发扬，也是欧美国家城市史研究中所不曾有的盛况。

其四，城市史研究网络：从国内到跨国的扩展。

改革开放以来，中国城市史研究发展很快，城市史研究机构无省无之、无市无之、无重点大学无之，研究成果相当丰硕。自1986年国家社科规划将中国城市史研究列入资助对象以后，北京、上海、天津、武汉、重庆、成都、南京、广州、厦门等地从事城市史研究的学者，已在事实上形成活动众多、联系频繁的学术网络，轮流在各地举行城市史讨论会。2011年11月6日，上海社会科学院历史研究所、天津社会科学院历史研究所、四川大学城市研究所、江汉大学城市研究所等单位的学者，在江汉大学举行中国城市史研究学会筹备会，决定向中国史学会提出成立中国城市史研究会的申请。2012年2月25日，经中国史学会会长会议审议并批准成立，中国城市史研究会作为中国史学会下属的二级学会进行活动，挂靠单位为四川大学城市史研究所，同年7月在上海召开成立大会。

中国城市史研究会活动计划，主要分三项：组织学术交流活动、编印学会刊物、为中国城市发展提供咨询服务。自2012年起，该会每年举办年会，引导中国城市史相关学者互通信息，交流学问。研究会以天津社会科学院历史研究所主办的《城市史研究》作为中国城市史学会的会刊，该刊作为辑刊已被纳入CSSCI数据库，创刊30年，出版38期，在国内外产生重要学术影响力。

随着全球城市化的浪潮，国际城市史研究网络得到拓展。2018年6月23日，由中日韩三国城市史学者及相关机构在韩国首尔举办"20世纪东亚城市变化的新视角"（New Perspectives on East-Asian Urban Change in 20th Century）会议，韩国都市史学会、中国上海市历史学会、日本都市史学会共同倡议成立东亚城市史学会，参加范围有东亚各个地区的城市史研究机构、大学研究所及学科。倡议书指出：如今人类的多数生活在城市里，城市现在是人类生活的重要场所，城市研究有必要基于充分反映历史经验和地区特点的具体分析成果而重新整合。东亚是目前发展很快的地区，城市

---

① 来新夏：《中国地方志的史料价值及其利用》，《国家图书馆学刊》2005年第1期。

化趋势也很旺盛。但是我们不能忽视这一地区的许多城市具有与西方世界不同的历史经验和地区性特点。倡议书认为，东亚地区的城市研究者应当坚持自己的观点，为在充分反映他们自己经验和特性的研究过程中，做出更多的努力。

二 中国城市起源、特征与分类研究

中国城市何时起源、特征如何，是研究中国古代城市史学者面临的首要问题。马克斯·韦伯在《中国宗教》与《城市》两书中，将西欧城市视为城市的理想类型，而中国城市则否。对韦伯而言，城市是现代西方特有的产物，是资本主义、理性精神、自由平等的理念及民主制度的体现，而中国城市在这方面则是失败的，韦伯将其原因归结为政治体制的特性与中国的特殊社会结构。韦伯以欧洲城市为普世模式，断言中国历史上根本没有城市。针对韦伯的观点，中国学者在中国城市起源、发展特征问题上各有比较深入的探讨。

关于早期中国城市的起源问题，傅筑夫、张光直等持"防御说"，[1] 强调政治、军事因素在城市起源中的作用。杨宽提出一种特殊的"防御说"，他在考察了日本的古城后，主张"沟应是城的萌芽"[2]。有的学者提出"集市说"，认为城市是在市集的基础上兴起的，民间交换或经济交往频繁、固定的出现，使得人口的聚居成为可能。这种说法与西欧城市史家看法较为接近。此外，还有地利说、城乡差别说等。[3] 近些年来，有学者以考古资料与古文献资料为基础，对中国古文明设都、都城选址、军事防御及规划布局制度等作了论述，其中对中国夏商时代施行主辅都制的论述在学术界属于首创。[4]

对于中国古代城市特征与分类问题，大陆学者傅筑夫、傅衣凌、李伯重，台湾学者赵冈等均有深入研究，成一家之言。

---

[1] 张光直：《关于中国初期"城市"这个概念》，《文物》1985年第2期。
[2] 杨宽：《中国古代都市布局的探讨》，1983年7月19日在河南省博物馆所做的学术报告。
[3] 俞伟超：《中国古代都城规划的发展阶段性》，《文物》1985年第2期。
[4] 张国硕：《夏商时代都城制度研究》，河南人民出版社2002年版。

傅筑夫将中西封建时代的城市进行比较，揭示了中国与西欧古代城市及城市经济的特点，指出从古代到近代，中国的都城是统治阶级根据政治、军事需要而有目的、有计划兴建的，从秦汉到明清，城市的性质结构的管理制度基本类似。① 但从北宋开始，随着商品经济的发展，自古相沿的坊市制度被打破，城市结构和面貌开始与近代城市相类似。

傅衣凌破除了将前近代中国城市简单分为政治性城市和经济性城市的做法，从经济的层面对明清城市的特点进行分类，划分为"开封型城市"和"苏杭型城市"两种类型，并指出工商业繁荣在"苏杭型城市"的形成与发展中起了重要作用。李伯重在此基础上提出，实际上存在第三种类型的城市，将其命名为"新兴工商业市镇型城市"，并用现代城市化研究的理论和方法，分析明清江南的城市化问题；进一步将明清江南城市分为两种类型："苏杭"型城市与"众星拱月"型的城市，以及"新兴工商业市镇"型城市与"群芳争艳"型的城市。②

台湾学者赵冈将中国城市分为两大系统：一类是行政区划的各级治所，称为城郡，政治意义很强；另一类是治所以外的市镇。二者总合称为城市。赵冈对于古代城市居民的密度、城市人口数量及占全部人口比重等问题均作了深入的探讨。他指出中国城市发展经历了三个阶段。从城市起源到南宋为止，是第一阶段。该时期城市人口在全国总人口的比重逐渐上升，人口有向大都市集中的趋势，大都市规模迅速膨胀。南宋以后进入第二阶段，城市化进程停滞，城市人口比重日趋降落。城市人口不再向大都市集中，反而向农村靠拢，形成江南地区的众多市镇。19世纪中叶五口通商以后，城市化进程转入一个崭新阶段，沿海各大商埠相继开辟，现代化工业逐渐兴起，人口向沿海商埠集中，城市人口迅速回升。③

---

① 傅筑夫：《中国古代城市在国民经济中的地位和作用》，载《中国经济史论丛》上册，生活·读书·新知三联书店1980年版，第321—386页。

② 李伯重：《工业发展与城市变化：明中叶至清中叶的苏州》，《清史研究》2001年第3期，2002年第1、2期；李伯重、周春生主编：《江南的城市工业与地方文化》，清华大学出版社2004年版。

③ 赵冈：《中国城市发展史论集》，新星出版社2006年版。

三 秦汉至宋元城市研究

由于春秋战国时期城市的兴起与繁荣，学者对于秦汉时期的城市非常关注，大量的城址考古资料，为先秦城市的研究提供了坚实的基础。[①] 虽然有学者提出，"中国古代社会，尤其是汉唐时代，并不存在一个完整的城市社会"，[②] 但作为人类聚落的城市已然存在。《汉代城市研究》与《汉代城市社会》等书，是近年来关于秦汉城市研究中的力作，前者搜集了大量的文献与考古资料，对汉代城市的分布及汉代城市人口比例研究方面，均有突破。后者受日本学者影响，深入研究了汉代的聚落形态，并在此基础上，比较了汉代大小城市在结构和布局上的规律和差异。

魏晋、南北朝时期的城市研究相对薄弱。但近年也有对该时期的城市管理机制、治安管理、居民管理问题的专著问世。[③] 有些研究著作从社会史的角度讨论了六朝时期以建业为代表的江南城市的繁荣景象。[④]

唐代城市研究主要集中于两京。有学者对南北朝、隋唐士族向城市的迁徙及所带来的社会变迁作了详细研究。[⑤] 宁欣的系列论文关注了唐代坊市制度破坏的渐进性，即街道在突破坊市制度中的作用，详细论述了"街"在坊市向街市转变过程中的作用，分析了"侵街"的表现。[⑥]

宋代城市研究成果集中于东京和江南城市。研究者认为，宋代是中国古代城市发展史上一个引人注目的转折期，不仅传统州县城市的发展形态发生重大变化，而且各种商业市镇大量兴起，在很大程度上改变了城市发展格局和等级体系。特别是在江南地区，这种城市变革表现得尤为明显，

[①] 张继海：《汉代城市社会》，社会科学文献出版社2006年版；周长山：《汉代城市研究》，人民出版社2001年版。

[②] 马新：《两汉乡村社会史》，齐鲁书社1997年版，绪论第2—3页。

[③] 任重、陈仪：《魏晋南北朝城市管理研究》，中国社会科学出版社2003年版。

[④] 刘淑芬：《六朝的城市与社会》，台湾学生书局1992年版。

[⑤] 韩昇：《南北朝隋唐士族向城市的迁徙与社会变迁》，《历史研究》2003年第4期。

[⑥] 宁欣：《街：城市社会的舞台——唐宋城市变革中的线形空间》，《文史哲》2006年第5期；《转型期的唐宋都城：城市经济社会空间之拓展》，《学术月刊》2006年第5期，等等。其承担的"唐宋城市比较研究"与"唐宋都城社会结构研究"等研究课题，直指唐宋城市研究的重点内容。专著方面，见程存洁《唐代城市史研究初篇》，中华书局2002年版。

许多方面具有典型性和代表性。① 有研究者围绕宋代江南城镇发展概况、经济形态、社会形态三部分来展开论述，包括城镇的发展过程、基本类型、区域体系与特点、人口规模与居民结构、公共事业与社会保障等诸多方面，其中有不少方面是以往学术界研究宋代城市史时较少涉及和注意到的。②

元代在中国历史上持续时间不长，考古和历史工作者主要对元上都、大都和中都进行了发掘和研究，代表作有《元上都》《元上都研究》等。③

关于中国古代城市研究中，有突出贡献的还有史念海、杨宽等倡导的古都研究和城市建筑、制度研究。史念海在对周、秦、汉、唐古都进行考察后，于1983年发起组织中国古都学会，后来写就《中国古都概说》一书，将中国古都学定义为"研究我国古都的形成、发展、萧条，或至于消失，或经改革成为新的城市的科学"。在其1998年编的《中国古都与文化》专集中，④ 论述了中国古都形成的因素、古都与自然关系，以及唐代长安外郭街道及里坊的变迁等问题。

杨宽的《中国古代都城制度史研究》，通过文献资料，对宫城、坊郭、城门、市场、街道等城市建筑与制度进行了开创性研究。⑤ 此外，刘敦桢主编《中国古代建筑史》从建筑学的角度，概述了历代城市主体建筑的结构、布局、形象及造园等，图文并茂。⑥

---

① 周宝珠：《宋代东京研究》，河南大学出版社1992年版。
② 陈国灿：《宋代江南城市研究》，中华书局2002年版。
③ 陈高华、史卫民：《元上都》，吉林教育出版社1988年版；叶新民：《元上都研究》，内蒙古大学出版社1998年版；详情可参见刘晓《元代都城史研究概述》，载《中日古代城市研究》，中国社会科学出版社2004年版，第184—203页。
④ 史念海：《中国古都和文化》，中华书局1998年版。
⑤ 杨宽：《中国古代都城制度史研究》，上海古籍出版社1993年版。
⑥ 此外还有王学理《咸阳帝都记》，三秦出版社1999年版；曲英杰《先秦都城复原研究》，黑龙江人民出版社1991年版；徐卫民《秦都城研究》，陕西人民教育出版社2000年版；辛德勇《隋唐两京丛考》，三秦出版社1992年版；杨鸿年《隋唐两京考》，武汉大学出版社2000年版；姜波《汉唐都城礼制建筑研究》，文物出版社2003年版；韩光辉《北京历史人口地理》，北京大学出版社1996年版；侯仁之主编《北京城市历史地理》，北京燕山出版社2000年版；尹钧科等《古代北京城市管理》，同心出版社2002年版，等等。

四 明清城市及江南市镇研究

明清城市研究是古代城市研究中相当活跃的领域。比较有影响的综合性著作有《明代城市研究》及《明清城市空间的文化探析》等。[①]

江南市镇在中国城市史研究中备受关注,研究成果满坑满谷,蔚为大观。[②] 1964年,傅衣凌发表的《明清时代江南市镇经济的分析》,在"资本主义萌芽"研究框架下,最早直接涉足江南市镇研究。尽管他的开创性研究因"文化大革命"而中断,但他提出的"专业市镇"概念,对后来的研究起了引领性作用。[③] 1970年,台湾学者刘石吉对江南作了系统而全面的研究,并以"专业市镇"为核心概念,刊布了其成名作《明清时代江南市镇研究》。[④] 他将江南市镇划分为棉织业市镇、蚕桑业市镇、米粮市镇等类型,这种研究范式对20世纪80年代以来江南市镇研究有推波助澜的作用。台湾的李国祁、范毅军等随后也发表了相关论文。

20世纪80年代以后,有关明清江南市镇研究的论著,极其丰富。[⑤] 樊树志、陈学文等,注重江南市镇的实态研究,在汇集排比大量史料的基础上,对市镇的个案分析相当深入,令人赞叹。王家范、陈忠平、范金民、王卫平、朱小田、包伟民、单强、陈国灿、吴仁安、张海英等人的研究,注重江南乡土生活、社会风气、慈善事业、会馆公所、商业市场等,从多角度、多领域考察明清以来的江南市镇。其中,相当引人注目的是对于施坚雅模式的回应。

对于中国城镇城乡关系,美国学者施坚雅曾提出中心地理论,将城市

[①] 韩大成:《明代城市研究》,中国人民大学出版社1991年版;刘凤云:《明清城市空间的文化探析》,中央民族大学出版社2001年版;其他城市分论性的如王卫平《明清时期江南城市史研究:以苏州为中心》,人民出版社1999年版。

[②] 参见任放《20世纪明清市镇经济研究》,《历史研究》2001年第5期;范金民《明清江南城市文化研究举要(1976—2000年)》,《人文论丛》2003年卷。

[③] 文载《历史教学》1964年第5期,后收入傅衣凌《明清社会经济史论文集》,人民出版社1982年版。

[④] 台湾《食货月刊》复刊第8卷之6、7、8三期,后收入刘石吉《明清时代江南市镇研究》,中国社会科学出版社1987年版。

[⑤] 参见范金民《明清江南城市文化研究举要(1976—2000年)》,《人文论丛》2003年卷。

空间层次的结构分为由经济中心地及其从属地区构成的社会经济层级，由A类、B类、C类和D类四个中心构成，由低到高，D类中心朝着C类中心，C类中心朝着B类中心，B类中心朝着A类中心，同下级中心相比，上级中心提供更为专门化的货物并相应地拥有更广阔的腹地，而中心与腹地所构成的地理空间在理论上应该是六边形区域体系，以此形式逐级向四周辐射。① 中国学者一般认为这一模式颇有解释力，比如，王卫平在《明清时期江南城市史研究：以苏州为中心》中，就运用施坚雅这一理论，以市镇为中心地，将江南市场分为三个层级，即标准市场、中间市场与中心市场，作为各级市场中心地的市镇，也相应地分为标准市镇、中间市镇、中心市镇三个层次，得出的结论颇有说服力。但是，也有学者对此进行补充与修正。比如，王家范认为，从江南市镇与城市关系看，辐射不是严格遵循由低到高顺序的，因为江南市镇的形成，不是以府县城为中心向四周辐射，而往往在离府县城比较远、与邻府县交界的地区率先出现，其产生与农村经济的发展和需要有着极密切的关系。范金民对苏州府的市镇加以典型分析后认为，各县各乡市镇数量多少不一，规模大小不等，并不存在如施坚雅所说的以县治府治为中心的层层辐射的分布格局，也没有形成等距离、有规则的分布网络。县治大多不是经济中心，位置又往往偏居一隅，市镇也就不可能以所在县城为中心。苏州市镇只在它们所在的地区发挥经济辐射的作用，与或近或远的县治府治关系不大，因此并不呈现出村乡市、镇县府间进行商品交流的地理层次，苏州市镇如此，他府、他县市镇大率如此。江南市镇的分布，既要受到水陆交通线的限制，又要受到各地经济结构的影响，不但各府各县之间极不均匀，多寡悬殊，即或一府一县之间也情形各异，很难一概而论，不能用某府某县或某地市镇的分布特征来简单概括整个江南地区市镇的分布状况。

此外，《清史·城市志》的编撰，有力地推动了清代城市史总体研究的进行，《清代资源型城市研究》即是其代表性成果。②

---

① ［美］施坚雅：《中国封建社会晚期城市研究》，王旭等译，吉林教育出版社1991年版，第148页。

② 刘吕红：《清代资源型城市研究》，巴蜀书社2009年版。

五　单体城市、类型城市与区域城市研究

中国近代城市研究是从单体城市起步的，成果中九成以上是关于单体城市的。[①]

1979年，在成都举行的全国历史学规划会议上，已经论及近代城市史研究问题，并将上海城市史研究作为首批项目，交给上海社会科学院历史研究所承担。上海学者经过多年努力，后来出版了由唐振常主编的《上海史》。1986年，全国哲学社会科学规划会中国近代史学科组在讨论"七五"规划时，更加重视城市史研究，并决定先从上海、天津、重庆、武汉四个城市着手，之后，相继出版了四个城市著作《近代上海城市研究》《近代天津城市史》《近代重庆城市史》《近代武汉城市史》。这几个规划项目，标志着中国史学界对城市史的高度重视，开创了新时期中国近代城市研究的先路。

此后，中国史学界关于单体城市史的研究，如雨后春笋，北京、成都、开封、洛阳、济南、广州、厦门、南京、苏州、无锡、南通、昆明、沈阳、大连、鞍山、宝鸡、本溪、自贡、长沙、邯郸、包头等城市都有相应的专著面世。其中，东部新兴城市和口岸城市所占比例较大，这与城市地位、研究力量、资料储备均有关系。香港、澳门在20世纪末回归祖国，关于这两个城市的史学著作在当时也有大量出版。

作为单体城市研究的延伸，20世纪90年代中期以后，城市研究向两个方面发展，一方面是向内的取向，对城市内部区域、人口、功能、结构的深入剖析，比如对上海宁波人（李瑊）、广东人（宋钻友）、福建人（高红霞）、苏北人研究，对成都茶馆研究（王笛），对城区史研究（苏智良）；另一方面是向外的取向，编写城市通史。作为中国的"双城记"，通史编撰工作首先从北京、上海这两个城市开始。曹子西主编的《北京通史》（全十卷），由北京市社会科学院学者编撰，叙述的时间从远古时代至20世纪80年代末止；地域范围大体上以当前北京市行政区划为准，并

[①] 何一民：《中国近代城市史研究述评》，《中华文化论坛》2000年第1期。

参酌历代的城区、政区和历史地理环境变迁情况适当伸缩。熊月之主编的《上海通史》，凡15卷，叙述了从远古到当代的上海历史，重点是近代。北京、上海之后，杭州、宁波、无锡、重庆等地，也先后有通史类著作结集问世。其他已开始或正在进行通史编纂的有天津、苏州、武汉、广州、济南、青岛等城市。城市通史以作为行政区划的市境为范围，与以城市实体为研究对象的城市史有重要区别，但其主体部分属于城市史，涉及城市区域、人口、结构、功能、沿革等内容，建立在广泛的调查、翔实的资料基础上。城市通史的编撰，对城市史研究是有力的推动。进入21世纪，一批新的城市通史性著作不断涌现，如《南京百年城市史》（2014年）、《北京城市史》（2018年）。

"八五"期间，国家哲学社会科学规划引导对不同类型城市的综合研究和区域城市研究，相关城市和高校、研究院所也加大对此类研究的支持力度，先后完成的有"中国近代不同类型城市综合研究""东南沿海城市与中国近代化研究""近代华北城市系统研究""山东城市史研究""北京与周围城市关系史""粤港澳城市互动研究"等。[①] 因此，从20世纪90年代初起，大陆的近代城市史研究呈现单体城市研究与类型城市、区域城市研究并进共盛的局面。

1985年问世的傅崇兰所著《中国运河城市发展史》，从联系的角度系统研究了杭州、苏州等运河城市，是关于中国类型城市或城市带研究的前驱之作。

作为国家哲学社会科学"八五"规划重点课题的成果，《东南沿海城市与中国近代化》由上海社会科学院学者承担。该书紧扣东南沿海城市与中国近代化这一主题，就上海、宁波、福州、厦门、广州这五个东南沿海通商口岸城市进行多角度研究，认为这些城市各有特点、互有联系，在中国对外开放的格局下，形成许多共同的特点，其中最重要的一点是与中国对外开放的程度联系在一起，开放则兴，封闭则衰。

作为上海市哲学社会科学"九五"规划重点项目的《长江沿江城市与

[①] 邓开颂：《粤港澳近代关系史》，广东人民出版社1996年版；梁渭雄：《粤澳关系与澳门发展研究》，广东教育出版社1999年版。

中国近代化》，以长江沿江城市为研究对象，内容涉及从宜宾起至上海的14个城市。分析在社会、经济、文化非均衡发展情况下，上海城市的开发与发展同沿江城市的联动关系，进而探讨沿江城市在中国近代化过程中的地位和作用。①

天津学者进行的"近代华北区域的城市系统"研究课题，较为关注区域内城市系统的演变和城市化的进程，认为在近代华北以北京为核心的传统区域城市系统走向瓦解，初步形成以北京和天津为中心的近代华北区域城市系统。②

王玲的《北京与周围城市关系史》，以北京为主体，将北京及其周围城市作为一个有机整体来研究，既自具特点，又相互联系、相互影响、相互补充③。山东学者所著的《近代山东城市变迁史》，对山东城市的布局、特点及其相互关系作了整体分析。④

戴鞍钢的《港口、城市、腹地：上海与长江流域经济关系的历史考察，1843—1913》，在研究理念上将城市与区域放在一起，代表着区域史与城市史研究结合的努力。⑤ 顾朝林的《中国城市地理》，对从秦汉到近代的城市发展作了综合论述，内以相当篇幅论述近代城市的发展、城市规模变化、城镇分布等问题。书中关于近代中国部分城市（镇）1843—1936年的发展趋势的论述，从区域面积、城镇数、城镇网密度、城镇人口比重等具体指标进行长时段地分类详列，展示了不同区域、时段的城市的兴衰。⑥

国家提出"一带一路"倡议以后，刘士林团队相继完成《中国丝绸之路城市群叙事》《中国海上丝绸之路城市廊道叙事》，融合城市科学理论

---

① 张仲礼、熊月之、沈祖炜主编：《长江沿江城市与中国近代化》，上海人民出版社2002年版。
② 罗澍伟：《试论近代华北的区域城市系统》，《天津社会科学》1992年第6期；周俊旗：《关于近代区域城市系统研究的几个问题》，《天津社会科学》1994年第5期；张利民：《近代华北城市人口发展及其不平衡性》《近代史研究》1998年第1期；等等。
③ 王玲：《北京与周围城市关系史》，北京燕山出版社1988年版。
④ 王守中、郭大松：《近代山东城市变迁史》，山东教育出版社2001年版。
⑤ 戴鞍钢：《港口、城市、腹地：上海与长江流域经济关系的历史考察，1843—1913》，复旦大学出版社1998年版。
⑥ 顾朝林等：《中国城市地理》，商务印书馆1999年版。

和历史文化资料，阐述了27座城市的"前世、今生和前程"，续写中国海上与陆上丝绸之路的旧都新命。

六 "冲击—回应模式"与口岸城市研究

对于近代中国口岸城市史的研究，费正清等人提出"西方冲击—中国回应"解释模式，即主要通过中国对西方冲击的回应来解释中国现实，口岸城市是冲击—回应的集中表现地。应该说，对于这些口岸城市，这个模式是很有解释力的，因为，研究结果表明，开埠通商对这几个城市来说，都或多或少地改变了这些城市的原先演变路径，改变了这些城市的功能，改变了这些城市与腹地及周边城市的关系，或大或小地影响了这些城市变化的速率。但是，通过对这几个分布在中国不同地区的口岸城市研究的结果也表明，对于西方冲击的回应，既与冲击力的强弱大小有关，更与这些城市所在地域的经济结构、人口特点、文化背景、时代因素有关。同样是西方冲击，但上海、天津、武汉、重庆的演变结果各不相同，各具特点。《近代上海城市研究》从经济、政治、社会、文化诸多方面研究了近代上海城市的变迁，从天时（时代因素）、地利（地域因素）、人和（移民人口）与格局（中外关系、华洋关系、沪宁关系即经济中心与政治中心关系）等角度，分析上海城市的变迁复杂因素。①

《近代天津城市史》按时期分篇，②按专题分章，讨论了天津城市发展的特质。书中指出，一方面，开埠后天津九国租界并立，这在全国16个设有租界的城市中是独一无二的；另一方面，1860年的开埠使天津作为首都附庸格局被打破，天津逐渐脱离北京的控制，开辟了与华北各省商品交流的新网络，城市格局、功能都发生巨大变化，到了20世纪30年代，成为闻名于全国的大都会。这样，作者便从历史的延续性与变异性、与首都关联度的变化、列强在天津的特殊态势等方面，展现出天津城市变迁的

---

① 张仲礼：《近代上海城市研究》，上海人民出版社1990年版。
② 罗澍伟主编：《近代天津城市史》，中国社会科学出版社1993年版。

复杂因素。

《近代重庆城市史》《近代武汉城市史》都从既是口岸城市又是内陆城市角度出发，研究了这两个城市的变迁与特质。[①]《近代重庆城市史》从理论上对研究近代中国城市的目的、意义，近代中国城市史研究的主要内容和城市的分类等问题进行探讨，涉及重庆城市发展的原因与特点、近代化的过程等问题。作者认为，近代中国城市史研究的线索有两条，相互推进，相互制约，一条是近代城市化，另一条是城市近代化，既研究城市内部矛盾运动，也研究城乡关系，在古代中国是城市乡村化，在近代中国则是乡村城市化，在一些地区城市近代化与乡村城市化并非同步进行。这就间接回应了"冲击—回应模式"，即单从传统与近代、中国与西方的矛盾运动是难以把握近代中国城市变迁实质的，必须从历史的、全面的、变动的关系中把握城市变迁实质。《近代武汉城市史》体例上与前者有相似之处，对于武汉成为近代中国区域性乃至全国性革命风暴中心提出了独到看法。作者特别强调武汉的地理区位、武汉城市在前近代时期的结构与功能、世界政治格局与中国政治变局变动对武汉的影响，说明武汉城市的特质。

上述关于上海、天津、重庆、武汉这四个城市的研究著作问世之时，正是"冲击—回应模式"为中国学术界广泛知晓、屡加讨论之时，其时反映"冲击—回应模式"的代表作《剑桥中国晚清史》中译本已经出版多年[②]，这四部著作的作者，显然不是不知道这一解释模式，但是，他们都没有从正面对这一模式提出讨论，其原因就是既有限地认同这一模式，同时又不满意这一模式，而是努力用历史的、全面的、变动的、辩证的观点来加以解释。

口岸城市在中国近代城市研究架构中有着重要的地位。近代中国"标准条约口岸"有 59 个[③]，上述四个口岸城市研究的解释框架和一些观点，

[①] 隗瀛涛主编：《近代重庆城市史》，四川大学出版社 1991 年版；皮明庥主编：《近代武汉城市史》，中国社会科学出版社 1993 年版。

[②]《剑桥中国晚清史》中译本由中国社会科学出版社 1985 年出版。

[③] 杜语：《近代中国通商口岸研究》，中国社会科学院近代史研究所未刊博士学位论文，1995 年印制，第 64—65 页，转引自杨天宏《口岸开放与社会变革》，第 397 页。

对其他口岸城市有一定的借鉴作用。比如众多条约口岸设有租界，对条约口岸的研究，焦点之一是对租界的评价。[①] 大陆学界在相当一段时间里，一说到租界，除简单描述租界的历史沿革外，就是单向性地指斥其为"帝国主义侵华的桥头堡""国中之国""罪恶的渊薮""冒险家的乐园"等。在此方面，一些上海学者以晚清民主与革命、西学东渐、东西文化交流为突破口，讨论租界影响的复杂性[②]，资本主义国家一方面利用租界作为侵略中国的工具，另一方面也借其推行资本主义制度，传播资本主义思想文化，前者加深了中国的半殖民地化，不利于中国资本主义近代化的发展，后者在一定程度上刺激了中国的觉醒，加速了资本主义现代化进程。因此，对于租界的影响，必须进行全面的、历史的、辩证的分析。他们还进而从城市政治格局、中西文化差异、上海与全国关系方面，提出缝隙效应、示范效应、孤岛效应等命题，解释租界在中国产生复杂影响的原因。[③] 这些观点，开启了对租界进行具体分析的进程，也把租界的研究推进到社会的层面，把租界放在社会、经济、政治过程中综合考察。这种分析，在一定意义上也是对"冲击—回应模式"的补充。

口岸城市研究进入新时代，外语文献下的中国城市成为城市史研究的重要命题。外语文献对于研究中国城市史，尤其是华洋共处的中国口岸城市，在存史之真、补史之缺、纠史之偏、详史之略方面，有着至关重要的价值。在"外语文献中的上海"重大社科项目的示范下，全国有多处口岸城市如天津、广州、青岛、九江等的历史研究者制订了本市的外语文献发掘工作计划。

七 城市比较、通论性研究与中外学术互动

比较研究方面，总体来看，不同国家、不同区域、不同类型城市的研

[①] 吴圳义：《上海租界问题》，台湾正中书局1980年印行；尚克强、刘海岩主编：《天津租界社会研究》，天津人民出版社1996年版。
[②] 熊月之：《论上海租界与晚清革命》，《学术季刊》1985年第3期；《论上海租界的双重影响》，《史林》1987年第3期；《上海租界与社会思想变迁》，载《上海研究论丛》第二辑，1989年。
[③] 熊月之：《上海通史·导论》，上海人民出版社1999年版，第九章。

究都有，比较突出的有，20世纪90年代，上海学者进行了上海与香港的比较研究，上海学者与日本学者合作进行上海与横滨的比较研究①，厦门大学的王旭将美国中西部与中国东北部区域进行比较研究②。这些都是在城市功能相同、相近的城市间进行的比较。邱国盛的著作对20世纪北京和上海的发展进行了比较研究。③

通论性著作中，隗瀛涛主编的《中国近代不同类型城市综合研究》，以城市转型为基本研究范式，并视城市的近代化为城市转型的同义语，是现代化研究范式下城市研究的典范之作。书中首先对中国城市化道路进行描述，指出市镇化是近代以前中国城市化的独特道路，而近代以来城市化道路出现转变。接着从传统城市的继承与演变、开埠通商与城市近代化、近代工业与城市发展、新式交通与城市发展四个方面阐述近代中国城市化的发展道路。④ 此外，宁越敏等的《中国城市发展史》，虞和平的《中国近代城市史》，曹洪涛等的《中国近现代城市的发展》，都是关于近代城市发展各具特点的通论性著作。⑤

何一民在《中国城市史纲》中，全面论述了中国城市产生、发展的整体历程。将中国城市发展分为三个时期：从原始社会末期到春秋战国的"城市产生和初步发展时期"，从秦代到清代鸦片战争前的"古典城市发展时期"，从鸦片战争到1949年的"传统城市向近代城市过渡时期"。⑥ 在《近代中国城市发展与社会变迁（1840—1949）》中，他将近代城市的发展置于近代社会变迁的全过程中来考察，重点探讨城市的发展所引起的社会变迁，以及社会变迁对城市发展的促进和制约作用。⑦ 他从近代中国城市的演变与城市发展动力机制的转变、近代中国城市化的进程、近代中

---

① 《上海和横滨：近代亚洲两个开放城市》，华东师范大学出版社1997年版。
② 王旭：《工业城市的发展周期及其阶段性特征——美国中西部与中国东北部比较》，《城市史研究》第13—14辑，天津古籍出版社1997年版。
③ 邱国盛：《中国城市的双行线：二十世纪北京、上海发展比较研究》，巴蜀书社2010年版。
④ 隗瀛涛主编：《中国近代不同类型城市综合研究》，四川大学出版社1998年版。
⑤ 宁越敏等：《中国城市发展史》，安徽科技出版社1994年版；虞和平：《中国近代城市史》，生活·读书·新知三联书店1995年版；曹洪涛、刘金声：《中国近现代城市的发展》，中国城市出版社1998年版。
⑥ 何一民：《中国城市史纲》，四川大学出版社1994年版。
⑦ 何一民主编：《近代中国城市发展与社会变迁（1840—1949）》，科学出版社2004年版。

国城市等级规模结构的演变与区域城市的发展、近代中国城市管理的现代化趋势、社会结构的演变、城乡关系的变迁、城市社会生活的变迁、城市婚姻与家庭的变迁八个方面对近代中国城市进行综合考察。其著《近代中国衰落城市研究》对于中国的衰变与落后城市的归纳、总结也有独到之处。①

不同时期的城市有着不同的特点，不同时期的城市人有不同的生活。随着城市史研究的深入、法国年鉴学派影响的扩大，城市日常生活史日益受到学者的重视。其中，颇成规模的是由湖南出版社出版、赵世瑜等人编写的"中国古代城市生活长卷丛书"，宏观地介绍了唐、宋、元、明、清历代城市生活。②台湾学者的"明清的城市文化与生活"研究计划也有较新成果问世。③

中国城市史是中国历史学的一个门类，其发展、走向均受中国历史学整体态势、发展、走向的制约与影响。改革开放以后，中国社会经济发展驶上快车道，城市化速度加快，文化空前繁荣，于是才有中国城市史研究的繁盛。历史学在中国本有悠久的传统，存史、资政、教化是此传统中的重要部分，因此，现代化与现代性、城市发展规律、公共领域、民众日常生活、文化交流冲突与融合，这些在一般中国历史学界经常讨论的议题，在城市史研究中都有反映。

中国城市史研究与国际学术界同类研究息息相关，既参与国际学术界的讨论，也回应他们提出的问题。海外学者关于中国城市史的研究成果，相当一部分都已经被翻译、介绍进中国。美国密歇根大学罗兹·墨菲的名著《上海——现代中国的钥匙》，写于20世纪50年代，是城市史研究中现代化范式的典范，该书经上海社会科学院历史所学者译为中文，是海外学者城市史成果介绍到国内的较早尝试。④70年代中叶，施坚雅和伊懋可

---

① 何一民：《近代中国衰落城市研究》，巴蜀书社2007年版。
② 黄新亚：《消逝的太阳——唐代城市生活长卷》；李春棠：《坊墙倒塌以后——宋代城市生活长卷》；史卫民：《都市中的游牧民——元代城市生活长卷》；陈宝良：《飘摇的传统——明代城市生活长卷》；赵世瑜：《腐朽与神奇——清代城市生活长卷》，湖南出版社2006年版。
③ 李孝悌：《中国城市生活》，新星出版社2006年版。
④ ［美］罗兹·墨菲：《上海——现代中国的钥匙》，上海人民出版社1986年版。

合著的《中华帝国晚期的城市》，包含施坚雅、芮沃寿、牟复礼、斯波义信、伊懋可等众多学者研究中国城市的论文，将区域体系方法应用于中国城市研究，经译为中文以后[①]，对中国学者有多方面的启发。八九十年代以后，国际同行与中国学界互动增多，既参与中国学术界的讨论，也回应了中国学术界提出的问题。加州大学伯克利、洛杉矶、圣芭芭拉等校区，德国海德堡大学汉学系，法国里昂第三大学汉学系等单位，成为中国城市史特别是上海史研究的重镇，白吉尔、魏斐德、裴宜理、高家龙、李欧梵、叶文心、韩起澜、贺萧、顾德曼、罗威廉、瓦格纳、叶凯蒂、安克强、毕可思等著名学者，都有在中国大陆做较长时间访问学者的经历，与中国大陆学者有广泛接触与交流，他们关于上海资产阶级、警察、纱厂女工、上海苏北人、上海帮会、上海学生运动等研究成果，均被译为中文发表，对于中国同行的研究有广泛而深入的影响。卢汉超、王笛一些大陆学者移居海外，更加广阔的学术视野、良好的资料基础，使得他们如虎添翼，成就斐然，发表了诸多有影响力的城市研究著作。[②] 上海社会科学院历史所推出的《上海史研究译丛》第一辑十二种，比较集中地展现了海外学者的研究成就。

他山之石，可以攻玉。中国城市史学界十分重视介绍、引进海外优秀研究成果，取得了一定成就，但也存在一些有待改进的地方。就译著选择来看，有不少著作，如罗兹·墨菲的后期名著《局外人》，此书方法论意

[①] 施坚雅主编：《中华帝国晚期的城市》，叶光庭等译，中华书局2000年版。

[②] 这方面著作相当丰富，主要有裴宜理：《上海罢工——中国工人政治研究》，刘平译，江苏人民出版社2001年版；贺萧：《危险的愉悦——20世纪上海的娼妓问题与现代性》，韩敏中等译，江苏人民出版社2003年版；高家龙：《大公司与关系网——中国境内的西方、日本和华商大企业（1880—1937）》，程麟荪译，上海社会科学院出版社2002年版；《中国的大企业：烟草工业中的中外竞争（1890—1930）》，樊书华等译，商务印书馆2001年版；李欧梵：《上海摩登：一种新都市文化在中国，1930—1945》，毛尖译，北京大学出版社2001年版；罗威廉：《汉口：一个中国城市的商业和社会，1796—1889》，江溶等译，中国人民大学出版社2005年版；梅尔清：《清初扬州文化》，朱修春译，复旦大学出版社2004年版；白吉尔：《中国资产阶级的黄金时代，1911—1937》，张富强译，上海人民出版社1994年版；安克强：《上海妓女——19—20世纪中国的卖淫与性》，袁燮铭等译，上海古籍出版社2004年版；卢汉超：《霓虹灯外——20世纪初日常生活中的上海》，上海古籍出版社2004年版；王笛：《街头文化：成都公共空间、下层民众与地方政治》，中国人民大学出版社2006年版。

义很强，虽已面世三十年，迄今仍尚未有中文译本。① 还有关于苏州、北京、南通等城市史的很好研究成果，还没有介绍进来。就研究对象而言，与上海相关的著作被译介较多，而其他城市的研究著作略显不足。相较于对欧美学界中国城市史研究的重视和引入，我们对于日本学界的中国都市史研究的关注略显薄弱。日本学界有"比较都市史研究会"等一些组织，东洋学传统中一向重视中国的城市研究。20世纪二三十年代，那波利贞、宫崎市定探讨过中国社会权力结构与城市结构的关系。内藤湖南首创"唐宋变革论"以后，日本学者相应地提出从"城市革命"的概念来解读北宋时期的东京。80年代，唐代史研究会编写过《中国都市历史的研究》，90年代，森正夫主编的《江南市镇研究》集中反映了日本学界对于江南市镇的研究成果，伊原弘的《中国开封生活与岁时——宋代城市生活绘卷》，以开封为个案，分析了宋代城市中的城市精英、社会救济、婚姻交往、公共墓地等有趣问题。近年出版的妹尾达彦的《长安都市计划》，斯波义信的《中国都市史》，五井直弘的《中国古代城郭与地域支配》等书，均在都市史研究若干问题或领域有所突破，② 以平田茂树为代表的日本宋史研究小组，将地域社会和共同体理论运用到宋代城市的研究之中，其成果也多有可以借鉴之处。③ 这些功力很深的关于中国城市史研究著作，还没有被译介进来。

影响总是互相的。中国学者针对公共空间、市民社会等问题进行的研究，包括对熊月之对上海张园、李德英对城市公园的研究④，乐正、忻平、

---

① 张笑川：《本土环境与西方冲击互动中的中国通商口岸——〈局外人：西方在印度和中国的经历〉述评》，《史林》2006年第1期。

② 唐代史研究會編：《中國都市の歴史の研究》，刀水書房，1988；伊原弘的《中國開封の生活と歲時——宋代城市生活繪卷》，山川出版社，1991；森正夫主編：《江南デルタ市鎮研究》，名古屋大學出版會，1992；妹尾達彥：《長安の都市計畫》，講談社，2001；斯波義信：《中國都市史》，東京：東京大學出版會，2002；五井直弘：《中國古代の城郭と地域支配》，名著刊行會，2002。

③ 《宋代の社會網路》，汲古書院，1998；《宋代人の認識——相互性と日常空間》，汲古書院，2001。

④ 熊月之：《张园：晚清上海一个公共空间研究》，《档案与史学》1996年第6期；《晚清上海私园开放与公共空间拓展》，《学术月刊》1998年第8期；李德英：《城市公共空间与社会生活——以近代城市公园为例》，《城市史研究》第19—20辑，天津社会科学院出版社2000年版。

李长莉对于城市社会心态、社会伦理的研究①，刘海岩对于城市贫民的研究②，苏智良对于城市黑社会的研究③，郭绪印等对于城市移民群体、同乡团体的研究④，都是国际学术界感兴趣的话题，尽管语境不同，但从中可以看出中外学术的互动。在资料掌握、理论分析、研究方法诸方面，中外学者有互通有无、互相切磋方面，也有见仁见智方面，前述对施坚雅城镇体系分析模式的补充，对"冲击—回应模式"的补充，都反映了中国城市史学界既有国际眼光又自具特色、既延续传统又有时代特点。

八 城市精神与城市社会生活史研究

20世纪90年代中期，中国学者针对公共空间、市民社会理论，以近代城市公园、私家花园为主题进行了实证研究。有学者通过对上海张园这个特殊区域的研究指出，上海的标志性事件，包括革命的酝酿、组织的筹划、自治的讨论甚至上海意识形成，均与张园之类的公共空间的作用有密切关系。⑤ 其他类似的也有以晚清长江上游的公共领域为切入点，对汉口、成都等城市的社会组织变迁的研究。⑥

同时，学术界对城市社会生活、都市文化日渐表现出浓厚兴趣。上海有关学者对城市生活史研究大力开拓，其中，西方器物与城市文明研究等内容的相继开展，照相、唱片、自行车、缝纫机与社会变迁的关系，成为

---

① 乐正：《近代上海人社会心态》，上海人民出版社1991年版；忻平：《从上海发现历史——现代化进程中的上海人及其社会生活（1937—1937）》，上海人民出版社1996年版；李长莉：《晚清上海社会的变迁——生活与伦理的近代化》，天津人民出版社2002年版。

② 刘海岩：《近代华北自然灾害与天津边缘化的贫民阶层》，《天津师范大学学报》2004年第2期。

③ 苏智良：《近代上海黑社会研究》，浙江人民出版社1997年版。

④ 李瑊：《上海的宁波人》，上海人民出版社2000年版；陶水木：《浙江商帮与上海经济近代化研究：1840—1936》，上海三联书店2000年版；郭绪印：《老上海的同乡团体》，文汇出版社2003年版。

⑤ 熊月之：《张园：晚清上海一个公共空间研究》，《档案与史学》1996年第6期；熊月之：《晚清上海私园开放与公共空间拓展》，《学术月刊》1998年第8期；李德英：《城市公共空间与社会生活——以近代城市公园为例》，《城市史研究》第19—20辑，天津社会科学院出版社2000年版。

⑥ 王笛：《晚清长江上游地区公共领域的发展》，《历史研究》1996年第1期。

研究城市生活史的关注点。①

随着城市化的迅猛推进，许多城市建新拆旧，各种怀旧题材的"老城市"书籍应运而生，②这在某种程度上为城市史研究提供了形象、有趣的材料，拓展了城市史研究的路径。大量诞生于20世纪二三十年代上海的期刊，如《良友》《上海生活》《永安月刊》等被重新校刊、翻印，一方面使普通读者领略了旧上海的摩登世界，另一方面又为专业工作者的研究打开了方便之门。

城市的主体是人。城市人作为一个流动着的生命集合体，有其特有的品格，特有的精神。对于城市的品格和精神，研究者无法从统计学角度去计算，也无法纯粹通过文献来考证，但是，能够靠经验、直觉去感受和品味，能够通过前人的直觉和品味去研究，鲁迅等人在20世纪30年代就已经涉及。因此，关于城市研究中有一项内容就是关于城市品格和精神的提炼。上述关于上海、天津、武汉、重庆、北京、南京、苏州的单体城市研究中，都有这方面的内容。杨东平的《城市季风》，品评的是北京与上海人，开此类研究之风气，其后，解读各城市人的作品层出不穷，包括易中天的《读城记》，解读的是北京人、上海人、广州人、厦门人、成都人等。一些新闻工作者怀着对于居住家园的热爱，基于保护古城的公益心，也写出了如《城记》这样雅俗共赏的作品。③这些，客观上都对城市史研究起了推动作用。

由于地理环境不同，城市形成历史不同，人口来源不同，城市功能定位不同，不同城市的居民，往往呈现不同的精神风貌。研究不同城市的城市精神，研究同一城市不同时期城市精神的变迁，便成为城市研究中的重

---

① 上海社会科学院历史所葛涛进行的"照相与唱片"，以及徐涛"自行车"等系列研究均属此类。

② 如上海文化出版社1998年出版《老上海丛书》，包括"建筑寻梦""交通揽胜""行业写真""体坛回眸""外侨辨踪"各卷。2003年，上海人民出版社也以"老上海文化生活丛书"为题推出了系列的小册子。北京燕山出版社于1996年出版了《北京旧闻丛书》，1999年又推出《老北京丛书》，囊括老北京的穿戴、出行、商市、吃喝、玩乐等专题。同年，四川文艺出版社则推出了《老成都》丛书。江苏美术出版社近年陆续推出了"老北京""老南京""老天津""老西安""老广州""老昆明""老杭州""老武汉"等十几种老城市史书，均配有名家解说，可谓图文并茂。参考李玉《中国近代区域史研究综述》，《贵州师范大学学报》2002年第6期。

③ 王军：《城记》，生活·读书·新知三联书店2003年版。

要内容。从20世纪90年代开始，上海等城市便开展关于城市精神的讨论。进入21世纪以后，这方面的讨论与研究更为频繁，成果更为丰硕。所谓城市精神，既有继承性，也有变异性，不同时期的城市精神可能有很大差异。一个城市的精神总是多方面的，有正面的，有负面的，也有中性的。对于城市的同一个精神，因评价人的立场、观点、情感、视角不同而见仁见智。因此，对于一个城市精神的概括，既是一种判断，也是一种选择，更是一种期盼。①

在城市现代化的过程中，许多城市学者都对自己的城市精神进行归纳与演绎。从北京、天津、重庆、广州、武汉、深圳、杭州、成都、西安、南宁、青岛、济南、大连、哈尔滨、无锡、台北、香港，到安庆、营口、胶州、邯郸、镇江、嘉兴，无不在讨论城市精神。其中，有些归纳相当传神，香港是东方之珠，世界名城，回归以后，时任特首董建华提出香港的城市精神是"自强不息，能屈能伸，勇猛进取，灵活应变，刻苦耐劳，永不言败"。深圳是改革开放以后崛起的新兴城市，也是中国发展最为迅速的城市之一，是移民比例很高的城市。1990年，深圳确立"开拓、创新、团结、奉献"为城市精神，后来，深圳市委又将深圳城市精神丰富为："开拓创新，诚信守法，务实高效，团结奉献"，强调开拓，强调高效，强调团结，符合深圳身份。杭州素有人间天堂之称，2002年杭州市委将杭州精神概括为"精致、和谐、大气、开放"。浙江学者认为，杭州精神在南宋以前是精致和谐、大气开放兼备。南宋后期开始，受偏安政治和文化影响，片面强调精致和谐，压制大气开放。面对新的发展，杭州更要有大气开放的时代精神，更宽的胸怀和视野，更高的标准和要求，更大的气魄和手笔，更强的决心和力度。温州是中国民营经济特别发达的地方。温州人在1993年所提的温州精神是四"自"，即"自强不息，自主改革，自担风险，自谋发展"，很有依自不依他的风范。敢闯天下、善闯天下的温州老百姓则称温州精神为"既能当老板，又能睡地板"，生动而传神。南京城市精神被南京人概括"开明开放，诚朴诚信，博爱博雅，创业创新"。南

---

① 熊月之等：《海纳百川——上海城市精神研究》，上海人民出版社2003年版。

京曾是中华民国首都，是孙中山先生创立民国的地方，将孙中山先生一直信奉的"博爱"放在城市精神中，很见地方特色。苏州人对自己城市精神的概括，很有点苏州园林精致美观的特点，读起来吴侬软语味道也很浓，叫作"四千四万"，即"吃尽千辛万苦，说尽千言万语，跋涉千山万水，历经千难万险"。东邻上海、西望南京的苏州，改革开放以来硬是一步一个脚印闯出一片新天地。苏州从一个历史上的文化消费城市跃升为全国经济发达地区之一。这个成就，举世瞩目，得来确实不容易。大连人足球踢得好，绿化搞得好，其城市精神的归纳，也透出一股英武之气，叫作"永不言败，求实创新，知难而上"。山城重庆将自己的城市精神定格为"诚信重庆、知识重庆、礼仪重庆、魅力重庆"。自古就有"南船北马，九省通衢"之称苏北古城淮安，雄心勃勃地提出淮安精神是"团结、创新、实干、自强"。

2010 年，上海世博会顺利召开。"城市让生活更美好"的主题深入人心。与时代潮流呼应，上海城市社会生活史则是近 30 年来国际、国内学术界都相当重视的课题。自 20 世纪 80 年代以来，世界范围内的上海史研究持续升温，世界不少国家和地区涌现出一批该领域的专家学者，发表和出版了数量可观的论著。前面提到，美国的魏斐德、裴宜理、高家龙、叶文心、罗威廉、韩起澜、顾德曼、卢汉超，德国的瓦格纳、叶凯蒂，法国的白吉尔、安克强，英国的毕可思，澳大利亚的伊懋可、马丁、黎志刚，日本的夫马进、高纲博文、小浜正子、孙安石，许多国际上研究中国历史的学者，都有关于上海城市社会史的著作问世，涉及警察、帮会、士绅、商人、职员、工人、妓女、知识分子、公共空间等城市生活的诸多方面。在国内学术界，除陈三井、吴圳义、梁元生、苏智良、忻平、乐正、李长莉等许多学者的关于上海社会史研究的专门成果外，《上海通史》的晚清、民国、当代部分，各有一卷专述城市社会史。这些成果，对于拓宽、加深上海城市史的研究，有着重要的价值。近年来，上海社会科学院历史研究所以城市社会生活史为主要研究对象，《上海城市社会生活丛书》与《上海城市社会变迁丛书》的推出，大面积地拓展了上海城市史与中国城市史的研究范围，加深了对于中国城市的理解。①

九 新时代的中国城市史研究

中国城市发展进入新时代，中国城市史研究格局更加开阔。主要体现在如下几个方面。

其一，城市通史编修推动城市精神文明建设。

中国各大城市都承担了一些编修城市史书的工作，特别是通史，几乎每个城市在编修城市通史。北京、广州、成都、武汉、宁波、温州、常州、绍兴等城市，已经出版各自的通史。上海以前出版过15卷本通史，现在新修30卷《上海通史》，已经编写完成。《苏州通史》《常州通史》业已进入出版阶段。《江南城镇通史》的出版，标志着大型的区域性的城镇通史的研究进入新的阶段。这些通史，尽管范围不一，内容各异，但有一共通之处。即研究城市文化传统，挖掘城市历史人文底蕴，推动城市精神文明建设。

其二，城市史研究为党和政府提供决策咨询服务。

城市史研究者高度重视结合当前城镇化问题开展城市史研究，如城乡关系、社会结构、城市管理与控制、城市产业与物流、城市文化传承与遗产保护、城市的规划与建设，以及城市的布局与城市群等问题。学者利用各种途径与渠道为决策部门、为社会各界提供支持。如对上海、成都、重

---

① 熊月之：《异质文化交织下的上海都市生活》；金大陆：《非常与正常——上海"文革"时期的社会生活》；叶中强：《上海社会与文人生活（1843—1945）》；王敏：《上海报人社会生活（1872—1949）》；陈同：《近代社会变迁中的上海律师》；江文君：《近代上海职员生活史》；马学强、张秀莉：《出入于中西之间：近代上海买办社会生活》；施扣柱：《青春飞扬——近代上海学生生活》；宋钻友、张生等：《上海工人生活研究（1843—1949）》；侯艳兴：《上海女性自杀问题研究（1927—1937）》；阮清华：《上海游民改造研究（1949—1958）》；葛涛：《具像的历史——照相与近代上海社会生活》；《唱片与近代上海社会生活》；汤水清：《上海粮食计划供应与市民生活（1953—1956）》；陈祖恩：《上海日侨社会生活史（1868—1945）》；王健：《上海犹太人社会生活史》；汪之成：《近代上海俄国侨民生活》；宋钻友：《同乡组织与上海都市生活的适应》；白华山：《上海政商互动研究（1927—1937）》；王敏等：《近代上海城市公共空间（1843—1949）》；瞿骏：《辛亥前后上海城市公共空间研究》；张生：《上海居，大不易——近代上海房荒研究》；唐艳香、褚晓琦：《近代上海饭店与菜场》；马军：《舞厅·市政——上海百年娱乐生活的一页》；张笑川：《近代上海闸北居民社会生活》；以上为上海辞书出版社在2008—2010年出版。

庆、天津等城市中长期社会经济发展战略的建议，即在阐述城市发展脉络的基础上强调城市的性格与特征；阐述城市建筑、规划等方面的文化传承，对千城一面的修正；对沿海沿江城市、双岸城市、城市群、京津冀城市一体化等城市发展模式的历史追溯与前景预测，均能促使政府部门决策的科学化。

其三，城市史研究学科搭建了重要的"中国研究"平台。

城市史研究属于交叉学科。中国城市史研究会的成员，来自众多学科，不仅有历史学的研究者，也有经济学、地理学、建筑学、城市规划学等学科的专家，传媒、美术、新媒体行业的从业者对此有兴趣的也大有人在。

到2018年，中国城市化率已超过58%，城市已是中国人居住的主要场所，城市更是我国政治、经济、文化、社会等活动的中心，也是国际学者研究中国的主要切入点，欧美世界的中国研究专家，多对中国城市历史研究有浓厚兴趣。新一代欧美汉学青年的选题，以中国城市为研究对象亦复不少。可以说，城市史研究为海内外学者搭建了重要的"中国研究"平台。

城市作为一个实体，集政治、经济、社会、文化、交通、建筑、生态于一体，无所不包。这一特性，决定了城市史研究作为一门学科，涉及地理学、历史学、社会学、经济学、建筑学、政治学、人口学、生态学、统计学、民俗学、文化人类学等社会科学和自然科学多门学科，要求研究者具有相当丰富的学识和极其广阔的视野。这也是城市史这门学科既有艰巨性又有吸引力的根源所在。从这个意义上说，中国城市史已经迈出了坚实的一步，取得了丰硕的成果，其以后的道路会更广阔，前景会更灿烂。

改革开放以来中国宗教史研究概述

姜　生　韩吉绍

改革开放以来，中国的宗教史研究取得了巨大的成绩，全国高校和科研院所建立起许多研究机构，越来越多的人力财力投入其中，科研成果层出不穷，难以计数。因篇幅所限，以下主要对各相关宗教的典籍整理与研究、通史或断代史、哲学史、思想史、文化史等领域的情况作简要介绍，所举仅为少数例子，大量优秀成果未能列举，尚希读者明鉴。

一　研究概况

中国现代宗教史研究虽然出现在 20 世纪初，但真正取得突破性进展是在 1978 年十一届三中全会召开以后至今，在这段时期内，中国宗教史研究向系统化、专业化、正规化、国际化阔步前进，40 年间取了令人瞩目的成就。

当然，这期间的发展也有阶段性，不同阶段表现出不同的特征，大致可以分为 20 世纪 80 年代、20 世纪 90 年代、21 世纪三个时期。20 世纪 80 年代，中国宗教史研究出现多方面的重要变化，对该领域以后的发展产生了深远影响，概括来讲主要有以下几点。

第一，学术界对"宗教"有了新的合理认识，打破了以往僵化的教条主义束缚，为宗教史研究的发展扫除了思想障碍。80 年代初，学术界开始对"宗教是人民的鸦片"经典观念产生不同理解。一派学者认为，马克思之前已经有思想家将宗教比喻为"鸦片"，在西方人的观念中，"鸦片"是一种镇痛治病的药物，与我们中国人经历鸦片战争后形成的对鸦片深恶痛绝的观念不同，因此不能将马克思的这一比喻视为对宗教的定义，更不能简单地将其视为马克思对宗教的否定，应当客观认识马克思的宗教观。另外一派学者认为，"宗教是人民的鸦片"是马克思主义宗教观的基石，指出了宗教的精神麻醉作用，而这种麻醉是社会需要，尽管宗教具有负面影响，但在社会矛盾不能得到根本解决的情况下，应当承认宗教存在的必要性和必然性。由于前一种观点多出现在南方，后一种观点多出现在北方，因此学术界有"南北论争"之说。尽管这次论争没有取得统一结论，但它为宗教史研究走入正轨解放了思想，起到很好的促进作用，反映出新时期学术界走出教条主义、摆脱极"左"思潮影响的积极趋势。从此以后，学术界开始重新认识马克思主义关于宗教的论述，逐渐走出一条创新之路。1985年，国内学者首次提出对宗教的定义："宗教是把支配人们日常生活的外部力量幻想地反映为超人间、超自然的力量的一种社会意识，以及因此而对之表示信仰和崇拜的行为，是综合这种意识和行为并使之规范化的社会文化体系。"这一定义从宗教观念、宗教体验、宗教行为、宗教组织制度四个方面比较全面地概括了宗教的本质与特征，在学术界引起很大反响，被称为"宗教四要素说"，促进了中国宗教史研究的发展。21世纪初，中国学者提出"宗教源于人类自我意识"，指出人类自我意识的产生，导致人与世界的"对象化"分离，从此，对自我不完整性的弥补成为永恒的需要，由此获得了对宗教本质认识的新突破。

第二，宗教史研究的学科建设、机构建设等工作取得突破。以往的研究机构迅速恢复研究工作，新的研究机构也纷纷建立起来，在制度、硬件等方面为宗教史研究迅速发展奠定了基础。1977年，建立于1964年的世界宗教研究所划归新成立的中国社会科学院，开始了新时期的宗教史研究工作。第二年，中国社会科学院研究生院建立，其世界宗教研究系在全国首次招收宗教研究专业的研究生。很快，其他一些省市社科院和高等院校相继建立宗教研究的专门机构或相关专业，系统培养现代宗教研究人才的工作有条不紊地展开。如1982年，北京大学哲学系率先建立宗教学本科专业，1985年又建立了宗教学系，随后很多其他著名高校也相继建立宗教系。同时，各高校历史系也出现很多专门研究宗教的学者。这些现代宗教研究、教学单位的建立，既为80年代宗教史研究的迅速发展提供了广阔空间，又培养了大量后备力量。1979年，中国宗教学学会在云南昆明成立，这是宗教研究领域的第一个学术团体，1988年更名为中国宗教学会。随后，其他各地纷纷成立宗教学会。宗教研究学术刊物方面，1979年，世界宗教研究所创办《世界宗教研究》，第二年又创办《世界宗教资料》（后更名为《世界宗教文化》）。随后，相关宗教研究杂志如雨后春笋般出现，如1980年南京大学宗教所创办的《宗教》内刊，1983年上海宗教学会创办的《宗教问题探索》年刊，1982年四川大学宗教学研究所创办的《宗教学研究》，1989年上海社会科学院宗教研究所创办的《当代宗教研究》内刊，为研究人员提供了相互交流与争鸣的舞台。

第三，由于耽误了很长时间，中国宗教史研究在80年代很多方面的工作都比较薄弱，因此学术界特别注重基础研究工作。如注意各种宗教历史资料的整理、研究、出版工作，为学术研究提供广泛材料。很多宗教典籍原来不普及，难以见到，这就给普通研究者制造了困难。80年代佛教、道教、基督教、伊斯兰教等宗教研究均整理出版了许多重要的宗教典籍，并且配合宗教典籍编撰了很多工具书，为研究者提供了很大便利。再如注重宗教通史与断代史研究。相对而言，通史与断代史的研究属于基础性工作，这方面的工作做好了，可以为其他相关研究提供一个比较坚实的基础。80年代学术界在这方面的工作做得比较多，成就比较突出，出现很多有较大影响的论著。另外，国内学术界长期与国外学术界隔离，所以国外学者关于宗教研究的一些新理论及相关研究成果在国内无法看到，这也是国内宗教史研究水平长期上不去的重要原因。80年代，国内学术界大量翻译出版国外宗教研究著作，这些都是必不可少的补课工作。

经过20世纪80年代的思想解放，以及学术界所做的大量艰苦的基础性工作，中国宗教史研究从小到大，从弱到强，逐渐步入全面成熟的阶段。进入90年代，社会及学术界对宗教的认识进一步加深。80年代提出的宗教与社会主义社会能够相协调的观点得到学术界及社会的广泛赞同，但也有小部分人继续固守僵化思想。1993年，江泽民在全国统战工作会议上作重要讲话，明确指出要"积极引导宗教与社会主义社会相适应"，这一理论从根本上回答了宗教在社会主义时代的地位问题，肯定了宗教在社会主义社会的生存权。此后，"积极引导宗教与社会主义社会相适应"的思想逐渐成为共识。进入21世纪，尤其是十六届六中全会后，对于宗教的认识继续深化，宗教作为构建和谐社会积极力量角色的观念得到加强。2016年，习近平在全国宗教工作会议上进一步指出："积极引导宗教与社会主义社会相适应，一个重要的任务就是支持我国宗教坚持中国化方向。"这更加明确了宗教与社会主义社会相适应的具体道路。在这种背景下，宗教史研究向着更为广泛深入的方向发展，与社会的联系日益紧密。

在80年代的基础之上，进入21世纪以来，中国的宗教史研究可以说是全面开花。很多80年代研究机构培养的专业研究人员进入研究机构或高校，继续从事宗教史研究或教学工作。同时，更多的高校建立了宗教系或宗教研究所，使研究队伍进一步壮大。全国各地经常举办全国性的会议或国际会议，研究人员也有更多机会出国参加国际会议，加强与国际同行的交流与合作，国内学术研究逐渐与国际学术界接轨，大大扩展了国内学者的研究视野。在这种背景下，国内学者对各大传统宗教的研究日益深入，不仅具有一定基础的传统研究领域出现更多的高水平成果，而且薄弱领域也得到加强。如世界宗教研究在80年代以翻译为主，在90年代后才开始进入自主创新阶段。更重要的是，学术界又开创了很多新的研究分支，原有各大传统宗教研究范围得以大大拓展，很多其他新兴宗教的研究也开始得到重视，使中国宗教史研究更加广泛深入厚重，在各个领域结出累累硕果。以下我们分领域对改革开放40年来大陆地区的宗教史研究状况作一简单介绍。

二 佛教研究

佛教是产生于古印度的宗教，在汉代传入中国，与中国本土文化不断发生冲突与融合，逐渐形成了具有浓厚中国特色的中国佛教，成为中国古代文化的有机组成部分。作为三教之一，佛教对中国古代社会产生了深远影响。作为五大宗教之一，佛教在今天仍然有着广泛的社会影响力，因此佛教研究无论从历史角度还是从现实角度来讲都具有十分重要的意义。

中国现代学术意义上的佛教研究开始于20世纪初，但最初学者们的研究动机不同，或为信仰而研究，或为振兴佛教而研究，或为社会改良而研究，或为批判传统文化而研究，真正将佛教作为纯粹学术进行研究的学者并不多。新中国成立以前，佛教研究在佛教史、佛教思想等研究领域出现一些重要成果，但总的来看，这一时期从事佛教研究的人不多，且大多为非专业人员。新中国成立后，佛教研究虽然受到一些专家的重视，但是其研究方法比较单一。1964年，中国社会科学院世界宗教研究所成立，为佛教研究提供了一定条件，但由于随后的"文化大革命"，正常的佛教研究陷于停滞。

1978年改革开放以后，佛教研究迎来重要发展机遇。在学术机构建设及人才培养方面，中国社会科学院世界宗教研究所、南亚研究所等机构率先招收佛教研究生，培养专业研究人才。一些高等学校也纷纷建立佛教研究机构，如北京大学、中国人民大学、复旦大学等高校先后开设宗教专业，培养研究人员；而且，很多大学的哲学系都开设佛教史、佛教哲学等课程。除科研机构与高校外，各地还新成立了很多佛学院。例如1983年成立由上海佛教学会主办的上海佛学院，1995年成立由青海省佛教协会主办的青海省藏语佛学院，1999年成立由湖南省佛教协会主办的湖南佛学院，等等。这些佛学院虽然都是以培养僧尼为主要目的，但他们也是佛教研究的重要参与力量，在培养研究人才、主办学术刊物等方面发挥了重要作用。研究成果方面，改革开放以前就从事佛教研究的老一辈学者继续辛勤耕耘，推出不少新成果。同时，新一代学者也开始崭露头角，如黄心川、杜继文、方立天、楼宇烈、杨曾文、高振农等人，成为新时期佛教研究的中坚力量。随着佛教研究人才培养机制的正常化，涌现出越来越多的年轻学者，不断壮大着佛教研究力量。改革开放40年来，佛教研究在各个方面取得了巨大成就，研究成果可以说是汗牛充栋，限于篇幅，我们只能作非常粗略的介绍。

佛教史研究向来是学术界关注的重点。早在民国时期，中国佛教研究的早期开拓者们便在这方面取得一些重要成果，尤其是汤用彤的《汉魏两晋南北朝佛教史》（商务印书馆1938年版），成为佛教研究的经典之作。改革开放以来，佛教史研究呈现出一片繁荣景象，成果丰富，成就巨大。佛教通史方面，任继愈主编的多卷本《中国佛教史》是新时期佛教史研究的重要收获，共分8卷，前三卷分别于1981年、1983年、1988年出版。

该书对中国佛教自东汉到中华人民共和国以前的长时段历史作了全面详尽的研究，成为佛教研究的必读参考书，在国内外均有较大影响。其他通史著作还有吕澂的《中国佛学源流略讲》（中华书局1979年版）、潘贵明的《中国的佛教》（商务印书馆1991年版）、洪修平的《中国佛教文化的历程》（江苏教育出版社1995年版）、方立天主编的《中国佛教简史》（宗教文化出版社2001年版）等。断代史研究的成果更为丰富，如郭鹏的《隋唐佛教》（齐鲁书社1980年版）、《宋元佛教》（福建人民出版社1981年版）、《明清佛教》（福建人民出版社1982年版）、《汉魏两晋南北朝佛教》（齐鲁书社1986年版），陈兵与邓子美合著的《二十世纪中国佛教》（民族出版社2000年版），任宜敏的《中国佛教史（元代）》（人民出版社2005年版），等等。80年代末，近现代佛教研究受到学术界重视，出现了游有维的《上海近代佛教简史》（华东师范大学出版社1988年版）、高振农的《佛教文化与近代中国》（上海社会科学院出版社1992年版）、麻天祥的《晚清佛学与近代社会思潮》（台湾文津出版社1992年版）等大批著作。

随着佛教史研究的深入，区域佛教史研究逐渐受到重视，其成果不仅包括像《甘肃佛教史》（甘肃民族出版社1993年版）、《江西佛教史》（光明日报出版社1995年版）等现代区划中的佛教史著作，还包括如《西夏佛教史略》（宁夏人民出版社1988年版）这样历史上的地域佛教史。中国古代佛教有三大地域派别：汉传佛教、藏传佛教与南传佛教。藏传佛教研究在80年代以后出现不少重要成果，如王辅仁的《西藏佛教史略》（青海人民出版社1982年版）、王森的《西藏佛教发展史略》（中国社会科学出版社1987年版）、李安宅的《藏族宗教史之实地研究》（中国藏学出版社1989年版）、丁汉儒等的《藏传佛教源流及社会影响》（民族出版社1991年版）、李冀诚的《藏传佛教》（新华出版社1991年版）、冉光荣的《中国藏传佛教史》（台湾文津出版社1996年版）等。与硕果累累的汉传佛教史研究相比，南传佛教史研究无疑要薄弱很多。随着研究的深入，地域性佛教史研究还会进一步加强。

佛教是一种世界性宗教，改革开放以后中国对世界其他地区佛教史的研究也有很大进展，像黄心川的《印度哲学史》（商务印书馆1989年版）

与《印度近现代哲学》（商务印书馆1989年版）对印度佛教哲学的研究，杨曾文的《日本佛教史》（浙江人民出版社1995年版）对日本佛教史的研究，以及杜继文主编的《佛教史》（中国社会科学出版社1991年版）、高洪的《日本当代佛教与政治》（东方出版社1995年版）、何劲松的《韩国佛教史》（上下卷，宗教文化出版社1997、1999年版）等，都是这方面的重要著作。2015年，由魏道儒主编的多卷本《世界佛教通史》（中国社会科学出版社2015年版）出版，该书历时九年完成，讲述佛教自起源到20世纪在世界范围内兴衰演变的主要过程，共十四卷十五册，其中第一卷和第二卷是对印度佛教的贯通性叙述，第三卷至第八卷是对中国汉传、藏传和南传佛教的全面论述，第九卷至第十一卷依次是日本、韩国和越南的佛教通史，第十二卷阐述斯里兰卡和东南亚佛教历史，第十三卷是对亚洲之外的佛教的全景式描述，第十四卷是世界佛教大事年表。该书可谓国内佛学界关于世界佛教史的最新力作。

新时期以来，学术界在佛教哲学研究领域取得了令人瞩目的成就，撰写出大量具有重要影响的佛教哲学论著。如方立天《佛教哲学》（中国人民大学出版社1986年版）以佛教史为线索，论述了佛教哲学的演变历史。方立天《中国佛教哲学要义》（中国人民大学出版社2002年版）以中国哲学与印度佛教哲学的发展为参照，以哲学观念和范畴的研究为核心，探索中国佛教哲学的体系。同时，佛教哲学在各分支研究上也出现许多有特色的成果。如赖永海《中国佛性论》（上海人民出版社1988年版）开创了对佛性的研究，随后相关著作纷纷出现。王月清《中国佛教伦理研究》（南京大学出版社1999年版）是一部研究佛教伦理的专著。其他专著与论文还有很多，不再赘述。

佛教经典的研究对象主要包括三大部分：历代大藏所录佛典、敦煌发现的佛教典籍以及其他考古发现得到的佛教文献。改革开放以后，佛教经典研究取得丰硕成果，编纂工作一直在进行，并取得很大成绩。同时出现很多工具书，为佛教研究打下了良好基础。

1982年，任继愈主持的《中华大藏经》开始编纂，计划编辑汉文、藏文的中国现存各种文字的大藏经，经过1984年至1997年的多年努力，第一辑共106册出齐，这套大型典籍是目前收罗最宏富、校勘最精良的藏经版本。同时，传统大藏经之外的汉文佛教典籍的搜集、整理工作也在逐步展开，特别是敦煌佛教文献为研究者们提供了大量珍贵资料。2005年黄山书社出版了由方广锠主编的《藏外佛经》，为佛教研究提供了许多新资料。佛教文献汗牛充栋，为了给研究者提供便利，20世纪80年代以后，国内学者编纂了很多工具书。目录方面如吕澂《新编汉文大藏经目录》（齐鲁书社1980年版），是20世纪佛藏编目研究中影响最大的书籍。提要方面如陈士强积数十年之功撰写《大藏经总目提要》，其中《经藏》《文史藏》和《律藏》由上海古籍出版社分别于2007年、2008年、2015年出版，《论藏》等尚待完成。该书"立足于原典的解析，收录齐备，释义详尽，史料丰赡，考订缜密，是迄今为止这一研究领域中最新、最全的知识密集型工具书"。辞典方面主要有任道斌主编《佛教文化辞典》（浙江古籍出版社1991年版）、陈兵编撰《新编佛教辞典》（中国世界语出版社1994年版）及任继愈主编《佛教大辞典》（江苏古籍出版社2002年版）等重要成果。

佛教宗派林立，派系众多，这方面的研究一直是新时期佛教研究的热点与难点。当然，由于各派在历史上的影响不同，因此对各宗派研究的深度与广度不一。佛教各宗派中，禅宗是中国化佛教的代表，对中国古代文化产生的影响最大，因此禅宗研究格外受到重视，研究的人最多，取得的成果也最丰富，主要集中在以下几个领域：一是禅宗的历史，二是禅宗的思想，三是禅宗史的重要人物，四是禅宗内部的各宗派研究。比较重要的著作如洪修平《禅宗思想的形成与发展》（江苏古籍出版社1992年版）、陈兵《佛教禅学与东方文明》（上海人民出版社1992年版）、潘桂明《中国禅宗思想历程》（今日中国出版社1992年版）、邢东风《禅悟之道：南宗禅学研究》（中国人民大学出版社1992年版）、杜继文与魏道儒合著《中国禅宗通史》（江苏古籍出版社1993年版）、葛兆光《中国禅思想史》（北京大学出版社1995年版）、杨曾文《唐五代禅宗史》（中国社会科学出版社1999年版）、《宋元禅宗史》（中国社会科学出版社2006年版）等。佛教其他宗派如天台宗、华严宗、唯识宗、三论宗、密宗、净土宗等，都有很多相关研究成果。

佛教虽然产生于印度，东传后在中国逐渐生根发芽，成为中国传统文化的重要内容，但这一过程相当艰苦，因此佛教与中国本土文化在历史上是如何相互斗争、相互影响、相互融合的问题是佛教研究的重要内容。如方立天《中国佛教与传统文化》（上海人民出版社1988年版），讨论佛教与中国传统文化的关系。由于该领域涉及内容非常广泛，其后此类话题的相关论著不胜枚举。当然，这个问题并非纯粹的佛教研究问题，而是三教问题。三教关系自民国以来得到不少关注，一些著名学者如章太炎、马一浮、熊十力、汤用彤、梁漱溟、任继愈、汤一介等都有专论。新中国成立后，一些佛教史和哲学史研究也有相关涉及，但整体性或系统性研究近些年才出现。例如洪修平《中国儒佛道三教关系研究》（中国社会科学出版社2011年版），结集了作者本人有关论文；张广保、杨浩主编《儒释道三教关系研究论文选粹》（华夏出版社2016年版）则选编了学界以往代表性论文，为最终编撰《儒、释、道三教关系史》做资料准备。此外，新近所出牟钟鉴《儒道佛三教关系简明通史》（人民出版社2018年版）、姜生《千真洞的变迁：槎山全真道迁佛史迹考》（《历史研究》2013年第6期）和《汉代老子化胡及地狱图考》（《文史哲》2018年第2期）、郭武《陈撄宁与佛教》[《四川大学学报》（哲学社会科学版）2015年第5期]等成果，均有开拓之功。

三 道教研究

道教是中国土生土长的宗教，是中国传统文化的重要代表，对中国古代的政治、经济、文化、科技等产生了深远影响。但与儒、释二教的研究相比，道教研究向来比较薄弱。20世纪初，国内少数学者开始用近代研究方法对道教进行研究，并在道教史、炼丹化学史等方面取得一批重要成果。不过很长一段时期内，从事道教研究的学者非常少，而且以非专业人员为主，研究领域比较零散，成果不多。据粗略统计，到新中国成立以前关于道教研究的论文有200多篇，专著十多部。新中国成立以后，道教研究不受重视的情况得到一定程度的改善，在一些领域内出现一些较有影响的研究成果。道教史、道教经典研究如陈国符《道藏源流考》（中华书局1963年增订版）、王明《太平经合校》（中华书局1960年版）等，炼丹化学史研究如袁翰青《中国化学史论文集》（生活·读书·新知三联书店1956年版）、张子高《中国化学史稿（古代之部）》（科学出版社1964年版）等。不过以全球史学术视野来看，这一阶段港台及国外学术界取得的成就更为瞩目。由于受学术交流条件的制约，国外研究在国内没有产生太大影响。

1978年十一届三中全会以后，国家各方面的工作逐渐进入正轨，借助这股春风，道教研究出现一个难得的发展机遇。在这之前，道教研究虽然已进行了半个多世纪，但始终没有形成一个固定学科，研究人员多为其他专业兼及。这一时期的道教研究才开始以正式化、专业化的面貌出现。80年代在学术机构建设、研究人员培养、文献整理等基础性工作方面取得很大突破，为道教研究走向成熟与繁荣奠定了重要基础。1980年，中国道教协会第三次全国会议在北京召开，决定恢复道教研究室，组建一个多人研究小组。同年，经教育部批准，四川大学建立了以道教研究为主的宗教研究所。随后，各地道教研究机构纷纷成立，并培养了大量的专门人才。

1978年后的八九十年代，新兴道教研究力量在道教文献整理与出版方面做了不少奠基性的工作。如1988年由文物出版社、上海书店、天津古籍出版社联合缩印明代《正统道藏》，以涵芬楼《道藏》为底本，并据原上海白云观藏本补足，末附明代白云霁《道藏目录详注》，编为16开本共36册。该书的出版为广大学者研究道教提供了极大便利。1992—1994年，巴蜀书社出版了由胡道静、陈耀庭等主编的《藏外道书》36册，其中包括《道藏》失收道书、后出道书以及藏内道书异本共1016种，为学者研究明清及近代道教提供了大量典籍。1999年九州出版社出版由汤一介主编的60巨册《道书集成》，不仅综括诸种道经，而且收入一些道藏以外经典文献。道教碑刻资料方面，1988年文物出版社出版由陈垣编纂、陈智超与曾庆瑛校补的《道家金石略》一书，其中收录约1500篇道教碑刻资料，除《道藏》中的资料外，还征引了大量拓片、金石志、其他道经、地方志、文集及丛书等，很好地补充了《道藏》的不足。当然，这些金石资料仅是现存的一小部分，当时全国各地还有大量道教碑刻资料没有得到及时收集整理，直到进入21世纪，这方面的工作才得到较多关注，相继出现一些新的整理成果。另外在单部道经整理方面，也出现一批成果。如王明

《抱朴子内篇校释》（中华书局1980年第一版，1985年增订版）及《无能子校注》（中华书局1981年版）、饶宗颐《老子想尔注校证》（上海古籍出版社1991年版）、杨明照《〈抱朴子外篇〉校笺》（上下册，中华书局1991年、1997年版）等。

在进行道教典籍整理工作的同时，学者们先后编撰了多部道教辞典及道藏书目提要，如任继愈主编《宗教词典》道教部分（上海辞书出版社1981年版），闵智亭、李养正主编《道教大辞典》（华夏出版社1994年版），黄海德和李刚编《简明道教辞典》（四川大学出版社1991年版），胡孚琛主编《中华道教大辞典》（中国社会科学出版社1995年版），任继愈主编《道藏提要》（中国社会科学出版社1991年版），朱越利编撰《道经总论》（辽宁教育出版社1990年版）和《道藏分类解题》（华夏出版社1996年版）等，这些工具书先后问世。

这一时期在道教史及道教思想研究领域有很大进展，出现不少论著，如王明《道家和道教思想研究》（中国社会科学出版社1984年版）、汤一介《魏晋南北朝时期的道教》（陕西师范大学出版社1988年版）、李养正《道教概说》（中华书局1989年版）、胡孚琛《魏晋神仙道教》（人民出版社1989年版）等。但总体来看，80年代主要是打基础的阶段，90年代才是开花时期。

进入90年代以后，随着传统文化热的出现，道教研究明显升温。由于国内外学术交流的畅通，许多新方法、新理论被引进国内，极大地推动了道教研究的深入发展。加之此前十多年的基础研究工作，这时专业研究人员明显增多，道教学俨然成为一门显学。这一阶段大量研究成果陆续面世，道教研究全面开花，除上文提到的文献整理基础性工作以外，其他头绪还有很多，以下仅从几个重要方面扼要介绍。

道教通史研究。道教史研究是道教研究的基础内容，虽然在1949年以前曾出现几部通史著作，但都比较简单。改革开放后道教研究恢复之初，编撰道教通史的工作立刻提上议事日程。经过多年努力，出现两部代表作品。一部是上海人民出版社1990年出版的任继愈主编《中国道教史》；另一部是由卿希泰主编的国家重点项目成果《中国道教史》，1988年第一卷由四川人民出版社出版，到1995年全书共四卷出齐。这两部道教通史著作是新时期道教研究的代表性成果。其他还有牟钟鉴等编写的《道教通论——兼论道家学说》（齐鲁书社 1991 年版）、胡孚琛与吕锡琛合著《道学通论——道家·道教·仙学》（社会科学文献出版社 1999 年版）等行世。除以上几部通史外，还出现不少有特色的道教断代史与专史著作，至于相关论文更多，限于篇幅无法列举。

道教思想史和道教史是新时期道教研究的两大领域，据统计，八九十年代期间，这两方面的研究远远多于其他方面。思想史最开始的突破是卿希泰《中国道教思想史纲》一书，其第一、第二卷由四川人民出版社分别于 1980 年、1985 年出版。该书后来又经过多年扩写，最终于 2009 年撰成《中国道教思想史》四卷 236 万字，由人民出版社出版。与道教史研究不同，道教思想研究需要将其他一些成熟的学科如哲学、宗教学、伦理学等研究方法引入道教领域，早期缺乏这种工作，所以很多相关研究分支都是 90 年代后才拓展出来，并逐渐形成了一些较为成熟稳定的研究方向或领域，如道教哲学、内丹学、道教伦理学等。道教哲学史是道教思想史研究的重点内容，它又分为很多小的研究方向，例如重玄学、心性学、生命哲学、生态哲学等，这些方面的相关成果很多，如郭武《论道教初创时期的神学思想》（《四川大学学报》1993 年第 2 期）、《论道教的长生成仙信仰》（《世界宗教研究》1994 年第 1 期）、《净明道的道德观及其哲学基础——兼谈道教"出世"与"入世"之圆融》（《四川大学学报》2005 年第 6 期），卢国龙《中国重玄学》（人民中国出版社 1993 年版）、《道教哲学》（华夏出版社 1997 年版），张广保《金元全真道内丹心性学》（生活·读书·新知三联书店 1995 年版），等等。内丹学以修炼为主，90 年代后，很多学者开始用多学科交叉方法进行研究，如养生学、生理学、心理学等方法，尤其是内丹养生学受到社会关注。这方面的成果如王沐《内丹养生功法指要》（东方出版社 1990 年版）、冯国超《析道教生命哲学》（《哲学研究》1991 年第 10 期）、胡孚琛《道教医学和内丹学的人体观探索》（《世界宗教研究》1993 年第 4 期），等等。道教伦理思想史也是 90 年代新拓展的一个研究方向，相关研究如李刚《劝善成仙——道教生命伦理》（四川人民出版社 1994 年版）、姜生《汉魏两晋南北朝道教伦理论稿》（四川大学出版社 1995 年版）和《宗教与人类自我控制——中国道教伦理研究》(巴蜀书社1996年版)、姜生与郭武合著《明清道教伦理及其历史流变》(四川人民出版社1999年版)等。

道教科技史的研究是这一时期崛起的令人瞩目的领域。从化学史的角度对炼丹术进行研究,早在20世纪初就引起国内外学者重视。至改革开放以前,学术界在这方面已经取得许多研究成果。1980年以后,模拟实验方法的广泛使用解决了炼丹化学史上许多争论很久的疑难问题,特别是对炼丹术中的一些合金与化合物等物质的实验证明,大大地深化了炼丹术的研究。这方面成绩最大的两位学者是赵匡华与孟乃昌,他们连续发表了一系列成果,引起学术界广泛关注,代表性作品如赵匡华的《中国炼丹术》(香港中华书局1989年版)与《中国科学技术史·化学卷》(科学出版社1998年版)、孟乃昌的《道教与中国炼丹术》(北京燕山出版社1993年版)等。另外,1983年台湾明文书局出版的陈国符著《道藏源流续考》一书是用传统方法研究炼丹术的一部重要代表作,对炼丹术语、文献年代等进行了细致研究。80年代以后,随着炼丹术研究的深入,加之英国李约瑟的《中国科学技术史》的影响,国内学术界逐渐超越炼丹化学史研究,开始从多学科角度对道教进行全方位的科学史研究。例如当时中国科学技术大学自然科学史研究室组织力量,对《道藏》中的科技史料进行全面检索,编成"《道藏》科技史料分类目录",并出版祝亚平《道家文化与科学》一书(中国科学技术大学出版社1995年版)。此外,学术界对道家思想与现代科学关系的研究也颇有特色,如董光璧著《当代新道家》(华夏出版社1991年版),这些工作都推动着道教科技史研究的深入发展。进入21世纪,本领域研究取得更大突破,最具代表性的事件是多卷本《中国道教科学技术史》的编撰出版。该书多次获得国家社科基金重点资助,由姜生、汤伟侠主编,海内外数十名知名学者共同撰写,共包括3卷,由科学出版社出版,其中第一卷"汉魏两晋卷"于2002年面世,第二卷"南北朝隋唐五代卷"于2010年面世,第三卷"宋元明清卷"目前已近尾声。中国学者在该领域的突破性进展也得到了国际学术界的关注,如姜生应邀参与编撰美国 *Encyclopedia of Science and Religion*(Macmillan Reference USA,2003)和 *Science, Religion and Society: An Encyclopedia of History, Culture and Controversy*(M. E. Sharpe,2006)等百科全书,《中国道教科学技术史》第一卷被日本著名学者三浦国雄节译日文出版，等等。道教科技史的近期成果还有很多，如张觉人《中国炼丹术与丹药》（学苑出版社2009年版），王家葵《养性延命录校注》（中华书局2014年版），容志毅《道藏炼丹要辑研究（南北朝卷）》（齐鲁书社2006年版），韩吉绍《知识断裂与技术转移——炼丹术对古代科技的影响》（山东文艺出版社2009年版）、《道教炼丹术与中外文化交流》（中华书局2015年版），姜生《道教与种痘术》（林富士主编《宗教与医疗》，台湾联经2011年版），姜生、王茹《"进乎技矣"：莱州寒同山道教石窟之建造及生态干预保护技术》[《四川大学学报》（哲学社会科学版）2016年第5期]，等等。

道教史研究的探索领域远不止以上几个方面，在道家与道教的关系，道教与民间宗教的关系，道教与地方文化、道教与文学等方面都有不少成果面世，如詹石窗《道教文学史》（上海文艺出版社1992年版）、郭武《道教与云南文化——道教在云南的传播、演变及影响》（云南大学出版社2000年版）、赵益《六朝南方神仙道教与文学》（上海古籍出版社2006年版）、孙昌武《道教与唐代文学》（人民文学出版社2011年版，2017年修订版）等，不再赘述。可以说，道教研究经过改革开放后的快速发展，在20世纪末已经成长为一门蔚为大观的学科。

进入21世纪，高校内出现很多新的道教研究机构，更多的道教专业人员加入道教研究队伍中来。另外，国内外学术交流明显增多，国内外道教研究逐渐融为一体。在这种背景下，道教研究向着更为广泛深入的方向发展，除上文已经提到的不少新成果外，很多研究者开始注意运用多学科方法或者在更为宽广的历史视域中来研究道教，出现很多富有特色的作品。

道教文献整理研究方面，张继禹主编《中华道藏》（华夏出版社2004年版）不仅校点整理了《道藏》，而且增入一些敦煌道经。王卡主编《三洞拾遗》（黄山书社2005年版），收集了不少明清以来新出的道书。中华书局策划的《道教典籍选刊》出版速度加快，相继推出《云笈七签》《神仙传校释》《广成集》《登真隐诀辑校》《真诰》《道言五种》《真灵位业图》《杜光庭记传十种辑校》《养性延命录校注》《黄帝九鼎神丹经诀校释》等。此外，朱越利主编的《道藏说略》（北京燕山出版社2009年版）

为道藏文献的使用提供了便利条件。道教史方面出现王承文《敦煌古灵宝经与晋唐道教》（中华书局 2002 年版）和《汉晋道教仪式与古灵宝经研究》（中国社会科学出版社 2017 年版），王家葵《陶弘景丛考》（齐鲁书社 2003 年版），郭武《〈净明忠孝全书〉研究——以宋元社会为背景的考察》（中国社会科学出版社 2005 年版），刘屹《敬天与崇道——中古经教道教形成的思想史背景》（中华书局 2005 年版），刘屹《六朝道教古灵宝经的历史学研究》（上海古籍出版社 2018 年版），刘仲宇《道教授箓制度研究》（中国社会科学出版社 2014 年版），郭武《〈金莲正宗仙源图讚〉碑文与明清全真道宗派"字谱"》（《世界宗教研究》2017 年第 2 期）等成果。道教考古方面有张勋燎与白彬《中国道教考古》（线装书局 2006 年版）、刘昭瑞《考古发现与早期道教研究》（文物出版社 2007 年版）等。敦煌道经整理研究有不少进展，相关著作如王卡《敦煌道教文献研究——综述·目录·索引》（中国社会科学出版社 2004 年版）、刘屹《敦煌道经与中古道教》（甘肃教育出版社 2013 年版），李应存、史正刚《敦煌佛儒道相关医书释要》（民族出版社 2006 年版）等。道教艺术史越来越受到关注，胡文和《中国道教石刻艺术史》（高等教育出版社 2004 年版）、李淞主编《道教美术新论》（山东美术出版社 2008 年版）、李淞《中国道教艺术史》第一卷（湖南美术出版社 2012 年版）等为最新成果。

道教与中古社会史及思想文化史方面取得的进展令人瞩目，其研究一般较为注重历史学方法，但视野不再局限于单一学科领域，如姜生《曹操与原始道教》（《历史研究》2011 年第 1 期），魏斌《句容茅山的兴起与南朝社会》（《历史研究》2014 年第 3 期）、《仙堂与长生：六朝会稽海岛的信仰意义》（《唐研究》第 18 卷），韩吉绍《自杀求仙——道教尸解与六朝社会》（《文史》2017 年第 1 辑）和《〈剑经〉与汉晋尸解信仰》（《文史哲》2018 年第 3 期），孙齐《〈石精金光藏景录形神经〉与六朝道教的制剑术》（《古典文献研究》第 16 辑）和《南齐〈隗先生铭〉与南朝道馆的兴起》（《魏晋南北朝隋唐史资料》第 31 辑），等等。

近年来重要的系统性突破出现在公认最为艰涩的汉代道教史领域。姜生发表了《汉画孔子见老子与汉代道教仪式》（《文史哲》2011 年第 2 期）、《马王堆帛画与汉初"道者"的信仰》（《中国社会科学》2014 年第

12期)、《汉墓的神药与尸解成仙信仰》[《四川大学学报》(哲学社会科学版) 2015 年第 2 期]、《汉代列仙图考》(《文史哲》2015 年第 2 期)、《长沙金盆岭晋墓与太阴炼形——以及墓葬器物群的分布逻辑》(《宗教学研究》2011 年第 1 期)等系列论文。姜生的《汉帝国的遗产：汉鬼考》(科学出版社 2016 年版),分为《"炼形之宫"：汉墓的时空、神祇和仙谱》和《"太阴炼形"：汉鬼的尸解成仙仪轨》上下两篇,以大量汉墓图像资料结合道教经典和相关传世文献,以经解画,以画证经,首次实现对汉墓信仰内容即战国至汉晋"先死后蜕"的"尸解"信仰和"太阴炼形"信仰及其在汉晋墓葬中的具体表现进行系统揭示,建构了具有史观性质的汉墓尸解信仰学术解释路线,提出"墓葬皆宗教"的观点,在汉代道教史领域取得原创性突破,形成了一套新的基于宗教研究的古史理解认知方法。这方面的新近成果也有不少,如姜生《汉墓龙虎交媾图考：〈参同契〉和丹田说在汉代的形成》(《历史研究》2016 年第 4 期)、《张道陵以前の儒生の道教》[日本《东方宗教》129 号 (2017)]、《狐精妲己图与汉墓酆都六天宫考》(《复旦学报》2018 年第 4 期)等。

近二十年,国外道教研究成果大量翻译引入也是一个亮点。鉴于以往国内外学术界隔阂对学术研究造成诸多不良影响,在香港青松观的支持下,朱越利主编的《道教译丛》已出版近 20 种书,包括日本秋月观暎《中国近世道教的形成——净明道的基础研究》、吉川忠夫等《真诰校注》和《周氏冥通记研究(译注篇)》、蜂屋邦夫《金代道教研究——王重阳和马丹阳》和《金元时代的道教——七真研究》、小林正美《中国的道教》和《唐代的道教与天师道》、大渊忍尔《敦煌道经·目录编》、二阶堂善弘《元帅神研究》、五十岚贤隆《道教丛林 太清宫志》,俄国陶奇夫《道教——历史宗教的试述》,法国戴思博《〈修真图〉——道教与人体》,英国巴瑞特《唐代道教——中国历史上黄金时期的宗教帝国》,美国康豹《多面相的神仙——永乐宫的吕洞宾信仰》,朝鲜李能和《朝鲜道教史》,意大利玄英《太清：中国中古早期的道教和炼丹术》,等等。此外,美国学者柏夷的著作《道教研究论集》也于近年在中国翻译出版。

新时期道教研究的一些趋势值得给予更多关注和期待。例如基于道教而又不局限于道教,该趋势随着道教研究整体水平的提升还将进一步加强。再如部分道教史的研究越来越与现实接近，用历史来回应当今的社会问题，出现道教养生学、道教生态学、道教及道家思想的积极社会意义等相关研究及论著。当然其他研究方向也没有衰落，相关成果层出不穷，不胜枚举。道教是中国传统文化的重要组成部分，伴随中国传统文化的复苏，道教研究将有更大的发展空间。

四 伊斯兰教研究

伊斯兰教是世界三大宗教之一，7世纪时兴起于阿拉伯半岛，随后不久传入中国。20世纪初，中国的伊斯兰教研究开始出现，民国时期得到进一步发展，并取得了一些重要成果。但严格来讲，直到改革开放以前，国内并未形成成熟完善的伊斯兰教研究，与其他各大宗教的研究相比，中国的伊斯兰教研究的基础相对薄弱。

改革开放以后，伊斯兰教研究的紧迫性很快引起全国宗教研究界的重视，很多科研机构与高等院校开始积极从事这方面的研究。1979年，中国社会科学院世界宗教研究所在昆明召开全国宗教学研究规划会议，决定从1980年起每年召开一次全国性的伊斯兰教学术研讨会，至1986年，共召开过5次。据统计，这5次会议共有十多个民族近600人参加，提交的论文、资料文献等多达400篇（件）。据高占福《中国伊斯兰教研究百年》统计，这一数量相当于新中国成立以来到1980年以前国内所有伊斯兰教研究成果的总和。可以说，这5次学术会议对推动国内伊斯兰教研究走入正轨起了很大的促进作用。随后，其他各地也举办了很多相关学术研讨会。在这种积极气氛带动下，学术界在伊斯兰教古籍整理、工具书编撰等基础研究方面做了大量卓有成效的工作，为伊斯兰教研究的深入展开奠定了重要基础。

古籍整理方面，出版一批珍贵文献，如《经学系传谱》（青海人民出版社1989年版）、《中国伊斯兰教库布林耶谱系——大湾头门宦》（天津古籍出版社1991年版）等。中文典籍整理也陆续出版了大量重要著作，如刘智《天方典礼》（天津古籍出版社1988年版）、王岱舆《正教真诠·清真大学·希真正答》（宁夏人民出版社1988年版）、马复初《四典要会》（青海人民出版社1988年版）、达浦生《伊斯兰六书》（宗教文化出版社2003年版）等。另外马宝光主编《中国回族典籍丛书》（新民书局1997年版）共收伊斯兰教汉文著译21种，6册约350万字，宁夏少数民族古籍整理出版规划小组办公室影印的《回族和中国伊斯兰教古籍资料汇编》第一辑（中央民族大学出版社1999年版）收录中国早期伊斯兰教文献15种。随着学科建设、典籍整理出版等基础工作的有序进行，中国学术界在伊斯兰教各相关研究领域迅速发展，在伊斯兰教史、伊斯兰教义教法、世界伊斯兰教等研究方面取得了丰硕成果。近些年来伊斯兰教运动与当代国际局势有着密切关系，中国学术界在当代伊斯兰教研究方面也有很大进展。2005年黄山书社出版的周燮藩主编25册《清真大典》，首次对中国伊斯兰教经典进行全面收集，是一部集大成的文献库。

伊斯兰教史的研究是改革开放以后发展最快、成就最多的研究领域，分为中国伊斯兰教史和世界伊斯兰教史两个方面。20世纪80年代以来，中国伊斯兰教史研究蓬勃发展，先后出现杨怀中的《回族史论稿》（宁夏人民出版社1991年版）、冯今源的《中国的伊斯兰教》（宁夏人民出版社1991年版）、秦惠彬的《中国的伊斯兰教》（商务印书馆1991年版）等专著。1998年，李兴华等人合著《中国伊斯兰教史》由中国社会科学出版社出版，该书70多万字，内容丰富，资料翔实，是新中国第一部伊斯兰教通史著作。这一时期还出现米寿江和尤佳的《中国伊斯兰教简史》（宗教文化出版社2000年版）、马明良的《简明伊斯兰教史》（经济日报出版社2001年版）、周燮藩和沙秋真的《伊斯兰教在中国》（华文出版社2002年版）等著作。除专著外，这一时期学者们还发表了大量有分量的学术论文，限于篇幅这里不做具体介绍。随着国内伊斯兰教史研究的深入进行，民族和地区伊斯兰教研究越来越受到重视，改革开放40年来，这方面的成果也相当丰富，由此带动了相关领域如民族史、中外关系史等方面的研究。可以说，中国伊斯兰教史研究无论在规模、深度等方面均取得巨大成绩。相比之下，世界伊斯兰教史研究就要逊色得多，由于这方面国内研究基础非常薄弱，1978年以后，国内学术界特别注重翻译国外相关著作，法国学者昂里·马塞的《伊斯兰教简史》、美国学者希提的《阿拉伯通史》、英国学者刘易斯的《历史上的阿拉伯人》、巴基斯坦学者马茂德的《伊斯兰教简史》、埃及学者艾哈迈德·艾敏的《阿拉伯—伊斯兰文化史》等先后翻译出版。翻译工作既拓宽了国内学者的学术视野，又锻炼培养了一批专门人才，有力地促进了国内世界伊斯兰教史研究水平的提高。进入20世纪90年代，国内学者自己撰写的世界伊斯兰教史的著作陆续问世，如1990年由中国社会科学出版社出版、金宜久主编的《伊斯兰教史》，是中国学者撰写的第一部世界伊斯兰教通史著作，该书全面系统地介绍了伊斯兰教在不同时期在世界各地的传播发展情况，在学术界评价较高。随后，王怀德与郭宝华合著的《伊斯兰教史》（宁夏人民出版社1992年版）、吴云贵与周燮藩合著的《近现代伊斯兰教思潮与运动》（社会科学文献出版社2000年版）等重要著作相继问世，反映出中国的世界伊斯兰教史研究水平有了很大提高。

关于伊斯兰教教义、教法的研究，这方面的工作首先是对《古兰经》和圣训的翻译研究。目前中国的通译本《古兰经》共有十几种，包括汉语、维吾尔语、哈萨克语和柯尔克孜语等多种语言译本。关于圣训翻译及研究，在改革开放以前已经出现不少成果，但这方面研究的繁荣是在改革开放以后，相关译著、研究论著等如雨后春笋般出现。1981年，《布哈里圣训实录精华》汉、维吾尔文本分别由中国社会科学出版社、民族出版社出版；1985年，《〈圣训珠玑〉译文》在《中国穆斯林》上连续刊发，并于2002年由宗教文化出版社出版了单行本；1988年，台湾回教协会出版《圣训之冠》全集（5卷本）；《布哈里圣训实录全集》第一、二部相继于1999年、2001年出版。至于相关论文更多，恕不一一列举。伊斯兰教义学与教法学在改革开放以前的研究均非常薄弱，真正的学术研究出现于改革开放以后。1987年金宜久主编的《伊斯兰教概论》（青海人民出版社）中最早涉及教义学系统，1995年吴云贵的《伊斯兰教义学》（中国社会科学出版社）则是中国学者讨论伊斯兰教教义学的第一部专著。80年代伊斯兰教教法除了金宜久主编的《伊斯兰教概论》（青海人民出版社1987年版）一书中有相关讨论外，其他均为翻译著作，如吴云贵翻译的《伊斯兰教法律史》、王静斋编译的《选译详解伟嘎业》等。90年代以后出现多部研究著作。如吴云贵的《伊斯兰教法概略》（中国社会科学出版社1993年版）是国内学者撰写第一部系统教法学专著，他是这一领域取得成果较为突出的学者，还撰有《真主的法度——伊斯兰教法》（中国社会科学出版社1994年版）和《当代伊斯兰教法》（中国社会科学出版社2003年版）两部重要著作。金宜久主编《伊斯兰教》（中国社会科学出版社2009年版）则系统介绍了伊斯兰教的信仰、教派、教义、经典、重要的历史事件和历史人物，当代伊斯兰教的发展状况、各种宗教改革运动等。其他重要相关论著有高鸿钧的《伊斯兰法：传统与现代化》（社会科学文献出版社1996年版）、张秉民主编的《伊斯兰法哲学》（宁夏人民出版社2002年版）等。

伊斯兰教哲学也是伊斯兰教研究的一个重要内容，新时期学术界继续耕耘在这一领域，并取得丰硕成果。一方面，翻译引进国外学术界成果，如美国学者马吉德·法赫里的《伊斯兰哲学史》、日本学者井筒俊彦的《伊斯兰教思想历程——凯拉姆·神秘主义·哲学》等译本先后出版。另一方面，国内研究专著也不断出现，如蔡德贵的《阿拉伯哲学史》（山东大学出版社1992年版），秦惠彬的《伊斯兰哲学百问》（今日中国出版社1994年版），李振中和王家瑛的《阿拉伯哲学史》（北京语言学院出版社1995年版），陈中耀的《阿拉伯哲学》（上海外语教育出版社1995年版），沙宗平的《伊斯兰哲学》（中国社会科学出版社1995年版），蔡德贵、仲跻昆主编的《阿拉伯近现代哲学》（山东人民出版社1996年版）以及蔡德贵主编的《当代伊斯兰阿拉伯哲学研究》（人民出版社2001年版），刘一虹的《当代阿拉伯哲学思潮》（当代中国出版社2001年版）等。特别是近几年出版的王家瑛的《伊斯兰宗教哲学史》（民族出版社2003年版），是对伊斯兰教哲学进行全面研究的力作。另外，关于苏非主义研究、教派门宦研究以及伊斯兰教文化研究等相关领域也有重要进展。

五　基督宗教研究

基督宗教主要包括天主教、东正教、新教三大教派，另外还有很多其他小的教派，本文所说的基督教即指基督宗教。基督教很早就传入中国，但对中国文化产生重要影响是从明清时期开始的，当时一些学者在基督教研究方面已经进行了一些比较初步的探索。民国时期，国内的基督教研究已达到一定水平，在翻译国外学术成果、中国基督教史研究、基督教哲学等方面取得很多重要成果，其成就甚至远远超过1949年后到改革开放以前这段时期。1949年后，国内基督教研究成果不多，十年"文化大革命"期间，基督教研究更是受到巨大冲击。直到1978年以后，国内的基督教研究才迎来春天，焕发出勃勃生机，无论研究人数、成果数量、学术水准等都是以往所无法比拟的。下面我们主要从基督教的历史研究、基督教的哲学与神学研究、基督教的综合研究等方面，对相关情况做挂一漏万的介绍。

基督教的历史研究是国内基督教研究成果最丰富的领域，民国时期即已在基督教在华的传播史等一些方面取得很大进展，为新时期的研究打下坚实基础。1978年以来，国内的基督教历史研究得到突飞猛进的发展，在通史、断代史、地方史、传教史、中外交通史等领域均取得丰硕成果。天主教方面，八九十年代是研究的繁荣时期。首先是大量翻译西方学术名著，像法国汉学家谢和耐的名著《中国与基督教的冲撞》同时出现两种译本，其他如《利玛窦中国札记》（中华书局1983年版）、《德国思想家论中国》（江苏人民出版社1989年版）、《法国对华传教政策》（中国社会科学出版社1991年版）等先后翻译出版。其次是出现不少有深度的研究专著，如1981年顾长声的《传教士与近代中国》由上海人民出版社出版，这是1949年后国内学者撰写的第一部基督教在华传教史著作。其他如朱维铮的《走出中世纪》（上海人民出版社1986年版）、孙尚扬的《基督教与明末儒学》（东方出版社1994年版）、林金水的《利玛窦与中国》（中国社会科学出版社1996年版）、顾卫民的《基督教与近代中国社会》（上海人民出版社1996年版）、张铠的《庞迪我与中国》（北京图书馆出版社1997年版）、李天纲的《中国礼仪之争：历史、文献和意义》（上海古籍出版社1998年版）、王亚平的《修道院的变迁》（东方出版社1998年版）、徐以骅等著教会大学史研究丛书（福建教育出版社1999年版）、胡卫清的《普遍主义的挑战：近代中国基督教教育研究》（上海人民出版社2000年版）、姚民权与罗伟虹的《中国基督教简史》（宗教文化出版社2000年版）、郭卫东的《中土基督》（云南人民出版社2001年版）等。东正教方面，由于东正教传入中国时间较晚，而且传播不广，它对中国历史的影响不可与天主教相提并论，对它的研究也是改革开放以后开始的，成果非常少，主要为论文，专著目前仅有张绥的《东正教和东正教在中国》（学林出版社1986年版），乐峰的《东正教》（商务印书馆1991年版）与《东正教史》（中国社会科学出版社1999年版）。对基督新教的研究较之港台地区也比较薄弱，研究方法比较单一，90年代后这种现象有所改变，更多学者开始尝试用人类学、社会学的田野调查等方法来研究中国基督新教的历史，并取得一些成果。

另外，相对于繁荣的中国基督教史研究状况，国内学术界对世界基督教史的研究比较薄弱，以译著为多。专著主要有杨真的《基督教史纲（上册）》（生活·读书·新知三联书店1979年版）、李平晔的《人的发现——马丁·路德与宗教改革》（四川人民出版社1983年版）与《宗教改革与西方近代社会思潮》（今日中国出版社1992年版）、张绥的《中世纪"上帝"的文化——中世纪基督教会史》（浙江人民出版社1987年版）与《基督教会史》（上海三联书店1992年版）、唐逸主编的《基督教史》（中国社会科学出版社1993年版）等。这些著作范围相对比较狭窄。国内世界基督教研究水平的提高还需要一个积累学习过程，相信随着国内外学术界交流水平的提高，以后这方面的研究会得到加强。

1949年后至改革开放以前，基督宗教的哲学与神学研究几乎没有有价值的学术成果，1979年后，这方面的研究才逐渐恢复正常，出现一系列重要成果。不过80年代主要是打基础阶段，以翻译为主，研究专著不多。1982年，车铭洲的《西欧中世纪哲学概论》（天津人民出版社）在大陆的基督教哲学研究领域具有开创性意义。1988年，尹大贻的《基督教哲学》（四川人民出版社）是1949年以来第一部系统介绍基督教哲学的著作。进入90年代后，基督教哲学与神学在研究广度与深度上均有很大突破，表明国内相关研究开始进入创新阶段。这一时期出现如傅乐安的《托马斯·阿奎那基督教哲学》（上海人民出版社1990年版）、唐逸的《西方文化与中世纪神哲学思想》（台湾东大图书公司1992年版）、范明生的《晚期希腊哲学和基督教神学——东西文化的汇合》（上海人民出版社1993年版）、赵敦华的《基督教哲学1500年》（人民出版社1994年版）、许志伟与赵敦华的《冲突与互补：基督教哲学在中国》（社会科学文献出版社2000年版）、刘城《中世纪西欧基督教文化环境中"人"的生存状态研究》（北京师范大学出版社2012年版）等一大批专著。另外，基督教内人士也在神学和基督教哲学研究方面做出自己的贡献，相关成果如汪维藩的《中国神学及其文化渊源》（金陵协和神学院1997年版）、《丁光训文集》（译林出版社1998年版）等。

20世纪90年代以来，基督教研究领域更趋广泛，除以上几个大的方面以外，基督教与中国文化也是学术界研究的重要内容，相关成果非常多，如林治平的《基督教在中国本色化》（今日中国出版社1998年版）、罗秉祥与赵敦华主编的《基督教与近代中西文化》（北京大学出版社2000年版）、张龙平《国家、教育与宗教——基督教教育会与近代中国》（中国社会科学出版社2015年版）、陶飞亚和赖品超主编《基督教与中国社会文化——第六届国际青年学者研讨会论文集》（广西师范大学出版社2016年版）等。文献整理成果也已显现，如2005年黄山书社出版的王美秀、任延黎主编《东传福音》，就是首次出现的系统全面的基督宗教（含天主教、新教及东正教）历史文献汇编。

近些年来，关于基督教现状和发展趋势的研究成为学术界探讨的热点，这方面的研究对象主要是世界各地的基督教，情况非常复杂，研究难度比较大。其关注内容如基督教主要教会的演变、地域分布状况、教会与社会及世俗世界的关系、不同教会之间的关系、教会与成员之间的关系、基督教对现代社会产生的影响等。目前这一领域多以翻译介绍国外研究为主，国内学者的研究还不多。国内基督教现状研究最近几年出现了新进展，以唐晓峰《中国基督教田野考察》（社会科学文献出版社2014年版）为例，书中考察了基督教最近几年在中国的发展现状及热点问题，对基督教整体发展进行了评估及反省，对中国基督教会组织的多元存在格局及张力加以详尽解读；探讨了中国农村基督教的民间信仰化特征、中国基督教地域性差异特征以及边疆少数民族的基督教信仰问题；以云南省基督教的发展为例，管窥了基督教在中国的发展现状，并对西藏基督宗教及中国东北的东正教现状进行了研究。

六　民间宗教史及其他宗教史研究

相对于五大宗教的研究，中国民间反传统宗教由于常常被视为邪教，长期以来很少有人注意，研究水平最为薄弱。民国时期，陈垣、吴晗、李世瑜等少数历史学家在研究中曾涉及部分民间宗教的内容，但没有形成体系。新中国成立以后，由于政治原因，民间宗教研究成为学术禁区，除了研究农民战争时会旁及一些民间宗教内容外，这方面的研究基本处于停滞状态。1980年以后，民间宗教研究开始走入正常轨道，与其他各大宗教研究齐头并进。

1981年，喻松青发表《明清时期的民间宗教信仰和秘密结社》（《清史研究集》第一集）一文，摆脱了在农民战争思想框架内研究民间宗教的模式，开始专注于民间宗教本身，具有开创性意义。此后她又撰写了一系列论文，对明清时期的一些民间宗教派别进行个案研究。1987年，喻氏将其论文结集为《明清白莲教研究》，由四川人民出版社出版。80年代末以后，民间宗教研究受到更多关注，出现一批专门研究民间宗教的学者，以往这种情况并不出现，他们陆续推出的研究成果引起学术界的广泛关注。如蔡少卿的《中国秘密社会》（浙江人民出版社1989年版）、马西沙的《清代八卦教》（中国人民大学出版社1989年版）、连立昌的《福建秘密社会》（福建人民出版社1989年版）、濮文起的《中国民间秘密宗教》（浙江人民出版社1991年版）与《中国民间秘密宗教辞典》（四川辞书出版社1996年版）、周育民与邵雍的《中国帮会史》（上海人民出版社1993年版）、邵雍的《中国会道门》（上海人民出版社1997年版）等。尤其是1992年出版的马西沙与韩秉方合著的《中国民间宗教史》（上海人民出版社），被认为是这一领域的代表作。此外，在一些专题研究方面成果突出。如林悟殊从20世纪80年代初开始专攻摩尼教，先后发表一系列论文，1987年，其专著《摩尼教及其东渐》由中华书局出版。路遥与程歗专注于义和团运动，早在1988年，齐鲁书社就出版二人合著《义和团运动史研究》。随后，程氏开始关注民间宗教与乡土意识的关系，1990年出版《晚清乡土意识》一书（中国人民大学出版社）。路遥则继续从事义和团运动与民间信仰研究，经过十多年的艰苦调查，于 2000 年出版《山东民间秘密教门》（当代中国出版社）以及《山东大学义和团调查资料汇编》（山东大学出版社）。近几年民间宗教研究继续保持迅猛发展势头，更多的中青年学者踏足这一领域，出现一些新作，如宋军的《清代弘阳教研究》（社会科学文献出版社 2002 年版）、刘平的《文化与叛乱》（商务印书馆 2002 年版）、梁景之的《清代民间宗教与乡土社会》（社会科学文献出版社 2004 年版）等。

目前学术界所谓的民间宗教并不包括各少数民族的宗教。中国有 50 多个少数民族，他们大都有自己的宗教信仰，很多都保存得比较好，对宗教研究的重要价值很早就引起学者重视，不过少数民族宗教研究的繁荣出现在改革开放以后。80 年代初，先后出现马学良的《彝文经典和彝族的原始宗教》、宋常恩的《彝族的原始宗教》、曾文琼与陈泛舟的《羌族原始宗教考略》、宋常恩主编的《中国少数民族宗教（初编）》（云南人民出版社 1985 年版）等一系列论著。1986 年，"七五"期间全国社科规划将《中国原始宗教问题》列入国家重点科研项目，自 20 世纪 90 年代后期开始，《中国各民族原始宗教资料集成》各分册陆续由中国社会科学出版社出版。目前，学术界对少数民族宗教的研究在两个方向取得的成果相对较多：一是对南方省份少数民族宗教的研究；二是对北方少数民族萨满教的研究。总体来看，中国少数民族宗教研究目前还处于发展阶段，尚有更多领域值得进一步探讨。

进入 21 世纪后，尤其是近十年来，区域民间宗教研究得到广泛关注，不仅出现像段凌平《闽南与台湾民间神明庙宇源流》（九州出版社 2012 年版）、丁希勤《古代徽州和皖南民间信仰研究》（安徽师范大学出版社 2016 年版）、滕兰花和胡小安《清代广西民间信仰、族群与区域社会研究》（民族出版社 2017 年版）、濮文起《天津民间宗教史》（山东画报出版社 2018 年版）等研究某一地区历史上的民间宗教现象的著作，更涌现出像华智亚《龙牌会：一个冀中南村落中的民间宗教》（上海人民出版社 2013 年版）、朱文广《庙宇·仪式·群体：上党民间信仰研究》（中国社会科学出版社 2015 年版）、鄂崇荣《青海民间信仰：以多民族文化为视角》（中国社会科学出版社 2016 年版）、林国平和钟建华主编《漳州民间信仰与闽南社会》（中国社会科学出版社2016年版）、袁瑾《地域民间信仰与乡民艺术：以绍兴禹王巡会为个案》（中国社会科学出版社2017年版）等有关当代地区民间信仰现象的研究著作。此外，国内学者的学术视野愈来愈宽广，不是将眼光仅仅局限在国内宗教，而是积极从事国外宗教研究，这一趋势从20世纪90年代开始日趋明显，迄今成就比较突出的有摩尼教研究、印度宗教研究、犹太教研究以及巴哈伊教等新兴宗教研究。特别是新兴宗教，由于是近现代社会的产物，其研究具有非常重要的现实意义，越来越受到世界各国的重视。国内学术界在这方面也做了很多工作，研究较多的新兴宗教有巴哈伊教、摩门教、创价学会等，这方面的研究以后还会进一步加强。

七　结语

出现于20世纪初的现代中国宗教史研究，在一个世纪中的发展历程并非一帆风顺，经历了多次波折，主要分为三个阶段：第一阶段是20世纪初到新中国成立以前，第二阶段是1949年后至1978年前，第三个阶段是1978年以后。纵观中国宗教史研究的这三个发展时期，最后一个时期在学术史上的贡献最重要，也最令人瞩目。40年间中国宗教史研究迅速走向成熟，取得了累累硕果，其成就远远超过以往半个多世纪的总和。如今，中国宗教史研究已成为历史学领域的一支生力军。

进入21世纪以来，中国的改革开放继续走向深入，科技发展一日千里，与国外的经济文化交流日益频繁，中国与世界的联系越来越紧密。在这种背景下，中国宗教史研究继续大踏步向前发展，同时面临一些新的机遇和挑战，可能会深刻影响其未来走向。首先是研究方法的深刻变化，如原始资料数字化工作发展迅速，国内外学术研究交融程度加深等。其次是学术研究与现实社会的联系更加紧密。当今宗教复兴趋势明显，不仅佛教、道教等中国传统文化受到青睐，其他外来宗教如基督教、伊斯兰教等也面临机遇和新问题，这些都会对中国的宗教史研究产生重要影响。对中国宗教史研究的发展而言，改革开放40年是一段辉煌的历史，也必将是接下来另一段更为辉煌历史的起点。

四十年来的中国环境史及医疗史研究

杜丽红

一 引论

21世纪以来，中国环境史吸引众多历史学者投入相关问题的研究和讨论，不仅形成了以环境史为名的新领域，而且影响着经济史、社会史、政治史等传统领域的研究方法和路径。面对环境史研究的热潮，回顾其发展历程具有重要的学术价值。尤其是从40年中国学术史的角度来看，深入环境问题研究的学术脉络中梳理中国环境史发展的源流，并将其放到中国社会大发展的轨迹中解读一个研究领域的兴起，有助于理解环境史不仅具有跨学科性质，融合了多学科的探索，更是反映改革开放以来中国学术融入世界的重要研究领域。

那么，什么是环境史？什么是医疗史？两者之间有何关系呢？对环境史和医疗史做一个界定将有助于我们更好地进行学术史回顾。时至今日，学界对什么是环境史众说纷纭[1]，很难给出一个确定的答案。在众多讨论中，虽然有的学者用的是"地理环境"，有的学者用的是"生态环境"，

---

[1] 包茂红：《环境史：历史、理论和方法》，《史学理论研究》2000年第4期；高国荣：《什么是环境史》，《郑州大学学报》2005年第1期；景爱：《环境史：定义、方法与内容》，《史学月刊》2004年第3期；刘翠溶：《中国环境史研究刍议》，《南开学报》（哲学社会科学版）2006年第2期；李根蟠：《环境史视野与经济史研究——以农史为中心的思考》，《南开学报》（哲学社会科学版）2006年第2期；王利华：《浅议中国环境史学建构》，《历史研究》2010年第1期；侯甬坚：《历史地理学、环境史学科之异同辨析》，《天津社会科学》2011年第1期；钞晓鸿：《深化环境史研究刍议》，《历史研究》2013年第3期，等等。

但大家基本都认同环境史研究的是人与自然的关系,尤其是人对自然的开发和利用,以及自然对人类活动的限制和反作用。在本文中,我们将有关历史时期的环境问题研究都视为环境史,以便将40年来虽没有贴上"环境史"标签,但其处理的仍是人与自然关系的研究,也纳入环境史学术脉络之中进行分析讨论。此外,医疗史研究的是人与疾病之间的关系,疾病与自然环境有着密不可分的关系,因此疾病研究可视为环境史的一部分。[①]

学界已经发表了相当数量的中国环境史学术回顾与展望的论文。为避免重复之处,我们将侧重于回顾40年来学界对中国历史上的环境问题的探讨,将之与相关的社会思潮、学科热点以及政策取向等相结合,分析环境史研究论题的转变与社会发展之间的关系,及其与相关学科的互相影响。

环境史研究与时代密切相关,不仅受学术潮流的影响,而且应社会发展之需。从学术发展的角度来看,致力于人与自然关系研究的中国环境史,一直以来都以跨学科的形式存在,研究的取向与相关的地理学、农学、社会经济学和生态学等学科的发展密切相关,深受多学科学术潮流的影响。更重要的是,环境史研究与人类社会发展有着直接的因果关系,尤其是改革开放以来中国社会的环境问题激发了历史学界对环境的关注,这些都反映在中国环境史的学术发展中。

环境史研究的是人与自然之间的关系,跨越人文科学和自然科学两大领域,由于不同学科的研究带有不同的学科色彩,往往难以在同一层次上使用相同的学科语言和思维方式进行讨论,呈现出"各说各话"的现象。诚如鲁西奇所言:"以哲学、历史学为主体的人文科学主要是从哲学、历史观及伦理层次展开理论思辨与逻辑论证,具有浓厚的主观和直觉色彩;而地理学、生态学、环境科学等与这一问题有密切关系的自然科学,则主

---

① 刘翠溶将"疾病与环境"列为中国环境史研究的十大问题之一。参见刘翠溶《中国环境史研究刍议》,《南开学报》(哲学社会科学版)2006年第2期。美国学者唐纳德·休斯将疾病史列入环境史研究的第一大类,即"环境本身及其对人类影响",将疾病视为一种自然力量,是自然环境的一部分。参见其著《什么是环境史》,北京大学出版社2008年版,第4页。余新忠认为,从卫生史的角度切入来探索人与自然的关系,不失为一种有效的研究路径。余新忠:《卫生史与环境史——以中国近世历史为中心的思考》,《南开学报》(哲学社会科学版)2009年第2期。

要通过具体个案的分析，在实证研究层次上加以归纳、概括，所得出的常常是能够实证和试验的认识，并在此基础上上升到哲学高度。"①

自然科学和历史学者都致力于积极研究中国历史上的环境问题。随着社会和学术的发展，中国环境史研究的主旨和方法几经演变。学科上的差异导致环境史研究的发展实际形成两股潮流，一股是以自然环境变迁为主题的研究，另一股是关于人类活动与环境变迁关系的研究。20世纪90年代，在生态学的影响下，两者逐渐出现合流的趋势，出现了生态环境史。进入21世纪，尤其是2005年左右，在学科整合的内在需求和世界学术潮流的外在影响下，学界开始提出环境史学科建设问题。根据以上看法，我们可以将近40年来中国环境史研究大致分为三个时期，即以地理环境史为主导的时期、以生态环境史为主的时期和以环境史为名的新时期。需要指出的是，这仅仅是一个大致的划分，事实上地理环境史和生态环境史不仅长时间并存，而且时至今日，它们仍然是环境史研究的重要内容，研究成果不断问世。

二 地理环境史时期

从学术渊源来看，中国环境史与欧洲环境史类似，都是在历史地理学的基础上发展而来。欧洲环境史的权威学者之一，理查德·格罗夫认为，环境史并非20世纪的创新，而是历史地理学的延伸。② 与此相似，中国最初的环境史研究也主要以历史地理学的形式存在，我们称之地理环境史。

学术的发展总是在一定学科的基础上展开的。历史地理学的学科分类对于地理环境史的研究有着重要的影响。1962年初，侯仁之明确提出，历史地理学的主要课题是研究在人类历史时期主要由于人的活动而产生或影响的一切地理变化。他主张按照现代地理学划分为自然地理学（属于自然科学）与经济地理学（属于社会科学）的方式，根据研究对象将历史地

---

① 鲁西奇：《人地关系理论与历史地理研究》，《史学理论研究》2001年第2期。
② 高国荣：《环境史在欧洲的缘起、发展及其特点》，《史学理论研究》2011年第3期。

理学分为历史自然地理和历史经济地理。① 因此，按照历史地理学的分类，中国地理环境史的研究大致有两条学术脉络：一是历史自然地理学的脉络，侧重于从自然地理要素研究环境变迁的历史；二是以马克思经济学为指导的历史经济地理学和社会经济史脉络，侧重从人地关系来讨论环境变迁问题。

1978年后，学界延续了20世纪六七十年代对地理环境决定论的批判的讨论，重新审视地理环境与社会发展的关系。吴晓明、安延明、徐咏祥重新评价普列汉诺夫的地理环境学说，肯定地理环境对人类社会的影响，提出应当客观地评价地理环境对社会发展的作用。② 郁越祖、徐日辉、李桂海、宁可等学者则从宏观层面上探讨了地理环境在人类社会发展过程中发挥作用的复杂方式。③ 宁可从马克思主义经济学的视角阐释了地理环境对历史发展的作用，具有重要的指导意义。他提出应当从生产力和生产关系的角度来理解地理环境，地理环境作为生产力的基本的实体性的要素包含在生产力之中，间接作用于生产关系乃至上层建筑等方面，也直接影响到社会生活的许多方面。地理环境虽然是社会物质生活和社会发展的经常的必要的条件之一，但它不是起决定作用的条件，起决定作用的是生产方式。人与自然的关系中，人起主导作用。在生产力诸因素中，起决定作用的不是参与劳动过程或成为劳动过程必要条件的那些自然条件，而是制造和使用工具改变自然条件使之适合人们需要的劳动者。因此他强调在研究中国古代历史的发展时，应当注意中国历史发展的地理环境及其对中国社会发展的作用，特别是要注意人们的生产活动给地理环境带来的变化及其所造成的经济的、社会的后果。地理环境可能加速或延缓社会的发展，促

---

① 侯仁之：《历史地理学刍议》，《北京大学学报》（自然科学版）1962年第1期，第75页。

② 吴晓明、安延明：《关于地理环境作用的方法论问题》，《复旦学报》（社会科学版）1981年第3期；徐咏祥：《论导致普列汉诺夫地理环境决定论倾向的理论根源》，《中国社会科学》1986年第1期。

③ 郁越祖：《地理环境与中国封建社会的长期延续》，《复旦学报》（社会科学版）1982年第6期；王正平：《地理环境与社会发展》，《历史研究》1983年第2期；严钟奎：《论地理环境对历史发展的影响》，《暨南学报》（哲学社会版）1985年第3期；宁可：《地理环境在社会发展中的作用》，《历史研究》1986年第6期；张艳国：《东方地理环境与中国历史发展》，《社会科学辑刊》1989年第4期。

使主要条件相同的经济基础呈现出差异性。① 这种社会经济史的研究思路，强调从生产力和生产方式来理解人与自然的关系：人与自然共存于一个十分复杂的大系统，应该从人与自然的交互关系来看待自然环境，它强调人类经济活动对自然资源的利用，以及自然对于人类的反作用。

与此同时，地理学上的人地关系理论对地理环境史研究产生很大影响。作为地理学理论概念的"人地关系"，是指人类社会不停地向前发展，人类为了生存的需要，不断地扩大和加深改造与利用地理环境，增强适应地理环境的能力，改变地理环境的面貌；同时，地理环境也更加深刻地影响着人类活动的地域特征和地域差异。人地关系的地域性或地域组合，是人文地理学研究的特殊对象。② 到20世纪90年代，我国地理学家吴传钧在"人地关系地域系统"观点上，提出现代意义上的人地关系理论，其核心思想是"人地关系地域系统"，即人类社会与地理环境两个系统之间相互作用、交错构成的一个开放的复杂巨系统。在这个复杂巨系统中，人类社会和地理环境两大系统之间的物质循环和能量转化的结合，形成了人地系统发展变化的动力机制。在人地关系系统中，人口与社会经济要素为一端，资源与自然环境为另一端，双方之间以及各自内部存在着多种直接反馈作用，并密切交织在一起。它们的相互作用主要表现在两方面：一是自然资源对人类活动的促进作用和自然灾害对人类活动的抑控作用；二是人类对自然系统投入可控资源，治理自然灾害，开发不可控资源，从而实现土地资源的产出。③ 这一思想对历史地理学界产生了深远影响。1992年4月，《历史地理》编辑部和复旦大学中国历史地理研究所召开"地理环境和中国历史与文化专题研讨会"，人地关系开始成为地理环境史研究的重要内容。

学者们对人地关系进行积极讨论，加深了地理环境史研究的深度。有学者主张研究历史时期人地关系的四方面内容：自然因素与人为活动的综合影响，人为活动的积极作用及对自然环境影响的限度，人对自然的正常

---

① 宁可：《地理环境在社会发展中的作用》，《历史研究》1986年第6期；《中国古代历史发展的地理环境》，平准学刊编辑委员会编：《平准学刊》第3辑上册，中国商业出版社1986年版。
② 《中国大百科全书·地理学》，中国大百科全书出版社1984年版，第12—14页。
③ 吴传钧：《论地理学的研究核心——人地关系地域系统》，《经济地理》1991年第3期。

开发与破坏之间的度的界限与量的区分，引入量化方法与现代地理学的科学方法。① 也有学者认为，人口变动、资源利用方式的演进、河湖与植被变化、自然灾害加剧是人地关系及其演变过程中最重要的四方面因素。②

张建民和鲁西奇发表了有代表性的观点："自人类从自然界分离出来之后，人与自然关系的主旋律就是冲突与对抗，而不是平衡与和谐；其核心是人类为改善自己的生存环境而不得不尽力最大限度地向自然界索取，并与不利于自己生存与发展的自然因素做斗争；历史时期人地关系演变的实质，就是此种冲突与对抗之具体表现形式及其内涵的演变，并不存在一个所谓'由和谐、平衡向冲突、失衡演变'的过程。"③ 鲁西奇提出人地关系链，认为气候变化是变化之源，土地利用是中心环节。抓住土地利用这一中心环节，探讨因气候变化而引起的人口分布的变化以及由此而带来的各种文化景观的变化，是考察人类不断适应环境变化、调整人类活动空间结构与行为方式的良好途径。在一般情况下，人口分布的变化虽然会引起文化景观的变迁，但并不对环境特别是环境中的气候因素带来重大影响，但生态脆弱地区除外。以人口变化为线索，对环境脆弱地带的人地关系演化模式展开探讨，必将丰富人地关系理论研究。④

历史时期的气候变化与社会发展之间的关系成为学者们关注的问题之一。⑤ 有学者采用自然科学的方式探讨沪杭地区一万多年来的气候变化。⑥ 王子今对秦汉时期的气候问题做了专题研究，认为气候变迁对秦汉的历史文化产生了相当重要的影响。⑦ 满志敏对灾害天气做了细致的考察，并探

---

① 毛曦：《可持续发展理论与历史时期人地关系的研究》，《中国历史地理论丛》2000年第2期。
② 张建民、鲁西奇主编：《历史时期长江中游地区人类活动与环境变迁专题研究》，武汉大学出版社2011年版，第96页。
③ 张建民、鲁西奇：《"了解之同情"与人地关系研究》，《史学理论研究》2002年第4期。
④ 鲁西奇：《人地关系理论与历史地理研究》，《史学理论研究》2001年第2期。
⑤ 王铮、张丕远、周清波：《历史气候变化对中国社会发展的影响——兼论人地关系》，《地理学报》1996年第4期。
⑥ 王开发、张玉兰等：《根据孢粉分析论沪杭地区一万多年来的气候变化》，《历史地理》1981年创刊号。
⑦ 王子今：《关于秦汉时期淮河冬季封冻问题》，《中国历史地理论丛》1995年第4辑；《秦汉时期的气候的历史学考察》，《历史研究》1995年第2期。

究了如何研究气候冷暖变化的问题。① 还有一些论文专题讨论了气候变化对社会经济的影响。②

遍布全国的河流和湖泊的历史演变受到广大历史地理学者的重点关注，为环境变迁研究奠定了扎实的基础。③ 史念海先生在一系列著作④中对黄土高原和黄河流域进行了深入研究。他根据大量的历史文献资料、考古发现和实地考察，提出黄土高原在古代曾是森林草原地区，由于过度开垦，植被遭到严重破坏，不仅影响了黄土高原地区的生态环境，也直接殃及黄河下游广大地区。邹逸麟研究范围广泛，针对黄淮海平原的自然地理进行了深入研究，分别描述了该地区的气候、植被、土壤、灾害、水系、湖沼和海岸的历史变迁。⑤ 此外，他还考察了黄河、运河以及淮河的改道问题，并论及其他地区湖泊的变迁历史。⑥ 张修桂对长江中下游河湖演变、上海地区地貌演变和黄淮海平原河湖演变做了深入探讨。⑦ 卞鸿翔等对先

---

① 满志敏：《用历史文献物候资料研究气候冷暖变化的几个问题》，《历史地理》第12辑，上海人民出版社1995年版；《光绪三年北方大旱的气候背景》，复旦大学历史地理研究中心主编：《面向新世纪的中国历史地理学——2000年国际中国历史地理学术讨论会论文集》，2001年。

② 王业键、黄莹珏：《清代中国气候变迁、自然灾害与粮价的初步考察》，《中国经济史研究》1999年第1期；倪根金：《试论气候变迁对我国古代北方农业经济的影响》，《农业考古》1988年第1期；秦冬梅：《试论魏晋南北朝时期气候异常与农业生产》，《中国农史》2003年第1期；马新：《历史气候与两汉农业的发展》，《文史哲》2002年第5期；蓝勇：《唐代气候变化与唐代历史兴衰》，《中国历史地理论丛》2001年第1辑。

③ 史念海、张修桂、谭其骧：《海河水系的形成与发展》，历史地理编辑委员会：《历史地理》第4辑，上海人民出版社1986年版；魏嵩山：《太湖水系的历史变迁》，《复旦学报》（社会科学版）1979年第2期；林汀水：《辽河水系的变迁与特点》，《厦门大学学报》1992年第4期。

④ 史念海：《河山集》，生活·读书·新知三联书店1981年版；史念海、曹尔琴、朱士光：《黄土高原森林与草原的变迁》，陕西人民出版社1985年版；史念海：《黄河流域诸河流的演变与治理》，陕西人民出版社1999年版；史念海：《黄土高原历史地理研究》，黄河水利出版社2001年版。

⑤ 邹逸麟：《黄淮海平原历史地理》，安徽教育出版社1997年版。

⑥ 邹逸麟：《黄河下游河道变迁及其影响概述》，《复旦学报》（社会科学版）1980年第1期；《历史时期华北大平原湖沼变迁略述》，《历史地理》第5辑，上海人民出版社1987年版。

⑦ 张修桂：《云梦泽的演变与下荆江河曲的形成》，《复旦学报》（社会科学版）1980年第2期；谭其骧、张修桂：《鄱阳湖演变的历史过程》，《复旦学报》（社会科学版）1982年第2期；《汉水河口段历史演变及其对长江汉口段的影响》，《复旦学报》（社会科学版）1984年第3期；《近代长江中游河道演变及其整治》，《复旦学报》（社会科学版）1994年第6期；《上海地区成陆过程概述》，《复旦学报》（社会科学版）1997年第1期。

秦以来洞庭湖的演变做了系列研究。①

学者们对历史上植被、森林和动物的分布状况进行了广泛研究。有的考察各地植被的分布状况②，有的侧重于各地植被的变迁③，有的讨论了森林与沙漠化的关系④，有的研究了垦殖活动对山林的影响⑤，有的关注动物的分布⑥，有的关注动物与环境变迁的关系。⑦

除上述研究之外，学者们还从不同角度对于历史上的环境变迁进行了多角度、多方位的研究。侯仁之从考古发现探究北方沙漠化的演变过程。⑧石泉在《古代荆楚地理新探》一书中⑨，对先秦至六朝荆楚地区的沿革地理、诸文明古国的地理环境提出一系列不同于前人的新解释。陈桥驿对郦道元的《水经注》的系统研究，为后人了解和研究中国古代水环境的变迁提供了很好的范本。⑩陈桥驿、景爱等学者从自然灾害的角度，研究了历史上生态灾害与环境变迁的相关问题。⑪

综上所述，地理环境史的研究在20世纪90年代得到迅速发展，涌现

---

① 卞鸿翔、龚循礼：《先秦时期洞庭湖的演变》，《湖南师范学院学报》（自然科学版）1983年第2期；卞鸿翔、龚循礼：《魏晋时期洞庭湖的演变》，《湖南师范学院学报》（自然科学版）1984年第1期；卞鸿翔、龚循礼：《唐宋时期洞庭湖的演变》，《湖南师范学院学报》（自然科学版）1984年第2期；卞鸿翔：《元明清时期洞庭湖的演变》，《湖南师范学院学报》（自然科学版）1985年第1期。

② 陈柏泉：《江西地区历史时期的森林》，《农业考古》1985年第2期。

③ 文焕然：《湘江下游森林的变迁》，历史地理编辑委员会：《历史地理》第2辑，上海人民出版社1982年版；朱士光：《历史时期东北地区的植被变迁》，《中国历史地理论丛》1992年第4辑；周云庵：《秦岭森林的历史变迁及其反思》，《中国历史地理论丛》1993年第1辑；蓝勇：《历史时期三峡地区森林资源分布变迁》，《中国农史》1993年第4期；朱士光：《历史时期华北平原的植被变迁》，《陕西师范大学学报》（自然科学版）1994年第4期；冯祖祥、姜元珍：《湖北森林变迁历史初探》，《农业考古》1995年第3期；周宏伟：《长江流域森林变迁的历史考察》，《中国农史》1999年第4期。

④ 景爱：《平地松林的变迁与西拉木伦河上游的沙漠化》，《中国历史地理论丛》1988年第4辑。

⑤ 陈桥驿：《历史上浙江省的山地垦殖与山林破坏》，《中国社会科学》1983年第4期。

⑥ 何业恒、文焕然：《历史时期华北的野象》，《地理知识》1981年第7期。

⑦ 蓝勇：《清初四川虎患与环境复原问题》，《中国历史地理论丛》1994年第3揖；李健超：《秦岭地区古代兽类与环境变迁》，《中国历史地理论丛》2002年第4辑。

⑧ 侯仁之：《历史地理学的理论与实践》，上海人民出版社1979年版。

⑨ 石泉：《古代荆楚地理新探》，武汉大学出版社1988年版。

⑩ 陈桥驿：《〈水经注〉研究》，天津古籍出版社1985年版。

⑪ 陈桥驿：《历史上浙江省的山地垦殖与山林破坏》，《中国社会科学》1983年第3期；景爱：《木兰围场的破坏与沙漠化》，《中国历史地理论丛》1995年第2辑；倪根金：《秦汉环境保护初探》，《中国史研究》1996年第4期。

出大量的研究著作，不仅增强了我们对中国自然资源历史变迁的了解，为环境史的研究奠定了扎实的基础，而且在理论上有着深入的讨论，形成了一些关于人与自然关系的基本认识，对于我们今日的环境史研究仍然有着重要的指导价值。

三 生态环境史时期

具有跨学科研究特征的环境史的演变深受相关学科发展的影响。作为地理学分支之一的历史地理学深受地理学发展的影响，从关注自然地理和人地关系的角度对历史时期的环境问题展开了系列研究。与此同时，生态经济学的兴起对社会经济史和农史学者产生了重要影响，促使他们从生态和经济的双重视角探究历史时期的环境问题，尤其是与社会经济活动相关的环境问题。我们将之称为生态环境史研究，重点关注的是人类经济活动与生态环境之间的关系。①

生态学（Ecology）由德国学者海克尔创造，清末从日本传入中国。生态学不是单独孤立地研究生物，更不是单纯地研究环境，而是研究生物与环境二者之间的关系，是一种深入客观事物之间的内在联系的研究。1935年，英国生物学家阿瑟·乔治·坦斯利提出"生态系统"一词。把各种生物有机体的集合称为生命系统，把各种环境因子的集合称为环境系统，这两个系统在特定空间的组合，便构成了"生态系统"。②自然科学界以生态和生态系统为核心的生态学渐成显学，对与此相关的学科都产生了深远影响。不过，对中国环境历史研究而言，作用更明显的是生态经济学。

自20世纪60年代起，面对违反自然规律和经济规律的经济发展所造成的严重环境污染、生态破坏，生态经济学应运而生。20世纪80年代初，

---

① 张建民总结道："20世纪90年代至21世纪初，在吸收国外环境史研究理论和方法的基础上，中国环境史研究以人地关系为核心，开始尝试采用跨学科研究的方法，探究历史上长江流域人口运动、资源利用、社会变动等人类活动与生态环境之间的联动关系。"张建民、鲁西奇主编：《历史时期长江中游地区人类活动与环境变迁专题研究》，武汉大学出版社2011年版，第37页。

② 程福祜：《生态经济学源流》，《经济研究》1983年第9期。

经济学家许涤新创建了我国的生态经济学。这是一门把生态学与经济学结合起来、自然科学和社会科学交叉在一起的新兴的边缘学科,它是从经济学的角度,根据经济学的原理,以经济系统为主,研究生态系统和经济系统相结合的复合系统的结构、功能和行为及其规律性的学科。生态经济学又是以生态规律为基础,以经济规律为主导,并把二者结合起来,指导进行经济建设及其效益评价的科学。① 其基本理论研究内容是生态经济学与环境经济学相互交叉,与资源经济学密不可分,特别是直接和人口学结合起来,研究人类经济活动与自然生态的关系、合理利用自然资源与保护环境的关系。生态经济学在20世纪80年代的兴起和发展,尤其是1987年《生态经济学》的出版,标志着以生态经济协调发展理论为核心的生态经济学的初步形成,其理论和方法对社会经济史和农史学者产生了积极影响,促成了生态环境史的兴起。

张建民较早提出运用生态经济学理论对社会经济发展和生态环境演变进行综合研究。他倡导不仅要探讨地理环境对社会经济发展的影响,还要把握社会经济和生态环境二者之间的双向动态关联。自然界或生态环境是人们经济活动的基础,社会经济发展和生态环境演变是相伴、共生的,社会经济发展的历史,同时是生态环境演变的过程。对于社会经济来说,生态环境并不是纯被动地接受人类的改造和利用,它具有某种不自觉的能动性。研究社会经济史,有助于掌握生态环境是如何演变的,人的活动如何作用于生态环境,从而了解问题的来龙去脉,为解决问题、预防问题提供相应的依据。运用生态经济学理论进行社会经济发展和生态环境演变的综合研究,需要从动态的、系统的观点出发,通过对社会经济和生态环境两者的影响、被影响、发展与制约的过程、因素、结果的考察,把握二者之间的双向动态效应,不仅仅探讨生态环境对社会经济的影响,而且要首先研究社会经济对生态环境的影响。他指出,以经济、生态综合发展的眼光观察中国历史上的重大问题,诸如经济重心转移、大规模的流民等,将经济、社会因素及其影响下的生态环境因素综合考察,可知当时条件下对土地、森林等资源开发利用达到基本饱和却不能负载继续增长着的人口压

---

① 李金昌:《生态经济学的产生和发展》,《环境保护》1983年第1期。

力，严重的自然灾荒和土地生产能力减退等生态环境有关的因素，在其中起着不可忽视的作用。[①] 李根蟠则提出，重建衡量历史上经济发展的评价体系，不能只局限于经济总量和劳动生产率，而应从经济系统与生态系统统一、人与自然互动的视角去考察，分析经济发展与环境变迁关系。除了资源利用的广度、深度以外，还应该分析资源损耗情况和资源利用是否合理。[②]

1990 年，马波发表的《农业生态经济学与农史研究》一文指出，农业历史与农业生态经济学研究的旨趣都是人与自然的关系问题，都以正确估量人类对自然的改造能力和正确运用自然的措施为指导思想，故而主张应用农业生态经济学的研究方法研究农史。农史必须从农业生态史、技术史、经济史的结合入手，明确生物、气候、社会等因子的组合状态和比例。他还提出了三个可能的研究方向。第一，将农业生态经济学引入农史领域，不但可以加强农业生态史研究这一薄弱环节，而且可开展农业生态经济史的研究，使农业的各个层次、结构高度融合，力求实现农史研究的整体性和系统性。第二，改变农业技术史研究中重视经济效益、轻视生态效益的趋势，对具有生态效益的技术和某项技术的生态作用展开研究，诸如水土保持技术、地力常新技术、防碱治碱技术、农林牧渔配套发展技术等。第三，注重农业人口史研究，从中透视历史时期人类生产水平和生活环境的变化，探讨人口与环境资源的适当关系，总结正、反两方面的经验。[③]

20 世纪 90 年代至今，在生态经济学的影响之下，生态环境史成为学者们积极拓展的新领域，取得了丰硕的研究成果，其数量之多难以在有限篇幅中一一列举。我们按研究主题将生态环境史大致分为四个方面进行简要介绍，其中难免有遗漏之处。

第一个主题是人口变迁对于生态环境的影响。若要探究人类经济活动与生态环境之间的关系，就必须考虑到人口的因素，关注历史时期人口问

[①] 张建民：《生态环境问题与社会经济史研究》，《史学理论研究》1988 年第 2 期。
[②] 李根蟠：《环境史视野与经济史研究——以农史为中心的思考》，《南开学报》（哲学社会科学版）2006 年第 2 期。
[③] 马波：《农业生态经济学与农史研究》，《古今农业》1990 年第 1 期。

题及其与环境的关系。有学者从人口学的角度研究人口压力、人口运动所引发的环境问题。①蓝勇、龚胜生等学者指出，人口增殖和人口流动是推动区域经济开发和导致环境问题的内在因素和主要动力。②陈家其认为，南北朝、唐宋、清末是长江三角洲地区的人口激增期，人口增长在不同时段起过不同作用，人口增长过快会导致资源、环境失衡，影响区域经济发展。③邹逸麟探讨了明清时期流民所导致的川陕鄂交界地区的环境恶化问题。④汪润元、勾利军认为，人口压力下的开山垦田和围湖促淤等生产活动，造成了长江流域生态环境恶化的问题。⑤冯贤亮从社会控制的角度讨论了流民、环境恶化和基层社会控制三者间的关系。⑥

第二个主题是经济开发所引发的生态环境问题。学者们从经济开发的方式入手，探讨各地区土地、水、森林等资源利用模式，围绕经济开发所引发的诸如水土流失之类的环境问题展开讨论。郭声波考察了历史上四川农业土地资源利用的五种模式，认为长江上游山区的水土流失与当地的耕作方式、垦殖面积、垦殖指数有较大关系。⑦长江中游的江汉平原和洞庭湖区作为全国的粮仓，该区域的经济开发与生态环境之间的关系成为学术界关注的热点。众多研究者围绕江汉平原和洞庭湖区的人地关系的演变，考察了围湖垦殖对环境的破坏等问题，提出宋元时期江汉平原垸田兴起，明清两代是垸田发展期，清代中后期以后人类无节制滥垦，使本地区人地

---

① 王振堂、盛连喜：《中国生态环境变迁与人口压力》，中国环境科学出版社1994年版；王建革：《人口、制度与乡村生态环境的变迁》，《复旦学报》1998年第4期。
② 蓝勇：《乾嘉垦殖对四川农业生态和社会发展影响初探》，《中国农史》1993年第1期，第19—28页；龚胜生：《清代两湖地区人口压力下的生态环境恶化及其对策》，《中国历史地理论丛》1993年第1辑，第69—94页。
③ 陈家其：《长江三角洲区域发展与人口、资源、环境》，《中国人口资源与环境》1994年第4期。
④ 邹逸麟：《明清流民与川陕鄂交界地区的环境问题》，《复旦学报》（社会科学版）1998年第4期。
⑤ 汪润元、勾利军：《清代长江流域人口运动与生态环境的恶化》，《学术季刊》1994年第4期。
⑥ 冯贤亮：《明清江南地区的环境变动与社会控制》，上海人民出版社2002年版。
⑦ 郭声波：《论四川历史农业地理的若干特点与规律》，《四川大学学报》（哲学社会科学版）1994年第1期，第78—91页；郭声波：《四川历史上农业土地资源利用与水土流失》，《中国农史》2003年第3期，第113—117页。

关系紧张，导致自然灾害频繁发生。① 张建民、邹逸麟两位学者探究了明清时期秦巴山区的移民经济开发及其引发的一系列环境问题。② 山区经济开发与环境的关系也受到学者的关注，主要有陈桥驿对浙江山区、杭宏秋对安徽山区、黄志繁对赣南山区、傅乐园对湘南山区以及王福昌、陈晓鸣对闽粤赣交界山区的研究。③ 衣保中对近代东北区域开发与生态环境变迁的互动关系进行了探讨。④

第三个主题是农业生产方式与生态环境的关系。中国农史研究传统悠久，非常重视农业技术研究，在引入生态视野之后，出现了将技术与环境问题结合起来进行研究的趋势。姚兆余指出，明清时期西北地区农业开发对生态环境造成巨大破坏作用的主要原因在于农业技术：大规模移民造成了人地关系的恶化；水资源过量开发，导致水资源减少；生产技术原始落后，只好通过扩大垦殖规模来增加粮食产量，而滥垦土地又造成地表生态系统的失调。⑤ 吴滔分析了明清农业生态变化与灾荒发生的恶性循环的关系，并指出，在经济开发中，必须协调好农业发展与生态环境之间的关系，只有这样生态环境才能向良性循环方向发展，农业灾荒才能得到有效的控制。⑥ 吴璞以明代以来吴江县农业种植结构随生态环境变化为例，说

---

① 龚循礼：《洞庭湖区围垦问题的初步研究》，《地理学报》1985年第2期；谭作刚：《清代湖广垸田的滥行围垦与清政府的对策》，《中国农史》1985年第4期；张建民：《清代江汉—洞庭湖区堤垸农田的发展及其综合考察》，《中国农史》1987年第2期；朱士光：《历史时期江汉平原农业区的形成与农业环境的变迁》，《农业考古》1991年第3期；蓝勇：《乾嘉垦殖对四川农业生态和社会发展影响初探》，《中国农史》1993年第1期；杭宏秋：《长江中下游圩垸形成发展及其展望》，《农业考古》1994年第1期；张国雄：《明清时期两湖开发与环境变迁刍议》，《中国历史地理论丛》1994年第2辑。

② 邹逸麟：《明清流民与川陕鄂豫交界地区的环境问题》，《复旦学报》（社会科学版）1998年第4期；张建民：《明清山区资源开发特点述论——以秦岭—大巴山区为例》，《武汉大学学报》（哲学社会科学版）1999年第6期；张建民：《清代秦巴山区的经济林特产开发与经济发展》，《武汉大学学报》（人文科学版）2002年第2期；张建民：《明清秦巴山区生态环境变迁论略》，李根蟠主编：《中国经济史上的天人关系论集》，中国农业出版社2002年版。

③ 陈桥驿：《历史上浙江省的山地垦殖与山林破坏》，《中国社会科学》1983年第4期；杭宏秋：《安徽山区水土流失的历史现状刍议》，《农业考古》1992年第1期；黄志繁：《清代赣南的生态与生计——兼析山区商品生产发展之限制》，《中国农史》2003年第3期；傅乐园：《清代湘南山区的经济开发及其生态变迁》，《中南民族学院学报》（人文社会科学版）2001年第3期；王福昌、陈晓鸣：《清末民国时期闽赣边区南部的生态环境与稻作农业》，《农业考古》2005年第1期。

④ 衣保中：《区域开发与可持续发展：近代以来东北区域开发与生态环境变迁的研究》，吉林大学出版社2004年版。

⑤ 姚兆余：《明清时期西北地区农业开发的技术路线与生态效应》，《中国农史》2003年第4期。

⑥ 吴滔：《关于明清生态环境变化和农业灾荒发生的初步研究》，《农业考古》1999年第3期。

明在"农业时代,农业为其经济核心,经济结构的转变以农业生产结构的转变为前提,农业生产结构的转变又是农业生态环境变迁的结果"。① 谢丽讨论了清末和民国时期的农业开发对塔里木盆地南端生态环境的影响。②

第四个主题是生态环境对社会的影响。自然环境是人类社会赖以生存和发展的基础,学者撰文探讨了自然环境对中国社会形态及王朝更迭的影响。③ 张敏认为,东汉末年的自然环境恶化是西晋灭亡和十六国割据局面形成的重要原因,由于全球性寒冷干燥期的出现,我国北方沙漠面积不断扩展,各游牧民族原有的生存环境不断恶化,于是纷纷南迁,先后建立了自己的政权。④ 明清时期人多地少的矛盾日益突出,生态环境渐趋恶化,引发了流民等社会问题。以往学者们大多强调赋役繁重及地主对土地的大量兼并,在引入生态环境史视角之后,研究者开始强调生态环境变化在其中所发挥的作用。李心纯从人与生态环境关系的生态系统角度分析了明代黄河中下游流域的山西、河北流民现象的原因。⑤ 蔡苏龙、牛秋实对明代自然灾害的统计资料进行分析,考察流民给生态环境造成的种种恶性干预,指出流民对生态环境的破坏是造成明代中后期农业生产衰变的一个主要原因。⑥ 学者们还围绕社会如何应对生态环境变迁的问题做了广泛研究。⑦

---

① 吴璞:《明代以来江南农业的生态适应性——以吴江县为例》,《中国农史》2001年第2期。

② 谢丽:《清代至民国时期农业开发对塔里木盆地南缘生态环境的影响》,上海人民出版社2008年版。

③ 史念海:《隋唐时期农牧区的变化及其对王朝盛衰的影响》,《中国历史地理论丛》1991年第4辑;王明德、张青山:《地理环境与中国王朝更迭》,《许昌师专学报》(社会科学版)1996年第2期;蓝勇:《唐代气候变化与唐代历史兴衰》,《中国历史地理论丛》2001年第1辑;李学江:《地理环境与西夏历史》,《中国历史地理论丛》2002年第2期。

④ 张敏:《自然环境变迁与十国割据政权局面的出现》,《史学月刊》2003年第5期。

⑤ 李心纯:《从生态系统的角度透视明代的流民现象——以黄河中下游流域的山西、河北为中心》,《中国历史地理论丛》1998年第3期。

⑥ 蔡苏龙、牛秋实:《流民对生态环境的破坏与明代农业生产的衰变》,《中国农史》2002年第1期。

⑦ 王建革:《农牧生态与传统蒙古社会》,山东人民出版社2006年版;《传统社会末期华北的生态与社会》,生活·读书·新知三联书店2009年版。邹逸麟主编的"500年来环境变迁与社会应对丛书"收录了此方面的成果。尹玲玲:《明清两湖平原的环境变迁与社会应对》,上海人民出版社2008年版;陈业新:《明至民国时期皖北地区灾害环境与社会应对研究》,上海人民出版社2008年版;李根蟠、[日]原宗子、曹幸穗编:《中国经济史上的天人关系》,中国农业出版社2002年版。

在生态经济学的影响下，研究者们引入生态的视角，从人的经济活动出发探究其对生态环境的影响，以及生态环境对于人类经济活动的反作用。21世纪初，生态史学成为学界新的提法，强调生态因素与人类社会历史的互动关系。王子今认为，生态史学主要包括两方面的内容，其一是生态条件本身历史的研究，其二则是生态条件对社会历史之影响的研究。社会史受生态史的影响，有时生态条件的变化在一定意义上改变了社会史进程，以农业和牧业作为主体经济形式的社会更是如此；另外，人类的活动又会严重影响生态环境，特别是人口的剧增和经济的跃进，可能使这种影响以恶性破坏的形式呈现出来。影响中国古代社会形态的主要生态因素，应当说大致以气候条件和人为条件为主。王子今提倡历史学者借助自然科学研究的成果，将传统史学方法与自然科学方法相结合，从而为生态史学的进步提供新的学术条件。① 从某种意义上看，生态史学与生态环境史都强调生态与人类的互动，二者并无本质的区别，故而本文将其视为同一类型的研究。

四　中西交汇：环境史新阶段

以2005年8月南开大学召开的"中国历史上的环境与社会国际学术讨论会"为标志，中国的环境史研究进入一个新阶段，即以"环境史"为名的阶段。学界开始思考如何让"环境史"成为专门之学。需要说明的是，这并不意味着地理环境史和生态环境史都开始冠以"环境史"之名，而是指学界不满研究现状，开始谋求建立环境史学科。在这样的学术背景之下，环境史研究成为历史学领域的显学，一时间以环境史为题目的论著、以环境史为题的学术会议和以环境史为主题的科研项目大量涌现。

这一趋势的出现有着深刻的社会背景和学术渊源。改革开放以来，中国经济飞速发展造成的环境问题日渐增多，引起学者们对历史上的环境问题的关注。尤其是党的十八大以来，生态文明建设受到党和国家的高度重

---

① 王子今：《中国生态史学的进步及其意义——以秦汉生态史研究为中心的考察》，《历史研究》2003年第1期。

视,人们的环境意识日渐增强,客观上促进了环境史学术研究的发展。从学术上看,中国环境史的发展遇到了两方面的问题,一是国内的世界史学界极力介绍和推广西方环境史,为中国环境史的国际化提出了新的学术要求;二是中国的地理环境史和生态环境史研究已经取得丰硕成果,繁盛的同时也面临着如何进一步发展的问题,需要一个新的研究方向。接下来我们将围绕上述两个问题展开论述,并简要介绍自2005年以来中国环境史研究取得的一些新进展。

首先,自20世纪90年代开始,国内世界史学者们就开始引介西方环境史,陆续翻译出版了一些著作①,为中国环境史的研究者提供了世界环境史研究的范例。与此同时,以包茂宏、侯文蕙、梅雪芹、高国荣为代表的学者对世界环境史进行了整体性研究,并积极探索中国的环境史研究如何发展,大大推进了中国环境史的国际化程度。

学者们以西方环境史研究为基础,提出环境史研究的范畴、方法和性质。包茂宏认为,环境史就是以建立在环境科学和生态学基础上的当代环境主义为指导,利用跨学科的方法,研究历史上人类及其社会与环境相互作用的关系,通过反对环境决定论、反思人类中心主义文明观来为濒临失衡的地球和人类文明寻找一条新路,即生态中心主义文明观。环境史本身是多学科知识积累的结果,自然也继承了多学科的研究方法,不仅需要历史学的基本训练,还必须有环境和生态学的知识。另外,由于人类行为很复杂,环境史还涉及地理学、人类学、社会学、哲学、经济学和政治学等,跨学科研究就是跨越人文、社会科学和自然及工程科学的界限。② 高国荣指出,环境史研究历史上人与自然之间的互动关系,重视自然在人类

---

① [美]康芒纳著,侯文蕙译:《封闭圈:自然、人和技术》,甘肃科学技术出版社1990年版;[美]奥尔多·利奥波德著,侯文蕙译:《沙乡的沉思》,经济科学出版社1992年版;[美]蕾切尔·卡逊著,吕瑞兰、李长生译:《寂静的春天》,吉林人民出版社1997年版;[美]唐纳德·沃斯特著,侯文蕙译:《自然的经济体系——生态思想史》,商务印书馆1999年版;[日]岸根卓郎著,何鉴译:《环境论——人类最终的选择》,南京大学出版社1999年版;[美]唐纳德·沃斯特著,侯文蕙译:《尘暴——1930年代美国南部大平原》,读书·生活·新知三联书店2003年版;[英]克莱夫·庞廷著,王毅、张学广译:《绿色世界史——环境与伟大文明的衰落》,上海人民出版社2002年版;[德]约阿希姆·拉德卡著,王国豫、付天海译:《自然与权力:世界环境史》,河北大学出版社2004年版。

② 包茂宏:《环境史:历史、理论和方法》,《史学理论研究》2000年第4期。

历史上的作用，这是环境史学的独特之处。环境史将自然世界纳入历史写作的范畴，扩大了历史研究的领域，提供了观察历史的新思路和新视野。① 梅雪芹在推介西方环境史时也表示，环境史研究的科学基础是生态学，主张环境史研究不仅需要了解社会系统的作用机理，也要了解生态系统的作用机理，所以在学科内容上，不仅要熟练地运用人文社会科学有关文化与经济、社会的术语与知识，而且要努力掌握自然科学有关一个地区的生物、气候和地质状况的术语和知识。②

事实上，作为一门跨学科的研究领域，环境史在中国有自身的学科基础和发展逻辑。然而，按照环境史的国际学术标准，中国已有的地理环境史和生态环境史研究并未得到认可。很多学者都忽略不提，认为应当推行"真正"的环境史研究。如2000年左右，包茂宏认为，"就现阶段环境史在中国的发展而言，仍处于介绍和引进的初步阶段，为何我国的环境史研究如此落后？"③ 刘翠溶提出："对于中国历史学者而言，环境史尤其是一个新领域，因为第一份研究构想是在1990年才由任教于澳洲国立大学的伊懋可（Mark Elvin）提出。"④ 美国学者马立博在2005年宣称中国不存在环境史。⑤ 正是在这些质疑声中，中国从事环境史研究的学者们开始积极探索如何与世界环境史接轨；力推西方环境史的学者也开始对国内的研究进行评述，共同探索中国环境史的发展之道。

学者间的交流使一些偏颇的观点得到修正。朱士光指正了包茂宏的看法，强调中国环境史的渊源还在中国自身蕴含的丰厚的史学以及20世纪30年代兴起并发展成熟的历史地理学。⑥ 包茂宏在后来的论述中修正了旧有的观点，指出"中国环境史的兴起，是在环境恶化的现实状况刺激以及中外学术交流与知识融合的背景下，中国的世界史学者和中国史学者尤

---

① 高国荣：《环境史及其对自然的重新书写》，《中国历史地理论丛》2007年第1辑。
② 梅雪芹：《中国环境史研究的过去、现在和未来》，《史学月刊》2009年第6期。
③ 包茂宏：《环境史：历史、理论和方法》，《史学理论研究》2000年第4期，第81页。
④ 刘翠溶：《中国环境史研究刍议》，《南开学报》（哲学社会科学版）2006年第2期。
⑤ Robert Marks, "Why China?", *Environmental History*, 2005, 2, pp. 56–57.
⑥ 朱士光：《关于中国环境史研究几个问题之管见》，《山西大学学报》（哲学社会科学版）2006年第3期。

其是历史地理学者共同追求的结果"。① 梅雪芹则指出，国外环境史的学术资源对于中国学者的环境史学科起到了巨大的促进作用，中国自身的相关研究则提供了建设中国环境史学科的基石和砖瓦。②

国内长期从事历史时期环境问题研究的学者王利华、侯甬坚、朱士光、钞晓鸿等人，开始积极探索环境史学科的建设问题。然而，环境史作为一门跨学科研究领域，已经在其他领域取得了丰硕成果，如何将其从源头独立出来成为一门单独的学科，是学者们关注的主要问题。2006年，王利华指出中国环境史虽然正式提出时间稍晚于西方，但历史地理学、农林生物史、考古学等领域的先期研究已经打下了深厚的基础，"环境史仍是历史地理学、农业史、考古学等学科的外向延伸，尚未确立作为一种'专门之学'不可替代的独立地位，研究对象、范围和目标仍不甚明确"。③ 到2010年，他再次指出，环境史"相关的研究仍旧由不同领域的学者分步进行，研究者大体尚未超越各自学科原有的指向、路径和话语，彼此之间缺乏必要的沟通和联系，更很少有人专门论述环境史的学科体系建构问题。中国环境史研究仍处于零散状态，成为一种学理清晰、架构完整和自成体系的专门学术尚需时日"。④ 在这种背景下，学者们纷纷致力于将环境史与历史地理学区分开来。

王利华主张厘清环境史和历史地理学的关系。他认为，虽然两者研究对象存在很大重叠，但是理论基础显然不同，前者是生态学，后者是地理学。历史地理学侧重于生态环境的形貌、景观等方面的历史变化，环境史则更重视人类生态系统属性、结构、功能的演变过程和动力机制，二者之间的区别或如"形""质"之分。⑤ 侯甬坚认为，历史地理学、环境史研究像两株不同农作物穗上的子实，相互间不存在渊源关系，而是自行发展，各有其道。前者的地理和空间观念强，后者的人类意识和行为观念

---

① Bao Maohong, "Environmental History in China", *Environment and History*, Vol. 10, No. 4, 2004, p. 476.
② 梅雪芹：《中国环境史的兴起与学术渊源问题》，《南开学报》（哲学社会科学版）2009年第2期。
③ 王利华：《生态环境史的学术界域与学科定位》，《学术研究》2006年第9期。
④ 王利华：《浅议中国环境史学建构》，《历史研究》2010年第1期。
⑤ 同上。

强；前者研究的时间尺度一般较长（动辄上百年），后者研究的时间尺度一般较短（数年或数十年）；前者研究中的"人"较为笼统，后者研究中的"人"较为具体；前者研究的出发点和落脚点多体现在学术本身和学科发展上，后者研究的出发点和落脚点多体现在现实关怀上，等等。就国内的研究状况而言，历史地理学研究的时段较长，课题内容以本国历史为主。环境史研究则不然，从一开始就表现出特别明显的国际性。[1]

那么，应当如何进行环境史研究呢？环境史涉及多个学科和研究领域，很多论文和著作都贴上了"环境史"的字样，但是，究竟什么是环境史，这仍然是学界众说纷纭的问题。王利华建议引进现代生态学家所提出的"人类生态系统"一词，将它作为环境史的核心概念。他提出，基于这个概念，环境史既不仅仅是非人类事物（自然）的历史，更不仅仅是人的历史，也不是两者的简单相加，而是以人类活动为主导、由人类及其生存环境中的众多事物（因素）共同塑造的历史。基于这个概念而开展的环境史研究，将人类与自然环境视为一个相互依存的动态整体，运用现代生态学的思想理论并借鉴多学科的技术方法，着重考察一定时空条件下人类生态系统产生、成长和演变的过程，揭示人类与其所处自然环境之间相互作用、彼此反馈和协同演变的历史关系和动力机制。[2]

应当如何进行环境史研究呢？邹逸麟指出，环境史研究是一门多学科综合的系统学科，牵涉的学科面很广，除了基本的一些学科，如地理学、生态学、农学、历史地理学、考古学外，还涉及民族学、民俗学、人类学、社会学、气候学、地貌学、生物学等各门自然和人文、社会科学。然而，一个人的知识和专业有限，每个人只能就自己专业学科的角度，对环境史的某方面问题进行探讨，不免有偏颇或不全面之处。因此，他提倡环境史研究需要多学科的交叉和合作，经过一系列的实证研究，最后才能建成一门理论体系完整的独立学科。[3]

---

[1] 侯甬坚：《历史地理学、环境史学科之异同辨析》，《天津社会科学》2011年第1期，第130页。
[2] 王利华：《作为一种新史学的环境史》，《清华大学学报》（哲学社会科学版）2008年第1期，第16—17页。
[3] 邹逸麟：《有关环境史研究的几个问题》，《历史研究》2010年第1期。

钞晓鸿从如何解读史料的角度讲述了在环境史研究中应当注意的具体问题："中国历史文献中留下了丰富的生物资料，也为研究利用创造了条件，但是不少资料仅仅罗列名称而无形态特征等描述，同物异名，同名异物，奇物异兽到处存在，有些甚至是人们虚幻或虚拟的产物，需要以历史学功底、生物与生态学等知识来鉴别分析。历史上的一些生物灾害，如蝗灾、虎害等，从生态学的角度来讲，前者实际是蝗虫种群爆发，后者有的可视为老虎迁出即由原栖息地向外迁移。如上所言，生物种群动态的调节机制存在多种解释，生物生活周期中的繁殖、扩散等原因也不一而足，这提醒环境史研究中需要拓展思路，具体分析，显然不能将原因简单化，比如归结为外在环境（如一般所说的植被）的变化，生物在行为、生理以及遗传特征上的异质性同样需要考虑。"[1]

自 2005 年以来，学术界出版了一系列中国环境史研究新成果，展现出在理论和实证两方面的进展。除了学者的论文结集出版外[2]，还有一些专题性论文集先后问世。《中国环境史研究》先后出版 4 辑，分别以"理论与方法""理论与探索""历史动物研究"和"理论与研究"为题，收录了一些代表性研究成果。[3] 王利华主编的《中国历史上的环境与社会》收录了南开大学召开的同名会议的论文。[4] 钞晓鸿主编的《环境史研究的理论与实践》收录了厦门大学召开的"环境史研究高层论坛"国际学术研讨会的论文。[5] 夏明方主编了以历史的生态学解释为主要内容的《新史学》，引入生态学概念，提出历史的生态学解释的概念，既要包含人与人之间的社会关系，又要防止接近地理的环境概念与生态系统混淆起来。[6]

---

[1] 钞晓鸿：《深化环境史研究刍议》，《历史研究》2013 年第 3 期。
[2] 梅雪芹：《环境史研究叙论》，中国环境科学出版社 2011 年版；王利华：《徘徊在人和自然之间：中国生态环境史探索》，天津古籍出版社 2012 年版。
[3] 康大为主编：《中国环境史研究第 1 辑：理论与方法》，中国环境科学出版社 2009 年版；王利华主编：《中国环境史研究第 2 辑：理论与探索》，中国环境科学出版社 2013 年版；侯甬坚、曹志红、张洁、李冀主编：《中国环境史研究第 3 辑：历史动物研究》，中国环境科学出版社 2014 年版；杨朝飞主编：《中国环境史研究第 4 辑：理论与研究》，中国环境科学出版社 2015 年版。
[4] 王利华：《中国历史上的环境与社会》，生活·读书·新知三联书店 2007 年版。
[5] 钞晓鸿：《环境史研究的理论与实践》，人民出版社 2016 年版。
[6] 夏明方：《导论：历史的生态学解释——21 世纪中国史学的新革命》，夏明方主编：《新史学》第 6 卷，中华书局 2011 年版。

王星光主编的《中国农业与环境史研究》收录了农业史领域以环境为主题的研究。① 田丰、李旭明主编的《环境史：从人与自然的关系叙述历史》，收录了《学术研究》杂志发表的环境史论文。②

与此同时，大量学者展开实证研究，出版了一批以环境史为题的研究成果。韩昭庆分别选取西北毛乌素沙地和青海省、贵州省、中部淮北平原以及东部黄河三角洲和长江口作为研究对象，探讨了人类垦殖活动与沙地关系、政策制度对石漠化地区的影响以及人与自然之间的相互作用。③ 王建革围绕吴淞江中上游的吴江地区以及杭嘉湖地区的水环境，讨论湖泊与河道、圩田与地形地貌、水旱灾害、桑基农业、水生植物的变化以及士人阶层对环境认知的变化等内容，全方位地揭示出江南的环境与人文的复杂形态，多层次展示一个区域生态环境与人文互动的历史。④ 周琼将灾害史与环境史结合起来，探讨西南地区的环境与灾害之间的关系，以及环境背后的社会机制问题。⑤ 由于研究成果太多，此不一一赘述，仅举一些出版专著为例。⑥

需指出的是，从已有研究成果的内容来看，实际上仍延续着地理环境史和生态环境史对环境变迁的研究传统，讨论的是人地关系的演变，以及人类经济活动与生态环境之间的互动。因此我们发现，中国环境史研究的

---

① 王星光：《中国农业与环境史研究》，大象出版社2012年版。
② 田丰、李旭明主编：《环境史：从人与自然的关系叙述历史》，商务印书馆2011年版。
③ 韩昭庆：《荒漠、水系、三角洲——中国环境史的区域研究》，上海科学技术文献出版社2010年版。
④ 王建革：《江南环境史研究》，科学出版社2016年版。
⑤ 周琼：《云南历史灾害及其记录特点》，《云南师范大学学报》（哲学社会科学版）2014年第6期；周琼：《环境史视野下中国西南大旱成因刍论：基于云南本土研究者视角的思考》，《郑州大学学报》（哲学社会科学版）2014年第5期；金兰中、周琼：《清中期东川矿业及森林消耗的地理模型分析（1700—1850）》，《云南社会科学》2017年第2期。
⑥ 周琼：《清代云南瘴气与生态研究》，中国社会科学出版社2007年版；王杰瑜：《政策与环境：明清时期晋察蒙接壤地区生态环境变迁》，山西人民出版社2009年版；李玉尚：《海有丰歉：黄渤海的鱼类与环境变迁（1368—1958）》，上海交通大学出版社2011年版；马国君：《清代至民国云贵高原的人类活动与生态环境变迁》，贵州大学出版社2012年版；张金池：《京杭大运河眼沿线生态环境变迁》，科学出版社2012年版；范立君：《近代松花江流域经济开发与生态环境变迁》，中国社会科学出版社2013年版；钟声、杨乔编著：《洞庭湖区生态环境变迁史1840—2010》，湖南大学出版社2014年版；张显运：《十至十三世纪生态环境变迁与宋畜牧业发展响应》，科学出版社2015年版；张崇旺：《淮河流域水生态环境变迁与水事纠纷研究1127—1949》上、下，天津古籍出版社2015年版；赵艳萍、黄燕华、吴理清：《环境史视野下的明清广东自然灾害问题研究》，南方日报出版社2015年版。

发展不能离开其独特的学术基础，毕竟历史地理学、社会经济史、农史、科技史等学科让环境史成为有所依托的领域，能够就具体问题展开深入的探讨。更为重要的是，地理学和生态经济学的发展为地理环境史和生态环境史提供了理论和方法，极大地拓展了研究的广度和深度。在环境史新阶段，如何从其他学科中吸取新的方法和理论是必须面对的问题。现在环境史的讨论集中于历史学界，缺少跨越自然科学和人文科学的声音，方法上存在短板，不但不能对自然的历史进行科学的阐释，更不能对人与自然的关系进行综合性研究。因此，还是需要借鉴相关学科的知识，以在理论和方法上有所突破。

五 环境史视角下的医疗史

自然界的异常并对人类产生明显影响的是自然灾害，人身出现异常或相互传染则为疾病。疾病既是自然的一部分，也是自然环境变迁和人类演进的参与者之一，与人类如影随形。医疗史研究人类与疾病关系的历史，也是人与自然关系的一部分。不过，由于疾病具有人与自然之间媒介的属性，医疗史研究真正需要处理的是人类、疾病与环境之间的互动，而非简单的人与疾病的关系。基于这种认识，我们认为环境史视角下的医疗史研究探讨的是历史上疾病与环境、疾病与人以及人与环境的互动，有助于我们更具体而全面地认识人类历史发展与生态环境变迁之间的互相影响，从而更好地理解疾病产生的环境根源，并找到恰当的应对之策。

那么，环境史视角下的医疗史研究应该如何进行呢？余新忠以卫生史为例进行了积极的探索。他认为，卫生史与环境史不仅在研究旨趣上相当一致，而且在研究内容上也有很大的交集，故而从环境史的视角来说，从卫生史的角度切入来探究人与自然的关系，不失为一种有效的研究路径。[①] 此外，他提出医疗史研究应当引入生态意识，从而有利于发现关乎人类疾

---

① 余新忠：《卫生史与环境史：以中国近世历史为中心的思考》，《南开学报》（哲学社会科学版）2009年第2期。

病、健康和医疗的文化内容的环境因子。① 进一步来看，当我们从人类医疗活动的角度去探究人类、疾病与环境之间的关系时，就会发现其中蕴含着丰富的学术意义可供挖掘。首先，疾病是人与自然互动的结果，为了明确疾病产生的原因，人类需要去探究疾病究竟源自人类对自然的开发，还是自然条件的异常变动。其次，人类为征服疾病就必须了解其产生的自然根源，然后想方设法去控制自然和改造自然，以达到人与自然的再平衡。再次，自然突发的疾病，尤其是传染病，对中国的历史进程有着重要的影响。最后，人类征服疾病的历史在某种程度上改变了社会的活动方式，以及人们对待环境的态度。由上可知，中国医疗史研究的内容与环境问题密切相关，可以视为环境史研究的一个部分，讨论的是历史时期人类医疗活动与自然环境之间的互动。

长期以来，中国医疗史基本局限于医学和公共卫生学界的专业性研究。直到20世纪90年代，海外学界的医疗社会史研究受到关注，历史学研究者参与其中，拓展了研究视角和方法，开辟了医疗社会史和医疗文化史研究。及至今日，中国医疗史研究虽涌现出不少研究成果，但其在史学界仍是一个小众甚至边缘的研究领域。② 由于医疗史仍在发展过程中，本部分仅根据研究主题，将这些成果大致分为四类，做一简要介绍。③

第一类以历史时期疫病的时空分布为主题。其研究思路在于力图绘制中国历史上的疾病在时间和空间的分布状况，并力图揭示出其与生态环境之间的内在联系。④ 龚胜生对两千多年来中国历史上的疫病有着系统的研究，他认为，近2000年来，由于人为因素和气候变化，我国瘴病的分布范围有逐步南移的趋势；关于中国历史上的疫灾分布，魏晋南北朝与明清

---

① 余新忠：《医疗史研究中的生态视角刍议》，《人文杂志》2013年第10期。
② 余新忠：《当今中国医疗史研究的问题与前景》，《历史研究》2015年第2期，第23页。
③ 学界已有不少医疗史研究的综述，本文只是选取了一些具有环境史视野的研究成果，不当之处还望见谅。可参阅余新忠的相关论述《关注生命——海峡两岸兴起疾病医疗社会史研究》，《中国社会经济史研究》2001年第3期；《中国疾病、医疗史探索的过去、现实与可能》，《历史研究》2003年第4期；《卫生何为：中国近世卫生史研究刍议》，《史学理论研究》2011年第4期；《当今中国医疗史研究的问题与前景》，《历史研究》2015年第2期。
④ 曹树基：《地理环境与宋元时代的传染病》，《历史地理》第12辑；李尚玉：《霍乱在中国的流行（1817—1821）》，《历史地理》第17辑。

时期是发生的高峰期，与当时的战乱相关；在千年与百年尺度上，疫灾的多少与气候的冷暖成正相关；在疫灾的空间方面，城市多于乡村，区域开发过程与人地关系演变对疫灾发生有重大影响。[1] 张剑光、邹国慰总结了两汉疫情的特点是：王朝后期较前期增多，与行军作战紧密相关，乱世发生频繁，高发区域在南方和东部地区并且与其他灾害相伴而行。[2] 梅莉等学者对明清时期的传染病展开研究，认为地理环境、气候条件、灾荒与战争、山地开发、流民移动是影响明代传染病地理分布的基本因素。例如，明清时期的瘴病分布与变迁，除与气候本身的变化有一定的关系外，与人口增长、土地开垦、经济发展带来的环境改变有着更为密切的关系；而恶性疟疾分布区的日益缩小，正是人类利用自然、改造自然，从而使自然环境优化的反映。[3] 范家伟以古代岭南为例，考察了地理环境与疾病及其认识方面的密切关系。[4]

第二类以考察疫病传播防治史为主题。余永燕分别考察了中医眼科、喉科发展简史及猩红热病史与防治，詹绍琛考察了福建鼠疫，詹心如、王文华概述了青海省以染疫藏羊为传染源的人间鼠疫流行史，徐建云介绍了人痘接种术发展简史。[5] 这类研究人员大多是医务、卫生防疫工作者，重视历史经验对当代疫病防治的作用与意义，很少注意结合自然环境与社会变迁展开分析。赖文、李永宸则从环境的视角做出了有益的尝试，他们以现代流行病学为指导，并结合中外文献，联系到东汉末年的气候转冷，推

---

[1] 龚胜生：《2000年来中国瘴病分布变迁的初步研究》，《地理学报》1993年第4期；《中国疫灾的时空分布变迁规律》，《地理学报》2003年第6期。

[2] 张剑光、邹国慰：《略论两汉疫情的特点和救灾措施》，《北京师范大学学报》（人文社会科学版）1999年第4期。

[3] 梅莉、晏昌贵：《关于明代的传染病的初步考察》，《湖北大学学报》1996年第5期；梅莉、晏昌贵、龚胜生：《明清时期中国瘴病分布与变迁》，《中国历史地理论丛》1997年第2期。

[4] 范家伟：《地理环境与疾病——论古代医学对岭南地区疾病的解释》，《中国历史地理论丛》2000年第1期。

[5] 余永燕：《近代中医眼科发展史略（1840—1949年）》，《中国中医眼科杂志》1997年第3期；余永燕：《近代中医喉科发展史略》，《中国中医基础医学杂志》1997年第4期；余永燕：《烂喉痧（猩红热）病史考略》，《中华医史杂志》1998年第3期；詹绍琛：《从福建鼠疫流行史看当前的鼠疫监测》，《中国地方病防治杂志》1994年第3期；詹心如、王文华：《青海省以染疫藏羊为传染源的人间鼠疫流行史》，《中国人兽共患病杂志》1995年第6期；徐建云：《人工免疫史上的光辉篇章——人痘接种术》，《南京中医药大学学报》1997年第3期，等等。

断这种流感应属寒邪所致，从而认为东汉建安年间的疫病流行是流行性感冒。① 他们还将清代岭南瘟疫流行放在地方社会进行考察，分析瘟疫的种类和分布与人口增加、兵乱、经济结构及中外交往等因素之间的关系。② 有研究者注意发掘传统疫史典籍史料，讨论这类史料的研究方法与价值，评估中华传统医学在世界上的地位与影响。③

第三类研究的主题是探讨疫病与生态环境、社会变迁之间的关系。这类研究强调人类活动的影响，旨在揭示出人类社会、疾病与生态环境之间的有机联系。余新忠以清代江南瘟疫为中心的系列研究引人注目。④《清代江南的瘟疫与社会》一书最具代表性，详细考察了清代江南瘟疫的社会生态背景、时空分布规律以及社会各界的应对策略，将疫病研究与社会变迁有机地联系起来。⑤ 曹树基和李玉尚对明清以来的鼠疫进行了深入研究，成为该领域研究的典范。曹树基通过分析明代万历、崇祯年间华北鼠疫大流行情况，探析了其与生态环境、人口变化等方面的关系，指出明末华北社会变迁可视作生物圈变迁的一部分，是人与环境相互作用的产物。⑥ 李玉尚、曹树基考察了鼠疫在和平、战争时期的传播情况，认为战争期间生态环境受到强烈干扰，人口大量流动，加速了鼠疫传播，因而战争也是一场"生态灾难"；鼠疫流行模式的异同反映了各地社会结构与生态环境的异同；社会转型不仅仅是一个社会概念，而且是一个生态概念；近代中国

---

① 赖文、李永宸：《东汉末年建安大疫考——兼论仲景〈伤寒论〉是世界上第一部流行性感冒研究专著》，《上海中医药杂志》1998年第8期。
② 李永宸、赖文：《岭南古代瘟疫流行的社会背景》，《南京中医药大学学报》（社会科学版）1999年12月创刊号。
③ 符友丰：《论古籍疫史资料研究的方法和意义》，《中国中医基础医学杂志》1998年第7期；李禾、赖文：《罗芝园〈鼠疫汇编〉在岭南鼠疫史之地位及价值》，《中华医史杂志》1999年第2期。
④ 余新忠：《咸同之际江南瘟疫探略——兼论战争与瘟疫之关系》，《近代史研究》2002年第5期；《清代江南的卫生观念与行为及其近代变迁初探——以环境和用水卫生为中心》，《清史研究》2006年第2期；《从避疫到防疫：晚清因应疫病观念的演变》，《华中师范大学学报》（人文社会科学版）2008年第2期，等等。
⑤ 余新忠：《清代江南的瘟疫与社会》，中国人民大学出版社2003年版。
⑥ 曹树基：《鼠疫流行与华北社会的变迁（1580—1644年）》，《历史研究》1997年第1期。

的变迁，本质上是一种生态的变迁。① 李玉尚还具体考察鼠疫在部分地区流行情况及官方、民间的防治措施及其变化。② 杜家骥考察了清代天花病的流行及防治，并以皇族为例，探究其影响及防治措施。③ 张大庆则对近代以来中国疾病传播和社会防治历史做了系统梳理。④

第四类以人类对抗疾病的卫生史为主题。近代卫生史研究不断涌现，因其数量过多，仅择要列举于后。⑤ 曹树基较早关注到公共卫生的问题，他不仅梳理了《申报》对1894年香港鼠疫期间的防疫及卫生行政的相关讨论，而且以1918年山西鼠疫为例，通过防疫举措揭示出当时公共卫生的状况。⑥ 胡成对近代公共卫生的一系列研究极具国际视野，他以事件史为中心，对各地的公共卫生发展做出社会文化史、政治史的解释。⑦ 余新忠从社会文化史的角度，对清代的卫生概念、环境和用水卫生、粪秽处

---

① 曹树基、李玉尚：《鼠疫：战争与和平——中国的环境与社会变迁（1230—1960年）》，山东画报出版社2006年版；李玉尚：《和平时期的鼠疫流行与人口死亡——以近代广东、福建为例》，《史学月刊》2003年第9期；李玉尚、曹树基：《咸同年间的鼠疫流行与云南人口的死亡》，《清史研究》2001年第2期，等等。

② 李玉尚：《近代中国的鼠疫应对机制——以云南、广东和福建为例》，《历史研究》2002年第1期；李玉尚：《近代民众和医生对鼠疫的观察与命名》，《中华医史杂志》2002年第3期；李玉尚：《民国时期西北地区人口的疾病与死亡——以新疆、甘肃和陕西为例》，《中国人口科学》2002年第1期。

③ 杜家骥：《清代天花病之流行、防治及其对皇族人口的影响》，李中清、郭松义主编：《清代皇族的人口行为与社会环境》，北京大学出版社1994年版。

④ 张大庆：《中国近代疾病社会史》，山东教育出版社2006年版。

⑤ 杨念群：《再造"病人"：中西医冲突下的空间政治（1832—1985）》，中国人民大学出版社2006年版；张泰山：《民国时期的传染病与社会：以传染病防治与公共卫生建设为中心》，社会科学文献出版社2008年版；路彩霞：《清末京津公共卫生机制演进研究（1900—1910）》，湖北人民出版社2010年版；吴郁琴：《公共卫生视野下的国家政治与社会变迁——以民国时期江西及苏区为中心》，中国社会科学出版社2012年版。

⑥ 曹树基、李玉尚：《鼠疫：战争与和平——中国的环境与社会变迁（1230—1960年）》，山东画报出版社2006年版，第342—349页；曹树基：《国家与地方的公共卫生——以1918年山西肺鼠疫流行为中心》，《中国社会科学》2006年第1期。

⑦ 胡成：《医疗、卫生与世界之中国：跨国和跨文化视野之下的历史研究》，科学出版社2013年版；《"不卫生"的华人形象：中外间的不同讲述——以上海公共卫生为中心的观察（1860—1911）》，《中研院近代史研究所集刊》2007年6月第56期；《检疫、种族与租界政治——1910年上海鼠疫病例发现后的华洋冲突》，《近代史研究》2007年第4期；《中日对抗与公共卫生事业领导权的较量——对"南满洲"铁路、港口中心城市的观察（1901—1911）》，《近代史研究》2011年第1期，等等。

置、卫生检疫、卫生行政与身体控制等一些问题进行了专题研究。[1] 杜丽红从国家与社会的视角，梳理晚清到民国期间北京公共卫生制度的变迁与人们日常生活之间的关系，对北京的饮水清洁、垃圾收集处理、粪便经营等卫生的多个面向进行了具体研究。[2] 张仲民从书籍史和阅读史的角度全面而系统地梳理了晚清"卫生"书籍的出版状况，探讨了出版与文化政治间的关系以及晚清政治文化的形成。[3]

结　语

改革开放40年来，中国环境史研究取得巨大成就，从无到有，积少成多，气象蔚然。在对其发展进行简要回顾的基础上，我们总结出中国环境史研究具有如下一些特点。首先，中国环境史研究是几代学人共同努力的结果，具有学术的延续性。从20世纪80年代人们开始讨论地理环境与人类发展的关系，到90年代以人地关系为主题的研究，到受生态经济学影响出现生态环境史，到进入21世纪后人们开始讨论如何建设环境史学科，中国环境史发展的各个时期有着深厚的学术渊源。其次，中国环境史研究扎根于中国学界，具有深厚的本土性。在中国有着悠久传统的历史地理学、农史、科技史和社会经济史，很早就开始关注环境问题，并做出有自身学术取向的尝试，这些都成为独具中国特色的环境史研究内容。在进行国际化努力的同时，我们应当在既有的研究成果基础上进一步探索和发展，而不是另起炉灶。再次，中国环境史研究有着深厚的理论传统，具有很强的理论性。前辈学者基于马克思主义政治经济学理论做出的一些论

---

[1] 余新忠:『清末における「衛生」概念の展開』,『東洋史研究』第64卷第3号（2005年12月）;《清代江南的卫生观念与行为及其近代变迁初探——以环境和用水卫生为中心》,《清史研究》2006年第2期;《清代城市水环境问题探析：兼论相关史料的解读与运用》,《历史研究》2013年第6期;《清代防疫机制及其近代演变》,北京师范大学出版社2016年版,等等。

[2] 杜丽红:《1930年代的北平污物管理改革》,《近代史研究》2005年第3期;《知识、权力与日常生活——近代北京饮水卫生制度与观念嬗变》,《华中师范大学学报》（人文社会科学版）2010年第4期;《民初北京食品卫生管理探析——兼论中国式"依法行政"》,《南京大学学报》2013年第5期;《制度与日常生活：近代北京的公共卫生》,中国社会科学出版社2015年版。

[3] 张仲民:《出版与文化政治：晚清的"卫生"书籍研究》,上海书店出版社2009年版。

述，事实上已经解决了环境史研究中的难题。我们应当进一步推进相关讨论，在及时更新知识结构的同时，也要注意从已有研究中学习理论和方法。最后，中国环境史研究跨越自然科学和人文科学，具有强烈的跨学科性。环境史研究的是历史时期人与自然的关系，就必须要有自然科学的基础，必须对材料进行科学的考证，不能简单化。因此，环境史研究者必须立足于史料，具备多学科的能力，拥有自然科学知识储备，方能做出扎实可靠的研究。

中国灾害史研究四十年

朱 浒

中国灾害史研究是指对中国历史上自然灾害及其关联内容所展开的研究。中国以农立国，在漫长的历史时期中与自然灾害可谓如影随形。经济史家傅筑夫甚至断言，一部二十四史，"几无异一部灾荒史"。[①] 但在很长一段时间里，中国灾害史研究很少为人所了解。直到 21 世纪初，有人还在《读书》杂志上感叹："关于灾荒研究方面的著作却少得可怜。……至今还未见一本'灾荒学'方面的理论专著，单项灾荒的专门研究也几乎是空白。"[②] 事实上，现代学术意义上的中国灾害史研究的萌生，至今已将近百年。纵然是在进入 21 世纪之前，相关成果也已相当可观。遗憾的是，学界自身以往就对灾害史研究长期缺乏系统认识，很多时候甚至仅仅将之视为社会史名下的一个分支，自然在很大程度上遮蔽了灾害史研究的完整面貌。

毋庸置疑，灾害史研究是一个覆盖面极其广泛的学术领域，因为它包含的内容兼跨了自然科学和人文社会科学两大部类。就自然科学而言，在天文、地理、气候、地质、水利、农业和生态等许多学科中，都存在着大量涉及中国历史上自然灾害为主体内容的研究成果。但这些成果大都有着较强的专业性，所以一般不易为大众乃至许多史学工作者所知。在人文社会科学的所属范围内，灾害史研究的主要阵地是历史学，也涉及文学、人类学等学科。而如何统筹把握相关成果也是长期令人困扰的问题，即便是

---

① 傅筑夫等：《中国经济史资料》（秦汉三国编），中国社会科学出版社 1982 年版，第 96 页。
② 包泉万：《承平日久 莫忘灾荒》，《读书》2001 年第 8 期。

在史学界内部，也出现了"自然灾害史""社会救济史""灾荒史"和"荒政史"等各种内涵不同的提法。①概言之，无论是在自然科学和社会科学内部，还是在该两大部类之间，灾害史研究都呈现出高度分散的局面，亦很少有人进行过整体性认知的尝试。

21世纪以来，随着资源、环境等问题的加剧，灾害史研究引起越来越多的注意，发展势头十分迅猛，却又出现了多学科大干快上、大批成果良莠不齐的现象。同时，出于学术自身的发展要求，推进该领域中自然科学与人文社会科学两大部类研究之间的沟通与合作也愈加迫切。这些情况的出现，意味着亟须更为系统地认识和总结灾害史研究，深入检视其发展历程、实践取向及其得失，展望其未来发展方向。本文便是针对这些工作所做的一个尝试，以收抛砖引玉之效。另需说明的是，因本文以问题为中心，并非是对既有灾害史成果的全面列举，所以只能提及个人认为的代表性成果，其间挂一漏万之处，敬请方家指正。至于欧美学界的中国灾害史研究状况，因美国学者艾志端（Kathryn Edgerton-Tarpley）已有较为精当的总结②，此不赘述。

一

中国有文字记载的历史约有三千年，中国有关灾害的文字记载同样可以上溯三千年之久，且其内容之丰富性、连续性，世所罕有。而最晚从《汉书》的"五行志"开始，中国又形成了有意识整理和归纳灾害历史记录的传统。这一传统的传承系谱主要反映在四个方面：其一是《汉书》以后历代正史中的"五行志"或"灾异志"；其二是历代"会典"及"通

---

① 这些综述主要有吴滔的《建国以来明清农业自然灾害研究综述》（《中国农史》1992年第4期）、余新忠的《1980年以来国内明清社会救济史研究综述》（《中国史研究动态》1996年第9期），阎永增、池子华的《近十年来中国近代灾荒史研究综述》（《唐山师范学院学报》2001年第1期），朱浒的《二十世纪清代灾荒史研究述评》（《清史研究》2003年第2期），邵永忠的《二十世纪以来荒政史研究综述》（《中国史研究动态》2004年第3期），等等。

② [美]艾志端：《海外晚清灾荒史研究》，杜涛译，《中国社会科学报》2010年7月26日。该文实际上涉及关于整个清代灾害史研究的状况，而清代灾害史又是国外中国史学界研究最为集中的时段，所以基本代表了国外研究的一般状况。

典""通志""通考"等典志类官书中的"灾伤""蠲恤""凶礼""蠲赈"等名目;其三是历代编纂的大型类书,如《艺文类聚》《太平御览》《古今图书集成》中的"灾异部""咎征部""庶征典"等门类;其四是始于宋代、兴盛于明清时期的地方志纂修中,几乎是不可或缺的"灾祥""祥异""灾异"等类目。虽然这种传统的对原始灾害记录的处理还显得非常简单、粗糙,但这些处理结果为后来开展灾害史研究提供了很大便利。在某种意义上,将这一本土传统视为中国灾害史研究的前史亦不为过。

当然,现代学科意义上的中国灾害史研究,是随着现代自然科学和人文社会科学体系逐步在中国确立的过程中才形成的。20 世纪 20 年代,在一场几乎席卷华北五省的特大旱灾及海原大地震爆发后,诞生了第一批关于中国灾害史的研究性成果。值得指出的是,这一现象绝非巧合,后来的事实一再表明,差不多每次重大灾害发生后,中国都会出现一个灾害史研究较为繁荣的阶段。另外,在这批最早的灾害史成果的作者之中,既有人文社会科学工作者,也有自然科学工作者。因此可以说,从现代灾害史研究在中国萌发之初,来自自然科学和人文社会科学两大部类的研究者便都做出了开拓性的贡献。

就目前所见,于树德于 1921 年在《东方杂志》发表的《我国古代之农荒预防策——常平仓、义仓和社仓》,是最早一篇关于中国灾害史的研究论文。[①] 于树德早年留学日本,攻读经济学,回国后执教于北京大学,是国内早期合作化思想的传播者之一。作为一位受过现代学术训练的学者,他在这篇论文中,初步梳理了我国备荒仓储体系的组织类型及历史沿革,并剖析了仓储的备荒功能及其利弊。这一时期出现的另一项重要灾害史研究成果,是 1926 年出版、马罗立(Walter Mallory)所著英文著作 China: the Land of Famine(《饥荒的中国》)。[②] 马罗立时为著名非政府救灾组织——华洋义赈会总事务所的秘书,他在这本著作中运用现代科学知识,考察了灾害在中国的历史与现实状况,并且探讨了自然与社会两方面

[①] 于树德:《我国古代之农荒预防策——常平仓、义仓和社仓》,《东方杂志》第 18 卷第 14、15 期。

[②] Walter H. Mallory, *China: the Land of Famine*, American Geographical Society, 1926. 另外,该书于 1929 年便有了中文译本(吴鹏飞译,民智书局 1929 年版)。

的致灾根源。而在自然科学领域，最早对灾害史研究做出重大学术贡献的学者当数著名科学家竺可桢。1927年，他在《科学》上发表《直隶地理的环境与水灾》一文，运用气象学理论和地理学知识，分析了清代以来直隶地区频繁发生水灾的原因。① 值得一提的是，竺可桢既是自然科学界开展灾害史研究的先行者，也是1949年以前对灾害史研究贡献最突出的学者之一。

1931年江淮流域特大洪水发生后，掀起了灾害史研究的一个小高潮。更多学术工作者纷纷步入这一研究领域，相关成果无论在数量还是质量上都较此前大为提高。据初步统计，这一时期灾害史成果数量大概占1949年以前总数的四分之三，其研究内容也扩展到灾害统计、灾害与社会、救灾制度等许多方面。在这些成果中，首先值得称道的是社会学者王树林在1932年对清代灾害记录所做的定量统计工作。他从社会学统计的角度出发，首次对整个清代灾害的发生频次进行了较为系统的计量处理，所附统计表格共有18份之多。② 另外一项令人瞩目的成果，也是对后来具有深远影响的成果，则是时为河南大学社会经济系学生的邓拓（时名邓云特）在1937年6月完成的《中国救荒史》一书。③ 该书以唯物史观和辩证思维为指导，首次完整勾勒了中国上古以来的灾情、历代救荒思想和政策的演变状况，是一部具有中国灾害通史性质的著作。该书的出现，既立足于此前灾害史研究的基础之上，又全面贯穿马克思主义史学的视角，可谓民国年间灾害史研究的集大成之作，其在社会上的知名度至今不衰。

在《中国救荒史》面世后，中国进入连续十多年的大规模战争时期，其间又伴之以1939年海河大水、1942年中原大旱灾等大型灾害。在艰难时势下，无论是自然科学还是社会科学领域都有依然坚守灾害史研究的学者。其中最有价值的成果，大致可分为三类：其一是对灾害史资料的系统整理，其代表是暨南大学历史系教授陈高佣于1939年完成的《中国历代天灾人祸表》一书④。其二是对救灾问题的制度史梳理，其代表作是王龙

---

① 竺可桢：《直隶地理的环境与水灾》，《科学》1927年第12卷第12期。
② 王树林：《清代灾荒：一个统计的研究》，《社会学界》1932年第6期。
③ 邓拓：《中国救荒史》，北京出版社1998年版。
④ 陈高佣编：《中国历代天灾人祸表》，上海书店1986年影印本。

章的《中国历代灾况与振济政策》和于佑虞的《中国仓储制度考》。前者较《中国救荒史》更为充分地总结了民国时期救灾制度的建设与发展，后者则较为全面地考察了中国备荒仓储机制的演变状况及其利弊[①]。其三是来自自然科学界的研究，其代表性成果是气象学家谢义炳于1943年发表的《清代水旱灾之周期研究》，以及涂长望、张汉松于次年发表的《明代（1370—1642）水旱灾周期的初步探讨》。该两文依据气象学理论，对清代和明代水旱灾害的发生周期和规律进行了探索。[②] 虽然这段时期灾害史研究的势头远不如上一个阶段，但在社会大动荡的背景下，已属难能可贵了。

中华人民共和国成立后，旧中国时代那种连年灾荒的局面虽然一去不返，中国灾害史研究却走上了新的发展征程。不过，直到改革开放前，灾害史研究总体上是向自然科学部类"一边倒"的状况，也就是由自然科学工作者主导了最主要的研究进展。出现这种情况的主要原因，在于该时期开展灾害史研究有着很强的现实需求和导向，那就是首先要为恢复和发展经济建设事业、创建社会安全保障机制服务。特别是为了解决工矿企业和城市建设的选址、农田水利建设以及生命健康等问题，更是自然科学工作者大显身手的地方。与此对应的是，这一时期灾害史成果大都集中出现在自然科学类期刊上。相较而言，人文社会科学尤其是史学工作者在这一领域的成绩，远远无法与自然科学工作者比肩。除了协助自然科学工作者完成资料整理等辅助性工作外，这一时期史学工作者基本没有推出过具有较大影响的灾害史成果。这时期唯有港台地区的华人历史学者曾推出过一些较有价值的相关成果，但在当时条件下，亦很少为大陆学界所知晓。

无疑，历史学者在灾害史研究的缺席是一个十分不正常的现象。正如夏明方概括的那样，在自然科学主导下的灾害史研究，"对人在其中所起的作用以及这些变化对人类社会的影响往往语焉不详"，甚至"隐约还存

[①] 王龙章：《中国历代灾况与振济政策》，独立出版社1942年版；于佑虞：《中国仓储制度考》，正中书局1948年版。

[②] 谢义炳：《清代水旱灾之周期研究》，《气象学报》1943年第17卷第1—4期合刊；涂长望、张汉松：《明代（1370—1642）水旱灾周期的初步探讨》，《气象学报》1944年第18卷第1—4期合刊。

在着一种摆脱社会科学而昂然独进的意向",由此导致灾害史研究长期存在着一种十分明显的"非人文化"倾向,必然严重制约灾害史研究的进一步发展。① 改革开放以后,历史学亟须摆脱旧有教条化框架的束缚,走向更为广阔的研究领域,灾害史研究遂悄然回归史学视野。20世纪80年代中期,李文海痛感"史学危机"的说法,在中国人民大学成立了"近代中国灾荒研究课题组",带动了一批同事和学生专门从事灾害史研究,成为灾害史研究最重要的团队和阵地。自此之后,历史学在灾害史研究中的应用才获得了长足的发展,史学工作者在这一领域所推出的成果也逐渐引起学界和社会的注意,开始改变自然科学过度主导灾害史研究的局面。

从20世纪90年代为始,随着环境恶化、资源紧张、人口压力等问题在中国受关注的程度急剧增加,灾害也成为社会热点问题。特别是1991年、1998年长江领域两次特大洪水,2003年"非典"流行,2008年汶川大地震等重大灾害事件的刺激下,灾害史研究的成果日益增多,内容不断拓宽,研究队伍亦不断壮大。据统计,在2000年之前,以灾害史为主体内容的研究成果,专著为5部,学术论文约为150篇。而自2001年至今,其成果数量又远远超过20世纪的总和。根据不完全统计,到2018年,相关专著总数至少在20部以上,各类学术期刊登载的论文几乎每年超过100篇,这还不包括大量硕士、博士学位论文。2004年,中国灾害防御协会灾害史专业委员会成立,中国灾害史学界首次拥有了独立的学术组织。自此之后,以灾害史为主题的学术会议平均每年至少有1次。同时,在许多以社会史为旗号的学术会议中,灾害史也都往往是一个重要论题。就此而言,说灾害史研究当下方兴未艾,绝非夸大其辞。

21世纪以来的灾害史研究,确实取得了显著成绩。首先引人注目的是,随着研究队伍的不断壮大,该领域覆盖的范围得到极大扩展。据李文海回忆,他于1985年开始着手灾害史研究时,甚至很难找到可以进行对话、交流的学者。② 而到如今,无论是在国内还是在国外学界,都能看到不断加入灾害史研究领域的新成员。此外,随着研究人员的增加,灾害史

---

① 夏明方:《中国灾害史研究的非人文化倾向》,《史学月刊》2004年第3期。
② 《我们为什么要关注灾荒史——访著名历史学家李文海》,《中国文化报》2011年2月21日。

研究涉及的时空范围亦空前广阔。就时段而言，上起先秦，下至中华人民共和国时期，都出现了专门研究。特别是明清及近现代中国等资料丰富的时段，更是得到了极多关注。就空间而言，灾害史研究也对当今中国所有政区基本实现了全覆盖。除了以各省、自治区和直辖市为单位的研究外，在区域研究和区域社会史的影响下，很多研究者更是从小区域的地方视角和微观层面来考察灾害问题，从而使灾害的历史面相更加细化。

其次值得肯定的成绩，是灾害史资料得到大规模的整理和出版。在20世纪80年代之前，学界所能利用的资料是较为有限的。那些主要从自然科学的角度出发而编纂的资料，如清代洪涝档案丛书、中国地震历史资料汇编以及各地的自然灾害史料汇编，集中反映的是灾害本身的情况，相关社会内容基本缺失。故而只有李文海先生牵头主编的《近代中国灾荒纪年》及其《续编》，成为人文社会科学界较多依靠的资料。[①] 进入21世纪后，资料整理工作得到了显著加强。其中最具代表性的工作，是《中国荒政书集成》的出版[②]和《清代灾赈档案史料汇编》的整理。前者大体收录了自宋代至清末出现的所有重要救荒文献，后者则是对中国第一历史档案馆所藏清代灾赈档案的首次全面整理，共4万余件。与之类似的大型历史资料汇编，还有《中国地方志历史文献专辑·灾异志》《地方志灾异资料丛刊》和《中国历代荒政史料》，等等。[③]

不过，上述成绩更多体现了灾害史研究在"量"上的进展，而在"质"的方面，也就是具体研究的问题意识、视角、观点和水平等方面，要理清其得失殊非易事。以往对灾害史研究状况的诸多综述或总结，大多流于对研究成果的分类和内容概括，很少对研究取向及总体研究水平做出明确判断。更何况，自然科学和人文社会科学工作者所各自开展的灾害史研究，有着差别很大的研究框架、理念和方法，从而大大增加了综合判断

---

① 李文海等：《近代中国灾荒纪年》，湖南教育出版社1990年版；《近代中国灾荒纪年续编》，湖南教育出版社1993年版。
② 李文海、夏明方、朱浒主编：《中国荒政书集成》，天津古籍出版社2010年版。
③ 来新夏主编：《中国地方志历史文献专辑灾异志》，学苑出版社2010年版；贾贵荣、骈宇骞选编：《地方志灾异资料丛刊》（第1、2编），国家图书馆出版社2010年、2012年版；赵连赏、翟清福主编：《中国历代荒政史料》，京华出版社2010年版。

该领域学术进展的难度。而在这种情况下，对灾害史研究水平的总体认识和把握又显得更为紧迫，原因很简单，如果不能充分认识到前人研究的长处与不足，就很难杜绝低水平的重复劳动，也就很难从根本上提高灾害史领域的学术水平。有鉴于此，本文不揣鄙陋，试图在整体勾勒出灾害史领域基本面相的同时，梳理一下该领域在研究取向上所包含的不同路径及其价值，以期有助于探索灾害史研究进一步推进的方向。

二

如前所述，中华人民共和国成立后，灾害史研究一度主要是由自然科学工作者主导和开展的。一方面基于现实的社会需要，另一方面又得到许多著名科学家的重视，自然科学领域的灾害史研究很快形成了自身特有的研究路数，并产生了极大的影响。大体上，这种路数可以概括为灾害史研究的自然演变取向，也就是以探讨历史上灾害的自然属性、发生规律等问题为主要内容，以现实应用为基本导向。尽管迄今为止，自然科学内部涉足灾害史研究的学者来自诸多差异很大的学科，这种基本取向却得到较为普遍的遵循。而且，无论是在资料整理上还是在研究实践上，自然科学工作者都对这一取向贯彻得相当彻底。

显著体现这种自然演变取向的首个例证，来自中国地震史研究领域。1954年，著名地质学家、时任中国科学院副院长的李四光，根据参加中国经济建设的苏联专家的要求，倡议整理编辑中国地震历史资料，其目的是为选择厂矿地址提供参考。经地震工作委员会讨论通过，决定委托历史学家范文澜、金毓黻主持此事。[①] 中国科学院历史研究所第三所（现为中国社会科学院近代史研究所）的工作人员，在地球物理研究所和一些高校的支持下，从8000多种历史文献中，获取了从前12世纪至1955年中国境内"数以万计的地震记录"，编成《中国地震资料年表》。[②] 而最早大力利

---

① 黎澍：《中国地震历史资料汇编·序言》，中国地震历史资料编辑委员会总编室编：《中国地震历史资料汇编》（第一卷），科学出版社1983年版。

② 《编"中国地震资料年表"的说明》，中国科学院地震工作委员会历史组编辑：《中国地震资料年表》，科学出版社1956年版。

用这一资料的是地震学家李善邦。他依据年表资料编制了全国历史地震烈度统计图和全国地震区域划分图，初步满足了工业建设地点选择和工程抗震级别确定的要求。此后，他又在增补历史资料的基础上，主持编写了《中国地震目录》第一、第二集，初步揭示了远古以来我国历史地震演变发生的规律，以及地震危险区空间分布的基本轮廓，被誉为"用科学方法整理史料"的一项工作。①

在1976年唐山大地震的刺激下，中国科学院、中国社会科学院、国家地震局又联合组成中国地震历史资料编辑委员会，组织历史工作者和地震工作者对地震史料再作一次广泛的搜集，委托国家地震局地球物理所研究员谢毓寿和中国社会科学院近代史所研究员蔡美彪主持编纂，对原有地震年表进行了全面扩充。其成果便是5卷本《中国地震历史资料汇编》。此次所收文献，除历代正史、实录、地方志之外，包括编纂年表时未及利用的善本、抄本，以及大量特藏文献和石刻、题记等实物资料，还有中国第一历史档案馆藏清代地震档案、中国第二历史档案馆藏民国档案资料以及西藏自治区所藏的历代西藏历史档案。②尽管该书编者在"编辑例言"中称："本书所收历史文献资料，均保持原貌，依据年月顺序编排，不作地震学的分析和综合，以便研究者可以直接利用原始资料，依据自己的观点和方法进行研究判断。"③其实，该书的编辑主要还是遵循地震学界的思路，把重点放在挖掘震情记述、地震前兆等内容上。而对这些地震史料最具深度的利用，还是地震学界据此进行的历史地震的震级估定、等震线图绘制以及震中位置等问题，其代表性成果是国家地震局震害防御司主持编纂的《中国历史强震目录》。④尽管在2008年汶川地震以后，许多来自历史及其他人文社会学科的学者都加入了地震史研究的行列，也贡献了不少关于地震的社会影响和社会文化方面的研究，但迄今仍不成气候，远远无

---

① 夏明方：《民国时期自然灾害与乡村社会》，中华书局2000年版，第10页。
② 黎澍：《中国地震历史资料汇编·序言》，中国地震历史资料编辑委员会总编室编：《中国地震历史资料汇编》（第一卷），科学出版社1983年版。
③ 《中国地震历史资料汇编·编辑例言》，中国地震历史资料编辑委员会总编室编：《中国地震历史资料汇编》（第一卷），科学出版社1983年版。
④ 国家地震局震害防御司编：《中国历史强震目录》，地震出版社1995年版。

法撼动地震学者在地震史领域的主导地位。

另一个突出反映自然演变取向的例证，出现在气象史研究之中。并且，在这一领域，自然科学工作者甚至更少依靠与历史学者的合作。20世纪50年代，由于兴办农田水利，对于各地区水旱等自然灾害的发生及其规律，需要深入了解和分析，国内出现了整理有关旱涝灾害历史记载的高潮。著名自然地理学家、中国科学院南京地理研究所研究员徐近之是这一潮流的代表人物之一，他大力整理中国历史气候资料，从浩繁的方志中找出对某一地区的旱涝、霜冻、巨雹等历史气候灾异记载，然后进行分类整理，并制出年表。由此探讨历史上温度、雨量的波动情况及其对农业生产的影响。他首先从华北、华东各省方志中初步整理出2000年来的旱涝记载，逐步推延到西北、云贵和两广，至70年代共计完成24个省（直辖市、自治区）的气候资料整理工作。[①]

而从1956年到1958年，水利水电科学研究院则在原中央档案馆明清部（现为中国第一历史档案馆）的支持下，组织力量从清代档案折中，搜集到全国范围的有关水利的史料，拍摄照片近14万张，打印、抄件2万余张，主要包括1736年至1911年（即乾隆元年至宣统三年）清代"宫中""朱批"奏折及"军机处录副"奏折。[②] 这批洪涝档案史料的整理成果，除了支持气象灾害研究外，还对水利史研究具有无比珍贵的价值，故而从1981年起，又按照全国七大江河流域的分野，即海河滦河、珠江韩江、长江流域西南国际河流、黄河、淮河、辽河、松花江黑龙江流域，再次分别加以整理，以《清代江河洪涝档案史料丛书》为名陆续出版。其后又推出《中国历史大洪水》及中国江河防洪系列丛书，对数千年来中国水旱灾害的演变趋势和治水技术等问题进行了总结。[③]

与此同时，各地气象局、文史馆、水利局或农科院，也纷纷从事这类旱涝灾害历史记载的整理工作。从50年代到70年代末，湖北等15个省

[①]《纪念徐近之先生逝世四周年》，《中国科学院南京地理研究所集刊》编辑部编：《中国科学院南京地理研究所集刊》（第3号），科学出版社1985年版。

[②]《清代海河滦河洪涝档案史料·前言》，水利水电科学研究院编：《清代海河滦河洪涝档案史料》，中华书局1981年版。

[③] 夏明方：《民国时期自然灾害与乡村社会》，第12页。

（直辖市、自治区）相继推出各地自然灾害资料或年表。1977年，中央气象局研究所（现为中国气象局气象科学研究院）与南京大学气象学系等十几个单位协作，编成《全国近五百年旱涝等级资料》和《全国近五百年旱涝分布图》各一卷。1978年中国气象学会年会总结中称："我们气候工作者根据2100多种地方志及明清实录、正史、故宫清理清朝档案和奏章等材料，以及各地近年来旱涝调查资料和现代化仪器观测雨量资料，整理出自1470年以来的旱涝资料，评定了全国118个代表站1470—1977年逐年旱涝等级。……讨论了十五世纪以来我国气候变化的主要特征，对近五百年来我国气候变化的大致轮廓有了初步认识。"[1] 而80年代以前对气候历史资料的整理、研究工作的汇总和最具代表性的成果，便是至今仍被广为利用的《中国近五百年旱涝分布图集》。[2]

此后，中国科学院地理研究所研究员张丕远又组织力量对地方志中的气候信息再次进行整理，同时补充了散藏在境外机构的近1000种方志。而且，除旱涝之外，还整理了诸如饥馑、霜灾、雪灾、雹灾、冻害、蝗灾、海啸和瘟疫等项目的灾情状况，内容愈加丰富。[3] 中央气象局研究员张德二主编的《中国三千年气象记录总集》，则是规模更大的扩编工作。该书自1985年开始启动，历时20余年，是迄今内容最翔实、最丰富的中国气候史资料集，系统反映了公元前13世纪以降三千多年间全国各地天气、气候、各种气象灾害的范围、危害程度，以及与气象条件有关的物候、农业丰歉、病虫害及疫病等记述。所涉及历史文献共达8228种（实际采用7835种），其中地方志又达7713种。[4] 气象学家张家诚称该书的出版是"中国历史气候学研究走向成熟的一个标志"。[5] 而在大批新气候史料得到整理的基础上，气象学界的气象灾害史研究也在进入21世纪后步入了新的研究阶段，修正了此前的不少定论，弥补了许多以往研究中的短

---

[1] 徐近之：《历史气候学在中国》，《中国科学院南京地理研究所集刊》编辑部编：《中国科学院南京地理研究所集刊》（第3号），科学出版社1985年版。
[2] 中央气象局气象科学研究院主编：《中国近五百年旱涝分布图集》，地图出版社1981年版。
[3] 夏明方：《大数据与生态史：中国灾害史料整理与数据库建设》，《清史研究》2015年第2期。
[4] 张德二主编：《中国三千年气象记录总集》，凤凰出版社、江苏教育出版社2004年版。
[5] 张家诚：《历史气候学趋向成熟的标志——评〈中国三千年气象记录总集〉》，《科学通报》2005年第50卷第5期。

板，满志敏、葛全胜等人的著作可谓这方面代表。①

第三个充分展示自然演变取向的例证，应属一些自然科学工作者在灾害史研究基础上提出将"灾害学"作为一门综合性的独立学科的构想。早在20世纪60年代，一批自然科学工作者即力图突破专业分科模式，开展跨学科合作，以深入认识各种天文和地球现象之间的复杂联系。80年代以后，来自天文、地质、气象、水利等多学科的专家进一步加强合作，致力于揭示历史时期各类自然灾害的演变规律和综合成因。②

在这种天文、地球、生命有机结合的思想认识指导下，中国地震局研究员高建国于1986年较为系统地阐述了开展"灾害学"研究的构想。他认为，灾害学虽是一门崭新的学科，其目的是预报，但是，"抗御未来自然灾害的主要方法之一是尽量了解自然灾害的历史，以掌握自然界变化的规律"。在中国开展灾害学研究又有着十分特殊的优势，这是因为，中国"历史自然资料的特点是系列长，有四千年的文字记载，连续性好，汉代到清末较大的自然灾异被史官绵延不断地记录下来；内容多样，包括天象、地质、地震、气象、海象、虫灾、疾疫等史料；综合性强，特别注意不同自然现象间的联系"。③

在具体研究中对这种灾害学思路的贯彻，以宋正海、高建国等人开展的"中国古代自然灾异整体性研究"工作最为显著。1992年出版的《中国古代重大自然灾害和异常年表总集》，包括251个年表，列为天象、地质象、地震象、气象、水象、海洋象、植物象、动物象、人体象九个分科，是首部大型综合性中国古代自然史工具书。④ 在此类资料基础上，宋正海等人又进一步综合、推进了关于中国古代自然灾（害）异（常）群发期的基础理论。这一理论认为，在自然历史发展时期，"自然灾害或异常的发生不是均匀的，而是起伏的，明显集中于少数几个时期"。中国历史上目前可以明显辨识出来的基本自然灾异群发期，主要有夏禹洪水期、

---

① 满志敏：《中国历史时期气候变化研究》，山东教育出版社2009年版；葛全胜等：《中国历朝气候变化》，科学出版社2011年版。
② 夏明方：《民国时期自然灾害与乡村社会》，第12—13页。
③ 高建国：《灾害学概说》《灾害学概说（续）》，《农业考古》1986年第1、2期。
④ 宋正海总主编：《中国古代重大自然灾害和异常年表总集》，广东教育出版社1992年版。

两汉宇宙期、明清宇宙期三个时期。在这些研究者看来，这种群发期理论"科学地揭示了自然界复杂的内在联系和变动的整体性"，"不仅有利于对历史上某些重大社会变动、文化事件、科技成就的出现作出更为科学的解释，也有利于当代全球性变化研究、自然灾害的中长期预报和国民经济远景规划的自然背景预测"。[1] 由此可见，来自自然科学的灾害史研究业已超越自然史领域，对于进一步解释社会变迁也抱有极大的雄心。

三

实际上，从灾害现象来透视相关历史时期的社会变迁，正是灾害史研究的另一个重要取向。这种社会变迁取向的主体思路，是以历史上灾害的社会影响和社会应对问题为重心，通过揭示灾害与政治、制度、经济和社会诸场域之间的互动关系，来勘察和理解相关时期社会变迁的具体进程及其脉络。简单说来，社会变迁取向的灾害史研究更侧重人类在自然界面前的反应，而自然演变取向的灾害史研究更关注自然界在人类面前的变动。这种社会变迁取向，在民国时期于树德和邓拓等人的研究中已有明确显现，但其后来的发展长期逊色于自然演变取向。直到改革开放以后，社会变迁取向才得到了长足发展。

如前所述，历史学界大力开展灾害史研究，是从 20 世纪 80 年代开始的。也以历史学者为主力军，加上来自社会学、人类学、经济学等社会科学的学者，乃至部分自然科学学科的学者，共同形成了社会变迁取向的灾害史研究队伍。随着这支研究队伍的壮大，社会变迁取向的灾害史研究日益成为一股学术潮流，足以与自然演变取向并驾齐驱，从而大大丰富了灾害史研究的内容。特别是进入 21 世纪以来，以社会变迁取向为指导的灾害史研究成果，无论是数量和质量还是研究视角和方法，都呈现出繁盛的发展势头，与自然演变取向一起，有力地推进了灾害史研究。对于这种发

---

[1] 宋正海、高建国、孙关龙、张秉伦：《中国古代自然灾异群发期》，安徽教育出版社 2002 年版，"序"。另外，高建国曾认为，在这三个群发期之外，还有第四个群发期即"清末宇宙期"（约 1870—1911 年）[《灾害学概说（续）》，《农业考古》1986 年第 2 期]。

展态势，从政治史、经济史和社会史等路径出发所展开的灾害史研究，提供了最显著的证明。

以政治史为路径的灾害史研究，其主旨是通过分析灾害与政治、制度等方面的关联与相互影响，将灾害作为一把钥匙，来理解和把握相关历史时期国家能力和制度建设的成效。邓拓《中国救荒史》中关于历代救荒政治理念和救荒政策的得失的评述，虽然尚嫌简略，实质上已展示了这一路径的基本框架。此后较早运用该路径的学者来自港台地区。1960 年，台湾学者王德毅出版《宋代灾荒的救济政策》一书，大概是首部断代性灾害政治史研究。作者全面检视了宋代荒政体制，高度评价了宋代"自上而下的救荒热忱"和"详明而切实的备荒措施"，以此"不仅要说明宋代立国的精神"，"尤在要强调我国历史的光明面"。① 台湾学者何汉威关于晚清"丁戊奇荒"的著作，是另一项重要的灾害政治史研究。作者较为详尽地论述了灾荒期间清政府的救灾活动之后，认为此次大灾对社会造成了极大的破坏，而清廷及灾区当局限于财力的短绌、行政效率的低下，使得赈灾成效不大。② 由此可见，清朝在灾荒中的国家能力是作者关心重点之所在。

在中国大陆学界，灾害政治史研究从 20 世纪 80 年代重新兴起。较早意识到这一路径重要性的学者是李文海，他明确指出，灾荒问题"是研究社会生活的一个非常重要的方面"，"从灾荒同政治、经济、思想文化以及社会生活各个方面的相互关系中，可以揭示出有关社会历史发展的许多本质内容来"。③ 他一再强调应该揭示灾荒在社会历史进程的地位与作用，要注意自然灾害"给予我国近代的经济、政治以及社会生活的各个方面以巨大而深刻的影响，同时，近代经济、政治的发展，也不可避免地使得这一时期的灾荒带有自己时代的特色"。④ 正是基于这种认识，他率先进行了将灾害因素引入近代中国政治史研究的一系列尝试。这方面最具代表性的成果，是 1991 年发表的《清末灾荒与辛亥革命》一文。该文清楚地展示了

---

① 王德毅：《宋代灾荒的救济政策》，台湾商务印书馆 1960 年版，第 9、202 页。
② 何汉威：《光绪初年（1876—79）华北的大旱灾》，香港中文大学出版社 1980 年版，第 109—110 页。
③ 李文海：《论中国近代灾荒史研究》，《中国人民大学学报》1988 年第 6 期。
④ 李文海：《中国近代灾荒与社会生活》，《近代史研究》1990 年第 5 期。

如何以灾荒问题为视窗，又如何将灾荒作为重要变量来审视相关的重大历史事件，同时又完全避免给人以"灾害决定论"的偏激印象。① 此外，他还通过勾勒近代中国灾害的整体走势，重新观察和透视了近代中国政治演化进程的关键节点。②

相对其他路径而言，灾害政治史研究的学术积累最为丰厚。在20世纪90年代面世的灾害史著作中，绝大部分都属于政治史路径。除了李文海及其研究团队推出的几部著作外，较为重要的专著还有两部。其一是张水良的《中国灾荒史，1927—1937》通过分析十年内战期间中国灾荒的实况、成因和影响，着重论述了国民党政府和中国共产党革命根据地对于灾荒的不同应对。③ 其二是李向军所著《清代荒政研究》，较为全面地描述了鸦片战争以前的清代荒政体制及其成效，认为清代荒政集历代之大成，是维持社会再生产、保持国家稳定的一项基本国策。④ 进入21世纪后，断代性的灾害政治史研究得到更多的应用，例如，不仅关于秦汉、唐、宋、元、清各代荒政都出现了颇具深度的专著，中国共产党的救灾历史及其经验也得到了较为系统的研究。⑤

灾害经济史研究的主旨，是着眼于灾害打击下的经济现象及活动，以及灾害应对的经济基础等内容，据此来判断相关历史时期国家经济结构的性质、特点及能力等问题。这方面的开拓之作，当数王方中于1990年发表的《1931年江淮大水灾及其后果》一文。该文利用1931年水灾期间的

---

① 李文海：《清末灾荒与辛亥革命》，《历史研究》1991年第5期。
② 李文海、周源：《灾荒与饥馑，1840—1919》，高等教育出版社1991年版。
③ 张水良：《中国灾荒史，1927—1937》，厦门大学出版社1990年版。
④ 李向军：《清代荒政研究》，中国农业出版社1995年版。
⑤ 例如，秦汉荒政研究有陈业新《灾害与两汉社会研究》（上海人民出版社2004年版）和王文涛《秦汉社会保障研究——以灾害救助为中心的考察》（中华书局2007年版），唐代荒政研究有阎守诚主编《危机与应对：自然灾害与唐代社会》（人民出版社2008年版）和么振华《唐代自然灾害及其社会应对》（上海古籍出版社2014年版），元代荒政研究有王培华《元代北方灾荒与救济》（北京师范大学出版社2010年版），宋代荒政研究有张文《宋代社会救济研究》（西南师范大学出版社2001年版）和李华瑞《宋代救荒史稿》（天津古籍出版社2014年版），清代荒政的进一步研究则有张祥稳《清代乾隆时期自然灾害与荒政研究》（中国三峡出版社2010年版）、张艳丽《嘉道时期的灾荒与社会》（人民出版社2008年版）和张高臣《光绪朝灾荒与社会研究》（中国社会科学出版社2014年版），中国共产党的救灾史研究有康沛竹《中国共产党执政以来防灾救灾的思想和实践》（北京大学出版社2005年版）和赵朝峰《中国共产党救治灾荒史研究》（北京师范大学出版社2012年版）。

社会调查资料，翔实地论述了水灾造成的多项重大经济损失，有力地证明了此次大水灾是促成三十年代国民经济危机的重要因素。[1] 夏明方的《民国时期自然灾害与乡村社会》，则是第一部对民国时期灾害经济史进行全面研究的专著。该书以灾害为切入点，通过对民国时期乡村的环境和人口等生产力和生产关系诸要素及其特性的深入辨析，清楚解释了以往近代经济史学界所认为的许多悖论现象，重新分析了民国乡村的经济结构及其秩序的特性，也充分展示了民国社会脆弱性的经济基础。[2] 作为该书基础的博士学位论文曾于1999年入选首届"全国优秀博士学位论文"，对后来的灾害史研究产生了很大影响。

清代灾害经济史也是学界关注较早、成果较为丰富的一个方向。就清代前期而言，重点在于自然灾害与农业经济的关联。陈家其分析了明清时期气候变化所导致的自然灾害对太湖流域农业经济的巨大影响，认为这是粮食产量下降的主因之一。[3] 王业键等人考察了清前期气候变迁、自然灾害、粮食生产与粮价变动的关系，指出长江三角洲地区的粮价高峰大都出现在自然灾害多的年份。[4] 李伯重认为，19世纪初期气候剧变引发了江南地区连续遭遇大水灾，极大恶化了农业生产条件，是导致中国经济出现"道光萧条"的重要原因之一。[5] 而晚清时期的灾害经济史，主要集中在灾害与以洋务运动为核心的近代工业化的关系上。夏明方关于灾荒与洋务运动的系列研究表明，在清末灾害群发期的历史条件下，自然灾害对中国近代工业化的资本原始积累起了极大的消极作用。[6] 朱浒的系列研究则指出了灾害与近代工业化的另一个面相，即赈务关系所激发的社会资源，成

---

[1] 王方中：《1931年江淮大水灾及其后果》，《近代史研究》1990年第1期。
[2] 夏明方：《民国时期自然灾害与乡村社会》，中华书局2000年版。
[3] 陈家其：《明清时期气候变化对太湖流域农业经济的影响》，《中国农史》1991年第3期。
[4] 王业键、黄莹珏：《清代中国气候变迁、自然灾害与粮价的初步考察》，《中国经济史研究》1999年第1期。
[5] 李伯重：《"道光萧条"与"癸未大水"——经济衰退、气候剧变及19世纪的危机在松江》，《社会科学》2007年第6期。
[6] 夏明方：《从清末灾害群发期看中国早期现代化的历史条件——灾荒与洋务运动研究之一》，《清史研究》1998年第1期；《中国早期工业化阶段原始积累过程的灾害史分析——灾荒与洋务运动研究之二》，《清史研究》1999年第1期。

为以洋务企业为代表的新生产力在中国具体落实的重要途径。①

以社会史为路径的灾害史研究,是近十余年来发展势头迅猛、研究路数亦相对较为多元的一个方向。大体上,这一方向的主旨可以归结为,通过探究灾害驱动下的社会行为和诱发灾害的社会因素,进而揭示深层社会结构、进程及社会权力格局的演变。就迄今为止的总体状况来看,灾害社会史领域中得到较多关注的向度有两个,其一是通过灾害场域来探讨国家与社会的关系,其二是从灾害来勘察地域社会的变动机制及其脉络。

较早涉及通过灾害场域来探讨国家与社会关系的研究,当数李文海对晚清时期义赈活动的研究。该研究率先明确指出,义赈的兴起虽然很大程度上依靠了地方社会的慈善资源,但其并非仅是一项社会义举,而是与国家层面的洋务运动之间有着密切关联,是一项新兴的社会事业。② 沿着这个思路,朱浒进一步拓展了对晚清时期新兴义赈活动的研究,深入剖析了其发展动力、运作机制及社会影响,围绕着传统与现代、内发动力与外部冲击、国家与社会、地方性与普遍性等诸多层次,从更为广泛的视角论述了义赈与近代中国社会变迁的关系,进一步发挥和运用了陈旭麓提出的"近代中国社会的新陈代谢"的著名命题。③ 而在关于民国时期华洋义赈会的研究中,主导框架也是国家与社会的关系。台湾学者黄文德从国际关系的角度出发,认为该会的活动经验,是近代中国非政府组织与国际社会互动的一个重要起源。④ 蔡勤禹认为,该会的成长与发展,凸显了中国现代化进程中民间组织的角色、地位乃至市民社会成长的兴衰跌宕和"公"的领域的起伏变迁。⑤ 薛毅侧重于考察华洋义赈会的农村合作事业,认为该会在政府和社会基层之间起到了"社会中间层"的功能。⑥ 此外,余新

---

① 朱浒:《从插曲到序曲:河间赈务与盛宣怀洋务事业初期的转危为安》,《近代史研究》2008年第6期;《从赈务到洋务:江南绅商在洋务企业中的崛起》,《清史研究》2009年第1期;《同治晚期直隶赈务与盛宣怀走向洋务之路》,《历史研究》2017年第6期。
② 李文海:《晚清义赈的兴起与发展》,《清史研究》1993年第3期。
③ 朱浒:《地方性流动及其超越:晚清义赈与近代中国的新陈代谢》,中国人民大学出版社2006年版。
④ 黄文德:《非政府组织与国际合作在中国——华洋义赈会之研究》,(台北)秀威资讯科技2004年版。
⑤ 蔡勤禹:《民间组织与灾荒救治——民国华洋义赈会研究》,商务印书馆2005年版。
⑥ 薛毅:《中国华洋义赈救灾总会研究》,武汉大学出版社2008年版。

忠关于清代江南瘟疫的研究,虽然以医疗社会史为视角,其问题意识仍是以探讨中国本土的国家与社会关系为指归,并提出应以合作与互补来认知两者的互动。①

在另一个向度上,即从灾害来勘察地域社会的变动机制及其脉络,较早的成果是王振忠的《近600年来自然灾害与福州社会》。该书较为系统地考察了明清时期福州社会对自然灾害的反应与对策、与灾害相关的民间信仰及乡里组织等问题,展现了当地政治、经济、文化和社会结构及其演变进程的内在脉络。②进入21世纪后,类似思路得到较多运用。如苏新留以民国时期的河南为中心,探讨了当地乡村社会的灾害应对与灾害打击下的民生,展现了当地生态环境和社会经济的脆弱性。③汪汉忠则从民国时期苏北地区灾害与社会的互动出发,探讨了当地特定的社会经济结构导致现代化进程滞后的原因与机制。④张崇旺以明清时期江淮地区的自然灾害为主线,探讨了该地区社会经济长期落后的根源,认为该地区失衡的官民格局严重制约了社会经济和民间力量的发展。⑤可以想见,随着研究资料的进一步丰富,这一向度的研究必然还会越来越多。

四

综上所述,自然科学界主导下的自然演变取向,和以历史学界为主力的社会变迁取向,构成了中国灾害史研究的主体框架。除了前面提及的成果,另外还有许多在这两个取向指引下的高质量专著和论文,保证了中国灾害史研究在学术界占有不容忽视的一席之地,也产生了较为广泛的社会影响。毋庸讳言,灾害史研究在迅猛发展的同时,自身存在的某些缺陷也在潜滋蔓长,并且在有些方面已经到了相当严重的程度。要想确实推进灾

---

① 余新忠:《清代江南的瘟疫与社会》,中国人民大学出版社2003年版。
② 王振忠:《近600年来自然灾害与福州社会》,福建人民出版社1996年版。
③ 苏新留:《民国时期河南水旱灾害与乡村社会》,黄河水利出版社2004年版。
④ 汪汉忠:《灾害、社会与现代化——以苏北民国时期为中心的考察》,社会科学文献出版社2005年版。
⑤ 张崇旺:《明清时期江淮地区的自然灾害与社会经济》,福建人民出版社2006年版。

害史研究的发展，充分重视这些缺陷的重要性绝不亚于对取得的成绩进行总结。

目前灾害史研究中最为明显的一大缺陷，当为跑马圈地式的粗放性研究。这方面的具体表现是，尽管许多成果的研究对象是不同时间和空间范围内的历史灾害，其研究思路和框架却几乎千人一面。这类研究大都涵盖三个方面的内容：其一是某个地域空间或某个时段中各类灾害的发生状况；其二是灾害对某时某地政治、经济、文化和社会造成的各种影响；其三则是国家与社会应对灾害的各种措施和活动。除了所述具体时空的区别之外，这类研究最终据此三方面内容而形成的看法往往基本雷同。例如，凡谈及灾情特点必称其严重性，述及灾害影响便称其破坏性，论及救灾效果必称其局限性。至于某一地域、某一时段内灾害与社会关系的特定表现及其属性，则全然缺乏深入认识。可以说，这类研究表面上都给人以综合自然演变取向和社会变迁取向的面貌，实则属于缺乏深入的资料大拼盘，其最大价值不过是填补了一小块所谓的空白而已。

第二个较大的缺陷，是学界对人文社会科学和自然科学研究成果的借鉴、融合还有待进一步加强。具体而言，主要应该大力避免两种极端情况。其一是不少研究者很少注意和了解自然科学界的灾害史研究，在讨论灾害成因时过多强调社会和人为因素，往往陷入"天灾就是人祸、人祸导致天灾"的循环论式的说法而不能自拔，对于自然演变对社会结构的长时段影响缺乏足够认识。其二则是夸大自然因素的作用，特别是对自然科学界的成果食而不化，脱离自然科学的学科情境，将某些特定观点和证据放大到"灾害决定论"的程度。例如，灾害灭亡了某个王朝或国家、"明清小冰期"造成的气象灾害打断了亚欧大陆社会经济的发展趋势等说法，无疑都包含着夸张之词。事实上，自然科学界的不少重要灾害史成果，同样有着需要重新讨论和修正之处。如现在很多学者都发现，曾被学界广泛利用的中国旱涝等级体系，由于当年对历史文献的处理存在很多不足，导致其用来确定灾害等级的数据和信息并不完全准确，而再以之为基础来判断灾害的演变规律，显然也并不可靠。

第三个较为明显的不足，是在研究视野上往往出现失之片面的情况。特别是在一些研究成果数量较多的领域，这种情况更为明显。这方面最明显的例子，便是关于备荒仓储的研究。早先对于备荒仓储的研究，大多集中在对政府政策和制度建设的梳理，而忽视实践层面的具体展开。近二十多年来，备荒仓储的风向又转向了区域社会史角度。而这一角度的研究在观察备荒仓储结构形态的转变时，往往将之认定为国家权力的衰微、基层社会控制权的下移的证据。其实，这是在缺乏对国家视角的充分把握下做出的主观判断。已有学者指出，要理解备荒仓储的结构性变动，绝不能将国家视角置于次要的位置；并且，这种变动与其说是社会权力的下移，还不如说是社会责任的下移更为准确。①

另外一个例子是关于华洋义赈会和红十字会的研究。它们作为近代中国两个最大的救灾组织，在学界备受关注。不过，既有研究基本都是在现代化范式的指引下展开的，在很大程度上忽视了另外两个重要向度，即本土化和国际化。这两个组织虽然有十分强烈的西方化色彩，也的确延续了西方对华赈灾活动的发展线索，但是，要解释它们被中国社会的接受过程和扎根途径，就不可能不大力探究本土化向度，要理解西方对华赈灾力量的具体组成，以及中国本土实践对于国际合作救济事业的影响等问题，就必须更多关注国际化向度。就此而言，仅以现代化范式为指归的研究还是过于狭隘了。

那么，中国灾害史研究如何在总结成绩的基础上，弥补上述缺陷，从而符合新时代的进一步发展要求呢？

就目前学界的前沿动向来看，紧跟大数据的时代潮流，建设综合性中国自然灾害历史信息数据库，在此基础上大力开展量化研究和总体研究，已成为中国灾害史研究未来的首要走向。正如夏明方指出的那样，随着当代计算机和互联网技术的发展，已经可以建立一个"能够记录灾害发生完整过程和信息，亦即包括从天气、地质等自然变异现象到成灾过程，乃至对于人类社会影响及响应的综合性灾害数据库"，"以便更全面地揭示灾害成因和环境后果，更好地满足自然变动（如气候变化）、灾害分异、灾害

---

① 有关观点，可参见朱浒《食为民天：清代备荒仓储的政策演变与结构转换》，《史学月刊》2014年第4期；吴四伍《官绅合作与晚清仓储管理》，载周琼、高建国主编《中国西南地区灾荒与社会变迁》，云南大学出版社2010年版。

影响与适应、防灾减灾应用等多方面研究的资料需求"。① 可以说,这种灾害史数据库的建设,既有别于以往自然科学界偏重于摘取自然信息的处理方式,也不同于史学界常用的文献汇编方式,而是融史料考订和信息集成为一体的数据平台系统。

这一平台系统的出现,为灾害史的量化研究和总体研究提供了更为坚实的基础。有关灾害中自然因素的信息化和标准化,以往自然科学界已经做了许多卓有成效的工作,完全可以在灾害历史信息数据库的建设中继续发扬。同时,灾害的社会影响和社会应对中的许多信息,如人口和资产损失、灾蠲和赈济力度等,既要求也迫切需要加以量化处理。而据此探讨灾害与国家能力建设、政治变动和经济周期等问题的关联,无疑能够大大改变依靠定性描述的惯性。此外,这种综合了灾害的自然演变信息和社会变迁信息的数据平台系统,也为灾害史的总体研究开辟了道路。这是因为,布罗代尔(Fernand Braudel)把总体历史分解为地理时间、社会时间和个别时间三个维度,灾害史则有助于理解这三个维度如何形塑总体的历史。具体而言,任何灾害事件的发生和扩散,都是环境、社会与个人同时进入同一个极限情境的时刻,依靠相对完整和连续的信息链,这种极限情境内部的各种复杂关系都可以被发掘出来,也就能充分展现出环境变动、社会变迁的深层与个人生活世界的表层之间的结构性互动。

灾害史研究的另一个未来走向,应该是历史学界更加注重问题意识,深入贯彻新史学方法,为克服灾害史研究的"非人文化"倾向做出更大贡献。与国外学界相比,目前中国大陆学界的灾害史研究,在整体上还存在不小的差距,其中最明显的一个短板就是在问题意识上的明确性和敏感性。客观地看,国内具有原创性问题意识和观点的成果还是少数,更多研究尚处于描摹事件过程阶段,类似于照猫画虎的"微型叙事"。相比之下,国外的灾害史研究大都具有鲜明的学术脉络,所论问题也都能与更高层面的学术范式进行针对性对话。如法国学者魏丕信(Pierre-Etienne Will)对于乾隆朝一次救灾行动的研究,他所反击的其实是当时流行的"明清社会

---

① 夏明方:《大数据与生态史:中国灾害史料整理与数据库建设》,《清史研究》2015年第2期。

停滞论"观点。① 由此就不难理解,该书在被中文学界所知后,其影响远远超出灾害史乃至历史学领域,在政治学、经济学和社会学等学科中都成为常用参考书目。并且,具有这种地位的国外灾害史研究还不止这一部。与之形成对照的是,国内学界的灾害史成果,在国外学者那里成为学术对话的对象而非文献线索的现象,迄今仍非常少见。由此可见,中国灾害史研究成果还需要在总体上尽快提高学术话语权。

广泛融会各种社会理论的新史学意识,业已成为新时期史学界的潮流。在灾害史研究中大力贯彻新史学方法,也非常有益于弘扬人文学科在这一领域中的比较优势。在这方面,新文化史视角的应用效果颇具启示意义。这一视角在灾害史领域的较早应用,来自国外学者燕安黛(Andrea Janku)和艾志端。她们在研究中关注了有关中国灾害史的历史书写、社会记忆和不同信仰背景下的文化反应等内容,不仅丰富了灾害史研究的关注内容,甚至还有助于对历史文献性质的反思和再阐释。② 在国内,这类研究虽然还寥若晨星,但已出现了较高水平的成果。③ 另外,新文化史视角还扩大了对于灾害历史文献的认识。例如,有一批以灾荒诗、灾荒小说、灾荒歌谣为代表的文学性历史文献,长期以来始终没有得到灾害史学界的重视。其中原因之一,很可能在于以往学界更习惯于着眼形而下的物质、技术等客观层面,而忽视形而上的思想意识、精神结构等主观性层面。借助于新文化史的视角,对这些文学性灾害史文献进行解读,显然能够深化对相关时代灾害观及社会意识的变化等问题的理解,从而充分发挥人文学者的特长,有力推动灾害史研究向人文化、集约型方向的发展。

灾害史研究可谓是历史学科中极具现实关怀和经世致用性质的一个领域,也是研究难度很大的一个领域。前者是因为自然灾害至今仍是人类社会很难预测和控制的巨大威胁,而历史时期以来人类的灾害认识、防灾减

---

① [法]魏丕信:《18世纪中国的官僚制度与荒政》,徐建青译,江苏人民出版社2003年版。该书原版为1980年法文版。

② [德]燕安黛:《为华北饥荒作证——解读〈襄陵县志〉〈赈务〉卷》,载李文海、夏明方主编《天有凶年:清代灾荒与中国社会》,生活·读书·新知三联书店2007年版;[美]艾志端:《铁泪图:19世纪中国对于饥馑的文化反应》,曹曦译,江苏人民出版社2011年版。

③ 如陈侃理关于灾异的政治文化史研究,就深化了对中国传统灾异观的发展脉络的理解(《儒学、数术与政治:灾异的政治文化史》,北京大学出版社2015年版)。

灾和救灾经验，也是值得认真总结的宝贵财富。后者是因为灾害问题兼跨自然科学和人文社会科学两大部类，单凭一己之力或某一个学科开展研究，不啻盲人摸象。随着新时代的到来、新技术的利用和新思维的出现，中国灾害史研究迎来了前所未有的发展良机。而在深入融合自然演变取向和社会变迁取向、重新审视人与自然的关系框架的基础上，充分发挥中国灾害历史记录在世界范围内的比较优势，为构建人类命运共同体做出应有的贡献，是中国灾害史研究义不容辞的责任。

四十年来中国近代财政史研究

马陵合

财政是国家（主要是中央政府）对于国民收入的分配和再分配行为，可以列入广义的经济领域，近代中国财政的变迁在中国经济史的著述中通常会提及。近代是从传统财政向现代财政转型的过渡期。把近代财政史作为相对独立的对象进行研究，已经逐渐成为学界的共识，尤其是近四十年来，近代财政史研究成果丰硕。本文按照综合性研究、专题性研究和史料集编纂出版三个方面进行简要介绍。

一 近代财政史综合性研究

从20世纪80年代起，诸多综合性近代财政史著作出版。其中具有代表性的有左治生主编的《中国近代财政史丛稿》（西南财经大学出版社1987年版）、董孟雄的《中国近代财政史》（云南大学出版社2000年版）、项怀诚主编的《中国财政通史·中华民国卷》（中国财政经济出版社2006年版）、叶振鹏主编的十卷本《中国财政通史》（湖南人民出版社2013年版）中的《清代财政史卷》（陈锋、蔡国斌著）和《中华民国财政史卷》（焦建华著）等。这类近代财政史著作基本依编年史的体例，分时期介绍财政制度与财政运行，对近代财政与税制演变作了综合性叙述。黄天华的《中国财政制度史》中的第4卷（上海人民出版社2017年版）是近代财政史较新的成果。

除了通论类著作之外，也有探究近代财政演进动因的专门性研究著作问世，如刘守刚的《国家成长的财政逻辑——近现代中国财政转型与政治发展》(天津人民出版社 2009 年版)和《家财帝国及其现代转型》(高等教育出版社 2015 年版),对近代中国财政转型提出了新的思考和阐释。近年来,有数种国外学者的中国近代财政史著作翻译出版,如日本学者岩井茂树所著《中国近代财政史研究》(社会科学文献出版社 2011 年版)分析了"没有地方的中央财政"、以附加税为主的县财政以及包税制,指出了近代税制存在明显的延续性。日本学者滨下武志所著《中国近代经济史研究——清末海关财政与通商口岸市场圈》(江苏人民出版社 2006 年版)对清末财政与海关、中央财政与中国地方经济的结合与分离等问题做了较深入的研究。

晚清财政研究著作也有多种出版。彭泽益的论文集《十九世纪后半期的中国财政与经济》(人民出版社 1983 年版)运用大量档案资料解读晚清财税体制的演变与央地关系的变迁。周育民的《晚清财政与社会变迁》(上海人民出版社 2000 年版)将晚清划分为六个时段,从财政利益集团的角度对各时段的财政状况与社会变迁进行了阐释。周志初的《晚清财政经济研究》(齐鲁书社 2002 年版)探讨了晚清财政管理体制的演变和晚清财政收支结构的变动,并分析了晚清财政失控的原因。陈锋的《清代财政史论稿》(商务印书馆 2010 年版)对财政收支结构、奏销制度、中央与地方财政关系、钱粮征解与吏治、财政亏空等问题进行了深入研究。刘增合的《"财"与"政"清季财政改制研究》(生活·读书·新知三联书店 2014 年版)以政治与财政为两条主线,探讨了晚清财政体制演变过程的动态复杂性。申学锋的《转型中的清代财政》(经济科学出版社 2012 年版)论述了清代财政相关问题,包括财政改革、收支矛盾、收支结构变化、中央和地方财权之争、军费开支等。邓绍辉的《晚清财政与中国近代化》(四川人民出版社 1998 年版)、史志宏和徐毅的《晚清财政:1851—1894》(上海财经大学出版社 2008 年版)、倪玉平的《从国家财政到财政国家——清朝咸同年间的财政与社会》(科学出版社 2017 年版)等,从不同角度讨论了晚清财政管理体制的演变及其与社会变迁的关系。

在民国时期财政史研究方面,首先应关注的是杨荫溥著《民国财政史》(中国财政经济出版社 1985 年版),作者分四个阶段研究了1912—

1949年的财政，书中有大量统计图表，内容丰实，研究脉络清晰，出版之后成为研究民国时期财政问题的基本参考文献。国民政府美籍财政顾问杨格所著的《1927—1937年中国财政经济情况》（中国社会科学出版社1981年版），因作者身份的特殊性和所引史料的权威性，也是研究该时期财政状况和财政政策的重要文献。马金华在《民国财政研究——中国财政现代化的雏形》（经济科学出版社2009年版）中，研究了民国财政制度的转型道路问题。王丽利用杨格个人档案等海外档案史料撰写的《杨格与国民政府战时财政》（东方出版中心2017年版），从特殊角度考察了全面抗战时期的财政问题。

在根据地财政史方面，也有比较丰厚的资料性和研究性成果。如财政部财政科学研究所编《抗日根据地的财政经济》（中国财政经济出版社1987年版）涉及根据地财政政策、税收等。魏宏运主编的《晋察冀抗日根据地财政经济史稿》（档案出版社1990年版）介绍了晋察冀边区初创时期的财政、晋察冀边区银行、抗战胜利前夕的边区财政等。根据地财政史资料颇丰富，但研究成果尚不够系统、深入。

在近代财政思想史的综合性研究成果方面，彭立峰的《晚清财政思想史》（社会科学文献出版社2010年版）对晚清财政原则思想、财政收入思想、海关关税思想、外债思想、财政支出思想和财政管理体制思想六个方面，进行了专题性研究。邹进文的《民国财政思想史研究》（武汉大学出版社2008年版）按时序分为民国初年、国民政府前期、抗日战争时期、国民政府后期四个部分，梳理了民国财政思想的变迁历程，并剖析了代表性财政思想。作者认为，民国时期中国初步构建了与近代市场经济和财政体制相适应的财政学体系，财政理论也达到前所未有的新高度。李超民的《中国战时财政思想的形成：1931—1945》（东方出版中心2011年版）研究从"九一八"事变至抗战胜利期间国民政府的财政变动和战时财政思想的形成与发展。武普照的《近现代财政思想史研究》（南开大学出版社2010年版）主要介绍了英、法、德等不同国家的财政思想和不同学派的财政主张，该书有两章专门介绍近代中国著名人物的财政思想，虽有些简略，但不失为财政思想上中西比较的一次尝试。

二　近代财政史专题性研究

（一）近代财政管理体制研究

陈锋从国家治理能力的角度，探讨了晚清财政体制变革的动因与进程，认为财权的下移，削弱了中央政府对整个国家的统治力，迫使清廷进行财政的清理和整顿，形成中央与地方在财政问题上的博弈。也正是在这种社会背景和财政博弈的基点上，出现晚清的财政转型，并最终导致了近代财政体制的发端或初步建立。[①] 刘守刚对清末财政转型进行回顾和分析，并结合民国和新中国财政的历史，探讨财政与公共生产制度的关系，研究大规模公共生产制度在我国出现的财政根源。[②] 刘增合肯定了清末财政监理官的积极作用，但也强调因其制度本身缺陷，不可能挽救清廷财政颓势。[③] 武乾认为，南京国民政府引入欧美国家计政与财政相对分离的财政监督理念，并将主计机关、国家公务机关、审计机关及国库机关四大独立系统联成一个既相互合作又相互制约的组织——联综组织，创建了宪法层面的宏观财政监督与经济法层面的微观财政监督相结合的制度体系。[④]

近年来，研究者从多个角度深化晚清试办预算问题。在综合研究方面，马金华考察了近代预决算制度与国家治理的互动关系。[⑤] 李炜光、任晓兰则从法律史角度讨论中国近代的预决算制度。[⑥] 刘增合梳理了西方预算制度在晚清落实的进程。[⑦] 马金华等学者强调了民国时期财政体制承上启下的特性，对当下的财政改革不无借鉴意义。[⑧] 此外，还有学者对预算

[①] 陈锋：《清代财政制度创新与近代财政体制发端》，《光明日报》2017年8月7日。
[②] 刘守刚：《晚清财政转型与我国公共生产制度的兴起》，《上海财经大学学报》2003年第2期。
[③] 刘增合：《纾困与破局：清末财政监理制度研究》，《历史研究》2016年第4期。
[④] 武乾：《论南京国民政府的财政监督制度体系》，《法学评论》2015年第5期。
[⑤] 马金华：《近代中国财政预算制度的转型与国家治理》，《安徽师范大学学报》2018年第3期。
[⑥] 李炜光、任晓兰：《论近代中国国家建构中的财政预算尝试》，《中州学刊》2013年第11期。
[⑦] 刘增合：《西方预算制度与清季财政改制》，《历史研究》2009年第2期。
[⑧] 刘孝诚、雷莉玲、伍丽：《民国时期财政在中国财政史中的地位》，《财政经济评论》2004年第1期；马海涛、马金华：《民国财政对当今公共财政体制建设的启示》，《财政研究》2011年第6期；赵兴罗：《民国时期财政预算制度的转型及对国家治理的启示》，《财政经济评论》2016年第2期。

知识传播及接收层面进行研究①，对试办预算过程中中央与地方之间的矛盾进行讨论②，对预算议决机关资政院的预算权限予以关注。③南京国民政府成立后，预算制度发生极大变化，形成全新的财政体制。现有研究成果较多侧重于预算立法、预算审议④，但财政预算执行状况研究不够，仅停留在对政府不能执行预算的抨击。

对于其他财政制度，如财政监督、国库制度等，近年来均有学者开始进行研究。但是，总体上仍处于起步阶段，其中有关国库制度研究的成果相对多一些。申学锋以户部银库为重点，梳理清代国库制度的沿革与职官设置，分析国库体系的运行程序，探究国库亏空的弊端，考察清末国库制度的革新举措。⑤万立明、马洪范等学者从不同角度对近代国库制度演进过程进行梳理，指出近代中国国库制度经历了从不统一到统一、由委托代理国库制到银行存款制的转变。⑥也有学者对与近代财政制度密切相关的捐纳、俸禄、漕运乃至农民负担等问题进行了不同程度的研究。⑦

（二）中央与地方财政关系研究

近代中央与地方之间的财权和利益博弈，受到学界持续关注，相关成

---

① 陈锋：《晚清财政预算的酝酿与实施》，《江汉论坛》2009年第1期；刘增合：《西方预算制度与清季财政改制》，《历史研究》2009年第2期。

② 高月：《权力渗透与利益纠葛：清末财政预算的编制——以东北三省为例》，《东北史地》2012年第2期；［日］佐藤淳平、王刚：《宣统年间的预算编制与各省的财政负担》，《当代日本中国研究》2017年第1期；刘增合：《前恭后倨：清季督抚与预算制度》，《"中央研究院"近代史研究所集刊》第66期。

③ 任晓兰、常丽媛：《论清末资政院预算审查权的确认与行使》，《西南大学学报》2012年第5期；袁刚、韩亚栋：《清末预备立宪中的税收与"国会"互动》，《哈尔滨工业大学学报》2016年第3期。

④ 李炜光、任晓兰：《论近代中国国家建构中的财政预算尝试》，《中州学刊》2013第11期；任晓兰、孙培培：《民国时期预算年度法律制度探析》，《法律史评论》2014第10期；任晓兰：《财政预算与近代中国的国家建构》，天津社会科学院出版社2015年版。

⑤ 申学锋：《清代国库制度述略》，《财政科学》2016年第3期。

⑥ 万立明：《南京国民政府时期国库制度的演进》，《江苏社会科学》2006年第3期；马洪范：《国库制度历史演进及其现代化》，《地方财政研究》2014年第2期。

⑦ 黄惠贤、陈锋主编：《中国俸禄制度史》，武汉大学出版社1996年版；郑学檬主编：《中国赋役制度史》，上海人民出版社2000年版；叶振鹏：《中国农民负担史》，中国财政经济出版社1994年版。

果比较丰富。代表性著作主要有刘伟的《晚清督抚政治：中央与地方关系研究》（湖北教育出版社2003年版）、朱红琼的《中国中央与地方财政关系及其变迁史》（经济科学出版社2008年版）、杨梅的《晚清中央与地方财政关系研究——以厘金为中心》（知识产权出版社2012年版）等。

在晚清央地财政关系方面，申学锋将清代中央与地方政府财政关系的演变划分为三个类型：咸丰之前的中央集权型、咸同年间的地方分权型和光宣时期中央和地方的争权型。[1] 邓绍辉论述了咸同时期清朝由传统的中央集权一元财政管理体制向中央与地方分权并存的二元财政管理体制的转变过程及其影响。[2] 彭雨新认为，太平天国后地方督抚在财政上渐显独立态势，奏销制度有名无实，此后央地财政关系的错综复杂性延续至民国。[3] 在清末地方财政形成问题上，学界进行了不同角度的研究。刘伟认为，尽管地方势力坐大，但中央集权财政体制的内在运行机制仍然有效。[4] 张研认为，清代地方财政体制的形成标志是"厘金"的出现。[5] 陈锋则认为，清代前期中央财政与地方财政的调整，主要是钱粮起运、存留比例的变动；后期的有关调整主要反映出中央财政的运转失灵和财权的下移。[6]

对于民国时期的中央与地方财政关系的研究，也体现出多样化的分析角度。张连红的《整合与互动：民国时期中央与地方财政关系研究》（南京师范大学出版社1999年版）认为，抗战全面爆发前十年中央财政由割裂渐趋统一，地方财政由无序走向有序，现代财政体制基本确立。但因诸多因素制约，国民政府整合中央与地方的财政关系也存在着诸多缺陷和不足。侯坤宏的《抗战时期的中央财政与地方财政》（台北"国史馆"2000年版）讨论了战时财税体系运作的功过得失，把中央与地方的财政关系与行政关系结合起来加以分析，认为国民政府运用财政工具以控制地方。尹红群在《民国时期的地方财政与地方政治——以浙江为个案》（湖南人民

---

[1] 申学锋：《清代中央与地方财政关系的演变》，《地方财政研究》2005年第9期。
[2] 邓绍辉：《咸同时期中央与地方财政关系的演变》，《史学月刊》2011年第3期。
[3] 彭雨新：《清末中央与各省财政关系》，载李定一《中国近代史论丛》第2辑第5册，台北正中书局1963年版，第3—46页。
[4] 刘伟：《重新认识晚清中央权威衰落的原因》，《华中师范大学学报》1998年第6期。
[5] 张研：《从"耗羡归公"看清朝财政体系及当代"税费改革"》，《学术界》2007年第3期。
[6] 陈锋：《清代中央财政与地方财政的调整》，《历史研究》1997年第5期。

出版社 2008 年版）中尝试将政治史与财政史结合，对民国浙江的财政与地方政治的关系进行解读，认为在自治财政的运转中出现养人不养事的局面，造成基层政权失控与失序。中央和地方的财政关系与政治关系有着密切关系，同时其财权与事权如何平衡也值得深入讨论。杜恂诚认为，由于缺乏稳定的社会条件，不具有相对独立的金融体系和货币政策以及财政收支严重失衡，使民国时期的财政划分徒具形式，并没有起到应有的作用。① 魏光奇认为，近代中国并不存在地方自治财政，但自清末至北洋政府时期，各州县形成了一种独立于国家财政系统之外的县自治财政。② 学界一致认为，近代中国始终实行损下益上的条块分割财政制度，一方面，尽量把地方财政处分权收归中央；另一方面，尽量把行政、教育、保卫事务推给地方自筹。由于地方财政收入被中央政府割取，中央政府也就无力禁止地方政府另辟财源，造成了地方财政的失控；国家有限的财力无法支撑庞大的国家行政组织，最终国家的崩溃成为必然。

对于中央与财政关系上的具体个案研究成果，值得关注。刘增合梳理地方财政机构的变动轨迹后认为，光绪末年的财政改制主要是督抚司道的自发调整，宣统年间则是来自清廷"裁局改制"谕旨和度支部的督催，外省督抚虽遵照谕令实施变革，却力图控制财政实权。度支部统一财政、强化各省藩司实权的愿望难以如愿。③ 他考察了清末新政时期的财政整顿，指出宣统年间清廷实行中央财政集权，制定了强行核查外省财政的政策，通过向各省派遣财政监理官和设立清理财政局，外省督抚司道面对强力核查的压力，由抵触敷衍逐步趋向奉令配合。④ 李细珠认为，清末的政治与财政格局是清廷中央与地方督抚权威"内外皆轻"⑤。

在州县财政研究方面，曾小萍所著《州县官的银两：18 世纪中国的合理化财政改革》（中国人民大学出版社 2005 年版）重点探讨了整个清代

---

① 杜恂诚：《民国时期的中央与地方财政划分》，《中国社会科学》1998 年第 3 期。
② 魏光奇：《国民政府时期县国家财政与自治财政的整合》，《首都师范大学学报》2005 年第 3 期。
③ 刘增合：《由脱序到整合：清末外省财政机构的变动》，《近代史研究》2008 年第 5 期。
④ 刘增合：《清季中央对外省的财政清查》，《近代史研究》2011 年第 6 期。
⑤ 李细珠：《再论"内外皆轻"权力格局与清末民初政治走向》，《清史研究》2017 年第 2 期。

地方财政收入与支出问题，尤其深入探讨了火耗归公问题，对近代财政研究具有很强的参考价值。魏光奇的《有法与无法：清代的州县制度及其运作》（商务印书馆 2010 年版）研究了清末民初直隶地方平山、高阳、静海等十数州县的议会与财政自治问题。岁有生在《清代州县经费研究》（大象出版社 2013 年版）中，研究了地方督抚与基层州县之间的财政关系，并指出，不同层级的地方政府之间的财政关系亦非一个整体，相互之间具有一定的独立性。

近年来，还出现一些关于近代地方财政的研究专著，如张晓辉的《民国时期广东财政政策变迁》（经济科学出版社 2011 年版），刘大可的《民国山东财政史》（中华书局 1998 年版），景占魁、刘欣主编的《山西财政史·近现代卷》（山西人民出版社 2005 年版），陈克俭、林仁川主编的《福建财政史》上册（厦门大学出版社 1989 年版），黎灼仁、高言弘主编的《广西财政史》（广西人民出版社 1988 年版），潘国旗的《民国浙江财政研究》（中国社会科学出版社 2007 年版），等等，这些研究成果体现了地方史的研究视野，是财政史拓展与深入的重要表现。

（三）税制变革研究

税收史研究作为近代经济史的重要领域受到重视，无论是资料整理还是税史编撰，均取得重要进展。税收史的研究范围更趋扩大，关于税收思想、税收政策的综合性及专题性成果不断涌现。北京经济学院财政教研室主编的《中国近代税制概述 1840—1949》（首都经济贸易大学出版社 1988 年版）、金鑫等主编《中华民国工商税收史》（6 卷，中国财政经济出版社 1996 年至 2001 年版）、殷崇浩主编的《国民政府时期的税收》（光明日报出版社 1991 年版）等属于税收通史著作。付志宇的《中国近代税制流变初探——民国税收问题研究》（中国财政经济出版社 2007 年版）对税收体制、税收制度、税收管理进行研究。张生的《南京国民政府的税收（1927—1937）》（南京出版社 2001 年版）集中研究了抗战前十年的税制改革和税收概况。近代税收思想研究的著作有付志宇的《近代中国税收现代化进程的思想史考察》（西南财经大学出版社 2010 年版）、夏国祥的《近代中国税制改革思想研究》（上海财经大学出版社 2006 年版）等。

在具体税种研究方面的成果，既有关税、盐税、厘金等主要税种，也有其他一些税种。

全面研究海关税的代表作，有陈诗启的《中国近代海关史（晚清部分）》（人民出版社1993年版）和《中国近代海关史（民国部分）》（人民出版社1999年版）、倪玉平的《清代关税：1644—1911》（科学出版社1999年版）。对海关税的专题研究著作有陈诗启的《中国近代海关史问题初探》（中国展望出版社1987年版）、戴一峰的《近代中国海关与中国财政》（厦门大学出版社1993年版）、叶松年的《中国近代海关税则史》（生活·读书·新知三联书店1991年版）等。日本学者久保亨的《走向自立之路：两次世界大战之间中国的关税通货政策和经济发展》（中国社会科学出版社2004年版）对两次世界大战之间中国关税与经济发展之间的关系进行了解读。孙宝根在《抗战时期国民政府关税政策研究（1937—1945）》（中国社会科学出版社2014年版）中，专门探讨了抗日战争时期国民政府关税政策的演变过程及实施状况。

在厘金研究方面，郑备军考察了近代厘金制度的起源和变迁。[①] 徐毅梳理了江苏厘金制度的演变，指出咸同以来的地方财税制度变迁受到众多社会集团之间利益博弈与争斗的严重影响。[②] 杨华山认为，厘金是晚清资本原始积累的特殊形式，在经济现代化过程中具有推动作用，但也成为工商业发展的严重障碍，厘金制度的演变受地方政府的掣肘最大。[③] 周育民分析子口税制度推广与厘金之间的关系，并梳理了裁厘加税的复杂过程，包括政府、商人与列强之间的博弈。[④] 城山智子根据海关档案分析了汉口利用子口半税制度的交易，指出地方政府在子口半税和厘金这两种税制之间具有举足轻重的作用。[⑤] 曹英着重讨论了中外条约和厘金等内地税制度演变之间的关系，指出内地税问题与对外贸易和外交关系之间存在着紧密

---

① 郑备军：《中国近代厘金制度研究》，中国财政经济出版社2004年版。
② 徐毅：《江苏厘金制度研究1853—1911》，上海财经大学出版社2009年版。
③ 杨华山：《晚清厘金与中国早期现代化建设》，人民出版社2011年版。
④ 周育民：《晚清的厘金、子口税与加税免厘》，载上海市历史学会《中国史论集》，1986年，第347—365页；《晚清加税裁厘交涉案初探》，《中国社会经济史研究》1988年第2期。
⑤ ［日］城山智子：《19世纪末的子口半税制度与内地贸易——以汉口为例》，载程麟荪、张之香《张福运与近代中国海关》，上海社会科学院出版社2007年版，第112—122页。

的联系。① 关于厘金与其他税种之间互相抵补的关系，一直是厘金研究的难点与重点，存在着很大的研究空间。

盐税方面的研究成果，主要有国家税务总局主编的《中华民国工商税收史（盐税卷）》（中国财政经济出版社1999年版）、丁长清主编《民国盐务史稿》（人民出版社1990年版）和《中国盐业史（近代当代编）》（人民出版社1997年版）、张立杰的《南京国民政府的盐政改革研究》（中国社会科学出版社2011年版），专题性更突出的研究成果有李涵和刘经华的《缪秋杰与民国盐务》（中国科技出版社1990年版）②、关文斌的《文明初曙——近代天津盐商与社会》（张荣明译，中国社会科学出版社2011年版）。此外，还有多篇专题研究论文，从不同角度探讨近代盐务制度的变革。③ 盐务制度研究难度高，需要研究者对传统盐务体制有比较深刻的把握和理解。

统税研究方面，刘冰、董振平分别讨论了1927—1933年、1927—1937年南京国民政府的统税政策。④ 对于包括所得税、营业税、印花税和遗产税在内的直接税的研究，近年来受到更多关注。刘增合认为，印花税的出现与1906年鸦片禁政有关，清廷希图依靠该税筹措经费，达到抵补鸦片税的目的，但实施成效不大。⑤ 张生阐述了南京国民政府从机构、人员、制度等方面对印花税的改革。⑥ 魏文享从征税人与纳税人关系角度出

---

① 曹英：《晚清中英内地税冲突研究》，湖南师范大学出版社2008年版；《近代中外贸易冲突及中国应对举措研究》，湖南师范大学出版社2012年版。
② 李涵、刘经华：《缪秋杰与民国盐务》，中国科技出版社1990年版。
③ 萧国亮：《论清代纲盐制度》，《历史研究》1988年第5期；鲁子健：《清代食盐专卖新探》，《中国经济史研究》1992年第3期；王振忠：《清代两淮盐务首总制度研究》，《历史档案》1993年第4期；马俊亚：《两淮盐业中的集团博弈与利益分配（1700—1932）——国家机器的自利化》，《江海学刊》2006年第4期；王仲：《袁世凯统治时期的盐务与盐务改革》，《近代史研究》1987年第4期；陈争平：《民国初年的盐务改革》，《中国经济史研究》1994年增刊；张生：《论南京政府初期的盐税改革》，《近代史研究》1992年第2期；鲁西奇：《民国时期盐务机构的演变》，《盐业史研究》1991年第1期。
④ 刘冰：《1927—1933年南京国民政府办理统税简述》，《民国档案》1987年第5期；董振平：《试论1927—1937年南京国民政府的统税政策》，《齐鲁学刊》1992年第3期。
⑤ 刘增合：《清末印花税的筹议与实施》，《安徽史学》2004年第5期。
⑥ 张生：《南京国民政府时期的印花税述评（1927—1937年）》，《苏州大学学报》1998年第2期。

发，讨论近代所得税开征过程中，官方立法及民间抗诉的互动。① 魏文享、柯伟明讨论了南京国民政府时期营业税征收过程中的包征问题。② 宋美云、朱英等分别以天津与广州的案例，对不同地区的营业税征收情况进行考察，认为营业税是取代厘金的税种，在地方层面存在激烈的利益博弈。③ 关于卷烟税的研究，美国学者高家龙在《中国的大企业——烟草工业中的中外竞争（1890—1930）》（商务印书馆2001年版）中，分析了卷烟税对企业成本要素的重要影响。王强讨论了北洋时期中央与地方的卷烟税纠纷。④ 工商类杂税繁多，各行各业、不同地区均有不同，有许多还未进入研究者的视野。近年来对于杂税在近代税收中的地位渐引注意，但对于杂税征收状况、比例如何，还缺乏讨论。

关于中共革命根据地工商税收的研究，专著方面有曾耀辉的《中华苏维埃共和国税收史》（江西人民出版社2010年版）等。韩志宇、张晓玲和周祖文对抗战时期根据地的税收进行了专题研究。⑤ 关于根据地工商税收的制度、政策、实践及绩效的评估，还需要继续进行探索。

（四）内外债研究

改革开放四十年来，作为近代财政史研究的重要组成部分，近代内外债史的梳理与研究取得了较大进展，呈现出系列化、不断深入的趋势。20世纪80年代以后，一些专家学者就中国近代利用外资和外债问题，出版了系列通论性的著作，为外债史研究起了奠基性的作用。其中代表作有曹

---

① 魏文享：《国家税政的民间参与——近代中国所得税开征进程中的官民交涉》，《近代史研究》2015年第2期。

② 魏文享：《工商团体与南京政府时期之营业税包征制》，《近代史研究》2007年第6期；柯伟明：《在传统与现代之间：再论南京国民政府时期的营业税征收制度》，《中国经济史研究》2013年第4期。

③ 宋美云、王静：《民国时期天津牙税向营业税的过渡——以油行为例》，《史林》2011年第6期；朱英、夏巨富：《广州商会与1937年营业税风潮》，《河北学刊》2015年第6期。

④ 王强：《北洋时期中央与地方的卷烟税纠纷——兼论北洋时期税制近代化的夭折》，《江西财经大学学报》2010年第5期。

⑤ 韩志宇：《晋绥边区工商税政策的演变》，《近代史研究》1986年第4期；张晓玲：《抗战时期晋绥边区营业税运行程序研究》，《历史教学》2014年第10期；周祖文：《"不怕拿，就怕乱"：冀中公粮征收的统一累进税取径》，《抗日战争研究》2014年第5期。

均伟的《近代中国与利用外资》（上海社会科学院出版社1991年版）、《近代中国的利用外资活动》（上海财经大学出版社1997年版），许毅主编的《清代外债史论》（中国财政经济出版社1996年版）、《北洋时期封建复辟与外债》（经济科学出版社2000年版）、《国民政府外债与官僚资本》（经济科学出版社2004年版）等系列著作，其他还有陈争平的《外债史话》（社会科学文献出版社2000年版）、马金华的《中国外债史》（中国财政经济出版社2005年版）、马陵合的《晚清外债史研究》（复旦大学出版社2005年版）和《外债与民国时期经济变迁》（安徽师范大学出版社2014年版）、张侃的《中国近代外债制度的本土化和国际化》（厦门大学出版社2017年版）等。此外，还有大量的著作涉及近代中国外债问题，其中代表性的著作是宓汝成的《帝国主义与中国铁路》（上海人民出版社1980年版），系统梳理列强铁路投资和控制路权的过程。汪敬虞《外国资本在近代中国的金融活动》（人民出版社1999年版）也涉及诸多外债问题。这些著作对外债的评价更加全面、客观，普遍强调外债对于近代中国经济的双重性影响。尽管对近代外债的认知在发生着明显的变化，但是，学者普遍对外债的评价比对外债具体问题深化研究更有兴趣。吴景平在《历史研究》上发表专论，呼吁相关研究者应更多从外债自身出发，强化对外债要件的研究。① 应该说，近四十年外债史研究也正是沿着整体研究与个案探讨相结合的途径在不断深化与拓展。

近代人物的外债思想一直受到学界的关注，成为近代人物思想研究的重要构成部分。相比较而言，学术论文居多，学术著作相对比较稀缺。② 在外债制度方面，成果相对于外债思想要单薄很多。但是，近年来，这一领域受到不同学科领域的学者关注。张侃指出，研究外债制度应基于举借、使用、偿还三个层面来考察。③ 他认为在近百年的发展过程中，外债

---

① 吴景平：《关于近代中国外债史研究对象的若干思考》，《历史研究》1997年第4期。
② 主要著作有曹均伟《中国近代利用外资思想》，立信会计出版社1996年版；施正康《困惑与诱惑——中国近代化进程中的投资理论与实践》，上海三联书店1999年版；马陵合：《清末民初铁路外债观研究》，复旦大学出版社2004年版。
③ 张侃：《抗日战争时期中国政府外债摊存及偿债基金之演变》，《中国社会经济史研究》2010年第3期；张侃：《试论1945—1949年国民政府的外债管理法规建设》，《中国经济史研究》2008年第1期。

制度演变具有债务主体单一化、债款来源多样化、债务管理法规化、债务动用的自主化等几个特点。① 一些法史和经济学学者从政府举债的信用激励与约束机制、对外借债法律问题对近代外债制度进行了更具专业性的研究。②

在外债个案研究上，成果相对更为丰富。一般认为，中国近代外债起步于太平天国时期③，此后中法战争、甲午战争、辛亥革命及至全面抗战时期，外债一直如影随形。相比较而言，因为资料的丰富，对西征借款④、抗战外债研究得较为充分。抗战期间的外债涉及苏联援华贷款⑤和英美对华借款⑥，学者对于抗战期间的外债给予了积极评价，认为其对中国坚持抗战有正面作用。对因赔款而产生的外款，如清末的所谓"三大洋款"和庚子赔款的债务化都有着比较深入的研究。⑦ 对北洋时期的善后大借款和西原借款的研究也相对集中。⑧ 对于抗战前中美棉麦借款和棉麦大借款这

---

① 张侃：《中国近代外债制度演变趋势述论》，《中国社会经济史研究》2002年第3期。
② 缪明杨：《中国近现代政府举债的信用激励、约束机制研究》，西南财经大学出版社2008年版；李耀跃：《晚清铁路对外借款法律问题研究》，法律出版社2014年版；吕铁贞：《近代外商来华投资法律制度》，法律出版社2009年版。
③ 李承烈、邓孔昭：《中国近代外债的起始时间》，《中国社会经济史研究》1983年第2期。
④ 金普森：《论左宗棠西征借款》，《财政研究资料》1993年第30期；马陵合：《试析左宗棠西征借款与协饷的关系》，《历史档案》1997年第1期；刘增合：《左宗棠西征筹饷与清廷战时财政调控》，《近代史研究》2017年第2期。
⑤ 李嘉谷：《抗日战争时期苏联对华贷款与军火物资援助》，《近代史研究》1988年第3期；李嘉谷：《关于抗日战争时期苏联援华贷款问题》，《近代史研究》1992年第3期。
⑥ 吴景平：《抗战时期中国的外债问题》，《抗日战争研究》1997年第1期；宓汝成：《抗战时期的中国外债》，《中国经济史研究》1998年第2期；苏黎明：《抗战时期国民政府外债举借述评》，《中国社会经济史研究》2001年第1期；金普森：《外债与抗日战争的胜利》，《抗日战争研究》2006年第1期。
⑦ 宓汝成：《庚子赔款的债务化及其清偿、"退还"和总清算》，《近代史研究》1997年第5期；马忠文：《张荫桓与英德续借款》，《近代史研究》2015年第3期。
⑧ 贺恒祯：《民二善后大借款的历史是非》，《南开学报》（哲学社会科学版）1989年第6期；贺水金：《重评善后大借款》，《江汉论坛》1995年第5期；宓汝成：《国际银团和善后借款》，《中国经济史研究》1996年第4期；马陵合：《垫款问题与民国初年政治的动荡》，《安徽师范大学学报》（人文社会科学版）1997年第4期；张侃：《善后大借款债票发行之分析》，《厦门大学学报》（哲学社会科学版）1999年第3期；章伯锋：《"西原借款"与日皖勾结》，《历史研究》1977年第6期；裴长洪：《西原借款与寺内内阁的对华策略》，《历史研究》1982年第5期；马陵合：《诱惑与现实的冲突：西原借款中的金券问题》，《中国社会经济史研究》2007年第3期。

两笔比较特殊的实物贷款，也从不同维度进行了探析。[①]

地方外债是近代外债中比较特殊的构成部分，地方督抚是最早的外债举借主体，中央掌握举债权，地方出于财政需要，不断通过不同形式举借外债，成为中央与地方财政上冲突与调适的重要载体。由于资料零散，相关的研究尚不够深入，目前只涉及东北、广东、安徽等少数省区。[②]

在实业外债方面，有学者力图从宏观层面讨论外债与中国近代经济发展的关联性。王利华探讨了外国在华投资的动力机制与制约因素[③]，陈争平从国际收支角度讨论外资对中国经济的影响。[④] 在具体实业外债个案上，张国辉最早关注洋务企业在利用外资上的利弊得失，也为此后实业外债研究提供了一个范例。[⑤] 实业外债中铁路外债所占的比重最大，相关研究成果也最多。但是对铁路外债的研究仍然受着政治史研究范式的影响，对铁路外债本身的探讨实际上并不充分。铁路之外实业外债的研究主要集中在汉冶萍公司、轮船招商局等几家企业上。[⑥] 外债对于其他经济领域的影响也受到关注，如外债对币制金融、盐业、水利、矿业、纱业等行业的影响。这些研究纵深度值得称道，但在研究取向上也存在着事件史研究的烙印，往往是其他专题研究的副产品。

在内债史研究方面，主要体现为内债专题史研究及内债与金融业关系史研究成果丰硕，并呈细化、深入之势。吴景平撰文，对内债与公债概念

[①] 郑会欣：《1933年的中美棉麦借款》，《历史研究》1988年第5期；王丽：《1933年中美棉麦借款再探》，《史学月刊》2012年第6期；马陵合：《华资纱厂与棉麦大借款：以借款的变迁及其用途为中心》，《中国经济史研究》2014年第2期。

[②] 马陵合：《论晚清地方外债的阶段性特点》，《安徽师范大学学报》1996年第1期；张侃：《论北洋时期地方政府外债》，《中国社会经济史研究》2001年第1期；张晓辉：《民国前期广东外债概述》，《广东史志》2003年第2期；马陵合：《新政时期清政府地方外债政策评析》，《历史档案》2008年第4期；马陵合：《北洋时期安徽三大外债剖析》，《中国社会经济史研究》2010年第3期。

[③] 王利华：《近代中国外人投资动机分析》，《南开经济研究》1996年第3期；王利华：《近代外人对华投资的影响因素剖析》，《南开经济研究》1997年第2期。

[④] 陈争平：《1895—1936年中国国际收支研究》，中国社会科学出版社1996年版。

[⑤] 张国辉：《论外国资本对洋务企业的贷款》，《历史研究》1982年第4期。

[⑥] 代鲁：《南京临时政府所谓汉冶萍借款的真象（相）》，《经济评论》1981年第4期；代鲁：《汉冶萍公司所借日债补论》，《历史研究》1984年第3期；杨天石：《孙中山与民国初年的轮船招商局借款——兼论革命党人的财政困难与辛亥革命失败的原因》，《中国社会科学》1997年第4期。

区别、债务方与债权方、中介团体与机构进行了深入探讨。①潘国旗的《近代中国国内公债研究：1840—1926》（经济科学出版社2007年版）、《国民政府1927—1949年的国内公债研究》（经济科学出版社2003年版）分阶段对国内公债问题进行了研究。姜良芹的《南京国民政府内债问题研究：1927—1937》（南京大学出版社2003年版）对战前十年的内债问题进行了研究。孙迪的《民国时期经济建设公债研究：1927—1937》（上海社会科学院出版社2015年版）专题研究了建设公债问题。万立明的《中国共产党公债政策的历史考察及经验研究》（上海人民出版社2015年版）则梳理不同时期中国共产党的公债政策。近年来，内债与金融业关系史研究取得了重要突破。特别是围绕1927—1937年上海金融业与南京国民政府内债关系问题，吴景平进行比较系统而深入的研究，揭示了这一时期政商关系的复杂变迁。②蒋立场所著《上海银行业与国民政府内债研究（1927—1937）》（远东出版社2012年版）从上海银行业投资经营的视角，对1927—1937年南京国民政府内债问题进行了比较系统的考察。

三　近代财税史料集的出版

包括晚清和民国时期在内的财税史资料集主要有左治生主编《中国财政历史资料选编（第10—12辑）》（中国财政经济出版社1988—1990年版），分别是清代后期、北洋政府时期、国民党政府时期。还有中央财经大学编辑的《清末民国财政史料辑刊》（24册，北京图书馆出版社2007年版）、《清末民国财政史料辑刊补编》（10册，国家图书馆出版社2008年版）。

清代财政史料集有史志宏编《清代户部银库收支和库存统计》（福建人民出版社2008年版），对清代银库黄册历年分月收支数据及每年的旧

---

① 吴景平：《近代中国内债史研究对象刍议——以国民政府1927年至1937年为例》，《中国社会科学》2001年第5期。
② 相关论文有《江苏兼上海财政委员会述论》，《近代史研究》2000年第1期；《上海钱业公会与南京国民政府成立前后的若干内债——对已刊未刊档案史料的比照阅读》，《近代史研究》2004年第6期；《上海金融界与南京国民政府的内债》，《东方早报·上海经济评论》2013年2月5日。

管、新收、开除、四柱数整理制成表格，查阅便利。陈锋编校的《晚清财政说明书》（湖北人民出版社2015年版）为清季财政改革的资料汇编。清代地方财政史料见有鲁子键编《清代四川财政史料（上下册）》（四川社会科学院出版社1984年版）等。

民国财政史料集有多种问世，如江苏省中华民国工商税收史编写组与中国第二历史档案馆编撰的《中华民国工商税收史料选编》（10册，南京大学出版社1996年版）、国家图书馆编辑的《民国税收税务档案史料汇编》（38册，全国图书馆缩微文献复制中心2008年影印版）、魏文享主编《民国时期税收史料汇编》（30册，国家图书馆出版社2018年影印版）、财政部财政科研所与中国第二历史档案馆合编的《南京国民政府财政金融税收档案史料（1929—1937年）》（中国财政经济出版1997年版）等。民国地方财政史料有广东省财政科学研究所、广东省立中山图书馆和广东省档案馆合编《民国时期广东财政史料》（8卷，广东教育出版社2011年版）等。

海关史料方面，汤象龙编《中国近代海关税收和分配统计（1861—1910）》（中华书局1992年版）对军机处档案中的海关监督6000件报销册进行了统计分析，是关税研究的基本资料。中国第二历史档案馆等编《中国旧海关史料（1859—1948）》（170册，京华出版社2001年影印版）汇辑了相关年份的海关年报、十年报告以及伪满洲国的对外国贸易资料。陈霞飞主编的《中国海关密档》（9卷，中华书局1990年版）收录了1874—1907年总税务司赫德与其伦敦办事处代表金登干之间的往来电文与其函件。吴松弟整理的《美国哈佛大学图书馆藏未刊中国旧海关史料（1860—1949）》（283册，广西师范大学出版社2014年影印版）主要包括统计、特种、杂项、关务、官署、总署、邮政七大系列。此外，近年来陆续出版各地的海关报告，成为财政史和其他领域重要的资料来源。

在内债方面，代表性资料汇编有千家驹编《旧中国公债史资料：1894—1949》（中华书局1984年版），全国图书馆文献缩微复制中心编《民国时期中国内外债史料详编》（3册，全国图书馆文献缩微复制中心2010年版）。

在外债资料整理上，自20世纪80年代起，许毅等一批财政史专家对外债资料进行了系统的搜集和整理，编辑出版《清代外债史资料》（3册，内部发行，1988年版）、《民国外债史档案史料》（12册，档案出版社1990年版）、《民国历届政府整理外债资料汇编》（2册，内部发行，1988年版）等。中国人民银行总行参事室也出版了《中国清代外债史资料》（中国金融出版社1991年版）。这些资料大部分选自未公开出版的档案，它们成为中国近代外债史研究基础性史料。

四十年来，财政史研究在研究的深度与广度上都远远超出此前的近百年时间，相比于经济史的其他领域，财政史研究也呈现学术水准提升迅速的特点。对于未来的研究趋势，以下几个方面应值得特别关注。其一，要从制度沿袭变革的角度，阐释不同国体和政体之下，近代中国在晚清、北洋和民国时期，财政制度、税制制度发展是如何承接和变化的，并对这种变动轨迹作出更有深度的阐释，揭示制度延续的历史必然性和真实面相。其二，对于财税问题的评价不能局限于现代化或西化的视野，还应关切对其国家治理、社会治理和经济变迁的综合效应。其三，应加强财税制度变迁思想史层面的研究，包括近代中国的财政学者的思想主张，以及外国财税制度引入和相应的思想文化基础。其四，要加强定量统计与分析，尤其是财政收入和财政支出等方面。其五，继续深入研究中外关系对财税制度变革的直接和间接影响，既要充分揭示西方对中国财税主权的控制和侵夺，也要关注中外财税权力争夺，并且进行中外财政制度变迁的比较研究。

四十年来的中国近代金融史研究

吴景平

金融史是以货币运动和资金融通的历史进程为对象的,四十年来近代金融史的研究成就斐然,最初的代表性成果是以高等财经院校教材的形式出现的,如《中国近代金融史》(于滔等编,中国金融出版社1985年版)、《中国金融史》(洪葭管主编,西南财经大学出版社1993年第1版)、《中国古近代金融史》(叶世昌、潘连贵,复旦大学出版社2001年版)等,这些教材较为明确地阐释了近代金融史的对象、主要内容、体系框架等学科基本问题,给出了近代金融史的主要叙事和相应评论,也为嗣后金融史领域的拓展和研究层次的深化打下了基础。21世纪初问世的《中国金融通史》的近代部分共四卷[1],是迄今为止近代金融史整体性、综合性研究成果的代表作。

近代金融史本质上属于历史学科,无论综合性还是专题性的研究,都有赖于史料文献的收集整理、编辑出版的进展。20世纪60年代初出版的《上海钱庄史料》(中国人民银行上海市分行编,上海人民出版1960年版)、《中国近代货币史资料 第一辑 清政府统治时期(1840—1911)》(中国人民银行总行参事室编,中华书局1964年版),在四十年来的近代金融史研究进程中起到了不可或缺的作用,是诸多论著的参考文献甚至直接征引来源。而四十年来陆续问世的多种近代金融史料文献,既是潜心整

---

[1] 这四卷分别为:《中国金融通史》第二卷"清鸦片战争时期至清末时期"(张国辉,中国金融出版社2003年版)、《中国金融通史》第三卷"北洋政府时期"(杜恂诚,中国金融出版社2002年版)、《中国金融通史》第四卷"国民政府时期"(洪葭管,中国金融出版社2008年版)、《中国金融通史》第五卷"新民主主义革命根据地时期"(姜宏业,中国金融出版社2008年版)。

理和研究的结果，也是开展新的研究的前提，其中得以较多征引、影响较大的有：《中华民国货币史资料》第一、二辑（中国人民银行总行参事室编，上海人民出版社1986、1991年版）；《中华民国金融法规档案资料选编》（中国第二历史档案馆等编，档案出版社1990年版）；《金城银行史料》（中国人民银行上海市分行金融研究所编，上海人民出版社1983年版）；《上海商业储蓄银行史料》（中国人民银行上海市分行金融研究所编，上海人民出版1990年版）；《中国通商银行 盛宣怀档案资料选辑之五》（谢俊美编，上海人民出版社2000年版）；《中央银行史料（1928.11—1949.5）》（洪葭管主编，中国金融出版社2005年版）；《中国银行行史资料汇编（上编）》（中国银行总行、中国第二历史档案馆合编，档案出版1991年版）；《交通银行史料》第一卷（1909—1949）（交通银行总行、中国第二历史档案馆合编，中国金融出版社1995年版）；《中国农民银行》（中国人民银行金融研究所编，中国财政经济出版社1980年版）；《四联总处史料》（重庆市档案馆、重庆市人民银行金融研究所合编，档案出版社1993年版）。而近年来问世的金融档案系列，如《近代天津金融档案系列丛书 盐业银行、中南银行、大陆银行、金城银行档案史料选编》（全四册，天津市档案馆编，天津人民出版社2010年版）、《上海市档案馆藏近代中国金融变迁档案史料汇编》（12种24册，复旦大学中国金融史研究中心、上海市档案馆编，上海远东出版社2015—2016年影印+排印版），也将助力于近代中国金融史研究新局面的到来。

以下对四十来年近代金融史的研究状况，分别从货币领域、金融业和金融机构、金融市场流通等方面进行述评。

一 关于近代货币史的研究

关于近代货币史的通贯性著作见有：千家驹、郭彦刚的《中国货币史纲要》（上海人民出版社1986年版）和《中国货币演变史》（上海人民出版社2005年版）均以专章对近代货币发展演变情况进行了概述。石毓符的《中国货币金融史略》（天津人民出版社1984年版）在近代部分对自清代到国民政府时期的通货状况和相关政策、革命根据地货币发行等均有述及。萧清的《中国近代货币金融史简编》（山西人民出版社1987年版）梳理了自鸦片战争到20世纪40年代末中国货币金融发展的历程。江苏钱币学会著《中国近代纸币史》（中国金融出版社2001年版）在概述近代货币史发展历程的基础上，着重探讨发行机构、发行制度、发行种类的变迁，并从钱币学角度解析纸币版式的演变轨迹。戴建兵的《中国近代纸币（1840—1949年）》（中国金融出版社1993年版）以近代官银钱号及省、地方银行纸币为研究对象，分上、下两篇，对中国近代地方纸币的管理及其与国家银行、商业银行、外国银行纸币和地方私票关系进行了阐述，并按省、行分别叙述了地方纸币的沿革。

近代各地区货币史的著作有数种问世，如郑家度的《广西近百年货币史》（广西人民出版社1981年版），肖怀远的《西藏地方货币史》（民族出版社1987年版），张通宝的《湖北近代货币史稿》（湖北人民出版社1994年版），诸锦瀛的《江西近代货币简史》（江西人民出版社2002年版），潘连贵的《上海货币史》（上海人民出版社2004年版），张崇丰、张和平、邹志谅的《苏州近代货币录》（上海古籍出版社2005年版）。其中《西藏地方货币史》属于少数民族地区货币史研究成果。陈晓荣《民国小区域流通货币研究》（中国社会科学出版社2012年版）探讨了民国时期省域以下乃至乡村的货币情况。整体看来，地区货币史的研究还有相当大的拓展空间。

近二十多年来，关于革命根据地货币史的研究取得了长足的进步。其中许树信的《中国革命根据地货币史纲》（中国金融出版社2008年版）对不同阶段、不同地域的革命根据地的货币发展，进行了整合性的概述和归纳，分别叙述了根据地货币产生的背景、演变、币材及本位制度、货币发行与管理、印制与铸造、金银管理与外汇管理、反假货币斗争等方面，并总结了若干历史经验。而特定革命根据地货币史著作，则有更多的问世，包括中央根据地和各主要根据地，都有专书出版，表明革命根据地货币史的研究已经在全局和个案两个维度推进，研究范围已达及根据地货币运作的主要时空。

与通贯性著作相比，近代货币史在专题研究方面有着更为突出的成果。

关于近代银钱比价问题。王宏斌指出，不能仅以货币数量变化来解释货币比价变化，要突破"鸦片输入—白银外流—银贵钱贱"的简单因果关系，提出应从中国社会自身内部经济发展、特殊的政治经济环境以及国际市场贵金属价格变化等因素，来对晚清时期银钱比价涨落现象及原因，进行全方位考察。① 王德泰则认为，银贵钱贱的产生与比价持续上涨的基本原因是，当时商品经济的发展不断需要大量白银投放，但是清政府不重视对银矿的开采，使白银生产供不应求；同时鸦片贸易猖獗，白银大量外流，对比较脆弱和已经出现银贵钱贱的中国货币关系来说，无异于雪上加霜，打断了中国货币制度正常发展的道路。② 张媛分析了1912—1927年银元与铜元市场比价的波动情况。③

关于西方银元流入近代中国货币产生的影响。姚会元认为，西方银元流入中国一方面产生了极大的消极影响，另一方面起到了刺激中国币制改革、推进中国货币近代化的历史作用。④ 戴建兵指出，西属殖民地银元进入中国之后，改变了中国传统单一的以铜钱和纸币相结合的货币制度，引发了中国自铸银元。⑤ 张宁认为墨西哥银元进入中国时正好适应了中国的币制，墨西哥银元的流通直接催生了中国银元制度的形成。⑥ 熊昌锟分析了近代宁波的洋银流入与货币结构，认为洋银在港口与农村两个不同市场层级的使用呈现出迥异的特点。⑦ 邹晓昇指出上海钱业公会于1915年和1919年先后两次分别取消龙洋和鹰洋行市，结束了中国流通的主币使用外国银元、行市以外国银元为标准的历史，降低了社会交易成本，有力维护了金融市场秩序的稳定。⑧ 但对于后银元时期外国货币对中国币制的影响，尚缺乏较为深入的专题性研究成果。

---

① 王宏斌：《晚清货币比价研究》，河南大学出版社1990年版。
② 王德泰：《试论白银外流与鸦片战争前的银贵钱贱问题》，《中国经济史研究》2000年第4期。
③ 张媛：《论北洋政府时期银元与铜元市场比价波动问题》，《河南大学学报》（社会科学版）1991年第4期。
④ 姚会元：《中外钱币交流及西方银元流入对中国货币近代化的影响》，《福建论坛》（人文社会科学版）2000年第6期。
⑤ 戴建兵：《西属殖民地银元对中国货币的影响》，《中国钱币》2001年第4期。
⑥ 张宁：《墨西哥银元在中国的流通》，《中国钱币》2003年第4期。
⑦ 熊昌锟：《近代宁波的洋银流入与货币结构》，《中国经济史研究》2017年第6期。
⑧ 邹晓昇：《银元主币流通与上海洋厘行市的更替》，《史林》2006年第8期。

在近代货币的本质以及与经济的关系方面，戴建兵认为，直至1935年国民政府实施法币政策之前，近代中国货币体系的核心为白银，银市、金市和汇市为白银核心型货币体系所派生，钱庄、外商银行及国内银行之间通过白银结成联系。① 燕红忠考察了货币金融体系的变迁与历史上经济波动的关系，认为货币金融发展阶段决定了经济运行方式与经济近代化历程。② 黄永豪认为晚清时期湖南实际上已经形成了官府和地方商号自成一体的二元货币体制，深刻影响了湖南的米谷贸易，导致民国初年湖南经济的崩溃。③

对于清后期到民国末年关于币制的争议和改革，一直是学界研究的热点。

在晚清币制研究方面，张振鹍指出清末整顿币制反映了清朝中央和地方的矛盾与斗争，币制借款体现了清朝统治者与帝国主义利益的结合。④ 刘金章、唐建宇认为晚清十年币制未能彻底改革，新币制也未能完全确立，可说是以失败而告终，但在中国的近代经济史和近代金融史上却有着一定的积极意义。⑤ 王宏斌、邓绍辉等分析了晚清各次币制改革及失败的原因。⑥ 在对清末币制变革的评价方面，张华宁、燕红忠认为清末确立了银本位货币的运行原则，银两与制钱并行的货币体系最终被瓦解；这一时期中国货币体系的转变不仅适应了经济发展的要求，同时也在一定程度上反映了中国经济的近代化历程。⑦ 张宁认为，晚清货币制度延续了明中叶

---

① 戴建兵：《白银与近代中国经济（1890—1935）》，复旦大学出版社2005年版；《中国近代货币史研究：白银核心型的货币体系》，中国社会科学出版社2017年版。

② 燕红忠：《中国的货币金融体系（1600—1949）——基于经济运行与经济近代化的研究》，中国人民大学出版社2012年版。

③ 黄永豪：《米谷贸易与货币体制：20世纪初湖南的经济衰颓》，广西师范大学出版社2012年版。

④ 张振鹍：《清末十年间的币制问题》，《近代史研究》1979年第1期。

⑤ 刘金章、唐建宇：《试论晚清的币制改革（一）》，《天津金融研究》1984年第9期；《试论晚清的币制改革（二）》，《天津金融研究》1984年第11期；《试论晚清的币制改革（三）》，《天津金融研究》1984年第12期。

⑥ 王宏斌：《论光绪时期银价下落与币制改革》，《史学月刊》1988年第5期；邓绍辉：《论甲午战后清政府币制改革及失败原因》，《四川师范大学学报》（哲学社会科学版）1999年第2期。

⑦ 张华宁、燕红忠：《论晚清时期的货币与币制变革》，《山西大学学报》（哲学社会科学版）2009年第4期。

以来的诱致性变迁，由于"路径依赖"效应，清政府未能完成这一转变，政策失败的背后是国家与社会关系的艰难转型。[1] 叶朝华、马陵合认为晚清的币制改革在与西方文化的碰撞中，吸收接纳并融合成自己的独特的币制思想，初步形成了现代意义上的纸币。[2] 学界对于代表性人物的思想主张与晚清币制改革的关系，也有专题性研究，涉及林则徐[3]、张之洞[4]、吕海寰[5]、载泽[6]、精琪[7]等。

在民国时期的币制改革方面，学界的关切贯穿了各主要时间点。

汤可可、尤学民认为，南京临时政府迫于形势，曾有过发行南京军用钞票、开国纪念币等实践，但这些措施无助于革除清末铸钱混乱的弊端，也没能实现统一币制的目标。[8] 对北洋政府时期货币问题的研究较为集中于袁世凯时期，不少学者肯定了《国币条例》的颁行、地方纸币的整理等举措的意义，认为在建立初步近代金融体系的方向上有所迈进，但都指出以袁世凯为代表的北洋集团囿于维护其统治的眼前利益直至政治上的倒行逆施，不仅没有推进币制统一，反而引发了中交停兑风潮，加剧了币制的混乱。[9] 对于国民政府时期废两改元的意义，王同起认为这次改革结束了封闭落后的称量货币制度，是近代金融改革的重大突破，在一定意义上起了统一币制的作用，为深入进行货币改革创造了条件。[10] 李爱、吕桂霞认

---

[1] 张宁：《论晚清货币制度的诱致性变迁》，《江汉论坛》2003年第4期。

[2] 叶朝华、马陵合：《天朝心态与晚清的货币改革》，《北华大学学报》（社会科学版）2010年第5期。

[3] 屈小强：《林则徐与中国近代币制改革》，《四川金融》1996年第2期。

[4] 肖茂盛：《张之洞的币制改革》，《广州研究》1986年第4期；刘四平、李细珠：《张之洞与晚清货币改革》，《历史档案》2002年第1期。

[5] 刘超、周家华、余晓宏：《吕海寰与晚清币制改革》，《宿州学院学报》2009年第5期。

[6] 陈一容、杨猛：《载泽与清末币制改革刍论》，《河北师范大学学报》（哲学社会科学版）2014年第3期。

[7] 崔志海：《精琪访华与清末币制改革》，《历史研究》2017年第6期；邹进文、陈亚奇：《清末货币本位之争——以张之洞、精琪币制思想为中心的考察》，《贵州社会科学》2018年第3期。

[8] 汤可可、尤学民：《南京临时政府的币制金融问题》，《近代史研究》1984年第1期。

[9] 朱宗震：《袁世凯政府的币制改革》，《近代史研究》1989年第2期；马东玉：《民初的币制改革与"京钞风潮"》，《历史教学》1990年第3期；盛超明、黄力寅：《北洋政府币制演变与财政的关系辨析》，《浙江财经学院学报》1991年第2期；刘卓：《袁世凯政府的币制改革与"京钞风潮"》，《兰州学刊》2006年第7期。

[10] 王同起：《国民党"废两改元"述评》，《历史教学》1990年第9期。

为废两改元完成了中国币制的统一，确立了银行业在中国金融体系中的主体地位，同时也促进了工商业的极大发展。① 学界还探讨了废两改元取得成功的原因。② 吴景平则考察了上海银钱两业在废两改元问题上的利害关系、所持态度和参与程度的不同。③ 然而就废两改元对于社会经济影响的评价，尚缺少以特定经营单位乃至行业为对象的案例分析。

对于1935年起实施的法币政策的基本评价，学界曾经有过截然不同的观点。持否定态度的主要依据，一是归之于国民党政府政治经济制度腐败，称法币政策是为大地主、大银行家、官僚买办资产阶级服务的，是国民党政府的一项反动财政经济政策，所以对中国社会经济所起的消极作用是主要的，并且是贯穿始终的；二是归之于法币政策的殖民地性质，是帝国主义列强夺取中国的货币权，使法币成为英镑和美元的共同附庸。④ 也有学者梳理了法币政策的具体内容，认为法币政策的产生是中国经济发展的客观要求的产物，必然有积极作用和进步意义；认为币制改革不是一种通货膨胀政策，法币后来的恶性膨胀主要是国民党政府迫于战争的需要而推行通货膨胀政策的结果。⑤ 至于法币政策与外国的关系及实施法币政策的目的，朱镇华认为法币政策是国民党政府针对美国"白银政策"而采取的一项金融自卫措施，不能说是向"殖民地化"货币沉沦，与英镑和美元挂钩是当时唯一可供选择的本位制；指出当时中国唯一的出路就是顺应世界潮流，放弃金本位，实行币制改革的根本目的在于使国币与世界货币相接近，稳定汇价，稳定物价，从而安定金融市面，促进经济发展；指出币制改革是中国独立主动实施的，至于中国币制与英镑挂钩，则是因为当时

---

① 李爱、吕桂霞：《国民政府初期的货币危机与"废两改元"政策》，《河南大学学报》（社会科学版）2006年第4期。
② 贺水金：《论国民政府的废两改元》，《档案与史学》1998年第4期；石涛：《废两改元实施过程考论》，《中国钱币》2009年第4期。
③ 吴景平：《评上海银钱业之间关于废两改元的争辩》，《近代史研究》2001年第5期。
④ 虞宝棠：《试论国民党政府的法币政策》，《历史档案》1983年第4期；黄如桐：《一九三五年国民党政府法币政策概述及其评价》，《近代史研究》1985年第6期；姚能：《1935年国民党政府的币制改革》，《历史教学》1986年第5期。
⑤ 董长芝：《试论国民党政府的法币政策》，《历史档案》1985年第1期；慈鸿飞：《关于1935年国民党政府币制改革的历史后果问题辨析》，《南开经济研究》1985年第5期。

英镑在世界货币中较为坚挺，处于绝对优势地位。① 吴景平通过梳理英、美方面的档案史料指出，在中国急需法币外汇储备金的时候，英国没有向中国提供贷款，而美国只通过分批购银、提供美元外汇这一谨慎而有节制的方式进行，是当时中国币制未能与英镑和美元固定相连的重要原因。② 而随着有关档案史料的进一步开放，已有学者对蒋介石、孔祥熙等人与法币改革决策的关系，做了专题性研究。③

对于1948年出台的金圆券，学界基本上予以否定。韩森指出，发行金圆券后，通货恶性膨胀，金融极度混乱，商业遭受打击，经济更加衰退，财政危机进一步加深，加速了国民党"反共"军事的失败，使国民党政府内部矛盾加剧，政局严重不稳。④ 李金铮认为金圆券除了搜刮民财，增加民愤导致更大的经济混乱之外，丝毫没有达到稳定币制、挽救国统区危机的预期目的。⑤ 吴景平通过分析登记移存外汇资产、收兑金银外币等对从各政府行局、普通商业行庄到广大民众带来的影响，并以上海私营金融业对金圆券态度的变化为中心，来分析金圆券政策的实质和实施不同阶段的影响。⑥ 张秀莉分析了金圆券发行准备监理委员会、金圆券定价依据等专业性较强的问题，指出金圆券制度设计漏洞和偏向于服务政治的决策取向，是导致金圆券无法避免失败的重要因素。⑦

---

① 陈克俭：《关于1935年国民党政府法币政策评价的几个问题——与黄如桐等同志商榷》，《中国经济问题》1987年第3期；朱镇华：《重评一九三五年的"币制改革"》，《近代史研究》1987年第1期。
② 吴景平：《英国与1935年的中国币制改革》，《历史研究》1988年第6期；《美国和1935年中国的币制改革》，《近代史研究》1991年第6期。
③ 吴景平：《蒋介石与1935年法币政策的决策与实施》，《江海学刊》2011年第2期；贾钦涵：《"纸币兑现"之争与1935年法币改革决策》，《中国社会经济史研究》2016年第2期。
④ 韩森：《国民党政府发行金元券加速了政权的崩溃》，《历史教学》1987年第8期。
⑤ 李金铮：《旧中国通货膨胀的恶例——金圆券发行内幕初探》，《中国社会经济史研究》1999年第1期。
⑥ 吴景平：《金圆券政策的再研究——以登记移存外汇资产和收兑金银外币为中心的考察》，《民国档案》2004年第1期；《上海金融业与金圆券政策的推行》，《史学月刊》2005年第1期。
⑦ 张秀莉：《金圆券发行准备监理委员会述论》，《民国档案》2008年第4期；《金圆券定价研究》，《史林》2016年第2期；《金圆券改革决策内幕考》，《中国社会经济史研究》2016年第2期。

二 关于近代金融业和金融机构的研究

(一) 对于钱庄、票号等传统金融业的研究

张国辉较早和较全面地研究了晚清时期钱庄和票号从事的信贷活动，进而分析了与外国金融势力与本国新式银行业的关系，揭示了旧式金融业的发展和衰微的历史过程。[①] 陈明光着重从民俗学的角度，对钱庄业的产生、发展、变化的历史过程及其金融作用、社会影响的演变进行系统的梳理，特别是注重对钱商的职业习惯和道德准则、经营管理的习俗和技术等文化特色进行剖析。[②] 邹晓昇对于上海钱庄的起源问题和钱庄行业的形成做了更深一步的探讨和剖析。[③] 刘梅英从制度演化角度，从自发演化与政府控制、科层治理与关系网络等方面，系统梳理了近代上海钱庄百年兴衰历程。[④] 朱荫贵考察了抗战前钱庄业的衰落与南京国民政府的关系，认为由于南京国民政府实行的财政金融政策中，银行成为金融体系的主角，钱庄被收编纳入银行业进行管理，这直接导致钱庄业快速衰落。[⑤] 关于上海钱庄代表性人物研究，主要集中在关于钱业领袖秦润卿的成果。[⑥]

除上海钱庄外，汉口和宁波钱庄的研究也取得许多重要的成果。姚会元的系列论文对汉口钱庄的性质、职能以及不同时期汉口钱庄的发展状况做了深入的探讨[⑦]，李秀伟考察了战后汉口钱庄的发展状况[⑧]。陈铨亚、王

[①] 张国辉：《晚清钱庄和票号研究》，中华书局1989年版；《中国金融通史》第二卷，中国金融出版社2003年版。

[②] 陈明光：《钱庄史》，上海文艺出版社1997年版。

[③] 邹晓昇：《上海钱庄起源和行业的形成》，《河北大学学报》（哲学社会科学版）2013年第1期。

[④] 刘梅英：《民间金融机构与政府：上海钱庄研究》，中国社会科学出版社2013年版。

[⑤] 朱荫贵：《抗战前钱庄业的衰落与南京国民政府》，《中国经济史研究》2003年第1期。

[⑥] 孙善根：《钱业巨子——秦润卿》，中国社会科学出版社2007年版；李燕：《上海钱业第一人：秦润卿》，《档案春秋》2005年第5期；陈梅龙：《秦润卿与上海钱庄业》，《民国档案》1997年第4期。

[⑦] 姚会元：《近代汉口钱庄研究》，《历史研究》1990年第2期；《国民党统治时期汉口钱庄的衰败》，《中南民族大学学报》（人文社会科学版）1986年第4期；《近代汉口钱庄性质的转变》，《武汉师范学院学报》（哲学社会科学版）1984年第4期。

[⑧] 李秀伟：《战后汉口钱庄研究（1945—1949）》，《华中师范大学学报》2005年第5期。

苏英等则梳理了宁波钱庄的发展历史，① 宁波钱庄的最重要的、影响最大的则是其过账制度，程尚瑞、张跃、汤中山等都探讨了宁波钱庄的过账制度及其对上海钱庄及近代中国的汇划、票据清算制度产生的影响。②

中国传统金融业的信用和经营管理的特色，成为学术研究的热点问题。杜恂诚以1917年成立的上海钱业公会为对象，研究上海钱业公会与钱业信用之间的关系，并强调运用案例研究、对文字契约和法律规则的分析以及中外比较等。③ 魏忠则从制度经济学的角度探讨上海钱业制度内生性以及上海钱业公会的维权机制。④ 赵婧以镇海方氏家族钱庄集团为对象，考察方氏家族钱庄股权变动内因及其与经营管理的关系。⑤

从上海钱业与政府的关系来看，吴景平梳理了上海钱业公会与南京国民政府成立前后的若干内债，认为上海钱业公会向南京国民政府提供多笔垫借款和承销内债，既有支持该政权的政治含义，也有商业利益的双重考虑；指出南京国民政府1931年颁布的《银行法》，对上海钱业产生很大的不利影响。⑥ 邹晓昇和李靖的论文则从不同角度探讨了上海钱业与南京国民政府的冲突。⑦

随着近代商会、同业公会研究热潮的兴起，各行业的同业公会研究不断地深入和拓展，上海钱业公会研究也取得了丰硕的成果。吴景平、邹晓昇考察了上海钱业公会成立的内在因素、外在动因和社会环境的变迁，以

---

① 陈铨亚：《中国本土商业银行的截面：宁波钱庄》，浙江大学出版社2010年版；王苏英：《近代宁波钱庄业的发展历程及其经营特色》，《浙江万里学院学报》2006年第3期。

② 程尚瑞：《解放前宁波钱庄业的过账制度》，《浙江金融》1983年第12期；张跃：《论中国本土商业银行的发轫：宁波钱庄过账制度研究》，《宁波教育学院学报》2009年第3期；汤中山：《中国银行业最早的结算清算制度：宁波钱庄业的过账制度》，《中国银行业》2017年第2期。

③ 杜恂诚：《近代上海钱业习惯法初探》，《历史研究》2006年第1期；《近代中国钱业习惯法——以上海钱业为视角》，上海财经大学出版社2006年版。

④ 魏忠：《近代上海钱业制度的内生性研究》，《山东经济》2011年第1期；《近代上海钱业公会的维权机制》，《上海商学院学报》2010年第4期。

⑤ 赵婧：《近代上海方氏家族钱庄股权变动研究》，《中国经济史研究》2016年第5期。

⑥ 吴景平：《上海钱业公会与南京国民政府成立前后的若干内债——对已刊未刊档案史料的比照阅读》，《近代史研究》2004年第6期；《从银行立法看30年代国民政府与沪银行业关系》，《史学月刊》2001年第2期。

⑦ 邹晓昇：《压力集团的抗衡：1931年上海钱业公会请求另订"钱庄法"之争》，《社会科学研究》2008年第4期；李靖：《民国时期钱业习惯法与国家法的冲突：以三十年代银行立法为视角》，《法制与社会发展》2009年第1期。

及初期的组织运作和管理制度的逐步完善。①吴景平、张徐乐分析了上海钱业公会在上海解放初期的运作及其合并改组的始末。②邹晓昇的博士学位论文考察了1917—1937年上海钱业公会从成立到多次改组不断规范化和制度的过程。③陶水木讨论了上海钱业公会在时局动荡和市场盲目性导致的金融危机面前，通过整合同业意志、凝聚同业力量，在稳定金融中发挥的重要作用。④

山西票号作为晚清中国政府财政金融和商贸的重要主角，其重要地位毋庸置疑，并成为研究的热点问题之一。主要研究著作有：黄鉴晖的《山西票号史》（山西经济出版社2002年版）、张桂萍的《山西票号经营管理体制研究》（中国经济出版社2005年版）、李永福的《山西票号研究》（中华工商联合出版社2007年版）。另外还出版有多部学术会议论文集，如山西财经大学晋商研究院编《山西票号研究集》（经济管理出版社2008年版），孔祥毅、王森主编的《山西票号研究》（中国财政经济出版社2002年版），等等。

有关上海钱业史料的整理亦有少量出版。孙善根、邹晓昇合作编辑了《秦润卿史料集》（天津古籍出版社2009年版），书中系统收集了秦润卿个人言论、著述，以及时人评论、报刊访谈和亲友回忆等文章。邹晓昇通过整理上海档案馆馆藏原始档案资料，编辑出版了《上海钱业及钱业公会》（上海远东出版社2017年版），该书系统整理和收录了上海钱业公会的议事录，并收录完整的上海钱业业规、公会章程等资料。

（二）对于近代银行业的研究

对于近代银行业作整体性、综合性研究的成果，有黄鉴晖的《中国银行业史》（山西经济出版社1994年版）。从制度层面进行研究的，有程霖

---

① 吴景平、邹晓昇：《上海钱业公会的成立及初期组织运作》，《社会科学》2007年第5期。
② 吴景平、张徐乐：《上海解放初期的钱业公会》，《华中师范大学学报》（人文社会科学版）2004年第3期。
③ 邹晓昇：《上海钱业公会研究（1917—1937）——以组织和内部管理制度的变迁为中心》，博士学位论文，复旦大学，2006年。
④ 陶水木：《上海钱业公会在稳定金融中的作用（1917—1927年）》，《历史教学》2004年第1期。

的《中国近代银行制度建设思想研究》（上海财经大学出版社1999年版）、吴景平的《近代银行制度的形塑与政商关系》[《河北师范大学学报》（哲学社会科学版）2018年第1期]、兰日旭的《中国近代银行制度变迁及其绩效研究》（中国人民大学出版社2013年版）。关于银行业内外法制监管方面主要成果有：刘平的《近代中国银行监管制度研究（1897—1949）》（复旦大学出版社2008年版），李婧的《中国近代银行法研究：以组织法律制度为视角》（北京大学出版社2010年版），王强的《自律与他律：近代中国银行业风险防控机制研究（1897—1949）》（上海书店出版社2016年版）。李一翔研究了近代银行业与其他行业的关系，有助于深入对于银行业的研究。① 朱荫贵研究了特定时期的中国银行业。② 杜恂诚、吴景平、蒋立场等研究了银行业与政府财政的关系。③

近代中国银行业的研究成果，还分别体现在有关政府银行、民营（私营）银行、地方银行的著述中。

1. 关于近代中国的政府银行研究

在近代中国的中央银行研究方面，李昌宝的《近代中央银行思想变迁研究》（中国商业出版社2012年版）梳理了中央银行思想的发轫、发展、成熟和进一步发展四个阶段的特点和经验启示。刘慧宇的《中国中央银行研究（一九二八—一九四九）》（中国经济出版社1999年版）从中央银行的三大职能以及监督管理、宏观调控等方面进行分析考察，并总结了国民政府时期中央银行职能演进中的得失与启迪。石涛的《南京国民政府中央银行研究（1928—1937）》（上海远东出版社2012年版）对南京国民政府中央银行从1928年成立到1937年抗战爆发前的发展历程进行了研究，分析了中央银行对这一时期货币金融发展和财政制度变迁所产生的影响。刘

---

① 李一翔：《近代银行与企业的关系（1895—1945）》，东大图书公司1997年版；李一翔：《近代中国银行与钱庄关系研究》，学林出版社2005年版。
② 朱荫贵：《两次世界大战间的中国银行业》，《中国社会科学》2002年第6期。
③ 杜恂诚：《近代中国政府财政与银行业的相互关系》，《上海社会科学院学术季刊》1989年第1期；吴景平：《从银行立法看30年代国民政府与沪银行业关系》，《史学月刊》2001年第2期；蒋立场：《上海银行业与国民政府内债研究（1927—1937）》，上海远东出版社2012年版。

慧宇、万立明等学者对中央银行历史进行了专题性研究。①

在中国银行的历史研究方面,卜明主编的《中国银行行史（1912—1949）》（中国金融出版社1995年版）对中国银行1949年前37年的历史进行了全面系统的介绍和评述。中国银行最重要的分行上海分行的历史也受到学界的重视。② 更多的学者对中国银行发展史上的一些重要问题开展较深入的探究。③

关于交通银行的历史,翁先定较早对交通银行与政府当局的关系进行了系统梳理和专题性研究。④ 杜恂诚、徐锋华、张启祥等学者也从不同的角度进行了探讨。⑤ 潘晓霞的《1908—1937年的交通银行》（中国社会科学出版社2015年版）较深入地探析了1908—1937年交通银行的坎坷历程。而四卷本的《交通银行史（1—4）》（《交通银行史》编委会编,商务印书馆2015年版）则对自交行成立至1958年半个世纪的历史进行了通贯论述。

关于中国农民银行历史的研究,主要是专题性的史事和论述。董长芝较早论述了中国农民银行在抗战中对发展农业生产和支持抗战做出的贡献。⑥ 邹晓昇认为中国农民银行是中国第一个国家组织的、推行国家农业金融政策和措施的农业专业银行,它的建立和发展是中国农村金融现代化

---

① 刘慧宇:《论抗战时期中央银行的职能建设》,《中国社会经济史研究》1999年第2期;《国民政府中央银行宏观调控论》,《江西社会科学》2002年第3期;万立明:《南京国民政府时期中央银行票据清算职能的演变——兼论其与上海票据交换所的关系》,《近代史研究》2009年第5期;《南京国民政府时期中央银行重贴现制度的演进》,《上海经济研究》2017年第6期。

② 中国银行上海国际金融研究所行史编写组:《中国银行上海分行史》,经济科学出版社1991年版;董昕:《中国银行上海分行研究（1912—1937）》,上海人民出版社2009年版。

③ 邓先宏:《试论中国银行与北洋政府的矛盾》,《历史研究》1986年第4期;张庆军:《略论中国银行的早期发展与北洋政府的关系》,《中国社会经济史研究》1992年第2期;张秀莉:《中国银行与南京国民政府早期关系》,《史学月刊》2001年第3期;《抗战时期中国银行改组述评》,《抗日战争研究》2001年第3期。

④ 翁先定:《交通银行官场活动研究（1907—1927）》,《中国社会科学院经济研究所集刊》第11辑,中国社会科学出版社1988年版。

⑤ 杜恂诚:《交通系与交通银行》,《银行家》2003年第4期;徐锋华:《交通银行的贷款机制和投资方式（1927—1937）》,《中国经济史研究》2008年第4期;张启祥:《张謇与危机中的交通银行》,《南通大学学报》2007年第6期。

⑥ 董长芝:《简论中国农民银行在抗日战争中的作用》,《辽宁师范大学学报》1986年第6期。

历程中的重要里程碑。① 孙修福、贾钦涵考察了蒋介石与农民银行的关系。② 不少学者对农民银行的农贷业务、土地金融、合作金融等方面进行了探析。③

中中交农四联总处是战时最高金融决策机构，曾经对国民政府在抗战时期和抗战之后的金融、经济方针政策发挥过重要作用，相关研究成果较多。姜宏业较早关注四联总处，认为它在中国近代金融史上占有重要地位。④ 黄立人对四联总处进行了全面系统的研究，考察了四联总处的创立、发展经过、业务活动，并对其历史作用做了分析评价。⑤ 王红曼的《四联总处与战时西南地区经济》（复旦大学出版社2011年版）对四联总处与西南地区的金融业、工业、农业，以及四联总处在西南地区的反通货膨胀政策及其效果等问题进行了深入系统研究。尤云弟研究了蒋介石是如何推进四联总处的创建及初期运作并实现金融统制的。⑥ 重庆市档案馆、重庆市人民银行金融研究所合编的《四联总处史料》（档案出版社1993年版）和中国第二历史档案馆编《四联总处会议录》（广西师范大学出版社2003年版）是研究四联总处重要的第一手资料。

除了中中交农四行之外的政府金融机构，如中央信托局、邮政储金汇业局、中央合作金库和四联总处，也有不少研究成果。戴建兵、刘鼎铭等对中央信托局有较全面的评述。⑦ 曹嘉涵、李俊、马翠兰等人则从特定业

---

① 邹晓昇：《试论中国农民银行角色和职能的演变》，《中国经济史研究》2006年第4期。
② 孙修福：《蒋介石与中国农民银行》，《民国档案》1996年第1期；贾钦涵：《蒋介石与战前中国农民银行的纸币发行》，《近代史研究》2017年第4期。
③ 陈川：《民国时期农本局和中国农民银行的农贷业务比较》，《宁夏社会科学》2015年第3期；石攀峰：《抗战时期中国农民银行土地金融活动考察》，《暨南学报》2015年第4期；龚关：《农本局、中国农民银行与合作金库》，《民国研究》2015年第2期。
④ 姜宏业：《四联总处与金融管理》，《中国经济史研究》1989年第2期。
⑤ 黄立人：《四联总处的产生、发展和衰亡》，《中国经济史研究》1991年第2期。
⑥ 尤云弟：《四联总处的创建及初期运作——以蒋介石为中心的考察》，《史学月刊》2013年第8期。
⑦ 戴建兵：《浅论中央信托局》，《河北大学学报》1990年第11期；刘鼎铭：《中央信托局概略》，《民国档案》1999年第2期。

务、时期和地区的角度对中央信托局进行了研究。① 邮政储金汇业局的研究较为薄弱，近年来有不少研究成果问世，如贾秀堂的《邮政金融视域下的政府与社会研究：以1930—1937年长三角为考察对象》（广西师范大学出版社2012年版）、徐琳的《近代中国邮政储蓄研究》（上海交通大学出版社2013年版）。李顺毅的《民国时期合作金库发展研究（1935—1949）》（中国社会科学出版社2016年版）对中央合作金库的筹备建立及其业务活动做了介绍。张朝晖考察了抗战时期大后方合作金库网络的构建经过。②

2. 关于近代中国民营银行的研究

近代民营银行（亦称私营银行、华资商业银行等）数量多、分布广，对该行业的综合性、总体性研究成果，有钟思远、刘基荣的《民国私营银行史（1911—1949年）》（四川大学出版社1999年版），兰日旭的《中国金融现代化之路——以近代中国商业银行盈利性分析为中心》（商务印书馆2005年版），王丹莉的《银行现代化的先声——中国近代私营银行制度研究（1897—1936）》（中国金融出版社2009年版）。

关于民营银行个体研究的成果丰硕，大体涉及北四行及联营机构、南三行、小三行、川帮银行等。

关于北四行及联营机构的研究成果主要有：《金城银行——中国近代民营银行的个案研究》（刘永祥，中国社会科学出版社2006年版），《金城银行的放款与投资研究（1917—1937）》（诸静，复旦大学出版社2008年版），《北四行研究（1915—1937）》（康金莉，冶金工业出版社2010年版），《北四行联营研究（1921—1952）》（田兴荣，上海远东出版社2015年版），《浅析1923—1937年的四行储蓄会》（杨天亮，载《近代上海金融组织研究》，复旦大学出版社2007年版），《四行储蓄会研究》（康金莉，《中国社会经济史研究》2008年第3期），《四行准备库钞票发行研究》（康金莉，《中国经济史研究》2010年第3期）。

---

① 曹嘉涵：《中央信托局与国民政府筹组国营再保险机构述论》，《中国经济史研究》2011年第2期；李俊：《抗战时期国民政府中央信托局述论》，《兰州学刊》2010年第11期；马翠兰：《中央信托局汉口分局研究（1945—1949年）》，武汉大学出版社2014年版。

② 张朝晖：《抗战大后方合作金库网络的构建及其特点》，《西南大学学报》2016年第6期。

关于南三行的研究成果主要有：《上海商业储蓄银行研究（1915—1937）》（薛念文，中国文史出版社 2005 年版），《上海商业储蓄银行经营政府债务风险管理研究（1915—1937）》（徐昂，《上海经济研究》2017 年第 10 期），《官办到官商合办再到商办：浙江实业银行及其前身的历史变迁（1908—1937）》（何品，上海远东出版社 2014 年版），《浙江兴业银行研究》（李国胜，上海财经大学出版社 2009 年版）。

关于小三行的研究成果较多见于专题研究论文，如：《略论中国通商银行成立的历史条件及其在对外关系方面的特征》（汪敬虞，《中国经济史研究》1988 年第 3 期），《早期中国通商银行的几个金融案述论》（陈礼茂，《中国经济史研究》2007 年第 2 期），《中国通商银行早期发钞考》（徐昂，《史林》2012 年第 6 期），《四明商业储蓄银行始末》（黎霞，载《近代上海金融组织研究》，复旦大学出版社 2007 年版），《论国民政府对中国通商、四明和中国实业三银行的改组》（陈礼茂，《中国社会经济史研究》2005 年第 3 期）。

关于川帮银行的研究成果见有：《1905—1935：中国近代区域银行发展史研究——以聚兴诚银行、四川美丰银行为例》（时广东，四川人民出版社 2008 年版），《川帮银行的首脑——聚兴诚银行简论》（张守广，《民国档案》2005 年第 1 期）。

近代银行业的研究，还体现在银行业同业组织——银行公会的研究著述，其中最有代表性是关于上海银行公会的研究，研究专著见有：《从双向桥梁到多边网络——上海银行公会与银行业（1918—1936）》（郑成林，华中师范大学出版社 2007 年版），《上海银行公会研究（1927—1937）》（王晶，上海人民出版社 2009 年版），《上海银行公会研究（1937—1945）》（张天政，上海人民出版社 2009 年版）。专题性研究论文大量的问世。法国学者白吉尔于 1989 年发表一文，较早探讨了上海银行公会的创始人群体、早期的组织概况及对外关系、对外活动等。[1] 朱华、冯绍霆考察了上海银行公会在成立最初十年中谋求同业进步、扶助民族经济等方

---

[1] ［法］白吉尔：《上海银行公会（1915—1927）——现代化与地方团体的组织制度》，《上海研究论丛》第三辑，上海社会科学院出版社 1989 年版。

面的努力。① 吴景平、王晶考察了上海银行公会自"九一八"事变到"一·二八"事变间的主张及活动。② 吴景平还深入分析了1931年上海银行公会改组的过程。③ 王晶对银行公会十年间的活动及主张进行了初步研究。张徐乐对上海银行公会最终走向结束的过程进行了研究。④ 张天政专门探讨了"八一三"时期的上海银行公会、上海银行公会与国民政府对日伪的货币金融战以及上海银行公会与20世纪20年代华商银行业务制度建设。⑤ 郑成林、刘杰剖析了上海银行公会与20世纪20年代北京政府内债整理。⑥ 万立明梳理了20世纪二三十年代上海银行公会积极参与相关的票据立法活动。⑦ 有些的研究成果涉及上海银行公会的附属机构，包括上海银行业公会联合准备委员会、上海票据交换所及《银行周报》等。⑧

三 关于近代金融市场的研究

关于近代金融市场的代表性成果，为洪葭管、张继风合著的《近代上海金融市场》（上海人民出版社1989年版），该书共9章，梳理了货币、

---

① 朱华、冯绍霆：《崛起中的银行家阶层——上海银行公会早期活动初探》，《档案与史学》1999年第6期。
② 吴景平、王晶：《"九·一八"事变至"一·二八"事变期间的上海银行公会》，《近代史研究》2002年第3期。
③ 吴景平：《上海银行公会改组风波（1929—1931）》，《历史研究》2003年第2期。
④ 张徐乐：《上海银行公会结束始末述论》，《中国经济史研究》2003年第3期。
⑤ 张天政：《"八一三"时期的上海银行公会》，《抗日战争研究》2004年第2期；《上海银行公会与国民政府对日伪的货币金融战》，《抗日战争研究》2005年第4期；《略论上海银行公会与20世纪20年代华商银行业务制度建设》，《中国经济史研究》2005年第2期。
⑥ 郑成林、刘杰：《上海银行公会与1920年代北京政府内债整理》，《华中师范大学学报》（人文社会科学版）2014年第3期。
⑦ 万立明：《上海银行公会与20世纪二三十年代的票据立法》，《社会科学研究》2007年第5期。
⑧ 洪葭管：《联合准备委员会和票据交换所》，《中国金融》1989年第1期；吴景平：《票据交换所与解放初期的上海私营金融业》，载于华中师范大学中国近代史研究所编《中国近代史论集——庆祝章开沅先生八十华诞》，华中师范大学出版社2005年版；吴晶晶：《一·二八事变后上海银行业之联合准备制》，《史林》2005年第3期；郑成林：《近代上海银行联合准备制度述略》，《华中师范大学学报》（人文社会科学版）2008年第5期；万立明：《上海票据交换所研究（1933—1951）》，上海人民出版社2009年版。

证券、金银、外汇等金融市场的构成与运作状况。而对特定金融市场的研究则有更多成果问世。

关于近代证券市场的研究著述主要有：《近代中国股份制及股票市场思想研究》（刘国华，内蒙古人民出版社2003年版），《近代上海华商证券市场研究》（刘志英，学林出版社2004年版），《近代中国证券市场研究》（刘志英，中国社会科学出版社2011年版），《历史演进、制度变迁与效率考量——中国证券市场的近代化之路》（尹振涛主编，商务印书馆2011年版），《中国近代股票市场研究——晚清、北洋政府时期》（田永秀，人民出版2015年版）。

关于近代保险市场的研究成果有：《二十世纪中国保险之发展》（段开龄，新华出版社1997年版），《中国保险史》（中国保险学会主编，中国金融出版社1998年版），《民国时期社会保险理论与实践研究》（李琼，中国金融出版社2015年版），《民国时期社会保险思想研究》（朱华雄、朱静，中国金融出版社2015年版）。在特定地区保险市场研究方面，赵兰亮的《近代上海保险市场研究》（复旦大学出版社2003年版）是第一本有关近代上海保险市场的专题性研究著作，陈杰等主编的《抗战时期重庆保险史》（重庆出版社2015年版）也是填补战时重庆保险研究空白领域之作。特定保险企业研究成果有《中国太平发展简史》（上海社会科学院编，中国金融出版社2015版）。

在金银市场研究方面，史融、潘连贵考察了近代上海黄金市场概况，指出近代上海黄金市场具有国际属性金业交易所的功能。[1] 戴建兵、史红霞梳理了上海黄金市场出现和发展的历史进程，认为上海金市不仅成为中外商人避免交易风险的工具，同时也是世界范围内黄金流通及可利用金银比价进行投机的重要黄金市场。[2] 魏忠、许文新、祖成韬从比较历史制度的视角，分析了上海近代标金市场的发展与变迁。[3] 贺水金通过分析

---

[1] 史融：《近代上海黄金市场的形成与发展》，《上海金融》1994年第4期；潘连贵：《试论近代上海黄金市场的国际性》，《上海金融》1995年第2期。
[2] 戴建兵、史红霞：《近代上海黄金市场研究（1921—1935）》，《黄金》2003年第3期。
[3] 魏忠、许文新、祖成韬：《上海近代标金市场变迁与启示》，《上海金融学院学报》2014年第1期。

1888—1936年经海关进出口的金银净值，认为推动近代中国金银国际流动的主要因素是华侨汇款和外国直接投资，而汇率走向更具关键性影响。[①]

在近代外汇市场研究方面，宋佩玉对上海开埠直至1949年这一长时段进行了较完整研究，对上海外汇市场的形成、运行机制、不同时期汇率的变动及变动原因、政府的管理政策等都有涉及。[②] 而诸多学者的专题性研究涉及外汇政策、外汇管制与管理、外汇平准基金、汇率变动等方面。[③]

与实际研究状况相比，本文提及的近代金融史研究的领域、专题，以及发表的论著数量和篇名，都只是很小的一部分，难免挂一漏万。但展望今后的研究趋势，笔者认为有几点是需要加强的。一是在金融史料文献的整理开放方面，应有突破性的进展，这不仅有待于国内主要档案收藏保管机构的努力，还需要研究者们在海峡对岸乃至国外加强金融史料文献的发掘收集工作。如美国斯坦福大学胡佛研究所档案馆收藏有宋子文、孔祥熙、张嘉璈三位中央银行总裁的个人档案，美国哥伦比亚大学善本手稿馆收藏有著名银行家陈光甫的个人档案，开放程度高，使用便利。二是加强作为金融业务和金融市场主体的各经营性机构即银行钱庄和其他金融公司的个案研究，而不能停留在行业甚至整个金融界一般情况概括性的评述。三是加强金融业代表性人物的研究。四是注重近代金融思想、学理、实务等方面的传布及影响的研究。五是尽快改变在华外商金融机构研究和中外金融往来研究的极为薄弱的状况，首先在相关档案文献的收集、整理、开放等方面，一定要有新的思维和实际举措。期盼学界同人一起致力于推进近代金融史研究新局面的到来。

---

① 贺水金：《论中国近代金银的国际流动》，《中国经济史研究》2002年第2期。
② 宋佩玉：《抗战前期上海外汇市场研究（1937.7—1941.12）》，上海人民出版社2007年版；《近代上海外汇市场研究（1843—1949）》，上海人民出版社2014年版。
③ 黄如桐：《抗战时期国民党政府外汇政策概述及评价》，《近代史研究》1987年第4期；汪戎：《1938年—1941年国民政府的外汇管制》，《中国近代经济史研究资料》（9），上海社会科学院出版社1989年版；贺水金：《论近代中国银本位制下的汇率变动》，《社会科学》2006年第6期；吴景平：《上海金融业与太平洋战争爆发前上海的外汇市场》，《史学月刊》2003年第1期；李叶鹏、仲伟民：《1927—1937年国民政府的外汇管理初探》，《河北师范大学学报》2017年11月。

改革开放以来的近代中外关系史研究

李育民

中国近代史开始于列强侵华战争，其后中外冲突也接连不断，贯穿于这一历史时期。在某种意义上，中外关系是中国近代史最主要的内容，而中华民族与外国资本主义列强的矛盾是其最主要的矛盾。正因为这一特点，近代中外关系史自始便为学术界所注重，成为中国近代史研究的最重要内容之一。改革开放以来，思想理论战线上拨乱反正，学术研究走向繁荣，给近代中外关系研究带来了新气象。在新的历史时期，整个学术界逐渐打破了"左"倾思想的束缚，近代中外关系史研究领域，更是摆脱了此前的局限和各种因素的影响，真正开始了更为严谨和客观的学术探讨。经过20世纪80年代的初步兴盛，90年代获得进一步发展，至21世纪更加走向成熟和完善。学术界对新中国以来的相关研究状况已作不少总结，在此基础上，本文拟先概览宏观整体研究主要成果，然后就晚清、北京政府和南京国民政府几个时段分别介述。

一　宏观整体研究的主要成果

任何一个学科均需对所属领域作宏观整体研究，某种意义上，反映了该学科领域的成熟状况及其达到的水准。近代中外关系是一个范围广泛、内容繁多、涉及国家较多的领域，宏观整体研究无疑是一个复杂宏大的工程。改革开放以来，在这方面取得重要进展，弥补了以往研究的缺失。就研究成果现状来看，除了近代中外关系之外，还包括中国近代外交史、国别关系史，以及近代中外条约等方面，兹分别介绍。

近代中外关系史方面的成果主要有如下几类。第一类是"对外关系史",从时间范围上可分为三种。一是中国近现代对外关系史,如唐培吉主编《中国近现代对外关系史》(高等教育出版社1994年版),内容跨晚清、民国和新中国三个时代。二是中国近代对外关系史,如宗承康主编《百年中国对外关系(1840—1949年)》(南京大学出版社1993年版)。三是以晚清为主体,如刘培华著《近代中外关系史》(北京大学出版社1986年版)。第二类是侵华史之类,如丁名楠、余绳武主编《帝国主义侵华史》第2卷(人民出版社1986年版)。第三类是中外关系与中国社会变革之类的著作,如刘会军主编《近代以来中外关系与中国现代化》(吉林大学出版社2005年版)。第四类是经济关系之类,如丁长清等编著《中外经济关系史纲要》(科学出版社2003年版)。此外,杨闯、周启朋主编《百年中外关系系列丛书》(世界知识出版社2006年版),由中美、中俄、中英、中日、中法、中德、中印等国别关系史构成。

中国近代外交史方面,除了少数具有通史性质之外,多是以某历史时期为范围。通史类如何茂春著《中国外交通史》(中国社会科学出版社1996年版),熊志勇、苏浩著《中国近现代外交史》(世界知识出版社2005年版),吕厚轩主编《中国近现代外交史》(山东大学出版社2015年版),等等。其他类别,或为晚清外交史,如杨公素著《晚清外交史》(北京大学出版社1991年版),王绍坊著《中国外交史:鸦片战争至辛亥革命时期(1840—1911)》(河南人民出版社1988年版)。或以新旧民主主义革命为时间断限,如顾明义著《中国近代外交史略》(吉林文史出版社1987年版),赵佳楹著《中国近代外交史》(山西高校联合出版社1994年版),《中国现代外交史》(世界知识出版社2005年版)。或以民国为研究对象,如吴东之主编《中国外交史:中华民国时期(1911—1949年)》(河南人民出版社1990年版),石源华著《中华民国外交史》(上海人民出版社1994年版),杨公素著《中华民国外交简史》(商务印书馆1997年版),等等。

国别关系史著作数量最多,除中美、中日、中俄(苏)、中英、中法、中德等主要强国之外,还有其他国家。

中美关系史著作,主要有李长久、施鲁佳主编《中美关系二百年》

（新华出版社1984年版），陶文钊著《中美关系史（1919—1950）》（重庆出版社1993年版），胡礼忠、金光耀、顾关林著《从望厦条约到克林顿访华——中美关系1944—1996》（福建人民出版社1996年版），陶文钊、梁碧莹著《美国与近现代中国》（中国社会科学出版社1996年版），陶文钊著《中美关系史（1784—2013）》（外文出版社2015年英文版）、《中美关系史》3卷（上海人民出版社2016年版），李定一著《中美早期外交史》（北京大学出版社1997年版），项立岭著《中美关系史全编》（华东师范大学出版社2002年版），等等。此外，还有文化、经济关系及其他方面的著作，如张注洪著《中美文化关系的历史轨迹》（南开大学出版社2001年版），王小丁著《中美教育关系研究（1840—1927）》（四川大学出版社2009年版），许晓冬著《早期中美贸易关系与政策研究（1784—1894）》（经济科学出版社2015年版），等等。

中日关系史著作，主要有北京外国语学院日语系编《中日关系史》（上海译文出版社1986版）；中国社会科学院近代史研究所编《日本侵华七十年史》（中国社会科学出版社1992年版）；朱宗玉著《从甲午战争到天皇访华——近代以来的中日关系》（福建人民出版社1996年版）；王晓秋著《近代中日关系史研究》（中国社会科学出版社1997年版）、《近代中日文化交流史》（中华书局1992年版）；关捷主编《近代中日关系史丛书》（共5种，社会科学文献出版社2006年版）；孙乃民主编《中日关系史》，张声振、郭洪茂著第1卷，高书全、孙继武、顾民著第2卷，冯瑞云、高秀清、王升著第3卷，等等。

中俄（苏）关系史著作，主要有北京大学历史系编《沙皇俄国侵略扩张史》（上、下，人民出版社1979、1980年版），中国社会科学院近代史研究所编《沙俄侵华史》4册（人民出版社1981、1990年版），胡礼忠、金光耀、沈济时著《从尼布楚条约到叶利钦访华——中俄中苏关系300年》（福建人民出版社1994年版），刘志青著《恩怨历尽后的反思——中苏关系七十年》（黄河出版社1998年版），田保国著《民国时期的中苏关系（1917—1949）》（济南出版社1999年版），孙其明著《中苏关系始末》（上海人民出版社2002年版），沈志华主编《中苏关系史纲》（新华出版社2007年版），等等。

中英关系史著作有朱宗玉、杨元华、窦晖著《从香港割让到女王访华：中英关系1840—1986》（福建人民出版社1990年版），萨本仁、潘兴明著《20世纪的中英关系》（上海人民出版社1996年版），等等。

中法、中德关系史，主要有杨元华著《从黄埔条约到巴拉迪尔访华——中法关系1844—1994》（福建人民出版1995年版），以及吴景平著《从胶澳被占到科尔访华——中德关系1861—1992》（福建人民出版社1993年版），等等。

其他国别关系史主要有王明星著《韩国近代外交与中国（1861—1910）》（中国社会科学出版社1998年版），杨军、王秋著《中国与朝鲜半岛关系史论》（社会科学文献出版社2006年版），沙丁、杨典球、焦震衡、孙桂荣著《中国和拉丁美洲关系简史》（河南人民出版社1986年版），张铠著《中国与西班牙关系史》（大象出版社2003年版），黄庆华著《中葡关系史》（黄山书社2006年版），高伟浓著《走向近世的中国与"朝贡"国关系》（广东高等教育出版社1993年版），石源华等著《近代中国周边外交史论》（上海辞书出版社2006年版），潘兴明著《20世纪中加关系》（学林出版社2007年版），等等。

关于中外条约研究，以往都纳入中外关系领域，改革开放之后发生变化，逐渐形成了研究体系。其宏观整体成果，主要包括以下几类：一是不平等条约研究，如郭卫东著《不平等条约与近代中国》（高等教育出版社1993年版），李育民著《近代中国的条约制度》（湖南师范大学出版社1995年版、湖南人民出版社2010年版），侯中军著《近代中国的不平等条约》（上海书店出版社2012年版），等等。二是废约史研究，如王建朗著《中国废除不平等条约的历程》（江西人民出版社2000年版），李育民著《中国废约史》（中华书局2005年版），以及台湾学者唐启华著《被"废除不平等条约"遮蔽的北洋修约史（1912—1928）》（社会科学文献出版社2010年版），等等。三是条约关系研究，如胡门祥著《晚清中英条约关系研究》（湖南人民出版社2010年版），李育民著《近代中外条约关系刍论》（湖南人民出版社2011年版）、《晚清中外条约关系研究》（法律出版社2018年版），等等。

条约方面还有其他类别的整体研究。或以某条约特权为对象，如费成康著《中国租界史》（上海社会科学院出版社1991年版），吴孟雪著《美国在华领事裁判权百年史》（社会科学文献出版社1992年版），李传斌著《条约特权制度下的医疗事业》《基督教与近代中国的不平等条约》（湖南人民出版社2010、2011年版），刘利民著《不平等条约与中国近代领水主权问题研究》《列强在华租借地特权制度研究》（湖南人民出版社2010、2011年版），侯中军著《企业、外交与近代化：近代中国的准条约》（中国社会科学出版社2016年版），等等。或以国际公约为对象，如尹新华著《晚清中国与国际公约》（湖南人民出版社2011年版）。另还有某一主题的丛书，如李育民主编《中外条约与近代中国研究丛书》（共12册，湖南人民出版社2010、2011年版）。条约是国际法的重要制度，两者有密切关系，有学者对国际法输入作了整体探讨，如田涛著《国际法输入与晚清中国》（济南出版社2001年版），林学忠著《从万国公法到公法外交》（上海古籍出版社2009年版），等等。此外还有研究综述，如李育民、李传斌、刘利民著《近代中外条约研究综述》（湖南人民出版社2011年版），等等。

除以上四方面之外，还有其他类别的整体研究。如边界史研究，有吕一燃主编《中国近代边界史》（2册，人民出版社2013年版）、《中国海疆史研究》（四川人民出版社2016年版），杨昭全、孙玉梅著《中朝边界史》（吉林文史出版社1993年版）等。再如中国参加国际活动，有洪振强著《民族主义与近代中国博览会事业（1851—1937）》（社会科学文献出版社2017年版）等。一些大型中国近代史的通史类著作，如张海鹏主编《中国近代通史》（江苏人民出版社2009年版），以及中国近代史、民国史之类的著作，含有较为完整的中国近代或民国对外关系史的内容，从政治史角度做了宏观整体研究。还有宏观研究的论文，如张振鹍著《近代中国与世界：几个有关问题的考察》（《近代史研究》1990年第6期），王建朗著《中国废除不平等条约的历史考察》（《历史研究》1997年第3期），章百家著《改变自己　影响世界——20世纪中国外交基本线索刍议》（《中国社会科学》2002年第1期），罗志田著《帝国主义在中国文化视野下条约体系的演进》（《中国社会科学》2004年第5期），张海鹏著《近代中日关系的历史回顾》（《日本学刊》1995年第5期），李育民著《晚清时期中美条约关系的演变》(《人文杂志》2018年第2期)，等等。还有一批通俗类著作，如王忍之、张海鹏等主编《百年中国史话》丛书（社会科学文献出版社2000年版），包括中美、中俄、中苏、中日、中法、中德、中英关系史话，以及不平等条约、租界与租借地、开埠史话；李文海、匡继先主编《中国近代不平等条约书系》（共10册，分别论述从《穿鼻草约》到《辛丑条约》等10个重要条约，中国人民大学出版社1993年版），等等。另有某一重大事件的整体研究，如鸦片战争研究、甲午战争研究、抗日战争研究等，亦出版了大量著作，后面将作介绍，这里不赘述。

上述宏观整体研究成果，弥补了以往研究的缺失，是改革开放后近代中外关系史领域长足发展的显著标志。已出版著作中，国别关系史成果最多，其中又首推中日关系史，若加上日本侵华和中国抗战研究著作，所占比重最大。这些成果不仅数量多，且在史实挖掘、史观更新等方面亦多有创获，其中有不少上乘之作。如《沙俄侵华史》规模宏大，内容充实，资料丰富，结构严密，前后历12年出齐，从整体上将这一研究"提到了一个新水平"。《中苏关系史纲》是一部完整反映中苏关系史的力作，获得好评，等等。

除了成果种类及出版数量蔚为大观之外，其重大进展主要体现在以下几个变化上。第一，研究时间范围的变化。从著作书名即可看出，研究重心从晚清时期为主发展到以民国时期为主。第二，研究内容的变化。摆脱了以往侵华史观念，关注文化关系等。即使在揭露列强侵华的同时，又未忽略各种复杂问题，或与之相联系。第三，研究对象的变化。涉及几个方面，一是改变以往仅研究几个主要强国的传统，还注意其他小国，如"朝贡"国和周边国家关系，包括朝鲜、越南、暹罗、缅甸、南掌（老挝）、苏禄等国，以及西班牙、葡萄牙、加拿大、拉丁美洲国家，等等。二是从单纯研究国家间的关系，发展到研究体现国际法律关系的条约及条约关系。三是开始克服以往仅注意外国进入中国的局限，注意中国融入世界的一面，如有关晚清中国加入国际公约的研究。第四，研究观念的变化。以往在"左"倾思想的影响下，学术研究中存在"不实事求是，有失偏激"的偏向，改革开放后在思想观念上得以纠正。研究者力求以唯物史观为指导，重视并强调实证研究，且开始引入国际法等相关学科的理论，研究成果更加客观准确。①

毋庸讳言，上述变化中还存在种种不足，某些方面幅度不大，不够充分，或仅仅显示新的趋向；有的著作未能深入，缺乏新意，重复研究较多，等等。即使如此，这些变化也无可置疑地说明，近代中外关系史在宏观整体研究方面取得了前所未有的进展，为推进今后的进一步发展奠定了扎实的基础。宏观整体研究，在该学科领域中具有重要地位，一方面提供了系统完整的学科理论和基本史实，另一方面又在总体上引导学术研究的升华提高。

二 晚清时期的中外关系

晚清时期是近代中外关系的起始，涉及诸多问题，内容相当繁杂。在既有研究基础上，改革开放之后在各方面均取得显著进展，兹就鸦片战争、边疆危机与中法战争、中日甲午战争、反洋教和义和团运动、清末对外关系，以及中外条约与清政府的外交方针等问题作一介述。

鸦片战争是中国近代史的开端，作为近代中外关系史第一个重大事件，历来为中外学术界所重视。著作有以下几类。一是事件本身及相关条约研究，② 二是鸦片战争前中外关系研究，③ 三是涉及军事、英商、传教士、思想文化等方面的研究著作，此外还有译著。研究者从各个层面作了全面系统的探讨，提出新的思路和观点，内容翔实，资料丰富。如萧致治主编《鸦片战争史》扩展到90余万字，从社会大变革的角度作了多方面、多层次的考察；茅海建著《天朝的崩溃——鸦片战争再研究》，令人耳目一新，受到广泛关注，等等。研究者还撰写了大量论文，在不少问题上取得重要进展。

---

① 参见张振鹍《近代中外关系史研究50年：回顾与展望》，《河北学刊》2006年第6期。
② 如牟安世《鸦片战争》（上海人民出版社1982年版），乔明顺《中美关系第一页》（社会科学文献出版社1991年版），茅海建《天朝的崩溃》（生活·读书·新知三联书店1995年版），萧致治主编《鸦片战争史》上、下（福建人民出版社1996、2017年版），郭卫东《转折：以早期中英关系和〈南京条约〉为考察中心》（河北人民出版社2003年版），等等。
③ 如萧致治、杨卫东编撰《西风拂夕阳 鸦片战争前中西关系》（湖北人民出版社2005年版），吴义雄《条约口岸体制的酝酿——19世纪30年代中英关系研究》（中华书局2009年版），等等。

关于鸦片战争之前的中外关系，研究者从各个角度探讨中外贸易，对战争爆发原因作了更全面深入的解析①。还考察了中外交往体制，或揭示英国为在广州地区建立法庭进行准备，分析中英交往规则的较量②；或对义律融通中外体制尝试，中外关系中的条约化趋向作了探析③。此外，还对俄国攫取中国各种权益的历史根由等问题作了探讨。关于鸦片战争的原因，或说明广州通商制度与其"必然联系"④，或分析鸦片贸易和打开市场的"两重性"根本原因⑤，或认为鸦片贸易是"根本原因"⑥。关于战后谈判及签约，从以往一般性地揭露列强侵略，转向更深入细致的考察，涉及谈判过程、条约特权、主权丧失的各种因素等。⑦又有学者注意到近代外交公文范式"照会"的初步形成，英国与中外贸易"法治"的建立⑧，伯驾作为翻译对《望厦条约》签订所起作用⑨，等等。关于各国对华政策，没再简单地视之为帮凶，而更为客观细致地再现交涉实况。清政府的对外政策，亦突破了以往的看法。除了主战、主和，相关人物等问题之外，其他方面亦有不少新的探讨，如清政府的制夷思路和策略，鸦片战争

---

① 黄逸平、张复纪:《中外贸易冲突与鸦片战争》,《学术月刊》1990年第11期；萧致治、徐方平:《中英早期茶叶贸易》,《历史研究》1994年第3期；郭卫东:《棉花与鸦片：19世纪初叶广州中英贸易的货品易位》,《学术研究》2011年第5期；吴义雄:《鸦片战争前粤海关税费问题与战后海关税则谈判》,《历史研究》2005年第1期，等等。

② 吴义雄:《鸦片战争前英国在华治外法权之酝酿与尝试》,《历史研究》2006年第4期；《权力与体制：义律与1834—1839年的中英关系》,《历史研究》2007年第1期。

③ 李育民:《改易天朝体制的初试》上下,《晋阳学刊》2011年第2、3期；《中外条约关系的酝酿及趋向》,《湘潭大学学报》2011年第2期；曹英:《贸易冲突与早期中英关系的条约化趋势》,《湖南师大学报》2005年第1期。

④ 顾卫民:《广州通商制度与鸦片战争》,《历史研究》1989年第1期。

⑤ 刘存宽:《试论英国发动第一次鸦片战争的双重动因》,《近代史研究》1998年第4期。

⑥ 蒋大椿:《关于鸦片战争的评价问题》,《安徽师范大学学报》1999年第4期。

⑦ 茅海建:《鸦片战争与不平等条约》,《历史研究》1992年第4期；李育民:《近代中国的领事裁判权制度》《近代中国的最惠国待遇制度》,《湖南师大学报》1995年第4、6期；郭卫东:《片面最惠国待遇在近代中国的确立》《近代中国利权丧失的另一种因由——领事裁判权在华确立过程研究》,《近代史研究》1996年第1期、1997年第2期；张建华:《中法〈黄埔条约〉交涉》,《历史研究》2001年第2期，等等。

⑧ 郭卫东:《"照会"与中国外交文书近代范式的初构》,《历史研究》2000年第3期。

⑨ 郭卫东:《"照会"与中国外交文书近代范式的初构》,《历史研究》2000年第3期；王立诚:《英国与近代中外贸易"法治"的建立》,《历史研究》2001年第2期；李传斌:《医学传教与近代中国外交》,《南都学刊》2005年第4期。

期间的汉奸问题，等等。关于战争影响，除了指出其危害之外，还注意到某些积极影响，认为，客观上开启中国近代化历程的转折点，推进变革与发展，等等。

第二次鸦片战争研究也有所进展。除专著外，还有人物传记和译著，专题论文涉及战前、战争和战后相关事件。清政府的对外政策及其外交转型，尤引起研究者的重视。总的来看，第二次鸦片战争的研究不及其他事件，这一研究状况与其在近代史上的地位显然很不相称。经过两次鸦片战争，中国逐渐形成了新的对外关系格局，研究者对相关问题提出新看法。例如，反入城斗争历来评价很高，研究者认为，此类评价是"不符合历史实际的拔高"，反入城是与反侵略"无直接的联系"的"盲目"行为，产生于"仇外情绪"，而这一情绪"有其存在的合理性"和"发生的条件"，等等。① 公使驻京问题，"是清朝维护其'天朝'观念与体制的悲烈的最后一战"，阻碍与"国际社会的接轨"。② 清政府抵拒近代交往制度，"严重地阻滞着中国外交近代化的进程"，等等。③

边疆交涉问题为研究者所重视，除相关著作外，④ 还有不少专题论文。关于马嘉理案件，有研究者注意到，清政府考虑"天朝体面"，英方重在得到利益。⑤ 或认为中英各自内部的意见纷争等因素，影响了"交涉进程与最终走向"。⑥ 此外还对《烟台条约》作了探讨。关于中俄伊犁交涉，认为，崇厚交涉失败，清政府"过错难逃"，国际形势"也存在不利"的因素。⑦ 有学者对曾纪泽提出批评意见，认为他有"不少失误"，丢失了

---

① 茅海建：《关于广州反入城斗争的几个问题》，《近代史研究》1992年第6期；张海林：《重评近代广州绅民的"反入城斗争"》，《安徽师大学报》1989年第1期；周力：《鸦片战后广州绅民反进城斗争新论》，《安徽史学》2003年第5期，也提出新的看法。

② 茅海建：《公使驻京本末》，《近代的尺度：两次鸦片战争军事与外交》，上海三联书店1998年版。

③ 张瑾：《简论中国早期外交近代化的延误》，《民国档案》1997年第2期；杨晓梅：《近代中国对西方外交制度的抗拒与适应》，《北方论丛》1997年第5期，等等。

④ 如厉声《中俄伊犁交涉》（新疆人民出版社1995年版），吕昭义《英属印度与中国西南边疆》（中国社会科学出版社1996年版），高鸿志《英国与中国边疆危机》（黑龙江教育出版社1998年版），等等。

⑤ 屈春海、倪晓一：《马嘉理被杀案件的审理》，《历史档案》2007年第4期。

⑥ 方英：《合作中的分歧：马嘉理案交涉再研究》，《史学集刊》2014年第4期。

⑦ 蒋跃波：《崇厚伊犁交涉失败谁之过》，《史学月刊》2008年第3期。

一些本来可以收回的权利。相反意见认为,曾纪泽选择了"对中国相对有利的方案",等等。①

中法战争为不少学者所重视,有关著作作了详细论述,② 专题讨论亦从各个角度阐发新见。关于战争性质,为驳斥越南史学界的奇谈怪论,学术界发表一批论文。③ 关于议和交涉,以往批评李鸿章和清政府实行卖国投降路线,对此作了新的解析。认为,中国无力与法国抗争,"主和"有一定的合理性和积极意义,但趋于僵化,不是真心卖国,不宜将退让加上投降、妥协罪名。④ 对"乘胜即收"方针和"不败而败"的传统看法,亦提出异议,认为,中法战争是"反帝斗争的最高成就","对中国近代史的发展发生了重要的作用"。⑤ 此外还对战争背景、相关战役、深远影响,日、英、美、德、俄等国与战争的关系,以及相关人物,等等,亦作了探讨。

甲午战争研究一直为学界所倾重,更取得重要进展,著作除战争全史之外,⑥ 尤注意其中的国际关系,如孙克复著《甲午中日战争外交史》(辽宁大学出版社1989年版),戴逸等著《甲午战争与东亚政治》(中国社会科学出版社1994年版),戚其章著《甲午战争国际关系史》(人民出版社1994年版)、《国际法视角下的甲午战争》(人民出版社2001年版),等等。专题探讨涉及较多问题。关于战争的前奏,研究者指出,日本侵台"是对中国在台湾的主权和领土完整的一次重大挑战",《北京专条》"实际上真正彻底地解决了这场斗争中的根本问题"。⑦ 有研究者对该约解释的

---

① 王建华、孙君琪:《曾纪泽与中俄伊犁交涉》,《安徽师大学报》1990年第2期;吴保晓:《关于曾纪泽和中俄伊犁谈判的补正》,《历史档案》2012年第2期。
② 如黄振南《中法战争史热点问题聚焦》(广西人民出版社1994年版),廖宗麟《中法战争史》(天津古籍出版社2002年版),等等。
③ 庾裕良:《论中法战争的性质和失败原因》,《学术论坛》1982年第4期;龙永行:《驳越南陈辉燎等人对中法战争性质的歪曲》,《学术论坛》1983年第3期;黄振南、庾裕良:《试论中法战争的性质》,《学术研究动态》1983年第8期,等等。
④ 关威:《中法战争中李鸿章的外交活动》,《清史研究》2001年第1期;庾裕良:《败后宣战与乘胜议和》,《近代史研究》1985年第5期,等等。
⑤ 廖宗麟:《试论中法战争在中国近代史的地位和作用》,《学术论坛》2000年第6期。
⑥ 如戚其章《甲午战争史》(人民出版社1990年版),关捷《中日甲午战争全史》(吉林人民出版社2005年版),等等。
⑦ 张振鹍:《关于中国在台湾主权的一场严重斗争》,《近代史研究》1993年第6期。

传统观点提出异议，认为，将"日本国属民"指为"琉球被害国民"等等，"与历史事实不符"。① 另有研究者揭示了交涉立约过程，认为该约为尔后日本"占有琉球制造借口"。② 或指出，《北京专条》"第一次以条约方式认定台湾属于中国的历史事实和法律地位"，但又"具有极大的局限"。③ 美、法、俄等国与这场战争的联系为研究者所注意，认为：美国声称中立，"实际却偏袒日本"，默认或怂恿，帮助日本实现战争目的。④ 法国视为"天赐良机"，"乐见中日开战"。⑤ 关于俄国，存在不同看法。一种意见认为，俄国采取了"纵容"乃至"支持"的政策。⑥ 另一种意见认为，沙俄对日本更有矛盾的一面，基本态度必然是"抵制""干涉"乃至"反对"。⑦ 关于甲午战争暨《马关条约》的影响，有研究者指出，"造成中国国际地位的进一步沉沦"，"促进了民族的觉醒"，助长了日本军国主义的"恶性发展"，"引起了远东国际形势的剧烈变化"。⑧ 其后不少论著从各个层面拓展和深化了上述认识，有研究者从条约关系的角度作了剖析。⑨

研究者注意到晚清国际秩序的变化，即朝贡关系与条约关系的递嬗。或揭示"传统与近代"两种体制⑩，或探讨朝贡关系与条约关系中的国际法问题及其冲突⑪，或指出甲午战争和《马关条约》"将中国推向了条约

---

① 陈在正：《1874年中日〈北京专条〉辨析》，《台湾研究集刊》1994年第1期。
② 米庆余：《琉球漂民事件与日军入侵台湾（1871—1874）》，《历史研究》1999年第1期。
③ 李育民：《台湾问题的相关条约及其法律地位的演变》，《史学月刊》2016年第3期。
④ 崔志海：《美国政府与中日甲午战争》，《历史研究》2011年第2期。
⑤ 葛夫平：《法国与中日甲午战争》，《中国社会科学》2013年第3期。
⑥ 米庆余：《沙俄在甲午战争中充当了什么角色》，《历史研究》1979年第8期。
⑦ 王魁喜：《中日甲午战争与俄国的远东政策》，《东北师大学报》1985年第2期；刘恩格：《试论甲午战争期间沙俄对日本的基本态度》，《近代史研究》1988年第3期。
⑧ 丁名楠：《略论日本发动甲午战争的背景、过程及其影响》，《中国社会科学院研究生院学报》1985年第2期。
⑨ 李育民：《甲午战争暨〈马关条约〉与中外条约关系的变化》，《抗日战争研究》2015年第2期。
⑩ 权赫秀：《晚清对外关系中的"一个外交两种体制"现象刍议》，《中国边疆史地研究》2009年第4期；《朝贡与条约的紧张关系》，《聊城大学学报》2013年第6期。
⑪ 张卫明：《"执盟府之成书，援万国之公法"：中法战争前宗藩关系的合法性建构》，《史林》2013年第2期。

关系的单一国际秩序"①，或分析中朝"从传统宗藩关系向近代邦交关系的转型"。② 关于中日琉球交涉，继提出"属未曾了结之案"③之后，近年又进一步从法理和史实上论证，中国宣布废除《马关条约》，以及根据《开罗宣言》，"琉球问题应该再议"。④ 此外，还对清政府维持其他藩属国所作努力作了探讨。

反洋教与义和团运动暨八国联军侵华，是两个密切相关的问题。反洋教研究，出版了中国教案史等著作，⑤ 不少专题论文亦从各个方面作了探讨。关于反洋教的性质，一般肯定具有反侵略的爱国主义性质，但对是否具有农民革命性质，出现不同意见。⑥ 其后或认为是"中西文化冲突的产物"，或认为是"反侵略爱国主义运动的产物"。另有研究者提出，两者均"失之偏颇"，反洋教是两者的"双重反映"。⑦

义和团运动与列强联合武力侵华的研究，在原有基础上有了新的发展，出版了一批著作。⑧ 另还有各省义和团运动的研究成果，以及各种文集和研究综述，美、意、德等国学者的译著。专题讨论亦有新的突破，弥补了既有研究的缺失。例如，以往有所忽略的法国表现，有学者认为，它在促成列强共同出兵的过程中，"扮演了元凶的角色"。⑨ 或指出，围攻使馆的是清政府而非义和团，是西太后顽固派"策划的政治阴谋"，这"在

---

① 李育民：《甲午战争暨〈马关条约〉与中外条约关系的变化》，《抗日战争研究》2015年第2期。
② 陈尚胜：《徐寿朋与近代中韩关系转型》，《历史研究》2013年第3期。
③ 戚其章：《日本吞并琉球与中日关于琉案的交涉》，《济南教育学院学报》2000年第5期。
④ 张海鹏、李国强：《论〈马关条约〉与钓鱼岛兼及琉球问题》，《台湾历史研究》2013年；李细珠：《清末中日琉球案尚为悬案考》，《台湾历史研究》2014年。
⑤ 张力、刘鉴唐：《中国教案史》，四川省社会科学院出版社1987年版；夏春涛：《教案史话》，社会科学文献出版社2000年版，等等。
⑥ 牟安世：《中国人民反对外国教会侵略的斗争和中国近代史的主要线索》，《社会科学研究》1985年第4期；李时岳：《反洋教斗争的性质及其他——答牟安世同志》，《近代史研究》1985年第5期。
⑦ 丁平一：《试论基督教在近代中国受到抵制的原因》，《湖南师大学报》1993年第2期。
⑧ 如廖一中、李德征、张旋如《义和团运动史》（人民出版社1981年版），路遥、程歗《义和团运动史研究》（齐鲁书社1988年版），林华国《历史的真相——义和团运动的史实及其再认识》（天津古籍出版社2002年版），等等。
⑨ 葛夫平：《论义和团运动时期的法国对华外交》，《近代史研究》2000年第2期。

国际关系史上是罕见的"。① 美国提出的"门户开放",以往称之"独占中国"的政策,新的看法认为,它在客观上对抑制或延缓侵略"起过一定的作用","对"瓜分中国的势力起了制衡作用"。② 有研究者不同意这一看法,认为这一看法"不符合历史事实",是给门户开放"抹粉"。③ 另有意见认为,它"以美国利益为中心","体现了明显的自利性质,蕴含着虚伪的另一面"。④ 关于"东南互保",有学者作为典型案例,对朝廷和地方督抚寻求"非战争方式"解决中外争端作了考察。⑤ 关于辛丑议和,有学者从国际法的角度对《辛丑和约》作了剖析,认为"违背国家主权原则"⑥,"发展了传统国际法中反动的理论和原则"⑦,等等。关于作用影响,针对列强对华趋于缓和的说法,有研究者认为与历史事实"不相符合","《辛丑条约》给中国带来了最大的打击","加重了对中国的侵略"。⑧ 或指出,《辛丑条约》是一个典型的强权文契,"巩固和强化了"既有的条约关系。⑨ 此外,除了从近代化和民族主义等方面分析之外,有研究者认为它是对"中国传统外交形式的一次清算",有着"近代外交转型的意义"。⑩ 关于义和团运动的评价,均肯定其爱国主义性质,但以往对消极的一面注意不够。有学者认为是"奉旨造反"运动,"带有浓重的封建蒙昧主义色彩",笼统排外是历史"惰性力量","不能成为历史前进的积极推动力量"。⑪ 这一看法引起讨论,不同意见认为,义和团烧铁路、砍电杆,"是打击侵略者的需要,具有正义性"。其排外主义,是"要求生存

---

① 李德征、丁凤麟:《论义和团时期的围攻使馆事件》,《文史哲》1981年第1期。
② 汪熙:《略论中美关系史的几个问题》,《世界历史》1979年第3期;罗荣渠:《关于中美关系史和美国史研究中的一些问题》,《历史研究》1980年第3期。
③ 丁名楠、张振鹍:《中美关系史研究:向前推进,还是向后倒退?》,《近代史研究》1979年第2期,等等。
④ 李育民:《晚清时期中美条约关系的演变》,《人文杂志》2018年第2期。
⑤ 庄和灏:《猜忌与威慑:近代中外交涉的常态化研究》,《云南档案》2016年第12期。
⑥ 张海鹏:《试论辛丑议和中有关国际法的几个问题》,《近代史研究》1990年第6期。
⑦ 李育民:《义和团运动对不平等条约体系的影响》,《湖南师大学报》2001年第6期。
⑧ 张海鹏:《民国史研究的现状与几个问题的讨论》,《近代史研究》2002年第4期。
⑨ 李育民、龚雅丽:《〈辛丑条约〉在中外条约关系中的地位》,载中国义和团研究会编《义和团运动110周年国际学术讨论会论文集》,山东大学出版社2012年版。
⑩ 戴海斌:《中国外交近代转型的节点》,《社会科学战线》2011年第12期。
⑪ 王致中:《封建蒙昧主义与义和团运动》,《历史研究》1980年第1期。

权利的本能反应","是必不可少的"。但思想狭隘、盲目排外,其消极作用"也是不可忽视的"。① 另有学者认为,义和团战争"其实只是中国内部政争的延续"。② 此外,研究者还揭示了新的史实,如披露伍廷芳曾向美方提出惩办慈禧太后与载漪,等等。

清末中外关系研究,涉及诸多问题。关于修订商约交涉,有研究者作了全面系统的探讨。③ 或认为,中美《通商行船续订条约》"不一定都对中国的利益构成危害",较以前的不平等条约"有所改善"。④ 不同意见认为,商约修订,"让外商占了许多便宜",使民族工商业"雪上加霜",后果严重。⑤ 此外,对"裁厘加税"和商标问题的交涉,以及此前关注不够的中葡修约和澳门问题交涉,也作了探讨。其他方面的中外交涉,近年又有新的进展。例如,关于"间岛"交涉,进一步揭露了日本的各种侵略手段。⑥ 关于西藏问题交涉,认为中方"罕有"的强硬,迫使英方"放弃独占西藏之野心","值得肯定",等等。⑦ 关于庚款退还,有学者指出,清驻美公使梁诚"实为首倡并争取退款办学第一人"。⑧ 不同意见认为,美国从一开始"就有退还的打算","用于兴学主要也是出于美方的意图";退款"促进了当时中国的改革和进步","值得重新评价"。⑨ 其后,研究者又探讨了民国时期其他国家退还庚款。此外,其他反映中外关系新动向的种种问题,如禁烟交涉,中日东三省"五案"谈判,云南、安徽等地的中外交涉,以及反对不平等约章的抵制美货、收回路矿利权等民众运动,

---

① 陈振江:《义和团几个问题的辨析》,《历史研究》1981年第1期;朱东安、张海鹏、刘建一:《应当如何看待义和团的排外主义》,《近代史研究》1981年第2期,等等。

② 马勇:《由内政而外交》,《社会科学论坛》2013年第6期。

③ 如李永胜《清末中外修订商约交涉研究》(南开大学出版社2005年版),王尔敏《晚清商约外交》(中华书局2009年版)。

④ 崔志海:《试论1903年中美〈通商行船续订条约〉》,《近代史研究》2001年第5期。

⑤ 徐鼎新:《1902年在上海举行的中英"商约"谈判》,《社会科学》1983年第11期。

⑥ 李花子:《1905—1909年日本调查"间岛"归属问题的内幕》,《近代史研究》2015年第2期;《试析1907—1909年日本界定的"间岛"地理范围》,《近代史研究》2017年第3期。

⑦ 杨铭:《清末中英关于西藏交涉的若干论争》,《西藏民族学院学报》1992年第1期;苏苑:《唐绍仪与中英西藏谈判述评》,《西藏研究》2001年第1期;范新尚:《清末中英西藏问题交涉述评》,《理论观察》2014年第6期,等等。

⑧ 徐建平:《美国退还部分庚子赔款史实考》,《华东师范大学学报》1998年第2期。

⑨ 崔志海:《关于美国第一次退还部分庚款的几个问题》,《近代史研究》2004年第1期。

"排外"与"惧外"的对外观念,清末社会维护领海渔业权的活动,等等,研究者亦作了广泛的探讨。

中外条约与清政府的外交方针等,长期以来认为清政府实行妥协投降政策,严格遵守不平等条约,尤其是《辛丑条约》签订后"彻底投降"。研究者克服了简单化、笼统化的倾向,提出新的见解。有研究者指出,"彻底投降"论,"既无视了一些历史事实",又"忽视了"浅显的道理。清政府"同帝国主义也有矛盾,有争执,甚至可以说有斗争"[1]。或指出,"清政府在要求修约收回权益方面也做了一些事情"[2]。除了前面提到的废约史著作作了全面考察之外,研究者还作了具体探讨。如清政府试图收回海关行政权,以及"为改进、收回领事裁判权作了一定的谋划及努力",等等[3]。其他努力,如1868—1869年中英修约交涉、中美华工禁约,以及前面提到的修订伊犁条约、清末商约交涉,等等,均作了探讨。关于清政府应对条约关系的方针和相关观念的形成,亦作了新的探讨。关于信守条约,有研究者纠正了过去的认识,指出,"不同时期有不同的内涵和特点",两次鸦片战争之间,"主要是要求对方守约",其后"产生了要求自己守约的趋向"[4]。或指出,动辄以"承认不平等条约"斥责前人,"大可不必";或对其从传统观念转向条约关系观念,作了较为系统的探讨[5]。研究者还注意到条约关系与晚清法律的关系,对其双重影响作了剖析[6];或剖析参与国际公约与清政府形成自进于文明国意识的关系[7],或从教会医疗事业的视角对各届政府的对外态度作了较为系统的探讨[8],等等。

---

[1] 张振鹍:《清末十年间中外关系史的几个问题》,《近代史研究》1982年第2期。
[2] 王建朗:《中国废除不平等条约的历史考察》,《历史研究》1997年第3期。
[3] 李永胜:《清政府收回海关权的最初谋划》,《历史档案》2006年第2期;李育民:《晚清改进、收回领事裁判权的谋划及努力》,《近代史研究》2009年第1期。
[4] 李育民:《论清政府的信守条约方针及其变化》,《近代史研究》2004年第2期。
[5] 张建华:《清朝早期(1689—1869年)的条约实践与条约观念》,《学术研究》2004年第10期;李育民:《晚清时期条约关系观念的演变》,《历史研究》2013年第5期。
[6] 李育民:《中外条约关系与晚清法律的变化》,《历史研究》2015年第2期。
[7] 尹新华:《国际公约与清末新政时期的中外关系》,《求索》2011年第12期;《国际公约与晚清中国融入国际社会》,《历史教学》(下半月刊)2012年第10期。
[8] 李传斌:《晚清政府对待教会医疗事业的态度和政策》,《史学月刊》2002年第10期;《北洋政府对待教会医疗事业的态度和政策》,《山东大学学报》2009年第5期;《抗战前南京国民政府对教会医疗事业的态度和政策》,《江苏社会科学》2003年第3期。

晚清时期的中外关系研究，以上仅涉及影响较大的几个方面。此外还对外交制度的变化，中外贸易冲突，人物与对外关系，以及其他各种问题作了探讨。如清代的领海问题，清政府与罗马教廷的外交，太平天国及各政治派别与不平等条约，传教士与各类外人及其与中外战争和交涉，还有香港史和澳门史及相关交涉，等等。诸如此类，说明晚清中外关系内容极为丰富繁杂，这正反映了该时期在近代历史中特殊而又重要的地位。

三 北京政府时期的中外关系

北京政府时期，经历了第一次世界大战，列强对中国的压迫一如既往，同时国内政局正酝酿着重大转折，中外关系方面呈现出多元和复杂的特点。在以往研究的基础上，学术界对此作了新的探讨，兹就以下几方面作一介述。

日本利用第一次世界大战加紧对中国的侵略，有研究者撰有专著，对此作了深入的探讨。[1] 中日《共同防敌军事协定》签订后，日本势力大举侵入中国。或认为，日本通过该协定诱使中国出兵西伯利亚，追随日、美，参加对苏俄的武装干涉。[2] 不同意见认为，这是北京政府的主动作为，目的在于争取外交主动及"战后和会上较有利的地位"。[3] 或认为，出兵"实际上是针对日本，阻止其扩大在中国的势力范围"。[4] "二十一条"和"民四条约"历来受到关注，研究者又从各个角度作了探讨。此外，研究者还探讨了新的问题，指出，甲午战争后，日本以长江流域为重点对华扩张，国民革命前，日舰的实力仅次于英国。[5] 或注意到日本在《南满东蒙条约》签订后又挑起间岛交涉的事端，或对抵制日货运动做了考察，等等。关于孙中山与日本的"盟约"问题，自日本学者藤井升三提出之后，

---

[1] 俞辛焞在《辛亥革命时期中日外交史》（天津人民出版社2000年版）一书中，将1911年至1916年的中日关系纳入国际关系中进行考察。
[2] 李永昌：《1918—1920年中国出兵西伯利亚述论》，《近代史研究》1993年第1期。
[3] 侯中军：《北京政府出兵西伯利亚与中日交涉再研究》，《史学月刊》2011年第10期。
[4] 郭宁：《以攻为守：中国出兵西伯利亚的决策经过（1918—1921）》，《民国档案》2016年第2期。
[5] 李少军：《国民革命前日本海军在长江流域的扩张》，《历史研究》2014年第1期。

中国学者反复考析，以证真伪。有研究者主张"慎重对待，认真考订"，"下真或伪的结论为时尚早"。① 有研究者认为，这是日本军部策划的阴谋，目的是"掩盖二十一条侵略中国的野心"，"嫁祸孙中山"。② 近有研究者作了新的考察，"谨慎推定'盟约案'为真"，但又提出"尚存疑问"之处；认为"这一时期流传的孙中山因密约而得巨款的消息，是不实之词"。③

英、俄两国在西藏和外蒙策动新的分裂活动，相关著作作了详细论述，也有专题论文讨论了相关问题。关于西姆拉会议及麦克马洪线，除揭示英国与西藏地方政府相互勾结之外，有研究者还注意到它们同床异梦，彼此不尽协调甚至相互矛盾的一面④；或认为其实质是为了维护英国对印度的殖民统治⑤。关于1919年中英西藏问题交涉，认为北京政府"越来越强硬"，最终挫败了英国的图谋。⑥ 此外，研究者还探讨了英国对袁世凯称帝，对山东、关余等问题的态度，以及在华举措、英驻拉萨代表团的设置及活动等问题。关于俄国分裂外蒙古，或认为，1913年签订的《中俄声明文件》，"除保留了徒有虚名的'宗主权'外，我国在外蒙古的权利已丧失殆尽"。⑦ 或认为，俄国通过《中俄蒙协约》等条约，将外蒙古限制在"自治"的范围内，从而实质上使其从中国分离出去，并对该地实行"俄治"。⑧ 或认为，"沙俄承认中国为外蒙古的宗主国"，是"强权政治下宗主权理论的一种突破"，是当时得到的"最佳结果"⑨，等等。此外，还探讨了英俄、日俄等国私下秘密交涉，以及英俄对新疆地区的侵略和渗透

---

① 俞辛焞：《孙中山的中日盟约问题辨析》，《近代史研究》1997年第2期。
② 王耿雄：《孙中山与"中日盟约"的真相》，《历史档案》1997年第3期；《再论孙中山与"中日盟约"的真相》，《历史档案》2000年第4期。
③ 王刚：《孙中山与"中日盟约"问题新证》，《史林》2018年第1期。
④ 周源：《再论西姆拉会议》，《中国藏学》2004年第2期。
⑤ 吕昭义、李志农：《麦克马洪线的由来及其实质》，《世界历史》2005年第2期。
⑥ 张北根：《1919年中英关于西藏问题的交涉》，《中国边疆史地研究》2004年第3期。
⑦ 陈春华：《关于1911—1913年中俄外蒙问题交涉——俄国外交文件选译》，《民国档案》1990年第1期。
⑧ 刘存宽：《中俄关系与外蒙古自中国的分离（1911—1915）》，《历史研究》2004年第4期。
⑨ 朱昭华：《袁世凯政府对外蒙古独立的因应》，《史学月刊》2009年第6期；时威：《试析中俄蒙协约的签订》，《黑龙江史志》2015年第1期。

等问题。

第一次世界大战的爆发及结束,对中国产生很大影响,研究者从各个角度作了深入全面的探讨①,在不少问题上取得重要进展。关于北京政府的对外方针及修约努力,以往一概否定,甚至斥之为卖国政府。研究者提出新的看法,认为:在反对和废弃不平等条约的斗争中,北京政府作了重要努力。它利用第一次世界大战,废除了中德、中奥之间的不平等条约;正式启动修约外交,全面提出取消不平等特权的要求;又单方面宣布废除中比、中西条约,使中国反对不平等条约的斗争迈向新的阶段。关于巴黎和会、华盛顿会议、关税会议、法权会议四个会议,以往基本上持否定态度,研究者从废约斗争的角度剖析其意义和地位,予以不同程度的肯定,评价更趋向客观。②此外,或从民国政治的角度,对废约运动作了探讨③;或对北京政府应对日本越界侵渔作了全面探讨,认为"起了某些积极作用"④。

大革命时期的对外关系,有研究者作了较全面的论述。⑤ 关于南方政府的对外方针,有研究者认为它实行反帝外交路线,以孤立、打击英国,分化反华联合战线为策略。⑥ 关于列强与革命营垒的关系,或认为,英国由前期的"怀柔政策"转向后期的"炮舰政策",配合了日本对蒋介石的分化拉拢。⑦ 或认为,英美和日本采取不同的政策和策略,日本"起了主

---

① 著作主要有项立岭《中美关系史上的一次曲折——从巴黎和会到华盛顿会议》(复旦大学出版社1993年版),张北根《1919年至1922年间英国与北京政府的关系》(文津出版社2005年版),邓野《巴黎和会与北京政府的内外博弈》(社会科学文献出版社2014年版),唐启华《巴黎和会与中国外交》(社会科学文献出版社2014年版)、《洪宪帝制外交》(社会科学文献出版社2017年版),侯中军《中国外交与第一次世界大战》(社会科学文献出版社2017年版),等等。
② 习五一:《论废止中比不平等条约》,《近代史研究》1986年第2期;韩渝辉:《中国是怎样得以在抗战时期实现废约的》,《近代史研究》1986年第5期;王建朗:《中国废除不平等条约的历史考察》,《历史研究》1997年第5期;李育民:《北京政府的修约与废约》,《文史博览》2005年第6期;杨天宏:《北洋外交与华府会议条约规定的突破》,《历史研究》2007年第1期,等等。
③ 李斌:《废约运动与民国政治》,湖南人民出版社2011年版。
④ 刘利民:《日本越界侵渔与民国北京政府的应对(1924—1927)》,《抗日战争研究》2013年第3期。
⑤ 参见孙莹、丁惠希《大革命时期的中外关系》,武汉大学出版社1997年版。
⑥ 徐义君:《试论广州武汉政府时期国民政府的反帝外交策略》,《近代史研究》1982年第3期。
⑦ 丁宁:《中国大革命时期的英国对华政策》,《近代史研究》1989年第1期。

导的作用"。① 或认为，美国的基本政策是设法软化分化中国革命，与日本"并没有根本的不同"。② 或注意到，南京事件"造成了美国对华政策的调整"。③ 或认为，国民革命动摇了作为华盛顿体系的"大国一致原则"。④ 或探讨中共反帝主张的变化，认为其急进方针扩展了国民革命的反帝斗争，也由此与国民党发生矛盾。⑤

关于苏俄、共产国际与中国的关系，有研究者作了较全面的探讨。⑥ 专题讨论的问题较多。关于苏俄政府三次对华宣言，针对苏联学术界有悖客观史实的观点，我国学者作了有力的驳正，指出：第二次宣言"以最明确的语言宣布了废除旧俄国同中国订立的'一切条约'"。第一次宣言明确规定中东路"无条件归还中国，毫不索偿"。⑦ 关于中苏《解决悬案大纲协定》，一般都予以肯定，认为使"中外关系的格局出现了革命性的转变"。⑧ 不同意见认为是"损害了中国主权的不平等条约"。⑨ 有台湾学者认为，中俄旧约并未因此大纲协定而被废除。⑩ 关于《奉俄协定》，有研究者认为，尽管某些条款"更觉进步"，但开了外国政府与中国地方政府签订条约的不良先例，后果严重。⑪ 此外，研究者还对苏联对华对日外交的不同影响，中苏建交谈判的"国民外交"背景及其影响，"联俄"与

---

① 沈予：《四·一二反革命政变与帝国主义关系的再探讨》，《历史研究》1984年第4期，等等。
② 牛大勇：《美国对华政策与四一二政变的关系》，《历史研究》1985年第4期；《北伐战争时期美国分化政策与美蒋关系的形成》，《近代史研究》1986年第6期。
③ 罗志田：《北伐前期美国政府对中国革命的认知与对策》，《中国社会科学》1997年第6期。
④ 王立新：《华盛顿体系与中国国民革命》，《历史研究》2001年第2期。
⑤ 李育民：《第一次国共合作时期中国共产党反帝主张的变化及其影响》，《近代史研究》2015年第4期。
⑥ 如杨奎松《中共与莫斯科的关系（1920—1960）》（台北东大图书公司1997年版），姚金果、苏杭等人《共产国际、联共（布）与中国大革命》（福建人民出版社2002年版），等等。
⑦ 方铭：《关于苏俄两次对华宣言和废除中俄不平等条约问题》，《历史研究》1980年第6期；薛衔天：《试论"苏俄第一次对华宣言"内容变化问题》，《社会科学战线》1991年第3期。
⑧ 罗志田：《帝国主义在中国：文化视野下条约体系的演进》，《中国社会科学》2004年第5期，等等。
⑨ 黄华：《沙皇俄国侵华条约的翻版》，《理论界》2008年第4期。
⑩ 唐启华：《1924年〈中俄协定〉与中俄旧约废止问题》，《近代史研究》2006年第3期；《1924—1927年中俄会议研究》，《近代史研究》2007年第4期。
⑪ 里闻：《〈奉俄协定〉的签订及其得失》，《黑河学刊》1990年第2期。

"容共"与中国政局，北方知识界的对俄态度，新疆与苏俄交涉，国民党人的联俄政策，以及北京政府与苏俄关系，俄共的"抬国压共"政策，苏俄对中国国民党政策及筹划国共"党内合作"原因，顾维钧与中俄建交交涉，北京政府对旅俄侨民的保护，奉系军阀朝鲜移民政策的苏俄因素等问题做了探讨。

北京政府时期的中外关系，内容较多，除以上所述之外，还涉及其他问题。诸如一战爆发后中国的中立问题，1927年南京事件，边疆问题交涉，列强与中国内政及其态度，外国传教士及商人社团与中国，中国外交中的外国因素，外交家和其他人物的思想及活动，南北政府的对外政策及活动，等等。研究者注重从新的角度探讨相关问题，如从战争法公约的角度探讨了北京政府的参战。① 总的来看，这个时期在评价北京政府对外方针和活动方面，更加趋于客观全面，有助于更完整、更准确地认识这个时期的中外关系。

四　南京国民政府时期的中外关系

南京国民政府时期，经历了中国近代史上最惨烈的侵略和反侵略战争，并进行了最为壮观伟大的人民革命，在沧海桑田的历史变革中，中外关系的内容亦极为复杂丰富。按照时间顺序，分为南京国民政府建立至七七事变、全面抗战、抗战胜利至新中国成立三个大的时段，就主要问题作一介述。

南京国民政府建立至七七事变之前，中日关系日趋紧张，正逐渐走向全面战争，这个时期的中外关系研究围绕这一中心展开。

九一八事变之前发生一些重要事件，引起研究者关注。关于济案交涉，研究者多视为对日立场的转折点。有学者认为，对日妥协政策，"开端即是济案交涉"。② 另有意见认为，此后蒋介石明确提出将国耻置于三民

---

① 尹新华：《战争法公约与民初北京政府的参战之路》，《安徽史学》2018年第1期。
② 杨天石：《济案交涉与蒋介石对日妥协的开端》，《近代史研究》1993年第1期；臧运祜：《中日关于济案的交涉及其"解决"》，《历史研究》2004年第1期。

主义及五权宪法之上,"消除外患逐渐成为国民党的当务之急"。① 或指出,受此刺激,蒋介石"显示了'悲壮'的抗日决心",但又"表现出明显的软弱与妥协"。② 关于"田中奏折",日本学术界基本上否定其存在,我国不少学者多肯定其事为真。有学者认为,真伪不能以有无"原件"来确定,东方会议与"田中奏折""是一脉相通的",是日本大陆政策的继续和发展。③ 近又有学者指出,与"田中奏折"高度契合的《帝国国防方针案》,"密奏给了明治天皇"。④ 某些事情从侧面证明了"'田中奏折'很可能存在",此件是"伪奏"但是"真物"。⑤ 另有学者持有疑问,认为奏折本身存在着一系列错误和矛盾,当事人回忆站不住脚,等等。⑥ 关于中东路事件,以往认为是国民政府反苏反共,而张学良则是肇事者。研究者提出不同看法。或认为,东北地方当局和张学良"是事件的主要决策者",国民政府对苏强硬,"几度阻挠东北地方当局和平解决的尝试"。⑦ 或认为,事件是中苏"共管"体制、地缘政治及中方决策失误等多种因素造成的,而"唯一的、真正的获益者是非当事国日本"。⑧

九一八事变尤引人注目,研究者或以此为起点编撰抗日战争史著作,或撰述专题著作,⑨ 或展开专题讨论。⑩ 关于中国抗日战争的起点,80 年

---

① 罗志田:《济南事件与中美关系的转折》,《历史研究》1996 年第 2 期。
② 李玉:《蒋介石在日记中对日"雪耻"》,《暨南学报》2015 年第 8 期。
③ 沈予:《日本东方会议和田中义一内阁对华政策》,《近代史研究》1981 年第 1 期;《关于〈田中奏折〉若干问题的再探讨》,《历史研究》1995 年第 2 期,等等。
④ 格至:《"田中奏折"与〈帝国国防方针〉的相关性论考》,《日本学刊》2016 年第 5 期;《"田中奏折"与〈帝国国防方针〉的相关性再考》,《日本学刊》2017 年第 6 期。
⑤ 孙果达:《〈田中奏折〉真伪之辩新探》上、下,《党史纵横》2015 年第 11 期、2016 年第 2 期。
⑥ 俞辛焞:《东方会议真相与〈田中奏折〉问题》,《南开大学学报》1985 年第 1 期;邹有恒:《对蔡智堪取得田中奏章的质疑》,《外国问题研究》1987 年第 4 期,等等。
⑦ 左双文:《再论 1929 年中东路事件的发动》《再论 1929 年中东路事件的收场》,《民国档案》2004 年第 2 期、2005 年第 4 期。
⑧ 刘显忠:《中东路事件研究中的几个问题》,《历史研究》2009 年第 6 期。
⑨ 胡德坤:《中日战争史(1931—1945)》,武汉大学出版社 1988 年版;张宪文主编:《中国抗日战争史 1931—1945》,南京大学出版社 2001 年版,等等。
⑩ 刘庭华:《九一八事变研究》,国防大学出版社 1986 年版;俞辛焞:《唇枪舌剑 九一八事变时期的中日外交》,广西师范大学出版社 1997 年版,等等。

代有学者提出,抗日战争始于"九一八"。① 近年此问题又引起关注,有学者说,"十四年抗战"概念已经在史学界达成共识。此说引起异议,有学者指出:史学界并未形成这样的"共识","十四年抗战"概念不可能准确概括 1931—1945 年的历史。② 关于各国对事变态度,以往多认为美英等国是日本"帮凶",不同意见认为:尽管美国默认日本占领东北,但"矛盾重重势难合伙",一度消极后"日趋强硬";或认为英国是有限度地对日强硬和妥协,等等。③ 关于苏联,有学者认为,它寄望通过美日冲突解除日本威胁而实行"不干涉"政策;或认为,不干涉政策有损中国主权,其实质是妥协;或认为,苏联采取不干预政策,与其外交模式有关,并掺杂了情报缺失等因素。④ 此外,还探讨了张学良是否奉行不抵抗政策,国民政府处置事变的思路,国联的态度,以及伪满洲国等问题。

南京政府初期的"改订新约",以往多持否定态度,学术界展开了热烈讨论。关于修约方针,认为所谓"革命外交"就是"修约外交",但对其内涵有不同看法。关于新约成效,否定意见认为,实际上多是"空洞口号和原则",较北京政府"更有后退"。⑤ 另有学者不同意简单否定,认为尽管存在局限,但取得了"当时所能争取的最好结果"。⑥ 或具体分析,认为"颇有进步意义",但"具有不彻底性";"有值得肯定的一面",但

---

① 张锦堂:《关于日本对侵华战争的称呼问题》,《日本研究》1986 年第 4 期;温永录:《抗日战争若干问题探析》,《社会科学辑刊》1989 年第 2 期。
② 张海鹏:《对教育部〈通知〉的质疑——"十四年抗战概念"取代"八年抗战"远非史学界共识》,《近现代史研究通讯》2017 年 1 月 29 日,https://501364.kuaizhan.com/3/26/p40333839916e9e。
③ 易显石:《略论美国对"九一八"事变的态度》,《近代史研究》1980 年第 3 期;徐蓝:《英国与"九一八"事变》,《北京师范学院学报》1989 年第 6 期;阮君华:《评"九一八事变"后英美两国的远东政策》,《江海学刊》2001 年第 5 期;张世均:《欧美大国和华侨对"九一八"事变的反响》,《世界历史》2001 年第 4 期;张俊义:《九一八事变后美国官方对事变真相的调查》,《近代中国:政治与外交》下,社会科学文献出版社 2010 年版;张皓:《1931 年英国处理中日争端政策的演变》,《世界历史》2007 年第 5 期,等等。
④ 胡德坤:《"九·一八"事变与绥靖政策》,《武汉大学学报》1979 年第 3 期;沙青青:《九一八事变前后苏联对日政策再解读》,《历史研究》2010 年第 4 期,等等。
⑤ 申晓云:《南京国民政府"撤废不平等条约"交涉述评》,《近代史研究》1997 年第 3 期,等等。
⑥ 程动田:《对南京国民政府"改订新约运动"的再认识》,《攀登》2006 年第 3 期,等等。

它"是修约，不是废约"，反映了"软弱立场"。① 另有研究者探讨与收回航权的关系，肯定其产生的积极影响，或对中日关税交涉作了系统考察。②

全面抗战时期，即七七事变至1945年日本战败投降，有研究者专就中外关系作了探讨，如陶文钊、杨奎松、王建朗《抗日战争时期中国对外关系》（中共党史出版社1995年版），王建朗《抗战初期的远东国际关系》（台湾东大图书公司1996年版），唐培吉《抗战时期的对外关系》（北京燕山出版社1997年版）。专题讨论涉及诸多问题。

关于七七事变，历史必然性问题是突出焦点。日本学者将事变说成"偶然事件"，否认这是日本发动侵华战争的阴谋。中国大陆学者或著书阐析日本全面侵华政策的酝酿和形成，揭示事变的必然性；③ 或撰文澄清史实，揭示其"历史和现实的根源"，认为是实施大陆政策的必然结果，或者说，"事变具有必然性与偶发性并存的特征"，等等。此外，七七事变是否是全面抗战的开始，也有两种不同意见；还有研究者注意到事变中的另一条渠道，即地方当局"现地交涉"。

国民政府的抗战外交及政策，为学术界所重视，出版不少著作，对该问题有所推进。④ 关于七七事变前的对外方针，研究者考察了变化轨迹。或认为，"一·二八"事变前是"一面抗战，一面交涉"，其后是走一步，看一步。⑤ 塘沽协定的签订，是由有限抵抗，"再到妥协过程"的重要转折点。⑥ 或认为，华北事变后发生重大转变，"由妥协退让逐步转向强硬"。⑦ 还有学者认为，西安事变后终于下决心停止内战，合作抗日。⑧ 关

---

① 王玉玲：《改订新约运动新评》，《北方论丛》1995年第1期；杨静：《南京国民政府的改订新约运动》，《历史教学》1995年第12期。
② 刘利民：《试论南京国民政府改订新约运动与收回航权关系》，《湖南师大学报》2017年第5期；单冠初：《中国收复关税自主权的历程：以1927—1930年中日关税交涉为中心》，学林出版社2004年版。
③ 臧运祜：《七七事变前的日本对华政策》，社会科学文献出版社2000年版。
④ 如左双文《抗日战争时期国民政府外交决策研究》（团结出版社2015年版），彭敦文《太平洋战争爆发前国民政府外交战略与对外政策》，王建朗《太平洋战争爆发后国民政府外交战略与对外政策》（武汉大学出版社2010年版），等等。
⑤ 杨卫敏：《国民政府与一·二八淞沪抗战》，《近代史研究》1990年第4期。
⑥ 肖前：《塘沽协定签订前的中日谈判》，《近代史研究》1990年第1期。
⑦ 吴景平：《日本对华经济侵略与国民党转向抗日》，《上海师范大学学报》1987年第3期。
⑧ 金冲及：《七七事变前蒋介石对日政策的演变》，《近代史研究》2014年第1期。

于中苏复交,或认为,依靠国联前途暗淡,是"与苏复交的根本原因",其实质是使"剿共"战争顺利进行。① 或认为,"剿共仍属内务,复交是对外问题",二者没有被捆绑在一起。② 或认为,根本原因在于阻止苏联亲日疏华及承认"满洲国"③,并注意到国民政府在处理对日对苏关系中的纠结。

七七事变后国民政府是否决心抗战,有不同意见。一种看法认为,南京政府采取了"较为强硬的态度",即使因无取胜希望而不愿意打仗,"但也不得不起而应战"。④ 不同意见认为,蒋介石并非"立即下了抗战的决心",还期望阻止全面战争。⑤ 关于蒋日"和谈",一种意见认为,蒋介石抗日态度上有所动摇。⑥ 不同意见认为,蒋介石抗日态度坚定,从未动摇。⑦ 另有学者认为,有"妥协动摇的一面",但还有策略性的一面。⑧ 或认为是权宜之计,为了实现各种外交目的。⑨ 关于国民政府对美外交,有学者认为,蒋介石实现"联美制日"目标,"不啻为一次根本性的转折"。⑩ 关于苏联,有学者认为,《中苏互不侵犯条约》的签订,联苏抗日政策"基本确立",但却是权宜之计。太平洋战争爆发后,又具有浓厚的"防共"情结。⑪ 另有学者认为,中国的外交战略是寄希望于日苏战争,或推动苏联直接参战,或获取苏联援助。⑫ 蒋介石对国际形势的分析及其

---

① 王员、郭秋光:《从1932年中苏复交看国民政府对苏政策实质》,《甘肃社会科学》2004年第5期。
② 侯中军:《"九一八"事变后国民政府派系之争下的中苏复交》,《晋阳学刊》2015年第6期。
③ 鹿锡俊:《1932年中国对苏复交的决策过程》,《近代史研究》2001年第1期。
④ 王建朗:《卢沟桥事变后国民政府的战和抉择》,《近代史研究》1998年第5期。
⑤ 李学通:《和乎?战乎?——卢沟桥事件中蒋介石的决策过程》,《军事历史研究》2017年第3期。
⑥ 沈予:《抗日战争前期蒋介石对日议和问题再探讨》,《抗日战争研究》2000年第3期。
⑦ 杨奎松:《蒋介石抗日态度之研究》,《抗日战争研究》2000年第4期。
⑧ 安成日、任龙哲:《试论抗日战争时期蒋介石对日"和谈"问题》,《日本问题研究》1997年第2期。
⑨ 杨天石:《"桐"工作辨析》,《历史研究》2005年第2期;《蒋介石对孔祥熙谋和活动的阻遏》,《历史研究》2006年第5期,等等。
⑩ 张祖:《蒋介石与抗战时期"联美制日"目标的实现》,《江海学刊》2010年第3期。
⑪ 郭秋光、王员:《抗战前期国民政府对苏政策论略》,《南昌大学学报》2006年第2期。
⑫ 陈开科:《中苏外交战略协调背景下的苏联援华空军志愿队》,《抗日战争研究》2015年第4期。

反应，有研究者作了系列考察。

关于各国对华政策，主要涉及美、英、苏、德等国，作了较充分的研究，出版了一批著作，① 相关论文作了专题探讨。关于美英，有研究者认为，抗战期间，英国采取绥靖主义政策，利用中日和苏日矛盾，将祸水引向苏联。② 不同意见认为，尚未发现英美有牺牲中国以求妥协的方案，英美一直存在对日妥协和援华制日两种倾向，到太平洋战争爆发才彻底放弃了对日妥协。③ 或认为，七七事变后，英国绥靖政策"有了实质上的改变"。④ 关于苏联援华的性质，曾全盘肯定，80年代以来又提出各种意见。或认为，苏联存在着严重的民族利己主义，"应该予以否定"。⑤ 不同意见认为，苏联对中国抗战是同情和支持的，给予中国极大支持。⑥ 此外或主张一分为二，或分阶段评价，或认为苏联援华是互利的，等等。关于中苏关系的恶化，有学者认为，根本原因是国民党对苏政策的不稳定性，由于亲英美，改善中苏关系出于被迫，国家主权问题并未发生决定性影响。⑦ 不同意见认为，中苏两国的利益冲突是主要因素，尤其是苏联的民族利己主义和大国沙文主义。⑧ 关于德国，以往认为德日两国没有区别。不同看法认为，德国不愿丧失在华利益，抗战之初保持中立，中德关系密切，前所未有。⑨ 陶德曼调停期间，阻止中苏联合，调停失败后，最终倒向日本，等等。⑩ 此外还探讨了军事顾问团、两国经贸关系、关系的逆转等问题。

---

① 如胡德坤主编《反法西斯战争时期的中国与世界研究》丛书（武汉大学出版社2010年版）中包括陶文钊主编《战时美国对华政策》、李世安等《战时英国对华政策》、汪金国《战时苏联对华政策》、马振犊主编《战时德国对华政策》，等等。

② 刘景泉：《抗日战争时期英国对华政策的演变》，《历史教学》1987年第7期。

③ 王建朗：《太平洋会议是怎么回事》，《抗日战争研究》1996年第3期；《试评太平洋战争爆发前的英美对日妥协倾向》，《抗日战争研究》1998年第1期。

④ 李世安、陈淑荣：《卢沟桥事变后英国对日政策的转变》，《河南师大学报》2008年第4期。

⑤ 朱敏彦：《试评抗日战争时期苏联对华政策》，《民国档案》1990年第4期；文晓燕：《抗日战争时期苏联对华政策述论》，《江苏社会科学》1998年第10期。

⑥ 柳敏和：《抗日战争时期的中苏关系》，《河北师大学报》1995年第4期。

⑦ 王真：《抗战期间中苏关系恶化原因初探》，《历史研究》1990年第4期；《实事求是，尊重历史》，《抗日战争研究》2001年第4期，等等。

⑧ 孙才顺：《如何评判抗战期间中苏关系中的是与非》，《抗日战争研究》2001年第3期。

⑨ 王建朗：《陶德曼调停中一些问题的再探讨》，《中共党史研究》1989年第4期；易豪精：《从"蜜月"到断交——抗战爆发前后中德关系的演变》，《中共党史研究》1995年第5期。

⑩ 陈仁霞：《陶德曼调停新论》，《历史研究》2003年第6期，等等。

除外，中英关系中还涉及香港、西藏及滇缅等，中美关系中有研究者注意到蒋介石与史迪威矛盾中的中共因素，中法、中韩、中印、中犹、中越，以及与欧洲其他国家的关系，等等，均作了新的探讨。

抗战时期中共对外关系，有关著作作了全面探讨。[①] 关于中共与苏联的关系，有学者认为，中共虽没有得到苏联军援，但不能得出"不支持中共"的结论；尽管中共拒绝苏联要求而出兵北上，但"尽其可能支持苏联"，等等。[②] 近年有学者指出，苏联提供了140余万美元的财政资助。[③] 苏联还曾秘密援助中共武器和军事装备，但"数量极少"，"作用也有限"。[④] 关于中共与美英的关系，研究者认为，中共抱有真诚期望，但美国的目标是扶植蒋介石，双方由合作走向敌对。[⑤] 关于中共与英国交涉"紫石英"号事件，除详细探讨之外，有研究者订正了一些史实讹误，认为这一事件可视为炮舰外交在中国的彻底终结。[⑥] 此外，研究者还探讨了中共的对外观念，对国联政策的变化，以及对外宣传工作，等等。

这个时期的几个重要条约受到关注。关于1943年与美英等国改订新约，以往避而不谈，研究者作了充分探讨。除相关废约史著作之外，又有专著对中美新约作了详细阐析，另有不少专题讨论的论文。或认为，新约宣告废除不平等条约，但真正实现，还必须打败日本，"建设一个富强的新中国"。[⑦] 或认为打碎了不平等条约"枷锁"，"具有时代的进步意义"，但"中国并没有获得真正平等地位"[⑧]，等等。有研究者对中共在废约斗争中的作用作了专题探讨。[⑨] 关于1945年《雅尔塔协定》和《中苏友好

[①] 牛军：《从延安走向世界：中国共产党对外关系的起源》，福建人民出版社1992年版；王真：《没有硝烟的战线——抗战时期的中共外交》，广西师范大学出版社1995年版；沙健孙主编：《中国共产党与抗日战争》上下，中央文献出版社2005年版，等等。

[②] 王真：《抗战时期苏联与中共关系研究中的几个问题》，《近代史研究》1992年第6期。

[③] 张泽宇：《全面抗战时期苏联和共产国际对中共的援助研究》，《中共党史研究》2011年第8期。

[④] 孙艳玲：《抗战时期苏联援助中共武器问题初探》，《抗日战争研究》2013年第4期。

[⑤] 于化民：《短暂的合作：抗战后期中共与美国关系解析》，《抗日战争研究》2007年第3期。

[⑥] 王建朗：《衰落期的炮舰与外交》，《近代史研究》2001年第4期。

[⑦] 韩渝辉：《中国是怎样得以在抗战时期实现废约的》，《近代史研究》1986年第5期。

[⑧] 王淇：《一九四三年〈中美平等新约〉签订的历史背景及其意义评析》，《中共党史研究》1989年第4期。

[⑨] 李育民：《中国共产党反对不平等条约的历史考察》，《中共党史研究》2003年第5期。

同盟条约》，学术界曾长时期讳言其损害中国主权的性质，对后者尤肯定其积极作用。研究者重新审视，提出不同意见。关于《雅尔塔协定》，基本上予以否定，认为是"强加给中国的一个不平等条约"，是"大国强权政治的'远东慕尼黑'阴谋"，"是践踏国际法准则、弱肉强食的协定"。同时，有研究者又肯定其积极作用。关于中苏《友好同盟条约》，或基本否定，认为是"严重损害中国主权的不平等条约"，"仍继承不平等条约时代的恶劣传统"。或强调积极作用，并指出，"在中华民族危亡最深重的抗日战争期间，正是苏联第一个慷慨地支援了中国"。另有研究者则作一分为二的具体分析。

中国大国地位问题也引起关注，或认为，中国虽然头顶"大国地位"光环，但实际上贫弱落后，甚至未成为一个真正的主权国家[①]；或认为，这一地位具有现实性与虚幻性相矛盾的特征[②]；或认为，中国成为"四强"之一，是确立大国地位的标志，但缺少经验和实力基础[③]。研究者还注意到战后国际秩序问题，除了撰有专著之外，《近代史研究》编辑部还组织笔谈，认为中国积极地参与缔造战后秩序，"做出了特殊的贡献"，等等。

抗战胜利至新中国成立时期的中外关系，主要涉及美、苏两国。一般认为，为了维护雅尔塔体系中的利益，美苏力求使中国避免内战，支持蒋介石的国民政府实现统一。随着形势的变化，两国对国共两党的态度发生变化。

关于中美关系，有关著作作了详细的探讨，[④] 专题讨论主要涉及两个问题。关于马歇尔使华调处，在纠正以往简单地视为助蒋拖延时间发动内

[①] 于群：《第二次世界大战与中国大国地位之争》，《东北师大学报》1995年第4期。
[②] 王真：《抗日战争与中国的国际地位》，社会科学文献出版社2003年版；《现实大国与虚幻大国——抗战时期中国大国地位的二律背反》，《抗日战争研究》2001年第2期。
[③] 王建朗：《大国意识与大国作为——抗战后期的中国国际角色定位与外交努力》，《历史研究》2008年第6期。
[④] 资中筠：《美国对华政策的缘起和发展（1945—1950）》，重庆出版社1987年版；牛军：《从赫尔利到马歇尔——美国调停国共矛盾始末》，福建人民出版社1989年版，等等。

战，并作详细论述的基础上，① 又有新的进展。有研究者注意到，马歇尔调处与苏联政策的转变存在着内在联系，斯大林的反对对调处最终失败产生了重要影响。② 关于援蒋问题，或认为，1948年《援华法》表明美国"尽可能延长"国民党政府的寿命，为中国革命设置障碍③；或认为，美蒋实际上是"相互需要，相互利用"的关系④，等等。1946年中美商约，不少研究者认为具有不平等性质，或认为是形式上平等、实质上不平等的条约；或认为是与《南京条约》没有不同的不平等条约；或认为，"在经济实践中是绝对不平等的"，可"称为一个有害条约"；或认为是"新形式的不平等条约"，等等。⑤ 另有研究者探讨了中共对美政策的演变，认为以1947年1月发表《对战后国际形势中几个基本问题的解释》为标志，开始执行全面反美政策。⑥ 还有研究者考察了战后中英两国关于香港问题的交涉。⑦

关于中苏关系，有关著作作了详细探讨。⑧ 对于斯大林劝中共不要打过长江的说法，研究者根据新的资料予以否认，认为斯大林"支持中共建立全国性政权"。⑨ 关于1946年春的反苏运动，以往认为是国民党操纵的，有学者认为是爱国运动。⑩ 关于中（中共）苏同盟的形成，认为是雅尔塔

---

① 陶文钊:《马歇尔使华与杜鲁门政府对华政策》，《世界历史》1986年第2期；杨奎松:《1946年国共两党斗争与马歇尔调处》，《历史研究》1990年第5期；等等。

② 陈晖:《马歇尔使华与苏联对华政策》，《历史研究》2008年第6期；郝江东:《苏联对一九四六年马歇尔调处国共矛盾失败的影响》，《中共党史研究》2018年第1期。

③ 陶文钊:《美国对华政策辩论与1948年〈援华法〉》，《近代史研究》1988年第3期，等等。

④ 饶戈平:《1945—1949年国民党政府的对美政策》，《民国档案》1988年第2期。

⑤ 任东来:《试论一九四六年〈中美友好通商航海条约〉》，《中共党史研究》1989年第4期；陶文钊:《1946年〈中美商约〉：战后美国对华政策中经济因素个案研究》，《近代史研究》1993年第2期；王淇:《一九四三年〈中美平等新约〉签订的历史背景及其意义评析》，《中共党史研究》1989年第4期。参见王建朗《中国废除不平等条约的历程》，李育民《中国废约史》，等等。

⑥ 章百家:《抗日战争结束前后中国共产党对美国政策的演变》，《中共党史研究》1991年第1期。

⑦ 孙扬:《无果而终：战后中英香港问题交涉（1945—1949）》，社会科学文献出版社2014年版。

⑧ 沈志华、李丹慧:《战后中苏关系若干问题研究》，人民出版社2006年版；薛衔天:《中苏关系史：1945—1949》，四川人民出版社2003年版，等等。

⑨ 王真:《斯大林与毛泽东1949年1月往来电文译析》，《近代史研究》1998年第2期，等等。

⑩ 江沛:《1946年春反苏运动述评》，《江西师范大学学报》2003年第1期。

格局的产物,"掺进了苏联的民族私利"。① 还有研究者探讨了苏联战后支持中共政策的形成及原因,苏联对新疆的政策,国民党对苏政策,等等。

此外,对我国收复和维护南海诸岛主权,以及中共维护领水主权的认识和实践等,亦作了系统探讨。另外,还考察了韩国独立运动与中国的关系,包括中国共产党对这一运动的援助。其他相关问题,如国民政府参与创建联合国,沈崇事件与国共斗争,中共对美苏的认识及其关系,美苏介入国内政局及其影响,国民党处理滞华日人及其与国共相争,等等,亦为研究者所关注。

五　结语

综上所述,改革开放之后的近代中外关系研究,取得巨大成绩,不仅宏观整体方面硕果累累,专题论文更是数不胜数。尤其是,学术界打破了思想禁锢,在广度和深度上均有很大突破。广度上,研究范围大大扩展,所涉内容更为广泛,并冲破了此前的某些禁区,以新的视野开拓新的领域。深度上,在大量新史料的支撑下,内容更加客观真实,新见迭出,不断获得新的突破。理论上,坚持唯物史观,并兼收并蓄,吸纳了各种新的思想。方法上,亦有极大改进,不仅以历史学的实证为基础,而且与国际关系、国际法、外交学等相关学科相结合。学术交流也出现了前所未有的局面,各种层次的研讨会不断召开,既形成了百家争鸣的氛围,又推进了研究的进一步发展。研究队伍亦有很大发展,更多的学者投入这一领域,且形成多学科融合的趋势。同时,在这四十年间,整理出版了大量资料文献,包括档案史志、专题史料汇编、人物文集、报纸期刊等,为研究奠立了扎实的基础。

限于学识和篇幅,本文仅就基本研究成果择要介绍,未能完整反映这一盛况。中外关系中的经济、文化等方面未能纳入,即所涉基本成果,亦有不少内容未能介述,挂一漏万,亦在所难免。

需要指出,尽管取得如此成就,但仍存在诸多不足和局限,有待进一

---

① 王真:《中苏同盟与战略利益的选择》,《当代中国史研究》2001年第1期。

步改进和努力。例如，相关概念有必要作进一步的梳理，如中外关系史与外交史宜厘清各自内涵，在具体研究中应有一定的分界。有关近代中外关系的理论探讨亦有待加强，除了把握国际关系等学科理论之外，尚需与近代中国的特殊时代背景相联系。各领域研究有欠平衡，如国别关系史为研究者所趋重，其中美、日、俄、英等国的研究较为充分，其他国家尤其是小国则相距甚大。在各门类中，政治关系和外交史成果较多，而经济、文化关系较为薄弱。尤其是，宏观整体研究虽然取得显著进展，但仍缺乏一部内容完整，囊括政治、经济、文化等方面的大型近代中外关系通史著作。在具体研究中，也存在各种不同的问题，如理论分析的欠缺，史料挖掘的不足，逻辑思维的疏散，等等。

这些不足和局限，为把握今后近代中外关系史研究的发展方向，提供了进一步改进和努力的参照系。在学科领域层面，需要宏观统筹和共同努力，从整体上推动这一学科领域的发展。加强学科理论探讨，促进规范性研究，无疑应引起足够的重视。既要吸纳相关学科的理论，又须结合中国近代的特点，构建近代中外关系学科的理论体系，厘清学科领域中的相关概念和分界。中外关系史是一个内容丰富、广延性宽泛的学科，宜关注和开发新的生长点，扶植分支学科的成长。既有研究的不足，诸如涉及中外的经济关系史和文化关系史、未开垦的和稍有涉猎的国别关系史，以及中国参与的各类国际活动，等等，中国自身方面的对外思想观念及其嬗替、对外方针策略的演变，以及外交内政的关联，等等，均需予以弥补。在各门类研究的基础上，编撰一部内容完整的大型综合性近代中外关系通史，亦须提上议事日程。对研究者而言，亦需提升厚实的理论素养，培植扎实治学的优良品格；从全国、世界的广大空间，以及整个近代乃至与古代和现代相联系的长时段扩大视野，并不断扩展和改进学术思维的范围和品质。另外，专业史料的建设仍任重而道远，尤其是域外文献的收集整理和翻译，对于克服上述某些不足，具有极为重要的意义。相信在这四十年奠立的雄厚基石上，通过更多努力，近代中外关系史研究将会有新的大发展。

1986年以来的中国近代社会史研究评述

王先明

20世纪80年代开始，社会史内容进入了中国近代史研究领域。三十多年来，社会史已经成为中国近代史研究中一个十分重要的方向，并从一定意义上改塑了以往中国近代史研究的基本格局。在新时期中国近代史学的历史进程中，社会史研究的学术成就及其发展趋向，有着学术新时代的典型特征。本文分两个时期：兴起与发展（1986年至2007年）、拓展与深化（2008年至2017年），略述其要。

一 兴起与发展时期

（一）三个阶段

1986年10月，由南开大学、天津人民出版社、《历史研究》编辑部等单位共同发起，在天津召开了第一届中国社会史研讨会。这次会议大致上可以看作学术界有计划地恢复社会史研究活动的开始。会后，《历史研究》集中刊发了一组讨论"中国社会史研究对象和研究范围"的论文，并且还发表了《历史研究》评论员文章：《把历史的内容还给历史》。这在学术界引起了很大震动和反响。这标志着中国历史学研究理论和方法的新转向。当时，中国近现代史学者是倡导和推动社会史研究的主要力量。由此开始，中国近代社会史研究日渐兴盛繁荣，成为中国近现代史领域中最令人瞩目和最富有活力的方向。概括起来，三十年来的中国近代社会史研究历程可分为三个阶段。

1. 学科复兴阶段（1986—1990）

1986年10月第一届中国社会史学术讨论会召开，宣告了中国社会史学科的诞生。此后，在各方面共同努力下，不间断地举行每两年一届的全国性研讨活动，使得社会史研究稳步扎实地持续发展，取得了令人欣喜的成就。80年代后期以来，中国人民大学、中国社会科学院近代史研究所和历史研究所、南开大学、山西大学、南京大学等院所先后组织了一批社会史研究课题，或建立了研究室，不少高校开设了社会史课程。社会史学科开始获得学术界的基本认同而得以复兴。

1986年至1990年，天津人民出版社率先推出社会史丛书4种。1989年起浙江人民出版社与南京大学合作，前后历时7年，组织出版了中国社会史丛书全套20种。据粗略统计，仅1986年至1994年出版的中国社会史图书就有120多种，同期发表论文700多篇，其中中国近代社会史240篇。

总体而言，在社会史复兴的第一阶段，其成就主要体现为对于"社会史学科对象及其研究范围"形成了相对的共识。1986年10月中国社会史研讨会的主题围绕着社会史学科的基本问题展开，即"中国社会史的研究对象、范畴""社会史与其他学科的关系""开展社会史研究的意义以及若干属于社会史研究范畴"等。这次会议将社会史定位成专门史或一个流派，在研究方法上提出要借鉴社会学、民俗学、人类学等学科的理论与方法，可以看作学术界有计划组织和推动社会史研究活动的开始，对重建和复兴中国社会史研究工作意义重大。其后三次学术会议，虽然主题略有不同，但对社会史研究对象、社会史的学科特征和研究方法的讨论仍很热烈。对这一问题的讨论持续到90年代初，它也构成了这一阶段中国近代社会史研究的主要课题。关于这一问题的基本成果可以概述为几点。

第一，认为社会史研究历史上人们社会生活的运动体系，亦即以人们的群体生活与生活方式为研究对象，以社会组织、社会结构、人口社会、社会生活方式、物质与精神生活习俗为研究范畴，揭示其在历史上的发展变化及其在历史进程中的地位和作用。

第二，认为社会史是一种整体的历史。因为真正能够反映一个过去了的时代全部面貌的应该是通史，而通史总是社会史。史学研究应当注意人们在生产中形成的，与一定生产力发展程度相适应的生产关系的总和。因而，由此延伸出来的以经济活动为基础的种种人际关系都应成为社会史研究的对象。

第三，认为社会史的专门研究领域是社会，即不包含政治、经济、文化等在内的所有社会生活。此种观点认为，社会史的内容应当包括三个层次，即社会构成、社会生活、社会功能。近似的观点认为社会史的研究领域包括社会环境、社会构成、社会关系、社会意识、社会问题、社会变迁等方面。

第四，认为社会史不是一个特定的史学领域，而是一种新的视角、新的路径，亦即一种"自下而上"地研究历史的史学范式。

第五，认为社会史是以"人"为轴心的历史。它应当注意自觉地造就人，准确地把握人，真实地再现人，合理地批评人，强烈地感染人。还有人指出，社会史以"人"为核心，不是指某个具体的人，而是作为某个阶级、阶层或集团的整体意义的人的历史的演变。

对这些问题的讨论学术界至今也还未能达成完全一致的认识，但在学科理论层面上却形成了大致认可的范围。通过对社会史定义、研究对象和范畴的阐释，在广泛争论的基础上，学界形成了相对稳定的"专史说""通史说""范式说""视角说"等观点，由此掀起了社会史研究的一次高潮。上述问题的提出和争论，对于推进中国近代社会史的研究具有重要意义。

2. 体系建构阶段（1991—2000）

90年代以后社会史研究呈现更加强劲的势头，专题性的中国近代社会史研究成果层出不穷，成为成果丰硕的学术方向之一。如关于中国近代秘密社会史的研究就有蔡少卿的《中国近代会党史研究》，秦宝琦的《清前期天地会研究》，周育民、邵雍的《中国帮会史》，李世瑜的《现代华北秘密宗教》，以及濮文起的《中国民间秘密宗教》等著作。在近代社会生活和社团研究方面有严昌洪的《中国近代社会风俗史》、桑兵的《清末新知识界的社团与活动》、李良玉的《动荡时代的知识分子》等著作；在中国近代社会结构史方面有姜涛的《中国近代人口史》、王先明的《近代绅士：一个封建阶层的历史命运》、马敏的《官商之间——社会剧变中的近代绅商》、贺跃夫的《晚清士绅与近代社会变迁：兼与日本士族比较》等著作。1998年前后，上海文艺出版社、江苏人民出版社等，也相继出版社会史丛书近20种。似乎可以说，中国近代社会史研究走向繁荣的阶段已经开始。

虽然专题性的中国近代社会史研究成果颇多，但真正对于学科发展具有影响意义的，却是社会史学科体系研究的成果。1992年，《中国近代社会史》（乔志强主编）出版。同年，陈旭麓《中国近代社会的新陈代谢》也出版。其后，龚书铎主编的8卷本《中国社会通史》（山西教育出版社1996年版）问世。这些著作的出版，为当时的社会史研究划出了一个相对明晰的研究范围，并且把理论架构与史实相结合，使社会史的学科特征得到相对完整的体现。它们的出版标志着中国近代社会史学科体系的初步形成。

《中国近代社会史》一书提出了社会史的学科体系，认为它主要包括三个方面："社会构成；社会生活；社会功能等。"与《中国近代社会史》所持专史说不同，陈旭麓则提出社会史实际上就是通史，他认为"经济史、文化史毕竟以专史为归属，其议旨和范围都有限度，真正能够反映一个过去了时代全部面貌的应该是通史，而通史总是社会史"。这一阶段社会史学科体系研究呈现出以下一些特色。第一，在研究时段上，大多选取了变化剧烈的近代社会作为研究对象，近代社会史在中国社会史复兴与研究中扮演了重要角色。第二，中国近代社会史的理论建构，更多地借鉴和运用了社会学的理论和方法；"社会学化"倾向一定程度上导致了史学特征的失落。第三，近代社会史理论构架虽有分歧和特点各异，但从总体理论构筑上却有惊人的相似性。首先，都是以"社会"来观照内容，并把近代社会史析分为三个方面，并赋予其具体的内容。其次，都是从历史上的社会（横断面）而不是从社会的历史（纵剖面）来确定整体的理论体系。对此，我称之为"三板块结构"，即近代中国社会嬗替变迁的总体历史进程，在"社会构成、社会生活、社会职能（或社会意识）"的"社会学化"理论体系中根本无法凸显，导致社会史变为"社会学的历史投影"。这等于是从三个侧面表现的历史的社会，而不是"社会的历史"。中国近代社会史的理论架构具有将社会学理论简单移植的倾向，这导致历史学的社会学化的趋向，应该引起学术界的重视。①

3. 稳步发展阶段（2001年后）

关于中国近代社会史学科体系的讨论，在世纪末已经趋于消寂，不再成为学界关注的话语。学术研究的兴趣更多地集中在专题社会史方面，或者说更着重于问题意识的凸显和新领域的开拓，由此推动着中国近代社会史走上稳步发展的轨道。就这一阶段的研究特点而言，当可关注以下几个方面。

一是问题意识的突出。21世纪以来的中国近代社会史研究更加突出问题意识。这是在20世纪末就已经成为共识：即不再继续讨论宏观性的学科对象和范畴，而坚持以问题为导向，使社会史研究逐步走向深入。1998年苏州第七届研讨会将"家庭、社区、大众心态变迁"确定为会议主题；2002年上海会议主题为"国家、地方民众互动与社会变迁"；2004年厦门会议主题为"仪式、习俗与社会变迁"。社会史学术讨论会的"问题"的凝练，使得全国学者能够相对集中地从不同角度和知识背景对同一问题展开研究，相对而言，既可避免学术研究中的"自言自语"（即因为学术话语不同，研究课题不同，无法展开讨论和对话——社会史学界称之自言自语），也能促使研究课题的深化。而且这些"问题"的集合事实上就揭示着社会史研究逐步走向深入的历史进程。

二是研究领域的扩展。近代区域社会史研究的兴盛，近代城市史、乡村史以及近代灾荒史研究的发展等，极大地扩展着中国近代社会史研究的领域。特别需要关注的是，社会史学界开始注意研究基层"社会空间"的构造及其转换问题，以区别于以往史学界对上层政治空间与制度安排的单纯关注，使社会史研究在方法论意义上实现了"区域转向"。"区域社会史"逐渐成为中国社会史研究的主流，在学术界约定俗成地出现了诸如"华北模式""关中模式""江南模式""岭南模式"等研究范式。

三是历史人类学的兴起。随着社会史的深入发展和区域社会史的兴起，人类学的方法对社会史研究的影响越来越大，在具体研究中得到较为

---

① 王先明：《中国近代社会史研究的理论思考——兼论历史学的社会学化》，《近代史研究》1993年第1期。

普遍的运用。勒高夫曾在《新史学》中指出历史学要"优先与人类学对话",新史学的发展"可能是历史学、人类学和社会学这三门最接近的社会科学实行合作"。勒高夫称之为"历史人类学"。一批中青年学者一方面开始注重建立具有自己特色的人文社会科学研究的方法体系和学术范畴,另一方面,重视民间文献和口述资料的收集和整理。它标志着人类学与历史学,尤其是与社会史学科整合的一种努力。

(二) 社会史研究新走向

中国近代社会史研究在20世纪90年代后进入持续稳定的发展状态,其研究领域和选题呈现着日趋强劲的走势,其研究理论和方法在某些方面也走向成熟。中国近代社会史研究的新成果不断涌现,为新时期中国史学发展做出新的学术贡献。它所呈现出的时代趋向如下。

1. 区域社会史研究成果突出,其理论研究也日趋深化

20世纪90年代以后,区域社会史研究日见繁盛,并呈现出中国社会史研究路向选取的区域化特征。区域史研究成果的丰富多样和千姿百态,对于史学研究传统取向的转换、研究问题的深入展开和基本研究格局的改变,具有显而易见的作用。因而,区域史研究构成中国近代社会史研究的主要方面。

王笛《跨出封闭的世界:长江上游区域社会研究(1644—1911)》(中华书局2001年版)是较早的有代表性的区域社会史研究专著。王著分别从自然地理与经济地理,人口、耕地与粮食,农村经济与农业发展,区域贸易与市场网络,手工业与工业,政治结构与地方社会秩序,新旧教育体制的变动,社会组织及其功能的变化,社区、社会阶层与社会生活,传统文化与近代意识等方面,对这一区域的近代化进程做了整体的研究。江南区域社会史研究的成果相对集中,段本洛的《苏南近代社会经济史》(中国商业出版社1997年版)、马俊亚的《混合与发展——江南地区传统社会经济的现代演变(1900—1950)》(社会科学文献出版社2003年版)、小田的《江南乡镇社会的近代转型》(中国商业出版社1997年版)等,分别从区域—经济社会的现代演变、乡镇社会转型进程方面,对近代江南区域社会进行比较深入的研究。李学昌主编的《20世纪南汇农村社会变

迁》（华东师范大学出版社 2001 年版）也是特色鲜明的著作，它从历史典籍、民间文献与实地调查入手，围绕社会变迁的主要层面和变数，追踪和描述了南汇农村社会变迁轨迹，并提出了区域社会变迁的理论认识。

华北区域社会史研究也是近年来研究比较集中的领域。乔志强主编的《近代华北农村社会变迁》（人民出版社 1998 年版），苑书义等的《艰难的转轨历程——近代华北经济与社会发展研究》（人民出版社 1997 年版），郑起东的《转型期的华北农村社会》（上海书店出版社 2004 年版）等著作，推动着近代华北区域社会史研究走向深入。苑著主要立足于经济因素，从农业与农村、城市经济与社会结构、政治制度的变迁几方面入手，探讨近代华北经济与社会发展的相关性。郑著则从专题展开，从农村权力结构、社会组织、国家对农村的征派、农村经济生活要素、农民物质生活状况方面讨论了近代华北区域社会变迁问题。相对而言，乔编的视野更为广阔，它以十九章的篇幅从人口、婚姻、家庭、宗族、阶级、阶层、市场交换、城市化与城乡关系、物质生活、社会风俗、民间信仰、社会心理、人际关系、乡村教育、基层政权、地方自治、灾荒救治、社会问题以及社会变迁诸多方面，对这一区域社会变迁进行了系统研究。而且此书力求在社会史的"知识体系"中寻找"一条主线贯穿其中"，并以"传统社会向近代社会的演化"作为其"主线"。魏宏运主编的《二十世纪三四十年代太行山地区社会调查与研究》（人民出版社 2003 年版）从自然环境与社会制度、小农社会的农业变革、农村商业集市、工矿业的兴起、村落、家庭与家族的变迁、农村新文化与新风尚等多角度，对这一区域的乡村社会变迁做了全面系统的研究。张利民等的《近代环渤海地区经济与社会研究》（天津社会科学院出版社 2003 年版），是国内第一部研究环渤海区域社会现代化的专著。作者不仅探讨了农业经济、沿海贸易、农村市场、交通体系、工业体系在区域社会发展中的作用，而且着重描述了区域市场网络、区域现代化进程以及社会流动、社会生活、社会结构的近代变动，并力求揭示区域社会近代化的特点。

伴随着近代区域社会史专题研究的深入，区域社会史研究的理论指向也十分明显。李文海认为，研究区域史首先要着重发现和揭示这个区域同其他区域不同的特色；其次要树立全局观念，不能就区域谈区域；再次要有综合观念，揭示区域内各种要素的相互联系；最后要特别强调学科的交叉。① 就此问题，《学术月刊》2006年以专栏形式发表一组集中讨论的论文：唐力行认为从事区域史研究必须要在三个层面上拓展视野：其一是要注意区域与周边地区的关系；其二是要进行区域比较研究；其三是区域史的研究要与整体史相结合。② 王先明提出，研究问题的空间特征决定了区域史研究的选择，而不是人为的空间取舍形成区域史研究，即将研究对象简单地地域化或地方化。因此，可以这样把握区域史研究，即一定时空内具有同质性或共趋性的区域历史进程的研究。③ 张利民提出区域史的空间范围界定问题，认为科学地规范和界定区域的空间是最基本的，是区域史研究不能回避的基础问题。区域史研究对空间的界定应该是理性的，如果随意地冠名区域史，既有失偏颇，也影响区域史的科学性和严谨性，不利于区域史的深入开展和各学科的交叉研究。④ 吴宏歧认为，区域史研究已经成为中国历史学科各主要分支学科研究中的一个新取向，但其碎片化现象也引起不少学者的担忧。区域化的中国社会史研究要避免碎片化现象回归整体史研究的正途，必然要借鉴社会科学其他相关学科的成果、视角和理论方法来实现自我建设和理论创新。⑤

杨念群针对目前区域史研究多趋向于探讨"宗族"和"庙宇"功能的现状，提出"跨区域研究"的角度，认为应该在尊重既有地方史研究成果的基础上，重新理解政治变迁的跨地方性逻辑的问题。⑥ 徐国利认为，区域史（学）就是研究社会历史发展中由具有均质（同质）性社会诸要素或单要素有机构成的、具有自身社会历史特征和系统性的区域历史，进而揭示区域历史发展系统性和独特性的史学分支学科。⑦

---

① 李文海：《深化区域史研究的一点思考》，《安徽大学学报》（哲学社会科学版）2007年第3期。
② 唐力行：《从徽学研究看区域化的中国近代史研究》，《学术月刊》2006年第3期。
③ 王先明：《"区域化"取向与近代史研究》，《学术月刊》2006年第3期。
④ 张利民：《区域史研究中的空间范围界定》，《学术月刊》2006年第3期。
⑤ 吴宏歧：《历史地理学视野下的中国近代社会史研究》，《学术月刊》2006年第3期。
⑥ 杨念群：《"地方性知识"、"地方感"与"跨区域研究"的前景》，《天津社会科学》2004年第6期。
⑦ 徐国利：《关于区域史研究中的理论问题——区域史的定义及其区域的界定和选择》，《学术月刊》2007年第3期。

近代区域社会史研究在江南区域和华北区域方面取得突出的成绩，不仅成为学界特别关注的领域之一，并且在研究内容和理念上也引出一些新的思考。面对中国广阔的区域，进一步拓展的空间相当宽阔，未来的研究无论在地域范围还是在理论方法上，都会有持续的进一步发展。

2. 近代乡村史研究方兴未艾，走向深入

乡村社会变迁始终是中国历史变迁的主体内容，这不仅因为在区位结构中乡村占据绝对的优势，而且因为乡村的生活模式和文化传统从更深层次上代表了中国历史的传统。近代乡村史也成为近年来学界主要关注的课题。王先明著文《开展二十世纪的中国乡村史研究》(《光明日报》2000年12月1日)，不久又主持第一次中国近代乡村史研讨会。特别是当"三农"问题构成制约中国社会发展和实现现代化进程的突出问题时，对它的关注和寻求解脱之路的现实需求，催促着我们不得不对其进行学理或学术层面的分析。近年来的近代中国乡村史研究突出表现在以下几个方面。

其一，乡村社区及历史研究。王庆成对明代以降，河北、山东等地华北村落的人口构成及其历史来源、村落规模与结构特征等，做了相当深入和系统研究，认为华北的"镇"，不一定是商业聚落，不少"镇"人口不多，又无商店市集，只是一般村庄。村镇户均人口多在五人，入学者只占人口之百分之一二。穷民、残疾、节孝等类人员在人口中占有相当比例，老年人口比例偏低，性比例普遍严重失衡，就人口年龄分配而言基本上是稳定的人口类型。[①] 还有学者利用田野调查所搜集的水井碑刻及访问材料，研究了水井在建构乡村社区空间、规定社会秩序、管理社区人口、营造公共空间、影响村际关系等方面有重要作用。[②]

其二，乡村土地关系、阶级关系与权力结构研究。土地产权中不同性质的永佃权问题的研究有所深化，曹树基认为从1927年后浙江省推行二五减租实践过程看，尽管浙江各地区大都存在"一田二主"现象，但是，由于土地来源不同，"田面田"的性质亦有不同。由于两种"田面田"的

[①] 王庆成：《晚清华北乡村：历史与规模》，《历史研究》2007年第2期；《晚清华北村镇人口》，《历史研究》2002年第6期；《晚清华北村落》，《近代史研究》2002年第3期。

[②] 胡英泽：《水井与北方乡村社会——基于山西、陕西、河南省部分地区乡村水井的田野考察》，《近代史研究》2006年第1期。

地租率不同，所以，在政府推动的减租过程中，拥有"相对的田面田"的田主积极推动"二五减租"，而"公认的田面田"田主则反对"二五减租"，后者成为浙江"二五减租"的最大障碍。① 李德英对成都平原的租佃制度研究表明，近代成都平原的押租制度（押租与押扣）并非如有关学者所说的仅仅是加强剥削的手段，它们有着更广泛的内涵，是该地区自然生态和社会生态环境的产物。缴纳押租，佃农不仅获得了土地的佃种权，而且通过押扣的方式使自己交出去的押租金获得了一定的利息。从制度上看，租佃双方的经济关系比清代以前更趋平等。② 该文更详尽的研究体现在其专著《国家法令与民间习惯：民国时期成都平原租佃制度新探》（中国社会科学出版社2006年版）中。

黄道炫对30年代的革命与土地关系之间的相关性问题做了探讨，认为江西、福建是20世纪30年代中国南方苏维埃运动的中心区域，从当时各种调查材料提供的数据综合来看，这一地区地主、富农占地约30%，贫雇农占地约20%。在什么情况下发生革命，在什么地方形成革命中心，并不必然和当地的土地占有状况相联系。③ 徐畅以抗战前湖南、湖北、江西、安徽、江苏和浙江六省农村为中心，以农家负债和地权异动为视角，从农户土地典押借贷比例，由土地典押借贷到丧失地权的可能性与现实性，农户因土地典押借贷引起地权丧失的实况，中、微观和宏观两个层面的地权变化等方面，论证抗战前长江中下游地区地权处于集中时期，并由此说明20世纪30年代前期中国农村所面临的前所未有的严峻形势。④

在乡村雇工阶层研究上，胡成认为，近代江南农村的工价持续上涨，但比照实际购买和扣除通货膨胀的因素，雇工收入仍然偏低，从而导致雇工短缺。该区经营式农场未能发展起来的原因，不在于小农转向更为便宜的家庭劳动力，而在于这时发生了单纯依靠农业已无法维持生存，不得不

---

① 曹树基：《两种"田面田"与浙江的"二五减租"》，《历史研究》2007年第2期。
② 李德英：《民国时期成都平原的押租与押扣——兼与刘克祥先生商榷》，《近代史研究》2007年第1期。
③ 黄道炫：《一九二〇—一九四〇年代中国东南地区的土地占有——兼谈地主、农民与土地革命》，《历史研究》2005年第1期。
④ 徐畅：《农家负债与地权异动——以20世纪30年代前期长江中下游地区农村为中心》，《近代史研究》2005年第2期。

重新配置资源的近代转型。① 王先明认为，20 世纪前期山西乡村雇佣关系有较大发展，但雇佣关系的社会构成涉及乡村社会各主要阶层，雇主和雇工双方角色并不完全固化。雇佣关系的普遍化是通过雇工身份的非固化或雇佣角色的互换性得以实现的。山西乡村社会的雇佣关系，是一种多重身份、地位和角色交叉的"网型构造"，对于雇工群体的时代性认识，有必要置于当时乡村社会普遍贫困化的事实中进行研究。②

新旧制度的更易导致了乡村士人阶层的剧烈变动。关晓红通过区域性的比较考察认为，科举停废虽导致传统意义的"士"阶层消失，但多数旧学出身者通过各种渠道重新分化组合，直至清末民初仍然占据社会权势的重要位置。清廷虽为士子多方宽筹出路，可是无法遏止中年士人文化心理的失衡及青年学生对国家命运的关注。③ 徐茂明《江南士绅与东南社会（1368—1911）》（商务印书馆 2004 年版）以一章的内容对"近代社会变迁中的东南士绅"作了专门探讨，并提出一些具有新意的见解。

此外，渠桂萍与王先明的论文从"乡土资源的"角度提出了乡村民众的社会分层问题，认为 20 世纪 20 年代至 40 年代初，华北乡村民众在接受"阶级"理念之前，对自身生活社区的层级结构有一整套内生的评价标准与区分体系。这种社会分层的维度是植根于乡村文化脉络的"乡土资源"。④

关于乡村权力结构的研究，有李怀印的《晚清及民国时期华北村庄中的乡地制——以河北获鹿县为例》（《历史研究》2001 年第 6 期）、邱捷的《民国初年广东乡村的基层权力机构》（《史学月刊》2003 年第 5 期）等。李文认为，晚清及民国时期河北省获鹿县的乡地，属半官方人员，由村民轮任，负责催征或代垫粮银及地方治安等事务。这种以村民集合体为特色的乡地制在获鹿一带流行。乡地制使当地的权力关系格局，既区别于华北多数地方涣散无力的自耕农社会，又不同于华南强大的士绅。宗族统治，

---

① 胡成：《近代江南农村的工价及其影响——兼论小农与经营式农场衰败的关系》，《历史研究》2000 年第 6 期。
② 王先明、牛文琴：《二十世纪前期的山西乡村雇工》，《历史研究》2006 年第 5 期。
③ 关晓红：《科举停废与近代乡村士子——以刘大鹏、朱峙三日记为视角的比较考察》，《历史研究》2005 年第 5 期。
④ 渠桂萍、王先明：《乡村民众视野中的社会分层——以二十世纪二十至四十年代初的华北乡村为例》，《人文杂志》2004 年第 6 期。

应视作这一时期国家与乡村关系的第三种形态。邱文探讨了民国初年广东乡村基层权力重建中的问题，认为由于广东政局动荡，省、县政府对乡村往往不能充分行使权力，乡村基层权力机构获得很大的独立性。国民政府成立后，广东实行新县政，但民国初年形成的乡村基层权力机构的格局，在不少地区一直延续到40年代末。

其三，农村社会经济与农民生活问题研究。近年来，有关近代华北农村社会的研究存在着一种引人注目的倾向，即"素来被认为是衰落破败的华北农村，被不少学者描述出农村资本主义自由发展的耀眼图景"。对此，夏明方在注重定量分析和系统调查基础上提出了完全不同的意见。[①] 温锐《民间传统借贷与农村社会经济——以20世纪初期（1900—1930）赣闽边区为例》一文认为，20世纪初期即苏区革命前赣闽边农村民间传统借贷关系具有普遍性，利息也不是学术界长期所认定的那么高，而且它对当地农村社会经济运行与发展具有不可或缺性。民间借贷不是需要不需要的问题，而是政府如何加以规制与调控的问题。[②] 李金铮对此问题做了专门研究，其专著《借贷关系与乡村变动——民国时期华北乡村借贷之研究》（河北大学出版社2000年版）、《民国乡村借贷关系研究》（人民出版社2003年版）分别对华北和长江中下游区域的乡村借贷作了比较翔实和深入考察，从一个侧面揭示了近代乡村经济—社会演变进程中的新旧借贷关系与农民的生存状况。李金铮的另一部著作《近代中国乡村社会经济探微》（人民出版社2004年版），则汇集了他近年来对近代中国乡村社会经济研究的主要成果，从乡村区域研究理论与方法、近代华北与长江中下游地区的农家经济与生活、华北抗日根据地与解放区的农业经济与社会发展等方面，做了比较微观的区域研究。

学者们也关注到近代乡村工业化问题。张思认为，19世纪末，直鲁农村手工纺织业在外国棉制品的冲击下经历了一个严重衰落的低谷，也迎来与国内发达地区并驾齐驱、与机器棉制品比肩竞争的发展转机。一些学者

[①] 夏明方：《发展的幻象——近代华北农村农户收入状况与农民生活水平辨析》，《近代史研究》2002年第2期。

[②] 温锐：《民间传统借贷与农村社会经济——以20世纪初期（1900—1930）赣闽边区为例》，《近代史研究》2004年第3期。

关于洋布、洋货未能打入华北内地，甚至纠缠于"帝国主义是现实还是神话"的看法值得商榷，"封建、落后"的农村经济在突来的冲击面前所表现出的强韧性和对抗能力，在机遇面前所显示出的与时俱进的品质以及对新技术和新生产方式的持续容纳能力也同样值得关注。① 彭南生则提出半工业化问题，认为多元共存的生产形式使半工业化在市场波动时具有较大的灵活性。半工业化是一种在落后国家和地区存在的既不同于农村传统手工业，也不同于原始工业化的一种现象，需要更加深入地研究。②

黄正林主要依据地方档案资料对陕甘宁边区的农村市场、经济与社会发展做了研究，认为在市场构成、专业市场的形成等方面，既有全国农村市场的共性，也有西北区域市场的特性。晚清以来，周期性的社会动荡和自然灾害，以及地方军阀的横征暴敛，造成人口锐减，农村经济凋敝，农民日益贫困，购买力低下，农村市场衰退。同时，由于鸦片的大量种植，导致西北农村市场畸形发展，出现专门的鸦片市场。这些现象直到1949年前夕也没有多大改观。③ 同时，他也对这一区域的经济财政、社会变迁和社会风尚等问题做了探讨，这方面的成果集中在他新近出版的《陕甘宁边区乡村的经济与社会》（人民出版社2006年版）一书中。

此外，一些学者还对农民离村问题（如王印焕《1911—1937年冀鲁豫农民离村问题研究》，中国社会出版社2004年版）、农村分家行为④以及役畜等问题⑤做了研究。

3. 社会性别史的发端与研究

社会性别史也在最近几年进入人们的视野，并在突破妇女运动史前提下生成新的研究理念。李细珠对民初女子参政做了研究，认为民初女子参政权案是男性权势对女性政治诉求的整体压抑与排斥，体现了鲜明的性别歧视面相。民初女子参政权运动的失败，不能简单地仅仅归咎于以袁世凯

---

① 张思：《遭遇与机遇：19世纪末中国农村手工业的曲折经历——以直鲁农村手工纺织业为例》，《史学月刊》2003年第11期。
② 彭南生：《半工业化：近代乡村手工业发展进程的一种描述》，《史学月刊》2003年第7期。
③ 黄正林：《近代甘宁青农村市场研究》，《近代史研究》2004年第4期。
④ 如王跃生《20世纪三四十年代冀南农村分家行为研究》，《近代史研究》2002年第4期。
⑤ 如王建革《役畜与近代华北乡村社会》，《社会科学研究》2006年第2期。

为代表的封建专制势力的阻碍与破坏。①夏春涛则对太平军中的婚姻与两性关系作了新的探讨。②然而，值得关注的问题却正如李伯重所说，20世纪末期受国际学坛风气的激荡，此项研究也成为中国史坛上一个值得注意的新动向。③研究者显然不再拘泥于以前"妇女运动史"的立场，而具有全新的"社会性别史"和历史人类学的特征。所以，定宜庄认为"妇女史是在社会史的大背景之下产生的""一个新的研究领域"。④如杨兴梅不仅关注到从"在对近代四川反缠足运动的历史进程进行重建时，也可看出清季官绅权力的调适与再分配的一些面相，以及禁罚方式的确立对民国反缠足努力的影响"⑤，而且也从社会观念上观察到对"缠足"形成的"两个世界"问题："由于近代社会变动导致从价值取向到生存竞争方式都有较大的差异的'两个世界'的存在，多数不能受教育的女性很难享受与'新世界'相伴随的社会待遇，缠足实际成为保障她们婚姻成功的一个基本条件；这样的社会因素又反过来强化了这一'世界'小脚美的观念。"⑥

（三）社会史研究的学科影响

社会史研究方向的开拓和日趋繁盛的态势，一定程度上改塑了中国近代史研究的基本格局，其学术影响值得关注。其学术贡献在三个方面表现明显。

1. 突破教条，重构体系

以往的中国近代史研究，政治史范式代表主流方向。作为基本线索和基本理论分析框架，具体表现为一条线索、两个过程、三次高潮、八大事件的革命史叙事脉络。在一个特定的历史时期，"两个过程"或许是中国近代史研究的最佳视角，但中国近代社会变革的全面性、复杂性显然未能

---

① 李细珠：《性别冲突与民初政治民主化的限度——以民初女子参政权案为例》，《历史研究》2000年第4期。
② 夏春涛：《太平军中的婚姻状况与两性关系探析》，《近代史研究》2003年第1期。
③ 李伯重：《问题与希望：有感于中国妇女史研究现状》，《历史研究》2002年第6期。
④ 定宜庄：《妇女史与社会性别史研究的史料问题》，《历史研究》2002年第6期。
⑤ 杨兴梅：《从劝导到禁罚：清季四川反缠足努力述略》，《历史研究》2000年第6期。
⑥ 杨兴梅：《观念与社会：女子小脚的美丑与近代中国的两个世界》，《近代史研究》2000年第4期。

全部纳入这一研究框架中。况且，要全面理解中国革命的过程，不研究这一时期社会演变的诸侧面也是不全面不透彻的。所以，如何适度突破已有的研究模式，建构新的研究框架，这是中国近代社会史研究兴起之初面临的首要问题。

20世纪80年代中国近代社会史的复兴，是在对旧有研究模式的反思、改革开放形势的转变、国外社会史理论的引入以及中国社会史的复兴与重建这样一种大背景下进行的。开展社会史研究适应了学术发展的需要，也顺应了时代发展的潮流，社会史复兴之初的主要目标是"把历史的内容还给历史"。在近代社会史研究成果的推动下，中国近代史的研究理念、研究视角和研究方法均发生了根本性变化，简单化、教条化的"革命史"和"阶级斗争史"模式已经被突破，使中国近代史的内容获得了重新建构的新的知识体系；并由此丰富、深化、扩展了中国近代史的内容。这应该是具有时代性的变化。

2. 汲取新知，更新方法

社会史的兴起一开始就体现着一种高度的学科开放性特征。作为"新史学"的社会史实际上是在历史学和社会学的交叉渗透基础上产生的新学科，因而，社会学概念、范畴、理论方法的植入似无可非议。"在所有的社会科学中，社会学和人类学在观点上与历史学最为接近。当代社会与过去社会之间的分界线是微妙的，不断变动的，而且是人为的。"[①] 社会学的理论、范畴、方法大量引入历史学，显然是从社会史开始的。而且，"从严格的逻辑意义上说，社会科学家使用的唯一证据——无论其研究领域多么特殊——只能是历史的证据"。[②] 因而，"新术语滔滔不绝地涌向历史科学，它们更一般、更抽象和更严谨，其性质与传统历史概念迥然相异。这一科学术语向历史科学的'大迁徙'绝对是一个进步过程"。[③] 由此，"不管历史学家愿意与否，社会学将成为史料外知识中的一个重要组成部分，历史学家缺此将无法应付任何最具体的研究"。[④] 正是从社会史的兴起开

---

① [英] 巴勒克拉夫：《当代史学主要趋势》，上海译文出版社1987年版，第76页。
② 同上。
③ [苏] 米罗诺夫：《历史学家和社会学》，华夏出版社1988年版，第32页。
④ 同上书，第97页。

始，中国近代史研究的理论和方法呈现出日新月异之势，并大量引入西方学者的理论模式，如施坚雅的"区域经济理论"、萧公权与周锡瑞等的"士绅社会"理论、罗威廉的"市民社会"分析、黄宗智的"经济过密化"分析、杜赞奇的"权力的文化网络"及乡村基层政权"内卷化"的研究、吉尔兹的"地方性知识"、艾尔曼的"文化资本"解释方法等。近年来，中国学者提倡"新史学"或"新社会史"的研究，试图在引入过程中建构起"本土化"的解释体系。

社会史在坚持历史学基本方法的同时，主要还较多借用了社会学、民俗学、历史地理学等学科的方法。随着社会史的深入发展和区域社会史的兴起，人类学的方法对社会史研究的影响越来越大，在具体研究中得到较为普遍的运用，如张佩国的《近代江南乡村地权的历史人类学研究》（上海人民出版社2002年版）。当代史学变动的一个突出趋向是，一方面在研究内容上表现出"社会化"，另一方面在理论和方法上也呈现出"社会学化"倾向，以社会学的理论模式和术语去说明历史。这种趋向某种程度上也体现着社会史学科的高度开放性。

3. 三大转向，完成转型

社会史的兴起，对于中国近代史研究或者说对于整个中国历史学而言，具有划时代的意义。我认为它使得中国的历史学研究内容实现了三大转向。

第一，由精英的历史转向普通民众的历史。传统史学所关注的大多是历史舞台上的主角，虽然新中国的史学在唯物史观指导下，学者们大都接受了"人民群众创造历史"的历史观，但即使在以农民战争为主线的史著中，也仍然是以农民起义英雄、领袖为中心，而对真正意义上的社会大众——农民的研究却并不深入。社会史倡导研究普通人的历史，试图通过对社会大众日常生活的探讨揭示出"英雄"们借以出演的历史正剧的社会内容，从而全面而深刻地揭示社会历史运动的必然规律和基本趋向。许多与普通人相关的内容如贱民、娼妓、太监、游民、流民、乞丐、妇女、秘密社会，都成为社会史学者的研究课题。社会史导致的研究对象的日趋"下层化"或"大众化"，是它的时代特征之一。

第二，由政治的历史转向日常社会生活的历史。人类社会的历史规律决不外在于日常社会生活。不论社会变革最终爆发的形式和烈度如何，事实上它的爆发力量和变动趋向，早在社会生活的一般进程中缓慢聚积着和体现着。传统史学格外关注历史事变的最终结果或重大的事变本身，而相对漠视事变酝酿孕发的不经意的历史过程。新时期的社会史则相反。与以往的历史著述侧重于政治事件不同，社会史研究密切关注的是同社会大众日常生活相关的内容，诸如民俗风情、历史称谓、婚丧嫁娶、灾荒救治以及衣、食、住、行等社会物质生活和精神生活的历史演变，这使得历史学研究内容带有了浓郁的生活气息。

第三，由一般历史事件转向了重大的社会问题。社会史崛起伊始，就以强烈的社会责任感着力于人口问题、灾荒问题、流民问题、社会犯罪等专题的研究，试图从历史的纵向探索中为现实的社会问题的化解提供历史借鉴，并借以强化史学的社会功能。

正是在这一历史性转向中，实现了中国近代史研究由"革命史"向"整体史"或"社会史"的转型。如果说"革命史"代表了80年代之前的中国近代史研究的主流趋向的话，那么，社会史就标志着"新时期"中国近代史研究的主要方向和发展趋势。

（四）社会史研究的新态势

社会史以高度开放的姿态形成了自己独有的学科特色。跨学科的交叉渗透，多学科理论方法的汲取，为社会史的创新和发展提供了深广的学理基础和诱人的前景。但是，这种特性也为学科的发展带来一些与生俱来的问题，有必要引起我们的重视。

首先，就中国近代社会史学科体系而言，基本上还局限于"三板块的结构"［即社会构成、社会生活、社会功能（或"社会意识"）］体系之中。这其实是一个典型的社会学的知识框架，与历史学旨在揭示纵向变迁及其内在动因的主旨并不完全相符。历史学的价值和意义在这种"社会学化"理论体系中根本无法凸显，导致社会史变成"社会学"的"历史投影"。"三板块"结构的近代社会史，实际上是分别从不同角度叙述的近代人口史，婚姻史，家庭史，衣、食、住、行史，以及灾荒史，教养史，等等。"三板块"之间以及"三板块"所叙具体内容之间，缺少了体现学科理论体系中最主要的一种内存关联。这等于是从三个侧面表现了历史的社会,而不是"社会的历史"。

单纯的"社会学化"取向将导致历史学学科特征的失落,使之远离史学而趋近于历史社会学。毫无疑问,作为综合性很强的新兴的近代社会史,在当代社会科学的相互渗透、扩散中,理应积极汲取社会学的理论成果。问题在于,近代社会史的学科本位却只能是历史学而不能是社会学,如果在学科渗透中失落了史学特征,那么社会史就会日渐失去其独立存在的学科意义。

其次,新的理论方法的引入,一方面有利于近代史研究领域的扩展和传统模式的突破。但另一方面,非规范性的引入和运用也导致了近代史研究的失范化与破碎化。比如"区域化取向"就造成了历史学研究的失范。任何研究都有自己的特定的规范性,区域史研究亦然。但是,大量的研究者及其成果,并不遵循区域史的规范要求,而只是在追逐时流中张扬着区域史的旗号。一些专门性很强的主题,如资源史、环境史研究等,也以省区的限定挂上了"区域史研究"招牌,而无视其学科本身的规范性要求。那么,何谓规范的区域划分?作为区域史研究的基本规范是什么?这些最基本的问题并没有在研究中有所观照,以至于形成极为泛化的"区域化取向"。

"区域化取向"造成了近代史研究的"碎片化"。在作为研究对象的区位选择方面呈现出严重的不平衡性,有跨省区的大区域史研究,有省区史研究,更有县域史研究,还有村域史研究,等等。如果没有可以相对认同的标准,研究的"区域单元"似乎可以无限地细分下去,不仅可以划到"村域",甚至可以划分到"家族界域"。这种趋向不仅割裂了历史演进的整体性,也背离了"区域社会史把特定地域视为一个整体的研究宗旨"。如上等等,表明中国近代社会史研究中还存在许多学科发展中亟待注意和解决的问题。

中国近代社会史的理论构建不能依循"社会学化"的单一偏向发展,应该在保持历史学的学科本位基础上进行社会史的理论创建。作为"动态性"很强的近代社会史,必须从社会变迁运动的历史过程着眼来构建自己的理论体系。

中国近代社会史研究走过了三十多年的历程，取得了令人瞩目的成绩，至今仍保持着强劲的发展趋势。从目前的发展景况不难预见，中国近代社会史研究将在以下几个方面获得新的拓展。

多学科的交叉融通使得社会史研究拥有着持久的活力和研究领域的创新力。近年来的社会史研究因应着时代的需求，不断在摄取新的学科理念和方法中扩展着自己的研究领域，形成了新的学科丛。

首先是社会生态史或环境社会史。近来，随着环境史和社会史研究的深入发展，两者逐渐对接和互渗。越来越多的研究者认识到：社会史研究不仅需要考虑各种社会因素的相互作用，而且需要考虑生态环境因素在社会发展变迁中的"角色"和"地位"；不能仅仅将生态环境视为社会发展的一种"背景"，而是要将生态因素视为社会运动的重要参与变量，对这些变量之于社会历史的实际影响进行具体实证的考察。①

社会生态史是以一种新的社会史学理念为基础，认为人类社会首先是一个生物类群，是地球生物圈内的一个特殊生命系统，与周围环境存在着广泛的物质、能量和信息交流，始终受到生态规律的支配和影响。因此，社会的历史也就存在着采用生态学理论方法加以考察的必要性与可能性。近年来，中国生态史（或称环境史）成果引人注目，预示着一个崭新分支——生态史学或环境史学正在逐步建立之中。

其次是医疗社会史。这也是"新史学"向纵深发展而产生的一门社会史分支学科。最近几年，这方面的研究成果十分令人关注，如梁其姿《麻风隔离与近代中国》（《历史研究》2003年第5期）、李玉尚《近代中国的鼠疫应对机制——以云南、广东和福建为例》（《历史研究》2002年第1期）、焦润明《1910—1911年的东北大鼠疫及朝野应对措施》（《近代史研究》2006年第3期）、余新忠《咸同之际江南瘟疫探略——兼论战争与瘟疫之关系》（《近代史研究》2002年第5期）等。相关的专著则有余新忠的《清代江南的瘟疫与社会：一项医疗社会史研究》（中国人民大学出版

---

① 如李玉尚《地理环境与近代江南地区的传染病》，《社会科学研究》2005年第6期；余新忠《清代江南的卫生观念与行为及其近代变迁初探——以环境和用水卫生为中心》，《清史研究》2006年第2期。

社 2003 年版)、张大庆的《中国近代疾病社会史 (1912—1937)》(山东教育出版社 2006 年版) 等。这些论题的问题意识十分强烈，而且提示着近代社会史乃至整个中国近代史研究的一个新的群体和发展方向的生成。

无论从社会史研究中心议题的深入研讨，还是从新的研究领域的拓展来看，社会史仍然展示出诱人的发展前景。而社会史的发展又始终与其特有的学术关怀与强烈的问题意识密切相关。"使历史研究的内容更为丰富"[①] 应该成为当代社会史学及其社会史学家们的追求。

二 拓展与深化时期

(一) 近十年来研究概况

2008 年至 2017 年十年间，中国近代社会史研究仍然是史学发展中令人关注的领域。其整体状况可从以下几个方面加以概括：2008—2017 年有 200 多篇论文，著作有近 300 部 (包括旧版重印)，举办会议 40 多场次。从论文分布来看：(1) 社会史理论方法 61 篇 (包括史料、田野调查与社会史研究 4 篇)；(2) 社会文化史 17 篇；(3) 区域社会史 5 篇；(4) 社会生活史 8 篇；(5) 乡村史 72 篇；(6) 城市史 28 篇；(7) 环境史 10 篇；(8) 医疗史 6 篇；(9) 其他 32 篇。总计 239 篇。

相关的近代社会史著作出版情况，我们按 14 个专题内容〔社会史理论与方法 (包括通史) 20 种、社会文化史 17 种、区域社会史 20 种、社会生活史 18 种、乡村史 59 种、城市史 14 种、社会群体 27 种、灾荒与慈善救济 31 种、宗教与秘密社会史 20 种、性别社会史 8 种、医疗史 12 种、环境史 17 种、法律社会史 5 种以及其他 16 种〕统计，有 284 种。

十年间，各大学和研究院所举办近代中国社会史学术会议近 40 场次。相对密集的社会史学术会议活动，一方面体现着社会史学术机构近年主要的研究着力点，另一方面展示或代表着相关研究团队 (或力量) 的活跃态势。其中南开大学中国社会史研究中心主办 3 次，参与合办 2 次，论题主要集中在近代交通社会史、中国日常生活史、近代乡村社会史、华北历史地理与社

[①] 王先明：《社会史的学术关注与问题意识》，《人民日报》2006 年 2 月 24 日第 15 版。

会变迁以及生态环境史方面。中国社会科学院近代史研究所主办与参与合办会议十余次，论题分别为：近代中国都市与乡村，社会文化与近代中国社会转型，中国历史上的生命、生计与生态，华北城乡与近代区域社会，中国历史上的国计民生，等等。首都师范大学举办（并参与合办）5次，主题分别为：近现代社会文化史、近代中国的社会保障与区域社会、西方新文化与中国社会文化史的理论与实践等。此外，还有南京大学、中山大学、山东大学、华中师范大学以及山西大学相关社会史研究机构举办学术会议。

在近十年来史学研究中，近代社会史研究仍然占据主导性地位，不仅论文和著作发表总量持续稳定增长，而且研究主题也不断深化并拓展延伸；其学术的活跃状态和发展趋势依然令人瞩目。

（二）研究热点与问题聚焦

就上述研究状况的呈现而言，不难发现中国近代社会史研究的基本特征和发展趋向。从发表的学术论文和出版的学术著作两大项来看，乡村史仍然是学者们相对集中关注的领域，分别占到论文的30%以上和著作的20%以上，远远高于其他主题内容。2000年以来近代中国乡村史研究就逐步聚集了一批学者，在各自的研究领域和论题上都取得许多令人瞩目的成果。这一研究态势仍在持续发展，且有更为深入的拓展和提升。

当然，乡村史研究论题方面也有了新的话语或新视野的拓展，譬如乡村治理成了新的关注点。任吉东的《近代华北乡村社会治理的双重话语——以获鹿县为例》一文认为，传统的获鹿县乡村治理是通过一种经过长期演变产生的内生制度而实现的，进入近代后，乡村社会治理出现了原生态组织与嵌入性机构并存的局面，出现了地方话语权与行政话语权的双重存在与动态平衡，成为近代乡村治理形式中独特的一幕。[1] 彭澎在《近代乡村治理的法权结构变革与法制转型研究》论文中提出，国家治权、乡村权威与乡民主体之间的关系是影响近代乡村治理法权结构变革的主要因素，三者关系的协调可以为解决和处理当代农村基层治理问题提供认识论

---

[1] 任吉东：《近代华北乡村社会治理的双重话语——以获鹿县为例》，《中国农史》2009年第2期。

视角与方法论参考。①

也有学者是在传统论题基础上融入"乡村治理"理念。潘洵、李桂芳《卢作孚与中国近代乡村现代化的"北碚现象"》一文认为,对经济、文化、环境和人的重视,是卢作孚乡村现代化最鲜明的特色。他关于建设"生产的、文化的、游览的区域"的理想与规划,以治理社会秩序为先导,以经济建设为中心,全面开展文化建设和社会公共建设的乡村现代化模式,以及以人为本,延揽和培养乡村建设人才的用人方略,是北碚乡村现代化取得成功的最重要的因素。②张霞、邹进文在《乡镇财政的早期近代化:立足于清末的考察》中提出,事权与财权是密不可分的,公共权力的下移必然要求财权的下移,随着乡村治理的近代转型,清末乡镇财政也开始了近代性变迁。由于诸多复杂因素的影响,清末乃至中国近代乡镇财政的转型不仅没有稳固基层政权,反而动摇了政府的统治根基。③鞠忠美重新评价梁漱溟乡村治理模式,认为他在肯定中国传统文化作用的同时,通过融合中华传统文化与近代西方文化、时代主题,希望在乡村建设一种新的文化,以推动乡村复兴,并进而实现中国复兴。④

此外,现代治理理念也融入成为博士学位论文的选题,如马欣荣的《中国近现代乡村治理结构研究》(博士学位论文,西北农林科技大学,2012年),邓云山的《现代化视野下中国共产党的乡村改造思想及实践研究(1921—1937)》(博士学位论文,湖南大学,2012年),周祥林的《梁漱溟乡村建设伦理思想与实践研究》(博士学位论文,中南大学,2011年),等等。

乡村史之外,相对集中的研究主题是社会史理论与方法,而且在论文和著作两个方面分布比较均衡。但是就论文研究内容来看,实际上多集中于当代社会史领域的拓展方面,如李文的《学术研讨与专题研究共推学科

---

① 彭澎:《近代乡村治理的法权结构变革与法制转型研究》,《湖湘论坛》2017年第2期。
② 潘洵、李桂芳:《卢作孚与中国近代乡村现代化的"北碚现象"》,《重庆师范大学学报》(哲学社会科学版)2011年第5期。
③ 张霞、邹进文:《乡镇财政的早期近代化:立足于清末的考察》,《中国经济史研究》2009年第4期。
④ 鞠忠美:《在创新中传承:传统文化的现代出路——梁漱溟乡村文化建设的启示》,《山东社会科学》2017年第1期。

发展：2016年中国当代社会史研究扫描》（《河北学刊》2017年第5期）和《国史中的社会史：内容和框架结构》（《中国地方志》2011年第1期），宋学勤、李晋的《思想"在场"：当代中国社会史研究的基点》（《史学理论研究》2017年第4期），江沛的《以社会史的视野推动当代中国史研究》（《社会科学》2013年第6期），朱汉国的《中国当代社会史研究之我见》（《史学集刊》2012年第5期），李金铮的《借鉴与发展：中国当代社会史研究的总体运思》（《河北学刊》2012年第4期），田居俭的《中国当代社会史研究要重视理论指导》（《河北学刊》2012年第2期），李文海的《发展与推进中国当代社会史研究》（《河北学刊》2012年第2期），姚力的《中国当代社会史研究的学术视野与问题意识》（《中共党史研究》2011年第1期）、《中国当代社会史研究的基本问题》（《当代中国史研究》2010年第1期），宋学勤的《当代中国史视角下的社会史研究》（《当代中国史研究》2010年第6期），等等。此外，还有相当一部分属于社会史研究综述和阶段性研究总结类的文章，如常建华的《传承与创新：中国社会史研究综述的制作及其意义》（《吉首大学社会科学学报》2013年第4期），唐仕春的《中国近代社会史研究扫描：2014》（《河北学刊》2015年第5期），李长莉的《中国近代社会史研究三十年发展趋势与瓶颈》（《南京社会科学》2017年第1期）和《三十年来中国近代社会史研究范式之转换》（《河北学刊》2018年第2期），王先明的《新时期中国近代社会史研究评析》（《史学月刊》2008年第12期），等等。

也有相当多的论文在质疑、反思中力求就问题意识、研究方法和视野方面提出新的看法。闵杰在《学术批评之中国近代社会史》一文中认为：近代社会史研究成果丰富，却雷同较多，总体上浅薄之作多，深析之著少；研究社会生活关注新因素、新现象多，而讲旧因素、旧现象少；此外，史料准备不足，论述概念化也很突出。社会史研究应该在这些方面力求突破。[①] 对此，李长莉也持相同的立场，认为社会史的多数研究成果停留在学科内部，甚至更小范围的知识交流，具体缺陷为碎片化和记述性；她提出以后

---

① 徐秀丽主编：《过去的经验与未来的可能走向——中国近代史研究三十年（1979—2009）》，社会科学文献出版社2010年版，第185—188页。

的研究应该注重综合法、理论法、跨学科法。① 小田提出，社会必须强调整体史的学术使命，即思维方式的更新，包括历史理念、知识结构、观察视角、史料样式等。整体史的构建是在不断改变要素以适应整体的机构性更新。② 俞金尧对新文化史激进倾向表示不满，认为社会史学正进行一种"实践的历史"的探索，这一走向值得注意。③ 王先明提出，应该从两个方面拓展中国近代社会史研究，既要强化内涵提升，也要注重外延拓展④；在《"新史学"的开拓与建构——评余新忠〈清代卫生防疫机制及其近代演变〉》一文中，在对当代新史学演变趋势的梳理中，提出社会史学科建构中值得关注的问题。⑤ 宋学勤、李晋则提出，为避免思想性缺位导致的"故事性"学术成果，应秉持总体史的问题意识，以发掘区域研究意义为目的，审视"人"的主体性，寻求可资对话的"中层理论"。⑥

值得关注的一个趋向是，日常生活史开始成为近十年近代社会史研究中相对聚焦的论题。常建华多次提出加强日常生活史研究以拓展社会史研究内涵，认为日常生活应当成为文化史、社会史、历史人类学研究的基础，应更明确地把日常生活史作为社会文化史研究的基本内容⑦；同时，生活史的研究带来视角与方法的变化，可以从习以为常发现历史，从日常生活来看国家，挑战传统史料认识，从生活方式的转变考察民族关系与进行不同文明比较，阐述社会变迁⑧。余新忠提出，应该积极从日常生活理

---

① 李长莉：《社会史研究瓶颈如何突破》，《中国社会科学报》2009年10月15日。
② 小田：《构建整体社会史的学术使命》，《徐州师范大学学报》（哲学社会科学版）2011年第1期。
③ 俞金尧：《书写人民大众的历史：社会史学的研究传统及其范式转换》，《中国社会科学》2011年第3期。
④ 王先明：《内涵提升与外缘扩展双向互动：拓展中国近代史研究再思考》，《河北学刊》2015年第1期。
⑤ 王先明：《"新史学"的开拓与建构——评余新忠〈清代卫生防疫机制及其近代演变〉》，《近代史研究》2017年第2期。
⑥ 宋学勤、李晋：《思想"在场"：当代中国社会史研究的基点》，《史学理论研究》2017年第4期。
⑦ 常建华：《日常生活与社会文化史——"新文化史"观照下的中国社会文化史研究》，《史学理论研究》2012年第1期。
⑧ 常建华：《中国社会生活史上生活的意义》，《历史教学》2012年第2期。

论和国际新史学思潮中汲取思想和观念，以"人"为中心，挖掘史料。[①] 日常生活史也是近年来社会史学术会议研讨的中心问题，如 2011 年 9 月由南开大学中国社会史研究中心主办的"中国日常生活史的多样性"国际学术研讨会；2012 年 12 月由南京师范大学抗日战争研究中心、《抗日战争研究》编辑部、南京历史学会共同举办的"抗战时期都市民众日常生活"研讨会；2015 年 1 月由上海大学历史系、《近代史研究》编辑部主办的"抗日战争时期的社会生活"学术研讨会；2016 年 10 月由中国社会史学会、武汉大学、三峡大学、中国社会科学院近代史研究所合办的"中国历史上的国计民生"（第十六届中国社会史学会年会），等等。

区域社会史以及区域史视野下交通社会史、生态环境史等也是学术研讨中较为集中的问题。

作为学术著作，与论文有所不同，更多地体现着既往学术研究成果的积累或总结，它从另一角度展示着社会史学术发展的境况。系统性的社会史著作不断推出，一定程度上诠释了这一学科具有的时代影响和学科价值。张静如主编的《中国当代社会史》5 卷（湖南人民出版社 2011 年版），具体而系统地诠释了他一贯坚持的社会史乃通史说的主张。各分卷章节设计各有不同，如文化部分又称之为科技文化，也有分列为教育与科技、文化、体育和卫生事业者等，分卷中有专列外交一章者，有特设交通和电信一章者；社会结构内容各分卷也略有不同，如分为阶级阶层、社会组织、婚姻与家庭或人口婚姻家庭等；社会生活、社会事业、社会保障、社会意识、社会问题等各分卷所设章节均有明显差异。但是这套当代中国社会史丛书整体上仍然大致按经济、政治、文化、社会四大部分来结构具体内容。这是社会史研究延伸到当代史或者可以说是当代史研究的社会史取向的重要成果之一，尽管在体例和学科建设上仍有值得商榷的问题。

乡村史研究的系列性著述有王先明主编的《20 世纪中国乡村社会变迁丛书》（人民出版社 2009 年后陆续出版）8 册，以专题论述形式集中探讨 20 世纪前期乡村社会的历史变迁问题，主要有王先明《变动时代的乡

[①] 余新忠、郝晓丽：《在具象而个性的日常生活中发现历史——清代日常生活史研究述评》，《中国社会科学评价》2017 年第 2 期。

绅——乡绅与乡村社会结构变迁（1901—1945）》、罗朝晖《富农与新富农——20世纪前半期华北乡村社会变迁的主角》、李伟中《20世纪30年代县政建设实验研究》、熊亚平《铁路与华北乡村社会变迁（1880—1937）》、渠桂萍《华北乡村民众视野中的社会分层及其变动（1901—1949）》、郝锦花《新旧学制更易与乡村社会变迁》、曾耀荣《南京国民政府时期的农业贷款问题研究》、魏本权《农村合作运动与小农经济变迁——以长江下游地区为中心》等。在近代乡村史研究的取向中，为了突破乡村史与城市史研究领域的人为区隔，王先明又主编了《20世纪之中国：乡村与城市社会的历史变迁》丛书10册（山西人民出版社2013年版），10卷本分别为安宝《离乡不离土：20世纪前期华北不在地主与乡村变迁》、柳敏《融入与疏离：乡下人的城市境遇——以青岛为中心（1927—1937）》、张彦台《落日挽歌：华北牙商研究（1912—1949）》、任金帅《聚同道于乡野：华北乡村建设工作者群体研究（1926—1937）》、付燕鸿《窝棚中的生命：近代天津城市贫民阶层研究（1860—1937）》、张启耀《民生维艰：田赋负担与乡村社会变迁——以20世纪前期的山西为范围》、朱军献《因革之变：中原区域中心城市的近代变迁》、丁芮《管治京城：北洋政府时期京师警察厅研究》、杨东《乡村的民意：陕甘宁边区的基层参议员研究》、杨红运《复而不兴：战前江苏省保甲制度研究（1927—1937）》。这一系列研究项目于2012年列入"十二五"国家重点图书出版规划增补项目，2013年入选新闻出版总署国家出版基金资助项目，2013年入选出版总署出版改革发展项目。丛书出版后引起了学术界关注。此外，王先明还相继出版了《走近乡村——20世纪以来中国乡村发展论争的历史追索》（山西人民出版社2012年版）、《乡路漫漫——20世纪前期之中国乡村（1901—1949）》（社会科学文献出版社2017年版）等，由此形成一个相对稳定和持续发展的以南开大学为主导的近代中国乡村史研究团队。

在综合性研究方面，李长莉等人所著的《当代中国近代社会史研究》（中国社会科学出版社2017年版）值得我们特别关注。这是"当代中国近代史研究系列"丛书之一，它分为十二个专题（以章的形式）系统总结了2015年之前的中国近代社会史研究状况并予以学术评析，是我们了解和认识社会史学科理论、学术研究发展演变的重要资料。至于近代社会史专题研究的著述，总体上比较深入，多是此前研究内容的深化和拓展，如张思《侯家营：一个华北村庄的现代历程》（天津古籍出版社 2010 年版）、王笛《茶馆：成都的公共生活和微观世界（1900—1950）》（社会科学文献出版社 2010 年版）、李金铮《传统与变迁：近代华北乡村的经济与社会》（人民出版社 2014 年版）、唐力行《延续与断裂：徽州乡村的超稳定结构与社会变迁》（商务印书馆 2015 年版）、刘家峰《中国基督教乡村建设运动研究（1907—1950）》（天津人民出版社 2008 年版）等，但专著的论题相对比较分散，恕不一一评析。

（三）问题与反思

新的问题意识和研究视野的拓展令人欣喜，持续性地展示了社会史学科的活力和发展前景。社会史学科的开放性、包容性以及引领性，在 21 世纪以来已经形成学科生长点的环境史（或生态环境史）和医疗社会史研究中再次获得确证。与政治史、文化史鼎足而立的社会史，已经显示更为强劲的发展活力。当然，在对其学术成就的研判和思考中，我们也不难体察到社会史学科发展中的一些缺憾。

譬如，就新近兴起的环境史而言，它还主要侧重于"自然（生态）史"的取向。我们认为，没有"社会环境史"的历史，将不是完整的社会历史；同样，没有社会环境史的内容，也建构不起真正完整的"环境史学"。环境是人类生存和活动的场所，环境是人类赖以生存和发展的物质条件，它包括自然环境和社会环境。真正的"环境史学"不能不包含这两个方面。在这里，环境史的自然史取向与社会史取向同样不可或缺。

"社会建设"作为我们现代化进程中"科学发展观"的内容之一，当然也基于"社会环境"治理和建设的现实需要；没有良好、健康的社会环境，社会建设及其相关的内容也就无从谈起。社会环境问题，是人类社会形成以来一直与人的生存、发展相关的重要主题之一，尤其也是现代化进程中更为突出的问题之一。因此，日渐成为学术热点的环境史研究乃至历史学研究中对于"社会环境史"的取向，既是以人为主体的历史学学科发展的内在要求，也是史学面对现代社会需求，实现其"学以致用"学科功能的重要体现。

　　社会史与政治史的融通问题，或者说日常生活与重大历史事件的内在关联问题，也应该成为社会史研究走向深层发展的论题。当代中国历史学的研究成果斐然，已经赢得人所共知的赞誉。同时，它也在奋进中显示出自己的缺憾，其发展进向也足让人警醒。其中一个显而易见的问题是，社会史研究日渐聚焦于日常生活，而完全回避了对重大历史事件和社会运动的关注；日渐深入解析群体生活的样态风情，而无视精英或社会运动领袖的行为与选择。值得我们深思的问题是，社会史一旦失去对重大历史事变和社会运动发展的关注和解释能力，它还是社会的历史么？如果只在琐碎的生活中爬梳出生活的雅趣，而完全规避了对于社会运动领袖或英雄人物的探讨和洞察，史学还能保持并弘扬其通鉴古今的功用么？

　　面对历史研究中在日常生活与历史事变的张力，现代史学两位大师的取向和经验值得我们珍记。

　　日常生活成为史学研究的主题是当代历史学的主导趋向，这无可置疑。马克思说过，人类历史的第一个前提就是日常生活，即衣食住行，然后再从事其政治、军事等上层建筑活动。走进日常生活也是年鉴派史学大师布罗代尔史学研究鲜明的特征之一。他说过："我认为人的生活一大半淹没在日常琐事中。无数的行为都是自古继承下来的，无章无序积累的，无穷无尽重复的，直至我辈。"①

　　但是，走进日常生活并不能局限于日常琐碎，而应该"再走出来"。因为"存活的往昔注入了当今的时代，就像亚马逊河将其混浊的洪流泻入大西洋一样"。②面对大量的琐碎的事实和史料，"必须进行筛选"。一边是日常生活本身的运行，显得刻板、钝滞，一边是活生生的，强有力的运动，一边是完全自给自足的与外界隔绝的乡村生活，一边是伸展着的市场经济。它们相互作用，"一点一点地铸造着并且已经预示着我们今天生活的世界"。总之，在布罗代尔的视域里，日常生活与重大历史事变，虽然

---

①　[法]费尔南·布罗代尔：《资本主义的动力》，杨起译，生活·读书·新知三联书店1997年版，第5页。
②　同上。

是"两个天地,两种陌生的生活,而其各自的实体却又互成因果"。① 因此,在这里,社会生活的日常与历史事变的非常的内在相关共构了历史进程。真正的历史学研究视野,既不应该将重大历史事件视为盲区,也不能不体察日常生活中看似平静、实际执着地指向未来的力量。"确切一点说,在大问题的'因'与'果'之间,更容易看'果'。当然,惟其如此,历史学家才更执著于发现事物之'因',而深深开发成本又抓不到它,并且受它的嘲弄。"②

马克思将日常生活作为历史研究的第一个前提,同时也擅于从日常生活平静的演进态势中把握历史事变的趋向,而不是将日常生活与历史事变割裂。关于历史事变研究的视角,马克思曾经以路易·波拿巴政变为例提到两个显著的例子,一是维克多·雨果的《小拿破伦》,二是蒲鲁东的《政变》。雨果的《小拿破伦》"只是对政变的负责人作了一些尖刻的和俏皮的攻击。事变本身在他笔下却被描绘成了晴天的霹雳。他认为这个事变只是一个人的暴力行为"。马克思评论说:"他没有觉察到,当他说这个人表现了世界历史上空前强大的个人主动作用时,他就不是把这个人写成小人而是写成伟人了。"那么蒲鲁东呢?他想把政变描述成以往历史发展的结果。"但是,他对这次政变所作的历史的说明,却不知不觉地变成了对政变主人公所作的历史的辩护。"这样,他就陷入我们的那些所谓客观历史家所犯的错误。"那么,马克思是如何研究和描写这次政变的?"他说:"我则是说明法国阶级斗争怎样造成了一种条件和局势,使得一个平庸而可笑的人物有可能扮演了英雄的角色。"③

这些先贤们的治史心语告诉我们,既不可驻足于日常生活的表象铺陈和史实排列,又不至于被轰轰烈烈的历史事变迷离自己的眼睛,做到真正洞察历史丰富而复杂表象背后鲜为人知的社会哲理和启人心知的学理,才是当代历史家的学术使命。正是基于这一深刻的省思,我们要坚持一个贯通日常生活与历史事件研究的史学诉求,期望突破社会史聚焦于日常生

---

① [法]费尔南·布罗代尔:《资本主义的动力》,生活·读书·新知三联书店1997年版,第4页。
② 同上书,第53页。
③ 《马克思恩格斯选集》第1卷,人民出版社1973年版,第599页。

活，事件史或革命史注目于社会运动和历史事件的区隔。史学之所以为史学，尤其是新史学，其价值与功能当在创造中继承，当在创新中发展。史学研究应该有终极性关怀，应该究天人之际，通古今之变，明人文之常，求民生之利。

更值得我们进一步思考的问题是，新时期以来的史学发展是以"新史学"话语来诠释自己的时代价值的。其成就突出体现在两个方面：社会史、文化史领域的新开拓；跨学科研究领域的新建构。新史学发展中形成一个主导趋向，就是求新。新时期以来，新社会史、新文化史、新革命史、新清史等试图标领史学潮向的诉求，为我们划出一条着意"求新"的当代史学演进轨迹。但当代史学风尚在刻意求新的追求中，似乎疏离史学求真的学科特质。

问题在于，"一味忙于求新，忙于引进，来不及消化、来不及思考"，"除了在史学理论界留下了思想的足迹之外，并没有引导中国史学产生一个实质性的改变"。[①] 很多以新史学为名的史著，只是在既成的西方理论框架中添加中国史料，结构出一个所谓新的成果。这样的成果再多，实质上也无助于史学的进步。正如严耕望所批评的史学取向："中国史书极多，史料丰富，拿一个任何主观的标准去搜查材料，几乎都可以找到若干选样的史料来证成其主观意念，何况有时还将史料加以割裂与曲解。"[②] 更为突出的问题是，"现在历史学的学位论文、学术论文和专著，动辄引用西方学者（哪怕是二三流学者）的论点展开自己的论述，而不再引用马克思主义经典著作的论点，是新时期的一个特点，几乎成了新的教条主义"。[③]

近代以来，在西学的强势引力作用下，"社会科学方法治史一经引进，就成为史学界的新动向！"[④] 晚近以来的史学发展多染此习尚，竟有束书高阁，游谈无根之流波。

如何超越新史学发展中"系统性的缺失"，从而将"理论追求上的浅

---

① 李振宏：《当代史学平议》，社会科学文献出版社2015年版，第344页。
② 严耕望：《治史三书》，上海世纪出版集团、上海人民出版社2008年版，第145—146页。
③ 张海鹏：《当代中国历史科学鸟瞰》，《中国历史学30年（1978—2008）》，中国社会科学出版社2008年版，第4页。
④ 严耕望：《治史三书》，上海世纪出版集团、上海人民出版社2008年版，第147页。

尝辄止与见异思迁"的流风导向整体性观照与系统理论建构，无疑是新史学能够最终获得属于自己时代价值的方向性变革。对于一个时代的学术使命而言，学理诠释体系的建构，远比对以往体系的"解构"更为重要。

当代史学风尚在刻意求新的追求中，似乎疏离了史学求真的学科特质。求真乃史学之所以为史学的根本宗旨。史学研究的唯一诉求是求真。正是在不断探求史料之真、史实之真、史识之真和史理之真的基石上，建构了史学的本质特征，奠定了"历史研究是一切社会科学的基础，承担着'究天人之际，通古今之变'的使命"的学科地位。

四十年来的中国近代思想文化史研究

左玉河

尽管中国思想文化史研究在五四以后开始起步并取得不少成果，但它的真正繁荣则是在1978年中共十一届三中全会后，在解放思想、实事求是的思想路线指导下逐步实现的。在20世纪80年代兴起的"文化热"影响下，中国近代思想文化史研究重新起步，政治思想史首先受到关注，然后逐步拓展到近代经济思想、法律思想、宗教思想、军事思想、文学思想、伦理思想等专门领域，思想家个案研究及思潮史研究蔚然成风，近代社会文化史逐步兴起，新文化史日益活跃，出版了大批有分量的学术著作。现分别将40年来中国近代思想史与中国近代文化史研究的基本线索、研究状况、研究热点加以阐述[①]，进而展望中国近代思想文化史研究发展的基本趋向及理论思考。

一 政治思想史及思想家个案研究的新进展

改革开放40年来的中国近代思想史研究，依据研究重心的变化，大致可以分为三个阶段：一是1978年到20世纪80年代末，研究重点集中于思想家个案及政治思想史方面；二是20世纪80年代末到20世纪90年代末，研究重心逐渐转变为以社会思潮史及思想家个案为主；三是20世

[①] 本文所谓"中国近代"，是指广义上的中国近代历史，即从鸦片战争到中华人民共和国成立的历史（1840—1949年），包括了所谓狭义的中国近代（1840—1919年）和狭义的中国现代（1919—1949年）；20世纪90年代中期以后，广义上的"中国近代"逐渐为学术界接受并流行。故本文所谓的中国近代思想文化史，指1840—1949年的中国近代思想文化演变史。

纪90年代末以来，研究重心集中于学术思想史和观念史研究领域。正是在研究重心的逐渐转移过程之中，中国近代思想史研究的广度不断拓宽，研究深度亦渐次深化，研究成果不断推出。

1978年出版的侯外庐主编的《中国近代哲学史》（人民出版社1978年版），实际上仍偏重于政治思想史，注重从哲学角度探求近代人物的思想根源，说明其思想变化的轨迹，并注意揭示每个时期的思想与当时社会历史的联系，说明各个时期思想产生的原因及其特征。该著关注近代西方哲学社会思想的输入对中国思想界所产生的影响，尤其是对辛亥革命前后西方哲学的输入及其影响作了重点阐述，较全面系统地介绍了近代各时期的落后反动思想，论述了它们和进步思想的斗争情况。尽管该书对人对事的某些评价有简单化的倾向，但对中国近代思想史的研究产生了积极影响。

随后，学术界相继出版了多种冠以中国近代政治思想史的著作，其中比较重要者，有邵德门的《中国近代政治思想史》（法律出版社1983年版），桑咸之、林翘翘和宝成关的《中国近代政治思想史》（中国人民大学出版社1986年版）等十余部。张锡勤的《中国近代思想史》（黑龙江人民出版社1988年版）、李华兴的《中国近代思想史》（浙江人民出版社1988年版）等著作也主要以政治思想史为主，并集中于狭义的中国近代（从鸦片战争到五四运动，1840—1919年）。至于论述中国近代政治思想及相关人物政治思想的论文，则数量众多。

这些论著，主要揭示了从鸦片战争到五四运动时期政治思想发展的历史过程及总趋势，将反侵略的爱国主义思想确定为近代政治思想史发展的主线，着力于对中国封建主义国家观及维护这种国家观的君权神授说和三纲五常伦理道德观念的批判，同时也注意考察资产阶级国家观形成并经过实践最终失败的历史。这些论著认为，中国近代政治思想具有两个明显特点。一是纷繁复杂，在很短的时间内走过了欧洲几百年的思想历程，社会政治思想从封建主义跃进到社会主义，各个政治派别纷纷提出自己的政治主张，有继承传统的，有借鉴外来的，有糅合中西的，呈现出缤纷异彩、五光十色的特色。二是肤浅粗糙，中国近代政治思想是针对迫切的救亡图存的政治问题而提出的，现实斗争的紧迫性没有给思想家们留有足够的条件来构筑他们的理论体系,往往是在解决现实问题的政治方案已经形成之后才去找哲学的支撑点来建立自己的思想体系。这些论著对近代政治思想的评价较为客观和实事求是,对过去一概否定的无政府主义、改良主义等思想流派,既指出其消极作用,也能肯定其在特定历史条件下所具有的反专制主义和批判封建文化的贡献。

从五四运动到新中国成立前,是所谓狭义上的中国现代史(即从五四运动到新中国的成立,1919—1949年),此时期出版的几部有代表性的现代思想史论著同样以政治思想史为主。其中比较重要者,有林茂生、王维礼、王桧林的《中国现代政治思想史》(黑龙江人民出版社1984年版),陈旭麓等的《五四以来政派及其思想》,高军、王桧林、杨树标的《中国现代政治思想史评要》(华夏出版社1990年版),彭明的《中国现代政治思想史十讲》(河南人民出版社1986年版),李泽厚的《中国现代思想史论》(东方出版社1987年版),王金锘、李子文的《中国现代政治思想史》(吉林大学出版社1991年版),等等。林茂生等人主编的《中国现代政治思想史》,是一部较系统论述中国现代政治思想史的专著。该书认为,五四以后的新民主主义革命时期,政治思想的核心是建国问题,各种建国纲领和方针的提出及它们之间的斗争,构成了中国现代政治思想史的基本内容。该书以大地主大资产阶级、民族资产阶级和无产阶级三种建国理论与主张的相互关系与斗争为基本线索,系统论述了五四以后的主要政派及其政治思想。王金锘、李子文的《中国现代政治思想史》在撰写体例上有了较大突破,主要按照思想出现的先后,重点论述了三民主义、新民主主义、自由主义和封建买办法西斯主义四种主要思想,将中国现代政治思想的主体比较完整地显示出来,并由此进行了深层次的研究。高军等人主编的《中国现代政治思想评要》也在撰写体例上有所创新,主要以纪事本末的编辑体例,重点阐述了五四运动以后30年间有影响的20余种政治思想产生、发展的过程,并作了深入分析和客观评价,提出了许多新观点,在学术界产生较大影响。

思想家是思想史的主体,理当成为思想史研究的重点。故当中国近代思想史研究起步之初,便格外注重对龚自珍、魏源、林则徐、康有为、梁启超、孙中山、章太炎等著名思想家的研究。李泽厚的《中国近代思想史论》（人民出版社1979年版），阐述了有代表性的9位思想人物的思想，把代表人物的思想与社会思潮的演进结合起来，对推动近代中国发展的太平天国、改良派、革命派三大进步思潮作了重点论述，明确提出了中国近代反动阶级的思想同样值得研究的新见解。其另一部著作《中国现代思想史论》（东方出版社1986年版），则主要阐述了五四以后一些重要人物的政治思想，内容拓展到了文化论战、文艺思想等过去较少涉及的领域，提出了一些颇有争议的新观点。如其所提出的"救亡压倒启蒙"命题，就引起了学术界的激烈争论。批评者认为这种说法不符合近代思想演进的历史实际，如果从中国近代思想发展的脉络来看，恰恰是救亡推进了启蒙，而不是救亡压倒了启蒙，每次救亡运动的高潮总能唤起一次伟大启蒙运动的到来。戊戌维新运动、辛亥革命、五四运动、"一二·九"运动等均是如此。

20世纪80年代有关近代思想家研究的论著数量很多，除了人物传记涉及思想方面外，专门研究康有为、孙中山、章太炎等人思想的专著也相继问世。其中比较重要者，有杨慎之等编的《魏源思想研究》（湖南人民出版社1987年版）、邝柏林的《康有为哲学思想研究》（中国社会科学出版社1980年版）、肖万源的《孙中山哲学思想》（中国社会科学出版社1981年版）、姜义华的《章太炎思想研究》（上海人民出版社1985年版）、张磊的《孙中山思想研究》（中华书局1991年版）、韦杰廷的《孙中山民生主义新探》（黑龙江教育出版社1991年版）等。这些论著突破了过去以唯物主义与唯心主义斗争为主线的研究框架，纠正了以阶级成分决定思想状况的简单化倾向，认为唯心主义在近代进步思想界长期占主导地位，也是进步思想家进行政治斗争的思想武器。研究者逐步认识到同一阶级不同阶层、利益集团的思想倾向的差异，开始从其个人的经历、思想渊源等多方面具体考察人物思想，在注意思想家共性的同时，更加关注其个性特色。

20世纪90年代以后，与中国近代社会思潮史研究的兴起相联系，学术界对中国近代思想家的研究有了长足进步。这主要表现在两个方面。一方面，在思想家的选择上，已改变了先前只注意主要的进步思想家、而对许多次要的或所谓反面人物关注不够的倾向，研究者的视野越来越开阔，许多过去很少有人关注的人物，如曾国藩、倭仁、张之洞、梁漱溟、林语堂、杜亚泉、章士钊、张君劢、罗家伦、傅斯年、吴宓、陈序经等进入研究者的视野，并取得了显著成果。如马勇的《梁漱溟评传》（安徽人民出版社1992年版）、张海林的《王韬评传》（南京大学出版社1993年版）、郑大华的《张君劢传》（中华书局1997年版）、高力克的《杜亚泉思想研究》（浙江人民出版社1998年版）、左玉河的《张东荪传》（山东人民出版社1998年版）、李细珠的《倭仁思想研究》（社会科学文献出版社2001年版）、沈卫威的《情僧苦行：吴宓传》（东方出版社2000年版）、邹小站的《章士钊社会政治思想研究》（湖南教育出版社2001年版）等，均填补了这方面研究的空白。另一方面，对过去研究较多的思想家的研究进一步深化、细化，并提出了许多新的观点。如对戊戌时期康有为的研究，已经不再停留在泛泛谈论康有为的贡献、局限、历史地位等表层问题上，而是深入剖析康有为思想主张的细节，分析其思想形成的原因及其内在变化；戊戌变法后到辛亥革命期间，梁启超思想深受当时日本思想的影响，郑匡民的《梁启超启蒙思想的东学背景》（上海书店出版社2003年版），对于梁启超所受的日本思想的影响进行了细致梳理，深化了人们对梁启超思想的认识。

二 思潮史研究蔚然成风

中国近代思想发展的重要特征是社会思潮风起云涌、潮起潮落。但此前的研究对此关注不够，虽然一些学者如王忍之、徐宗勉、侯外庐、金冲及等曾提出过应当研究近代社会思潮，但学者们的研究仍多以思想家个案为主，思潮研究的成果比较少。那些以"中国近代思想史"命名的著作，基本上是各个时期一些主要思想家思想的汇编。早在1984年，金冲及就提出，中国近代思想史研究应该从四个方面进行突破：一是把近代各种社会思潮的发展演变和它们之间的相互关系作为重点来研究；二是在时间上应该重点研究从甲午战争到五四运动的20多年，因为这20多年是思想浪潮汹涌澎湃的时期；三是深入探索中国近代哲学思想和政治思想的关系；四是研究西方近代社会政治思想和哲学思想的各种重要流派对中国近代思想的影响，更要研究日本近代思想界对中国的影响，因为当时的日本对中国思想界影响巨大。[①] 这些见解引起了学术界的重视，促进了中国近代思想史研究重心的转移。20世纪80年代末期以后，近代思潮史研究异军突起，蔚成风尚，中国近代思想史著作越来越多地以社会思潮为研究主线。

较早以"思潮"命名来阐述中国近代思想史的著作，是吴剑杰的《中国近代思潮及其演进》（武汉大学出版社1989年版）。作者认为，以往有关中国近代思想史的专著和教材存在着不足，即"依时期、分派别重点地论述各个有代表性的思想家及其代表作，似难以揭示出近代政治思想潮流兴衰替嬗、发展演进的基本线索和规律性"，故该书主要以近代史上出现的几种进步性思潮，而不再以人物思想为线索，论述了鸦片战争时期地主阶级改革派的社会批判思想、太平天国农民革命思想、19世纪后半期的洋务思潮、戊戌时期的维新思潮、辛亥革命时期的社会思潮及马克思主义传入等。虽然也还存在着只写几种进步思潮是否就能全面反映近代中国思想发展演进的线索和规律性等问题，但这种尝试无疑是有益的。

此后，以"社会思潮"命名的研究著作日益增多，如吴雁南主编的《清末社会思潮》（福建人民出版社1990年版）、戚其章的《中国近代社会思潮史》（山东教育出版社1994年版）、胡维革的《中国近代社会思潮研究》（东北师范大学出版社1994年版）、黎仁凯的《近代中国社会思潮》（河北人民出版社1996年版）、高瑞泉主编的《中国近代社会思潮》（华东师范大学出版社1996年版）、朱义禄等人的《中国近现代政治思潮研究》（上海社会科学院出版社1998年版）、郭汉民的《晚清社会思潮研究》（中国社会科学出版社2003年版）及冯契主编的《中国近现代社会思潮研究丛书》（上海人民出版社1991年版）等。这些著作多以社会思潮为主线，对近代诸思潮作分类阐述。如吴雁南等主编的《清末社会思潮》一书，虽然只限于甲午战争后到辛亥革命前，但中国近代思想史上的重要思潮基本包括在内，其对近代社会思潮的归类颇有特色。

胡维革的《中国近代社会思潮研究》在撰写结构上较有特色。它不限

[①] 金冲及:《中国近代思想史研究中的几个问题》，《中国文化研究集刊》第1辑，复旦大学出版社1984年版，第265—286页。

于对社会思潮进行逐次阐述，而且将这些思潮作为近代中国社会思潮的重要内容来处理，着重探讨了三方面问题：一是关于中国近代社会思潮的开端、主线、流程和终结；二是关于西方文化、传统文化、社会意识、知识分子群体、思想巨人与中国近代社会思潮的关系；三是关于几种重大社会思潮的起因、内容、演变及影响。这样的论述，深化了对近代社会思潮演变史的认识。高瑞泉主编的《中国近代社会思潮》，重点阐述了近代影响较大的11种思潮：人道主义思潮、进化论思潮、实证主义思潮、唯意志论思潮、自由主义思潮、文化激进主义思潮、汉宋学术与文化保守主义思潮、无政府主义思潮、民族主义思潮、佛教复兴思潮与中国的近代化、基督教传教与晚清"西学东渐"。这些思潮虽以政治思潮为主，但已经涉及哲学和文化思潮，拓展了近代思潮史研究的领域。

彭明、程歗主编的《近代中国的思想历程》（中国人民大学出版社1999年版），虽然没有用"思潮"命名，但就内容来看也是一部反映中国近代思潮演变发展的著作。与其他著作多以思潮为线索、分类撰述不同，该书将思潮看作由从低到高的认识序列互相联结而成的精神体系，并以此为基础，根据时代主导意识的变化提出了颇有新意的划分阶段的见解。它将中国近代思潮划分为四个阶段加以撰述：一是从中英鸦片战争到中日甲午战争，是多种改革思潮的萌动时期；二是从甲午战争到辛亥革命，是对传统思想的否定时期；三是从五四运动到20世纪30年代中期，是思想界重新调整思考方向和发生深刻的分化组合时期；四是从30年代中期到1949年新中国成立，是以毛泽东为代表的新民主主义思想体系开花结果时期。这样，中国近代思潮的演化线索在该书中得到了较好阐述，并得出了"一部中国近代思潮史，本质上是中国人自我发现、自我觉醒和自我选择民族生存方式的认识史"的结论。这样的结论是符合历史实际的，也是颇有新意的。

吴雁南等主编的四卷本《中国近代社会思潮》（湖南教育出版社1998年版），是目前中国近代思想史研究领域篇幅最长、规模最大的研究近代社会思潮的专著。该著围绕救亡图存、改造中国、振兴中华的时代主旋律，对近代中国109年起伏跌宕、异彩纷呈的社会思潮作了比较系统的论述，体现了中国近代社会思潮发展变化的多样性以及曲折复杂的特点，从广阔的视野上探索了中国近代社会思潮的发展轨迹,剖析了各种思潮之间的矛盾、斗争、渗透和影响。其特点主要有二:一是比较系统地展示了中国近代社会思潮的多样性、完整性及其演变发展的轨道,把握了中国近代社会思潮的主流和方向,揭示出救亡图存、振兴中华、改造中国、走近代化道路是近代社会思潮的中心,爱国主义则是这些社会思潮的原动力,而科学社会主义在各种社会思潮中最终取得主导地位;同时顾及了中间和反动的思潮,并把它们同当时的社会环境和民众心理的嬗变联系起来考察。二是从文化的角度来考察社会思潮。近代社会思潮的发展演变,与中西文化的冲突与融合交织在一起的,只有科学地认识中西文化才能正确地解决中国文化发展的方向,故该著以较多的篇幅来评述文化领域中的思潮演变及其文化论争。

与此同时,对近代中国影响深远的社会思潮如民族主义思潮、无政府主义思潮、启蒙思潮、国粹主义思潮的研究,也取得了丰硕成果。民族主义不仅是一股重要的社会政治思潮,而且表现为一次次前后相继的实践运动,甚至是各种政治力量手中的重要招牌,其地位之重要不言而喻,故引起了学术界的广泛关注,并出版了一些重要成果。其中重要者有唐文权的《觉醒与迷误:中国近代民族主义思潮研究》(上海人民出版社1993年版)、陶绪的《晚清民族主义思潮》(人民出版社1996年版)和罗福惠主编的《中国民族主义思想论稿》(华中师范大学出版社1996年版)等。这些著作,对中国民族主义思想的形成、特点及其存在的缺陷作了一定的探讨,对中国民族主义的特点和缺点也形成了比较一致的看法。唐文权拓展了民族主义思想研究的范围,认为中国近代民族主义思想不仅是政治的,而且还有经济的和文化的民族主义思想。陶绪在书中考察了传统民族观念及其在晚清的变化,较系统地阐述了传统民族观念在近代历史条件下所发生的变化,认为晚清民族主义思潮的重要来源是西方近代民族主义思想,直接原因是中国民族危机的加剧和资本主义发展的需要。罗福惠在书中论述了太平天国运动、反洋教斗争和义和团运动中中国乡村民众民族意识的觉醒及其对近代民族斗争的巨大影响。

2005年8月,中国社会科学院近代史研究所思想室研究室联合多个单位举办了关于"近代中国民族主义"的国际学术研讨会,对中国近代民族主义的历史作用、基本特征及与儒学的关系等问题展开了深入讨论。中国近代史上的民族主义既有积极的一面，也有消极的一面，应该具体问题具体分析。关于中国近代民族主义的历史作用，李文海认为，对于被侵略被奴役的国家来说，民族主义往往能激发整个民族的忧患意识和自强意识，提高民族自尊心和自信心，增强民族的凝聚力和战斗力，因此中国近代民族主义主要起着积极的作用；但它并非没有产生过消极的作用和影响，它在处理对内和对外民族关系上也存在着较大的局限性，并非尽善尽美。[①] 关于中国近代民族主义的历史特征，史革新将其概括为三个方面：一是反对民族压迫，以争取民族独立为职志；二是始终与民族主义、爱国主义相结合；三是不断克服狭隘民族情绪，理性民族主义占主流地位。[②] 李喜所认为，现代性是民族主义与生俱来的特征，中国近代民族主义发芽、生根的历史过程与中国社会由传统向现代过渡的客观进程是紧密相连的，中国现代化的深度决定着民族主义普及的广度，民族主义与世界主义并不构成悖论；只要中国的现代化没有完结，现代性就永远是民族主义的灵魂。[③]

中国近代无政府主义思潮是受到研究者高度关注的社会思潮。除了系统的中国近代政治思想史、社会思潮史著作中均辟专章论述外，还出版了一些专门研究无政府主义思潮的重要著作。其中比较重要者有徐善广、柳剑平的《中国无政府主义史》（湖北人民出版社1989年版），路哲的《中国无政府主义史稿》（福建人民出版社1990年版），蒋俊、李兴芝的《中国近代的无政府主义思潮》（山东人民出版社1991年版），汤庭芬的《中国无政府主义研究》（法律出版社1991年版），胡庆云的《中国无政府主义史》（国防大学出版社1994年版），李怡的《近代中国无政府主义思潮与中国传统文化》（华中师范大学出版社2001年版），等等。这些论著在对中国近代无政府主义思潮发展线索的认识上虽稍有差别，但基本上是一致的，即认为19世纪末20世纪初为传入时期，1907年至五四运动前后为形成、发展时期，1923年到1941年为破灭时期。蒋俊、李兴芝的《中国

---

① 李文海：《对"民族主义"要做具体的历史的分析》，《史学月刊》2006年第6期。
② 史革新：《中国近代民族主义特征之我见》，《史学月刊》2006年第7期。
③ 李喜所：《关于民族主义现代性的宏观思考》，《史学月刊》2006年第6期。

近代的无政府主义思潮》是按照无政府主义思想从传入到尾声的发展变化线索顺序撰述的，脉络清晰，比较系统。作者认为，中国无政府主义主要是一个以小资产阶级社会主义与民主主义相结合为特点的思想派别，它不仅提出了防止资本主义的口号，而且还发表了许多反封建和要求民主的言论，在不同历史时期有着不同的作用，不能简单地否定。这种以历史事实为依据，坚持实事求是原则的态度是可取的。而汤庭芬积数年研究而成的《中国无政府主义研究》，则着重从横向上分析了中国无政府主义思潮，具有明显的专题性研究性质。

中国近代伦理思想史方面的专著，有1984年出版的张锡勤等撰写的《中国近现代伦理思想史》（黑龙江人民出版社1984年版），随后有1993年出版的徐顺教等主编的《中国近代伦理思想研究》和张岂之、陈国庆的《近代伦理思想的变迁》（中华书局1993年版）。前二书着重于人物伦理思想研究，所论包括新民主主义革命时期资产阶级和无产阶级人物的伦理思想。后一书的下限至五四运动，在体例上有所突破，兼顾对社会伦理思潮和著名思想家的论述。作者对近代伦理思想发展的脉络作了清晰的阐述，明确地提出中国近代伦理思想产生于洋务运动，在戊戌维新、辛亥革命、五四新文化运动的历史进程中发展，并认为，"近代中国始终没有建立起兼采中西伦理道德精华的、具有中国特色的伦理思想体系。而且由于民族生死存亡始终为最急迫的问题，这就决定了伦理思想的建设不能成为主题"。书中还就一些理论性较强、难度较大的问题提出了自己的见解。如中国近代以来的伦理道德思想体系应当如何建构，它应当是怎样的理论形态，中国传统伦理道德与西方近代伦理学说中的精品怎样结合等问题，的确值得探讨，它的提出对于近代伦理思想以至近代思想史的深入研究都是有助益的。

中国近代启蒙思潮是学术界关注的重要社会思潮。丁守和主编的《中国近代启蒙思潮》（社会科学文献出版社1999年版）是一部值得重视的研究近代启蒙思潮的资料性著作。该书按时间顺序分为三卷，第一卷从1840年的鸦片战争前后到1915年《新青年》创刊之前，第二卷从《新青年》创刊到1923年底"科学与人生观论战"的基本结束，第三卷从1924年到1949年中华人民共和国成立。每卷之始，有该卷编者撰写的前言；每卷之中，按内容分为若干专题，每个专题之前有介绍本专题的说明文字。此外，中国近代社会思潮史研究的专题性著作，还有唐明邦主编的《中国近代启蒙思潮》（江西人民出版社1993年版）、彭平一的《冲破思想的牢笼——中国近代启蒙思潮》（湖南师范大学出版社2000年版）、喻大华的《晚清文化保守主义思潮研究》（人民出版社2001年版）、江沛的《战国策派思潮研究》（天津人民出版社2001年版）、周积明等人的《震荡与冲突——中国早期现代化进程中的思潮和社会》（商务印书馆2003年版）、张世保的《西化思潮的源流与评价》（华东师范大学出版社2005年版）、赵立彬的《民族立场与现代追求：20世纪20—40年代的全盘西化思潮》（生活·读书·新知三联书店2005年版）、麻天祥的《晚清佛学与近代社会思潮》（河南大学出版社2005年版）等。社会思潮是近代中国具有群体特性的思想倾向，反映了近代中国民众的普遍心理和思想文化发展的趋向，学术界将研究重心集中于社会思潮问题上，并以社会思潮为线索构架中国近代思想史，显然是对近代思想史研究的重大突破。

三　学术思想史研究渐成热点

改革开放以后，中国近代思想史的研究范围空前广泛，各个专门思想领域研究的深度和广度不断拓展，几乎涵盖了近代思想的各个方面，出现了一批专门思想史领域的研究成果。如经济思想方面有赵靖、易梦虹重新修订的《中国近代经济思想史》（中华书局1980年版）等多种著作，法律思想方面有张晋藩的《中国近代法律思想史略》（中国社会科学出版社1984年版）及《中国法律的传统与近代转型》（法律出版社1997年版）等，哲学思想方面有冯契的《中国近代哲学史》（上海人民出版社1988年版）等，史学思想方面有胡逢祥和张文建的《中国近代史学思潮与流派》（华东师范大学出版社1991版）、陈其泰的《中国近代史学的历程》（河南人民出版社1994版）等，佛学方面有郭朋的《中国近代佛学思想史稿》（巴蜀书社1989年版）等，军事思想方面有田震亚的《中国近代军事思想》（商务印书馆1992年版）、吴信忠等人的《中国近代军事思想和军队建设》（军事科学出版社1990年版）等，新闻思想方面有胡大春的《中国近代新闻思想史》（山西教育出版社1996年版）等，民主思想方面有熊月之的《中国近代民主思想史》（上海人民出版社1986年版）、徐宗勉主编的《近代中国对民主的追求》（安徽人民出版社1996年版）、耿云志主编的《西方民主在近代中国》（中国青年出版社2003年版）等，文艺思想方面有叶易的《中国近代文艺思想论稿》（复旦大学出版社1985年版）、刘增杰的《中国现代文学思潮研究》（河南大学出版社1996年版）等。大体上说，从20世纪90年代末到现在的中国近代思想史研究，其研究领域拓展了，专门思想史得到了迅速发展，其中尤其以学术思想史研究最为突出。

学术与思想之间有着极为密切的关联。中国近代史上的许多思想家同时是著作等身的学者。以前的思想史研究对于思想家的政治思想、文化思想关注较多，而对其学术思想则相对关注较少。随着20世纪90年代以来思想史研究的深入，学术思想史研究逐渐成为中国近代思想史研究的热点，越来越多的学者在注意研究中国传统学术思想流变之际，逐渐关注晚清及民国学术史研究，逐渐形成了"思想家淡出，学术家凸显"的新格局。

人们研究晚清及民国学术史之重点，主要集中在两个方面。一是对清末民初著名学者（如对龚自珍、魏源、康有为、梁启超、严复、章太炎、王国维、胡适、赵元任、陈寅恪、陈垣、傅斯年、顾颉刚、吴宓、钱锺书、范文澜等）学术思想的个案研究。这方面较有代表性的集中成果是，百花洲文艺出版社出版的《国学大师丛书》和北京图书馆出版社出版的《二十世纪中国著名学者传记丛书》。后种丛书由中国史学会前任会长戴逸主编，自1999年推出后，先后出版了《张君劢学术思想评传》（郑大华著）、《严复学术思想评传》（马勇著）、《梁漱溟学术思想评传》（郑大华著）、《熊十力学术思想评传》（丁为祥著）、《冯友兰学术思想评传》（宋志明著）、《钱穆学术思想评传》（汪学群著）、《张东荪学术思想评传》（左玉河著）、《赵元任学术思想评传》（苏金智著）、《顾颉刚学术思想评传》（刘利娜著）、《郭沫若学术思想评传》（谢保成著）、《金岳霖学术思想评传》（王中江著）、《吕振羽学术思想评传》（朱政惠著）、《翦伯赞学术思想评传》（王学典著）、《牟宗三学术思想评传》（颜炳罡著）、《范文澜学术思想评传》（陈其泰著）等20多部著作，在国内学术界产生了较大影响，并受到海外学术界的广泛好评。此外，胡适在近代学术史上的地位备受研究者重视，并取得了丰厚的研究成果。如耿云志的《胡适与五四后中国学术的几个新趋向》、章清的《重建范式：胡适与现代中国学术的转型》、罗志田的《大纲与史：民国学术观念的典范转移》等文，为此方面研究的重要成果。

二是对清末民初的重要学术流派进行专题研究，包括晚清经学、理学、民国新史学派、古史辨派、唯物史观派等。这方面的成果有陈其泰的《清代公羊学》（东方出版社1997年版）、罗检秋的《近代诸子学与文化思潮》（中国社会科学出版社1998年版）、陈少明的《汉宋学术与现代思潮》（广东人民出版社1995年版）、史革新的《晚清理学研究》（商务印书馆2007年版）、郭双林的《西潮激荡下的晚清地理学》（北京大学出版社2000年版）、罗志田的《国家与学术：清季民初关于"国学"的思想论争》（生活·读书·新知三联书店2003年版）及刘大年的《评近代经学》（载宋诚如、王天有主编《明清论丛》第一辑，紫禁城出版社1999年版）等。与此同时，近代学术史上的其他重要问题，如学术分科、整理国故等也受到研究者的关注，有人开始尝试用新理论、新方法和新视角来研究近代中国学术转型问题。陈平原的《中国现代学术之建立》（北京大学出版社1998年版）、罗志田的《权势转移——近代中国的思想、社会与学术》（湖北人民出版社1999年版）、桑兵的《晚清民国的国学研究》（上海古籍出版社2001年版）、麻天祥等人的《中国近代学术史》（湖南师范大学出版社2001年版）、左玉河的《从四部之学到七科之学——学术分科与近代中国知识系统之创建》（上海书店出版社2004年版）、罗检秋的《嘉庆以来汉学传统的衍变与传承》（中国人民大学出版社2006年版）等，是这方面的代表性著作。

其中桑兵对于近代学术史上学派的由来及其研究路径与方法的探讨，颇值得关注。他认为，中国思想学术史上的派分与道统论渊源甚深。晚近学人好以学派讲学术，并且奠定了学术史叙述的基本框架。而判定流派的标准，包括宗师、学说、方法、师承与传人的谱系化、流变以及地缘关系等，大抵是他人或后人的指认。在他看来，按照学派来探寻学术发展变化的渊源脉络，固然有简便易行的好处，但却存在着看朱成碧、倒叙历史、以偏概全等弊端。因此，治学须深入门户，超越学派，只有如此，方能更好地理解古往今来学术发展的渊源脉络和趋向。①

四 观念史研究的新气象

21世纪以来中国思想史研究的新趋向，是近代社会观念史研究的兴起。伴随着近代中国社会的剧烈变动，民众社会观念也发生了嬗变，学术界对中国近代社会观念史研究呈现出新的气象。

方维规对近代中国的"文明""文化"观念进行了追踪式考察，揭示了西方观念输入中国而为中国人接受的复杂历程，是近代观念史研究中一个较为成功的例子。②刘慧娟对中国近代"国家"观念的形成作了考察，认为近代"国家"观念的形成，大致经过了传统国家观念的打破及近代新国家观念的萌芽、近代各种国家观念及其主流的产生、近代国家观念的基本确立三个阶段。③蔡永明则通过考察近代中国"外交"观念的演变，认为随着中西交往的日益频繁，洋务思想家的外交观念也发生了变化；这些思想家通过对主权观念的认识、对使节制度的建言、对交涉之道的探讨以及对国际外交准则的分析，提出了一套较为系统的"外交"理念，形成了他们的近代式的"外交"观念；这种新式"外交"观念的形成，推动了晚清外交观念的近代化。④李华兴等人的《中国近代国家观念转型的思考》⑤、梅琼林等人从西方文化传播对中国文化观念变异的影响入手，探寻文化传播对近代中国"国家""民族"观念形成的作用。他们认为，西方文化传播所带来的影响，不仅在于掀起了向西方科学知识、政治制度学习、借鉴的热潮，更在于这种学习、借鉴在潜移默化地改变着延续了几千年的封建传统观念，政治观念上由"朝代国家"到"民族国家"的演进，

---

① 桑兵：《中国思想学术史上的道统与派分》，《中国社会科学》2006年第3期。
② 方维规：《论近现代中国"文明"、"文化"观的嬗变》，《史林》1999年第4期。
③ 刘慧娟：《论中国近代国家观念的形成》，《宝鸡文理学院学报》2000年第1期。
④ 蔡永明：《论晚清洋务思想家的近代外交观》，《厦门大学学报》2000年第4期。
⑤ 李华兴、张元隆：《中国近代国家观念转型的思考》，《安徽大学学报》2005年第1期。

为中国的近代化历程乃至其后的现代化历程准备了思想观念层次的变革基础。①

"谶谣"是一种利用隐晦而通俗的语言形式表述预言的神秘性谣歌。董丛林认为，太平天国时期的谶谣主要是围绕清朝与太平天国争斗事体者。这与当时战乱之下社会动荡、人心惶惑、迷信氛围浓烈的环境密不可分。②与太平天国时期相似，清末新政期间各地"讹言繁兴"并逐步汇合为强大的反对新政的社会舆论，最终以暴力形式表现出来。黄珍德认为，这种社会现象的出现与普通民众的社会心理有着相当大的联系。由于当时社会的急剧变动、普通群众的落后意识和清末新政给普通民众带来的沉重捐税负担，趋利避害的社会心理驱使普通民众视清末新政为"病民之政"，因而不断信谣传谣，乃至掀起反对新政的武装斗争，冲击了新政的深入开展。③

王宏超关注了反教事件中的谣言，指出：晚清以降的诸多教案不少就是因这些谣言而起，其中流传最广的谣言就是传教士会对中国人进行挖眼剖心。挖眼剖心类似于中国古代的采生折割巫术，因其主要实施的对象是妇女儿童等弱势群体，从而在民众中产生了极大的恐慌和愤怒情绪。在这些谣言中，关于挖眼用途的说法有炼金、制药等，后来逐渐把挖眼与成像的功能结合起来，慢慢形成了一种新的流行说法，即挖眼是为了制作照相药水。把"挖眼"和照相术联系起来，在某种意义上反映了当时中国民众对于外来宗教以及与之相关的新技术的恐惧与排拒。④

金普森等人以1933—1935年的"国货年"运动为中心，试图探究国货运动与经济发展的关联性，分析社会崇洋观念对国货运动的重大影响。笔者认为，以上海为中心的国货年运动未获预期效益，民众的崇洋心态构成了民族产品市场的重大阻力之一；而此种心态的形成，与洋货物美价廉的路径依赖式影响、上层社会的消费示范作用以及消费风尚借商品广告和

---

① 梅琼林、曾茜：《地图与近代国家观念的形成》，《重庆大学学报》2005年第1期。
② 董丛林：《有关太平天国的谶谣现象解析》，《安徽史学》2003年第1期。
③ 黄珍德：《论清末新政时期的谣言》，《华南师范大学学报》2004年第1期。
④ 王宏超：《巫术、技术与污名：晚清教案中"挖眼用于照相"谣言的形成与传播》，《学术月刊》2017年第12期。

人员流动而广播蔓延密切相关。①

西医东渐对近代中国各社会阶层产生了微妙的心理冲击。统治者历经矛盾与反复，最终产生认同感并完成了医疗体制上的变革；知识分子群体从救国保种的高度，积极倡行发展西医；中医界则以平和的心态研究和比照西医，寻求中国医学的发展路径；普通民众对西医的态度从畏疑、迷惑发展到接受和信赖，表现出空前的热情。②中国朝野的社会文化观念为什么会发生如此大的变化？董丛林以清末大儒吴汝纶医药观的变化为例作了探讨。他认为，吴汝纶的医药观明显地表现为对西医西药的笃信、热衷乃至迷信，对中医中药的非信、排拒乃至诋毁，呈现出极端化、绝对化、情绪化的偏执；这种医药观典型地表现为是西而非中、褒西而贬中、扬西而抑中，以及情绪化、绝对化、极端化的情状。③丁贤勇从江南近代社会变迁的角度，对轮船、火车、汽车等新式交通工具对人们时间意识的影响作了初步探索。他指出，新式交通改变了人们生活中的时间节奏，使分钟观念走进人们的生活，"时间就是金钱"成为新的时间价值观念，人们逐渐走出原先那种日出而作、日落而息的生活图式，开始步入近代快节奏的生活世界。④

近代中国的社会观念在东西文化冲击交汇下，呈现出多重面相，学者们给予深入分析。金观涛、刘青峰的《观念史研究：中国现代重要政治术语的形成》（法律出版社2009年版）一书，通过中西现代观念差异的比较研究，总结出不同于史学界公认的另一种划分中国近代、现代和当代的思想史分期方案。特别是通过数据库的应用，突破了过往思想史研究以代表人物或著作为分析依据的局限，开启以例句为中心的观念史研究新方法。杨念群的《何处是"江南"——清朝正统观的确立与士林精神世界的变异》（生活·读书·新知三联书店2010年版），探研清朝"正统观"建立的复杂背景及其内容，并考察江南士人在与清朝君主争夺"道统"拥有权的博弈过程中，如何逐渐丧失自身的操守，最终成为建构"大一统"意识

---

① 金普森、周石峰：《"国货年"运动与社会崇洋观念》，《党史研究与教学》2004年第4期。
② 郝先中：《晚清中国对西洋医学的社会认同》，《学术月刊》2005年第5期。
③ 董丛林：《吴汝纶医药观的文化表现及成因简论》，《安徽史学》2005年第4期。
④ 丁贤勇：《新式交通与生活中的时间：以近代江南为例》，《史林》2005年第4期。

形态协从者的悲剧性命运。马敏的《商人精神的嬗变——辛亥革命前后中国商人观念研究》（华中师范大学出版社 2011 年版）一书，则关注了近代商人观念及法律意识、政治意识等演变。

魏光奇的《选择与重构——近代中国精英的历史文化观》（中国社会科学出版社 2015 年版），主要论述西方传统的"世界历史"观念和中国观、中国传统的历史观念和文化观、选择与重构——近代中国人构建历史文化观的新模式等主题。罗福惠的《辛亥革命时期的精英文化研究》（华中师范大学出版社 2011 年版）则是关注传统文化、政治文化与新式知识分子文化。许纪霖的《家国天下：现代中国的个人、国家与世界认同》（上海人民出版社 2017 年版）一书，从传统的天下观念遭受现代性冲击入手，讨论了儒家、晚清立宪派与革命派、晚清的地方认同和个人认同、五四的"世界主义"、文明与富强之间的竞争、民族主义等中国近现代思想革命中的尝试，最后提出了"新天下主义"的认同模式。李育民研究近代排外观念后指出：近代民族主义是从"排外"产生的。辛亥时期，国人对传统"排外"作了具有近代性质的扬弃和更新，为转向近代民族主义奠立了基础。"排满"的理论基点是"排外"，是"排外"的一种特殊形式，是近代民族主义的初始形态。正是借助"排外"理念，"排满"鼓荡了民族主义。"排满"在某种程度上适应了"攘夷"意识的需要，又灌注着反对外国侵略的"排外"精神，并具有国家独立、平等主权等近代民族主义内涵。[①]

郭双林考察辛亥革命知识界平民意识后指出：当时知识界人士，特别是革命党人，不仅尊崇、同情平民，而且贬抑绅士与贵族，公然声称他们所进行的革命是"平民革命"，革命的目标是要建立"平民政治"。但是，革命非但没有使中国实现平民化，反而造就了一批新贵。然而历史是连续的，辛亥革命时期知识界平民意识的广泛传播，为五四时期平民主义思潮的澎湃做了思想上的准备，并构成近代中国社会平民化进程中不可或缺的一环。[②] 许纪霖还关注了近代知识分子的士大夫意识，指出：传统中国的

[①] 李育民：《"排外"观念与近代民族主义的兴起》，《史林》2013 年第 1 期。
[②] 郭双林：《论辛亥革命时期知识界的平民意识》，《近代史研究》2012 年第 3 期。

士大夫精英意识，在晚清"四民社会"解体之后，虽然一度被平等的国民意识所取代，但国民内部智性和能力的不平衡，使梁启超等人产生了"既有思想之中等社会"这一新的士大夫意识；而到五四启蒙运动，个人观念的崛起又进一步在意志和理性上强化了知识分子的精英意识，其合法性基础也从个人的德性转变为现代的知识。人民固然是国家的主人，但政治和舆论的操盘者，应该是具有现代知识和政治能力的知识分子。①

罗检秋关注了知识界对"文明"的认知，指出：近代中国人对西方的认识经历了复杂演变，19世纪中期以"夷""洋"为标志的西器西俗，至清末则成为文明的象征。"文明"引领着都市社会的生活时尚，也成为思想领域的价值尺度，可谓蕴含复杂的近代话语。但清末民初知识界对"文明"的认知和思辨值得注意：他们试图纠正文明潮的物质化偏颇，而彰显了制度和精神文明；他们辨析了奢侈与文明的本质区别，而重视道德修养；同时摒弃了西方文明观隐含的殖民主义意识，体现了多元化的文明观念。②

李恭忠考察了晚清的"共和"表述后认为，在晚清时期"Republic/共和"概念的输入与接受，既是知识领域的跨文化互动问题，也是政治领域的现实行动选择问题。以梁启超和孙中山为代表，分别形成了两种竞争性的"共和"表述：前者侧重于知识和学理探讨，主张缓行共和；后者强调实际行动，主张跨越式速行共和。知识领域的问题与政治领域的问题相互交织，使西方共和概念的输入呈现为实与名的疏离。民初，"共和"成为耳熟能详的新名词，但制度移植的效果未能符合预期，以至于逐渐遭到质疑和批判。③

学术界还讨论了中华民族观念与复兴问题。黄兴涛的《重塑中华：近代中国的中华民族观念研究》（北京师范大学出版社2017年版）一书，将传统的精英思想史与"新文化史"的有关方法结合起来，对现代中华民族观念的孕育、形成、发展及其内涵，作了系统深入的整体性考察和阐释。俞祖华考察了近代中华民族复兴观念演变，指出：中华民族是饱经历史沧

---

① 许纪霖：《"少数人的责任"：近代中国知识分子的士大夫意识》，《近代史研究》2010年第3期。
② 罗检秋：《清末民初知识界关于"文明"的认知与思辨》，《河北学刊》2009年第6期。
③ 李恭忠：《晚清的共和表述》，《近代史研究》2013年第1期。

桑的、生生不息的命运共同体。近代哲人习惯于从生命机体的角度去体认中华民族这一共同体,把她看成具有顽强生命力、具有充沛文化血脉的社会有机体。他们还把民族复兴看成再生、复活,看成再现朝气蓬勃的生命气象,看成生命体的重新自我修复,并以人生意象"少年中国""青春中国",动物意象"东方睡狮""凤凰涅槃",植物意象"老树新芽"等,比喻古老中国的"旧邦新命"、中华民族的涅槃重生。[①] 郑大华等人指出:19世纪末,孙中山提出"振兴中华"口号,这是"中华民族复兴"之观念的最初表达;20世纪初,梁启超提出"中华民族"一词,这对"中华民族复兴"之观念的形成起了重要的推动作用;五四前后,李大钊提出"中华民族之复活"思想,这是"中华民族复兴"之观念基本形成的重要标志;到了九一八事变后,"中华民族复兴"之观念最终形成并成为具有广泛影响力的社会思潮,当时的知识界围绕中华民族能否复兴和中华民族如何复兴这两个问题展开了热烈讨论。推动"中华民族复兴"之观念形成的根本原因是日益严重的民族危机,促进了中华民族的觉醒。[②]

《近代史研究》2014年第4期推出"中国近代民族复兴思潮"笔谈,郑大华、金冲及、黄兴涛、罗志田、郭双林、王先明、郑师渠、荣维木等撰文分别从不同角度进行了讨论。特别是郑大华的《中国近代民族复兴思潮研究:以抗战时期知识界为中心》(上下册,中国社会科学出版社2017年版)一书,以抗战时期的知识界为中心,首次对中国近代民族复兴思潮做了全面的研究,具体包括"民族复兴思潮的历史考察""民主政治与民族复兴""经济建设与民族复兴""学术研究与民族复兴""民族文化与民族复兴"等部分。

五 "文化热"中起步的近代文化史研究

改革开放以来中国学术界最引人注目的现象之一,是文化史研究的复

[①] 俞祖华:《"少年中国"·"睡狮猛醒"·"老根新芽":近代中华民族复兴观念的文化意象》,《东岳论丛》2016年第9期。
[②] 郑大华、张弛:《近代"中华民族复兴"之观念形成的历史考察》,《教学与研究》2014年第4期。

兴。文化史的复兴是由20世纪80年代初期的思想解放运动直接引发的。人们从思想解放和现代化建设的需要出发对文化问题进行反省，对中国传统文化、近代以来的新文化及西方文化的关系进行思考，由此在20世纪80年代初出现了一股强大的"文化热"。正是在这种文化反思热潮引发下，中国近代文化史研究开始重新起步。1982年10月在成都召开"中国近代科学落后原因"学术讨论会，提出从文化传统探索近代中国科学落后原因的命题。同年12月，由中国社会科学院近代史研究所文化史研究室与复旦大学历史系共同发起的"中国文化史研究学者座谈会"，呼吁大力开展中国文化史研究以填补这一巨大空白，决定主办1949年以来第一份文化史研究刊物《中国文化》研究集刊。随后，刘志琴在《光明日报》上发表《关于文化史研究的初步设想》[1]，在1949年以后首次公开提出开展文化史研究的倡议。此后，中国文化史研究蓬勃开展起来，逐渐成为学术界的热门学科。

20世纪80年代初兴起的"文化热"，突出了中国传统文化与现代化的问题。传统文化与现代化的关系、近代以来中西文化关系等问题，成为当时学术研究的热点，出版了一些比较重要的文化史著作，如姜义华等编的《港台及海外学者论近代中国文化》（重庆出版社1987年版）、龚书铎的《中国近代文化探索》（北京师范大学出版社1988年版）、中华近代文化史丛书编委会编的《中国近代文化问题》（中华书局1989年版）、冯天瑜主编的《东方的黎明：中国文化走向近代的历程》（巴蜀书社1988年版）、张岱年和程宜山的《中国文化与文化论争》（中国人民大学出版社1990年版）等，并发表了数量众多的有关中国近代文化史学术论文。据不完全统计，从1983年到1989年共发表学术600多篇。这些论著关注的论题，主要集中于以下两个方面。

一是重新认识中国文化近代化历程中的敏感问题，如对洋务运动及其思潮的重新认识，对"中体西用"论的重新评价，对五四精神的重新审视，等等。学术界从文化近代化进程的角度，肯定了洋务思潮对传统文化的冲击作用，肯定了"中体西用"论对减弱学习西方的阻力、便于吸收西

---

[1] 刘志琴：《关于文化史研究的初步设想》，《光明日报》1983年9月28日。

学以实现中国文化自我更新的积极作用，重新反省了五四民主与科学精神，肯定了其思想启蒙价值。

二是传统文化特性及其与现代化的关系成为研究热点，提出了多种新见解。既有力图从传统文化中发掘具有现代意义的因素，以谋求现代化的"儒学复兴"说，也有认为在西方文化冲击下，作为文化核心的观念形态必须重建的"文化重建"说；既有认为在抨击传统中有害因素的同时，可以适当地对传统的符号和价值系统进行重新解释与建构的"创造性的转化"说，还有主张以多元开放的心态，建立以中国为本位的"中西文化互为体用"说，等等。由于近代中国社会变迁的激烈与反复，使得传统文化走向现代化的争议经常出现弘扬传统与彻底否定传统的两极对峙，在这两极之间又存在众说纷纭的歧见和程度不同的折中，从而使讨论具有更为复杂纷繁的内容。

进入20世纪90年代以后，"文化热"虽然有所退潮，但近代文化史研究的领域逐步拓宽了，并向着纵深发展。学术界对近代知识分子、社会风俗风尚、中西文化关系等领域的研究逐渐深化了，并出版了许多研究成果。

知识分子是文化传承的载体，知识分子的近代化与传统文化的近代化有紧密的联系。钟叔河的《走向世界——近代知识分子考察西方的历史》（中华书局1985年版），通过多侧面的研究，再现了早年出国的人们在认识、介绍世界方面所经受的误解、屈辱、痛苦和走过的坎坷道路。吴廷嘉的《中国近代知识分子》（人民出版社1987年版），王金铻的《中国现代知识分子的历史轨迹》（吉林教育出版社1989年版），对近代知识分子成长的历程及命运作了宏观阐述。李长莉的《先觉者的悲剧——洋务知识分子研究》（学林出版社1993年版）则对洋务知识分子的产生及特性作了分析，对他们致力于引进西方科技文化而又受到旧体制的约束和传统士人的排斥的悲剧命运作了揭示，认为其悲剧反映了中国文化推陈出新的艰难历程。许纪霖的《智者的尊严：知识分子与近代文化》（学林出版社1991年版）、《中国知识分子十论》（复旦大学出版社2003年版），则通过对近代若干重要人物的分析，揭示了知识分子群体对中国近代文化发展的深刻影响。章开沅的《离异与回归——传统文化与近代化关系试析》（湖南人民出版社1988年版），则通过对开创新制度的近代思想先驱的分析，揭示了他们对于传统文化所存在的离异与回归两种倾向，深化了人们对近代知识分子特性的认识。

由于1949年以后极"左"思潮的影响，有些在近代文化史上起过重要作用的人物成为批判的对象，评论有失公允。耿云志的《胡适思想论稿》（四川人民出版社1985年版）是第一部突破胡适研究禁区的学术著作。此后，从文化近代化的视角重新评价近代人物成为研究的热点，像郭嵩焘、章太炎、辜鸿铭、康有为、梁启超、梁漱溟、瞿秋白、张东荪、曾国藩、李鸿章、杜亚泉、陈序经等都引起了学术界的研究兴趣，并发表了众多的学术论文，出版了不少研究论著。其中比较重要者，有马勇的《梁漱溟文化理论研究》（上海人民出版社1991年版）、易新鼎的《梁启超和中国学术思想史》（中州古籍出版社1992年版）、郑师渠的《晚清国粹派文化思想研究》（北京师范大学出版社1993年版）、耿云志和崔志海的《梁启超》（广东人民出版社1994年版）、姜义华的《章太炎评传》（百花洲文艺出版社1995年版）、左玉河的《张东荪文化思想研究》（中国社会科学出版社1998年版）、高力克的《杜亚泉思想研究》（浙江人民出版社1998年版）、刘集林的《陈序经文化思想研究》（天津人民出版社2003年版）等，对深化中国近代文化史研究有重要作用。

"体用之争"是贯穿中国近代文化史的重要问题，当时把中国文化与西方文化称为"中学"与"西学"，对于二者的关系在较长时期内有所谓"中学为体，西学为用"的说法。丁伟志、陈崧的《中西体用之间》（中国社会科学出版社1995年版）和《裂变与新生：民国文化思潮论述》（社会科学文献出版社2011年版）等，利用丰富史料对中学和西学的冲突和交融及其文化观的萌生、形成、嬗变、分解进行了详细考察，对鸦片战争到辛亥革命前后的"中西体用"思潮作了细致的梳理和深刻的阐发，详细论述了晚清、民国时期的文化曲折与多样发展的真实面貌，堪称学界专门研究近代中国东西文化观念演进问题的力作。

此外，社会风俗、宗教、教育、科技、新闻、出版等近代文化的诸多领域也进入研究者的视野，并出现了众多的研究成果。严昌洪的《西俗东渐记——中国近代社会风俗的演变》（湖南出版社1991年版）和《中国近代社会风俗史》（浙江人民出版社1992年版）两著，对中国近代社会风俗，特别是西方文化影响及社会变迁所引起的社会风俗的变迁作了综合性论述，是有关中国近代风俗文化史的开拓之作。此后关于近代风俗史的著作，还有李少兵的《民国时期的西式风俗文化》（北京师范大学出版社1994年版）、岳庆平的《民国习俗史》（人民出版社1994年版）、梁景和的《近代中国陋俗文化嬗变研究》（首都师范大学出版社1998年版）以及李少兵、左玉河等人撰著的《民国百姓生活文化丛书》（包括《衣食住行》《婚丧嫁娶》《节日节庆》三卷，中国文史出版社2005年版）等。继顾长声的《传教士与近代中国》（上海人民出版社1981年版）后，杨天宏的《基督教与近代中国》（四川人民出版社1994年版）、顾卫民的《基督教与近代中国社会》（上海人民出版社1996年版）以及陶飞亚的《边缘的历史：基督教与近代中国》（上海古籍出版社2005年版）等，是中国近代基督教史研究的重要成果。至于近代教育史、新闻报刊史、出版史及藏书史方面的研究，更有多种著作问世。关于上海、天津、武汉等城市史及江浙、湖湘、岭南、燕赵等地域文化史研究也开始起步，出版了像忻平的《从上海发现历史——现代化进程中的上海人及其社会生活》（上海人民出版社1996年版）、李长莉的《晚清上海社会的变迁——生活与伦理的近代化》（天津人民出版社2002年版）等重要研究著作。专门文化史领域的拓展，成为20世纪80年代"文化热"之后中国近代文化史研究日趋深入的重要标志。

正是在各文化专门史研究深入的基础上，全面反映中国近代文化发展风貌的综合性文化通史著作陆续出现。其中比较重要者，有史全生主编的《中华民国文化史》（3卷本，吉林文史出版社1990年版）、马勇的《近代中国文化诸问题》（上海人民出版社1992年版）、龚书铎主编的《中国近代文化概论》（中华书局1997年版）和郑师渠主编的《中国文化通史》（10卷本，中央党校出版社1999年版），以及张昭君、孙燕京主编的《中国近代文化史》（中华书局2012年版）、龚书铎主编的《中国文化发展史》（山东教育出版社2013年版）、汪林茂的《晚清文化史》（人民出版社2005年版）等。其中由史革新主编的《中国文化通史》（晚清卷）和黄兴涛主编《中国文化通史》（民国卷），吸收了国内学术界十多位专家共同研究，充分吸收了近年来近代文化史研究的成果，在体例、观点上有了较大的新突破，成为中国近代文化史研究领域较有权威、影响较大的通史性著作。

近代中国社会处于转型期，文化也同样处于转型的过程中。在近代文化问题的研究中，尽管有不少论著有所涉及，但真正系统地研究中国近代文化转型问题，是中国社会科学院2000年立项、由耿云志主持的"近代中国文化转型研究"课题。经过7年多的努力，该课题成果以《近代中国文化转型研究》系列由四川人民出版社于2008年集中出版。这套著作分为9卷：《近代中国文化转型研究导论》（耿云志著）、《社会结构变迁与近代文化转型》（郑大华等著）、《中国人的生活方式：从传统到近代》（李长莉著）、《西学东渐：迎拒与选择》（邹小站著）、《西学的中介：清末民初的中日文化交流》（郑匡民著）、《近代中国思维方式演变的趋势》（王中江著）、《人的发现与人的解放：近代中国价值观的嬗变》（宋惠昌著）、《中国近代学术体制之创建》（左玉河著）、《中国近代科学与科学体制化》（张剑著）。这套著作紧紧扣住近代文化转型的主题，从多学科、多视角、多层面比较立体地展现出近代中国文化转型的进程，比较清晰地勾勒出近代文化转型的基本轨迹，既显现其总体演变的轨迹，又显现出若干具体领域文化转型的轨迹，并提出了许多新见解，如社会公共文化空间形成的意义、近代学术体制化的趋势、政治与文化互动的复杂关系等，为中国近代文化史研究提供了新的起点，也成为研究中国近代文化史必备的参考书。

五四新文化运动为学界研究较多的问题。2015年的《史学月刊》《北京大学学报》等刊物推出了纪念新文化运动一百周年的专栏文章，刊发了耿云志、李捷、许纪霖、张宝明的文章。安徽大学出版社2016年推出"新文化运动与百年中国"丛书6卷本，展示新文化运动时人们关于政治、文化、思想等方面变革的思考及争论。杨剑龙的《"五四"新文化运动与基督教文化思潮》（上海人民出版社2012年版）、吴静的《学灯与五四新文化运动》（中国书籍出版社2013年版）、姬蕾的《"五四"新文化运动中的个人主义话语流变》（人民出版社2015年版）、陶东风等主编《新文化运动百年纪念文选》（中国社会科学出版社2017年版）、张宝明主编

《新青年与20世纪中国（纪念新青年创刊100周年高层论坛论文集）》（社会科学文献出版社2017年版），也从不同侧面关注了新文化运动。左玉河则研究了五四新文化运动与现代文化建构，指出五四新文化运动对中国现代新文化建构的奠基作用，主要体现在四个方面：一是国人对西方文化认识逐渐深化，确定了全面效法西方以建构中国现代新文化的方向和"再造文明"的目标；二是摧毁了以儒家思想为代表的中国固有文化体系，动摇了中国传统的核心价值观念，确定了将民主与科学作为中国现代新文化建构的核心价值；三是提出了以个性主义为建构中国现代新文化基石的思路；四是提出了以研究问题、输入西学、整理国故来建构中国现代新文化的途径。[1]

此外，包括京派文化、沪派文化、湖湘文化等在内的近代区域文化史得到学术界的重视并取得了丰硕研究成果。既有像袁行霈等主编的《中国地域文化通览》（中华书局2013—2014年版）那样的宏观性著作，也有像陈伯海主编的《上海文化通史》（上海文艺出版社2011年版）、曲彦斌主编的《辽宁文化通史》（大连理工大学出版社2009年版）、刘硕良主编的4卷本《广西现代文化史》（广西师范大学出版社2016年版）、金海主编的《从传统到现代——近代内蒙古地区文化史研究》（内蒙古人民出版社2009年版）、卞利主编的《徽州文化史》近代卷（安徽人民出版社2015年版）、朱汉民的《湖湘文化通史》（岳麓书社2015年版）等各地编撰的地方文化史著作。抗战时期区域文化史研究受到关注，出版了诸如孟国祥的《抗战时期中国的文化损失》（中共党史出版社2010年版）及《烽火薪传——抗战时期文化机构大迁移》（商务印书馆2015年版）、文天行主编的《20世纪中国抗战文化编年》（四川辞书出版社2015年版）及其《抗战文化运动史》（中国文联出版社2015年版）、李仲明的《抗日战争时期的中国文化》（团结出版社2015年版）等著作，区域文化史研究出现了迅猛发展的势头。

对近代文化史的新旧交织、中西共存的丰富内涵进行深入解读的著作，颇值得关注。黄兴涛的《文化史的追寻——以近世中国为视域》（中

---

[1] 左玉河：《五四新文化运动与中国现代新文化之建构》，《教学与研究》2015年第8期。

国人民大学出版社 2011 年版），对文化史的理论方法研究路径进行了深入辨析，并结合个案解读了近代中国文化史上的重要问题。赵立彬的《西学驱动与本土需求：民国时期"文化学"学科建构研究》（社会科学文献出版社 2014 年版）则分析了民国时期"文化学"的学科建构，以学术史的问题形式而展现近代文化思想变迁的多维面相。王东杰的《国中的"异乡"：近代四川的文化、社会与地方认同》（北京师范大学出版社 2016 年版）则从社会文化史的角度，对近代四川的区域认同、学术源流与文化想象进行了深入的勾勒。瞿骏的《天下为学说裂：清末民初的思想革命与文化运动》（社会科学文献出版社 2017 年版），通过对学生生活、教科书、"排满"革命等问题的细腻考察，重塑了清末民初读书人的群体形象。

在近代的民族、国家认同方面的研究上，黄栋的《塑造顺民：华北日伪的国家认同建构》（社会科学文献出版社 2013 年版），以华北日伪政权的国家认同建构为研究对象，重点对其在文化认同方面的建构进行了探索。李帆、邱涛的《中国近代民族国家建设》（商务印书馆 2015 年版）以近代中国的民族国家认同历程和政权建设问题为研讨的主题，将观念层面的思想史和制度层面的政权建设结合起来论述。许小青则关注了辛亥革命与近代民族国家认同，指出辛亥革命最大的贡献之一，是在政治上初步完成中国由传统的帝国向近代民族国家转型。任何传统社会在谋求现代化时都必然要经历传统国家观念的解体和建构民族国家，从而在国际政治秩序中明确自己位置的过程。这种民族国家的建构过程，意味着对传统社会内部关系与价值取向的重大调整，因而会引起种种文化和心理的波折与困扰，从社会思想意识角度可将此种调整过程中的波折与困扰视为认同问题。[①] 张运君关注了抗战中教科书的民族认同，指出在抗日战争时期，为了更好地教育和动员民众、宣传抗战、激发民族精神，中国的民族主义知识分子以历史教科书为武器，从不同角度来书写其对民族认同的认识：确立"黄帝"是中华民族先祖和国家统一开创者的形象，叙述中华民族形成、演进、融合的辉煌历史，叙说中华民族抗击日本侵略的历史，书写危

[①] 许小青：《辛亥革命与近代民族国家认同》，《史学月刊》2011 年第 4 期。

急存亡之际的民族复兴,以激发全民族持颠扶危的决心。①

学术界对中国近代宗教信仰与文化的研究,涉及主题比较广泛。何建明的《中国近代宗教文化史研究》(北京师范大学出版社2015年版),主要关注近代中国社会中传统的儒、释、道三家文化与外来的基督宗教、进化论、科学思潮、社会主义等西方文化和新生的三民主义等近代中国文化之间的互动关系,从相遇、冲突,到交流、对话,后到融合与共存,探寻近代中国宗教文化的基本特点。李俊领的《天变与日常:近代社会转型中的华北泰山信仰》(社会科学文献出版社2017年版)一书,从区域社会与日常生活的角度,探讨了近代华北泰山信仰的演进及其境遇。刘永华的《仪式文献研究》(社会科学文献出版社2016年版)一书,则是关注近代民间信仰,是从民间发现的仪式文献出发,结合文献解读和田野调查,探讨中古仪式文献与晚近民间发现仪式文献之间的关系,考察仪式专家群体在仪式文献传承中扮演的重要角色。

李天纲的《金泽:江南民间祭祀探源》(生活·读书·新知三联书店2017年版)一书,则是一部借用文化人类学方法从上海青浦金泽镇研究近代江南祭祀制度及民间信仰的专著。罗检秋考察了清末民初宗教迷信话语,指出近代宗教与迷信的分野,主要是由权力来界定和完成的,与其说宗教迷信话语起源于启蒙思潮,毋宁说是国家意识形态和权力渗透的结果,反映出清末民初政权参与、控制民众社会的强化路径。②张景平对龙王庙信仰考察后认为,1949年之前,数量庞大的龙王庙在河西走廊灌溉活动中扮演着重要角色。河西走廊特殊的自然环境使得民众对于龙王的敬畏实际有限,但特殊的社会环境使他们对国家认同度则较高;明、清两代,国家通过引入、扶持龙王信仰与修建龙王庙,保持了对于灌溉活动的适度介入,龙王庙作为灌溉活动中国家权威的代表符号受到重视。③郁喆隽的《神明与市民:民国时期上海地区迎神赛会研究》(上海三联书店2014年版)一书,以民国时期上海地区的庙会和迎神赛会为切入口,较为全面地

---

① 张运君:《抗战时期中国历史教科书中的民族认同书写》,《甘肃社会科学》2016年第4期。
② 罗检秋:《清末民初宗教迷信话语的形成》,《河北学刊》2013年第5期。
③ 张景平、王忠静:《从龙王庙到水管所——明清以来河西走廊灌溉活动中的国家与信仰》,《近代史研究》2016年第3期。

梳理了这一时期该地区民间庙会和赛会文化的兴衰,并探讨了其对当时社会文化的影响。

六　社会文化史研究的兴起

20世纪90年代以后中国文化史发展的新趋势,是社会文化史研究的勃然兴起。文化史主要研究社会的精神领域,社会史主要研究社会生活领域,二者各有侧重,又互相补充,成为新时期历史学复兴的两翼。但随着文化史和社会史的持续发展,逐渐显露出一些问题。如文化史研究往往只注意精神层面,特别是精英思想层面的研究,而忽视大众观念及与社会生活之间的联系;社会史研究又多注重社会结构和具体社会问题的描述而或显空泛,或显细碎,缺乏对人这一社会主体的关注及与观念领域的联系。所以,一些学者开始思考文化史与社会史相互结合、相互补充的可能。

首先提出文化史与社会史相结合问题者,是中国社会科学院近代史研究所的刘志琴。她在1988年发表《复兴社会史三议》[①]一文,首次论述了文化史与社会史之间的连带关系,首次提出了社会史与文化史相交织的"社会文化"及"社会的文化史"这一概念,并在随后发表的《社会史的复兴与史学变革》中指出:"文化史是从文化的要素、结构和功能上认识文化现象,融合社会、思想和文化人类学的成果,揭示社会文化的形态和特质;社会史则从社会的构成和生活方式上认识社会现象,融合文化和社会学的成果,揭示社会文化的形态和特质。社会史和文化史从不同的方位出发,实际上是沿着同一目标双轨运行的认知活动。"[②]她在这两篇文章中虽然没有明确提出"社会文化史"这一学科概念,但致力于社会史与文化史的相互结合,以及将"社会文化特质"和"民族文化心理"作为研究重心的基本思路已经形成。

此后,在刘志琴领导下的中国社会科学院近代史研究所文化研究室,

---

① 史薇(刘志琴):《复兴社会史三议》,《天津社会科学》1988年第1期。
② 刘志琴:《社会史的复兴与史学变革——兼论社会史和文化史的共生共荣》,《史学理论》1988年第3期。

开始明确提出以社会史和文化史相结合的"中国近代社会文化史"为以后一个长时期的主攻方向,并组织编撰多卷本的《近代中国社会文化变迁录》。1990年,在成都召开的中国社会史第三届年会上,李长莉明确提出"社会文化史"这一学科概念,并引入文化学的方法,对这一新学科概念作了比较完整的解说,对社会文化史的研究对象、研究方法和意义以及与文化史和社会史的区别等作了集中论述,提出社会文化史主要研究历史上人们的社会生活方式与思想观念之间的相互关系,其重心是对历史上某一时期社会的整体精神面貌做出描述和解释。[①] 1993年,刘志琴进一步提出用社会史的方法来研究中国文化问题的思路,并指出:"伦理价值通过物质生活和精神生活的双重作用积淀到民族文化心理的最深层,成为群体无意识的自发意识,这样的文化才真正具有在各种波澜曲折中得到稳定传承的内在机制。"[②] 经过十余年的讨论,学术界初步形成了一些基本共识,并对社会文化史作了基本的界定:它是一门社会史和文化史相结合的新兴交叉学科,是要综合运用历史学、社会学、文化学、文化人类学、社会心理学等人文社会科学方法,研究社会生活、大众文化与思想观念相互关系变迁历史的史学分支学科。

"社会文化史"在中国大陆学术界的兴起,并不是孤立的现象,而是国际史学发展的趋势。法国年鉴学派明确批判传统史学重上层、重叙事的弊病,提倡总体史、社会史,标明了关注下层平民及注重分析综合的方法论取向。欧美学术界新兴起的"新文化史"学派同样强调思想史与社会史的结合,出现了以"社会与思想互动"为特征的观念史、语境论研究方法,英国学者彼得·伯克致力于民众态度和价值观念研究的"新文化史"路向[③]、美国学者艾尔曼致力于打通思想史与社会史的"新文化史"路向[④]、德国学者罗梅君讨论北京民俗所反映的中国社会现代化变迁的研究

---

① 李长莉:《社会文化史:历史研究的新角度》,收入赵清主编的论文集《社会问题的历史考察》,成都出版社1992年版。
② 刘志琴:《从社会史领域考察中国文化的历史个性》,《传统文化与现代化》1993年第5期。
③ 其代表作《历史学与社会理论》和《制造路易十四》的中译本,分别由上海人民出版社2001年、商务印书馆2007年出版。
④ 其代表作《从理学到朴学》《经学、政治与宗族——中华帝国晚期常州今文学派研究》的中译本,分别由江苏人民出版社1995年、1998年出版。

路向①，与中国大陆兴起的"社会文化史"路向是一致的。这种关注社会与观念的互动、民众生活与观念的互动，可以视为国际史学界致力于史学深入发展中不约而同选择的一个重要路径。

"社会文化史"学科概念被提出后，社会文化史的学科理论建设和研究实践逐渐展开，并取得了一系列研究成果，吸引了越来越多研究者，特别是年轻研究者的兴趣，使这一新学科日渐发展成熟。刘志琴主编的三卷本《近代中国社会文化变迁录》（浙江人民出版社1998年版），是中国近代社会文化史学科的基础之作。它以大众文化、生活方式和社会风尚的变迁为研究对象，探索百年来人民大众在剧烈的社会变革中，生活方式、风俗习惯、关注热点和价值观念的演变和时尚。该著提出世俗理性、精英文化的社会化、贴近社会下层看历史以及上层文化与下层文化相互渗透等问题，引起学术界的广泛兴趣。

刘志琴主编的三卷本《近代中国社会文化变迁录》出版后，长期无人问津或受人冷落的中国近代社会文化史研究领域，如近代科技文化、民间宗教、民间意识与观念、文化心态、公共空间、新词语与观念变迁、历史记忆、身体性别史、社会风俗等，均受到学术界的广泛关注，并出现了许多有分量的研究成果。中国社会文化史研究的基本路向，是打通社会史与文化史，以文化视角透视历史上的社会现象，或用社会学的方法研究历史上的文化问题。其研究的重点集中于社会与文化相互重合、相互渗透、相互交叉的领域，如社会生活（日常生活、生活方式）、习俗风尚、礼仪信仰、大众文化（大众传播、公共舆论）、民众意识（社会观念）、社会心理（心态）、集体记忆、社会语言（公共话语、知识）、文化建构与想象、公共领域（公共空间）、休闲（娱乐）文化、身体文化、物质文化、区域文化等。

首先，对近代市民社会与公共空间的关注。近代中国市民社会问题，是20世纪90年代以后中国学术界关注的热点，一些学者运用西方"市民社会"和"公共空间"理论，对中国近代社会变迁进行分析，提出了一些具有创见的观点。学术界对中国市民社会研究主要有两种途径：一是从

---

① 其代表作《北京的生育婚姻和丧葬》的中译本，由中华书局2001年出版。

中西文化比较角度出发，在掌握市民社会有关理论及西方学者关于近代中国市民社会研究成果的基础上，辨析近代中西市民社会和公共领域的差异，概括近代中国市民社会的状况和特点，循此途径从事研究的学者可称为"文化派"，以萧功秦、杨念群等人为代表；二是运用公共领域和市民社会理论框架对中国近代史作实证研究和探讨，主要在商会史研究的基础上，论证具有中国特色的近代中国"公共领域"或"市民社会"，依此途径从事研究的学者可称为"商会派"，以马敏、朱英等人为代表。尽管两派差异较大，但都认为近代中国的市民社会与国家之间是一种良性互动关系，与强调国家、社会二元对立的欧洲近代市民社会有着根本区别。

关于中国公共领域的研究，是学术界关注的另一热点。许纪霖从中国政治合法性的历史演变研究入手，以上海为例分析了近代中国公共领域形成的思想本土渊源、历史形态和舆论功能，并通过与哈贝马斯的公共领域观念的比较，探讨近代中国的公共领域的普世性和特殊性。[1] 他的著作《近代中国知识分子的公共交往（1895—1949）》（上海人民出版社2008年版）则主要研究了1895—1949年中国知识分子的人际交往、私人脉络、团体组织以及与城市公共媒体的关系。祝兴平则将公共媒介作为观察文化和意识形态系统的重要窗口，对近代中国大众传播媒介的大众化、世俗化、社会化的发展方向作了揭示。[2] 张敏将学会、报纸作为公共领域的重要角色，对辛亥革命前十年间上海报刊市场作了较系统的考察。[3] 罗福惠以梁启超、章太炎、谭嗣同为中心，对其在学会背景下进行的学术文化活动的内容、特点作了考察。[4]

近代茶馆、公园、剧院等城市公共空间的研究，引起了学术界的高度重视。学术界开始将过去所忽略的公园这一"场所"与公共空间联系起来进行研究，力图揭示近代中国社会史中的现代性因素。史明正的《从御花园到大众公园：20世纪初期北京城区空间的变迁》和熊月之的《晚清上海私园开放与公共空间的拓展》较早开始研究公园与城市空间及公共空间

---

[1] 许纪霖：《近代中国的公共领域：形态、功能与自我理解》，《史林》2003年第2期。
[2] 祝兴平：《近代媒介与文化转型》，《湖北师范学院学报》2002年第2期。
[3] 张敏：《略论辛亥时期的上海报刊市场》，《史林》2003年第2期。
[4] 罗福惠：《梁启超、章太炎、谭嗣同与近代文化社团》，《华中师范大学学报》2004年第5期。

发展的问题，以后陆续有学者撰文论述广州、成都公园的兴起和对社会生活的影响以及公园里的社会冲突。李德英选择近代传统城市成都为例，以城市公园这种新兴的公共空间为载体，通过对围绕公园的开辟、管理以及以公园为舞台而产生的社会冲突现象的观察与讨论，探讨近代城市公共空间与社会变迁的互动关系。① 陈蕴茜主要考察了清末民国时期公园作为近代旅游娱乐空间的变化，尝试从一个新的视角揭示近代中国社会由传统走向现代的本质特征，认为公园的兴起与发展直接映射出中国近代旅游娱乐空间在场所意义及文化内涵层面的拓展。② 她还全面考察近代西式公园的引入与华人公园的发展，透视殖民主义与民族主义的撞击及中国民族国家通过公园建设在日常生活层面的民族主义建构。③ 戴海斌对北京的中央公园与民初北京社会作考察后认为，中央公园不仅是一个放松身心的休闲场所，更是集娱乐、教育、商业、文化和政治多种内容于一身的社会公共空间，在这个空间里流淌着市民日常生活的细流，也孕育了社会变迁的种子。④

瞿骏的《辛亥前后的上海城市公共空间研究》（上海辞书出版社2009年版）一书，围绕清末民初上海的开放私园、街头、店铺、茶馆、戏园、车站、码头、会馆等城市公共空间展开，研究范围包括舆论中的"革命"、形塑革命中的舆论变迁、新革命英雄谱系、革命烈士的生成、追悼会的现实情境、革命形象在生意中的呈现与流变、革命后的上海城市乱象与城市控制、民众日常生活等。王敏等编《上海城市社会生活史：近代上海城市公共空间》（上海辞书出版社2011年版）一书，选取了1843—1949年上海城市公共空间的几种典型类型，如公园、戏园、电影院、游乐场、咖啡馆、跑马场等，叙述其沿革兴衰的历史过程，着重探讨其与上海城市社会生活之间的关系。王笛的《茶馆——成都的公共生活和微观世界》（社会

---

① 李德英：《公园里的社会冲突——以近代成都城市公园为例》，《史林》2003年第1期。
② 陈蕴茜：《论清末民国旅游娱乐空间的变化——以公园为中心的考察》，《史林》2004年第5期。
③ 陈蕴茜：《日常生活中殖民主义与民族主义的冲突——以中国近代公园为中心的考察》，《南京大学学报》2005年第5期。
④ 戴海斌：《中央公园与民初北京社会》，《北京社会科学》2005年第2期。

科学文献出版社2010年版）一书，试图再现成都的公共生活方式和文化形象，勾画在公共生活的最基层单位上日常文化的完整画面，并通过挖掘在成都茶馆中所发生的形形色色的大小事件，建构茶馆和公共生活的历史叙事和微观考察，从而以一个新的角度观察中国城市及其日常文化。他的另外两部著作《街头文化：成都公共空间、下层民众与地方政治》（商务印书馆2013年版）及《走进中国城市内部——从社会的最底层看历史》（清华大学出版社2013年版），则着力关注底层的大众文化，对下层民众公共空间与日常生活关系进行了细致入微的分析。

其次，文化心态史研究的开端。把社会心理确认为社会存在的一种反映方式，可以启迪史学研究者通过社会风尚的演变，考察人们在日常生活和相互交往中形成的普遍意识，以便更准确地描述历史的场景。受法国年鉴学派的影响，近代社会心态史逐渐为研究者注意，并出现了众多研究成果，如乐正的《近代上海人社会心态》（上海人民出版社1991年版）、周晓虹《传统与变迁：江浙农民的社会心理及其近代以来的嬗变》（生活·读书·新知三联书店1998年版）、王跃《变迁中的心态：五四时期社会心理变迁》（湖南教育出版社2000年版）、韩进廉《无奈的追寻：清代文人心理透视》（河北大学出版社2001年版）等。义和团教民的信仰状态，同样可以折射出19世纪末民众的社会观念及复杂心态。程歗等人讨论了1900年中国基层社会天主教教民的信仰状态及其文化含义有其独特的学术价值。作者认为，只有将考察的视野从文本解析下沉到普通信徒的心态和行动领域时，才可能更深切地把握他们那种鲜活的跳动着的文化脉搏。这种由灵魂意识、神功崇拜和身体观念所表达的信仰状态，具有基督教教义和中国乡土文化诸要素交错互动的特色。[1]

赵泉民通过考察晚清知识分子对义和团运动的态度，揭示了他们对义和团运动的心态：惧乱、媚外的敌视心理；中立裁判者的心态；同情赞赏之态度。[2] 郑永华用社会心理学的方法对辛亥时期会党的社会心态进行分

---

[1] 程歗、谈火生：《灵魂与肉体：1900年极端情境下乡土教民的信仰状态》，《文史哲》2003年第1期。

[2] 赵泉民：《试析晚清新知识分子对义和团运动的心理》，《华东师范大学学报》2000年第3期。

析，认为会党的社会心态有这样几个特点：寻求新领导成为多数会党的共识；联合起来共同革命受到会众的欢呼；民主共和得到了会党先进分子的认可；会党反教排外心态的变化明显。① 白纯通过考察台湾光复后的民众心态变化，揭示了"二二八"起义爆发的深层原因。② 孔祥吉依据北洋水师营务处总办罗丰禄的数十封家书，分析了北洋水师上层人物在中国交战时的精神状态和内心活动，认为当时弥漫于北洋上下的畏惧、自私、不负责任的心理状态，是导致清廷在与日军较量中惨败的重要原因。③ 这样的研究思路，给人以耳目一新之感。居阅时在《论社会心态对北洋历史进程的影响》一文中指出，北洋时期的社会心态主要有"接受"、"回归"和"再选择"三种主流表现，这三种心态在北洋时期建立民国、复辟倒退和维护革命成果的三大主题中，与政治、经济、文化等因素一起构成推动历史运动的合力，共同影响着北洋历史的进程。④

社会心态是人类群体、民族、团体及个人受一定社会环境影响在意识行为上的反映和表现，其表现形式较政治、经济难以把握，也容易为人们所忽视。黄庆林对近代知识分子的社会心态作了分析，认为在近代中国这样一个由传统向近代转型的特殊社会环境下，知识分子所展现出的与现实社会的隔膜，造就了他们的文化失落感，在历经洋务运动、戊戌变法、辛亥革命等诸多努力后仍未能改变其屈辱命运之时，信仰破灭或遁入空门，或自杀以求解脱；具有强烈忧患意识的先知先觉者与麻木不仁的普通大众有极深的思想隔阂。近代知识分子的文化失落心态，反映出社会转型时期思想界的纷繁芜杂和社会急剧变动对于知识分子的深刻影响。⑤ 傅以君对抗日战争胜利后民众社会心态的作用和影响作了认真剖析，认为战后向往和平、渴望民主是民众普遍的社会心态，国民党由于没有利用好自身的优势，政治举措忤逆了民众对和平民主的要求和渴望，终被浩浩荡荡的民主自由的时代潮流吞没，共产党则由于始终代表着人民的利益，因而理所当

---

① 郑永华：《辛亥时期会党社会心态之变化》，《清史研究》2000年第1期。
② 白纯：《台湾光复后的民众心态与"二二八"事件》，《民国档案》2000年第3期。
③ 孔祥吉：《甲午战争从北洋水师上层人物的心态》，《近代史研究》2000年第6期。
④ 居阅时：《论社会心态对北洋历史进程的影响》，《史学月刊》2002年第4期。
⑤ 黄庆林：《近代中国知识分子的文化失落心态》，《山西师大学报》2005年第4期。

然地得到人民的支持。国统区民众对南京政府由拥护到失望再到反抗的心态变化,反映了国民党逐渐失去人心,失去广大民众的支持,预示着南京国民党政府的崩溃已不可避免。①

孙燕京则研究了清末立宪派的政治心态,指出清末立宪布局宏大,雄心勃勃。在主持改革与力挺宪政的政治群体中,趋新少壮亲贵思想开明,行为激进,敢于任事,招贤纳士,优容革命党人。他们急功近利、贪大求洋,试图在几年内完成"强盛国家"大业,而在国势衰微、焦虑失衡、人心瓦解、缺乏强人的时代,却是一步险棋。民族民主思潮及现代性思想感染着少壮亲贵,尽管其立场、目的与进步青年根本不同,但他们容易接受新事物、新思想,在困境中容易焦虑、浮躁,不免急进。他们所思所想突破了旧体制和专制的惯常思维,反映了一定的现代性追求。②

最后,近代新词语研究的兴盛。清末民初之际,伴随着西学东渐力度的剧增,作为西学表征的新词语以汹涌之势进入中国。近代中国的新名词问题,长期以来是语言学的研究范畴。但随着社会文化史的兴起,史学界开始关注这个领域并将新名词与新思想联系起来进行考察。黄兴涛从新名词与思维方式、价值观念变革的关系入手,尝试着揭示近代中国新名词形成、传播之丰富微妙的思想史意义。他认为,数以万计的双音节以上新名词的出现和活跃,词汇的概念意义、规范"界说"的社会认同与实践,以及与之相随的新式词典的编撰和流行,增强了汉语语言表达的准确性,有效地增进了中国人思维的严密性和逻辑性;大量出现的近代新名词提供了众多新的"概念工具"和"思想资源",极大地扩展了中国人的思想空间、运思的广度和深度,为构筑中西会通的新思想体系奠定了重要的思想基础。③冯天瑜对清末民初中国人对新语入华的反应作了初步考察,认为近代中国话语世界呈现两极状态:一方面是人们普遍使用"大半由日本过渡输入"的新名词;另一方面则是"由日本贩入之新名词"构成一种强势的话语霸权,冲击着传统的话语系统,激起部分国人的反感与抗拒,在

---

① 傅以君:《论社会心态对战后国共斗争的影响》,《南昌大学学报》2005年第6期。
② 孙燕京:《清末立宪中少壮亲贵的政治心态》,《史学月刊》2016年第7期。
③ 黄兴涛:《近代中国新名词的思想史意义发微》,《开放时代》2003年第4期。

或迎或拒的表象之下，新名词逐渐渗入汉语词汇系统，并归化为其有机组成部分。① 李怡对"世界"一词作了词源学上的考证，并对该词在留日学生中的接受情况及传入中国的情况作了考察，说明了晚清从日本传入的关键词语与关键思想兴起与变化的互动关系。②

与此相似，清末"国民"与"奴隶"这组词汇的内涵也发生转化，并迅速流行起来。郭双林等人考察了"国民"与"奴隶"二词的渊源及其在清末从古典意义向近代意义的转化过程，分析了当时围绕"国民奴隶"与"奴隶"根性问题的讨论情况，并探讨了二词内涵在当时转化与流行的原因及对近代中国社会变迁的积极意义。③ 刘学照就清末上海报刊舆论、话语转换与辛亥革命的关系作了论述，认为20世纪初的上海革命舆论中出现并传播前所未见的新话题和新话语，如时代、革命主义、帝国主义、民族主义、民族帝国主义、民族建国主义、专制主义、君主专制、专制民贼、排满革命、种族革命、共和主义、民权革命、平等主义、平均人权、人道主义、自由主义、社会主义、共产主义、马克思主义、国粹主义、国学、君学、国粹、欧化、共和、祖国等，这些新话语的传播、连接、辐射，开阔了人们的眼界，改变着人们的观念，孕育着全国的政治气候，推动了武昌起义的到来。④

现代释义的"封建"话语，是解读中国近现代百年历史文化发展轨迹的"关键词"之一。薛恒从历史语言考察和语言解释学的角度，对这一概念在中国近代的提出、兴起和含义变化的过程进行探讨，以揭示在这一过程中因其意义处境化而与马克思主义原生语义的错离和其中的原因，客观地评价这种表述所起的历史作用和存在的理论得失。他认为，"封建"话语在中国近代从历史语言的边缘走向中心，与当时的社会变革息息相关；它与其说是一个学理话语，不如说是一个社会政治话语；它在服务现实需要的同时又接受现实反馈，带来了处境化的变异，其具体内容已经难以栖

---

① 冯天瑜：《清末民初国人对新语入华的反应》，《江西社会科学》2004年第8期。
② 李怡：《关于"世界"的学说》，《徐州师范大学学报》2003年第4期。
③ 郭双林、龙国存：《"国民"与"奴隶"——对清末社会变迁过程中一组中坚概念的历史考察》，《中国文化研究》2003年第1期。
④ 刘学照：《上海舆论、话语转换与辛亥革命》，《历史教学研究》2002年第2期。

身于原来的理论架构中。① 章清从近代中国思想演进的脉络探讨"自由"观念，认为中文世界对于"自由"的阐述较为突出其负面意义，所以在晚清中国各种"主义"大行其道之际，"自由"却难以成为"主义"，"自由主义"只能让位于"民族主义"或者"国家主义"。②

徐时仪从语义学和传播学角度出发，考辨"民主"的成词及其词义，探讨西学新词对于中国思想文化和社会发展的影响。在他看来，"民主"由古典转换成现代新词，经过了5种词义变化现象，这个过程可以帮助了解中国近现代一些重要观念的起源和演变，揭示其中蕴含的关涉思维方式、价值观念等的思想文化意义。③ 刘集林对晚清"留学"一词进行词源考察，认为经过"出洋肄业""游学"到"留学"的发展，表现出近代人学习西方文化逐步深化的一个侧面。④ 柯继铭分析清季十年思想中的"民"意识，认为"民"在思想界的地位出现了前所未有的提升，但是现实中对于"民"的怀疑却又十分深重，思想言论中"民"的形象呈现理想和现实割裂的名实不符状态。在另一篇文章中，他认为上层社会的"保国"方式遭到质疑，从"民"的指谓变化反映出清季十年对不同群体的认知呈现出中下层趋向。⑤ 侯旭东则从思想史的角度，对近代中国流行的"专制"词语及其"中国古代专制说"产生、传播的历史及其后果加以分析，指出"中国古代专制说"并非科学研究的结果，而是西方人对东方的偏见，这种未经充分论证的说法的流行，严重妨碍着学术界对帝制中国统治机制的研究。⑥

黄兴涛的《"她"字的文化史：女性新代词的发明与认同研究》（北京师范大学出版社2015年版）一书，为"她"字作"传"，构思巧妙，讨论深入，材料新颖，集历史叙事、史实考辨、分析评论于一体，从语言、文学、性别、观念及文化交流等角度，对"她"字的现代性与社会认

---

① 薛恒：《中国近代"封建"话语的兴起及其指义处境化》，《江海学刊》2003年第2期。
② 章清：《"国家"与"个人"之间——略论晚清中国对"自由"的阐述》，《史林》2007年第3期。
③ 徐时仪：《"民主"的成词及其词义内涵考》，《上海师范大学学报》2007年第4期。
④ 刘集林：《从"出洋"、"游学"到"留学"》，《广东社会科学》2007年第6期。
⑤ 柯继铭：《理想与现实：清季十年思想中的"民"意识》，《中国社会科学》2007年第1期；《走向中下层：清季十年对不同社会群体的认知与"民"的指谓变化》，《社会科学研究》2007年第2期。
⑥ 侯旭东：《中国古代专制说的知识考古》，《近代史研究》2008年第4期。

同进行了详细解读，堪称学界有关新名词研究的代表作。黄兴涛、陈鹏考察了近代中国"黄色"含义变化，指出"黄色"由代表高贵、尊严的民族象征色彩词，转成与色情淫秽之指代并列共存、具有内在含义矛盾的词汇，是近代中西文化交汇与现实中国社会政治互动的产物。作为负面贬义的"黄色"，表现出传统词义的一种变异，在社会环境演变和语境变量中，因经历所指和能指的开张组合、伸缩变化，与西方语词"黄色新闻"等概念中的黄色原义也有脱离。[1]

邵建考察了近代上海的新名词传入，指出中国近代的口岸城市在城市规模、城市形态、社会经济结构、社会生活方式等方面受外来文化影响甚深。大量新的词汇进入人们日常语言交流中，在一定程度上代表了时尚与流行，一些词汇沿用至今，成了汉语的新元素。作为口岸城市的代表，近代上海的城市用语受外来文化的影响尤为显著，这些用语随着上海本身的辐射效应，有的扩散到中国其他城市，继而深刻影响了其他城市和地区城市用语的更新和变化，上海也因之成为传播新的城市用语的集散地。[2] 张帆考察了"科学"一词含义，指出19世纪、20世纪之交，"科学"一词在中国初现，虽与教育相关，却不特指分科教育。新政时期，中国朝野皆以日本教育作为汲取"科学"的管道，使得晚清新教育与日本"科学"紧密结合，从而形成教科意义上的"科学"概念。这种"科学"概念的生成体现了朝野各方"以日为师"方向上的同一性，但"科学"意义之上负载了不同的政治理想。教科之"科学"的生成是"科学"概念在教育领域泛化的结果，它在学术与政治两方面都动摇了清政府的专制统治。[3]

对于区域概念，桑兵考察了近代"华南"一词演变，指出今人习以为常的"华南"区域概念，始于1895年，与来华西人尤其是欧美报纸的报道和传教士的翻译有关。相应地，日本方面的南清之说，也被译成华南。民国时期，因为地域差异和政治分裂，体育界采取分区方式组队参加远东

---

[1] 黄兴涛：《近代中国"黄色"词义变异考析》，《历史研究》2010年第6期。
[2] 邵建：《新生活·新观念·新名词——以近代上海城市用语变迁为考察线索》，《学术月刊》2011年第6期。
[3] 张帆：《晚清教科之"科学"概念的生成与演化（1901—1905）》，《近代史研究》2009年第6期。

运动会，华南为分区之一。国民政府统一后，分大区进行的模式被其他社会活动乃至政府组织所仿效，华南的用法日渐扩张。而日本实行南进政策以及国民政府加强珠江流域各省的建设，使得华南的指称更加流行。不过，"华南"一词的使用虽然逐渐增多，其含义却有广狭两种，广义即南华，指中国南方或南中国，狭义指以珠江流域为主的若干省份。① 郭卫东则对"北洋"一词进行了分析，指出"北洋"在中国近代史上是一个习见名词，内涵数变。其源头古意仅是地域名称。第二次鸦片战争后，转成官职概念。北洋大臣的设置是清朝外交从地方到中央的转变，从南到北位移的过渡，在李鸿章之手，天津的屏障外交作用得以充分发挥。到袁世凯的"北洋"，含义再变，前此侧重外交和洋务的意味淡去，而更多地具有了军事政治派系的命意，进而成为中国主要统治集团的称谓。② 学界对近代新名词的分析，均着力发掘新名词背后的政治、文化内涵，展现了文化分析的独特魅力。

总之，这些研究的基本路向，打通社会史与文化史，探索将二者结合起来进行交叉研究，基本上是从社会史与文化史相结合的交叉视角，以文化视角透视历史上的社会现象，或用社会学的方法研究历史上的文化问题。研究重点集中于社会与文化相互重合、相互渗透、相互交叉的领域：社会生活（日常生活、生活方式）、习俗风尚、礼仪信仰、大众文化（大众传播、公共舆论）、民众意识（社会观念）、社会心理（心态）、集体记忆、社会语言（公共话语、知识）、文化建构与想象、公共领域（公共空间）、休闲（娱乐）文化、身体文化、物质文化、区域文化等。

七 存在的问题与理论反思

改革开放 40 年来的中国近代思想史研究取得了丰硕成果，但仍然存在着不少偏向，需要加以克服。这些偏向主要体现在四个方面。

首先，存在着明显的非历史主义倾向。如有人批判五四新文化运动激

---

① 桑兵：《"华南"概念的生成演化与区域研究的检讨》，《学术研究》2015 年第 7 期。
② 郭卫东：《释"北洋"》，《安徽史学》2012 年第 2 期。

烈反传统，但他们从来没有对五四新文化运动为什么会激烈反传统的历史原因作过认真分析，没有考察过辛亥革命后复辟与反复辟、尊孔与反尊孔的政治与文化斗争，因而难以正确地理解五四新文化运动激烈反传统的历史合理性及其意义。五四新文化运动的激烈反传统，与袁世凯的复辟帝制和康有为的孔教运动有着直接关系，不批判袁世凯的帝制复辟和康有为的孔教运动而指责激烈反传统的新文化运动，不是一种历史主义的科学态度。

其次，照搬海外学者的观点。有人批评五四新文化运动是激进的反传统主义，并把它与"文化大革命"相提并论，这种观点最早是美籍华裔学者林毓生在其《中国意识的危机——"五四"时期激烈的反传统主义》一书提出的。他认为陈独秀、胡适、鲁迅等人"全盘反传统"，使得中国文化出现了"断裂"现象，并把"五四"与"文化大革命"联系起来考察，认为这两次文化革命的特点都是要对传统观念和传统价值采取全盘否定的立场。[①] 余英时将"五四"视为激进主义的重要阶段，认为从"五四"到"文化大革命"再到80年代的"文化热"，中国现代思想史经历了一个"不断激进化的历程"。[②] 这种观点被一些大陆学者视为"新观点"而接受，反映了部分学者以追随海外学者的某些学术观点为"风尚"的学术偏向。

再次，矫枉过正、翻案之风比较流行。由于受极"左"思潮影响，学术界在较长时间内对一些思想人物、思潮和流派的评价以进步或落后、革命或反动作为褒贬标准而加以评价，有失公允。但改革开放以后的近代思想史研究中却出现了另外一种情况，凡过去被认为是进步或革命的人物、思潮和流派则加以贬斥，凡过去被认为是落后或反动的人物、思潮和流派则加以褒扬，存在着褒改良而贬革命的偏向。

最后，褒保守而贬激进的偏向比较突出。如有人在评价五四时期以陈独秀、胡适为代表的"新文化派"，来对比以杜亚泉、梁漱溟为代表的

[①] 林毓生：《中国意识的危机——"五四"时期激烈的反传统主义》，贵州人民出版社1986年版。

[②] 余英时：《中国近代思想史上的激进与保守》，载余英时《钱穆与中国文化》，上海远东出版社1994年版，第201页。

"东方文化派",以及以梅光迪、吴宓为代表的"学衡派"时,对前者严厉批判,而对后者大加肯定。以前忽略东方文化派、学衡派、玄学派在学理上的贡献固然是片面的,但由此走到另一个极端而极力贬低新文化派,抬高东方文化派、学衡派,同样不是正确的评价思想人物的态度。[①]

根据目前中国近代思想史研究的状况,中国近代思想史研究发展的趋向大致有四。一是思想人物的个案研究仍将是中国近代思想文化史研究的重点,研究对象会进一步从主要人物扩展到一般的思想文化人物,研究更深入、更理性、更细致,对于近代思想文化人物进行认真比较成为深化近代思想文化史研究的重要路向。二是学术思想史研究将继续受到关注,有更多的学者走进研究者的视野,并将重点关注中国传统学术的转型与现代学术的建立问题。三是中国近代思想文化史上的若干重大问题,如革命与改良、激进与保守的分野与对比,中西文化的冲突与融合、近代中国文化转型中传统因素与外来文化的作用及其相互关系,中国近代社会文化思潮及马克思主义中国化等问题,仍然继续成为学术界关注的热点。四是近代观念史将成为学术界研究的热点之一。

改革开放40年来中国近代文化史研究的基本趋向,是传统文化史的复兴、社会文化史的兴起及新文化史的活跃。改革开放初期复兴的传统文化史,是与经济史、政治史并列的以文化现象为研究对象的历史学分支学科。它有特定的研究对象、研究领域,并以史学研究方法为主。传统文化史研究坚持历史学的求真宗旨,着力弄清近代文化发展的基本历程及其情况,进而揭示文化发展与社会变迁的关系。传统文化史研究所采用的方法,主要是历史学的方法,尤其重视历史考证法,偏重于"描述性研究"而不重视"解释性研究",所采用的解释框架主要是社会经济对文化影响的因果式关联性框架。复兴后的传统文化史研究领域、广度和深度都得到发展,但正因偏重于"描述性研究"而忽视"解释性研究",这种传统式的研究理念及研究方法并没有得到较大突破,故传统文化史意义上的中国近代文化史研究显得比较平稳。

[①] 参见郑大华、贾小叶《20世纪90年代以来中国近代思想史研究的回顾与展望》,《教学与研究》2005年第1期。

真正激荡起近代文化史研究高潮并促使其向纵深发展的，是社会文化史及新文化史研究的兴起。社会文化史虽然提倡从自下而上的新视角审视文化现象，但在是否仍然将其视为一门独立的史学分支学科问题上有较大分歧。部分学者仍然将社会文化史研究对象确定为特定的文化现象并将其作为一门新兴学科加以建设，并不否认文化史作为独立学科的存在，所不同的仅仅是研究领域的扩大和研究方法的变化。但更多学者不赞同将社会文化史视为一门独立的史学分支学科，而是将其视为一种新的视角和新的方法。作为新视角和新方法意义上的社会文化史，实际上与西方新文化史理念基本相同。新文化史翻转了学界对传统文化史的认知，不再将文化史视为具有特定研究对象的史学分支学科，而是将其视为历史研究的一种新视角和新方法。在新文化史看来，一切历史都是文化史，一切历史都可以从文化的角度加以审视，这样便出现了文化史研究范围的空前扩大和研究方法的突破。

社会文化史的兴起和新文化史的日趋活跃，改变了中国文化史研究的格局，深化了中国近代文化史研究，但也带来了文化史学科属性与研究方法的困扰。传统文化史将文化史视为有研究对象、研究范围的一种历史学的分支学科。作为学科的文化史有特定的研究对象和范围，以求真为目标，以历史学的实证方法为主要研究方法，这是改革开放以来中国文化史研究及作为学科建设的文化史的主流。但存在的弊端是研究深度不够，研究方法陈旧，以实证的方法研究文化史，可以弄清"是什么"的问题，但无法进而弄清文化现象"为什么"的问题，偏重于"描述性研究"而不重视"解释性研究"，文化史研究缺乏必要的深度，文化分析的方法难以运用。新文化史将文化史研究视为一种新视角和方法，一切历史都是文化史，都可以进行文化分析，弥补了传统文化史研究方法陈旧和分析不足的弊端，但研究领域广泛，不再称文化史为一门独立的学科，根本否定了文化史的学科属性，文化史研究丧失了起码的研究领地。这样，文化史研究出现了学科属性差异而导致的方法困惑，出现了传统文化史重学科属性而忽视方法属性、新文化史重方法属性而否认学科属性的两难问题。传统文化史研究范式与新文化史范式在文化史的学科属性和方法属性上存在的根本分歧，困扰着21世纪以来的中国文化史研究。

传统文化史与新文化史两者之间能否协调？能否取长补短？这实际上关涉中国文化史研究发展的方向性问题。实际上，两者是完全可以折中调和的。而调和之道在于两个方面。

首先，文化史研究的对象和范围，仍然以传统文化史所确定的对象和范围为限，不能像新文化史那样将一切历史都视为文化史研究的对象，而是仍然限定于文化现象及其发展情况，不能无限扩大文化史研究的范围。这就是说，仍然将文化史视为一门学科（历史学的分支学科），承认其有独立的学科属性和学科地位，不能将文化史一概视为一种视角和方法而不承认其有特定的研究领域，而是首先将其视为一门独立的学科并有特定的研究对象和范围。作为一门历史学的分支学科，它采用的方法首先仍然是历史学的方法，注重实证性研究，以历史的求真为目的，充分重视其"描述性研究"的特性，在重建史实，在史实层面上弄清文化史的"是什么"问题，发挥其实证科学的特性。

其次，文化史要采用新文化史的视角、理念和方法，对传统文化史研究对象和范围进行深度的文化解释，用新文化史所强调的文化分析、文化解释来研究被限定的文化现象（对象），主要发掘文化事项的内涵及意义，充分重视新文化史"解释性研究"的特性，将其作为解释科学加以重视，在历史学重建史实的基础上，注重文化解释，重点解决"为什么"问题，对文化现象作深度解释。概括来说就是：采用传统文化史的研究对象和方法重建文化史实，采用新文化史的视角和方法来进一步解释文化史实。这样，便将传统文化史与新文化史结合起来，以新文化史的视角和方法，深入研究传统文化史的内容，既弄清"是什么"的史实，又着力于"为什么"的文化解释。将求真的历史学方法与求解的文化分析结合起来，将历史叙述与历史解释结合起来，将"白描"与"深解"结合起来。

为此，新文化史观照下的文化史研究必须注意三个基本层面：第一个层面，是用白描（浅描）的方法，将社会生活（文化事项）的表象呈现出来，回答并解决"是什么"的问题；第二个层面，要用浅层解释的方法，说明社会生活表象的直接原因和表层意义，回答并解释"为什么"的问题；第三个层面，要用深度解释的方法，揭示社会生活现象背后隐藏的文化内涵及文化意义，回答并解释"怎么样"的问题。既要关注社会生活，因为这是文化史研究的对象和立足点，更要揭示生活背后隐含的文化意义，这是新文化史研究的要求。采用新文化史所强调的深度解释并着力于发掘文化事项背后的意义，是文化史研究值得探索的可行途径。①

总体上看，改革开放以来的中国近代文化史取得丰硕成绩，但目前的中国文化史研究还处于"白描"及"浅释"层面，缺乏"深解"的理论自觉。文化史研究从"白描"阶段提升到"浅释"阶段，进而发展到"深解"阶段，是从传统文化史研究深化到新文化史研究的要求。为此，必须将"寻求意义"作为文化史研究的根本目标，从"深度解释"入手寻求历史活动的深层意义。深度解释，是深化中国近代文化史研究的有效途径。作为学术界研究的热点之一，社会文化史及新文化史必将在较长时期内成为史学新观念和新方法的重要生长点，多学科、跨学科的研究将会得到加强，思想史与社会史、思想史与文化史、思想史与观念史的结合研究将进一步受到重视。学界同人已经有了许多年的探索实践并作了初步思考，创建有中国气派和中国风格的社会文化史理论体系的条件逐渐成熟。

---

① 左玉河：《寻求意义：深度解释与社会文化史研究的深化》，《河北学刊》2017 年第 2 期。

近二十年来的唯物史观研究

王也扬　赵庆云

近 20 年来，国内学界对于唯物史观的研究给予了一定的关注，一度有热烈的争鸣。兹做简要综论，不当之处，方家正之。

21 世纪初，国内研究唯物史观的学者都在议论《历史研究》发表的两篇文章。一篇是蒋大椿的《当代中国史学思潮与马克思主义历史观的发展》（《历史研究》2001 年第 4 期）；另一篇是吴英、庞卓恒的《弘扬唯物史观的科学理性》（《历史研究》2002 年第 1 期）。吴、庞的文章是对蒋文的驳议。

蒋大椿是著名马克思主义史学理论家黎澍的学生，多年来以研究唯物史观活跃于史坛，他发表上述文章并非偶然，而是"客观世界与文本世界"发生了绕不开去的"冲突"，逼迫他思考使然。一切都源于唯物史观不是普通的学问，它是执政党当年领导革命、如今执掌政权的哲学根据。在新中国跌宕起伏的历史进程，特别是改革开放的巨大转折中，如何解释客观历史与历史哲学的关系，是学者们面临的严峻挑战。蒋文试图应对挑战，尽管作者的学术准备在当时还不很充分。蒋显然是看到了唯物史观的逻辑思辨与其后的历史发展现实之间存在着某种不合辙的问题，他说生产力决定生产关系这一规律，在人类历史进程中却找不到历史事实，而一些地区出现的新生产关系，则非为生产力决定的结果，它是由生产力要素以外的社会支配力量创造出来的。蒋在这里，点到了国际共产主义运动中一个理论与事实相悖的现象，即按照唯物史观原理，"无论哪一个社会形态，在它们所能容纳的全部生产力发挥出来以前，是决不会灭亡的；而新的更高的生产关系，在它存在的物质条件在旧社会的胎胞里成熟以前，是决不会出现的"。① "一个社会即使探索到了本身运动的自然规律，——本书（指《资本论》——引者）的最终目的就是揭示现代社会的经济运动规律，——它还是既不能跳过也不能用法令取消自然的发展阶段。"② 可是实际发生的社会主义革命并没有像马、恩曾经预料的那样，在欧洲发达的工业化国家中同时成功，却在生产力相对落后的俄国取得了胜利，继而又在生产力更加落后的中国告捷。在俄、中两国创造社会主义新生产关系的，并不是当地的生产力，而是"生产力要素以外的社会支配力量"，即共产党革命后所建立的政权。

蒋大椿进而还认为，唯物史观把社会存在归结为社会物质生活条件（主要包括生产方式和社会经济制度），把社会意识归结为由各种作品及其表现出来的政治的、法律的、哲学的、宗教的理论、观点，以及与之相应的政治社会机构，还有科学、文学、艺术作品等。因此，它所说的社会存在决定社会意识，社会意识反作用于社会存在，实际上离开了人及其实践活动，抽象思辨地议论二者的关系，这是不存在的。蒋提出社会存在应包括"物质经济环境因素存在""政治环境因素存在""精神文化环境因素存在"三个层面，社会意识就是人们在认识与改造世界的各种实践活动中反映和生长着的意识和思维活动。在对社会存在与社会意识作了这样的界定后，他这样来说明二者之间的关系：社会存在可以决定社会意识，社会意识也可以决定社会存在，当条件具备时，经过新的意识支配下的社会实践可以创造出新的社会存在。这显然也是从客观历史的某种现实中获得的启迪。

吴英、庞卓恒对蒋文的驳论，主要强调其所谓唯物史观的"理论缺陷"，并不属于马克思创立的唯物史观，而是来自充满教条主义的苏联教科书，不能因此否定马克思主义唯物史观基本原理的正确性。经过对马恩著作的深入解读，该文两位作者重新理解了唯物史观基本原理的含义，表示不能同意蒋大椿对唯物史观的批评，主张在新的历史条件下，继续弘扬

---

① 《马克思恩格斯选集》第 2 卷，人民出版社 1972 年版，第 83 页。
② 同上书，第 207 页。

唯物史观的科学理性。对此,王锐生等也发表了赞同的意见。他们一致认为,苏联和过去"左"的路线造成的唯物史观的理论缺陷,经过20年的改革开放,已经在研究中得到反正,而蒋文对唯物史观的批评,是把过去错误的东西当作唯物史观来看待了。其实以往唯物史观流行观点所缺乏的实践、人的价值等内容,在马克思的著作中都可以找到;而蒋文表示要建立的"唯物辩证的以实践为基础的系统史观",其唯物辩证、实践为基础、系统论思想三个特征,在马克思主义唯物史观里面都具备。所以,蒋文用"发展马克思主义历史观"来否定、超越唯物史观,是自相矛盾的。[①]

王也扬对蒋文的评论,则把思考和探讨又加以延伸。他说蒋先生认为曾在我国占据主导地位的阶级斗争史观"从实质说来并不属于唯物史观,因为唯物史观的实质主要是从生产力的发展和物质生产方式的角度来观察和研究历史"。这也是改革开放之初,人们放弃"以阶级斗争为纲"治国方针的时候,对这个问题所做的解释。然而我们又实在忘不掉这样的话:"阶级斗争,一些阶级胜利了,一些阶级消灭了,这就是历史,这就是几千年的文明史。拿这个观点解释历史的就叫做历史的唯物主义,站在这个观点的反面的是历史的唯心主义。"[②] 可以说,长期以来,在国人的心目中,唯物史观与阶级斗争史观是画等号的。或者说,这是唯物史观在我国曾经最为流行的理论。过了这么些年,谈起这个问题,还是有人会问:唯物史观与阶级斗争史观到底是什么关系?可见当年那样的解释未能彻底解惑。

王文回顾了马克思主义形成的历史过程。马克思在《〈政治经济学批判〉序言》中曾谈到导致唯物史观创立的"促使我去研究经济问题的最初动因",那是其在主编《莱茵报》期间所遇到的一系列现实政治斗争问题,诸如莱茵省林木盗窃立法牺牲普通农民的利益,马克思撰文予以痛斥,指出立法权实际上是保护有产者利益的工具;《莱茵报》发表摩塞尔地方农民悲惨处境的通讯,遭到省督的指责,马克思进行反驳,抨击普鲁士的社会政治制度;《莱茵报》刊登有关社会主义和共产主义的文章,受

[①] 王锐生:《唯物史观:发展还是超越》,《哲学研究》2002年第1期。
[②] 《毛泽东选集》第4卷,人民出版社1991年版,第1487页。

到另家报纸攻击，马克思起而反击，等等。可以说，唯物史观的创立，与其时社会政治斗争或曰阶级斗争的需要密切相关。正由于这样，后来马克思才在致魏德迈的信中说"无论是发现现代社会中有阶级存在或发现各阶级间的斗争，都不是我的功劳……我的新贡献就是证明了下列几点：(1) 阶级的存在仅仅同生产发展的一定历史阶段相联系；(2) 阶级斗争必然导致无产阶级专政；(3) 这个专政不过是达到消灭一切阶级和进入无阶级社会的过渡……"① 也正是由于这样，后来恩格斯才说，马克思的两大发现：唯物史观和剩余价值规律，使社会主义从空想变成科学，无产阶级终于能够通过阶级斗争和无产阶级专政，走向社会主义和共产主义。在欧洲1848年革命前夜，马恩为无产阶级政党——共产党起草的《共产党宣言》称：到目前为止的一切社会的历史都是阶级斗争的历史。但是，我们的时代，资产阶级时代，却有一个特点：它使阶级对立简单化了。整个社会日益分裂为两大敌对的阵营，分裂为两大直接对立的阶级：无产阶级和资产阶级。在现存社会内部或多或少隐蔽着国内战争，这个战争将转变为公开的革命，无产阶级用暴力推翻资产阶级而建立自己的统治。《共产党宣言》通篇用唯物史观写成，然其中心议题却是阶级斗争与无产阶级革命，毕竟政治纲领不同于纯粹的历史哲学著作。恩格斯在说明《共产党宣言》所表达的历史唯物主义时说："每一历史时代的经济生产以及必然由此产生的社会结构，是该时代政治的和精神的历史的基础；因此（从原始土地公有制解体以来）全部历史都是阶级斗争的历史，即社会发展各个阶段上被剥削阶级和剥削阶级之间、被统治阶级和统治阶级之间斗争的历史；这个斗争现在已经达到这样一个阶段，即被剥削被压迫的阶级（无产阶级）如果不同时使整个社会永远摆脱剥削、压迫和阶级斗争，就不再能使自己从剥削它压迫它的那个阶级（资产阶级）下解放出来……"② 读者细读这段非常著名的话，就可以清楚地了解唯物史观与马克思主义阶级斗争学说之间的关系，以及后者在前者中所占有的位置了。

王文指出，任何一种政治学说或政治思想都有其哲学理论基础，但马

---

① 《马克思恩格斯选集》第4卷，人民出版社1972年版，第332—333页。
② 《马克思恩格斯选集》第1卷，人民出版社1972年版，第232页。

克思主义阶级斗争学说不是一般的政治学说，它要求无产阶级进行革命，用暴力推翻现存的国家制度，建立无产阶级专政。这是人头落地、你死我活之事。显然，马克思主义阶级斗争学说与其历史哲学基础——唯物史观之间的关系，不可能是书斋论道的纯学术关系。理论为革命斗争实践服务，恰是马克思主义哲学的党性所在。而革命斗争实践离开了其原来的哲学演绎，也并不奇怪。理论需要与时俱进的道理就在这里。"以阶级斗争为纲"的路线在中国实行到了20世纪70年代末，结果被实践证明不成功。主要是革命，不断革命，造成了阶级斗争的扩大化，却没有能够使生产力获得持久的和理想的大发展，因而也就无法解决长期困扰我们民族和社会的大问题——贫困。邓小平说："贫穷不是社会主义，社会主义要消灭贫穷。"[①] 解释中国改革开放的社会主义初级阶段理论，被说成是对唯物史观基本原理的一种回归。其后中国取得了巨大的成功，世界也在发展变化。诚如吴、庞二位先生所言，到了20世纪90年代初，苏联解体，东欧剧变，资本主义在那里又取代了社会主义。而发达国家的资本主义虽然早就被认为是腐朽的、垂死的，却在20世纪后半叶开始显露出新的活力，而且至今仍在经济和科技发展的大潮流中居于前沿地位。大半个世纪的世界历史进程证明，既不是社会主义取代资本主义，也不是资本主义消灭社会主义，而是两大主义都在曲折中生存、竞争和发展，并且还会长期共存，在取长补短、求同存异中共同发展。这促使我们去重新认识人类历史发展的规律问题。

蒋大椿在他的文章中说："越来越多的历史学家从实际历史进程中已经看出，社会历史领域有规律，却不会同于自然规律，即这里不存在完全不以人的意志为转移的客观的必然的历史规律。因为人类历史中的一切都是人的实践活动创造出来的，这里有规律也只能是人的实践活动的规律，而实践通常总是在人的意志支配下进行的。在这样的规律面前，人的实践活动也不会只有一种必然的选择，而是在一定范围内有着不止一种的选择。"吴、庞二位先生则坚持认为生产力决定生产关系的规律仍然有效。他们的论据，一是运用逻辑，说蒋文所谓在现实中创造了新生产关系的

---

① 《邓小平文选》第3卷，人民出版社1993年版，第116页。

"社会支配力量"即统治力量本身就是一种社会生产关系的体现，它本身不能创造本身。二是证明生产力发展使农产品投入商品市场愈多，则具有人身依附关系的自然经济地位愈动摇乃至完全被市场经济所取代，人身依附关系便没有了任何合法存在的余地。王也扬的意见是，社会历史的规律毕竟与自然科学的规律不同，一是前者不像后者那样过程短，可重复，易检验；社会历史过程的完结需要时间，其规律性被证明和检验也需要时间。二是历史发展的必然性更多地表现在它的总趋势上，如科学文化愈来愈发达，人愈来愈获得解放，社会愈来愈进步，等等。而历史发展的具体道路实在是多种多样，偶然性的天地十分广阔。以有思想、活生生的人为对象的历史规律切忌绝对化，其所谓"不以人的意志为转移"，一是表现在恩格斯说的历史事变的"最终的结果总是从许多单个的意志的相互冲突中产生出来"。各个人的意志形成"合力"，造就历史，结果却都达不到自己的愿望。譬如人们为了追求财富和幸福而从事物质生产活动，却造成了自身生存环境的破坏，从而可能导致整个文明的毁灭，这确非人的"意志"所愿。二是表现在历史发展的总趋势上，社会的进步必然使越来越多的人获得解放，其越来越有能力主宰自己和社会的命运（在这个意义上，历史发展的总趋势受到最大多数人的意志支配），而一些个人或团体的意志如果不能顺应历史发展的总趋势，则最终会被历史所抛弃（"不以人的意志为转移"指的是这样一些逆潮流而动的"意志"）。

王文还对历史创造者问题发表了看法。中国实行改革开放后，改善了知识分子的社会地位，黎澍先生曾经从理论上进行反思，说过去强调人民群众创造历史，长期被宣传为只有体力劳动者创造历史，这是对唯物史观的片面理解。马恩的提法是"人们"创造历史，"人们"应该包括所有的人。王文则认为，马恩在谈"人们"创造历史时，"人们"是抽象的人，但具体到历史创造者问题的时候，抽象的概念便转换到了更具政治性的概念，这在恩格斯《必要的和多余的社会阶级》一文中表达得很清楚。[①] 在马恩那里，每个人作为历史一分子参与历史创造，与一个阶级在历史的发展中是否"有用"，是否"多余"并非为同一理论命题。事实是，历史创

---

① 参见《马克思恩格斯全集》第19卷，人民出版社1972年版，第315页。

造者问题，始终与阶级斗争的政治问题密切关联。在中国，从马克思主义先驱们发动群众闹革命的时候起，便是唯物史观宣传的一个着重点。随着阶级斗争的开展和革命的胜利，诸如"奴隶们而不是英雄创造历史""卑贱者最聪明，高贵者最愚蠢"这样的观点，在革命队伍乃至整个社会形成一种主流思想。这说明唯物史观在为阶级斗争的政治服务过程中，其理论观点自然会出现某种取舍和倾斜。我们今天作为思想史来研究，既要弄清经典作家的原著原意，又要客观地历史地看待某一理论观点的产生、发展和演化。

王文最后说，马克思、恩格斯所揭示的从经济入手研究人类社会及其历史的观点和方法，早已为各国学术界所接受，其对社会科学研究的贡献也是公认的，对此相信没有什么人能够一概加以否定。人们的疑问主要来自唯物史观流行理论中那些僵化的教条，而这些僵化教条的产生，又与作为学术的唯物史观同政治的不解之缘有关系，这可以说是马克思主义的一种历史宿命。吴、庞二先生说得很对，苏联的那套教条式的"历史发展规律论"，诸如"五种生产方式依次更迭论"；生产力"三要素"或"两要素"论等，是20世纪30年代为了以其高度集权的政治体制突破资本主义世界的包围，并在高度集中的计划经济体制下适应优先发展重工业的需要而提出来的。它是政治化学术的典型。其实早在马恩在世的时候，他们就曾经批评过一些"马克思主义者"把唯物史观教条化的倾向。恩格斯说："根据唯物史观，历史过程中的决定性因素归根到底是现实生活的生产和再生产。无论马克思或我都没有肯定过比这更多的东西。如果有人在这里加以歪曲，说经济因素是唯一决定性的因素，那末他就是把这个命题变成毫无内容的、抽象的、荒诞无稽的空话。经济状况是基础，但是对历史斗争的进程发生影响并且在许多情况下主要是决定着这一斗争的形式的，还有上层建筑的各种因素：阶级斗争的各种政治形式和这个斗争的成果——由胜利了的阶级在获胜以后建立的宪法等等，各种法权形式以及所有这些实际斗争在参加者头脑中的反映，政治的、法律的和哲学的理论，宗教的观点以及它们向教义体系的进一步发展。这里表现出这一切因素间的交互作用，而在这种交互作用中归根到底是经济运动作为必然的东西通过无穷无尽的偶然事件（即这样一些事物，它们的内部联系是如此疏远或者是如此难于确定,以至我们可以忘掉这种联系,认为这种联系并不存在)向前发展。否则把理论应用于任何历史时期,就会比了解一个最简单的方程式更容易了。"① 需要指出的是,马恩创立唯物史观的19世纪,当时人类的最高认识水平还没有超出古典科学的局限,距我们今天相差不止一个时代。时代的变迁,科学的进步,认识的飞跃,不仅改变着人们的理论观点,而且改变着人们的世界观和思想方法。因此,思想学术界的任务,求得和捍卫一百多年前经典作家的"真经"已经不够,与时俱进地发展包括唯物史观在内的马克思主义哲学社会科学应该是我们这些"马克思主义者"的责任。②

然而,后来的一些年,唯物史观研究并没有明显的进展。蒋大椿的文章又被人从政治的角度加以批评,学术理论界也由此不闻其声。《哲学研究》杂志主编李景源撰文重申唯物史观与中共革命的关系,指出中国近代以来的志士仁人都对唯物史观情有独钟,究其原因,是因为他们从唯物史观中看到了如何才能有效地进行社会改造的方向和途径。因此,唯物史观在中国的传播不是一个外在的过程,不是一个形式主义的吸收东西的过程,而是一个通过民族形式和传统内在生成的过程,是几代人艰辛探索的结晶,其间贯穿了一条主线,就是从观念史观和圣贤史观到民众史观和群众史观,使历史主体一步步得到澄明。解决了人民群众是决定历史命运的主体问题,从历史主体的层面勾画出中国思想界从唯心史观向唯物史观的转变。

李文论述了中共几代领导人对唯物史观的理论贡献。说毛泽东历史观的转变,是在寻求历史主体的问题上,从崇拜英雄豪杰到坚信人民大众的结果,他在《民众的大联合》一文中写道:"天下者,我们的天下。国家者,我们的国家。"号召民众起来掌握自己的命运。《毛泽东选集》的第一篇文章是《中国社会各阶级的分析》,最后一篇文章是《论唯心史观的破产》,从中可以得出结论:唯物史观贯穿毛泽东思想的整个体系。毛泽

---

① 《马克思恩格斯选集》第4卷,人民出版社1972年版,第477页。
② 王也扬:《关于唯物史观流行理论的几个问题——兼评〈历史研究〉近期发表的两篇文章》,《社会科学战线》2002年第6期。

东对唯物史观的最大贡献在群众史观方面，其中包含两个环节，一是相信人民大众，二是具体地、立体地理解人民大众，即用阶级观点分析和看待。毛泽东以新的历史观为原点，设计了一条符合中国实际的政治路线和方针政策，使群众史观具体化为一整套民主革命的战略和策略。他把群众史观与政治斗争结为一体，以唯物史观为体，以路线、方针、政策为用，走出了一条有中国特色的民主革命道路。

李文说生产力史观是邓小平对唯物史观的重大贡献。生产力观点和群众观点，是唯物史观的两个基本观点，它们是内在统一的，两者的一致性集中地体现在马克思的名言上：最强大的一种生产力是革命阶级本身。所以毛泽东和邓小平是和而不同。邓小平以生产力史观为核心，从中国社会初级阶段的实际出发，对什么是社会主义、怎样建设社会主义给予了科学的回答，形成了邓小平理论。

李文说江泽民的"三个代表"重要思想重申了生产力首要地位和人民利益标准，这是对唯物史观的丰富和发展。胡锦涛提出以人为本的科学发展观，这是党的执政理念和政府管理理念的一次升华。从毛泽东的群众史观和群众路线，到邓小平的生产力首要地位和人民利益标准，再到"三个代表"重要思想和以人为本的科学发展观，唯物史观的根本原理贯彻始终，并在中国化的伟大历程中获得了与时代同步的重大发展，向世界展示了马克思主义的辉煌前景。[1]

阶级斗争理论在唯物史观中的地位如何，学术界的认识存在分歧。有观点认为，曾在我国占据主导地位的阶级斗争史观"从实质上严格说来并不属于唯物史观，因为唯物史观的实质主要是从生产力的发展和物质生产方式的角度来观察和研究历史"[2]。王也扬对"以阶级斗争为纲"的理论源流及历史实践作了深入考证，他指出，生产力、生产关系与阶级斗争、无产阶级革命虽为不同的概念，但在马克思主义唯物史观里面却有着必然的联系；阶级斗争学说不可等同或替代唯物史观，但它确是唯物史观的核

---

[1] 李景源：《唯物史观与当代中国的马克思主义》，《南方日报》2006年7月4日。
[2] 蒋大椿：《当代中国史学思潮与马克思主义历史观的发展》，《历史研究》2001年第4期，第6页。

心内容。从李大钊到毛泽东的中国共产党人，把阶级斗争和无产阶级专政理论作为马克思主义政治学说的核心内容来认识和理解，是符合经典作家原意的。马克思主义阶级斗争学说和列宁对这一学说的发展，是"以阶级斗争为纲"治国方针的理论依据。人为地将阶级斗争从唯物史观中"摘"出去，是改革开放之初人们在反思此前几十年阶级斗争扩大化时，在理论上的一种权宜之计。马克思主义是过去了的那个革命时代的产物，而我们今天所身临的已经是以和平与发展为主题的时代。当今时代，社会上并非不存在阶级、阶级矛盾，但人们已经具备这样的条件：可以通过讲发展这个硬道理，用民主和法制的手段，使阶级矛盾趋于缓和，使社会达至公正、和谐。唯物的认识论，承认人的认识是不断发展、与时俱进的，我们今天要以马克思主义经典作家所始终坚持的实事求是的态度来对待马克思主义，而不能抱有其他非学术的目的。①

如何看待唯物史观对中国近代史研究的指导，这有着高度的政治敏锐性。朱佳木指出，对攻击唯物史观的思潮言论应进行科学分析和有说服力的批判，不能视而不见；在捍卫唯物史观的科学体系和基本原理的同时，应注意发现和弥补唯物史观理论上的不足，并结合新的实践，对这一理论进行丰富和发展。② 张海鹏强调，"有远见的历史学者在注意吸收各种有价值的西方史学理论的时候，不能放弃马克思主义的方法论和世界观"。③

李文海指出，当前的历史研究对唯物史观有两种不能令人满意的现象，一是用不屑一顾的态度予以排斥和否定；二是将唯物史观作为史学论著中空洞的标签，而不是分析历史进程的有力的工具。对一种理论的认同和信仰，从来不是靠政治压力，而是靠理论本身的真理性的吸引。提倡研究者学习、接受和运用唯物史观，关键在于让人们真正了解唯物史观的深

---

① 王也扬：《"马克思主义观"阅读札记》，《博览群书》2010年第10期；王也扬：《"以阶级斗争为纲"理论考》，《近代史研究》2011年第1期。
② 朱佳木：《关于加强马克思主义史学理论建设的几个问题》，《史学理论研究》2009年第4期。
③ 张海鹏：《六十年来中国近代史学科的确立与发展》，《历史研究》2009年第5期。

邃内容。① 步平认为，经过 80 年代对西方的学术成果的大量介绍、引进和学习之后，特别是在接受了盲目引进西方理论的教训后，关于学术研究的自主性与本土化的话题日益受到国内学者的重视。当社会越来越面对那些复杂而深层的难题的时候，当人们越来越迫切地需要破解难题的具有较高解释力的理论的时候，唯物史观越来越展现出强大的功能。因而，中国近代史学术界应该在保持自身"知识系统"正当性的前提下与西方学术界展开平等对话，发挥中国马克思主义史学在历史领域的主导地位与主流影响。②

长期以来，历史研究强调以唯物史观为指导，但却缺乏中层理论和实证工作的支持，唯物史观的一些理论原则未能得到贯彻。郭德宏指出，历史著述中，作为历史主体的民众的活动与贡献很少被提及，民众的生活状态和疾苦、业绩和贡献、利益、愿望、要求和呼声，以及他们对历史的看法，更很少得到反映。因此也造成了史学内容的片面和单薄。因而有必要转换研究的立场和视角，提出民众史观。具体来说：民众是历史的主体，史学要有视角下移的胆识，充分反映各种人群多姿多彩的境遇和心路历程，史学研究需要有多方位多角度的纵横编织，才能立体地谱写出一部中华民族的全息史。民意是解释历史的基础，在分析历史事件发生的原因时，不能仅仅看统治者、领导者及文件如何说，还要注意考察这些历史事件背后的民意，并分析产生这种民意的原因。评价历史则不仅要看民意，还要看这种民意是否符合民众的长远利益。因此，历史研究者应该转换研究视角，从长期以来流行的"从上到下"的研究变成"从下到上"的研究。不仅注重民众史的研究，更重要的是要站在民众的立场，从民众的角度来看历史，让民众真正成为历史的主角。具体研究方法也要加以改变：（1）应该注意有关民众的资料的多样性，既注重文献资料，还要注重实物资料；（2）注意从现有的文献资料中认真挖掘那些有关民众的资料；（3）真正深入到民众中加强调查走访；（4）对搜集来的材料进行认真分析；

---

① 参见谢维《中国近代史研究三十年——过去的经验与未来的可能走向》，《近代史研究》2010 年第 2 期。

② 步平：《改革开放以来的中国近代史研究》，《过去的经验与未来的可能走向——中国近代史研究三十年（1979—2009）》，社会科学文献出版社 2010 年版。

（5）写作形式也应多样化，面向一般民众。①

那么在现今条件下如何才能坚持与发展唯物史观呢？泛泛的议论中，也有一些思考和倾向。吴英等人再次强调，唯物史观当前面临严峻挑战，主要原因在于我们对唯物史观的诸多误读。例如将五种生产方式的演进序列视为具有普遍适用性的社会历史演进规律，违背了马克思的原意；关于历史发展的单线论还是多线论问题，不能走极端，历史发展是多样统一性的结合体；经济决定论也不准确，应是生产能力决定论；物质决定意识是机械唯物论观点，唯物史观是生活决定意识或实践决定意识；过去认为国家是阶级压迫的工具，但国家还必须履行公共职能；关于阶级结构问题，过去强调两大阶级对立，但历史上新社会取代旧社会，并不是被压迫阶级担当新社会的统治者，一半都是中间阶级。② 要发展马克思主义，既需要正本清源，着重从理论体系上对唯物史观的诸原理做到准确地理解与阐释，还需要与时俱进，结合国内国际出现的新现象、新形势，以唯物史观基本原理为指导，做出有说服力的解析，并逐步形成有中国特色的马克思主义史学理论体系。③

瞿林东指出有必要从以下几个方面着力：（1）进一步营造研读马克思主义原著的理论氛围；（2）运用唯物史观进一步总结、阐释中国史学的理论，使其成为当今中国历史进程的养料和助力；（3）在唯物史观指导下，从中国历史和中国史学实际出发提出问题、分析问题、获得新的结论，是坚持和发展唯物史观的有效途径。④

李振宏认为，马克思主义史学在中国能够继续保持顽强的生命力，因为它是一个很有特色的历史学派。马克思主义学派一方面需要在和其他学派的争鸣中得到发展，另一方面也需要在内部不同学派的争鸣中焕发活力。王贵仁指出，唯物史观在中国的发展过程，是不断遭遇各种理论诘责

---

① 郭德宏：《论民众史观》，《史学月刊》2009年第11期。
② 吴英：《对马克思国家理论的再解读》，《史学理论研究》2009年第3期；刘克辉：《史学理论创新与历史学科的发展——史学理论前沿问题春季论坛综述》，《史学月刊》2009年第9期。
③ 吴英：《唯物史观与历史研究60年》，《史学理论研究》2009年第4期；吴英：《在新的历史条件下坚持和发展唯物史观》，《史学理论研究》2010年第2期。
④ 瞿林东：《在唯物史观指导下，推动中国史学走向新的发展》，《史学理论研究》2015年第1期。

和实践挑战的过程,唯物史观正是在不断回应理论与现实提出的各种挑战中,被一代又一代学者认识和阐释。而唯物史观的再认识或再阐释,不是对以前认识和阐释的否定,更不是对唯物史观理论的否定,而是对唯物史观的继承与发展。[①] 薄洁萍提出,马克思的唯物史观是一个开放的系统,它呼唤着人的创造精神,而基于此所理解的历史发展则始终存在着无限开放的可能性空间,存在着内在的选择和创造的机制,从而充满了丰富性与复杂性。从这个角度来说,唯物史观本身就有着对历史微观的内在层面的理解,也要求人们肯定历史发展道路的多样性,反对脱离人的实践活动本身和具体日常生活而依照某种外在尺度编写历史。我们以前忽视了这一点,从而导致对唯物史观的误解及其与历史研究的隔膜。因而我们必须不断丰富对唯物史观的理解,以努力做到接近历史原本,展现历史的丰富性。[②] 李红岩认为,马克思主义史学总是随着时代变化而与时俱进,不断获得新的理论原则、新的认识手段和方法。当前处于伟大的历史时期,也预示着与时代相适应的新的史学样态即将产生。他着重指出,新的马克思主义史学样态,必须克服三大问题:玄学化的研究方法;形式主义的研究方法;碎片化的研究方法。[③]

　　这几位学者的看法可谓异曲同工,都强调一方面挖掘唯物史观丰富、复杂的内涵;另一方面以开放包容的心态,真正与时俱进地丰富和发展唯物史观。

---

① 参见刘克辉《第二届史学理论前沿问题春季论坛综述》,《史学理论研究》2010年第4期。
② 薄洁萍:《唯物史观与历史研究》,《光明日报》2010年1月5日第12版。
③ 李红岩:《中国马克思主义史学的三个三十年》,《过去的经验与未来的可能走向——中国近代史研究三十年(1979—2009)》,社会科学文献出版社2010年版。

四十年来中国近代史理论问题综述

赵庆云

四十年来，中国近代史学科得到繁荣发展，视野和论域都大为开拓，可谓成就斐然。与此同时，有关近代史的理论争鸣则经历了由热烈而渐趋淡漠的过程，因而中国近代史学科亦呈现出理论建构不足的局面。[①] 本文对于近四十年来中国近代史领域的重要理论问题加以回顾评述，以就教于方家。

一 基本线索之争与"范式"之争

20世纪50年代历时3年的中国近代史分期问题讨论，其成果即沉淀于以"三次革命高潮"为标志的学科体系。这一体系在当时不失为富有创造力的理论架构。但由于人们认识上的局限，以及1949年后由于"左"的思想及政治环境的影响，中国近代史研究难免囿于单纯的革命视角，对经济发展、社会变迁相对忽视。改革开放以来，诸多学者呼吁打破"一道而同风"的局面，寻求突破。在此背景下，学界对近代史"基本线索问题"展开了讨论。

李时岳撰写的《从洋务、维新到资产阶级革命》（《历史研究》1980年第1期）和《中国近代史主要线索及其标志之我见》（《历史研究》1984年第3期）提出"四个阶梯"说，他将中国近代史概括为"从独立国家变为半殖民地并向殖民地演化的趋向"和"从封建社会变为半封建并

---

① 参见徐秀丽《从引证看中国近代史研究（1998—2007）》，《近代史研究》2009年第5期。

向资本主义演化的趋向"这"两个趋向",前者向下沉沦,后者通过"四个阶梯"向上发展。"四个阶梯说"在近代史学界激起波澜。

章开沅从民族运动的视角,认为"可以把这八十年概括为'两个阶段,三次高涨',即以1900年为界标,把中国近代民族运动区分为前后两个阶段,在第一阶段经历了太平天国和甲午战争后的戊戌维新、义和团这两次民族运动的高涨;在第二阶段又经历了辛亥革命这次更为具有近代特征的民族运动的高涨"。[①] 苏双碧则认为,从林则徐的禁烟运动开始,经历太平天国运动,洋务运动中民族资产阶级的出现,戊戌维新时资产阶级第一次登上政治舞台,义和团反帝爱国运动,以及辛亥革命的推翻清王朝统治,五四时期的彻底反帝反封建斗争,构成中国近代前80年历史发展的主要标志。[②]

张海鹏撰文坚持毛泽东关于中国近代史的"两个过程"论是中国近代史基本线索的正确概括。他认为发展资本主义,是中国近代史"两个过程"的题中应有之义,没有也不应该被忽略,但民族资本主义在19世纪末才有少量生长,因此说民族资产阶级成了19世纪的时代中心是没有什么理由的,而农民阶级则承担着反帝反封建的民主革命任务。如果以"洋务运动—戊戌维新—辛亥革命"为主要线索,就会贬低农民的作用。[③]

1986年姜进发表《历史研究的非线性化及其方法论问题——对近年来洋务运动史研究的一个检讨》,认为关于近代史基本线索的争论未能摆脱"历史的线性发展观"的樊篱,抓主线的思维方式导致研究领域狭隘、研究难以深入。[④]

20世纪90年代后,基本线索问题讨论渐趋停歇,有关中国近代史研究"革命范式"与"现代化范式"的争论再起。基本线索讨论与范式讨论前后相继,紧密关联。近年来,范式之争虽然热潮已过,但余波不断,并有新的反思和进展。

---

① 章开沅:《民族运动与中国近代史的基本线索》,《历史研究》1984年第3期。
② 苏双碧:《关于中国近代史研究的几个理论问题》,《近代研究》1984年第1期。
③ 张海鹏:《中国近代史的"两个过程"及有关问题》,《历史研究》1984年第4期。
④ 姜进:《历史研究的非线性化及其方法论问题——对近年来洋务运动史研究的一个检讨》,《历史研究》1986年第1期。

作为中国现代化研究的先驱，罗荣渠率先运用现代化理论研究中国近代史，并构建了"一元多线发展观"这一理论模式。① 罗荣渠及其门下构成了"现代化范式"的主流。学术史脉络中的"范式"问题之争论中的一方也主要以罗氏及其门下弟子为主干力量，持"革命史范式"者起而辩驳。

争论主要围绕两个问题展开。

1. 中国近代史的主题究竟为何

在"现代化范式"论者看来，中国近代史的主题无疑应是"现代化"。罗荣渠提出："鸦片战争以来中国发生的极为错综复杂的变革都是围绕着从传统向现代过渡这个中心主题进行的，这是不以人们意志为转移的历史大趋势。"② 张海鹏明确表示："近代中国的时代基调是革命，从革命的视角审视，中国近代史上的政治、经济、军事、文化思想、社会变迁，以及中外关系的处理，区域发展，少数民族问题，阶级斗争的状况，无不或多或少与革命的进程、革命事业的成败相联系。一部中国近代史，如果抓住了这个基本线索，就能够顺藤摸瓜，理清近代中国社会历史的各个方面。"因而以中国近代史的书写理应以"革命"为中心。③

2. "革命史范式"与"现代化范式"之关系

罗荣渠意在建立一个包括革命在内而不是排斥革命的新的综合分析框架。④ 虞和平在其《中国现代化历程》的绪论中也表达了类似的观点："如果就完整意义上的现代化而言，反帝反封建的改革和革命应该包含在现代化进程之中。"⑤ "革命史范式"论者，如郑师渠认为"现代化范式"可以被"革命史范式"所通约和涵盖，"近代的民族民主革命不仅构成了中国现代化的前提条件，而且，其本身同时即构成了中国现代化的重要内

---

① 罗氏的理论成果体现于《现代化新论》，北京大学出版社1993年版；《现代化新论续编》，北京大学出版社1997年版。
② 罗荣渠：《现代化新论续编》，北京大学出版社1997年版。
③ 张海鹏：《20世纪中国近代史学科体系问题的探索》，《近代史研究》2005年第1期。
④ 罗荣渠：《走向现代化的中国道路》，《中国社会科学季刊》1996年冬季号，后收入《现代化新论续编》，北京大学出版社1997年版。
⑤ 虞和平主编：《中国现代化历程》第1卷，"绪论"，江苏人民出版社2001年版，第22页。

容"。① 张海鹏则提出:"如果在'革命史范式'主导下,兼采'现代化范式'的视角,注意从现代化理论的角度,更多关注社会经济的发展、更多关注社会变迁及其对于革命进程的反作用,就可以完善'革命史范式'的某些不足。"②

越来越多的学者强调"革命史范式"与"现代化范式"并非对立,不能相互取代,而可以"兼容并蓄、相互借鉴与共同繁荣"。③ 曾业英指出:倡言以"现代化"范式取代"革命史"范式,"这种以偏纠偏的思维方式,对正确解释中国近代历史的发生发展过程并无多大帮助,甚至还可能是有害的"。④ 还有学者力图超越研究范式的争议,认为"革命史范式和现代化范式之争在本质上是不同的现代化道路之争,现代化范式所批判的只是教条主义化的革命史范式,而革命史范式所能反击的也是教条主义化的现代化范式。此两种范式的合理性限度固然都应该继承和发扬,学科体系的有效进展又要求对之皆予超越"。⑤

"范式"之争的始作俑者德里克亦表示:"在史学领域,出现一种支配性范式是既无可能又不可欲的。"⑥ 他明确提出,"就目前来说,最有可能的结果是两种范式的共存",虽然这种共存可能"不太和谐"。他由此又阐述了中国近代史研究范式的"扩散"问题。⑦

"革命范式"与"现代化范式"并存似成共识,但以何者为主,仍存在争论。《近代史研究》杂志主编徐秀丽评判说,"革命史范式"与"现代化范式"均试图以己为主体而包纳对方。这种争论持续有年,"事实上

---

① 郑师渠:《近代史教材编撰与近代史研究的"范式之争"》,《近代史研究》2010年第2期。
② 张海鹏:《20世纪中国近代史学科体系问题的探索》,《近代史研究》2005年第1期。
③ 王也扬:《"革命史观"和"现代化史观"并不对立》,《北京日报》2008年3月31日第19版。
④ 曾业英:《实现了本所几代人的夙愿——读〈中国近代通史〉有感》,《近代史研究》2007年第5期。
⑤ 纪宝成、刘大椿主编:《中国人民大学中国人文社会科学发展研究报告(2010—2011)文理渗透与方法创新》,中国人民大学出版社2011年版,第291页。
⑥ [美]德里克:《革命之后的史学:中国近代史研究中的当代危机》,(香港)《中国社会科学季刊》1995年春季卷。
⑦ [美]阿里夫·德里克:《欧洲中心霸权和民族主义之间的中国历史》,《近代史研究》2007年第2期。

不大可能说服对方，达成共识。而且，任何解释系统都应该有自身的界定，'无所不包'常常导致自身意义的稀释"。①

如何构建新的近代史研究范式，也有学者作了探讨。夏明方提出建立"新革命范式"。其具体内涵为：（1）从历史的长时段探讨近代中国社会变迁的历程，着重解决历史的连续与断裂问题；（2）把中国置于世界文明发展的历史进程之中进行考察，着重解决中国历史变迁的内在动力与外部冲击的相互关系问题；（3）关注被以往研究所忽视的地理环境问题，为建设生态文明社会提供历史的智慧与借鉴；（4）以口述历史与田野调查、资料集成与数据库建设为重点的新史料观。②

李怀印则提出"在时与开放"史观："重写中国近现代史不仅仅意味着在中国发现过去曾被目的论史学所遗弃的一面，更重要的是要抛却型塑现存叙事的结果驱动之视角，而将近代中国不同时期的各种暂时'结果'解释为一系列发展迹象，代表着引导中国迈向其'近现代史'（modern history）之终极目标的多种可能性，尽管此一目标尚未被明确定义。我把这种方法称为'在时和开放'（within-time and open-ended）的历史。"③

赵庆云则认为，"在时、开放史观"只是提供了一个新的制高点来重新观照近现代历史、现实中国及其未来，提示了一种构建近代中国叙事的思考方向，而并未给出某种确切的诠释方案。将"开放"作为思考方向的"开放"史观似仍缺乏建设性。他进而指出，"新的主叙事还需从过去历史事实出发来提炼概括，整合'革命'与'现代化'似仍可以成为选择之一"。④

正是在近代史的范式之争中，人们看到两种范式的局限，开始探寻建构新范式。"尽管这些新范式还不够成熟甚至有较大缺陷，但其在全球化视野下重建中国特色理论的方向是值得肯定的，也提出了许多有价值的意

---

① 徐秀丽：《中国近代史研究中的"革命史范式"与"现代化范式"》，《中国社会科学院院报》2006年5月30日第7版。
② 夏明方：《中国近代历史研究方法的新陈代谢》，《近代史研究》2010年第2期。
③ [美]李怀印：《重构近代中国——中国历史写作中的想象与真实》，岁有生、王传奇译，中华书局2013年版，第278—279页。
④ 赵庆云：《近代中国主叙事的源起流变与重构》，《近代史研究》2015年第2期。

见,为进一步建构成熟的中国近代史研究的新范式提供了借鉴。中国学者沿此方向继续探索,会在为时不太长的将来建构起全新的更加符合历史真相的中国近代史解释框架和叙事方式。"①

二 唯物史观及社会形态问题

如何看待唯物史观对中国近代史研究的指导,这一问题持续引起学界的关注与讨论。李文海指出,当前的历史研究对唯物史观有两种不能令人满意的现象,一是用不屑一顾的态度予以排斥和否定;二是将唯物史观作为史学论著中空洞的标签,而不是分析历史进程的有力的工具。② 面对各种新兴的理论冲击,金冲及强调:实践证明马克思主义最经得起检验,因此要坚持用马克思主义的辩证唯物论和历史唯物论指导历史研究。尽管马克思主义学说需要随着加以丰富和发展,但是马克思主义的基本原理并没有过时,决不能抛弃。在坚持基本原理的同时,可以吸收百余年来世界自然科学、社会科学的方法和成果,包括非马克思主义者的正确方法和成果。③ 张海鹏亦指出,"有远见的历史学者在注意吸收各种有价值的西方史学理论的时候,不能放弃马克思主义的方法论和世界观"④。步平强调,中国近代史学术界应该与西方学术界展开平等对话,发挥中国马克思主义史学在历史领域的主导地位与主流影响。⑤

在新的条件下如何才能坚持与发展唯物史观,在当前可能更为当务之急。瞿林东指出有必要从以下几个方面着力:(1) 进一步营造研读马克思主义原著的理论氛围;(2) 运用唯物史观进一步总结、阐释中国史学的理论,使其成为当今中国历史进程的养料和助力;(3) 在唯物史观指导下,从中国历史和中国史学实际出发提出问题、分析问题、获得新的结论,是

---

① 左玉河:《中国近代史研究的范式之争与超越之路》,《史学月刊》2014 年第 6 期。
② 谢维:《中国近代史研究三十年——过去的经验与未来的可能走向》,《近代史研究》2010 年第 2 期。
③ 金冲及、张颖明:《金冲及先生治学答问》,《史学月刊》2014 年第 5 期。
④ 张海鹏:《六十年来中国近代史学科的确立与发展》,《历史研究》2009 年第 5 期。
⑤ 步平:《改革开放以来的中国近代史研究》,《过去的经验与未来的可能走向——中国近代史研究三十年(1979—2009)》,社会科学文献出版社 2010 年版。

坚持和发展唯物史观的有效途径。①

吴英认为，我们对唯物史观的一些基本理论的理解存在简单化的倾向，未能把握住马克思在相关问题认识上的复杂性。因此回到马克思，准确解读原著，对唯物史观基本概念和基本原理进行正本清源式的研究，重新做出解释，并运用新的解释重大的历史和现实问题做出解析，已成为一项非常紧迫的任务，也是恢复唯物史观活力及影响力的关键所在。只有如此，我们才能重塑唯物史观对历史学的指导地位，一再延误的负面影响将无从挽回。② 李振宏认为，马克思主义学派一方面需要在和其他学派的争鸣中得到发展，另一方面也需要在内部不同学派的争鸣中焕发活力。③ 薄洁萍提出，马克思的唯物史观是一个开放的系统，它呼唤着人的创造精神，而基于此所理解的历史发展则始终存在着无限开放的可能性空间，存在着内在的选择和创造的机制，从而充满了丰富性与复杂性。④

近代以来，前辈学人在相激相荡的多种学术思潮中，选择马克思主义唯物史观为指导建立了现代学术话语体系。时过境迁，当今学术研究范式多元并存，马克思主义面临着其他学术思潮的严峻挑战。唯物史观如何丰富和发展其内涵，如何结合当代中国实践生发出新的形态，如何在史学研究中进一步深化其方法论意义，成为史学理论工作者必须加以认真思考的重大课题。

近年来，学术界对于马克思的社会形态理论给予了高度关注，否定、质疑"五种社会形态理论"的议论此起彼伏。⑤ 有学者明确表示，"只有走出'五种社会形态'的误区，具体地、细致地分析研究各个时期的社会结构，才能真正科学地认识社会、理解历史和设计未来"。⑥ 与此同时，主

---

① 瞿林东：《在唯物史观指导下，推动中国史学走向新的发展》，《史学理论研究》2015年第1期。

② 吴英：《在新的历史条件下坚持和发展唯物史观》，《史学理论研究》2010年第2期；吴英：《重新解读唯物史观的紧迫性与可能性》，《史学理论研究》2015年第1期。

③ 刘克辉：《第二届史学理论前沿问题春季论坛综述》，《史学理论研究》2010年第4期。

④ 薄洁萍：《唯物史观与历史研究》，《光明日报》2010年1月5日第12版。

⑤ 其中王和具代表性，连续发文提出质疑。王和：《再论历史规律》，《清华大学学报》2008年第1期；《实事求是唯物史观的基本原则——以"五种社会形态理论"为中心的探讨》，《史学月刊》2008年第11期。

⑥ 叶文宪：《走出"社会形态"的误区，具体分析社会的结构》，《史学月刊》2011年第3期。

张坚持马克思社会形态理论的声音也颇不少。

王伟光指出,马克思的社会形态理论没有因时代的变迁而丧失理论光彩。从学术的角度看,作为人类社会演进的基本历史趋势,马克思主义关于五种社会形态的概括,只反映了人类历史发展的普遍性规律,而具体的历史发展不是单一的、直线的、绝对的。在一定历史条件下存在特例、偶然的情况。马克思主义从来不以认识历史过程的一般规律为满足,而是努力进一步探索不同民族、国家和地区符合一般规律的特殊发展道路。[①]

总体来说,对于五种社会形态理论,持坚持与反对态度的两派学者,仍缺少从学术层面的对话与交锋。欲获得共识,仍需要进行更多的理论探讨。由于这一理论在马克思主义理论中的重要性,可以想见,在未来的一段时期,它仍将成为学术界讨论的焦点问题。

中国近代社会的性质问题,在20世纪30年代曾展开一场持续近十年的论战,近代中国的社会性质为"半殖民地半封建社会"的论断(简称"两半论")获得相当程度的认同。其后经毛泽东在其著作中进一步阐发,[②]"两半论"成为唯物史观派中国近代史诠释体系的理论基石与核心命题,也是中共民主革命理论的基本出发点。长期以来在学界被视为定论,无人提出异议。但这种一致并无牢固的基础,对此概念也并无深入探讨。20世纪80年代中期起,不少学者对此提出质疑和挑战。但一直众说纷纭,难有定论。[③] 不过坚持"两半论"仍不在少数。张海鹏认为,这个问题可以从学理上去分析,也可以从历史实践上去分析。但是任何学理的分析,都只能基于历史实践。脱离了历史实践的分析,都是书生之见。自

---

① 王伟光:《深入研究中国发展道路和发展经验 丰富和发展马克思主义社会形态理论》,《中国社会科学》2011年第1期。

② 1938—1940年,毛泽东相继发表《战争和战略问题》《中国革命和中国共产党》《新民主主义论》,对近代中国社会性质作了系统论述。他指出:"自从一八四〇年的鸦片战争以后,中国一步一步地变成了一个半殖民地半封建的社会。"(毛泽东:《中国革命和中国共产党》,《毛泽东选集》第2卷,人民出版社1991年版,第626页);"中国的特点是:不是一个独立的民主的国家,而是一个半殖民地的半封建的国家;在内部没有民主制度,而受封建制度的压迫;在外部没有民族独立,而受帝国主义压迫。"(毛泽东:《战争与战略问题》,《毛泽东选集》第2卷,人民出版社1991年版,第542页。)

③ 倪玉平:《近20年"两半"问题研究述评》,《学术研究》2008年第10期。

否认西方列强的侵略对近代中国所造成的冲击，模糊甚至混淆了"晚清中国的改革思想与活动"与此前中国历史上的改革所具有的重大区别，对中国近代史和近代中西关系做了背离史实的阐释，因而难以成立。①

朱浒则通过分析"中国中心观"指导下的研究实践，以把握这一取向达致的研究后果及其缺陷：追寻内在连续性的迷途、作茧自缚的地方史路径以及反东方学的东方学措辞。"中国中心观"对原有认识框架的挑战，在实践上更多采取了某种单向度逆反立场。它其实未能形成对外部与内部、整体与局部、上层与下层、西方与东方等一系列二元对立的超越，而是从一个极端跳向另一个极端。从迄今为止的研究实践观之，"中国中心观"所累积的认识误区，必须引起研究者的警惕。②

熊月之研究指出，柯文介绍的"中国中心观"，无论是1949年以前还是以后，都可以说是固有家法。"中国中心"的理路追溯至1949年前的陈衡哲、王毓铨、陈翰笙等人的研究，后来华裔学者何炳棣、萧公权、张仲礼、瞿同祖等人的研究亦一脉相承。因此"中国中心"实际上可以概括为陈翰笙—何炳棣—孔飞力的脉络。从学理上来说，"冲击—反应"与"中国中心"并不构成互为否定、截然对立的两极，二者实际上可以并行不悖。柯文将本是共时并存的两种研究取向，处理成新陈代谢、截然不同的两个阶段。中国学界对"中国中心观"不假思索的仿效、移用，是一种盲目受容、缺少批判的懒汉做法。③

李红岩指出，"在中国发现历史"的前提是不作任何理论预设，以一种清零的立场和状态走进中国历史本身。此一前提并不成立。而且当学者这样去做时，必然会不断地关注中国历史的多样性与复杂性，不断地深入中国历史内部，因而不断地分解、分析中国历史的要素，将历史切片予以解剖，结果导致对中国历史整体性的消解。这与其说是"在中国发现历史"，毋宁说是淹没历史。④

---

① 李学智：《冲击—回应模式与中国中心观——关于〈在中国发现历史〉的若干问题》，《史学月刊》2010年第7期。
② 朱浒：《"范式危机"凸显的认识误区》，《社会科学研究》2011年第4期。
③ 熊月之：《研究模式移用与学术自我主张》，《近代史研究》2016年第5期。
④ 李红岩：《从社会性质出发：历史研究的根本方法》，《中国史研究》2017年第3期。

对"欧洲中心论"的反思与警示无疑是必要的,但如果仅以"中国中心"取而代之,势必产生以偏纠偏的问题。夏明方、李学智、朱浒、熊月之、李红岩等人对"中国中心观"的反思与批评,剖析柯文方法与逻辑的内在矛盾,指陈其理论上存在的根本缺陷,确实"表明进入 21 世纪以来中国学者在与外国学者进行学术对话时的心态,与改革开放初期相比,已经成熟和深刻了许多"。①

四 后现代思潮对史学研究之影响

后现代主义思潮对历史研究的客观性形成了严峻挑战,在西方学术界曾有过激烈的争论。后现代史学以实践效用而不以客观存在的过去作为真实性标准,易走向随意虚构历史的极端。后现代主义者提出了很多极端性的结论,但我们更应该重视后现代史学对现代史学的认知范式的反省、批判和对新的人文知识认识论基础的更新与探讨,即应更多看到其"立"的方面。

赵世瑜认为,中国大陆学术界虽然也先后有一些关于后现代主义史学的介绍和讨论,但只是死水微澜,未能引起学者们的重视。他认为,后现代史学的意义并不在于它关于历史认识论的惊人之语,而在于它对近代以来主导性历史话语的批判意识,其意义不容忽视。值得对这一史学思潮进行深入探讨。② 张耕华认为,后现代史学理论的某些结论,看似"颠覆"和"解构"性的,但其实际的影响,毋宁说是建设性的。借助后现代的挑战,正好有助于我们重新阐明历史学的学科性和史学演变的本质,为史学史找到一个新的视角。③

---

① 步平:《改革开放与中国近代史研究》,《近代史研究》2009 年第 5 期。
② 赵世瑜:《后现代史学:匆匆过客还是余音绕梁》,《学术研究》2008 年第 3 期。应该看到,前几年学术界对后现代主义史学思潮有所引介,如我国学者王晴佳、古伟瀛的《后现代与历史学:中西比较》、美籍德裔著名史学家伊格尔斯《二十世纪的历史学——从科学的客观性到后现代的挑战》等。以及《史学理论研究》《山东社会科学》《学术研究》和《文史哲》等刊物也给予了一定关注,其中尤引起人们注意者,是山东社会科学院主办的《东岳论丛》杂志,该刊特设了一个"后现代主义与历史研究"的专栏,从 2004 年第 1 期到第 6 期连续发表了多篇后现代史学的文章。
③ 张耕华:《后现代与史学史的新视角》,《学术研究》2008 年第 3 期。

近年来，在人们的争议声中，后现代思潮已然对中国近代史研究产生了深远的影响，其带来的挑战也引起中国史学界的深入反思。《历史研究》2013 年组织以"史学中的后现代主义"为主题的笔谈，不少学者各抒己见，不乏观点碰撞与交锋。

于沛指出，后现代主义全盘否定理性主义和启蒙运动，将理性主义的历史认识论引入困境，彻底推翻了历史认识的前提和基础。在当下的中国学界，后现代思潮对以唯物史观为理论基础的历史认识理论构成挑战，后现代史学否定历史的客观实在性，否定历史矛盾运动的规律性，随心所欲地解读历史，导致历史研究中的"宏大叙事"消失，是一种倒退。①

黄进兴认为，后现代主义史学呈现"语言迷恋"或"文本崇拜"的倾向，与历史实在论唱反调，与中国传统的"秉笔直书"及西方"陈述事实"的史学精神也迥然不同。后现代史学虽有其偏颇之处，但绝非一无是处，譬如它能激发史家重新去省思文本与史实之间的关联，尤其在开发新的史学领域方面功不可没。②

董立河认为，后现代主义取消了历史叙事与文学虚构的分野，否定重构真实过往的任何可能性，从而使历史写作的客观实在性不复存在。但是他强调"后现代主义历史哲学对于史学实践是具有积极意义和价值的"，后现代主义有助于打开认识和书写历史的多种可能性，因而不能将后现代主义历史哲学作为虚无主义加以抨击，而应对之加以辩证的批判或"扬弃"。③

钱乘旦则从历史认识论角度阐发了自己的思考。他并不认同一些后现代论者的立场，强调历史研究的出发点仍然是"求真"。但也须认识到，"过去发生的事"通过记录与叙述留下许多混杂的"碎片"（即史料），历史学家在写历史时是依据某种特定的标准有选择地去挑选"碎片"的。人们所看到的"历史"就不是一个纯客观或纯"真"的"过去"，而是主观和客观的交融，是现在与过去的对话。写历史是一个人类智慧的创造过

---

① 于沛：《后现代主义和历史认识理论》，《历史研究》2013 年第 5 期。
② 黄进兴：《后现代主义与中国"新史学"的碰撞》，《历史研究》2013 年第 5 期。
③ 董立河：《后现代主义之后的历史理性与史学实践》，《历史研究》2013 年第 5 期。

程，不是单纯的还原，也不是简单的"归真"；写历史是人类对"过去"的梳理与重新认识，是人类对"过去"的挑选与判别，体现着每一代人对"过去"的不断理解与不断思考。①

王路曼通过梳理后现代主义在中国史学界的研究实践，着重指出：后现代主义为历史研究带来了积极影响。在认识论上，通过不断质疑和挑战现有历史叙事的"真相"，并重视被传统历史叙事所忽视的事件与弱势群体，从而有助于更客观地还原历史真相；就方法论而言，后现代史学鼓励研究者透过史料表面挖掘其背后权力构建与对真相的掩盖。总而言之，以语言学和文化学转向为标志的后现代主义给历史研究注入了新鲜血液，扩充了历史写作的视野和维度。同时其消极影响也不可忽视。②

继《历史研究》2013年组织以"史学中的后现代主义"为主题的笔谈后，2014年关于后现代主义的讨论进展到了"后—后现代史学理论"阶段。所谓"后—后现代史学理论"，指的是反思"语言学转向"影响下的后现代主义史学理论，提出若干需要进一步辨析的基本概念。

大约从20世纪末尤其是从21世纪初开始，西方史学理论家（包括一些后现代主义者）开始冷静反思"语言学转向"，尝试探索一种新的史学理论范式，有些学者称之"后—后现代史学理论"。董立河根据近年来的相关论著，对"后—后现代主义"出现的理论背景、主要论题和学术指向作了述论。他指出，在"后—后现代史学理论"阶段，西方学者除了继续探究"叙事"等后现代问题外，更为关注"记忆""经验""在场""行动者""证据"和"普遍史"等问题。③

历史记忆问题是后现代思潮给史学研究带来的新课题。彭刚认为，历史与记忆既密不可分，又存在区别。两者都基于时间而存在，在时间意义上，两者是密不可分的。记忆基于经验感受，历史基于合理推论。历史与记忆的最重要区别，就在于它的可证实性。因此，将历史和记忆简单等同或者径直对立，都是不对的。其次，历史记忆与历史真理并不简单等同。

---

① 钱乘旦：《发生的是"过去"写出来的是"历史"——关于"历史"是什么》，《史学月刊》2013年第7期。
② 王路曼：《后现代主义历史学五十年述评》，《史学月刊》2013年第11期。
③ 董立河：《后—后现代史学理论：一种可能的新范式》，《史学史研究》2014年第4期。

从认知科学角度而言，记忆并不是对真实发生过的事件的完整如实的记录，而是一个积极的、有选择性的建构过程。正是基于这一前提，对记忆的研究就不应该是一种对错研究，而应关注记忆产生的过程，以及如何理解其动力和意义。[①]

笔者以为，近年来，后现代主义已从一个时髦的概念转而成为切实影响到中国大陆史学研究的史学思想。虽然不少研究者否认后现代主义的影响，但从其论题选择到研究成果的表述，又多少体现出后现代的印迹。总体来说，大陆史学界完全认同极端化后现代主义立场者应是少数，而更注重发挥后现代主义给史学带来的积极效应，如进一步拓展论题，关注失语的弱势与边缘人物；对研究中的主观因素增加警惕，注重对史料的辨伪。虽然也有些不如人意之处，但总体来说似乎无须过于担心后现代主义会摧毁史学"求真"的根基。相对主义史学在中国，虽然对传统实证史学形成冲击，但是对于历史事实与历史故事之间的差异，一些史家还是有比较清醒和深入的思考。后现代史学对中国未来的史学研究到底会产生何种影响，目前尚难预料，但中国史学界对其应作认真分析，发挥其认识论和方法论上的积极意义，一味盲目跟风或深闭固拒均非科学态度。

五 中国近代史研究的"碎片化"问题

近年来，所谓"碎片化"问题引起近代史学界广泛关注。如何一方面从事实事求是的微观研究，另一方面能注意大的历史视野与历史的延续与断裂，是近代史学界所面临的重要课题。

"碎片化"这一概念，源于1987年法国学者弗朗索瓦·多斯的《碎片化的历史学》，他在此书中对年鉴学派及其"新史学"作了尖锐的抨击，指责其第三代领导人背弃了先辈注重总体史的传统，而使历史研究归趋"碎片化"，并预言"新史学"的危机与终归瓦解。多斯提出的"碎片化"，确实切中了整个西方历史学界的时弊。改革开放以来，致力于与国

[①] 彭刚：《历史记忆与历史书写——史学理论视野下的"记忆的转向"》，《史学史研究》2014年第2期。

际史学界接轨的中国史学界，也难免不受这一潮流的影响。前些年已有学者对近代史研究选题日趋细碎表示担忧。2012年度，中国近代史研究的"碎片化"问题，引起学界前所未有的高度关注和热烈讨论。《近代史研究》在2012年第4、5期，连续发表多篇关于"碎片化"问题的笔谈，不少学者对此问题从不同角度贡献了真知灼见。

对于中国学界是否已呈现如多斯所批判的"碎片化"，换言之，来自西方学界的"碎片化"概念多大程度上能切中中国史学界的弊病，学者们的认识存在一定分歧。

一些学者认为，就目前的中国近代史研究状况而言，所谓"碎片化危机"言过其实。郑师渠指出，所谓"碎片化"，并非"危机化"，它恰是近代史研究酝酿大突破的征兆。就当下中国近代史研究的实情来看，"依然坚持追求总体史的传统，因之，不存在多斯所批评的现象"。因而，在当下的语境下，应慎重使用"碎片化"的提法。但同时也应看到，历史家作为个人，研究什么以及如何研究是他的自由；但历史学界作为整体，若大多数人都对总体性、综合性与理论问题等重大问题的研究失去兴趣，只满足于具体细碎问题的研究，也会使历史研究偏离正确的方向。①

罗志田认为，现在的中国近代史研究不能说已在很大程度上呈现出"碎片化"的面貌，因为并非每一史家的每一题目都必须阐发各种宏大论述。越来越多的近代史研究涉入更具体的层面，或许是一种欣欣向荣的现象。在他看来，第一，史料本有断裂和片段的特性，则史学即是一门以碎片为基础的学问。第二，即使断裂的零碎片段，也可能反映出整体；需要探讨的，不过是怎样从断裂的片段看到整体的形态和意义。②

王笛也认为，在现阶段的中国历史学界，碎片化未必真的成为一个值得我们担忧的问题。从中国历史研究的传统和弊病来看，应该容忍或者说宽容所谓"碎片化"的研究。"碎片化"并不是消极的，它与整体化共存。总体来说，"碎片化"在目前中国近代史研究的语境中，本身可能就不是一个问题。因为中国研究小问题、研究"碎片"的历史，不过才开

---

① 郑师渠：《近代史研究中所谓"碎片化"问题之我见》，《近代史研究》2012年第4期。
② 罗志田：《非碎无以立通：简论以碎片为基础的史学》，《近代史研究》2012年第4期。

始,到目前为止,中国学者研究的"碎片"不是多了,而是还远远不够。等十几二十年以后碎片的研究发展到相当高的程度了,再来纠正也不迟。①

王玉贵和王卫平认为,从史学研究的发展规律来看,总是由宏观逐步走向微观和具体,大而化之的宏观和粗线条研究终究要被细致入微的精深和细部研究所取代。所谓"碎片化"问题,难以经受严格的学术考究和深层次的学术反思,"碎片化"在当下中国近代史研究中并不是一个问题。②

李金铮提出,只有当历史研究陷于琐碎、微观,且缺乏整体史观念时,才是碎片化;反之,如果具有整体史关怀,碎片研究就不是碎片化。碎片与碎片化是两个既有联系又有区别的概念。碎片是整体形成的基础;碎片与整体不是完全对立,而是对立统一的关系。目前来说,碎片研究不是应该削弱而是应该进一步增强。随着碎片研究的扩大,宏观史学才能水到渠成。一个真正的历史学者及其作品,会遵守历史研究的基本规则,基本不存在所谓碎片化问题。现在真正最应该治理的,应是大量没有学术味道的"垃圾"。③

与此同时,也有不少学者对当前史学研究——尤其是社会文化史研究——的"碎片化"问题深感忧虑,并呼吁回归总体史,重建史学的宏大叙事。

章开沅认为,就学术评价而言,宏观研究与微观研究并无高下之分。历史研究的对象是由成千上万的细节组成,然而组成历史的细节毕竟有主次与层次之分,随意撷拾罗列的细节仍然难以重现真实的历史情景。袭取后现代皮毛者,将原本已清晰完整的历史撕裂成为碎片,然后又给以随心所欲的"解构"。这是学术工作流于商业化与娱乐化的可悲结果。有必要严格区分严肃的"细节研究"与刻意追求的"碎片化"。因此要重视细节研究,同时拒绝"碎片化"。④

行龙则强调,"碎片化"在当下应引起重视,克服"碎片化",关键在于回归"总体史",具体而言,一要有鲜明的问题意识,二要重视"长

---

① 王笛:《不必担忧"碎片化"》,《近代史研究》2012年第4期。
② 王玉贵、王卫平:《"碎片化"是个问题吗?》,《近代史研究》2012年第5期。
③ 李金铮:《整体史:历史研究中的"三位一体"》,《近代史研究》2012年第5期。
④ 章开沅:《重视细节,拒绝"碎片化"》,《近代史研究》2012年第4期。

时段",三要以历史学为本位的多学科交叉。① 王学典进一步指出,改革开放后的30年来,一些攸关历史进程本身的理论问题长期无人问津,因而在局部知识点上,有长足进步,甚至形成了一系列颠覆性认识,但在历史学的整体面貌上却未能实现根本改观,依然在前30年所形成的基本认识上打转。中国近代史的蓬勃发展,很大程度受益于来自海外的理论建构,而本土的理论创新却显得贫乏。当前的历史学必须往"大"处走,尤其要关注社会、经济、思想等方面的大规模变动,从整体上探究其深化动力及深层结构。唯有如此,才能摆脱"碎片化"的困窘。②

长期从事新文化史研究的学者李长莉指出,中国史学出现了"碎片化"趋向是不争的事实,这种"碎片化"尤其在近二十多年来新兴的社会史和社会文化史领域表现得最为突出。随着越来越多的学人进入这些新兴领域,纷纷选择具体而微的专题作为初入学术的门径,群相跟进,势成风气,使这种"碎片化"倾向有愈演愈烈之势。如何矫正"碎片化"的方法?李长莉提出,在具体实证研究的基础上,还要加以一定的抽象"建构",以描述和展现具体事象背后的隐性、无形、抽象的社会结构和文化形态。③

以上所列近代史学界关于"碎片化"的讨论,学者们从不同的视角提出自己的看法,既有一定共识,也有分歧。对于"碎片化"这一现象的判断,见仁见智在所难免,且各人论述自有其侧重和针对性。窃以为,综合上述学人的看法,有几点值得注意。

1. 肯定"碎片"研究,或曰细节研究对于历史学发展的基础性价值。对"碎片"与"碎片化"应有所区分。从某种意义上来说,史学碎片化类似于"剪刀加糨糊"的堆砌史料的做法。只有经过一番"连缀编排"的功夫,"碎片"才会变成整体结构中的要素。史学的任务之一便是整齐碎片,使之条理化。

2. 在新兴的社会文化史领域,确实一定程度存在"碎片化"现象,

---

① 行龙:《克服"碎片化"回归总体史》,《近代史研究》2012年第5期。
② 王学典:《重建史学的宏大叙事》,《近代史研究》2012年第5期。
③ 李长莉:《"碎片化":新兴史学与方法论困境》,《近代史研究》2012年第5期。

研究论题过于琐屑，而完全放弃对于历史总体性认识，对于历史意义的追寻，这确属后现代主义所导致的偏颇。虽然这种现象在中国史学界可能还并不十分严重，但若由高明者提醒其偏蔽，纠正其风气，指示治学的正途，对于新进学人有所裨益。

3. 不应完全放弃对于历史总体认识的追求。虽然从终极意义上，历史整体认识只是理想，可能永远存在于追求的过程之中，但毕竟不可放弃这一理想。碎片、细节研究自当构成推进整体历史认识努力的组成部分。

六 对西方理论的借鉴与融汇

中国近代史是一门国际性学问，中国本土近代史研究的繁荣发展，离不开融会贯通地借鉴、吸收欧美学术的理论方法。20世纪90年代以来，中国史学与国际史学的交汇日益加深。在中国近代史领域，欧美国家的学者经常提出一些新颖的理论架构，受到国内学者仿效。但由于缺乏必要的批判精神，不免出现食洋不化、盲目照搬等不尽如人意的现象。如曾业英所指出："否定了旧的教条主义，又自我套上新的教条主义的枷锁。"[①]

中国学界弱于理论建构、一味追随欧美学界的现状也引起一些学者的警觉，并呼吁以更为理性的态度对待西方学术的理论方法，以争夺和确立中国学者对于中国近代史的话语权。罗志田就指出，如果我们没有自身的学术立足点及在此基础上的学术优势，根本谈不上与西方史学的对话。所以中国史学不能盲目追随西方。比如近年来颇受关注的"民间社会"（civil society）理论，本是欧洲学者诠释欧洲社会的，一些美国学者开始用于解释近代中国，在美国学界便已存在争议，盖其在多大程度上适用于欧洲以外同时代或不同时代的各类社会，实在还需论证。再如"东方主义"观念，其立论的基本素材取自曾为殖民地的阿拉伯或穆斯林"东方"，以之来观照基本保持领土主权的近代中国，则理论与实际未必

[①] 《"海外史学理论及方法与中国近代史研究"学术座谈会纪要》，《近代史研究》2000年第3期。

契合。①

胡成提出，我们与欧美学术的互动，并非在于单向度地曲从或迎合意义上的"国际接轨"，而是希望能够与之进行双向的平等学术对话。作为亲身参与，并且也是这——历史的创造者的中国学人，研究中国历史实际上具有西方学者难以比拟的优势，更容易发现中国历史的内在精神。②

马敏认为，借鉴、运用西方的理论，必须避免掉进西方概念和西方话语的陷阱而不能自拔。因为我们分析研究的毕竟是中国的问题，其中自会有种种变异，不能削足适履。借用西方概念必须结合中国历史的实际，赋予新的解释。更为理想的办法是直接从中国历史本身抽象、提炼出某些概念，从而真正建立中国自己的话语。如"绅商"，便是从文献中直接抽绎出的概念，如能围绕这一关键词进行种种厘清和内涵外延的重建工作，或许有望形成"以我为主"的理论解释框架。

在2010年6月召开的"史学理论：中西比较与融通"学术研讨会上，刘家和、易宁等指出，我们不仅要了解西方的史学理论前沿，而且要了解其理论是如何在扬弃的基础上形成的，要了解他们理论的逻辑论证思路，这是与西方学者"对话"的基础。李剑鸣认为，中国的史学理论应该走出自己的道路，而不应只为西方理论做注脚。张越提出，我们以往对西方史学的了解和接受重在观点上的借鉴和方法上的照搬，现在应进一步对观点形成的论证过程作更深入的研究，对方法背后的知识背景做理论上的剖析。邓志峰认为，中国的史学理论要回到自己的传统之中才能有所发展。因此，我们的史学理论研究，目前最根本的问题是要把中国史学传统之中最根本的、奠基性的东西发掘出来，才可能有大的突破。③

回顾改革开放四十年来中国近代史的理论风云，可以清晰地感觉到这一学科的活力。无须讳言的是，近年来中国近代史研究领域呈现重实证、轻理论的趋向。但理论与实证本为史学之两翼，可以有所侧重，却不宜偏

---

① 罗志田：《见之于行事——中国近代史研究的可能走向》，《历史研究》2002年第1期。
② 胡成：《我们的中国史研究如何走向世界？》，《史林》2011年第5期。
③ 李娟：《"史学理论：中西比较与融通"会议综述》，《史学史研究》2010年第4期。

废。忽视理论建构，很可能会导致近代史研究"见树不见林"，对近代史的局部、具体问题的研究愈益深入，近代史的总体图景却并未能愈清晰。弱于理论，已然成为制约中国近代史研究进一步推进的瓶颈。如何能在实证的基础上加强理论探讨，提炼升华出切合中国近代历史实际的本土理论架构，这是当今近代史研究者面临的重大挑战。

修一部信史和良史

——清史纂修工程简述

马大正

2016年6月，在清史编纂进入三审定稿的关键时刻，习近平总书记就清史纂修工作作出重要批示，指出修史对传承文脉、资政育人、弘扬民族精神具有重要意义，要求加强统筹协调，坚持质量第一，加快工作进度，严格把关，编出一部无愧前人、启迪后人的信史、良史。习近平总书记的重要批示为清史纂修工作进一步指明了方向、明确了目标，增强了信心，对做好清史纂修具有十分重要的指导意义。

国家清史纂修工程2002年启动，已历经16个年头，这里我想用不长的篇幅对国家清史纂修工程做一简要说明，希望能引起国内外学术界同行的兴趣。

一 启动

2000年12月，中国人民大学戴逸教授接受《瞭望》杂志社记者采访时，提出"纂修《清史》，此其时也"。[①] 2001年3月中国人民大学李文海教授、北京大学王晓秋教授分别在全国人民代表大会和中国人民政治协商会议上提交"纂修《清史》正当时"[②] 的提案。中国人民大学清史研究所作为纂修清史的重要承担者，受国家委托，一方面召开专家研讨会，论证

---
① 《瞭望》2001年第8期。
② 《光明日报》2001年3月7日。

纂修清史的必要性和可行性；另一方面开始起草纂修清史的工作方案。4月6日，《光明日报》刊载文章，报道中国人民大学戴逸、李文海等邀请季羡林、任继愈、王锺翰、朱家溍、蔡美彪等德高望重的老专家共商纂修清史大事，一致呼吁尽快启动纂修清史的工程，形成学术界十三人联名向中央申请"纂修清史建议书"。①

在学术界的呼吁下，中共中央经过周密的调查和审慎的考虑，在江泽民、胡锦涛、朱镕基、李岚清等国家领导人的亲自批示下，做出了启动《清史》纂修工程的重大决定。

国家有关部门组织专家和相关部委，从学术、人才、资料积累、国家财政等方面反复论证，遂于2002年10月，成立以文化部部长孙家正为组长，国务院15个部委领导参加的国家清史纂修领导小组，② 同年12月12日国家清史编纂委员会成立，并在京召开了第一次工作会议。国家清史编纂委员会由清史学界的专家学者组成，戴逸教授出任编委会主任，全面负责清史纂修的学术组织工作。

二 清史纂修工程的总体规划与新修清史基本内容

（一）清史工程总体规划

在国家清史纂修工程启动之始，明确清史纂修工程的内涵与外延，也就是说清史纂修工程应包含哪些内容，乃是当务之急。

经过反复讨论，集思广益，在总体规划上形成如下共识：

1. 清史纂修工程将由主体工程、基础工程和辅助工程三部分组成之；

2. 主体工程是指要写一部100卷左右，约3000万字的《清史》；

3. 为了保证修史的质量，也为了抢救、保存清代的历史文化遗产，在撰写《清史》进程中要分轻重缓急，收集、整理、保存、出版清代的档案

---

① 十三人是：季羡林、任继愈、王锺翰、朱家溍、戴逸、龚书铎、李文海、蔡美彪、王晓秋、马大正、朱诚如、郭成康、成崇德。

② 十五个部委为：中共中央宣传部、中央文献研究室、国家档案局、国家发展和改革委员会、教育部、财政部、人力资源和社会保障部、文化部、国家新闻出版总署、中国社会科学院、国家文物局、中国第一历史档案馆、中国人民大学、国家图书馆、故宫博物院。

和文献。为此，围绕主体工程还设置了基础工程和辅助工程；基础工程是指清代档案、文献和民族文字、外文文献档案的收集、整理和编译；辅助工程是指相关档案、文献的出版，图书资料的收集、保存，以及网络信息库的建设。

戴逸教授在 2003 年 5 月国家清史编纂委员会第二次工作会议后又进一步明确了清史编纂工作的总体思路，即以项目为纽带，项目主持人为龙头，按照"一体两翼"的总体构架，全面推进清史编纂工作。这个"体"，就是主体工程；这两个"翼"，就是基础工程和辅助工程。在整个编纂过程中，要紧紧抓住主体工程这个中心开展工作，基础工程和辅助工程要全力为主体工程服务。

（二）《清史目录》五大部分的简要说明

在吸收各方面意见的基础上，戴逸教授进一步修改了清史目录，于 2004 年 2 月拟定第六稿，分通纪、典志、传记、史表、图录五大部类，共 100 卷，每卷约 35 万字，总计约 3500 万字。

1. 通纪

通纪是全书的核心、纲领和主干，应做到"内容系统，史实准确，观点鲜明"。表现有清一代由崛起、兴盛、中衰、覆亡的历史趋势，要写出历史发展的基本脉络和各个演进阶段的基本特征。通纪以记载史实为主，同时应有必要的、紧密结合史实的、言简意赅的议论，揭示出历史现象的内在联系。

2. 典志

典志记述清代典章制度和广泛的社会生活。各篇典志在撰写体例和方法上，很有必要借鉴方志学家所总结的"横排竖写""以小系大""以时为经，以事为纬"的方法，使内容多样的各篇志目在总的体例和风格上能做到基本一致。

3. 传记

传记的作用不仅在于表现传主个人，更重要的是反映他们所处时代的社会历史。设立传记是为了克服章节体史书见事见制不见人物整体的缺点。根据人物在清代历史所处地位重要程度的不同和生平活动史料的多寡，分别设立专传和合传；对于生平活动联系紧密并且主次地位分明者，还可考虑设立主传和附传。

4. 史表

传统史家重视史表，称其"谱列年爵"，"以收复杂事项"，有省去烦冗记载之功用。对于史表的这些基本功能，今天仍应重视。史表的设置和撰写还应具有显示历史演进之阶段性的意义，并应有助于显示清代历史的特点。

5. 图录

图录类是《清史》的一项重要创新，以图补史、以图明史、以图证史，更能形象直观地反映历史风貌。图录共10卷，每卷收图600幅左右。

三 纂修历程简述

清史纂修工程自启动至今经历了设计、立项、初稿、审改、定稿五个阶段。

第一阶段是2003年。清史启动之初进行调研工作和体裁体例的设计与讨论，研究清史编纂总规划，经过六易其稿，原则上确定了《清史》全书的总体框架。与此同时，这一年还完成了清史研究状况与科研力量的调研。一是全面了解国内清史研究的最新进展、动向和研究队伍情况；二是了解国外近十年来清史研究的最新进展和动向；三是认真研究《元史》《明史》和《清史稿》修纂始末与经验得失；四是全面收集、整理20世纪国内学者清史研究著述目录，编制索引，建立清史专家人才库，以作为立项时遴选项目主持人的参考资料。

第二阶段是2004年初到2005年上半年，全部完成清史各大部类的立项工作。在这一年之中，编委会共召开十一次立项评审会议，共立245项，其中主体工程156项，包括通纪12项、典志70项、传记28项、史表23项，还有图录的专项项目23个。之后到2007年12月，清史编纂项目陆续增至284个，其中主体类项目173项，基础、辅助类项目111项。

第三阶段是由2005年下半年开始，进入初稿撰写和阶段性成果评估阶段。初稿的完成期限因项目类别而异，至2011年全部完成。

第四阶段是审改阶段。2008年12月，清史编纂委员会通过了《国家清史纂修工程主体类项目成果审改办法（试行）》。为了开展审改工作，编委会先后成立编审组、篇目组和质检组协助主任、副主任统筹安排审改工作，具体的审改则以主体各二级组专家为主体，采取主审专家负责制，分一审、二审、三审三个阶段，从政治导向、学术水准、逻辑结构、史料运用、语言文字、撰写体例六个方面对项目成果初稿进行审改，力求使送审稿内容无重大重复、缺漏，学术观点基本一致，篇幅符合要求，体例文风统一。

三审的时间表明确为2010—2012年完成一审；2013—2014年完成二审；2015—2017年完成三审。2016年上半年清史编纂委员会按照领导小组要求进一步制定《清史编纂2016年下半年—2018年工作规划》（以下简称《工作规划》）。《工作规划》对清史前期撰写及审改工作进行了认真总结，对稿件质量进行了全面评估，对存在的问题进行了深入分析，明确了三审工作任务，并对整合统稿及送审工作做出了初步安排。

2015年开始，编委会正式启动三审程序，至2017年12月，主体工程五个组全部完成三审任务。编委会通过严密的程序设置，对学术质量严格把关；审改专家责任落实到位，消除了一些薄弱环节，确保了工作进度。按照《〈清史〉编纂2016年下半年—2018年工作实施方案》的总体规划，清史编纂委员会在2017年8月下发了《〈清史〉稿件整合统稿工作方案》，集中精力开展五大部类之间的整合统稿工作。方案包括"整合统稿工作的准入条件""整合统稿的工作模式""整合统稿工作的主要任务与完成期限""工作方式与流程"等内容。编委会几位副主任各有分工，分别负责审核涉及政治、民族、宗教、涉外等敏感问题，检测处理书稿存在的抄袭问题、重复和矛盾问题，人名规范，以及学术观点的统一问题等。2017年下半年，编委会继续对三审工作进行了深化与延伸，即通称的"大整合"，主要完成了以下几个方面的工作。

1. 坚定正确的政治方向，在马克思主义唯物史观的指导下，对清史稿件再次进行全面排查，做好全书的政治把关。继续检查稿件在政治观点、外交关系、藩属关系、边界领土及中外约章等重大问题上的处置是否得当，观点是否有严谨扎实的史料支撑，是否符合历史事实，确保在涉外、涉边、民族、宗教、民变等问题上的"零差错"。

2. 自2017年7月起，编委会组织篇目组与项目中心开展了查重复、查矛盾、查遗漏工作。具体的方法是以关键词为线索，利用清史数字图书馆中的检索功能，提取相关内容进行汇总，组织人力进行阅读比对，初步归纳出矛盾、重复和硬伤诸问题并提交篇目组，篇目组组织专家进行全面研判，撰写处理意见，核准后发送至各主体二级组，各组专家据此对稿件进行修订。

3. 完成了《新修清史人名规范则例》和《新修清史索引编制规则》。根据《清史主体类稿件人名规范表》，对清史主体类稿件59505个人名，进行统一规范。

4. 加快推进新修清史封面版式、装帧设计、卷册排序、篇目统一、作者名录、总前言撰写等工作，确保新修清史在体例上的统一性与结构上的完整性。

第五阶段即为定稿阶段。一个具体目标是2018年10月完成《清史》送审稿，计106卷，104册，另附录6册。随之进行《清史》送审稿送审、国家清史纂修工程结项和《清史》出版流程。

四　新修《清史》在学术上可望创新的预期

新修《清史》力求写成一部反映当代中国清史研究水平的、经得起历史检验的史学著作。能否实现此目标，有待参与此工程的专家们不懈努力，是否最终达到此目标，则要由学术界同行和一切关注此工程的人士来评议与认同。

但在清史纂修的实践中，有如下四个方面，为达此目标提供了可能，现试做简要阐述。

（一）资料的利用面大大扩展，为超越和创新提供了扎实基础

这次清史纂修工程中，史料利用的规模和深度大大超过以往任何一个朝代的历史纂修。以档案类为例，2004年5月始至2012年4月，组织了15批60个清代档案立项项目工作，共涉及清代档案约2830000件，最后

经编委会批准立项 43 个项目，共涉及档案 2060000 件，包括中央级档案 29 项，1840000 件，地方级档案 14 项，219652 件。在这些档案中，有少数民族文字档案 42516 件，共汉满文档案 16299 件，藏文档案 1522 件，蒙文档案 24695 件。已整理出版的档案汇编主要有：《庚子事变清宫档案汇编》（18 册），《清宫热河档案》（18 册），《清代中南海档案》（30 册），《清代军机处电报档汇编》（40 册），《葡萄牙外交部藏葡国驻广州总领事馆档案》（清代部分·中文，16 册），《清代军机处满文熬茶档》（2 册），《大连图书馆藏清代内务府档案》（22 册），等等。文献整理方面，已整理出版了《清代诗文集汇编》（801 册），《清代稿抄本》（第 1—3 编，150 册），《李鸿章全集》（38 册），《康有为全集》（12 册），《梁启超全集》（20 册），《张之洞全集》（12 册），《张謇全集》（8 册），《越缦堂日记》（18 册），《袁世凯全集》（36 册），《义和团运动文献资料汇编》（8 册），《辛亥革命史料新编》（8 册），等等，从时人论集、人物年谱、书信、日记等方面，为清史纂修提供了丰富的史料内容。

在扩展清代档案文献的整理和使用方面，还突出地体现在对少数民族档案、文献的整理和使用上。其中，涉及少数民族和边远地方的档案和文献包括西藏档、满文寄信档、四川南部县衙门档、吉林地方档案，《清代察哈台文文献译注》《清内秘书院蒙古文档案汇编汉译》《托忒文文献整理及译注》《清代满族家谱选辑》《清代云南稿本史料》等，为清史编纂工程增添了很多珍贵的史料佐证。

清史纂修工程还充分利用各类外文资料。编译类项目中，《国内外收藏与清代有关的英文文献搜集与整理》《日本有关清朝历史的档案文献调研与整理》《国内外收藏法文文献档案搜集与整理》《国内外收藏德文清史资料调研与整理》《大陆外文清史资源暨清史译著馆藏分布情况调查》《法国外交文献选译》《晚清日本驻华领事报告编译》《晚清至民国西方人在中国西南边疆调研资料的编译与研究》等项目，比较全面地收集了国内外有关清朝历史、外交等方方面面记载的重要文献、档案，为清史纂修提供了很多当时外国人看中国的第一手史料，充分吸收外文史料进行清史编纂也是超越前代修史的一大特色。

自 2004 年以来，国家清史编纂委员会共主持出版了"档案丛刊""文献丛刊""研究丛刊""编译丛刊""图录丛刊"五套丛刊，迄止本文写作时限共出版图书237种3576册，其中档案丛刊20种889册，文献丛刊74种2334册，研究丛刊31种36册，编译丛刊71种130册，图录丛刊10种10册；还有工具书丛刊1种1册，清史论著目录系列2种2册，《清史译丛》11种11册，其他类著作17种63册。

（二）体裁体例的布局和内容的拓展，为超越与创新提供了可能

新修《清史》将由通纪、典志、传记、史表、图录五部类构成，前四类从体裁体例上看，是章节体和传统史学的纪传体的有机结合，是对中国史学传统的继承和创新，而图录作为二十四史编纂中均没有尝试过的创新体例，即是对历来学者左图右史主张的继承，也可视为图像史学的一次有意义的开拓性实践。

对此我们称之"新综合体"，新综合体的设计是有极深刻的立论依据和历史依据的。从学术史看，"新综合体"代表了近三百年许多有识史家相继探索而得的共同成果，尤其是在20世纪成为历史编纂的一种重要趋势。"新综合体"的内涵即为用多种体裁相互配合来纂修历史，其主要特征是将现代章节体的优点糅合到纪传体的框架之中，使之既能突出历史演进的主线，又有丰富的内容，足以反映历史的复杂性、生动性，用此名称来概括这种体裁特点，比较明确而又容易被理解，实际上也已被学术界所认同和采用。

具体来讲，"新综合体"具有四大优点。

第一，采用"通纪""典志""传记""史表""图录"构成的新综合体，其中的每一体裁各尽其用，又各体互相配合，构成一部"全史"。通纪是全书的总纲领，集中写出清代历史演进的总相，叙述其发展的基本脉络和各个阶段的时代特点，克服旧史"类例易求而大势难贯""大纲要领，观者茫然"的重大缺陷，清晰而完整地再现清朝历史的演进趋势。"典志""传记"等均与之配合，它们的功能分别为记述典章制度和反映广阔的社会生活；表现历史舞台上人的活动。"史表"谱列年爵，并收复杂事项，整理成清楚的表格，避免记述的冗繁。"图录"收录珍贵的历史地图、清代绘画作品、文物图片和历史照片等，既提供极有价值的史料，又为史学著作增加形象性和直观性,也都与主干部分相配合。五大部类互相补充、互相调和,从多角度、多方位反映清代历史的全貌,使全书构成有机的整体。

第二,容量广阔,能够再现清代社会生动、复杂的历史进程,容纳丰富的基本史料和学术界一个世纪以来的研究成果。

第三,采用新综合体,符合近三百年来自章学诚一代又一代有识史家在历史编撰上不断探索和革新的客观趋势。

第四,采用新综合体,反映了当今众多史学专家的共识,有利于博采众长,广泛吸取各方面的智慧,为学术界和社会各界所乐于接受。

可以看出,清史编纂采用这一以"通纪""典志""传记""史表""图录"五大部类配合而成的总体框架设计,可望为丰富、科学的内容提供合理和完善的载体,保证《清史》修成一部代表当代学术水平的传世之作。

在内容拓展上,试以传记、史表为例,与《清史稿》相比较,略做说明。

1. 传记

根据《清史目录》(第6稿),《传记》设计为28卷,约占《清史》总篇幅的29%,与《清史稿·列传》相比,《清史·传记》大体具有以下几个特点:

(1) 主传人物涵盖面远超《清史稿》

从主传人物总数看,《清史稿》4740人,而新修《清史》是近3400人,但《清史稿》的4740人中,仅列女一项即达610人,且传主门类也存在许多局限与不足。新修《清史》所收传主包括皇帝、后妃、诸王、部院大臣、封疆大吏、南明人物、降清人物、遗民、文苑、学术、农民起义领袖、科技人士、宗教人士、工商人士、忠义、孝义、循吏、维新人士、革命党人、诸艺(体育、武术、棋艺、工匠等各类人物)、外籍人士(或在清政府任职,或在华日久,且有影响者)等。人物的涵盖面和代表性,远非《清史稿》所能比拟。

(2) 传主立传取材来源也大有扩展

《清史稿·传》主要取自清历朝实录,其次是清国史馆传稿,还有

《国朝耆献类征初编》《碑传集》等。而新修《清史》传记，材料来源首选是清代汉、满文档案，其次是历朝实录，清代各类官方及私家所修文献，还有入传传主的年谱、行述、行状、墓志铭、传主个人文集以及相关地方志的记述。可以说，在取材来源上远超了《清史稿》。

（3）在传记体例、叙事及详略上也具有明显特色

《清史稿》传文体例不一，或如履历表，或仅是简介，或成生平大事年表；为人立传，理应记言记行，《清史稿》的传文，往往是有言无行，或有行无言，或两者全无。在详略上，《清史稿》入传人物虽多，但记事甚略，传文最短者仅一、二千字，一般传文大多不过千字，记事之简，已失立传本意。

新修《清史》传记，力求体例统一，要记言记行，要写出传主个性，不仅史实要准，还应具有可读性，在详略上则务求重点不遗漏，突出传主特点、重点，但不贪全，传文长者可超万字，短者也不能少于2000字。

总之，新修《清史》的传记，在体例、叙事方面，与《清史稿》相比，特点有二：一是将反映一朝一代大事的皇帝本纪改为反映一代君主经历、素质和作用的传，更好地与《通纪》互补；二是坚持求真求实原则，严格把握历史的真实性，避免《清史稿》在人物评价上所存在的历史的、时代的偏见。

2. 史表

根据《清史目录》（第6稿），《史表》设计为13卷，约占《清史》总篇幅的14%。与《清史稿·表》相比，《清史·史表》大体具有以下几个特点：

（1）立表之多，超越《清史稿》

《清史稿》总计立表13种，全部为"人表"；而新修《清史》总计立表31种，不仅新增了《议政王大臣表》《四大活佛世表》《册封使表》《历科进士表》等11种"人表"，而且增设了《清史稿》所没有的能够反映清代历史变迁和晚清新生事象的8种"事表"，如《中外约章表》《报刊表》等，内容颇为丰富。31项表中，涉及中外关系的表主要有《册封使表》《驻外使领表》《外国驻华使领表》和《中外约章表》。《册封使表》收录清王朝册封朝鲜、琉球、安南（越南）等国国王、世子使臣。

《驻外使领表》收录清王朝派驻各国的历任使臣和领事。《外国驻华使领表》收录清代各国派驻中国的历任公使、领事等。《中外约章表》收录自康熙二十八年（1689）至宣统三年（1911）中国与外国签订的条约及重要的章程、合同，约计700种。

（2）表文信息更加丰富、准确

《清史稿》各表大体上只记载官员的任、离职时间，信息点单一，而《清史·史表》不仅增设了各入表人物的"籍贯与出身"栏目，而且还力求反映官员的实际到任、离任时间，更为细致地体现了官员的任职情况。《清史稿》各表大体上只收录正任官和任间署护官员；而《清史·史表》对大量任内署护官员也予以择要收录，更全面地反映了有关任职情况。据初步统计，《清史》各表共约收录7万人次、1万余事件或案件。修表时由于利用了大量原始档案资料，注重史实的考订，每一个人或一件事，往往需要数条乃至数十条的史料加以印证和支持，使表文信息更加精确。

（3）表格设计具有新意，既便于检索，也节省篇幅

《清史稿》诸表均是以年系人、以人系事的年表，虽便于按年索阅，查找同一年同类横向的职官信息，但空格太多，版面浪费太大；新修《清史·史表》除了《军机大臣年表》《大学士年表》等少数表采取"年表"编纂体例外，多数人表采取一职一表、以职系人、以人系事、以时为序的编排方式，一任官员只占一栏，首尾相贯，无须翻页而览其全貌，眉目清晰，撙节篇幅。

（三）科研组织和管理上的有益尝试，为超越和创新准备了条件

参加清史纂修工程主体工程的专家，截至2006年12月，共计有1609人，遍及全国29个省市自治区，台、港、澳的清史专家也参与其中，可以说清史纂修工程基本上邀集了当代老、中、青三代清史专家，包括政治史、军事史、边疆史、民族史、经济史、科技史、文学史、文化史等领域的专家，可谓专家云集，盛况空前。

清史纂修工程，在科研组织上实行了以项目为纽带，以项目主持人为龙头的项目制，严把立项、结项关，并实行层级制管理模式，从进度、质量、篇幅三个方面强化课题的中期管理，实施项目主持人责任制。

（四）树立了从世界视野来创构编纂清史的新体系

清史纂修要有世界视野，或称为"世界眼光"。

首先，清史编纂者要有世界视野。我们要自觉地把有清一代的历史放到世界的背景中来观察、评议和研究。在纂修清史的时候，既要域内的纵向分析，也要域外的横向比较，不能把清朝的历史孤立地放在中国的历史范围内来考察。例如，清朝前期历史中康乾盛世的研究是清史研究中的一个热点，学人研究康乾盛世完全可以各抒己见，结论也可见仁见智，甚至可以否定康熙盛世的存在，但我们在研究这一问题时，如果将它放到中国历史发展的全过程中来考察，又将它置于当时世界发展的大背景下来分析，得出的结论肯定会更接近历史的真实。康乾盛世的辉煌，以及辉煌背后隐藏的阴影都是历史事实。

其次，在纂修清史时，要注意历史人物当时的世界背景，或者说，我们笔下的清代历史人物，无论是清朝的中国人还是到清朝活动的外国人，他们是怎样看清朝、看世界的。这些当事人、当时人从不同的视角描述的现象，产生的看法和得出的结论，现在都成了应予重视的史料，我们要从这些不同的立场、不同的视角所得出的不同或相同的结论中进行分析和研究。举个大家熟悉的例子，乾隆末年，英国马戛尔尼使团来华访问。今天我们在看这段历史的时候，清朝的乾隆皇帝以及手下大臣是如何看待马戛尔尼使团的，怎样分析英国国王派遣马戛尔尼使团来华的缘由，清朝又采取了什么对策。中国第一历史档案馆的档案为我们提供了非常丰富、立体的档案。但仅此是不够的，我们必须重视英方的记载。马戛尔尼使团也为我们留下了大量第一手史料，现场纪实，以至图片写生。他们的记录为我们留下了当时天朝大国辉煌的一面，也留下了他们所看到的天朝大国辉煌背后的危机。这些记载对我们进一步研究这一历史事件，并由此评论这个时代是非常宝贵的。

最后，也是最重要的，就是我们在纂修清史的过程中必须充分吸纳当今清史的一切优秀成果，包括不同语言、不同国家的大量清史研究成果。要充分关注和尊重世界上各个国家研究清史专家的见解，有些成果的结论尽管我们并不赞同，但是我们从中也可以得到启发，以开拓我们的研究思路。在纂修清史工程启动之始，2003年，我们曾组织实施了一个系列学术调研项目，其中包括《1990年以来以英文发表的清史研究成果综述》（马钊等），《1990年以来以日文发表的清史研究成果综述》（王晓秋），《1980年以来以俄文发表的清史研究成果综述》。上述调研报告使我们对世界学坛清史研究的演进动态与最新成果有一个较清晰的全景式了解。

诚如各方有识之士在编纂清史的指导思想上所形成的共识所申明的：我们的清史纂修，既要尊重历史事实，又要反映时代精神；既要继承前人研究成果，又要勇于进行学术创新；既要着眼于中国历史的发展，又要联系世界历史发展的进程。唯此，我们纂修的清史，才能建立一个全新的、统一的、中国人自己的和具有世界视野的历史观，才能创立中国人对世界历史的认识体系。我们希望并且相信，清史纂修工程的成果不仅是中国的，也应该是世界的。

一言以蔽之，这次纂修清史应该成为清史研究进程中的一个坐标，它既是20世纪清史研究成果的继承和发展，又是21世纪清史研究的一个崭新起点。

2018年8月6日于北京

作者简介

（依文章排列先后为序）

张海鹏　中国社会科学院近代史研究所研究员
陈星灿　中国社会科学院考古研究所研究员
符　奎　浙江师范大学人文学院讲师
卜宪群　中国社会科学院历史研究所研究员
汪朝光　中国社会科学院世界历史研究所研究员
张星星　中国社会科学院当代中国研究所研究员
陈启能　中国社会科学院世界历史研究所研究员
徐　蓝　首都师范大学历史学院教授
郝时远　中国社会科学院研究员
厉　声　中国社会科学院中国边疆研究所研究员
冯建勇　浙江师范大学环东海与边疆研究院特聘教授
华林甫　中国人民大学历史学院历史地理学研究中心教授
孙景超　中国社会科学院历史研究所助理研究员
赵逸才　中国人民大学历史学院历史地理学专业博士研究生
李伯重　北京大学历史系教授
赵梅春　兰州大学历史文化学院教授
熊月之　上海社会科学院研究员
张　生　上海社会科学院历史研究所副研究员
姜　生　四川大学文化科技协同创新研发中心、历史学长江学者特聘
　　　　教授
韩吉绍　山东大学历史文化学院教授

杜丽红　中山大学历史系（珠海）教授
朱　浒　中国人民大学清史研究所教授
马陵合　安徽师范大学历史与社会学院教授
吴景平　复旦大学历史学系教授
李育民　湖南师范大学历史文化学院教授
王先明　南开大学历史学院暨中国社会史研究中心教授
左玉河　中国社会科学院近代史研究所研究员
王也扬　中国社会科学院近代史研究所研究员
赵庆云　中国社会科学院近代史研究所副研究员
马大正　中国社会科学院中国边疆研究所研究员、国家清史编纂委员会副主任

后　　记

改革开放40年了。各方面都在总结40年来的工作，肯定成绩，检讨缺点，明确未来前进的方向。中国社会科学出版社希望总结以往40年来我国哲学社会科学各学科研究的成果，中国历史学包括在内。

10年前，中国史学会编过一本《中国历史学30年》，请了十多位学者分别就自己熟悉的领域写一篇类似总结性的文字，称为综述、概述、评述都可以。最初的起意，是中国史学会给在北京召开的国际历史学会代表大会的外国学者介绍中国历史学的研究状况。与会外国历史学家听了很感兴趣。中国史学会会长会议责成我把这些介绍文章汇编成书，交由中国社会科学出版社出版。这本书后来翻译成英文，中国社会科学出版社与美国MCM出版公司联合出版，在2015年8月第22届国际历史科学大会期间及以后发行很好，创造了中国社会科学出版社英文出版物的纪录。

2018年年初，中国社会科学出版社希望我再组织历史学者撰写一本《中国历史学40年》。考虑到10年前做过一本，再做一本应该不难。事实上还是有难度的。如果在10年前的本子上请原作者增补，是一个方案，但显得陈旧，缺少新意。而且世事变化，有的作者年事已高，有的作者难得联系。完全重新组织，邀请作者不无难度，主要是大家都是忙人，未必愿意挤出时间写一篇综述。我采取了中策，保留部分10年前的稿子，请作者适当增补、修订；另约请几位作者撰写新稿。全书共编入24篇文稿，其中10篇是新写的，其余14篇除个别外，都做了不同程度修订，有的修订程度较大。新增加的几篇，包括环境史、医疗史、灾害史、近代财政史、近代金融史、近代中外关系史以及近代史理论问题、唯物史观的研究等，反映了史学界在这些领域的开拓，可能有一些新意。

　　限于篇幅，也为了减少重复，我对若干篇文稿做了适当修订和裁剪，可能有不合作者原意的地方，尚请谅解。

　　我谨对提供专题研究的各位作者，对中国社会科学出版社表示衷心感谢！在组织本书稿过程中，赵庆云副研究员帮助我做了不少工作，也是需要感谢的。

张海鹏

2018 年 9 月 12 日

于北京东厂胡同一号